Młodość Jezusa
Ewangelia Jakuba

Młodość Jezusa

Ewangelia Jakuba

spisana przez Jakuba Lorbera
na podstawie wewnętrznego przekazu

WYDAWNICTWO GENESIS
Gdynia 2005

Jakob Lorber:
„Młodość Jezusa”

Tytuł oryginału:
„Jugend Jesu”

Tłumaczenie:
Benedykta Amelia Makiola i Jan Nowara

Redakcja:
Michał Waśniewski

Wydanie tej książki było możliwe dzięki finansowej pomocy Wydawnictwa Lorbera i Stowarzyszenia Wspierającego Dzieło Lorbera, D-74321 Bietigheim-Bissingen

Die Herausgabe dieses Buches erfolgt mit Unterstützung des Lorber-Verlages und des Jakob-Lorber-Förderungswerkes e.V., D-74321 Bietigheim-Bissingen.

ISBN-83-86132-48-5

Wydawnictwo GENESIS
81-351 Gdynia, ul. Wzgórze Bernadowo 300/1
tel/fax: 058-6201650; e-mail: genesis@oknet.com.pl

Druk: „Poligrafia” Bydgoszcz

Słowo wstępne

Wśród apokryfów opisujących dzieciństwo Jezusa pierwsze miejsce zajmuje Ewangelia Jakuba, ponieważ jest ona zarówno „najstarszą jak i najpopularniejszą wśród apokryfów” (de Strycker). W czasach wczesnochrześcijańskich występowała zarówno w języku greckim (częściowo zachowana w wielu rękopisach od IX do XVI wieku), jak również w wielu innych tłumaczeniach (łacińskim, syryjskim, koptyjskim, aramejskim, gruzińskim, arabskim, etiopskim). Jako dzieło Jakuba, przyrodniego brata Jezusa, jest bardzo poważana i popularna.

Nie jest pewne, czy Justyn (zm. ok. 165 r.) czytał to dzieło. Szczegóły o młodości Jezusa czerpał z niego Klemens z Aleksandrii (zm. ok. 215 r.). Orygenes (zm. ok. 253/4 r.) wymienia „tę księgę Jakuba” w swoim komentarzu do Ewangelii św. Mateusza (P.G.13. 876-877).

Według francuskiego humanisty Postela (zm. w 1581 r.) Ewangelią Jakuba została nazwana ta, którą przywiózł on z Orientu, dzisiaj nazywana proto-ewangelią Jakuba, to znaczy pierwszą lub najstarszą.

W krajach Orientu Jakub był nie tylko uważany za autora „dziecięcej” ewangelii, ale również za najmłodszego syna Józefa z pierwszego małżeństwa. Fakt, że Józef był wdowcem i miał pięciu synów, był ogólnie znany w pierwszych stuleciach naszej ery. Wspominają o tym wielcy teologowie, jak Klemens z Aleksandrii, Orygenes, Epifaniusz, Efrem i wielu innych. Synowie Józefa byli uważani „za braci Jezusa”.

Ewangelia Jakuba nie została oficjalnie uznana przez Kościół, czytano ją jednak w czasie świąt maryjnych w kościołach wczesnochrześcijańskich. Była ona również bardzo popularna w krajach słowiańskich. Tischendorf (1815-1874) skompletował odkryte i wydane rękopisy biblijne (Editio octava critica maior; 2 tomy), a w roku 1995 ukazały się dwujęzyczne wydania ewangelii o dzieciństwie Jezusa, których źródłem były apokryfy.

Ostatecznie jednak wolą Pana było, aby w dużej mierze zniekształcona Ewangelia Jakuba nie została włączona do kanonu biblijnego. Możemy to wywnioskować ze słów Pana, skierowanych do Jakuba Lorbera w latach 1843-44:

„Jakub, jeden z synów Józefa, spisał to wszystko, jednak z biegiem czasu zostało to tak bardzo zniekształcone, że nie mogło zostać dołączone do Pisma. Ja jednak chcę tobie przekazać tę prawdziwą Ewangelię Jakuba, ale tylko od momentu, kiedy Józef wziął Marię do siebie”. Jakub spisał również biografię Marii – począwszy od jej narodzin – a także biografię Józefa.

Katolicki teolog, Robert Ernst, komentuje apokryfy Nowego Testamentu oraz dzieła Jakuba Lorbera – *Ewangelię Jakuba* i *Młodość Jezusa*, pisząc: „Tekst apokryfu Ewangelii Jakuba i uzupełnienie, tzn. korekta, którą Jakubowi Lorberowi podyktował sam Pan, doskonale się uzupełniają, tworząc całość. Jest to zwarta relacja o młodości Jezusa, podana w tak klarowny i przystępny sposób, iż wiele problemów, których nawet egzegeci (komentatorzy Pisma Świętego) nie potrafili rozwiązać, zostało ukazanych w najjaśniejszym świetle".

Ta oto ewangelia, która obok wielu innych wspaniałych wydarzeń ukazuje: Niepokalane Poczęcie Marii, dziewicze porodzenie, adorację pasterzy i mędrców, ucieczkę do Egiptu oraz powrót do Nazaretu po śmierci Heroda, a także całe dzieciństwo Jezusa, od pierwszego dnia życia do dwunastego roku, może zostać nazwana najserdeczniejszą i najmilszą spośród wszystkich ewangelii.

Dzieciątko Jezus charakteryzuje urzekający, nieodparty urok, promieniująca miłość i uzdrawiająca moc, którą odczuwa każdy – zarówno Żyd jak i poganin. Każdy dostrzega, iż w jego pobliżu znajduje się najwyższa Boskość, która stała się człowiekiem, zgodnie z tym, co było obiecane od zarania dziejów. Dzieciątko już w żłóbku przemawia i podnosi swoje rączki. W rozdziale 129 anioł wyjaśnia rzymskiemu namiestnikowi, Cyreniuszowi, w jaki sposób niemowlę, a później dziecię Jezus, przemawia do ludzi.

Biblia Berlenburska, która jest apokryfem pochodzącym z 1739 roku, zawiera niektóre fragmenty starych przekazów. W pewnych miejscach odzwierciedla ona w sposób ścisły teksty dyktowane Jakubowi Lorberowi. Fotochemiczna kopia Biblii jest dostępna w Wydawnictwie Lorbera w Niemczech, w Bietigheim-Bissingen.

Ewangelia o dzieciństwie Jezusa, którą dzięki łasce Boga znowu otrzymaliśmy w swojej pierwotnej, czystej postaci, chce nam opowiedzieć nie tylko o tym, co się kiedyś wydarzyło. Od czasu jej spisania aż po teraźniejszość mówi ona do nas: bądźcie jak to Dzieciątko, przyjmijcie Je do swego serca. Podobnie zwraca się Maria do Cyreniusza, kiedy on wychwala ją jako szczęśliwą w słowach: „Niebo i Ziemia na jej rękach spoczywają":

„Szczęśliwa, ponad wszystko szczęśliwa jestem, że to ja właśnie to Dziecko na moich rękach noszę. W przyszłości jednak o wiele szczęśliwszymi będą ci, którzy Je sami w swoich sercach nosić będą! Noś Je także i ty na zawsze w swoim sercu!"

Bietigheim, lato 1996 r. Wydawnictwo Lorbera

Przedmowa

Uwagi obwieszczone przez Samego Pana jako wprowadzenie do historii Jego młodości, przekazane w czasie między 22 lipca 1843 r. a 9 maja 1851 r. przez te same usta, które On wybrał jako narzędzie do tego dzieła.

1.

Żyłem w owym czasie aż do trzydziestego roku tak samo jak każdy dobrze wychowany chłopiec, później młodzieniec, a następnie mężczyzna, i musiałem żyć według Prawa Mojżeszowego, i najpierw musiałem wzbudzić tę Boskość w Sobie – tak jak każdy człowiek budzi Mnie w sobie.

Ja Sam, jak każdy zwykły człowiek, musiałem zacząć wierzyć w jedynego Boga i potem nieustannie, coraz bardziej i bardziej, z coraz potężniejszą miłością Go pojmować, a następnie coraz bardziej tę Boskość najpierw Sobie poddaną uczynić.

Byłem więc, jako Sam Pan, żywym przykładem dla każdego człowieka, i w ten sam sposób każdy człowiek może Mnie właśnie tak przygarnąć, jak Ja Sam Boskość do Siebie przygarnąłem. Każdy może tak samo stać się ze Mną jednością, poprzez miłość i wiarę, jak Ja Sam jako Bóg-Człowiek w całej nieskończonej pełni doskonałą jednością jestem z tą Boskością.

2.

Powstaje pytanie: jaki związek mają cuda, które Jezus czynił w wieku dziecięcym, z Jego boską, duchową działalnością; z Jego osobnym, ludzkim bytem w wieku młodzieńczym i męskim? Kiedy pomyślimy o Nim tylko jako o człowieku, odpowiedź znajdziemy, obserwując drzewo od wiosny do jesieni.

Wczesną wiosną drzewo pięknie zakwita, ożywa. Kiedy kwiaty opadną, znowu jest jakby bezczynne. Ale jesienią, w czasie swojej największej aktywności, wydaje owoce, które zachwycają barwą i aromatem. Są tak samo cudowne jak kwiaty, a nawet piękniejsze, bo są dojrzałe. Zaś błogosławieństwo, które otrzymują, uwalnia je z więzów i spadają do stóp głodnych dzieci.

Powyższy obraz można pojąć tylko sercem, nigdy rozumem. Ta tajemnica, nawet bez zbliżania się do Boskości Jezusa, lecz dzięki wierze w sercu, która jest światłem miłości od Boga, jest łatwa do wyjaśnienia. Pełne zjednoczenie Obfitości Boskiej z Człowiekiem-Jezusem nie nastąpiło od razu, jak gdyby za jednym uderzeniem, ale stopniowo, powoli. Był to proces ciągłego wzbudzania boskiego Ducha w sercu człowieka. Dopiero poprzez śmierć na krzyżu osiągnął on swoją pełnię. Boskość mieszkała w całej Swojej Obfitości już w Dzieciątku Jezus, lecz objawiała się tylko podczas konieczności czynienia cudu.

3.

Cielesna śmierć Jezusa jest najgłębszym uniżeniem się Boskości poprzez zejście w osąd wszelkiej materii, a przez to stworzeniem całkowicie nowych stosunków pomiędzy Stworzycielem i Stworzeniem.

Dopiero przez śmierć Jezusa Bóg Sam staje się doskonałym Człowiekiem. Zaś człowiek, stworzony poprzez taką najwyższą boską łaskę, staje się nowo spłodzonym dzieckiem Bożym, a więc Bogiem, i teraz dopiero może stanąć jako Stworzenie przed Stwórcą, jako ukończony równomierny obraz Bogu podobny i w tym oto Bogu Stwórcę i Ojca oglądać, rozpoznać i ponad wszystko kochać, a poprzez to osiągnąć wieczne, dokonane, niezniszczalne Życie w Bogu, z Boga i obok Boga. Poprzez to została złamana przemoc (albo lepiej: wola) szatana i nie może on już więcej przeszkodzić najpełniejszemu zbliżeniu Bóstwa do ludzi i odwrotnie, ludzi do Bóstwa.

Ujmując to jeszcze krócej: poprzez śmierć Jezusa, może teraz człowiek w pełni obcować z Bogiem jak z Bratem, a dla szatana nie jest już więcej możliwe jakiekolwiek wstępowanie pomiędzy nich; dlatego też i słowa skierowane do niewiast odwiedzających grób brzmiały: „Udajcie się do braci Moich i powiedzcie im!" Władanie szatana w zewnętrznej formie jest jeszcze ciągle zauważalne, ale już nigdy nie może wznieść tej raz zerwanej zasłony pomiędzy Bóstwem i człowiekiem i przywrócić tej starej, nieprzebytej przepaści pomiędzy Bogiem i człowiekiem.

Z powyższego, krótkiego objaśnienia cielesnej śmierci Jezusa każdy sercem wierzący i widzący człowiek może bardzo łatwo zrozumieć tę nieskończoną korzyść męki Jezusa.

Ewangelia Jakuba

o młodości Jezusa
od czasu, kiedy Józef do siebie Marię zabrał

22 lipca 1843
Jakub, jeden z synów Józefa, opisał to wszystko; lecz z biegiem czasu zostało to tak bardzo zniekształcone, że nie mogło być dopuszczone, by jako autentyczne do Pism włączonym zostało. Lecz Ja chcę ci tę prawdziwą Ewangelię Jakuba podać, ale tylko od wyżej wspomnianego czasu, gdyż Jakub spisał także biografię Marii od jej narodzenia, jak też i Józefa. I tak więc pisz teraz jako pierwszy rozdział:

1

Józef cieśla. Wybór Marii w Świątyni. Boże świadectwo o Józefie. Modlitwa Józefa. Maria w domu Józefa.

1. Józef był zajęty budową domu w okolicy między Nazaretem a Jerozolimą.

2. Dom ten zlecił wybudować jeden z dostojnych obywateli Jerozolimy jako zajazd, aby Nazarejczycy po drodze do Jerozolimy nie pozostawali bez schronienia.

3. Natomiast Maria, która została wychowana w Świątyni, stała się dojrzałą i według Prawa Mojżeszowego powinna być ze Świątyni odesłana.

4. Dlatego też zostali rozesłani posłańcy w całej Judei, aby obwieścić, żeby ojcowie przybyli, i aby ten spośród nich, który okaże się godnym, mógł wziąć Dziewicę w swój dom.

5. A gdy taka wiadomość dotarła do uszu Józefa, odłożył na bok swoje narzędzia i pospieszył do Jerozolimy na wyznaczone miejsce, na plac zgromadzeń w Świątyni.

6. A gdy ci, którzy zgłoszenie złożyli, po upływie trzech dni zgromadzili się w wyznaczonym miejscu i każdy z ubiegających się o Marię, według ustalonego porządku, świeży pęd lilii kapłanowi podał, udał się kapłan wkrótce z liliami do wnętrza Świątyni i tam się modlił.

7. A gdy swoją modlitwę ukończył, wystąpił znowu z liliami i oddał każdemu z powrotem jego pęd.

8. Na wszystkich liliach pojawiły się wkrótce plamy; a tylko ten pęd, który podał Józef, pozostał świeży i nieskazitelny.

9. Jednak niektórzy nie chcieli się z tym pogodzić i uznali tę próbę za stronniczą i nieważną, i żądali jeszcze jednej próby, z którą nie byłoby związane żadne krętactwo.

10. Kapłan, poruszony tym wszystkim, polecił zaraz przyprowadzić Marię, dał jej do rąk gołębia, kazał jej wejść pomiędzy ubiegających się o nią i tam wypuścić na wolność gołębia trzymanego w ręku.

11. Ale przed wypuszczeniem gołębia rzekł do ubiegających się o Marię: „Patrzcie, wy fałszywi interpretatorzy znaków Jehowy. Ten gołąb to niewinne czyste stworzenie i nie daje posłuchu waszej mowie,

12. lecz żyje zgodnie z wolą Pana

i rozumie tylko wszechmocną mowę Boga.

13. Trzymajcie w górze wasze pędy lilii. Na czyj pęd opuści się ten gołąb, którego wypuści Dziewica, i na czyjej głowie usiądzie, ten powinien Marię zabrać".

14. Ubiegający się o Marię byli z tego zadowoleni i mówili: „Tak, to powinno być z pewnością nieomylnym znakiem".

15. A kiedy Maria na skinienie kapłana wypuściła gołębia na wolność, ten pofrunął zaraz do Józefa, opuścił się na jego pęd lilii, a zaraz potem usiadł na Józefa głowie.

16. I kapłan rzekł: „A zatem tak chciał Pan! Tobie, poczciwy rzemieślniku, przypadł nieomylny los, ażeby tę Dziewicę Pana otrzymać! Zatem weź ją w imię Pana do swojego czystego domu pod dalszą opiekę. Amen".

24 lipca 1843

17. A kiedy Józef to usłyszał, odpowiedział kapłanowi tymi słowami: „Spójrz, ty pomazany sługo Pana według Prawa Mojżeszowego, wierny sługo Pana Boga Zebaoth[1], jestem już sędziwym starcem i mam w domu dorosłych synów, i od dawna jestem już wdowcem: zostanę przecież wystawiony na szyderstwo przed synami Izraela, biorąc tę Dziewicę do swego domu!

18. Dlatego pozwól ten wybór jeszcze raz zmienić i pozostaw mnie na zewnątrz, abym nie był wliczony pomiędzy ubiegających się!"

19 Lecz kapłan wzniósł swą rękę do góry i rzekł do Józefa: „Józefie! Bój się Boga, twego Pana! Czyż nie wiesz, co On uczynił z Datanem, Korem i Abiramem?

20. Patrz, rozstąpiła się ziemia i oni wszyscy zostali przez nią pochłonięci z powodu ich uporu! Myślisz, iż Pan nie mógłby również z tobą tak uczynić?

21. Powiadam ci: widziałeś nieomylny znak Jehowy, więc bądź posłuszny Panu, który jest wszechmocny i sprawiedliwy, i karze krnąbrnych i sprzeciwiających się Jego woli!

22. Zważaj na to, co może spotkać twój dom, aby Pan nie uczynił z tobą tego, co uczynił z Korem, Datanem i Abiramem!"

22. Zatrwożył się Józef bardzo i ogarnięty wielkim strachem rzekł do kapłana: „Módl się za mnie, aby Pan zechciał być dla mnie na powrót łaskawy i miłosierny, i daj mi Dziewicę Pana według Jego woli".

24. I udał się kapłan do wnętrza Świątyni, i modlił się za Józefa przed Przenajświętszym – i Pan mówił do kapłana, który się tam modlił:

25. „Nie zasmucaj Mi tego męża, którego Ja wybrałem, bowiem sprawiedliwszego nie ma w całym Izraelu i żadnego na całej Ziemi, i żadnego przed Moim wiecznym tronem we wszystkich Niebiosach!

26. Udaj się na zewnątrz i daj Dziewicę, którą Ja Sam wychowałem, temu najsprawiedliwszemu mężowi tej Ziemi!"

27. Tu uderzył się kapłan w piersi i powiedział: „O Panie, Ty wszechmocny Boże Abrahama, Izaaka i Jakuba, bądź miłościw mnie grzesznemu; bowiem rozpoznaję, że chcesz nawiedzić Twój naród!"

28. I powstał kapłan, wyszedł na zewnątrz i błogosławiąc w imieniu Pana dzieweczkę, dał ją zalęknionemu Józefowi,

29. mówiąc do niego: „Józefie, ty sprawiedliwym jesteś przed Bogiem,

dlatego Pan wybrał ciebie spośród wielu tysięcy! I teraz możesz odejść w pokoju. Amen".

30. I wziął Józef Marię, i powiedział: „A więc niechaj się dzieje po wszystkie czasy jedyna święta wola mojego Boga, mojego Pana! To, co Ty Panie dajesz, jest zawsze dobre, dlatego również i ja wezmę chętnie i ochoczo ten dar z Twej ręki! Ale pobłogosław ją dla mnie i mnie dla niej, abym stał się jej godnym przed Tobą teraz i na zawsze. Twoja wola. Amen".

26 lipca 1843

31. Na te słowa, które Józef przed Panem wypowiedział, został wzmocniony na sercu; wyszedł po tym z Marią ze Świątyni i poprowadził ją w okolice Nazaretu, a tam do swego ubogiego mieszkania.

32. Jednak Józefa oczekiwała pilna praca, dlatego tym razem nie ociągając się w domu, rzekł do Marii:

33. „Mario, posłuchaj mnie, zgodnie z wolą Bożą zabrałem cię do siebie ze Świątyni Pana, mojego Boga; ale nie mogę teraz z tobą pozostać ani opiekować się tobą, lecz muszę cię opuścić, żeby doglądać budowy domu w miejscu, które ci wskazałem w czasie drogi tutaj!

34. Ty jednak nie powinnaś zostać w domu sama! Mam bliską krewną, gospodynię domu, jest bogobojna i sprawiedliwa; ona zatroszczy się o ciebie i mojego najmłodszego syna; i łaska Boża oraz Jego błogosławieństwo cię nie opuści.

35. Ale wrócę z moimi czterema synami możliwie jak najszybciej do domu do ciebie i będę ci przewodnikiem na drodze Pańskiej! A teraz Bóg Pan będzie czuwał nad tobą oraz domem moim. Amen".

2

Nowa zasłona w Świątyni. Praca Marii przy zasłonie.

1. W owym czasie potrzebna była nowa zasłona do Świątyni, gdyż stara była już mocno uszkodzona.

2. Kapłani zebrali się na naradę, po czym uchwalili: „Zróbmy zasłonę w Świątyni Pana, aby zakryć uszkodzenia.

3. Gdyż – jak napisano – dziś lub jutro może przyjść Pan; jak staniemy przed Nim, kiedy On ujrzy naszą Świątynię tak zaniedbaną?"

4. Arcykapłan na to odrzekł: „Nie osądzajcie tego tak ślepo, jak gdyby Pan, któremu należy się miejsce najświętsze w Świątyni, nie wiedział, jak teraz to wszystko wygląda!

5. Zwołajcie siedem nieskalanych dziewic z rodu Dawida, a potem wylosujemy, jak pracę rozdzielić".

6. I wyszli słudzy, aby poszukiwać dziewic z rodu Dawida, a po usilnych poszukiwaniach znaleźli z biedą zaledwie sześć, co też i oznajmili Arcykapłanowi.

7. Ale Arcykapłan przypomniał jeszcze sobie, że dopiero co przed kilkoma tygodniami Maria z rodu Dawida dana była w opiekę Józefowi, o czym niezwłocznie powiadomił sługi.

8. I poszli słudzy do Józefa, ażeby mu to oznajmić, a ten z powrotem

zaprowadził Marię do Świątyni w towarzystwie sług świątynnych.

27 lipca 1843

9. A kiedy już wszystkie dziewice zgromadziły się w przedsionku, przyszedł wkrótce Arcykapłan i poprowadził je wszystkie do wnętrza Świątyni Pana.

10. A kiedy zgromadzone były w Świątyni Pana, przemówił do nich Arcykapłan i rzekł:

11. „Posłuchajcie, dziewice z rodu Dawida, ten, który zarządził zgodnie z wolą Bożą, uznał, że delikatną pracę przy zasłonie, która oddziela miejsce najświętsze od reszty Świątyni, wykonywać powinny tylko dziewice z jego rodu,

12. a według jego testamentu rozmaite prace powinny być przydzielone przez losowanie, a potem każda dziewica, której praca przypadła, powinna wykonać ją jak najlepiej – według swoich zdolności!

13. Spójrzcie, oto przed wami jest uszkodzona zasłona, a na złotym stole leżą już przygotowane materiały do jej naprawy!

14. Widzicie, że tę pracę trzeba wykonać; dlatego przeprowadźcie zaraz losowanie, aby było wiadomo, które z was mają prząść złote nici i amiant, a które bawełnę,

15. nici jedwabne, hiacyntowo zabarwione, szkarłatne i prawdziwą purpurę!"

16. I losowały dziewice w pokorze, a w tym czasie Arcykapłan się nad nimi modlił; a kiedy już losowanie dobiegło końca według ustalonego wprzód porządku, wiadomym się stało, jak powinna być ta praca rozdzielona.

17. A Dziewicy Marii, córce Anny i Joachima, przypadł poprzez los – szkarłat i prawdziwa purpura.

18. Dziewica podziękowała Bogu za tak miłościwe uznanie i przydzielenie najchlubniejszej pracy ku Jego chwale, wzięła tę pracę i udała się z nią – prowadzona przez Józefa – z powrotem do domu.

19. Po przyjściu do domu Maria od razu zabrała się ochoczo i radośnie do pracy: Józef polecił jej dołożyć wszelkich starań, pobłogosławił ją i udał się zaraz z powrotem do swojej budowy domu.

20. A było to w tym samym czasie, w którym Zachariasz oniemiał, kiedy sprawował w Świątyni ofiarę dymu, a stało się to z powodu jego niewiary, dlatego też musiał być do tej pracy wybrany przez losowanie jego zastępca.

21. Maria była krewną zarówno Zachariasza jak i jego zastępcy, dlatego też jej pilność podwoiła się, aby co najrychlej, możliwie jako pierwsza, była ze swoją pracą gotowa.

22. Ale nie zdwoiła swej pilności z żądzy chwały, lecz tylko po to, aby – jak myślała – zgotować Bogu radość wielką przez to, że możliwie jak najszybciej i jak najlepiej swoją pracę ukończy.

23. Najpierw pracowała przy szkarłacie, który musiał być przędzony z wielką uwagą, aby nić nie była tu czy tam grubsza ani też cieńsza.

24. Nici szkarłatne uprzędła Maria po mistrzowsku, tak że każdy, kto przyszedł do domu Józefa, dziwował się wielce jej nadzwyczajnej zdolności.

25. Maria uporała się ze szkarłatem w ciągu trzech dni i rozpoczęła pracę z purpurą; a że musiała ją często kropić, zmuszona była podczas pracy często brać dzban i wychodzić, aby przynieść sobie wody.

3

Zwiastowanie Narodzenia Pana przez Anioła. Pokorne oddanie się Marii.

28 lipca 1843

1. Pewnego dnia, a był to piątek, wzięła Maria dzban na wodę i wyszła na zewnątrz, aby go wodą napełnić, i nasłuchiwała! – jakiś głos mówił do niej:

2. „Bądź pozdrowiona ty, która łaską Pana jesteś napełniona! Pan z tobą, błogosławionaś ty między niewiastami!"

3. Maria przestraszyła się bardzo tego głosu, gdyż nie wiedziała, skąd pochodzi, rozejrzała się więc szybko w prawo i w lewo; ale nie dostrzegła nikogo, kto mógłby do niej mówić.

4. Dlatego jeszcze bardziej przepełniona panicznym strachem, wzięła napełniony wodą dzban i pospieszyła do domu.

5. A kiedy drżąc, doszła tam, odstawiła dzban z wodą na bok, do ręki wzięła purpurę, usiadła na swoim krześle do pracy i ponownie zaczęła skrzętnie tkać.

6. Ledwo jednak zdążyła zagłębić się w swoją pracę, a oto już przed pilną Dziewicą stał Anioł Pański i mówił do niej:

7. „Nie lękaj się, Mario, gdyż Bóg darzy cię nieskończenie wielką łaską; będziesz bowiem brzemienną przez Słowo Boże!"

8. Kiedy to Maria usłyszała, zaczęła te słowa rozważać na różne sposoby, lecz nie mogła ich pojąć; dlatego też rzekła do Anioła:

9. „W jaki sposób miałoby się to stać, nie jestem przecież jeszcze niczyją żoną, a poza tym nie poznałam jeszcze żadnego mężczyzny, który chciałby mnie wkrótce pojąć za żonę, bym mogła stać się brzemienną i urodzić tak jak inne kobiety?"

10. Lecz Anioł odrzekł do Marii: „Słuchaj, wybrana Dziewico Boża! Nie tak ma się to stać, albowiem wypełni cię siła Pana.

11. Dlatego także ten Święty, który się z ciebie narodzi, Synem Najwyższego nazwanym będzie!

12. Ale gdy On narodzi się z ciebie, powinnaś Mu dać na imię Jezus: On bowiem uwolni lud Swój od wszystkich grzechów, od sądu i od wiecznej śmierci".

13. Lecz Maria upadła nisko przed Aniołem i rzekła: „Spójrz, ja jestem jedynie służebnicą Pańską; niechaj się więc stanie zgodnie z wolą Jego i według słów twoich!" – Tu Anioł ponownie zniknął, a Maria powróciła do swej pracy.

4

Dziecięco niewinna rozmowa Marii z Bogiem i odpowiedź z góry.

1 sierpień 1843

1. A kiedy Anioł zniknął, Maria zaczęła chwalić i wielbić Boga, i tak mówiła w swym sercu:

2. „O, czymże jestem przed Tobą, o Panie, że chcesz mi taką łaskę okazać?

3. Mam się stać brzemienną, nie

poznając mężczyzny; ja przecież nie wiem nawet, jaka jest różnica pomiędzy mną a mężczyzną.

4. Czyż ja wiem, co to znaczy naprawdę: być ciężarną? Panie! Spójrz, ja tego doprawdy nie wiem!

5. Wiem dobrze, co to oznacza, jeśli się mówi: «Patrz, kobieta rodzi!» – O, Panie! Spójrz na mnie łaskawie; ja jestem tylko czternastoletnią dziewczynką i tylko słyszałam o tym – lecz w rzeczywistości nic o tym nie wiem!

6. Ach, jakże będzie mi się biednej wiodło, jeśli będę w ciąży – nic nie wiedząc, jaki to jest stan!

7. A co na to powie ojciec Józef, kiedy mu to powiem lub kiedy on zauważy, że jestem brzemienną?!

8. Nie jest to chyba nic złego być brzemienną, szczególnie, kiedy jakieś dziewczę – jak kiedyś Sara – przez Samego Pana zostanie do tego wybraną?

9. Przecież już często słyszałam w Świątyni, jaką wielką radość czują kobiety, kiedy stają się brzemienne.

10. A zatem ten stan brzemienny musi być czymś dobrym i nader uszczęśliwiającym, i ja będę się także cieszyć, kiedy jest mi to od Boga dane, że będę brzemienną.

11. Ale kiedy, kiedyż się to stanie i jakim sposobem? – a może już się stało? Jestem już brzemienną, czy dopiero będę?

12. O Panie! Ty wiecznie święty Izraela, daj mi, Twojej biednej służebnicy, jakiś znak, kiedy to się stanie, abym Cię mogła za to chwalić oraz wielbić!"

13. Po tych słowach odczuła Maria delikatny powiew świetlistego eteru i całkiem łagodny głos przemówił do niej:

14. „Mario! Nie martw się nadaremnie; tyś już poczęła i Pan jest z tobą! – Zabierz się do swej pracy i ukończ ją, bowiem w przyszłości już nigdy więcej nie będziesz takiej pracy dla Świątyni wykonywać!"

15. Wtedy upadła Maria na kolana, modliła się do Boga, chwaliła i wielbiła Go za taką łaskę. – A gdy oddała Panu cześć, podniosła się i ponownie wzięła do rąk swoją pracę.

5

Przekazanie ukończonej pracy świątynnej przez Marię. Maria i Arcykapłan. Maria odwiedza krewną Elżbietę.

2 sierpień 1843

1. W ciągu kilku dni Maria była gotowa także z purpurą, uporządkowała ją, a następnie wzięła szkarłat i dołożyła go do purpury.

2. Potem podziękowała Bogu za łaskę, że pozwolił jej tak pomyślnie dokończyć pracę; zawinęła uprzędzione nici w czyste płótna i wybrała się w drogę do Jerozolimy.

3. Aż do budowy, gdzie pracował Józef, szła sama; ale dalej towarzyszył jej Józef i zaprowadził ją aż do samej Świątyni.

4. A doszedłszy tam, oddała swoją pracę Arcykapłanowi.

5. Ten obejrzał szkarłat i purpurę, pochwalił jej pracę jako znakomitą i pozdrowił Marię następującymi słowami:

6. „Mario, takiej wielkiej zręczności nie mogłabyś posiadać w sposób

naturalny, albowiem to Pan uczynił twoimi rękami!

7. Wielką uczynił cię oto Bóg; błogosławioną będziesz od Boga Pana między wszystkimi niewiastami tej Ziemi, jako żeś ty pierwsza jest, która swą pracę Panu do Świątyni przyniosła".

8. Maria, pełna pokory i radości w sercu, odpowiedziała Arcykapłanowi:

9. „Czcigodny sługo Pana w Jego sanktuarium! O, nie chwal mnie i nie wywyższaj ponad inne, gdyż praca ta nie moją jest zasługą, lecz Samego Pana, który prowadził me ręce.

10. Dlatego Jemu Samemu należy się na wieki wszelka chwała, wszelka sława, zaszczyt i uwielbienie, cała moja nieustająca miłość i adoracja w modlitwie!"

11. A Arcykapłan odpowiedział: „Amen, Mario! Ty przeczysta Dziewico Pana, dobrze to rzekłaś przed Panem! – Idź teraz znowu w pokoju; Pan jest z tobą!"

12. Uniosła się na to Maria i poszła z Józefem znowu aż do budowy, gdzie posiliła się trochę chlebem, mlekiem i wodą.

13. Pół dnia drogi od budowy, za wzniesieniami, mieszkała krewna Marii, Elżbieta; Maria chciała ją odwiedzić, dlatego też poprosiła Józefa o pozwolenie.

14. Józef wyraził swoją zgodę i dał jej w tym celu najstarszego syna jako przewodnika, który miał jej towarzyszyć tak długo, dopóki nie ujrzą domu Elżbiety.

6

Cudowne przyjęcie Marii przez Elżbietę. Pokora i mądrość Marii. Ewangelia kobiet. Powrót Marii do Józefa.

3 sierpień 1843

1. Kiedy przybyła do Elżbiety, to znaczy do jej domu, zakołatała nieśmiało do drzwi – zgodnie z żydowskim zwyczajem.

2. A kiedy Elżbieta usłyszała nieśmiałe pukanie, pomyślała: „Któż to tak niezwykle cicho puka?

3. To pewnie dziecko mego sąsiada; albowiem nie może być to mąż mój, który oniemiały oczekuje w Świątyni zbawienia!

4. Moja praca jest ważna; czyż zatem mam ją odłożyć z uwagi na to, że puka do mnie niegrzeczne dziecko sąsiada?

5. Nie, nie uczynię tego, albowiem moja praca dla Świątyni jest ważniejsza aniżeli niesforne dziecko, które nie chce nic innego, jak tylko mnie drażnić i pokpiwać ze mnie.

6. Dlatego pozostanę przy pracy, a dziecko niech sobie nadal puka".

7. Ale Maria zapukała jeszcze raz, a dziecko w łonie brzemiennej Elżbiety zaczęło się ruszać z radości, a matka posłyszała słaby głos dobywający się z miejsca, gdzie znajdowało się dziecko:

8. „Mamo, idź, idź jak najspieszniej; bo to jest Matka mojego i twojego Pana, mojego i twojego Boga – która puka do drzwi i odwiedza cię w pokoju".

9. Elżbieta, gdy to usłyszała, odrzuciła na bok wszystko, co miała w rękach i pobiegła otworzyć drzwi Marii,

10. pobłogosławiła ją według zwyczaju, objęła ją otwartymi ramionami

i powiedziała:
11. „O Mario, błogosławionaś ty między niewiastami! Tyś jest błogosławioną między wszystkimi niewiastami i błogosławiony jest Owoc twojego żywota!
12. O Mario, ty najczystsza Dziewico Boga! – Skąd do mnie przychodzi tak wielka łaska, że odwiedza mnie Matka mojego Pana i mojego Boga?!"
13. Lecz Maria, nic nie rozumiejąc z tych wszystkich tajemniczych słów, rzekła do Elżbiety:
14. „Ach kochana ciociu! – przyszłam do ciebie tylko na przyjazne odwiedziny; cóż za rzeczy mówisz do mnie, których ja nie rozumiem? – Czy ja jestem już doprawdy brzemienną, że mnie matką nazywasz?"
15. Lecz Elżbieta odrzekła Marii: „Kiedy po raz drugi zapukałaś do drzwi, zaraz podskoczyło we mnie z radości dzieciątko, które pod mym sercem noszę, i w ten sposób dało mi znać i pozdrowiło cię we mnie, zanim ja to uczyniłam".
16. Tu Maria wzniosła swe oczy ku niebu i wspomniała to, co powiedział do niej Archanioł Gabriel, chociaż tego nie rozumiała, i rzekła:
17. „O, Ty wielki Boże Abrahama, Izaaka i Jakuba, cóż Ty uczyniłeś ze mną? Czymże ja jestem, że mają mnie błogosławić wszystkie pokolenia tej Ziemi?"
18. Lecz Elżbieta odpowiedziała: „O Mario, wybranko Boga, wejdź w progi domu mego i posil się; a potem porozmawiamy i wspólnie będziemy ze wszystkich naszych sił wielbić i chwalić Boga".

4 sierpnia 1843
19. I Maria udała się w ślad za Elżbietą do jej domu, jadła oraz piła, i wzmocniła się, i była pełna radości i pogody.
20. Elżbieta pytała Marię o to, czego doświadczyła podczas swojego pobytu w Świątyni jako wychowanka Pana i jak się jej tam wiodło.
21. Lecz Maria odpowiedziała jej: „Droga, pobłogosławiona także przez Pana ciociu! – Myślę, że te sprawy są dla nas zbyt wielkie, a my, kobiety, czynimy niemądrze, jeżeli chcemy rozmawiać o sprawach, do których Pan powołał synów Aarona.
22. Dlatego myślę, że my, kobiety, powinnyśmy boskie sprawy pozostawić Bogu i tym, których On do tych spraw powołał, i nie powinnyśmy ich dociekać.
23. Jeśli tylko miłujemy Boga ponad wszystko i zachowujemy Jego święte przykazania, to żyjemy zgodnie z naszą pozycją: a to, co jest ponad tym, przynależy do mężczyzn, których Pan powołał i wybrał.
24. Myślę, kochana ciociu, że to, co mówię, jest właściwe, i dlatego nie każ mi plotkować o tym co dzieje się w Świątyni; albowiem nie stanie się ona przez to ani lepsza, ani też gorsza. A jeśli Pan uzna to za słuszne, to wtedy On sam ukarze oraz przekształci ją jak zechce we właściwym czasie".
25. I Elżbieta rozpoznała w tych słowach głęboką pokorę oraz skromność Marii i odpowiedziała jej:
26. „O tak, ty łaską wypełniona Dziewico Boża! Z takim usposobieniem musi człowiek największą łaskę u Boga znaleźć!
27. Albowiem, jak powiedziałaś, tylko najczystsza niewinność może mówić; – i kto według tego żyje, ten żyje na pewno sprawiedliwie przed Bogiem i całym światem".
28. Lecz Maria powiedziała: „To

sprawiedliwe życie nie nasze jest, ale Pana, i jest łaską!

29. Ten, kto sam o sobie myśli, że sprawiedliwie żyje, ten przed Bogiem żyje na pewno jak najmniej sprawiedliwie; ale kto przed Bogiem nieustannie swą winę wyznaje, ten przed Bogiem rzeczywiście sprawiedliwie żyje.

30. Ja jednak nie wiem, jak ja żyję, moje życie jest czystą łaską Pana: dlatego nie mogę czynić nic innego, jak tylko nieustannie Go miłować, chwalić i wielbić ze wszystkich moich sił! – Jeżeli twoje życie jest takie jak moje, czyń to samo co ja, a Pan będzie miał w tym więcej upodobania, niż gdybyśmy rozmawiały ze sobą o stosunkach panujących w Świątyni".

31. Elżbieta jasno zrozumiała, że z Marii tchnie Duch Boży, dlatego zaniechała pytań dotyczących Świątyni i oddała się woli Boga, chwaląc go i wielbiąc.

5 sierpnia 1843

32. Maria spędziła u Elżbiety jeszcze pełne trzy miesiące i pomagała jej jak służąca we wszystkich pracach domowych.

33. W tym czasie Józef ukończył swoją budowę i zatroszczył się o swój mały – wydzierżawiony – kawałek ziemi.

34. Pewnego wieczoru rzekł Józef do swego najstarszego syna: „Joelu, idź i przygotuj mi na jutro juczne zwierzę, gdyż muszę iść po Marię.

35. Dzieweczka już od trzech miesięcy przebywa poza domem, a ja nie wiem, co się z nią dzieje.

36. Jest u kobiety Arcykapłana, który oniemiał, a przecież nie wiadomo, czy ten dom nie jest nawiedzany przez tego, który zwiódł Ewę.

37. Dlatego też chcę się tam udać jutro rano i dzieweczkę z powrotem do siebie przyprowadzić, ażeby kiedyś nie mówili o mnie źle synowie Izraela, i aby Pan mnie nie skarcił, że nie troszczę się o nią należycie".

38. I poszedł Joel i uczynił według słów Józefa, ale ledwo był gotów, Maria stanęła już u drzwi i pozdrowiła Józefa, i prosiła o przyjęcie jej do jego domu.

39. Józef, całkowicie zaskoczony tym nagłym zjawieniem się Marii, zapytał zaraz: „Czy to ty – która okazałaś się niewierną memu domowi?"

40. A Maria odpowiedziała: „Tak, to ja – ale nie byłam niewierna twemu domowi; i byłabym już dawno tutaj z powrotem, ale nie miałam odwagi sama iść przez zalesione góry, a ty nie przysłałeś po mnie żadnego posłańca. Musiałam więc tak długo pozostawać poza domem!

41. Ale teraz kobietę Zachariasza odwiedziło trzech lewitów, a kiedy z powrotem wracali do Jerozolimy, wzięli mnie ze sobą i przyprowadzili do granic twego gruntu, pobłogosławili mnie i twój dom i podążyli swoją drogą dalej, a ja pospieszyłam tutaj znowu do ciebie, mój kochany ojcze Józefie".

42. I chociaż Józef chętnie zrobiłby wymówkę Marii, że tak długo była poza domem, to jednak nie mógł się na to zdobyć; gdyż po pierwsze, głos Marii za bardzo poruszył jego szlachetne serce, a po drugie, zobaczył, że sam jest winien tego, iż Maria tak długo nie została przez posłańca przyprowadzona.

43. Dlatego kazał przyjść Marii do siebie, by ją pobłogosławił, a Maria z radością zbliżyła się i przymilała się do niego, tak jak niewinne dzieci mają zwyczaj przymilać się do swych

rodziców i innych dobroczyńców.

44. A Józef był tym bardzo wzruszony i przepełniony najwyższą radością, i powiedział: „Spójrz, jestem biednym człowiekiem i już w podeszłym wieku, ale twoja dziecięca miłość sprawiła, że zapomniałem o mojej biedzie i moim wieku! Pan dał mi ciebie ku wielkiej radości; dlatego z radością będę pracować, by zapewnić ci, moje dziecię, dobry kawałek chleba".

45. Przy tych słowach spłynęły staremu mężczyźnie łzy z oczu. Lecz Maria osuszyła szybko jego wilgotne policzki i dziękowała Bogu, że dał jej tak dobrego opiekuna i żywiciela.

46. A w tym momencie usłyszał Józef nagle, jakby śpiewano psalmy nad jego domem.

7

Przypuszczenia i proroctwa Józefa. Pociecha Marii. Błogosławiona wieczerza. Brzemienność Marii staje się widoczna.

7 sierpień 1843

1. Ale Józef wypełniony był wielkimi przeczuciami i powiedział do Marii: „Dziecię Pana! Dużo radości dane jest w tobie mojemu domowi, moja dusza wypełniona jest wielkimi przeczuciami!

2. Lecz wiem także, że Pan zawsze boleśnie doświadcza tych, których miłuje; dlatego prośmy Go bezustannie, ażeby zechciał być dla nas w każdym czasie łaskawy i miłosierny.

3. Możliwe, że Pan poprzez ciebie i przeze mnie odnowić zechce starą i zmurszałą Arkę Przymierza?!

4. Gdyby tak miało być, to biada mi i tobie; przyjdzie nam nieść wtedy ciężkie brzemię! – Ale teraz nic więcej o tym!

5. Co ma się stać, to z pewnością się stanie, a my nie będziemy w stanie temu zapobiec; i pochwyci nas wszechmocna dłoń, a my będziemy drżeć przed wolą Tego, który podwaliny Ziemi założył".

6. Lecz Maria tego nie zrozumiała i na pełne niepokoju i troski słowa Józefa odpowiedziała pocieszająco:

7. „O, kochany ojcze Józefie! Nie smuć się wolą Pana; gdyż wiemy o tym, iż On dla dzieci Swoich zawsze chce najlepiej! – Pan jest z nami, jak był z Abrahamem, Izaakiem i Jakubem, i jak był po wsze czasy z tymi, którzy Go miłowali, cóż złego mogłoby więc nas spotkać?"

8. To, co powiedziała Maria, pocieszyło Józefa i dziękował Panu w swym sercu ze wszystkich sił, że dał mu w Marii anioła-pocieszyciela, po czym powiedział:

9. „Dzieci, zrobił się już późny wieczór; dlatego zaśpiewajmy pieśń pochwalną, zjedzmy błogosławioną wieczerzę i udajmy się na spoczynek!"

10. Tak też się stało, a Maria pospieszyła i przyniosła chleba; a wszyscy dziwili się jego dobremu smakowi.

11. I wtedy Józef powiedział: „Panu wszystka chwała! To, co On błogosławi, zawsze dobrze smakuje i jest najwyborniejsze w smaku".

12. Ale Maria po słowach Józefa spostrzegła pełnym miłości tonem: „Posłuchaj, kochany ojcze, tyś nie

powinien się obawiać nawiedzania twojego domu przez Pana, bowiem oznacza to Jego najlepsze błogosławieństwo".

13. A Józef powiedział: „Tak, tak, czysta córko Pana, masz rację. Chcę z całą cierpliwością nieść, co tylko Pan mi nałoży; gdyż Jego brzemię i Jego jarzmo nie będzie za ciężkie i za twarde, jest On bowiem Ojcem pełnym dobroci i zmiłowania – nawet w Swojej gorliwości! I dlatego niech się dzieje zawsze Jego święta wola!"

14. Po tym udała się pobożna rodzina na spoczynek i w następnych dniach pracowali wszyscy w domu.

15. Ale z dnia na dzień ciało Marii stawało się pełniejsze; a że i ona to zauważyła, więc próbowała jak tylko mogła ukryć swoją brzemienność przed oczami Józefa i jego synów.

16. Lecz po upływie dwóch miesięcy na nic się to zdało i Józef zaczął coś podejrzewać, i z tego też powodu poradził się potajemnie pewnego przyjaciela w Nazarecie, któremu opowiedział o dziwnym stanie Marii.

8

Opinia lekarza. Józef wypytuje Marię. Wyjaśnienie Marii.

9 sierpień 1843

1. Przyjaciel Józefa był człowiekiem znającym się na rzeczy; był on bowiem lekarzem, który znał się na ziołach i często pomagał rodzącym niewiastom przy ciężkich porodach.

2. Poszedł z Józefem i nie wzbudzając podejrzeń, obejrzał Marię; a gdy ją obejrzał, rzekł do Józefa:

3. „Posłuchaj mnie, bracie z Abrahama, Izaaka i Jakuba, twojemu domowi przydarzyło się wielkie nieszczęście – gdyż spójrz – to dziewczę jest brzemienne!

4. Lecz ty sam też jesteś winien; bowiem spójrz, mija już szósta pełnia księżyca, jak przebywałeś poza domem na swojej budowie! – Powiedz, któż miał w tym czasie pilnować dziewczęcia?"

5. Ale Józef odpowiedział: „Pomyśl, Maria nie była nawet całe trzy tygodnie u mnie w domu na początku; a później całe trzy miesiące spędziła u swej krewnej Elżbiety!

6. Teraz upłynęły całe dwa księżyce, jak jest pod moim stałym nadzorem, i nikogo nie widziałem, kto by tu otwarcie lub skrycie przychodził.

7. A w czasie mojej nieobecności była w najlepszych rękach; mój syn, który ją do Elżbiety odprowadzał, złożył mi przed tym uroczystą przysięgę, że podczas całej podróży nie dotknie się nawet jej odzienia, chyba że zaistniałaby ku temu potrzeba w razie jakiegoś wypadku.

8. Tak więc posiadam całkowitą pewność, że Maria, wychodząc z mego domu, musiała być w pełni czystą, ale czy taką samą też pozostała w domu Zachariasza, to już jest całkiem inne pytanie!

9. Mogłobyż się to jej w Świątyni przytrafić przez jednego spośród sług Arcykapłana? – Przed taką myślą niechaj mnie Pan strzeże; albowiem to dawno by już odkrył sam Arcykapłan dzięki wspierającej go intuicji danej mu od Pana.

10. Lecz ja wiem, co uczynię, aby

trafić na właściwy ślad prawdy. Ty, przyjacielu, idź w pokoju, ja zaś wystawię swój dom na twardą próbę".

11. Przyjaciel Józefa, nie zwlekając, opuścił wkrótce dom Józefa; zaś Józef, zwróciwszy się do Marii, rzekł:

12. „Dziecko! Jakimże obliczem powinienem teraz zwrócić się do mego Boga? Cóż powinienem teraz powiedzieć o tobie?

13. Czyż nie wziąłem cię ze Świątyni jako czystą Dziewicę, czyż nie strzegłem cię, modląc się za ciebie sam i za pośrednictwem wiernych mi ludzi z mego domu?

14. Zaklinam cię zatem, abyś mi powiedziała – kim jest ten, który odważył się mnie oszukać i dopuścić się takiej hańby na mnie, synu Dawidowym, i na tobie – która również z tego rodu pochodzisz?

15. Któż ciebie, Dziewicę Pana, uwiódł i zhańbił?! – Kto mógł twoje najczystsze myśli tak zamącić? – I kto uczynił z ciebie drugą Ewę?!

16. Gdyż doprawdy powtarza się w mym domu i wciela historia Adama, i wygląda na to, że ciebie, tak samo jak Ewę, wąż uwiódł!

17. A zatem odpowiedz teraz na moje pytanie! Lecz idź i zastanów się; gdyż nie chciałbym, aby udało ci się mnie zmylić!" – Tu wtulił Józef swoją twarz w worek wypełniony popiołem i płakał.

18. Ale Maria drżała z wielkiego strachu, zaczęła płakać i szlochać, i nie mogła mówić z powodu wielkiego lęku i smutku.

19. Ale Józef podniósł się znowu i mówił nieco powściągliwym głosem do Marii:

20. „O, Mario, dziecko Boże, które Sam Bóg pod Swoją opiekę wziął, dlaczegoś ty mi to uczyniła? – Dlaczego swoją duszę tak bardzo poniżyłaś i zapomniałaś o twoim Bogu?

21. Jak mogłaś coś takiego uczynić, ty, która wychowana zostałaś w Przenajświętszym i pokarm z rąk Aniołów otrzymywałaś, i która bawiłaś się z promieniującymi sługami Bożymi?! – O, mów i nie milcz przede mną!"

22. Wtedy Maria przemogła się i powiedziała: „Ojcze Józefie, człowieku o surowej sprawiedliwości w sercu! Powiadam ci: jak prawdziwie Bóg żyje, tak prawdziwym jest to, żem jest czysta i niewinna i nie znam do dziś żadnego mężczyzny!"

23. Ale Józef zapytał: „Skąd jest w takim razie to, co pod swoim sercem nosisz?"

24. I Maria odpowiedziała: „Spójrz, jestem jeszcze dzieckiem i nie rozumiem tajemnic Bożych! Ale wysłuchaj mnie, ja chcę ci powiedzieć, co mnie spotkało! To wszystko jest tak prawdziwe jak to, że żyje ponad nami Bóg sprawiedliwy!"

9

Opowiadanie Marii o tajemniczych świętych wydarzeniach. Zakłopotanie i troska Józefa oraz jego decyzja, by potajemnie oddalić Marię. Józefowi ukazuje się we śnie Anioł. Maria pozostaje w domu Józefa.

10 sierpień 1843

1. I Maria opowiedziała Józefowi wszystko to, co jej się przydarzyło podczas pracy przy purpurze, a zakończyła to opowiadanie zapewnieniem:

2. „Dlatego mówię ci, ojcze, jeszcze raz: jak prawdziwie Bóg i Pan Niebios i Ziemi żyje, tak prawdziwie jestem czysta i nie miałam żadnego mężczyzny, i równie prawdziwie znam Tajemnicę Boga, którą pod moim sercem ku swojej udręce nosić muszę!"

3. W tym momencie zaniemówił Józef i bardzo się przestraszył; gdyż słowa Marii głęboko wniknęły w jego skołataną duszę i spostrzegł, że potwierdziło się jego skryte przypuszczenie.

4. Zaczął się zastanawiać i obmyślać, co powinien teraz uczynić i tak powiedział do siebie w swym sercu:

5. „Jeśli skryję to wszystko przed światem, ten nie dający się zaprzeczyć w oczach świata grzech – choć go za taki nie uznaję – to będę dla nich tym, który ukrywa niecny występek, i nie uniknę kary.

6. Jeżeli jednak postąpię wbrew swemu wewnętrznemu przeświadczeniu i objawię ją przed synami Izraela jako grzesznicę, mówiąc, że to, co ona pod sercem nosi, jest – tak jak ona mówi – dotknięciem Anioła,

7. wówczas zostanę uznany przed Bogiem jako ten, który przyczynił się do wylania krwi niewinnej i jej osądzenia?!

8. Cóż mam więc począć? Czy powinienem ją potajemnie opuścić, to znaczy potajemnie w górach ją ukryć w pobliżu granicy z Grecją? Czy też czekać na wskazówki od Pana – co mam dalej uczynić?

9. Jeśli jednak przyjdzie do mnie jutro albo pojutrze ktoś z Jerozolimy i rozpozna, że z Marią tak się mają rzeczy, co wtedy? – Tak, będzie chyba najlepiej, jeśli oddalę ją potajemnie i zatroszczę się o nią skrycie, tak że nikt inny, tylko moje dzieci o tym się dowiedzą!

10. A na pewno z biegiem czasu Pan jej niewinność wyjawi i wtedy wszystko skończy się dobrze; niechaj tak się stanie w imię Pana!"

11. O tym wszystkim powiedział Józef Marii, a ta, godząc się z wolą Józefa, po wysłuchaniu jego słów udała się na spoczynek, było już bowiem dość późno.

12. A Józef zatopiony w myślach zapadł w drzemkę; i ukazał mu się we śnie Anioł Pański, który rzekł do niego:

13. „Józefie, nie trwóż się z powodu Marii, najczystszej Dziewicy Pana! – Bowiem to, co ona pod sercem nosi, stworzone jest przez Ducha Świętego, i ty powinieneś, kiedy się narodzi, nadać Mu imię Jezus!"

14. W tym momencie zbudził się Józef ze snu i wielbił Boga Pana, który obdarzył go tak wielką łaską.

15. Rankiem przyszła Maria do Józefa, by mu oznajmić, że jest gotowa do podróży.

16. Lecz Józef objął dzieweczkę, przycisnął do swojej piersi i rzekł: „Mario, czysta Dziewico, zostaniesz u mnie; Pan przekazał mi dzisiaj świadectwo o tobie, gdyż to Dziecię, które się z ciebie narodzi, powinno nosić imię Jezus".

17. Tu poznała Maria, że Pan rozmawiał z Józefem, gdyż o imieniu tym Anioł mówił także jej, a ona tego imienia Józefowi nie wyjawiła.

18. I dbał potem Józef o dzieweczkę pieczołowicie i nie dopuścił, aby jej na czymkolwiek zbywało.

10

Rzymski spis ludności. Józef nie uczestniczy w naradzie miejskiej w Jerozolimie. Zdrajca Annasz.

11 sierpień 1843

1. W dwa tygodnie po tych wydarzeniach obradowała w Jerozolimie Wielka Rada z uwagi na to, że jak się dowiedziano od zamieszkałych w Jerozolimie Rzymian – cesarz miał wkrótce wydać nakaz spisania i zliczenia narodu żydowskiego.

2. Ta wiadomość przestraszyła Żydów, którym Prawo Mojżeszowe zabraniało liczenia ludzi.

3. Dlatego też zwołał Arcykapłan wielkie zgromadzenie, na które powinni się stawić najstarsi z ludu i mistrzowie rzemiosła, pośród których był też i Józef.

4. Ale Józef udał się w góry, żeby zakupić drewno potrzebne do budowy i nie było go przez kilka dni w domu.

5. Jednakże posłaniec z Jerozolimy, który przybył w tym czasie do domu Józefa, by wręczyć mu zaproszenie na to wielkie zgromadzenie, nie zastał Józefa w domu, ale otrzymał od jego najstarszego syna przyrzeczenie, że kiedy Józef do domu wróci, powiadomi go o tej sprawie niezwłocznie.

6. Józef wrócił do domu już nazajutrz. Syn Jozes powiadomił go zaraz o zaproszeniu, które nadeszło z Jerozolimy.

7. Ale Józef odrzekł: „Pięć dni chodziłem po górach i jestem zmęczony, moje nogi nie poniosą mnie dalej, jeżeli nie odpocznę przed tym kilka dni; dlatego ten jeden raz nie stawię się na wezwanie.

8. A poza tym to zgromadzenie na nic się nie zda, bowiem posiadający władzę cesarz Rzymu, którego berło już nawet nad krainami Scytów panuje, nie zwróci na nie najmniejszej uwagi i zrobi to, co zechce. Dlatego pozostanę spokojnie w domu".

9. Jednakże po trzech dniach przyszedł do Józefa z Jerozolimy niejaki Annasz, który był wielkim uczonym w Piśmie, i tak do niego powiedział:

10. „Józefie, ty znawco rzemiosła i uczony w Piśmie mężu z rodu Dawida! – Przyszedłem cię zapytać, dlaczego nie przyszedłeś na zgromadzenie?"

11. Józef, zwracając się do Annasza, rzekł: „Posłuchaj, byłem w górach pięć dni i nie wiedziałem, że zostałem tam zaproszony.

12. Dopiero, kiedy powróciłem do domu, otrzymałem wiadomość od mojego syna Jozesa, byłem jednak zbyt zmęczony i słaby, by udać się zaraz w drogę do Jerozolimy. Ponadto pomyślałem, że to zgromadzenie da niewiele albo zgoła nic".

13. Podczas gdy Józef przekazywał

te myśli Annaszowi, ten, rozglądając się dookoła, spostrzegł na nieszczęście wysoce brzemienną Dziewicę.

14. Dlatego też zupełnie jak niemy opuścił Józefa i podążył, najszybciej jak tylko mógł, do Jerozolimy.

15. Zadyszany zupełnie, udał się od razu po przybyciu do Arcykapłana i rzekł do niego:

16. „Posłuchaj mnie i nie pytaj już, dlaczego syn Dawida nie przybył na zgromadzenie; gdyż niesłychanie okropne rzeczy w jego domu odkryłem!

17. Józef, któremu Bóg i ty świadectwo daliście, tak iż mu pod opiekę powierzyliście Dziewicę Marię, nie do opisania głęboko i ciężko zhańbił się przed Bogiem i przed tobą!"

18. Arcykapłan przerażony wiadomością od Annasza, zapytał krótko: „Jak to, cóż to oznacza? – Mów całą prawdę albo jeszcze dziś oddam cię śmierci!"

19. A Annasz mówił: „Posłuchaj, Józef Dziewicę Marię, którą za wstawiennictwem Boga z tejże Świątyni Pana w opiekę otrzymał, zhańbił okrutnie; czego jej widoczna brzemienność jest wszak żywym świadectwem!"

20. Arcykapłan odrzekł na to: „Nie, Józef czegoś takiego nigdy by nie uczynił! – Może i Bóg dać fałszywe świadectwo?!"

21. Ale Annasz powiedział: „Zatem wyślij tam twoje najbardziej zaufane sługi, a wtedy przekonasz się, że Dziewica jest poważnie brzemienną; a jeśli tak nie jest, to niech zostanę tu ukamieniowany!"

11

Rozmyślanie o stanie Marii. Przesłuchanie Marii i Józefa. Józef użala się i uskarża Bogu. Wyrok śmierci na Józefa i Marię i ich usprawiedliwienie mocą wyroczni Boga. Maria staje się pełnoprawną żoną Józefa.

16 sierpień 1843

1. Arcykapłan chwilę się zastanowił i tak pomyślał: „Cóż ja mam teraz uczynić? Annasz jest pełen zazdrości, jeśli chodzi o dzieweczkę; a nie powinno się nigdy działać według rady człowieka zazdrosnego.

2. Jeżeli jednak z Marią jest tak rzeczywiście, a ja bym tę rzecz zlekceważył, co wtedy powiedzą synowie Izraela i do jakiej odpowiedzialności mnie pociągną?

3. Dlatego też wyślę potajemnie sługi do Józefa, a w przypadku potwierdzenia się tych złych wieści, przywiodą oni do mnie Józefa i dziewczę.

4. Jak Arcykapłan pomyślał, tak i zrobił; przywołał do siebie zaufane sługi i opowiedział im, co się w domu Józefa zdarzyło, a potem, nie zwlekając, wysłał ich z pouczeniem, jak się mają zachować, jeżeliby ta rzecz się potwierdziła.

5. Słudzy udali się pospiesznie do domu Józefa i znaleźli wszystko tak, jak im Arcykapłan opisał.

6. Najstarszy z nich rzekł do Józefa: „Posłuchaj, dlatego zostaliśmy tu ze Świątyni przysłani, abyśmy się naocznie przekonali o tym, jak się rzecz ma z Dziewicą, gdyż złe wieści dotarły do uszu Arcykapłana.

7. Niestety, znaleźliśmy tu smutne

potwierdzenie tego przypuszczenia; dlatego nie pozwól, żebyśmy użyli siły, i pójdź z nami i Marią do Świątyni, abyś z ust Arcykapłana wysłuchał sprawiedliwego osądu".

8. I Józef poszedł z Marią bez oporu za sługami, żeby stanąć przed sądem w Świątyni.

9. A gdy stanęli przed Arcykapłanem, ten, zdumiony, zwrócił się do Marii z powagą:

10. „Mario, dlaczegoś to uczyniła i jak mogłaś tak mocno splamić swą duszę?

11. Zapomniałaś Pana, Boga twego, ty, która wychowana zostałaś w najświętszym miejscu, gdzie codziennie przyjmowałaś pokarm z rąk Aniołów

12. i słuchałaś ich pochwalnych pieśni, i radowałaś się, grałaś i tańczyłaś przed Obliczem Boga. Mów, dlaczego coś takiego uczyniłaś?"

13. A wtedy Maria poczęła gorzko płakać i odpowiedziała, szlochając: „Jak prawdą jest, że Bóg, Pan Izraela żyje, tak jest prawdą, żem jest czysta i nigdy nie miałam mężczyzny! Zapytaj wybranego przez Boga Józefa!"

14. I zwrócił się Arcykapłan do Józefa, zapytując go: „Józefie, zaklinam ciebie w imię wiecznie żyjącego Boga: powiedz mi, nic nie ukrywając – jakże się to stało? Czyś ty to uczynił?"

15. I Józef mówił: „Powiadam ci, wobec wszystkiego, co tak dla mnie jak i dla ciebie jest święte: jak prawdą jest, że żyje Pan, Bóg mój, tak samo i ja jestem naprawdę czysty przed tą Dziewicą jak i przed tobą, i przed Bogiem!"

16. Na to Arcykapłan powiedział: „Nie mów fałszywego świadectwa, lecz wyznaj przed Bogiem prawdę! Mówię ci: zataiłeś twój ślub, nie powiadomiłeś o nim Świątyni i nie skłoniłeś swojej głowy pod ręką Wiecznie Mocnego, ażeby pobłogosławił On twoje nasienie! Dlatego powiedz prawdę!"

18 sierpień 1843

17. Na to zamilkł Józef i nie mógł wydobyć z siebie ani słowa; gdyż zbyt gorzko niesprawiedliwe było oskarżenie Arcykapłana.

18. A gdy tak Józef w głębokim milczeniu stał przed Arcykapłanem i nie mógł nic powiedzieć, otworzył Arcykapłan swe usta, mówiąc:

19. „Oddaj nam z powrotem Dziewicę, którą otrzymałeś ze Świątyni Pańskiej, która była tak czystą, jako wschodzące słońce w najświętszy poranek".

20. Józef stał tam, zalewając się łzami, i po głębokim westchnieniu powiedział:

21. „Panie, Boże Abrahama, Izaaka i Jakuba – co ja, biedny starzec, przed Tobą złego uczyniłem, że karzesz mnie tak dotkliwie?!

22. Zabierz mnie z tego świata; gdyż jest mi zbyt ciężko, jako sprawiedliwemu przed Tobą i światem, taką hańbę znosić.

23. Mego ojca Dawida skarciłeś za to, że zgrzeszył i krzywdę uczynił Urjaszowi.

24. Ale ja nie skrzywdziłem nikogo i nie przywłaszczyłem sobie niczyjej rzeczy ani zwierzęcia, które by należało do kogokolwiek, i przestrzegam przykazań Twoich zawsze i do końca, o Panie, więc czemu pomimo to karzesz mnie cierpieniem?

25. O, pokaż mi jakiś grzech, który bym popełnił przed Tobą, a chętnie poniosę karę ognia. Gdybym zgrzeszył przed Tobą, niechaj przeklętym

będzie dzień i godzina mego narodzenia!"

26. Arcykapłan, rozgoryczony mową Józefa, odrzekł w wielkim poruszeniu duszy:

27. „Dobrze, że wyznajesz, iż gotów jesteś ponieść karę Bożą za swe przewinienia – dam wam obojgu wypić zaklętej wody Boga Pana i ukazany zostanie wasz grzech oczom waszym i oczom całego ludu".

28. I wziął Arcykapłan zaklętą wodę, i dał ją wypić Józefowi, i posłał go – zgodnie z Prawem – w wyznaczony w tym celu rejon gór, nieopodal Jerozolimy.

29. I dał tę wodę także Dziewicy, żeby ją wypiła, i również ją wysłał w góry.

30. Po trzech dniach wrócili oboje bez jakiejkolwiek szkody z powrotem i cały lud dziwił się, że grzech ich nie został na nich ujawniony przy pomocy żadnego znaku.

31. Widząc to, zdziwiony wielce Arcykapłan przemówił do nich: „Ponieważ Bóg nie ujawnił waszego grzechu, więc i ja nie będę was sądził, lecz uznaję was za niewinnych i wolnych.

32. A że Dziewica brzemienną jest, niechaj zostanie za pokutę twoją żoną, dlatego że została brzemienną w sposób mi niewyjaśniony; i niechaj nigdy innego mężczyzny nie weźmie, nawet gdyby została w młodym wieku wdową. Niech tak się stanie! A teraz idźcie w pokoju!"

33. Józef zabrał Marię i poszedł z nią w rodzinne strony, i radował się, chwaląc i wielbiąc Pana, swego Boga. A jego radość była tym większa, że Maria stała się teraz jego pełnoprawną żoną.

12

Zarządzenie Augusta, spisanie i policzenie mieszkańców kraju. Nowa zgryzota, a także pociecha.

19 sierpień 1843

1. I spędził Józef w swoim domu w radosnym nastroju dwa miesiące z Marią, i pracował na jej utrzymanie.

2. Ale czas upływał, i gdy przybliżył się czas porodu, przyszło nowe uderzenie losu, które przysporzyło Józefowi wiele zmartwień.

3. Rzymski cesarz August wydał oto zarządzenie, aby we wszystkich podległych mu krainach policzeni i spisani zostali wszyscy jego poddani; chodziło mu o podatek i sporządzenie rejestru mężczyzn zdolnych do służby wojskowej.

4. Również i Nazaretanie nie byli spod prawa służby wojskowej wyłączeni, dlatego Józef zmuszony był wybrać się do Betlejem, miasta Dawidowego, aby stanąć przed rzymską komisją.

5. A kiedy dowiedział się o tym nakazie, z powodu którego już wcześniej wzywany był do Jerozolimy na zebranie, rzekł sam do siebie:

6. „Mój Boże i mój Panie, jakiż to ciężki jest cios dla mnie, kiedy rozwiązanie Marii jest tak bliskie.

7. Co powinienem teraz uczynić? Synów muszę tam zapisać, bowiem oni także podlegają służbie wojskowej; ale co mam począć z Marią?

8. Nie mogę jej pozostawić w domu; cóż bowiem pocznie, gdy przyjdzie czas jej porodu?

9. Wezmę ją ze sobą, lecz któż mi zaręczy, że w drodze nie nadejdzie jej czas, a ja nie będę wiedział, co z nią począć? Wszak jest jeszcze bardziej dzieckiem niż dorosłą kobietą?

10. A jeśli ją z wielkim trudem doprowadzę przed rzymskich urzędników, jak powinienem ją tam zapisać?

11. Czy jako moją żonę – chociaż o tym nikt przecież nie wie oprócz mnie i Arcykapłana?!

12. Doprawdy, wstyd mi przed synami Izraela, gdyż oni wiedzą, żem człowiek sędziwy, po siedemdziesięciu latach życia! Jak się przed nimi wytłumaczę, jeśli ledwie piętnastoletnie dziecię, do tego widocznie brzemienne, jako moją pełnoprawną żonę zapisać każę?!

13. A może powinienem ją jako córkę zapisać? – Ale synowie Izraela wiedzą przecież, skąd Maria pochodzi i że nie jest moją córką.

14. Każę ją chyba jako powierzoną mi Dziewicę Pana zapisać – ale co mi powiedzą wówczas ci, którzy nie znają wszak mojego oczyszczenia w Świątyni, kiedy ujrzą Marię w odmiennym stanie?

15. Tak, wiem co uczynię: doczekam dnia Pańskiego! A w tym dniu uczyni Pan, Bóg mój, co On zechce, i tak będzie najlepiej. Niech się tak stanie".

13

Słowa pociechy starego przyjaciela Józefa. Zalecenia Józefa dla jego pięciu synów. Pocieszające świadectwo z góry. Radosne wyruszenie w drogę.

21 sierpień 1843

1. Jeszcze tego samego dnia przybył do Józefa jego stary, mądry przyjaciel z Nazaretu i rzekł do niego:

2. „Bracie, spójrz, Pan prowadzi Swój lud poprzez rozmaite pustynie i stepy. Kieruje On także i tymi, którzy ochoczo podążają i dochodzą do właściwego celu.

3. Znieważani byliśmy w Egipcie i płakaliśmy pod babilońskiem jarzmem, a Pan nas pomimo to wolnymi uczynił.

4. Teraz Rzymianie wypuścili na nas swe orły; jest to wola Pana. Dlatego będziemy czynić to, co On chce; On wie lepiej, dlaczego tak czyni!"

5. Dobrze Józef pojął wszystko, co mu jego przyjaciel powiedział, a gdy przyjaciel opuścił jego dom, powiedział Józef swym synom:

6. „Posłuchajcie mnie! Wola Pana jest taka, abyśmy wszyscy udali się do Betlejem; a więc i uczynimy według woli Pana.

7. Ty, Joelu, osiodłaj oślicę dla Marii i załóż siodło z oparciem, a ty Jozesie okiełzaj wołu i zaprzęgnij do wozu, w którym będziemy wieźć żywność.

8. Zaś wy, Samuelu, Symeonie i Jakubie, załadujcie na wóz nie psujące się zbyt szybko owoce, chleb, miód i ser i weźcie tyle tego wszystkiego, aby nam na czternaście dni starczyło, gdyż nie wiemy, kiedy przyjdzie kolej na naszą rejestrację, ani kiedy będziemy wolni, i co może się z Marią po drodze stać! Dlatego włóżcie także do wozu czyste płótno lniane i pieluszki".

9. Synowie poszli i przygotowali

wszystko tak, jak im Józef przykazał.

10. Kiedy wszystko zgodnie z wolą Józefa uczynili, przyszli i oznajmili to Józefowi.

11. A wówczas Józef ukląkł wraz z całym swoim domem i modląc się, powierzył wszystko w ręce Pana.

12. Gdy skończył się modlić, chwalić i wielbić Pana, posłyszał głos, jakby spoza domu, który mówił:

13. „Józefie, wierny synu Dawida, który był mężem według Serca Bożego.

14. Kiedy Dawid wyruszył do boju z olbrzymem, była z nim ręka Anioła, którego mu Pan postawił do pomocy, i patrz, twój ojciec stał się wielkim zwycięzcą.

15. Ale z tobą jest On Sam, który wiecznie był, który Niebo i Ziemię stworzył, który za czasów Noego rozkazał, ażeby deszcz przez czterdzieści dni oraz nocy padał i zatopił wszystką nieprzychylną Mu podłość.

16. Który Abrahamowi dał Izaaka, który twój naród wyprowadził z Egiptu i z Mojżeszem w mocy i grozie Swej potęgi rozmawiał na Synaju!

17. Spójrz, Ten oto jest w twym domu we własnej osobie i uda się z tobą do Betlejem; dlatego bądź bez bojaźni, gdyż On nie dopuści, by nawet jeden włos spadł z twej głowy!"

18. A gdy Józef te słowa usłyszał, rozradował się wielce, dziękował Panu za Jego łaskę i kazał wszystkim co rychlej do podróży się przygotować.

19. Wziął Marię i posadził ją na oślicy tak miękko i wygodnie, jak to było tylko możliwe, ujął w ręce cugle i podążając obok, poprowadził zwierzę.

20. Synowie zaś poprowadzili wóz z ładunkiem, jadąc w ślad za oślicą.

21. Po jakimś czasie przekazał Józef cugle swojemu najstarszemu synowi; sam zaś szedł u boku Marii; albowiem momentami była słaba i nie była w stanie utrzymać się sama w siodle.

14

Widzenia Marii w czasie podróży. Nadejście bólów porodowych. Ułożenie Marii w jednej z pobliskich jaskiń.

23 sierpień 1843

1. A gdy nasza pobożna gromadka była już w odległości sześciu godzin drogi od Betlejem, zrobiono postój na odpoczynek pod gołym niebem.

2. Wtem Józef popatrzył na Marię i spostrzegł, że musi mieć boleści; zakłopotany pomyślał sobie:

3. „Co to może być? Oblicze Marii jest pełne bólu, a oczy jej są pełne łez! Może nadszedł jej czas?"

4. A gdy spojrzał na Marię jeszcze raz dokładnie, to ku swemu wielkiemu zdziwieniu ujrzał, że się śmieje!

5. Dlatego też od razu ją zapytał: „Mario, powiedz mi, co z tobą? Bo widzę twoje oblicze pełne boleści, a wkrótce potem rozjaśnione i uśmiechnięte!"

6. Maria na to odpowiedziała Józefowi: „Popatrz, mam przed sobą dwa narody. Jeden płakał i dlatego także ja zmuszona byłam płakać.

7. Natomiast drugi wędrował przede mną radośnie, dlatego i ja byłam radosna, a z mojej twarzy odczytać można było boleść i radość".

8. Kiedy to Józef usłyszał, uspokoił

się, wiedział bowiem, że Maria często ma widzenia; dał przeto znak do dalszej podróży i wyruszyli w drogę do Betlejem.

9. A kiedy byli już blisko Betlejem, rzekła nagle Maria do Józefa:

10. „Słuchaj Józefie: To, co jest we mnie, zaczyna mi bardzo doskwierać, naciska; dlatego zatrzymajmy się!"

11. Józef przeraził się okropnie, słysząc tę nagłą wypowiedź Marii; bowiem zrozumiał teraz, że przyszło to, czego się najbardziej obawiał.

12. Kazał więc niezwłocznie się zatrzymać. A tymczasem Maria zwróciła się znowu do Józefa:

13. „Zdejmij mnie z oślicy, bowiem To, co jest we mnie, uciska mnie potężnie i chce się wydostać ze mnie! Nie jestem już w stanie temu uciskowi dłużej się przeciwstawiać".

14. Ale Józef mówił: „Ależ w imię Pana! Przecież widzisz, że nie ma tutaj żadnego schronienia, dokąd mógłbym cię poprowadzić?"

15. Ale Maria rzekła na to: „Spójrz, tam w kierunku góry jest jaskinia; do niej jest zaledwie sto kroków! Poprowadźcie mnie tam; gdyż nie jestem już w stanie pójść gdzieś dalej!"

16. Józef skierował tam zaraz swój wóz i na szczęście znalazł w pieczarze – która w razie potrzeby służyła pasterzom za stajnię – trochę siana i słomy, z których uczyniono bez zwłoki proste łoże dla Marii.

15

Maria w jaskini. Józef poszukuje położnej w Betlejem. Cudowne doświadczenia Józefa. Znaki natury. Spotkanie Józefa z położną.

24 sierpień 1843

1. A kiedy łoże było już gotowe, wprowadził od razu Józef Marię do groty, a Maria ułożyła się na łożu, co sprawiło jej wielką ulgę.

2. A gdy z samopoczuciem Marii było lepiej, przemówił Józef do swoich synów:

3. „Wy oboje, najstarsi, pilnujcie Marii i udzielcie jej w razie potrzeby pomocy, zwłaszcza ty, Joelu, który w tej sprawie masz już pewną wiedzę zdobytą u mojego przyjaciela z Nazaretu!"

4. Pozostałym trzem nakazał, żeby zatroszczyli się o oślicę oraz wołu, a także wprowadzili wóz do jaskini, która była dosyć obszerna i wszystko mogła pomieścić.

5. Potem, gdy Józef wszystko rozrządził i uporządkował, rzekł do Marii: „Pójdę teraz na górę, do miasta mego ojca, i co rychlej odszukam położną, i przywiodę ją tutaj, ażeby ci była ku pomocy!"

6. Po tych słowach wyszedł Józef z jaskini, a było już dość późno i widać już było gwiazdy na niebie.

7. Ale dziwne zdarzenia, których doświadczył Józef przy tym wyjściu z groty, pragniemy słowami Józefa odtworzyć, którymi on opowiedział to synom swoim, gdy powrócił z położną do jaskini, a Maria już porodziła.

8. A te słowa Józefa brzmiały tak: „Dzieci! Stoimy na progu wielkich wydarzeń! – Nie rozumiem jeszcze, co mówił do mnie głos wieczorem w przeddzień naszego wyruszenia; ale doprawdy, jeśliby nie było między nami Pana – chociażby nawet

niewidzialnego – obecnego tu i teraz, nie mogłyby się wydarzyć takie cudowne rzeczy, których doznałem!

9. Posłuchajcie mnie! – Kiedy wyszedłem z jaskini, to miałem wrażenie, jakbym szedł, ale też jakbym nie szedł; – i ujrzałem wschodzący księżyc w pełni i gwiazdy wschodzące, a zarazem jakby nieruchome, i pomyślcie, wszystko stało, a księżyc nie opuścił skraju ziemi, a gwiazdy na wieczornym niebie nie chciały już nigdy więcej zajść!

10. Potem ujrzałem całe gromady, gromady ptaków siedzących na gałęziach drzew; a wszystkie ich główki skierowane były w stronę tej groty i trzęsły się jak przed wielkim trzęsieniem ziemi, i nie można było ich spłoszyć z ich miejsc ani krzykiem, ani rzuconymi kamieniami.

11. I ponownie skierowałem swój wzrok ku ziemi i ujrzałem niedaleko mnie grupę robotników siedzących wokół misy napełnionej jedzeniem; niektórzy z nich trzymali ręce nieruchomo w misie i nie mogli nabrać z niej jadła.

12. Ci zaś, którzy już wcześniej nabrali kęsy z misy, trzymali je w rękach przed ustami i nie mogli otworzyć ust, ażeby te kęsy spożyć; a ich oczy zwrócone były w górę, jakby oglądali wielkie rzeczy na niebie!

13. A potem widziałem owce pędzone przez pasterzy; ale owce te stały bez ruchu, a ręka pasterza uniesiona w górę, aby stojące owce skarcić, także zastygła w powietrzu i nie mógł nią poruszyć.

14. I widziałem również całe stado kozłów, które trzymały pyski nad powierzchnią wody, ale nie mogły się jej napić, bowiem wszystkie były jak sparaliżowane.

15. Widziałem także strumyk, który spływając z góry, tworzył wodospad, i uwierzcie mi, oto woda ta stała spokojnie i nie spływała w dolinę! – I na powierzchni Ziemi tak wyglądało, jakby nie było na niej życia ani żadnego ruchu.

16. Kiedy więc tak stałem, czy też szedłem, nie wiedząc, czy idę, czy stoję, słuchajcie, ujrzałem nareszcie znowu życie!

17. Jakaś kobieta schodziła właśnie z gór, idąc prosto w moim kierunku i zapytała mnie, gdy była już przy mnie: «Człowieku, dokąd zmierzasz tak późno?»

18. A ja jej odpowiedziałem: «Szukam położnej; gdyż tam w jaskini jest kobieta, która będzie rodzić».

19. A niewiasta ta, odpowiadając, rzekła: «Czy ona jest z Izraela?» – A ja odpowiedziałem: «Tak, pani, ja i ona jesteśmy z Izraela; Dawid jest naszym ojcem!»

20. A kobieta ta mówiła dalej, pytając: «Kim jest ta w jaskini, która chce rodzić? Jest twoją kobietą, czy krewną lub jakąś dziewczyną?»

21. A ja jej odpowiedziałem: «Od niedawna – jedynie przed Bogiem i Arcykapłanem – jest moją żoną. Lecz nie była moją kobietą, kiedy stała się brzemienna; była mi tylko dzięki świadectwu Boga pod opiekę powierzona ze Świątyni, gdzie była przedtem wychowywana w Przenajświętszym miejscu!

22. Ale nie dziw się z powodu jej brzemienności; to bowiem, co jest w niej, jest w cudowny sposób poczęte przez Ducha Świętego!» – Ale kobieta zdziwiła się i powiedziała do mnie: «Człowieku, powiedz mi prawdę!» – Ale ja odpowiedziałem jej: «Chodź, zobacz i przekonaj się sama na własne oczy!»”.

16

Zjawiska przy jaskini. Widzenie senne położnej i jej prorocze słowa. Położna przy Marii i przy Dziecku. Wątpliwości Salomei, siostry położnej, co do dziewictwa Marii.

25 sierpień 1843

1. Kobieta zgodziła się i udała się w ślad za Józefem do jaskini; a kiedy do niej przyszli, nagle cała jaskinia otulona została gęstym białym obłokiem tak, że nie mogli znaleźć do niej wejścia.

2 A położna zadziwiła się wielce tym, co ujrzała, i powiedziała do Józefa:

3. „Coś niezwykłego spotkało oto moją duszę! – Dziś rano miałam wielkie przecudowne widzenie, w którym wszystko ukształtowane było tak, jak teraz widziałam, jak widzę i jak jeszcze więcej zobaczę!

4. Ty jesteś tym samym mężczyzną, który w moim widzeniu wyszedł mi naprzeciw; a ja widziałam, jak świat pogrążony był w ciszy i bezruchu, i widziałam tę grotę, jak otulał ją obłok, i rozmawiałam z tobą, jak i teraz rozmawiam.

5. I widziałam w jaskini jeszcze więcej cudowności, i z tego widzenia zwierzyłam się siostrze mej Salomei, która do mnie rano przyszła.

6. I dlatego też właśnie teraz mówię przed tobą oraz przed Bogiem, moim Panem: Izrael dostąpił wielkiego zbawienia! Wybawiciel przyszedł, z góry zesłany w czasie naszej wielkiej potrzeby!"

7. Po tych słowach położnej ustąpił obłok, który otulał jaskinię, a tuż po tym zajaśniało z wnętrza jaskini bijące, potężne światło, którego promienie oświetliły położną oraz Józefa tak, że oczy ich nie były w stanie znieść jego blasku; położna powiedziała: „Prawdą jest wszystko, co ja w widzeniu widziałam! – O człowieku! Tyś szczęśliwy, bo tutaj jest więcej aniżeli Abraham, Izaak, Jakub, Mojżesz i Eliasz!"

8. A po tych słowach światło poczęło stopniowo słabnąć, stając się coraz bardziej znośne, i stało się widoczne Dzieciątko, jak po raz pierwszy ssało pierś Matki.

9. Położna weszła do jaskini z Józefem, obejrzała Dzieciątko i Matkę, a kiedy stwierdziła, że wszystko jak najwspanialej rozwiązało się, powiedziała:

10. „Doprawdy, doprawdy, oto jest ten przez wszystkich proroków opiewany Wybawiciel, który już w łonie Matki wolny był od więzów, ażeby przez to zapowiedzieć, że On wszystkie twarde więzy prawa rozwiąże!

11. Kto kiedy widział, żeby ledwo co narodzone dziecię już po pierś matki sięgało?!

12. To świadczy i przekonuje od razu, iż Dziecię to w przyszłości jako Mężczyzna ten świat sądzić będzie według miłości, nie zaś według prawa!

13. Słuchaj, najszczęśliwszy mężu tej Dziewicy! Wszystko jest w najlepszym porządku, dlatego pozwól mi już jaskinię opuścić, gdyż jest mi ciężko na sercu, albowiem czuję że nie jestem dość czysta, żebym taką świętość i bliskość mojego i twojego Boga i Pana znosić godną była!"

14. Józef przeląkł się, słysząc słowa położnej. – Lecz ona, nie czekając, pospiesznie wyszła z jaskini.

15. A gdy wyszła, spotkała swoją siostrę Salomeę, która udała się za nią śladem jej ujawnionego widzenia; i powiedziała do niej:

16. „O, Salomeo, Salomeo! Chodź i zobacz me poranne widzenie spełnione w rzeczywistości! – Ta Dziewica w pełni prawdy urodziła, czego ludzka mądrość i natura nie będzie nigdy w stanie pojąć!"

17. Lecz Salomea odpowiedzała: „Jak prawdą jest, że Bóg żyje, nie mogę uwierzyć, że dziewica porodziła, zanim nie zbadam jej moją ręką!"

17

Prośba niewierzącej Salomei do Marii. Świadectwo Salomei o nienaruszonym dziewictwie Marii. Sąd Boży. Polecenie Anioła dane Salomei. Uzdrowienie Salomei.

26 sierpień 1843

1. Powiedziawszy to, Salomea weszła do jaskini i zwróciła się do Marii:

2. „Mario, moja dusza jest w rozterce; dlatego proszę cię, bym mogła swą doświadczoną ręką zbadać cię i stwierdzić twe dziewictwo!"

3. Maria zezwoliła, żeby niewierna Salomea sama się o jej dziewictwie przekonała; przygotowała się i pozwoliła zbadać.

4. A gdy Salomea, sprawdzając, dotknęła swą ręką ciała Marii, w tym samym momencie wydała przerażający jęk i poczęła głośno krzyczeć:

5. „O, biada, biada mi przez moją bezbożność i niewiarę! – gdyż patrzcie, patrzcie tutaj! – moja dłoń pali się w ogniu boskiego gniewu nade mną nędzną!!!"

6. Po tych słowach upadła przed Dziecięciem na kolana i mówiła:

7. „O Boże mych ojców! Wszechmocny Panie wszelkiej wspaniałości! Wspomnij na mnie, że także i ja jestem z nasienia Abrahama, Izaaka i Jakuba!

8. Nie wystawiaj mnie na pośmiewisko przed synami Izraela, lecz obdaruj mnie z powrotem zdrową ręką!"

9. I oto w tym momencie stanął Anioł Pański obok Salomei i rzekł do niej: „Wysłuchał Pan Bóg twego błagania; podejdź do Dzieciępcia i noś Je na swoich rękach, a doświadczysz wielkiego uzdrowienia!"

10. Gdy Salomea to usłyszała, udała się na kolanach przed Marię i poprosiła ją o Dziecię.

11. Maria chętnie dała jej Dzieciątko i rzekła do niej: „Oby to było dla twego uzdrowienia – według tego, co powiedział Anioł Pana: niechaj Pan zmiłuje się nad tobą!"

12. I wzięła Salomea Dziecię na swoje ręce i nosiła Je na klęczkach, mówiąc od chwili, gdy tylko miała Dziecię na rękach:

13. „O Boże! Ty wszechmocny Panie Izraela, który rządzisz i panujesz przez wieczność! W całej pełni prawdy jest tu Król Izraela zrodzony, który będzie potężniejszy niż Dawid, mąż według Serca Bożego! Wychwalany i uwielbiany bądź przeze mnie wiecznie!"

14. Po tych słowach została Salomea w jednej chwili całkowicie uzdrowiona i oddała Dzieciątko Marii, pełna wdzięczności i skruszonego serca, i wyszła jako usprawiedliwiona z jaskini.

15. Gdy tylko wyszła na zewnątrz, chciała od razu głośno krzyczeć o tym wielkim cudzie nad cudami i zaczęła wkrótce opowiadać swej siostrze, co ją spotkało.

16. Ale w tej samej chwili zabrzmiał głos z góry, który przemówił do Salomei: „Salomeo, Salomeo! Nie rozpowiadaj nikomu, co cię tu niezwykłego spotkało; gdyż wpierw musi przyjść czas, kiedy Pan z Siebie Samego świadczyć będzie przez Słowo i Czyny!"

17. Na to Salomea zaraz zamilkła, a Józef wyszedł z jaskini, prosząc obie siostry, według życzenia Marii, aby weszły z powrotem do jaskini, by nikt nie zauważył, że wydarzyło się w niej coś cudownego – I obie siostry weszły pokornie z powrotem do jaskini.

18

Nocny spoczynek Świętej Rodziny w jaskini. Pieśń pochwalna Aniołów o poranku. Pokłon pasterzy. Wyjaśniające słowa Anioła do Józefa.

28 sierpień 1843

1. A kiedy wszyscy zgromadzeni byli w jaskini, synowie zapytali ojca swego, Józefa:

2. „Ojcze, cóż powinniśmy teraz uczynić? Wszystko jest dobrze zaopatrzone! Podróż nas zmęczyła; czy nie możemy ułożyć się do spoczynku?"

3. A Józef odpowiedział: „Dzieci! Widzicie, jakiej nieskończonej łaski doznaliśmy wszyscy: dlatego też powinniście czuwać i Boga wielbić ze mną!

4. Widzieliście wszak, co stało się z niewierzącą Salomeą w jaskini; dlatego też i my nie powinniśmy być śpiący, kiedy Pan nas nawiedza!

5. Podejdźcie do Marii i dotknijcie Dzieciątka; kto wie, czy wasze powieki nie zostaną teraz wzmocnione, tak jakbyście przez wiele godzin mocno spali!"

6. I synowie Józefa podeszli do Dzieciątka, i dotykali Je; a Dziecię uśmiechało się do nich i wyciągnęło Swoje rączki, jakby rozpoznawało Swoich braci.

7. Dlatego też wszyscy bardzo się dziwili i mówili: „Doprawdy, to nie jest zwykłe Dzieciątko! Gdzież bowiem widział ktoś coś podobnego, aby zostać przez właśnie narodzone dziecko w taki oto boski sposób przywitanym?!

8. I do tego zupełną prawdą jest, że zostaliśmy wzmocnieni nagle na całym naszym ciele, jak byśmy żadnej podróży nie mieli za sobą, tylko obudzili się w domu rano dobrze wypoczęci!"

9. I Józef powiedział po tym: „Widzicie więc, że rada moja była dobra. Uważam jednak, że zaczyna się robić całkiem chłodno; dlatego przyprowadźcie tutaj osła i wołu! Zwierzęta te ułożą się wokół nas i swoim oddechem i swoim ciepłem ogrzeją nas, i dlatego również i my ułożymy się wokół Marii!"

10. I synowie uczynili tak, jak polecił Józef. A gdy przyprowadzono oba zwierzęta w pobliże Marii, od razu ułożyły się one na części jej łoża i oddychały pilnie w kierunku Marii i Dzieciątka, ogrzewając ich

całkiem dobrze.

11. A położna powiedziała: „Doprawdy, to nie jest bez Bożej przyczyny, jeśli nawet zwierzęta służą, jakby miały rozsądek i zrozumienie!"

12. A Salomea odpowiedziała: „Och siostro! Wygląda na to, że zwierzęta te widzą więcej niż my! – I co my ośmielamy sobie zaledwie myśleć, zwierzęta już wiedzą i oddają hołd Temu, który je stworzył!

13. Wierz mi siostro, jak prawdziwie Bóg istnieje, tak samo prawdziwie jest i tutaj, przed nami, obiecany nam Mesjasz; gdyż wiemy, że nawet przy narodzinach największych proroków nigdy nie działy się takie cudowne rzeczy!"

14. A Maria powiedziała do Salomei: „Bóg i Pan okazał ci wielką łaskę, skoro widzisz takie rzeczy, przed którymi już sama dusza moja drży!

15. Ale milcz o tym, jak ci przedtem już Anioł Pana nakazał; bo inaczej mogłabyś przykre następstwa na nas ściągnąć!"

16. Salomea przyrzekła Marii, że będzie milczeć jak życie jej długie, a położna poszła w ślad swojej siostry.

17. I tak uspokoiło się wszystko w jaskini. Ale około godziny przed wschodem słońca usłyszeli wszyscy potężny śpiew pieśni pochwalnej na zewnątrz przed jaskinią.

18. I Józef wysłał najstarszego ze swoich synów, aby zobaczył, cóż to jest, i któż tak donośnie śpiewa na cześć i chwałę Boga.

19. I Joel udał się na zewnątrz, i ujrzał, że cała przestrzeń firmamentu wypełniona jest wysoko i nisko miriadami świetlistych Aniołów. Joel, zadziwiony, pospiesznie wrócił do jaskini i opowiedział wszystkim, co zobaczył.

29 sierpień 1843

20. A wszyscy zadziwili się bardzo tym, co im opowiedział Joel, i udali się na zewnątrz, i przekonali się o prawdziwości jego zeznania.

21. Po ujrzeniu tej cudowności Pana udali się znowu do jaskini i opowiedzieli o wszystkim także i Marii. A Józef powiedział do Marii:

22. „Posłuchaj, najczystsza Dziewico Pana, Owoc twojego ciała jest prawdziwie poczęty przez Świętego Ducha Bożego; gdyż wszystkie znaki na niebie świadczą o tym.

23. Lecz co się stanie z nami, jeśli cały świat będzie musiał dowiedzieć się o tym, co się tu wydarzyło? Gdyż to, że nie tylko my, ale też i inni ludzie widzą, jakimi znakami Niebiosa promieniują – zauważyłem u wielu pasterzy, których oblicza ku górze skierowane były!

24. Którzy śpiewali razem z potężnym chórem Aniołów, co – wszystkim widoczny – wypełniał wszystkie przestrzenie niebios od wysokości aż do samej ziemi!

25. Zaś ich śpiew brzmiał tak jak i Aniołów: «Opuśćcie się niżej, Niebiosa Sprawiedliwego! Pokój ludziom na tej Ziemi, tym, którzy są dobrej woli!» oraz: «Chwała na wysokości Temu, który w imieniu Pana przychodzi!»

26. Spójrz, o Mario, o tym słyszy i dowiaduje się w tejże chwili cały świat; więc przyjdzie też i tutaj i będzie nas prześladować, a my będziemy musieli uciekać przez góry i doliny.

27. Dlatego myślę, że powinniśmy się podnieść stąd najszybciej jak to możliwe, a gdy tylko zostanę spisany – co jeszcze dziś rano powinno się stać – udamy się z powrotem do Nazaret, a stamtąd dalej, do Greków,

z których niektórzy są mi dobrze znani. – Czy ty też tak uważasz?”

28. Ale Maria powiedziała do Józefa: „Widzisz przecież, że nie mogę opuścić jeszcze łoża; dlatego pozostawmy to w rękach Pana! On nas prowadził aż dotąd i ochraniał, tak też będzie nas na pewno dalej prowadził i wiernie dalej ochraniał!

29. Ale jeśli jest wolą Pana przed światem nas objawić, to powiedz: dokąd uciec, gdzie Jego Niebiosa nie będą chciały nas odkryć?!

30. Dlatego niech stanie się wola Jego! – Co On zechce, to będzie właściwe. Spójrz, tu na mej piersi spoczywa Ten, któremu wszystko to jest poświęcone!

31. Ale Ten pozostaje z nami i dlatego też wielka wspaniałomyślność Boga nie opuści nas, i możemy uciekać, dokąd tylko byśmy zawsze zechcieli!”

32. Zaledwie Maria zdążyła to wypowiedzieć, a już dwa Anioły stały jako przewodnicy wielkiej ilości pasterzy przed jaskinią, wskazując pasterzom, że tutaj Ten jedyny narodził się, któremu przynależy oddany hołd w ich pieśniach pochwalnych.

33. I pasterze wstąpili do jaskini, uklękli przed Dzieciątkiem i modlili się do Niego; i Aniołowie przybyli również całymi gromadami, i modlili się do Dzieciątka.

34. Ale Józef spoglądał ze swoimi synami to na Marię, to na Dzieciątko zupełnie zadziwiony i mówił: „O Boże, cóż to wszystko znaczy? – Czyżbyś to Ty Sam ciało przybrał w tym oto Dziecku?

35. Jak inaczej mogłoby być możliwym, że jesteś oto Sam przez Twoich świętych Aniołów ubóstwiany? Ale gdy jesteś tutaj, o Panie, to co się stanie ze Świątynią – oraz z tym Przenajświętszym?!”

36. A wówczas przystąpił Anioł do Józefa i powiedział do niego: „Nie pytaj i nie troszcz się; albowiem Pan wybrał Ziemię jako miejsce misterium Swego ulitowania i nawiedził obecnie Swój naród zgodnie z proroctwem, jak też i było przepowiedziane przez usta dzieci Jego, Jego sług i proroków!

37. A to, co wydarzyło się przed oczami twoimi, stało się według woli Tego, który jest Święty ponad świętymi!”

38. Tu opuścił Anioł Józefa i udał się, ubóstwiając i modląc się, znowu do Dzieciątka, które wszystkich modlących się otwartymi rączkami witało i uśmiechało się do nich.

39. A kiedy słońce tylko wzeszło, znikli Aniołowie; a pasterze zaczęli wypytywać Józefa, jak mogło wydarzyć się coś podobnego.

40. A Józef powiedział: „Słuchajcie, tak jak w cudowny sposób trawa wyrasta z ziemi, tak samo i wydarzył się ten cud! Ale kto wie, jak rośnie trawa? – Tak i ja wiem za mało, aby wam wyjaśnić ten oto cud! Ale Bóg tak zechciał; i to jest wszystko, co mogę wam powiedzieć!”

19

Opis kłopotów Józefa. Relacja położnej o całym wydarzeniu przed naczelnikiem Korneliuszem. Dowódca odwiedza jaskinię. Józef i Korneliusz. Korneliusza pokój i radość, których doświadczył, przebywając w pobliżu Dzieciątka Jezus.

30 sierpień 1843

1. Pasterze, przyjąwszy z zadowoleniem wypowiedź Józefa, o nic go więcej nie pytali. Potem wyszli i przynieśli różne strawy jako dar dla Marii, aby się pokrzepiła.

2. Około godziny po wschodzie słońca Józef zapytał położną:

3. „Wysłuchaj mnie siostro moja z rodu Abrahama, Izaaka i Jakuba – martwi mnie sprawa spisu ludności i niczego innego nie pragnę, jak mieć to już za sobą.

4. Ja nawet nie wiem, gdzie się to odbywa. Dlatego zostaw Salomeę przy Marii, a sama zaprowadź mnie i moich synów do rzymskiego naczelnika, który zarządza tym spisem.

5. A gdy wcześniej przyjdziemy, to być może będziemy pierwszymi".

6. A położna odpowiedziała: „Wysłuchajże mnie, mężu przepełniony błogosławieństwem! Dowódca imieniem Korneliusz mieszka w moim domu, który jest jednym z pierwszych, gdy wchodzi się do miasta.

7. Tam znajduje się też jego biuro. Choć on poganin, to człowiek dobry i sprawiedliwy. Pójdę do niego i opowiem wszystko, nie zdradzając cudu, który się wydarzył, i jestem pewna, że sprawa będzie załatwiona".

8. Ta propozycja spodobała się Józefowi, który obawiał się Rzymian, a tym bardziej spisu ludności, którego oczekiwał, dlatego prosił położną, by poszła i załatwiła tę sprawę.

9. Położna poszła więc do Korneliusza, który był jeszcze wtedy zupełnie młodym człowiekiem, zastając go w łóżku, gdyż lubił dłużej spać; opowiedziała mu co najważniejsze z wydarzeń.

10. Korneliusz natychmiast wstał, narzucił na siebie togę i rzekł do swojej gospodyni: „Kobieto, wszystkiemu wierzę! Mimo to chcę pójść z tobą, bowiem ciągnie mnie tam coś, czego nie mogę pojąć!

11. Sądząc po twoim opowiadaniu, jest to niedaleko stąd, zdążę więc załatwić sprawę we właściwym czasie, jeszcze przed pracą! Dlatego niezwłocznie zaprowadź mnie tam!

12. Położna ucieszyła się i poprowadziła młodego, uczciwego dowódcę, którego dobrze znała. Doszedłszy do jaskini, raptem zatrzymał się on i rzekł do niej: „Kobieto, o ile jest mi w Rzymie łatwo pójść do mego cesarza, o tyle jest mi trudno wejść do tej jaskini!

13. Tu znajduje się coś nadzwyczajnego! – Powiedz mi, czy znasz przyczynę mego stanu, gdyż wiem, że jesteś uczciwą Żydówką!"

14. Położna odpowiedziała: „Dobry naczelniku wielkiego cesarza! – Zaczekaj chwilę przed jaskinią, a za moment przyniosę ci rozwiązanie!"

15. Weszła do jaskini i powiedziała Józefowi, że przed jaskinią stoi sam dowódca, że chciałby wejść, ale z jakiegoś nieznanego powodu nie ma na to odwagi.

16. Kiedy to Józef usłyszał, odpowiedział ze wzruszeniem: „O Panie,

jak wielce jesteś miłościwy! To, czego tak się obawiałem, Ty przeobraziłeś w radość dla mnie! Chwała Tobie i cześć!"

17. Po tych słowach wyszedł z jaskini i upadł do stóp Korneliusza, mówiąc: „Sługo wielkiego cesarza, miej litość nade mną, starcem! Spójrz, oto moja młoda żona, przeznaczona mi w Świątyni zrządzeniem losu, urodziła dzisiejszej nocy, a wczoraj dopiero tu przybyłem, dlatego nie mogłem od razu zameldować się u ciebie!"

18. A Korneliusz odpowiedział, podnosząc Józefa: „O, człowieku! Nie martw się, wszystko jest już w najlepszym porządku! Lecz pozwól mi wejść do środka i zobaczyć wasze schronienie!"

19. I Józef wprowadził Korneliusza do jaskini. On zaś, spostrzegając uśmiechające się do niego Dzieciątko – zadziwił się bardzo i rzekł: „Na Zeusa, to zdumiewające! Czuję się jak nowo narodzony i nigdy jeszcze nie odczuwałem takiego spokoju i radości! – Doprawdy, dziś moje sprawy odkładam na bok i pozostaję u was w gościnie".

20

Korneliusz pyta o Mesjasza. Zakłopotanie Józefa. Dowódca stawia pytania Marii, Salomei i położnej. Anioł przestrzega przed zdradą boskich tajemnic. Święte przeczucie Korneliusza o Boskości Dzieciątka Jezus.

31 sierpień 1843

1. Józef, wielce uradowany, rzekł do Korneliusza: „Potężny i wielki przywódco cesarza, cóż ja biedny mogę dać ci w zamian za twą przyjaźń? – Czym będę mógł ci służyć w tej wilgotnej jaskini?

2. Czy ugoszczę cię tak, jak przystoi randze twojego wysokiego stanowiska? – W tym oto węzełku są wszystkie nasze zapasy przywiezione z Nazaretu, a tu widzisz dary pasterzy z okolicy!

3. Jeśli pragniesz skosztować tych darów, niechaj każdy kąsek, który podniesiesz do ust, będzie po tysiąckroć pobłogosławiony!"

4. Ale Korneliusz odrzekł: „Nie trwóżcie się i nie kłopoczcie mną! Jest tu wszak moja gospodyni – ona zatroszczy się o jedzenie i będziemy mieć dość strawy za jedną złotą monetę z odbiciem głowy cesarza".

5. Tu podał dowódca położnej złotą monetę i polecił zatroszczyć się o dobry obiad i kolację, i znaleźć także lepszą kwaterę dla Matki.

6. A Józef odpowiedział Korneliuszowi: „Wspaniały przyjacielu! Proszę cię, poniechaj wydatków i starań, gdyż my i bez tego jesteśmy zaopatrzeni na kilka dni we wszystko, co nam potrzeba – a za to jedynie Panu, Bogu Izraela, wszelka chwała!"

7. A na to Korneliusz: „Dobrze jest dobrze, ale lepiej jest lepiej! Dlatego niech będzie po mojemu i pozwól mi przynieść z radością ofiarę waszemu Bogu; bo zrozum, ja szanuję bogów każdego narodu.

8. A zatem i twojemu Bogu chcę okazać szacunek, gdyż On spodobał mi się od chwili, kiedy odwiedziłem Jego Świątynię w Jerozolimie. On musi być Bogiem o wielkiej mądrości, jeśli wy mogliście nauczyć

się od Niego tak wielkiej sztuki?!"

9. Józef odpowiedział: „O przyjacielu, gdybym tylko mógł cię przed jedną jedyną Istotę Boga naszego poprowadzić, jakże chętnie zrobiłbym to, dla twego największego dobra wiecznego!

10. Lecz jestem słabym człowiekiem i tego nie potrafię, ty sam jednak postaraj się o naszą Księgę i przeczytaj ją, przecież swobodnie władasz naszym językiem; a znajdziesz tam rzeczy, które wprowadzą cię w największe zdumienie!"

11. Korneliusz na to odpowiedział: „Dobry człowieku, to, co dzisiaj mi uprzejmie proponujesz, już dawno zrobiłem, i rzeczywiście, znalazłem tam rzeczy zdumiewające!

12. A między innymi napotkałem tam na proroctwo, w którym Żydom obiecany jest nowy Król na wieki. Powiedz mi, czy wiesz, po wyjaśnieniu tej przepowiedni, kiedyż ten oto Król ma przyjść i skąd?"

13. I Józef, nieco tu zakłopotany, odpowiedział po pewnym czasie: „Ten oto przyjdzie z Niebios, jako Syn wiecznie żywego Boga, a Królestwo Jego nie będzie ziemskie, lecz ze świata Ducha i Prawdy!"

14. Korneliusz rzekł: „Dobrze, rozumiem cię, ale przeczytałem też, że ten Król powinien urodzić się w stajni, z dziewicy, niedaleko tego miasta! – Jak to rozumieć?"

15. Józef na to: „O, dobry mężu, masz przenikliwy umysł! Lecz ja nie mogę ci nic innego powiedzieć, jak: wejdź i sam zobacz, spójrz na dziewczę z nowo narodzonym Dzieciątkiem; tam znajdziesz to, co pragniesz znaleźć!"

1 wrzesień 1843

16. Korneliusz wszedł i uważnie patrzył na Dziewicę i na Dzieciątko, starając się odnaleźć przymioty przyszłego Króla żydowskiego.

17. Potem zapytał Marię, jak to się stało, że ona, będąc prawie dzieckiem, poczęła!

18. Maria zaś rzekła: „Mężu sprawiedliwy! Jako żyje Pan, Bóg mój, nie poznałam ja męża po ów dzień.

19. Zdarzyło się to trzy czwarte roku temu – zjawił się u mnie Posłaniec Pański i w krótkich słowach zwiastował mi, że będę brzemienną z Ducha Świętego.

20. I wszystko zgodnie z tym się odbyło. Poczęłam, nie znając męża, i oto tu, przed tobą – Owoc obiecany! Pan zaś jest Świadkiem moim, że wszystko to prawda".

21. Wtedy Korneliusz zwrócił się do dwóch sióstr: „Jakie jest wasze zdanie co do tej historii? Czy nie jest to subtelne kłamstwo staruszka, przekazane ślepemu i zabobonnemu narodowi, które ma być zasłoną, żeby siebie ochronić i aby według prawa uniknąć kary?

22. Tak, wiadomo mi, że podobne zdarzenia karane są u Żydów śmiercią! – Jeśli jednak rzeczywiście coś w tym jest, to byłoby jeszcze gorzej, bo musiałbym użyć jak najsurowiej prawa cesarza, bowiem każdy buntownik już w zarodku zgładzony być powinien! O, mówcie prawdę, bym wiedział, jak sprawy się mają z tą niezwykłą rodziną!"

23. Salomea rzekła: „Korneliuszu, wysłuchaj mnie, proszę cię, pomimo twego cesarskiego pełnomocnictwa nie czyń nic według twojego prawa tej biednej, a zarazem bogatej rodzinie!

24. Uwierz mi! Daję głowę, że rodzinie tej służą wszystkie siły Nieba, tak, jak tobie służy twoja ręka! Ręczę ci za to, bo mam tego osobisty,

żywy dowód!”

25. Słysząc to Korneliusz, jeszcze bardziej zadziwiony, zapytał Salomeę: „A zatem uświęceni bogowie Rzymu, rzymscy bohaterowie, oręż i niepokonana siła i moc – niczym są?! – Salomeo! Co mówisz?!”

26. A Salomea odrzekła: „Tak jak mówisz, tak też i jest! – Ja jestem o tym więcej niż przekonana. Jeżeli mi nie wierzysz, to wyjdź i spójrz na słońce! Minęły już cztery godziny, jak oświeca Ziemię, a stoi wciąż w tym samym miejscu na wschodzie i nie śmie się wznieść wyżej!”

27. Korneliusz wyszedł, popatrzył na słońce; powrócił wnet zdziwiony i rzekł: „Doprawdy, masz rację; jeżeli sprawa z tą rodziną tak się przedstawia – znaczy to, że sam Apollo jest tej rodzinie posłuszny!

28. A więc musi tu być sam Zeus, najpotężniejszy z wszystkich Bogów, i wygląda na to, że czas Dekaliona i Pirry się odnawia; a jeśli tak jest, muszę o tym zdarzeniu niezwłocznie powiadomić Rzym!”

29. I oto w trakcie wypowiadania tych słów ukazało się dwóch Aniołów, oblicza ich jaśniały, słońcu podobne, odzienie zaś mieli z błyskawicy; zwrócili się do Korneliusza, mówiąc: „O Korneliuszu! – Zmilcz przed sobą samym nawet, co oczy twoje widziały, bo inaczej ty i Rzym jeszcze dziś zostaniecie zniszczeni!”

30. Wtedy ogarnął ogromny strach Korneliusza. Aniołowie zniknęli. On zaś podszedł do Józefa i powiedział: „O mężu! – Tu jest ktoś o wiele większy, aniżeli tylko przyszły król żydowski! Tu jest Ten, Któremu podporządkowane są wszystkie niebiosa i wszystkie otchłanie! Dlatego nie zatrzymuj mnie już dłużej, chcę wrócić do siebie, ponieważ nie jestem godzien przebywać dłużej w takiej bliskości Bóstwa!”

21

Słowa Józefa o wolnej woli ludzkiej i jego rada dla Korneliusza. Troska dowódcy o Świętą Rodzinę.

2 wrzesień 1843

1. Józef, jak skamieniały przy wyznaniu Korneliusza, przemówił do niego: „Jakże wielkim jest cud ten sam w sobie, nie wiedziałem, jak ci to wyjawić!

2. A że kryją się za tym rzeczy potężne i ogromne, w to możesz mi wierzyć; gdyż z powodu błahostki nie poruszyłyby się wszystkie moce nieskończonych Niebios Boga!

3. Ale z tej przyczyny żadnemu człowiekowi nie została ograniczona jego wolna wola i może on czynić, co zechce, i to dostrzegłem w nakazie wypowiedzianym do ciebie przez Aniołów Pana!

4. Gdyby Pan tego pragnął, mógłby związać naszą wolę Swoją wszechmocą, tak jak związał wolę zwierząt, a wtedy bylibyśmy zmuszeni działać zgodnie z Jego wolą!

5. Ale Pan nie czyni tego, pozostawia nam prawo wolnego wyboru, żebyśmy mogli jako wolni rozpoznać i czynić to, co jest świętą wolą Pana!

6. Tak więc i ty jesteś – w każdej najmniejszej tkance twojego ciała – niezwiązanym i możesz czynić, co zechcesz! Chcesz być dzisiaj mym gościem, to zostań; a jeśli nie ośmielasz się, to również i tutaj masz jak

najbardziej wolną wolę.

7. Gdybym jednak mógł pozwolić sobie dać ci radę, oczywiście powiedziałbym ci: o przyjacielu, zostań! – gdyż niemal na calutkim świecie nie byłoby ci lepiej jak tu, pod opieką niebiańskich widzialnych mocy!”

8. A Korneliusz odrzekł: „Tak, mężu sprawiedliwy przed wszystkimi bogami oraz przed Bogiem twoim i wszystkimi ludźmi, twoja rada jest dobra; dlatego też postąpię zgodnie ze słowami twoimi i zostanę do jutra u ciebie!

9. Ale teraz odchodzę z moją gospodynią i będę nieobecny tylko przez krótki czas, gdyż muszę wydać odpowiednie rozporządzenia, aby lepiej przysposobić wnętrze tej jaskini”.

10. A Józef odrzekł na to: „Dobry człowieku, rób jak zechcesz! Bóg Pan wynagrodzi cię za to kiedyś!”

11. Dowódca udał się z położną do miasta i nakazał rozgłosić po całym mieście, że ten dzień jest dniem wolnym od wszelkich zajęć, potem wziął trzydziestu legionistów i rozkazał im zanieść namioty, pościel i drewno do jaskini.

12. A położna przyniosła jedzenie i picie, zlecając sługom donieść jeszcze wszelkie zapasy.

13. Przybywszy do jaskini, dowódca kazał rozbić trzy namioty: jeden obszerny dla Marii, jeden dla siebie, Józefa i jego synów, a jeden dla położnej i jej siostry.

14. A w namiocie dla Marii rozkazał postawić i posłać miękkie łoże, i zaopatrzyć we wszystko – co niezbędne, podobnie też i inne namioty. Potem rozkazał swym sługom zbudować jak najszybciej piec i sam kładąc drewno, rozpalił ogień, aby ogrzać wnętrze jaskini, w której panował chłód, jaki bywa o tej porze roku.

22

Korneliusz u Świętej Rodziny w jaskini. Pasterze i dowódca. Nowe wieczne duchowe Słońce. Rozstanie z Korneliuszem. Znamienne słowa Józefa o dobroci pogańskiego dowódcy.

4 wrzesień 1843

1. Tak zaopatrzył Korneliusz Świętą Rodzinę i spędził z nią cały dzień i całą noc.

2. Po południu przyszli znowu do Dzieciątka pasterze modlić się i przynieśli ze sobą różne dary.

3. Kiedy ujrzeli wokół jaskini namioty oraz rzymskiego dowódcę, ogarnął ich strach i chcieli uciekać;

4. albowiem wśród nich było dużo zbiegów, uchylających się przed spisem ludności i bali się kary, jaka mogła ich za to spotkać.

5. Ale dowódca wyszedł do nich i powiedział: „Nie bójcie się mnie, nie zostaniecie ukarani, ale życzenie cesarza musi zostać spełnione, dlatego też przyjdźcie jutro, a ja zapiszę was!”

6. A kiedy pasterze spostrzegli dobroć Korneliusza, przestali się go obawiać, a następnego dnia zjawili się wszyscy do spisu.

7. Po rozmowie z pasterzami zapytał dowódca Józefa: czy słońce, które stanęło na niebie, nigdy nie opuści poranka?

8. Józef odrzekł: „To «Słońce», które wzeszło nad Ziemią dzisiaj, nie

zajdzie już nigdy! Ale to zwykłe, naturalne słońce będzie podążać swym starym szlakiem zgodnie z wolą Pana i za kilka godzin zajdzie".

9. Józef wypowiedział te prorocze słowa, nie wiedząc i nie rozumiejąc samemu w gruncie rzeczy, co wypowiedział!

10. A dowódca zapytał: „Coś ty powiedział? – Ja nie rozumiem sensu twoich słów; dlatego mów do mnie, proszę, jaśniej!"

11. Józef kontynuował swoją mowę: „Nadejdzie czas, kiedy będziesz ogrzewać się w świętych promieniach tego Słońca i kąpać się w strumieniach jego Ducha!

12. Więcej ci powiedzieć nie mogę, a sam też nie rozumiem, co do ciebie mówiłem, ale przyjdzie czas, który odsłoni ci w całej pełni tę nieskończoną prawdę, a mnie już wtedy nie będzie!"

13. Dowódca nie pytał już Józefa o nic więcej, ale słowa jego zachował głęboko w pamięci na całe swoje życie.

14. Następnego dnia pozdrowił dowódca Świętą Rodzinę i zapewnił, że nie przestanie się troszczyć o nich, jak długo tylko pozostaną w pobliżu, i będzie nosić ich w sercu po kres życia.

15. Po tym udał się do swoich zajęć. Położna otrzymała znowu złotą monetę i troszczyła się o rodzinę.

16. Józef powiedział do swoich synów: „Dzieci, jakże to jest, że poganin lepszym jest od niektórych Żydów? – Czyż może akurat tutaj pasują słowa Izajasza, który mówi:

17. «Zobacz, moi słudzy będą dzięki mądrej odwadze radośnie triumfować; ale wy z powodu oziębłości serca powinniście krzyczeć w cierpieniu i boleści»?" – A synowie odpowiedzieli: „Tak ojcze, te słowa są w pełni wyjaśnione i zrozumiałe".

23

Pełna miłości troska Korneliusza. Aniołowie wskazują Józefowi drogę do Jerozolimy i do Świątyni. Sen Marii. Wojskowa straż przed jaskinią.

5 wrzesień 1843

1. Tak przeżył Józef sześć dni w jaskini. Każdego dnia odwiedzał ich Korneliusz, troszcząc się o nich, by im nic nie brakowało.

2. Szóstego dnia o świcie zjawił się Anioł i powiedział do Józefa: „Znajdź dwie synogarlice i ósmego dnia udaj się do Jerozolimy.

3. Maria według prawa powinna te dwie synogarlice złożyć w ofierze, a Dziecko musi zostać obrzezane i otrzymać imię, które i tobie, i Marii było objawione!

4. Po obrzezaniu wracajcie i znowuż tu zostańcie aż do mojego pojawienia się i obwieszczenia wam, kiedy i dokąd macie się udać dalej!

5. Józefie, chciałbyś już teraz wybrać się w drogę, ale muszę ci oznajmić: nie wyruszysz stąd wcześniej, niż będzie to wolą Tego, który jest u ciebie w jaskini!"

6. Po tych słowach Anioł zniknął. Józef udał się do Marii i przekazał jej usłyszane słowa.

7. A Maria powiedziała do Józefa: „Spójrz, jestem po wszystkie czasy Dziewicą Pana i niech się dzieje według Jego Słowa!

8. Miałam dzisiaj sen, w którym było dokładnie to, co mi przekazałeś; dlatego zatroszcz się o parę gołębi, a ósmego dnia udam się z tobą bez troski do miasta Pana".

9. Krótko po tym przybył dowódca w odwiedziny i Józef wyjaśnił mu, dlaczego ósmego dnia będzie musiał wybrać się do Jerozolimy.

10. Dowódca, gdy to usłyszał, bez wahania zaproponował swą pomoc w drodze do Jerozolimy.

11. Ale Józef nie przyjął jego płynącej z serca propozycji, mówiąc: „Widzisz, taka jest wola Pana mego, ażebym szedł do Jerozolimy tak, jak tutaj przyszedłem.

12. Dlatego pokonam tę drogę zgodnie z Jego nakazem, ażeby On nie pokarał mnie za nieposłuszeństwo i niewypełnienie Jego woli.

13. Jeżeli zaś twym życzeniem jest okazać mi przysługę, tedy znajdź mi dwie synogarlice na ofiarę w Świątyni i otocz opieką tę jaskinię aż do naszego powrotu.

14. Bowiem dziewiątego dnia wrócę tu i zostanę tak długo, jak będzie się to Panu podobało!"

15. Korneliusz obiecał spełnić jego prośbę i udał się do miasta, ale szybko wrócił, niosąc cały gołębnik z synogarlicami, z których Józef miał wybrać co najlepsze.

16. Potem Korneliusz powrócił do swojej pracy, a w jaskini pozostawił gołębnik, po który powrócił wieczorem.

17. Ósmego dnia, kiedy Józef wyruszył do Jerozolimy, Korneliusz postawił przed jaskinią straż, która nie wpuszczała tam nikogo poza dwoma starszymi synami Józefa i Salomeą, która się nimi opiekowała. Bowiem położna towarzyszyła Marii i Józefowi w drodze do Jerozolimy.

24

Obrzezanie Dzieciątka – nadanie Mu imienia i oczyszczenie Marii. Przedstawienie Dzieciątka w Świątyni przez Matkę. Pobożny Symeon i Dzieciątko.

6 wrzesień 1843

1. Dnia ósmego po południu – o trzeciej godzinie, obrzezali Dzieciątko w Świątyni i nazwali Je imieniem Jezus, którym to imieniem nazwane zostało przez Anioła jeszcze przed poczęciem w łonie Matki.

2. Na znak udowodnionego dziewictwa Maria otrzymała też jednocześnie oczyszczenie w Świątyni.

3. Z tego to powodu Maria wzięła Dzieciątko na ręce po obrzezaniu i razem z Józefem podążyli do Świątyni, aby tam zgodnie z Prawem Mojżeszowym przedstawić Je Panu.

4. Gdyż tak jest napisane w Prawie Boskim: „Wszelkiego rodzaju pierworództwa niech będą Panu poświęcone".

5. I dlatego powinna zostać złożona ofiara z dwóch synogarlic albo dwóch młodych gołębi.

6. Maria przyniosła dwie synogarlice i położyła je na ołtarzu, a kapłan wziął ofiarę i pobłogosławił Marię.

7. Żył w owych czasach w Jerozolimie człowiek imieniem Symeon, który był wielce pobożny i bogobojny; żył w oczekiwaniu na odkupienie z win Izraela, gdyż był on wypełniony Duchem Bożym!

8. A temu mężowi Duch Pański

zapowiedział: „Nie doczekasz śmierci ciała swego, dopóki nie ujrzysz Jezusa, Pomazańca Bożego, Mesjasza tego Świata".

9. Dlatego przyszedł on do Świątyni wiedziony wewnętrznym przeczuciem akurat w tym czasie, kiedy Józef i Maria znajdowali się tam, wypełniając wszystko, czego wymagało Prawo.

10. I zobaczył Symeon Dzieciątko, podszedł do rodziców i poprosił o pozwolenie, ażeby mógł Je wziąć na ręce.

11. Pobożna para rodziców chętnie na to pozwoliła starszemu, równie pobożnemu człowiekowi, którego dobrze znała.

12. I wziął Symeon Dzieciątko na ręce, i tulił Je, chwaląc w swojej duszy Pana, a na koniec przemówił:

13. „Panie! Teraz pozwól Twemu słudze, jak obiecałeś, odejść w pokoju;

14. gdyż moje oczy ujrzały Zbawiciela, którego Ty zapowiedziałeś przez ojców i proroków.

15. Oto jest Ten, którego przeznaczyłeś dla wszystkich narodów!

16. Światłość, która świecić będzie dla pogan i Światłość za cenę ludu Twego izraelskiego".

17. Józef i Maria dziwili się słowom Symeona, gdyż nie rozumieli jeszcze tego, co prorokował on Dzieciątku.

18. Symeon oddał Dzieciątko Marii, pobłogosławił ich oboje, po czym powiedział:

19. „Spójrz, oto Ten będzie postawiony na znak upadku i zmartwychwstania wielu w Izraelu, i który wywoła wiele sprzeczności!

20. A także miecz przeniknie duszę twoją, aby wielu sercom objawionym się stało!"

21. Maria zaś nie rozumiała słów Symeona; ale zachowała je głęboko w sercu swoim.

22. To samo uczynił także i Józef, chwaląc i wielbiąc Boga z całą siłą w sercu swoim.

25

Prorokini Hana w Świątyni oraz jej świadectwo o Dzieciątku Jezus. Hana ostrzega Marię. Święta Rodzina u bogatego Izraelity.

7 wrzesień 1843

1. W owym czasie żyła obok Świątyni prorokini imieniem Hana, córka Fanuela, z rodu Assera.

2. Była w starszym wieku i tak pobożna, że gdy związała się z mężczyzną, z miłości do Boga przez siedem lat nie odsłoniła się mężowi, zachowując swoje panieństwo.

3. Owdowiała, mając osiemdziesiąt lat, po czym udała się do Świątyni, której już nie opuściła.

4. Poświęciła się wyłącznie służbie Bogu i spędzała dni i noce w poście i na modlitwie.

5. W ten sposób spędziła już cztery lata w Świątyni i podeszła także i tutaj, chwaląc Pana; napełniona będąc Duchem Bożym, zwracała się proroczym słowem do wszystkich, którzy oczekiwali zbawienia w Jerozolimie, i mówiła, co Duch Boży jej objawił.

6. Kiedy przerwała swą proroczą mowę, podeszła do Marii, prosząc, aby ta dała jej potrzymać na ręku

Dzieciątko. A pieszcząc Je, wielbiła i chwaliła Pana.

7. Potem oddała Dzieciątko Marii i mówiła do niej: „Błogosławiona jesteś i szczęśliwa, o Dziewico, żeś stała się Matką Pana mojego.

8. Ale nie pragnij uwielbienia dla samej siebie, bo ono przystoi tylko Temu, którego ty swoją piersią karmisz!"

9. Po tych słowach prorokini oddaliła się, a Józef i Maria wyszli ze Świątyni, gdzie przebywali około trzech godzin, i wybrali się do rodziny, aby przenocować.

10. A kiedy doszli do tego domu, zastali go zamkniętym, gdyż krewny udał się do spisu.

11. I Józef nie wiedział, dokąd ma się udać. Zrobiło się ciemno, jak bywa o tej porze zimą, a wszystkie inne domy także były pozamykane, gdyż było to przed szabatem, w piątek wieczorem.

12. Nocować na dworze było niemożliwe, bo wszystko było pokryte szronem, a do tego jeszcze wiał zimny wiatr.

13. A kiedy tak Józef łamał sobie głowę, nie wiedząc, co ma począć, zdał się na Pana, ażeby On wyprowadził go z tych trudności.

14. Nagle zobaczył idącego naprzeciw młodego, dostojnego Izraelitę, który go zapytał: „Cóż robisz o takiej późnej porze nocą na ulicy? Alboż ty nie Izraelita i nie znasz tutejszych zwyczajów?"

15. Józef odpowiedział: „Jam z rodu Dawidowego. Byłem w Świątyni i złożyłem ofiarę Panu. Noc mnie zastała, a teraz nie mogę znaleźć ani jednej gospody i jestem w wielkiej trwodze o mą żonę i jej Dzieciątko".

16. Wówczas młody Izraelita odpowiedział Józefowi: „Idźcie za mną, a dam wam kwaterę do rana za jeden grosz lub za coś, co odpowiada wartości jednego grosza".

17. I Józef z Marią, która jechała na oślicy, oraz trzech jego młodszych synów podążyli za młodym Izraelitą, który ich zaprowadził do swojego pełnego przepychu domu, gdzie przydzielił im w piwnicznym pomieszczeniu niziutki pokoik.

26

Zarzuty Nikodema względem Józefa. Wytłumaczenie Józefa. Świadectwo położnej. Znak łaski dla Nikodema, który rozpoznał Pana.

9 wrzesień 1843

1. Rano, kiedy Józef wybierał się już w powrotną drogę, przyszedł młody Izraelita, aby upomnieć się u Józefa o swój grosz.

2. Ale kiedy wszedł do izby, ogarnął go strach, tak że nie ośmielił się wypowiedzieć ani słowa.

3. Józef zaś podszedł do niego i powiedział: „Przyjacielu mój! Wszystko, co widzisz na mnie i co możesz oszacować w cenie grosza, to bierz, bo pieniędzy nie mam!"

4. Przyszedłszy powoli do siebie, Izraelita drżącym głosem powiedział: „Mężu z Nazaretu, teraz poznaję cię! – Ty jesteś Józef, cieśla, ten sam, któremu dziewięć miesięcy temu Świątynia powierzyła Marię, dzieweczkę Pańską!

5. I oto tu – ta sama dzieweczka! Jakżeś ty się nią opiekował, że stała

się matką, nie mając jeszcze piętnastu lat? Co się wydarzyło?!

6. Doprawdy, nie ty jesteś ojcem, bowiem człowiek w twoich latach i o twojej bogobojności, która znana jest w całym Izraelu, nie uczyniłby czegoś podobnego.

7. Ale masz dorosłych synów! Czy możesz ręczyć za ich niewinność? Czy dostatecznie miałeś ich pod nadzorem, czy śledziłeś ich zachowanie, działania i myśli?"

8. Józef odpowiedział: „Teraz i ja ciebie rozpoznaję, tyś jest Nikodem, syn Beniamina z rodu Lewiego! Jak możesz mnie o takie rzeczy wypytywać, to nie wypada! Doświadczył mnie Sam Pan w Swojej Świątyni, a na Górze Przekleństwa uniewinnił mnie przed całym wielkim światem! Jaką winę chcesz we mnie i u synów moich znaleźć?!

9. Idź do Świątyni i zapytaj Radę, a dostaniesz świadectwo czystości mojej i mojego domu".

10. Te słowa głęboko przeniknęły do serca młodego bogacza i odpowiedział: „Ależ na wolę Pana, jeżeli wszystko tak się ma, to jak się stało, że ta dzieweczka urodziła? – Jest to cud, czy jest to naturalne?!"

11. Wówczas obecna tam położna podeszła do Nikodema i odpowiedziała mu: „Mężu! Oto masz tutaj twoje pieniądze za ten nędzny nocleg i nie wstrzymuj nas daremnie, dlatego że dzisiaj musimy powrócić do Betlejem!

12. Ale przemyśl, kto dzisiejszej nocy przenocował w twoim domu skąpo i mizernie za jeden grosz?! – Doprawdy, doprawdy! Twoje bogate pokoje wypełnione szlachetnymi kamieniami i złotem były niczym wobec Boskiej wspaniałości, która odwiedziła izbę nadającą się co najwyżej dla więźniów!

13. Teraz podejdź i dotknij Dzieciątko, i niech spadnie z twych oczu gęsta zasłona, a zobaczysz, kto cię nawiedził! – Ja, jako położna, mam prawo pozwolić dotknąć ci Dzieciątka".

14. Wówczas Nikodem podszedł i dotknął Dzieciątka, a gdy tylko Je dotknął, otwarło się w nim wewnętrzne widzenie, tak że mógł zobaczyć wspaniałość Boga.

15. I upadł na kolana przed Dzieciątkiem, i począł się modlić: „Ileż łaski i miłości, i jaka litość musi być w Tobie, o Panie, że nawiedziłeś Swój naród!

16. Ale cóż ja mam teraz ze sobą i domem moim uczynić, jeżeli tej wspaniałości Boskiej nie rozpoznałem?!"

27

Powrót Świętej Rodziny do Betlejem. Serdeczne przywitanie w jaskini. Żłób jako łóżeczko dla Dzieciątka. Dobry wypoczynek w mroźną noc.

11 wrzesień 1843

1. Przed wieczorem, około godziny przed zachodem słońca, dotarli podróżnicy do Betlejem i podążyli do znanej już jaskini.

2. Pozostawieni dwaj starsi synowie, Salomea i dowódca przyjęli ich z otwartymi ramionami i zatroskani o nich wypytywali o podróż.

3. I Józef opowiedział im dokładnie po kolei, co im się przydarzyło, a na końcu przyznał się, że tak on

jak i wszyscy inni nic nie jedli przez cały dzień, ponieważ wzięli ze sobą tyle tylko jedzenia, żeby wystarczyło dla Marii, która była jeszcze bardzo słaba.

4. Gdy tylko dowódca to usłyszał, przyniósł z głębi jaskini wielki kosz z pożywieniem dozwolonym do spożywania przez Żydów i rzekł do Józefa:

5. „Niech pobłogosławi to wszystko twój Bóg, pobłogosław też i ty sam zgodnie z twoim zwyczajem, pokrzepcie i nasyćcie się wszyscy!"

6. Józef podziękował za wszystko Panu, pobłogosławił wieczerzę i razem z Marią, synami oraz położną poczęli z przyjemnością zaspokajać głód.

7. Maria, będąc zmęczona trzymaniem cały czas Dzieciątka na ręku, rzekła do Józefa:

8. „Józefie, jeślibym miała obok siebie jakieś miejsce, gdzie mogłabym położyć Dzieciątko, by dać odpocząć mym rękom, to byłabym już we wszystko zaopatrzona, a i Same Dzieciątko mogłoby się lepiej wzmocnić podczas snu!"

9. Nie zdążyła Maria do końca wypowiedzieć tego życzenia, a już dowódca zerwał się ze swego miejsca, pospieszył w głąb jaskini i przyniósł stamtąd maleńki żłóbek, który służył do karmienia owiec (a wyglądał tak jak dzisiejsze, które znajdują się przed gospodą[2]).

10. Salomea zaś wzięła najładniejszą świeżą słomę i siano, wyłożyła nim żłóbek, nakryła wszystko czystym prześcieradełkiem i urządziła tym sposobem miękkie łóżeczko dla Dzieciątka.

11. A Maria zawinęła Dzieciątko w czyste pieluszki, przytuliła Je do serca i pocałowała, podała także Józefowi, aby i on pocałował Dziecię, i wszyscy obecni, po czym położyła do bardzo biednego łóżeczka Pana Niebios i Ziemi!

12. Dzieciątko spokojnie spało, zaś Maria mogła teraz w spokoju spożyć posiłek, który z całą pieczołowitością przygotował pełen dobroci serca dowódca.

13. A po posiłku Maria ponownie zwróciła się do Józefa: „Józefie, pozwól przygotować mi łoże, jestem bowiem ogromnie zmęczona po podróży i pragnę udać się na spoczynek!"

14. Salomea odrzekła: „O, Matko Pana mego, spójrz, o wszystko zatroszczyliśmy się już, chodź i zobacz!"

15. Maria wstała, znów wzięła na ręce Dzieciątko i poprosiła, ażeby ustawić żłobek obok jej łoża, a potem położyła się. I była to rzeczywiście pierwsza spokojna noc Marii od czasu porodu.

16. Dowódca zarządził napalenie w piecu, aby rozgrzać białe kamienie, którymi obłożono namiot Marii, aby jej oraz Dzieciątku nie było czasem zimno; gdyż noc ta była mroźna i na zewnątrz panował chłód.

28

Józef pragnie wyruszyć do Nazaretu. Dowódca radzi, aby jeszcze zaczekać. Wiadomość o perskiej karawanie i o tym, że Herod poszukuje Dzieciątka. Maria wypowiada pełne wagi słowa pociechy. Zaufanie Marii w Panu.

12 wrzesień 1843

1. Następnego ranka Józef oznajmił: „Po co mamy tu jeszcze dłużej pozostawać? Maria się już wzmocniła, dlatego powróćmy do Nazaretu, gdzie mamy lepsze schronienie!"

2. A kiedy Józef zaczął się przygotowywać do odjazdu, przyszedł dowódca, który już o świcie musiał powrócić do swoich spraw, i powiedział do Józefa:

3. „Godny Boga mężu! – Chcesz wyruszyć w drogę; lecz ja pragnę ci to odradzić na dzisiaj i jutro, i pojutrze!

4. Bo dopiero co donieśli mi moi ludzie, którzy wrócili z Jerozolimy, że przybyły tam z Persji trzy karawany.

5. I trzech dostojnych mędrców odwiedziło Heroda, gdyż chcieli się od niego dowiedzieć, gdzie urodził się nowy Król żydowski.

6. Ale ten, jako najęty książę rzymski przybyły z Grecji, nie wiedząc nic na ten temat, zwrócił się do najwyższych kapłanów, by mu wskazali, gdzie miał się narodzić ten nowonamaszczony Król – gdyż nic do tej pory o tym nie wiedział.

7. A kapłani odpowiedzieli mu, że zgodnie z Pismem powinno stać się to w Judei, w Betlejem.

8. Odprawiwszy kapłanów, udał się Herod ze swoją służbą do mędrców, aby powiadomić ich, jaką odpowiedź otrzymał ze Świątyni,

9. polecił także trzem mędrcom, aby dokładnie szukali Nowo Namaszczonego Żydom, i aby w drodze powrotnej wstąpili do niego, dając o wszystkim znać, ażeby i on mógł pójść i oddać mu hołd.

10. Ale wiesz, mój najlepszy przyjacielu Józefie, że nie ufam ani tym Persom, ani tym bardziej żądnemu władzy Herodowi.

11. Ci z Persji są prawdopodobnie magami i mówią, że jakaś nadzwyczajna gwiazda wskazała im kierunek, gdzie ów Król się narodził. Temu nie zaprzeczam, bo i my sami byliśmy świadkami tylu cudów przy narodzinach tego Dzieciątka, więc i Persowie mogli coś zobaczyć.

12. Ale najgorsze w tej sprawie jest to, że chodzi tu o to Dziecko. Kiedy znajdą Je Persowie, to znajdzie Je też i Herod!

13. Będziemy musieli być bardzo ostrożni, aby przechytrzyć tego starego lisa!

14. Dlatego powinieneś tu zostać, w tym skrytym miejscu, co najmniej dwa, trzy dni, a tymczasem ja zdołam nadać inny obrót sprawie poszukiwania Króla. Jest tutaj pod moim dowództwem dwanaście legionów. Więcej dla twojego spokoju powiedzieć nie mogę. Dlatego pozostań tu, a ja teraz pójdę i wrócę około południa".

13 wrzesień 1843

15. Józef po otrzymaniu tej wiadomości nie ośmielił się nigdzie wyruszyć ze swoją rodziną, oczekiwali dalszych wskazówek, wypełniając

wolę Pana i oczekując, co z tego wyniknie.

16. Józef opowiedział Marii, co usłyszał od Korneliusza.

17. A Maria mu na to odpowiedziała: „Niech się stanie wola Pana! Jakże przeróżne gorzkie sytuacje już nas spotkały – a Pan odmieniał je w miód!

18. Na pewno Persowie nie uczynią nam nic złego, jeśli rzeczywiście do nas przyjdą, a nawet gdyby chcieli to uczynić, to mamy dzięki łasce Pana ochronę w dowódcy!"

19. Józef odpowiedział: „Wszystko to prawda! Nie tyle się Persów obawiam, co siwobrodego Heroda, tego dzikiego zwierza w ludzkiej postaci – i nawet dowódca unika i lęka się go!

20. Gdy Persowie zaświadczą, że nasze Dziecię Pomazańcem i Królem jest, to nie pozostanie nam nic innego, jak tylko haniebna ucieczka!

21. Wtedy też i nasz dowódca, ze względu na swą funkcję, dla swego ratunku będzie musiał stać się naszym wrogiem, zacznie nas prześladować, zamiast ratować – ażeby nie zostać uznanym za ukrytego zdrajcę cesarza.

22. Z pewnością widzi to podobnie, bowiem podzielił ze mną swoje wątpliwości co do Heroda.

23. Dlatego też zostawia nas tutaj na trzy dni; jeśli wszystko będzie dobrze, będzie nam dalej służył przyjaźnią,

24. lecz jeśli nie, to wtedy ma nas pod ręką, aby wydać nas na pastwę Heroda, a na dodatek otrzyma za to od swego cesarza wielkie wyróżnienie, że pomógł usunąć z tego świata króla żydowskiego, który dla cesarstwa mógłby być niebezpieczny!"

25. A Maria odpowiedziała na to: „Józefie! Nie trwóż siebie i mnie na próżno! – Przecież piliśmy zaklętą wodę i nic nam się nie stało! Dlaczego mamy się trwożyć, skoro doznaliśmy za przyczyną tegoż Dziecięcia tak dużo wspaniałości od Boga.

26. Niech się dzieje Jego wola, powiem tylko jedno: Pan jest potężniejszy aniżeli Persowie, Herod, cesarz rzymski i dowódca ze swymi dwunastoma legionami! Dlatego bądź spokojny, tak, jako widzisz, i ja spokojna jestem!

27. Poza tym jestem przekonana, że dowódca prędzej poświęci wszystko w potrzebie, aniżeli przez przymus przeobrazi się w naszego wroga!"

28. To uspokoiło dobrego i pobożnego Józefa. Wyszedł z jaskini i czekał na powrót dowódcy. Kazał synom rozpalić ogień w ognisku i przygotować dla Marii trochę strawy.

29

Józef w trwodze zwraca się z prośbą do Pana. Perska karawana przed grotą. Zdziwienie dowódcy. Świadectwo trzech mędrców o Dziecku: Król nad królami, Pan nad panami w nieskończoności! Ostrzeżenie przed Herodem.

14 wrzesień 1843

1. Nadeszło południe, a kapitan jeszcze nie wrócił. Z niepokojem liczył Józef chwile, lecz on się nie pojawiał.

2. Dlatego zwrócił się Józef do Pana i mówił: „Mój Boże i mój Panie, proszę Cię, nie pozwól, bym się tak

trwożyć musiał; gdyż spójrz, jestem stary i już nieco słaby w moich myślach!

3. Dlatego wzmocnij mnie, oznajmiając, cóż mam czynić, ażebym nie zhańbił się przed synami Izraela!"

4. A gdy Józef mówił w ten sposób, oto przyszedł dowódca zadyszany i zwrócił się do Józefa:

5. „O mężu mojego najgłębszego poszanowania! – Dopiero co przybywam z moim legionem prosto z marszu, który zarządziłem na trzy czwarte drogi do Jerozolimy, i nigdzie nie natrafiłem na Persów!

6. Wszędzie porozstawiałem straże, ale do tej pory ich nie odszukałem! Ale nie przejmuj się, oni nie miną mojej strażnicy!

7. Nie będzie im lekko przedostać się tu, bo osobiście ich przesłucham i zamiary ich zbadam. Wzmocnię jeszcze straże i powrócę tutaj wieczorem".

8. Kapitan pośpiesznie się oddalił, a Józef chwalił Pana i zwrócił się do synów: „Podajcie obiad na stół, a ty Salomeo zapytaj Marię, gdzie ona życzy sobie jeść, z nami za stołem, czy u siebie w namiocie?"

9. Ale Maria sama przyszła z Dzieciątkiem na ręku – radosna i promieniejąca – i rzekła: „Ponieważ już lepiej się czuję, zapragnęłam spożyć posiłek razem z wami. Tylko ustawcie obok mnie żłóbek!"

10. Józef, bardzo uradowany, położył przed Marią wszystko co najlepsze, i chwaląc Pana, spożywali posiłek z całą rodziną.

11. Nie zdążyli jednak dokończyć posiłku, gdy posłyszeli gwar i głosy przed jaskinią. A Józef natychmiast wysłał Joela, ażeby zobaczył, co się dzieje.

12. Gdy Joel uchylił lekko drzwi (bo wejście do jaskini zabezpieczone było drzwiami), ujrzał karawanę Persów i ze strachem w głosie krzyknął:

13. „Ojcze Józefie! Na wolę Pana, jesteśmy zgubieni! – Oto spójrz; osławieni Persowie są tutaj, a z nimi dużo wielbłądów i dużo służby!

14. I rozbijają namioty w obszernym kręgu oraz otaczają jaskinię, zaś trzech – ich przywódcy w odzieniu udekorowanym złotem, srebrem i kamieniami szlachetnymi – bierze w ręce złote worki i daje znak, jakby się tu chcieli wybrać".

15. Po tych słowach Józef ledwo nie oniemiał z przestrachu i z trudem wypowiedział: „O, Panie! Zmiłuj się nade mną grzesznym! – Tak, teraz jesteśmy zgubieni!" Maria zaś chwyciła Dzieciątko i schowała się w swoim namiocie, mówiąc: „Póki ja żyję, nie dostaną Dzieciątka!"

16. Józef zaś podszedł do wyjścia, uchylił drzwi i w towarzystwie swoich synów spojrzał na zewnątrz.

17. Kiedy zaś zobaczył karawanę i rozbite namioty, z podwójnym lękiem w sercu zaczął znowu prosić Pana, ażeby wyprowadził go z tak wielkiego zagrożenia.

18. A w chwili, kiedy tak błagał, ujrzał dowódcę, który szedł zbrojny na czele tysiąca żołnierzy; a kiedy doszedł do jaskini, rozkazał żołnierzom stanąć po obu stronach wejścia do niej.

19. Sam zaś podszedł do Persów i zaczął przesłuchiwać ich przywódców – na jakiej podstawie i jakim to sposobem przeniknęli aż tutaj, pomimo ustawionych przez niego, zagradzających im drogę posterunków.

20. Wszyscy trzej jednomyślnie odpowiedzieli dowódcy: „Nie traktuj nas jako nieprzyjaciół; widzisz, że

nie mamy broni przy sobie, ani widocznej, ani ukrytej.

21. Jesteśmy perskimi astrologami: znamy nasze stare proroctwo, zgodnie z którym w tym czasie miał się narodzić Król królów Judei, a Jego urodzenie wskazywać miała gwiazda świecąca w tym czasie na niebie.

22. I zobaczywszy tę gwiazdę, należało za nią podążać, a gdzie się ta gwiazda zatrzyma, miało oznaczać, że tam się narodził Zbawiciel świata.

23. Popatrz, gwiazda zatrzymała się nad tą jaskinią, a jest widoczna dla wszystkich, nawet przy dziennym świetle! Ona była naszą gwiazdą przewodnią i zatrzymała się nad tą jaskinią! A my bez wątpienia przybyliśmy do miejsca, gdzie przebywa Cud wszystkich cudów – nowonarodzone Dziecko, Król królów, Pan nad panami w wieczności!

24. Jego musimy zobaczyć, modlić się do Niego, uwielbiać, ubóstwiać Go oraz oddać Mu najwyższy hołd! – Dlatego uczyń nam drogę wolną, gdyż gwiazda prowadząca nas tutaj nie była złą!"

25. Wówczas dowódca spojrzał na gwiazdę i zdziwił się nie mało, gdyż stała ona zupełnie nisko, a światło jej było takie mocne jak naturalne światło słońca.

26. A kiedy kapitan przekonał się o ich prawdomówności, rzekł do nich: „Wasze słowa i obecność gwiazdy przekonały mnie, że nie przybyliście tutaj ze złymi zamiarami, ale nie widzę przyczyny, dla której po drodze musieliście wstępować do Jerozolimy, aby odwiedzać Heroda?! – Czyż gwiazda i tam wskazała wam drogę?

27. Dlaczego wasza cudowna przewodniczka nie przyprowadziła was prosto do miejsca waszego przeznaczenia? – Żądam odpowiedzi, gdyż w przeciwnym razie nie wejdziecie do jaskini!"

28. Oni zaś odpowiedzieli mu: „To wie tylko jeden jedyny wielki Bóg! Zapewne tak było przeznaczone. Nikt z nas nie pomyślał, żeby zbliżyć się w stronę Jerozolimy.

29. I uwierz nam, ludzie w Jerozolimie nie spodobali się nam, a szczególnie król Herod. Ale kiedy już tam się znaleźliśmy oraz zwróciliśmy na siebie uwagę wszystkich mieszkańców, byliśmy zmuszeni wyjaśnić nasze zamiary, dla których chcemy tu przybyć.

30. A Herod przekazał nam odpowiedź kapłanów i oznajmił, że pragnie nas widzieć w drodze powrotnej, po tym, jak już odnajdziemy nowego Króla, gdyż i on chce oddać Mu hołd".

31. Ale dowódca sprzeciwił się: „Tego nie zrobicie nigdy; gdyż znam zamiary tego księcia! Prędzej zostaniecie moimi zakładnikami! – A teraz udaję się do jaskini, aby porozmawiać o was z ojcem Dziecka".

30

Gwiazda trzech mędrców i stara przepowiednia perskich astronomów. Uwielbienie Pana, Stwórzyciela nieskończoności i wieczności, w postaci Dziecka. Ich imiona: Chaspara, Melcheor i Balthehasara. Duchy im towarzyszące: duch Adama, Kaina i Abrahama. Mędrcy składają hołd Panu i przynoszą dary.

16 wrzesień 1843

1. Józefowi zrobiło się lżej na sercu, gdy posłyszał wieść i zorientował się, o czym dowódca rozmawiał z trzema Persami.

2. Dowódca wszedł, przywitał się z Józefem i rzekł do niego: „Mężu mojego najwyższego szacunku!

3. Dzięki cudownym okolicznościom przybyli tu ludzie ze Wschodu. Dokładnie ich przepytałem i nic złego w ich zamiarze nie odkryłem.

4. Zgodnie z obietnicą ich Boga pragną złożyć hołd Dziecku i moim zdaniem możesz ich przyjąć bez lęku, jeżeli tylko wyrazisz na to zgodę".

5. Józef odrzekł na to: „Jeżeli tak się przedstawia sprawa, wypada mi znów podziękować i chwalić Pana mego, który zdjął z mojego serca kamień parzący!

6. Ale Maria przestraszyła się, gdy Persowie otoczyli jaskinię, więc zajrzę najpierw, w jakim jest stanie, by nieoczekiwane pojawienie się gości nie powiększyło jej lęku".

7. Dowódca pochwalił ostrożność Józefa, który od razu poszedł do Marii i wszystko jej przekazał.

8. Maria z radosnym obliczem rzekła: „Pokój wszystkim ludziom na Ziemi, tym o wiernym i dobrym sercu, i tym, których Bóg prowadzi!

9. A oni mogą przyjść, kiedy tylko wskaże im drogę Duch Pański, i niech zbierają owoce błogosławieństwa swojej wierności!

10. Lecz jeśli wejdą, i ty musisz, stojąc obok mnie, razem ze mną ich przyjąć, gdyż nie wypada, ażebym ja sama przyjmowała ich w namiocie!"

11. Józef odrzekł: „Mario, jeśli jesteś wystarczająco silna, to wstań i połóż do żłóbka Dzieciątko, by mogli wejść goście i oddać Mu cześć!"

12. Maria wykonała wszystko zgodnie z poleceniem Józefa, który zwracając się do dowódcy powiedział:

13. „Jesteśmy gotowi; jeśli ci trzej chcą, to możemy ich już według naszych skromnych możliwości przyjąć!"

14. Dowódca wyszedł i przekazał im zaproszenie. Wówczas wszyscy trzej padli na twarz, chwaląc Boga za to pozwolenie, potem wzięli ze sobą worki z przetykanego złotem materiału; pełni bojaźni i czci największej udali się do jaskini.

18 wrzesień 1843

15. Dowódca otworzył im drzwi, a oni wstąpili w wielkiej pokorze do środka, gdyż z ich wejściem ogromna jasność zaczęła promieniować od Dzieciątka.

16. Podeszli bliżej i zatrzymali się o parę kroków od żłóbka, w którym leżało Dzieciątko, upadli przed Nim i modlili się, wielbiąc Je i adorując.

17. A na dowód najwyższej czci, niemal przez godzinę oddawali mu, pochyleni, hołd uwielbienia. Potem, nadal klęcząc, podnieśli swe oblicza

wilgotne od łez i spoglądali na Pana, Stwórcę nieskończoności i wieczności.

18. Imiona tych trzech były: Chaspara, Melcheor i Balthehasara, co znaczy Kacper, Melchior i Baltazar.

19. A pierwszy z nich w towarzystwie ducha Adama mówił: „Oddajcie Bogu cześć, chwałę oraz cenne uwielbienie! Hosanna, hosanna, hosanna Bogu w Trójcy od wieczności do wieczności!"

20. I wziął on worek wyszywany złotem, w którym były trzydzieści trzy funty najszlachetniejszego kadzidła, i przekazał go z najgłębszym szacunkiem Marii ze słowami:

21. „O Matko, przyjmij bez zażenowania znikomy dowód tego, czym wiecznie przeniknięte będzie całe me jestestwo! – Weź ten lichy zewnętrzny atrybut, daninę, którą wszystkie myślące stworzenia oddawać powinno z całego serca swojemu Stwórcy aż po wieczne czasy!"

22. Maria przyjęła ten ciężki worek i przekazała go Józefowi. Potem Kacper podniósł się i odszedłszy, będąc już przy drzwiach, jeszcze raz skłonił swe kolana i modlił się do Pana w Dzieciątku.

23. Jako drugi podszedł Melchior, który był czarnoskóry, a Kain mu swym duchem towarzyszył; worek miał nieco mniejszy, lecz o tej samej wadze, wypełniony szczerym złotem; a podając go Marii rzekł:

24. „Co się należy Królowi duchów i ludzi na Ziemi, to składam jako ofiarę Tobie, Ty Panie wspaniałości wiecznej! – Przyjmij to, o Matko, która urodziłaś Tego, a o wydarzeniu tym języki wszystkich Aniołów nie będą nigdy w stanie opowiedzieć!"

25. Wtedy przyjęła Maria drugi worek i podała go Józefowi. A składający ofiarę mędrzec podniósł się i poszedł do pierwszego, i czynił, co i on czyni.

26. Po tym wstał trzeci, wziął swój worek, który wypełniony był jak najlepszą mirrą, będącą wtedy kosztowną specjalnością, i przekazał go Marii z tymi oto słowami:

27. „Duch Abrahama mi towarzyszy i widzi ten dzień Pana, na którego przyjście tak bardzo się cieszył!

28. Jam jest Baltazar, ofiaruję tutaj małą daninę, która należy się Dziecku wszystkich dzieci! – Ale lepszą ofiarę ukrywam w mej piersi; jest nią moja miłość – ona powinna dla tego Dziecka prawdziwą ofiarą na wieki pozostać!"

29. Wtedy wzięła Maria tak samo ważący trzydzieści trzy funty worek i podała go Józefowi. – A mędrzec podniósł się i podszedłszy do dwóch pierwszych, modlił się do Dzieciątka, a po ukończonej modlitwie wyszedł razem z tymi dwoma pierwszymi na zewnątrz, gdzie postawione były ich namioty.

31

Uwaga Marii o łaskawej opiece Boga. Uczciwość i wierność Józefa. Trzy pobłogosławione dary Boże: Jego święta wola, Jego łaska i Jego miłość. Najszlachetniejsze świadectwo Marii, dowódcy i Dziecka dla Józefa.

19 wrzesień 1843

1. A kiedy ci trzej byli już na dworze i udali się do swoich namiotów, rzekła Maria do Józefa:

2. „Spójrz i pomyśl, bojaźnią i troską przepełniony człowieku, jakże wspaniały i dobry jest Pan, nasz Bóg, i jak On, niczym ojciec, się o nas troszczy!

3. Kto z nas mógłby w marzeniach swoich coś takiego przypuścić? Odmienił w błogosławieństwo naszą bojaźń i sprawił, że nasze troski w wielką radość przemienione zostały!

4. Ci, których baliśmy się, myśląc, że czyhają na śmierć Dziecka, złożyli Dziecku hołd, który był zawsze Bogu i Panu oddawany!

5. I obdarowani zostaliśmy wartościowymi podarunkami, za które teraz jesteśmy w stanie nabyć znaczny majątek na własność oraz wychowywać Boże Dzieciątko, zgodnie z wolą Bożą!

6. O, Józefie! – Dzisiaj pragnę ukochanemu Panu dziękować i wielbić Go przez całą noc; bowiem wyszedł On naszej biedzie naprzeciw! Co powiesz na to, drogi ojcze Józefie?”

7. A Józef odrzekł: „Mario! Dobroć Pańska jest bezgraniczna dla kochających Go i pokładających nadzieję w Nim, lecz ja uważam, że ten skarb przeznaczony jest nie dla nas, tylko dla Dzieciątka, dlatego my nie mamy prawa nim rozporządzać.

8. Dziecko nosi imię Jezus i jest Synem Najwyższego, dlatego też musimy najpierw zapytać Ojca, co z tym skarbem mamy zrobić.

9. On powie, jak mamy z nim postąpić, a my tak zrobimy; albowiem bez woli Jego nie ruszę go do końca moich dni i będę raczej w pocie czoła dla ciebie i siebie pracować na błogosławiony kawałek chleba.

10. Dzięki błogosławieństwu Pana i pracy rąk moich wyżywiłem ciebie i synów moich przedtem, będę mógł czynić to przy pomocy Pana również i teraz!

11. Dlatego nie spoglądam na te dary, a tylko na wolę Pana, na Jego łaskę i na Jego miłość.

12. A są to trzy potężne i błogosławione dary Pana; Jego święta wola jest mi przyjemnym zapachem kadzidła, Jego łaska najczystszym i najdroższym złotem, a Jego miłość wspaniałą mirrą!

13. Tych trzech skarbów możemy w każdym czasie bez bojaźni śmiało używać; ale tych tutaj: kadzidła, złota i mirry w złotych workach nie możemy dotknąć bez tych trzech głównych skarbów, którymi do tej pory zawsze hojnie nas obdarzał.

14. A więc, droga Mario – tak zrobimy, jak powiedziałem! Wiem, że kiedy tak postąpimy, Pan łaskawie na nas popatrzy, a przecież Jego łaskawość dla nas – to już wielki skarb!

15. I jak myślisz miła, słodka Mario, mam rację czy nie? – Czyż nie jest to najlepsze przeznaczenie dla tych skarbów?”

16. Maria, wzruszona do łez, pochwaliła Józefa za jego mądrość.

A dowódca objął go po bratersku, mówiąc: „Tak, tyś jest jeszcze prawdziwym człowiekiem według woli Boga!" – A Dzieciątko spojrzało, uśmiechnęło się i podniosło rączkę, jakby błogosławiąc opiekuna Swego, pobożnego Józefa.

32

Anioł udziela rad trzem mędrcom. Mędrcy wyruszają do swego kraju. Niecierpliwość Józefa. Uspokajające słowa Korneliusza do Józefa. Józef zwraca uwagę na potęgę i dobroć Boga.

20 wrzesień 1843

1. Trzej mędrcy zebrali się w jednym namiocie i naradzali się, co mają dalej robić.

2. Czy powinni spełnić obietnicę daną Herodowi, ażeby w drodze powrotnej wstąpić do niego, czy też po raz pierwszy nie dotrzymać danego słowa?

3. Jeżeli by mieli wracać inną drogą, to którą, aby dojść bezpiecznie do swego kraju?

4. I jeden pytał drugiego: „Może powiedzie nas z powrotem gwiazda, która wskazała nam drogę tutaj?".

5. A gdy się naradzali, pojawił się nagle między nimi Anioł, który rzekł do nich: „Nie martwcie się daremnie, bo wasza droga jest już wytyczona!

6. Tak jak promień słoneczny pada w południe prosto na ziemię – tak prosta będzie wasza powrotna droga; jutro będzie wam pokazane, jaką drogą macie podążać, aby ominąć Jerozolimę".

7. Po tym Anioł znikł, a oni trzej udali się na spoczynek. Wczesnym rankiem wyruszyli w drogę i dotarli najkrótszą drogą do swojego kraju, gdzie potem głosili wielu przyjaciołom cześć oraz chwałę Pana, budząc w nich na nowo prawdziwą wiarę w jedynego Boga.

8. A Józef tego samego ranka zapytał dowódcę, jak długo jeszcze muszą pozostawać w jaskini?

9. Dowódca odpowiedział przyjaźnie Józefowi: „Mężu mego najwyższego szacunku! Czy myślisz, że cię trzymam tutaj niczym jakiegoś więźnia?!

10. Jaka straszna myśl! Czy ja, robak i nicość przed siłą Boga twojego, mogę odbierać ci wolność?! To, co każe mi czynić moja miłość do ciebie, nie jest przetrzymywaniem cię w niewoli!

11. A co się tyczy mojej władzy, to jesteś wolny i możesz iść, gdzie zechcesz! Natomiast inaczej przedstawia się sprawa z sercem moim. Ono chciałoby mieć tutaj ciebie na zawsze, ponieważ pokochało ciebie i twojego Syneczka z niezwykłą siłą.

12. Poczekaj jeszcze dwa dni, a ja wyślę dzisiaj posłańców do Jerozolimy, żeby zrobili wywiad, co ten stary lis Herod ma zamiar uczynić, gdy Persowie nie dotrzymają danego mu słowa?

13. A wtedy już będę wiedział co mam robić i będę mógł podjąć środki w twojej obronie, aby cię zachować od prześladowań tego potwora.

14. Wierz mi, Herod to największy wróg mego serca! Moim pragnieniem jest poskromić go; i czynię to, gdy tylko nadarza mi się okazja!

15. Jestem wprawdzie tylko kapitanem i muszę się podporządkować wyższemu dowództwu, które znajduje się w Sydonie i w Smyrnie i któremu podporządkowane jest dwanaście legionów w Azji.

16. Ale nie jestem zwykłym centurionem, tylko patrycjuszem, dlatego – zgodnie z moją wiedzą – podlega mi też tych dwanaście legionów w Azji. A jeżeli jest mi potrzebny ten lub inny legion, nie muszę mieć pozwolenia ze Smyrny, lecz jako patrycjusz wzywam legion, który od razu mi się podporządkowuje. Dlatego w razie nieprzyjaznych posunięć ze strony Heroda – ty możesz na mnie polegać".

22 wrzesień 1843

17. Józef podziękował dowódcy za przyjaźń oraz troskę, którymi ich otoczył, dodając:

18. „Wysłuchaj mnie, mój czcigodny przyjacielu! Oto przedtem chciałeś nas obronić przed Persami, ale niepotrzebne okazały się twoje starania i zmartwienia.

19. Persowie przyszli niezauważeni przez tysiące twoich oczu i długo przed tym, zanim jednego z nich ujrzałeś, rozbili swoje namioty.

20. Widzisz! Gdyby wtenczas nie chronił mnie Pan, mój Bóg, na cóż zdałaby się twoja pomoc – gdyby oni chcieli nam coś złego uczynić? Przecież Persowie do twojego przyjścia mogli łatwo rozprawić się z nami!

21. Dlatego mówię ci jak przyjaciel przepełniony uczuciem wdzięczności: ludzka pomoc jest niczym, ponieważ wszyscy ludzie to nicość przed Bogiem,

22. Jeśli wolą Pana będzie nam pomóc – On jeden to zrobi, a nam nie potrzeba o nic się starać, ponieważ mimo naszych starań zawsze wszystko będzie tak, jak tego zechce Pan, a nigdy tak, jak my chcemy!

23. Dlatego odstąp w Jerozolimie od trudnych i niebezpiecznych wywiadów, które po pierwsze: przyniosą mało korzyści, a po drugie: ty przeze mnie i bez tego ściągniesz na siebie wielkie nieprzyjemności!

24. Dzisiejszej nocy na pewno ukaże mi Pan zamiary Heroda i powie mi, co mam dalej robić, dlatego bądź spokojny i pozwól powierzyć wszystko Panu, a On będzie strzec ciebie i mnie i wszystko będzie dobrze".

25. Słowa Józefa poruszyły boleśnie duszę Korneliusza, zasmucił się, że Józef nie przyjął jego pomocy.

26. Ale Józef rzekł: „Najdroższy przyjacielu, boli cię to, że ci odradziłem, żebyś o moją pomyślność dalej się troszczył.

27. Jeżeli jednak przyjrzysz się tej sprawie w jasnym świetle, dojdziesz do tego samego wniosku!

28. Popatrz, czy mógłby ktoś z nas nosić kiedykolwiek na firmamencie słońce, księżyc i gwiazdy? Czy może ktoś z nas rozkazywać wiatrom, burzy czy błyskawicom?

29. Kto wielkiemu morzu łoże wykopał? Kto z nas drogę rzekom wytyczył?!

30. Któż z nas nauczył jakiegoś ptaka szybkiego lotu i w upierzenie go wyposażył? Kto go śpiewu nauczył?

31. Kto daje wzrost trawie i każe jej nasiona wydawać?!

32. Popatrz, to czyni Pan codziennie! A ponieważ Jego ustawiczna troskliwość przypomina ci w każdej minucie o Jego pełnej miłości trosce, to czemu się dziwisz, że ja po przyjacielsku zwracam ci uwagę, że przed Panem każda pomoc człowieka

w proch nicości się obraca?"
33. Te słowa wprawiły dowódcę z powrotem w dobry nastrój; pomimo to wysłał on potajemnie gońców do Jerozolimy, aby się dowiedzieli, co tam się dzieje.

33

Przygotowanie ucieczki do Egiptu. Ochrona od Pana. Józef omawia sprawę z Korneliuszem.

23 wrzesień 1843

1. Tej nocy zarówno Marii jak i Józefowi ukazał się we śnie Anioł, który powiedział do nich:
2. „Józefie, sprzedaj skarby i kup kilka zwierząt pociągowych, gdyż musisz ze swoją rodziną uciekać do Egiptu!
3. Wiedz, że Herod wpadł w wielki gniew i postanowił wymordować wszystkie dzieci od jednego roku do dwunastu lat, ponieważ został przez mędrców oszukany!
4. Mieli oni mu wskazać, gdzie się nowy Król narodził, ażeby on mógł tam wysłać swoich złoczyńców po to, by mogli zamordować Tego, który jest nowym Królem.
5. My, Aniołowie Nieba, otrzymaliśmy od Pana wskazówki, zanim On jeszcze na ten świat przyszedł, abyśmy nad wszystkim czuwali, a to waszego bezpieczeństwa dotyczy!
6. Dlatego teraz przychodzę do ciebie, ażeby ci oznajmić, co Herod uczyni, gdyż on z pewnością Tego Jedynego pojmać nie może.
7. Dowódca sam musi być posłuszny Herodowi, ażeby go nie zdradził przed cesarzem; dlatego jutro rano powinieneś w drogę wyruszyć!
8. To wszystko możesz przekazać dowódcy, on będzie ci pomocny w przygotowaniu do szybkiego odjazdu! – Niech więc dzieje się to w imię Tego, który żyje i ssie pierś Marii!"
9. W tym momencie Józef obudził się, a także i Maria, która zatrwożonym głosem zaraz zawołała Józefa do siebie i swój sen mu opowiedziała.
10. A w opowiadaniu Marii Józef ujrzał swój sen i powiedział: „Nie zamartwiaj się Mario tym wszystkim, jeszcze dzisiaj przed południem będziemy w górach, a za siedem dni – w Egipcie!
11. Niech tylko zaświta, a pójdę do miasta, żeby wszystko przygotować do szybkiego wyjazdu".
12. Wziąwszy ze sobą trzech starszych synów i dary, poszedł do właściciela kantoru, który odkupił wszystko za należytą cenę.
13. Potem poszedł do kupca, do którego zaprowadził go sługa właściciela kantoru, i kupił sześć jucznych osłów, i tak wyposażony wrócił zaraz do jaskini.
14. Dowódca już na niego czekał i zaraz przekazał wiadomości, które uzyskał w Jerozolimie o podstępnych zamiarach Heroda.

25 wrzesień 1843

15. Józef nie zdziwił się, usłyszawszy opowiadanie dowódcy; odpowiedział tylko pełnym Bogu oddania tonem:
16. „Szanowny przyjacielu, to, co ty opowiadasz, zostało mi jeszcze dokładniej przekazane przez Pana tej nocy – wszystko, co Herod zaplanował.
17. A zobaczysz, że ty też w końcu

będziesz musiał go wspierać. On ma zamiar zgładzić w mieście Betlejem i w jego okolicy wszystkie dzieci, począwszy od kilku tygodni aż do dwunastu lat, ażeby tym sposobem zgładzić wśród nich i nasze Dziecko!
18. Ja zaś powinienem uciekać dzisiaj rankiem tam, dokąd powiedzie mnie Duch Pański, ażeby ujść przed okrucieństwem Heroda.
19. Dlatego proszę cię: wskaż nam bezpieczną drogę do Sydonu, gdyż w ciągu godziny powinienem być już w drodze".
20. Gdy dowódca to usłyszał, bardzo się wzburzył na Heroda i poprzysiągł mu zemstę, a do Józefa rzekł:
21. „Józefie, przysięgam ci, tak jak prawdą jest, że zaraz dzień będzie, a słońce już ponad horyzontem stoi, i jak prawdziwie twój Bóg żyje, tak prawdziwie i ja, szlachetny patrycjusz Rzymu, prędzej pozwolę się do krzyża przywiązać, niż pozwolę tak okrutne przedsięwzięcie bezkarnym zostawić.
22. Przeprowadzę cię osobiście w asyście silnej ochrony poprzez góry i wrócę, gdy będę już pewny, że jesteś poza wszelkim niebezpieczeństwem. Potem niezwłocznie wyślę posłańca do Rzymu z wieścią o tym, co Herod zamierza uczynić.
23. Uczynię wszystko, co możliwe, by zamysł tego potwora zniweczyć".
24. Józef mu na to odpowiedział: „Dobry, najczcigodniejszy przyjacielu, jeśli tylko będziesz mógł to zrobić, to uratuj chociaż przed śmiercią dzieci od trzech do dwunastu lat! To jest w twojej mocy!
25. Bo dzieci nowo narodzonych, do lat dwóch, nie będziesz mógł ocalić.
26. Nie osiągniesz tego drogą przemocy i władzy, a tylko mądrością!
27. Pan ci da mądrość, dlatego nie rozmyślaj wiele nad tym, co będziesz czynić; gdyż Pan będzie potajemnie tobą kierować!"
28. Dowódca odpowiedział: „Nie, nie – krew dzieci nie może być przelana! Prędzej posłużę się bronią oraz przemocą!"
29. Na to Józef rzekł: „Cóż możesz zrobić, przecież Herod już opuszcza Jerozolimę w asyście rzymskiego legionu! Czy wyjdziesz przeciw niemu z twoją potęgą?! Działaj raczej zgodnie z Duchem Bożym i postaraj się dobrocią obronić dzieci od trzech do dwunastu lat". I dowódca zgodził się z nim.

34

Ucieczka. Prośba Józefa do Salomei. Pożegnanie z Korneliuszem. Odjazd. List zapewniający bezpieczeństwo Józefowi, przekazany Cyreniuszuszowi od Korneliusza. Podróż Józefa. Przygoda z rabusiami. Przybycie Józefa do Tyru, do Cyreniusza. Słowa pocieszenia Cyreniusza i udzielona przez niego pomoc.

26 wrzesień 1843

1. Po rozmowie z dowódcą Józef powiedział do synów: „Idźcie i przygotujcie juczne zwierzęta.
2. Sześć kupionych osłów osiodłajcie dla mnie i dla siebie, a dla Marii tę wypróbowaną oślicę. Z zapasów bierzcie wszystko, co jest możliwe, a wołu i wózek zostawimy położnej na pamiątkę i jako podziękowanie za życzliwość.
3. Położna wzięła wózek i wołu, ale

nie używała go nigdy do żadnej pracy!
4. I oto wtedy Salomea zapytała Józefa, czy może pójść razem z nimi.
5. Józef odpowiedział: „To zależy od ciebie; ale ja jestem biedny i nie mogę opłacić ci pensji, jeśli życzysz sobie być u nas służącą!
6. Lecz jeżeli masz środki i możesz razem ze mną troszczyć się o wyżywienie i przyodzienie – tedy podążaj za mną".
7. Salomea odrzekła: „Posłuchaj synu wielkiego króla Dawida! Nie tylko dla mnie, lecz i dla całej twojej rodziny moje majętności wystarczyć mogą na lat sto!
8. Albowiem ziemskich bogactw u mnie więcej, aniżeli myślisz! Zaczekaj tylko jedną godzinę, a przyjdę z moim skarbem gotowa do odjazdu".
9. Ale Józef odpowiedział jej: „Salomeo! Pomyśl, jesteś młodą wdową i matką; musiałabyś zabrać ze sobą również swoich dwóch synów!
10. A to sprawiłoby ci wiele kłopotu. Ja zaś nie mogę ani minuty stracić, bo za trzy godziny sam Herod tu będzie, a za godzinę przyjdą do miasta jego gońcy!
11. Widzisz zatem, że niemożliwe jest, bym czekał, aż będziesz gotowa do podróży.
12. Dlatego myślę, że postąpisz lepiej, jeżeli pozostaniesz tutaj i nie opóźnisz mojego wyjazdu, a jeśli wolą Bożą będzie, żebym kiedyś tu powrócił, to przybędę do Nazaretu.
13. A jeśli chcesz wyświadczyć mi jakąś przysługę, to wybierz się przy okazji do Nazaretu i weź w dzierżawę moją działkę, ażeby nie wpadła w obce ręce, i dzierżaw ją na trzy, siedem, bądź też dziesięć lat".
14. I tak oto Salomea odstąpiła od swej propozycji i zadowoliła się danym jej zadaniem.
15. Potem Józef objął dowódcę i pobłogosławił go, a następnie nakazał Marii wsiąść na jej juczne zwierzę wraz z Dzieciątkiem.
16. A kiedy już wszystko do odjazdu gotowe było, dowódca rzekł do Józefa: „Mężu, którego największym szacunkiem darzę, czy cię jeszcze kiedyś zobaczę i to Dziecko wraz z Jego Matką?"
17. A Józef odrzekł: „Nim upłyną trzy lata, a znów będę cię witać ja i Dziecko, i Jego Matka! O tym cię zapewniam; a teraz pozwól nam już wyruszyć w drogę! Amen".
18. Józef wsiadł na swojego osła, a synowie podążyli za jego przykładem. Józef uchwycił lejce zwierzęcia jucznego Marii i chwaląc Pana, wyprowadził je z jaskini.
19. A gdy wszyscy znaleźli się na zewnątrz, ujrzał Józef tłum wielki, który tu przybył z miasta, ażeby zobaczyć odjazd Nowo Narodzonego, o którym dowiedzieli się od położnej, gdy powróciła do miasta i opowiedziała o wszystkim, oraz od właściciela kantoru.
20. Przybycie żądnego ciekawości tłumu było przeszkodą, dlatego prosił Józef Pana, aby mu pobłogosławił i pomógł jak najszybciej opuścić to miejsce.
21. I oto wyobraźcie sobie, opadła zaraz gęsta mgła na całe miasto i niemożliwym dla ludzi stało się zobaczenie czegokolwiek z odległości pięciu kroków.
22. Rozczarowany lud powrócił do miasta, a Józef prowadzony przez dowódcę i Salomeę mógł niezauważony przez nikogo dotrzeć do pobliskich gór.
23. A kiedy już doszli do granicy

oddzielającej Judeę od Syrii, dowódca dał Józefowi list ochronny, skierowany do Cyreniusza, posiadającego w tym rejonie władzę nadzorcy Syrii.

24. Józef przyjął go z wdzięcznością, zaś dowódca powiedział: „Cyreniusz jest bratem moim; więcej ci nie potrzebuję wyjaśniać, jedź dalej szczęśliwie i wróć do nas z powrotem!" I dowódca oraz Salomea rozstali się z Józefem, który wyruszył w dalszą drogę w imię Pana.

25. Około południa osiągnął Józef szczyty gór odległych od Betlejem o dwanaście godzin marszu, które należały już do Syrii, a kraina ta nazwana była przez Rzymian Cylistrią.

26. Józef musiał iść okrężną drogą, ponieważ była to najbezpieczniejsza droga do Egiptu.

27. Ich podróżny szlak prowadził następującą drogą: w pierwszym dniu przybyli w pobliże małego miasteczka Bostra. Przenocowali tam, chwaląc Pana. W nocy podkradali się do nich rabusie, aby ich ograbić.

28. Kiedy jednak ujrzeli Dzieciątko, padli na twarz i modlili się do Niego, a potem bardzo przestraszeni uciekli w góry.

29. Na drugi dzień wędrowali znowu przez wysokie góry i doszli pod wieczór w okolice Panei, granicznego miasta w kierunku północnym, leżącego pomiędzy Palestyną a Syrią.

30. Na trzeci dzień, wyruszywszy z Panei, dotarli do prowincji Fenicja i znaleźli się w okolicy Tyru, gdzie z kolei w dniu następnym, z otrzymanym od dowódcy listem, udali się do Cyreniusza, który w tym czasie pełnił tam służbę.

31. Cyreniusz przyjął Józefa życzliwie i zapytał go, co mógłby dla niego uczynić.

32. Józef odpowiedział: „Chciałbym bezpiecznie dostać się do Egiptu!" – A Cyreniusz odrzekł: „Dobry człowieku – przecież zrobiłeś bardzo dużą, okrężną drogę; Palestyna leży bowiem o wiele bliżej Egiptu, aniżeli Fenicja! Musisz na powrót Palestynę przewędrować, iść do Samarii, a stamtąd do Joppy, dalej do Aszkalonu, następnie do Gazy i Aluzji w Arabii!"

33. Józef się zasmucił, że pomylił drogę. Cyreniusz współczuł Józefowi. Powiedział do niego: „Dobry człowieku, odczuwam twoje nieszczęście. Jesteś wprawdzie Żydem i nieprzyjacielem Rzymian, ale mój brat pomimo to lubi cię, dlatego i ja także w przyjaźni pragnę coś dla ciebie uczynić.

34. Jutro odpływa stąd do Ostracyny niewielki, ale bezpieczny statek, którym płynąc, za trzy dni będziesz na miejscu, a więc w Egipcie! Dam ci list bezpieczeństwa, abyś mógł bez trwogi w Ostracynie przebywać i zaopatrzyć się we wszystko, co będzie ci potrzebne. Ale dziś jesteś moim gościem; dlatego wnieś do środka swój bagaż!"

35

Święta Rodzina u Cyreniusza. Rozmowa Józefa z Cyreniuszem. Cyreniusz przyjacielem dzieci i Dzieciątka Jezus. Wewnętrzne i zewnętrzne świadectwo świadczące o boskości Dzieciątka Jezus.

28 wrzesień 1843

1. Józef wyszedł i przyprowadził swoją rodzinę przed dom, w którym mieszkał Cyreniusz, ten zaś rozkazał swojej służbie zwierzęta juczne Józefa zaopatrzyć

2. i wprowadził Józefa wraz z Marią i pięcioma synami do swego wspaniałego apartamentu, który olśniewał przepychem, szlachetnymi kamieniami, złotem i srebrem.

3. Stało tam także na białym stole z gładkiego marmuru wiele wysokich na jedną stopę posągów z korynckiego kruszcu.

4. Józef zapytał zarządcę kraju, kogo te figurki przedstawiają.

5. A zarządca kraju – Cyreniusz – odpowiedział miłym tonem: „Dobry człowieku, spójrz, oto nasi bogowie! Musimy posiadać i często kupować w Rzymie ich podobizny, nawet wtedy, kiedy w nich nie wierzymy.

6. Traktuję te figury tylko jako dzieła sztuki, które nie przedstawiają żadnej wartości, a gdy od czasu do czasu spoglądam na nie, czuję pogardę!"

7. Słysząc to, Józef zapytał Cyreniusza: „Posłuchaj, jeśli tak rozumujesz, to jesteś człowiekiem bez Boga i bez religii! Czy to nie burzy twojego sumienia?"

8. Cyreniusz odrzekł: „Ani trochę, albowiem każdy człowiek sam sobą przedstawia większego boga niż te figurki, w których nie ma życia! Ale ja myślę inaczej: jest żywy i wszechmocny Bóg! Dlatego pogardzam tym bezsensem!"

9. Cyreniusz lubił dzieci, dlatego podszedł do Marii, która trzymała Dziecko na rękach, i zapytał, czy nie jest zmęczona.

10. Lecz Maria odpowiedziała mu: „O, możny panie tej krainy! Jestem już wprawdzie bardzo zmęczona; ale wielka miłość do mojego Dziecka czyni zmęczenie znośnym i dlatego o nim zapominam!"

11. A zarządca kraju odrzekł na to: „Widzisz, jestem wielkim przyjacielem dzieci i jestem żonaty, ale natura albo Bóg nie pobłogosławili mnie jeszcze potomkiem; dlatego opiekuję się cudzymi dziećmi – nawet dziećmi niewolników – które biorę do siebie w miejsce własnych dzieci.

12. Nie chcę przez to powiedzieć, ażebyś także i ty oddała mi Dziecko, albowiem jest ono przecież twoim życiem.

13. Ale chciałbym cię prosić, abyś zechciała je położyć na moich rękach, ażebym je mógł trochę przytulić i nacieszyć się nim!"

14. Maria odpowiedziała na tę serdeczność: „Kto takiego serca jest, ten może wziąć moje Dziecko na ręce!"

15. I podała mu Dziecko, żeby Je przytulił, a kiedy wziął on Dzieciątko na swoje ręce, odczuł w sobie błogie uczucie, jakiego jeszcze nigdy nie doświadczył.

16. I nosił Dzieciątko po całym pomieszczeniu tam i z powrotem, i podszedł z Nim także do bożków.

17. Jednak to zbliżenie przyniosło im unicestwienie, bowiem figurki rozpłynęły się jak wosk na rozżarzonym żelazie.

18. Ujrzawszy to Cyreniusz przeraził się i rzekł: „Cóż to znaczy? – Ten twardy kruszec rozpływa się i ginie, nie pozostawiając po sobie żadnego śladu! Mądry człowieku z Palestyny, wytłumacz mi to! Jesteś ty może magiem?"

36

Wnikliwe przesłuchanie Józefa i jego relacja o istocie narodzin Dzieciątka Jezus. List Korneliusza. Józef doradza milczenie. Sprzeczności i wątpliwości. Józefa wytłumaczenie przed Cyreniuszem.

29 wrzesień 1843

1. Józef, sam bardzo zadziwiony, przemówił do Cyreniusza: „Posłuchaj mnie, potężny opiekunie tej krainy! Nie może być ci nieznanym, że według prawa mojego narodu każdy czarownik musi zostać spalony.

2. I gdybym był czarodziejem, nie byłbym tak stary, jak jestem; ale już dawno wpadłbym w ręce kapłanów w Jerozolimie!

3. Dlatego nie mogę ci nic innego odpowiedzieć, jak tylko to, że zjawisko to ma związek z wielką świętością tego Dziecka!

4. Bowiem już podczas Jego narodzin pojawiły się znaki, które wszystkich przeraziły; Niebo stało otworem, wiatry milczały, strumyki i rzeki zatrzymały się, a słońce zawisło na horyzoncie;

5. księżyc nie ruszał się z miejsca przez trzy godziny, a z nim i gwiazdy nie przesuwały się dalej; zwierzęta nie jadły, nie piły; i wszystko, co znajduje się w ciągłym ruchu, zamarło; i nawet ja, chociaż pragnąłem iść, musiałem stanąć!"

6. Po wysłuchaniu tego, co powiedział Józef, Cyreniusz rzekł: „Oto jest więc to zadziwiające Dziecko, o którym mi mój brat napisał tymi oto słowami:

7. «Bracie, muszę ci oznajmić nowinę: w pobliżu Betlejem urodziło się Dziecko młodej kobiecie żydowskiego pochodzenia, w którym cudowna siła mieszka, i ja myślę, że jest to Boże Dziecko!

8. Ale ojcem Jego jest najprawdziwszy Żyd, dlatego nie potrafię nic uczynić, aby tę sprawę jakkolwiek zbadać.

9. Ale jeśli ty w najbliższym czasie wybierałbyś się do Jerozolimy, to nie powinno pozostać dla ciebie obojętnym, aby tego człowieka w Betlejem odwiedzić! – Myślę, że w tym Dziecku jest ukryty młody Jupiter albo przynajmniej Apollo. Wyrusz tam i osądź to sam!»

10. Posłuchaj, dobry człowieku: tyle jest mi wiadomo w tej sprawie; a to, o czym mi powiedziałeś, jest mi zupełnie nieznanym. Dlatego odpowiedz, czy ty jesteś tym, o którym mi opowiedział mój brat z Betlejem?"

11. Józef odrzekł na to: „Tak, władco, to ja jestem, ten sam! Ale szczęściem twojego brata jest, że nie przekazał ci nic więcej!

12. Albowiem otrzymał on nakaz z Niebios, by milczał o wszystkim, co się tam wydarzyło! – Doprawdy, gdyby powiedział więcej, to stałoby się z Rzymem to, co wydarzyło się na twoich oczach z figurami bożków stojących na stole!

13. Ale jest szczęściem dla ciebie i brata twojego, że potraficie milczeć,

dlatego będziecie pobłogosławieni przez Pana, wiecznego Boga, Stworzyciela Nieba i Ziemi!"

14. Słowa te sprawiły, że Cyreniusz poczuł wielki szacunek dla Józefa, a strach przed Dzieciątkiem, dlatego czym prędzej położył Je z powrotem na ręce Marii.

30 wrzesień 1843

15. A potem zwrócił się do Józefa: „Dobry i uczciwy człowieku, słuchaj uważnie, co ci powiem;

16. bo właśnie olśniła mnie myśl, którą pragnę się z tobą podzielić, prosząc cię o odpowiedź!

17. Widzisz, jeżeli to Dziecko jest boskiego pochodzenia, to i ty, będąc Jego ojcem, jesteś także boskiego pochodzenia. Bo jak mówią: «pień drzewa nie urodzi Merkurego» i «na cierniach nie urosną winogrona», tak też ze zwykłego człowieka nie może narodzić się Dziecko Boga".

18. Ale przecież wyglądasz mi na zupełnie zwykłego człowieka, jak też i twoi synowie stojący za tobą. Także i ta młoda matka, uczciwa Żydówka, nic boskiego w sobie nie ma!

19. A przecież takiemu wydarzeniu towarzyszyły zawsze nieziemska piękność i wielka mądrość; tylko z takimi kobietami bogowie obcowali; a poza tym, żeby to przyjąć, potrzebna jest nade wszystko mocna wiara, której ja nie posiadam!

20. Chcę także zwrócić twoją uwagę na dalszą okoliczność: tyś zabłądził, podróżując z Bożym Dzieciątkiem z Betlejem do Egiptu, a kiedy ci na to zwróciłem uwagę, byłeś smutny i zakłopotany!

21. Czyż twój Bóg albo bogowie Rzymu nie znają drogi z Betlejem do Egiptu?!

22. Widzisz, wszystkich tych wątpliwości gromadzi się tym więcej, im głębiej się w tę sprawę wnika! A ponadto zapowiedziałeś groźbę zniszczenia Rzymu, gdybym ja albo mój brat zdradzili historię narodzin tego Dziecięcia.

23. Dlaczegoż to bogowie mieliby grozić słabym śmiertelnikom, jakby odczuwali strach przed nimi? – Wystarczy wszak, żeby zstąpili na ziemię, a wszystko musiałoby ślepo słuchać ich potężnej woli!

24. Zrozum, sprawa, którą przedstawiłeś, wygląda mi na lichą wymówkę, abym całkiem zmylony nie rozpoznał, że jestes żydowskim magiem, który udaje się do Egiptu, ażeby tam zarabiać na chleb, gdyż w twojej ojczyźnie nie jesteś pewien życia,

25. czy może chytrym żydowskim szpiegiem, przekupionym przez Heroda, ażeby wypatrywał i wyśledził, jak przygotowane są rzymskie umocnienia nabrzeżne?!

26. Chociaż przekazałeś mi list polecający mojego brata, lecz ja o tym z nim jeszcze nie rozmawiałem; a te dokumenty mogą być fałszywe; gdyż przecież i pismo mojego brata można podrobić!

27. Uważam cię teraz i za maga, i za szpiega! Musisz się przede mną dokładnie wytłumaczyć, bo w przeciwnym razie zostaniesz mym jeńcem i nie ujdziesz sprawiedliwej karze!"

28. Podczas tej rozmowy patrzył Józef prosto w oczy Cyreniuszowi, a potem odpowiedział: „Wyślij gońców do twojego brata Korneliusza, daj im oba te listy, a brat twój niech poświadczy, czy rzeczywiście sprawa mnie dotycząca przedstawia się tak haniebnie, jak ją przedstawiłeś!

29. Tego żądam teraz od ciebie; bowiem moja godność przed Bogiem Wiekuistym została podeptana przez

poganina! Tyś jest patrycjuszem Rzymu, a ja potomkiem wielkiego króla Dawida, przed którym trzęsła się ziemia, i jako taki nie pozwolę żadnemu poganinowi odbierać sobie mej godności!

30. I nie odejdę od ciebie dopóty, dopóki nie zwrócisz mi mego honoru i godności, bo to, co dane jest mi od Pana, nie ma prawa zabierać mi żaden poganin!"

31. Ta ostra i gorąca mowa pohamowała Cyreniusza; gdyż jako zarządca kraju, który miał nieograniczoną władzę nad życiem i śmiercią swoich poddanych, nie słyszał jeszcze nigdy takich słów skierowanych przeciwko sobie! Pomyślał więc: „Jeżeli ten człowiek nie byłby pewien niezwykłej siły, która go ochrania, nie mógłby tak do mnie mówić! Dlatego muszę teraz całkiem inaczej do niego przemówić!"

37

Łagodny ton wyjaśnień Cyreniusza i Józefa. Godność skarbem ubogich. Kolacja pojednania. Dobra rada Józefa. Cyreniusza ciekawość ukarana. Historia narodzin Dziecka. Oddanie hołdu Dzieciątku przez Cyreniusza i potwierdzenie prawdy.

2 październik 1843

1. Po namyśle ponownie zwrócił się Cyreniusz do Józefa i powiedział do niego: „Dobry człowieku, nie musisz się na mnie gniewać, powinieneś bowiem zrozumieć, że jako zarządca kraju mam obowiązek wypróbować i zbadać ludzi, jakiego oni są ducha.

2. I pomimo najlepszych chęci, nie mam prawa zrobić dla ciebie wyjątku, tym bardziej, gdy spojrzę na ten stół, z którego znikły piękne ozdoby – chyba jest to dla ciebie jasne. Ludzi takich jak ty trzeba zbadać jeszcze dokładniej niż innych, którzy wałęsają się jak muchy po świecie bez znaczenia.

3. Ale myślę, że nie obraziłem cię, wręcz przeciwnie, wyróżniłem, gdyż znacząco i poważnie rozmawiałem z tobą, jak zarządcy kraju przystoi.

4. Pomyśl, dla mnie było to tylko dochodzenie prawdy na temat twój i twojego pochodzenia, bowiem dla mnie wiele znaczysz!

5. Dlatego przedstawiłem wątpliwości wobec ciebie, ażebyś ujawnił przede mną całą prawdę!

6. A ty mową swoją wykazałeś, że jesteś człowiekiem szczerym, dlatego nie potrzeba mi już dowodu od mego brata, ani innego, dodatkowego poświadczenia o twoim pochodzeniu, bo widzę, że jesteś niewątpliwie uczciwym Żydem! – Powiedz, trzeba tu czegoś więcej?"

7. Józef odrzekł: „Przyjacielu, patrz, ja jestem ubogi, a tyś potężnym panem! – Moje bogactwo to wierność i miłość do mojego Boga i pełna uczciwość wobec każdego człowieka!

8. Ty natomiast, oprócz twojej cesarskiej wierności, posiadasz jeszcze bogactwa i majątki świata, których ja nie mam. A jeżeli ktoś odbierze ci godność, to pozostanie ci przynajmniej majątek.

9. Cóż jednak pozostanie mi, jeśli stracę swój honor? – Skarbami tego świata można go sobie wykupić, ale czym ja mam go wykupić?

10. Dlatego biedny, jeśli któregoś

razu utraci swoją godność i wolność przed bogatym, będzie niewolnikiem; a jeśli posiada gdzieś ukryte skarby, może sobie wolność i honor z powrotem wykupić.

11. Ale ty mi groziłeś, że uczynisz mnie swoim więźniem; powiedz, czy nie straciłbym wówczas mojej godności i wolności?!

12. Czyż nie miałem prawa bronić się przed tym, gdy ty, nadzorca Syrii i wybrzeża Tyru i Sydonu, sam wezwałeś mnie do tego?"

13. Cyreniusz odpowiedział: „Dobry człowieku! Proszę cię, pozwól nam zapomnieć, co się wydarzyło!

14. Spójrz! Słońce chyli się ku zachodowi! Moi słudzy przygotowali już nam wieczerzę w jadalni, dlatego chodźcie ze mną i posilcie się! Dla was poleciłem nie rzymskie, ale twego ludu jedzenie przygotować, które możecie spożywać. Dlatego chodźcie ze mną, nie chowając nawet najmniejszej urazy do mnie, ale mając we mnie przyjaciela!"

15. Józef podążył z Marią i pięcioma synami za Cyreniuszem do jadalni, gdzie zaskoczeni zostali nieopisanym przepychem zastawy stołowej, która w większości wykonana była ze złota i srebra i wysadzana szlachetnymi kamieniami.

16. Ponieważ wszystkie te naczynia ozdobione były płaskorzeźbami przedstawiającymi pogańskich bożków, Józef rzekł do Cyreniusza:

17. „Przyjacielu, widzę, że wszystkie naczynia ozdobione są płaskorzeźbami przedstawiającymi twoich bożków! Ty zaś znasz siłę promieniującą z Dzieciątka.

18. Rozważ, gdy tylko ja z moją kobietą i jej Dzieckiem usiądziemy za stołem, wtedy w mgnieniu oka pozbędziesz się całego twojego bogatego sprzętu i naczyń!

19. Dlatego radzę ci postawić naczynia bez ozdób albo całkiem zwykłe gliniane, gdyż nie mogę ręczyć za twoje złoto i srebro!"

20. Cyreniusz, słysząc to, nakazał niezwłocznie wykonać polecenie Józefa. Słudzy przynieśli wkrótce jedzenie na zwyczajnych glinianych półmiskach, wynosząc uprzednio wszystkie złote i srebrne naczynia.

21. Ale Cyreniusza trawiła ciekawość i pomimo wszystko postanowił przynieść w pobliże jeden ze wspaniałych pucharów ze złota, żeby się przekonać, czy bliskość Dziecka ma tak samo niszczący wpływ na złoto, jak przedtem miała na figury z brązu.

22. I rzeczywiście, musiał Cyreniusz swoją ciekawość opłacić nagłym zniknięciem na pewien czas drogocennego pucharu.

23. Ale tak go to przestraszyło, że stał jak porażony prądem.

24. Po chwili powiedział do Józefa: „Józefie, wielki mężu, tyś dobrze mi radził – dlatego dziękuję ci!

25. Ale ja sam niech będę przeklęty i nie ruszę się z tego miejsca, dopóki nie dowiem się od ciebie, kim to Dziecko jest, że mieszka w nim tak wielka siła!"

26. Na to zwrócił się Józef do Cyreniusza i opowiedział mu w skrócie o poczęciu i narodzinach Dziecka.

27. A Cyreniusz, gdy tego z wielką powagą wysłuchał, padł przed Dzieciątkiem na kolana i począł się do Niego modlić.

28. I wyobraźcie sobie, w tym momencie stanął na podłodze przed Cyreniuszem przepadły puchar, o tym samym ciężarze, ale zupełnie gładki; Cyreniusz podniósł go, ciesząc się ogromnie, ze szczęścia nie wiedząc, co ma czynić z radości.

38

Niegodna propozycja Cyreniusza, aby cudowne Dziecko zawieźć na dwór cesarza do Rzymu. Mądra odpowiedź Józefa ze wskazaniem na uniżenie Pana. Prorocze słowa o duchowym Słońcu Życia.

4 październik 1843

1. W tym błogim nastroju rzekł Cyreniusz do Józefa: „Posłuchaj mnie, wielki mężu! – Gdybym to ja był cesarzem w Rzymie, odstąpiłbym ci koronę i tron!

2. A cesarz August, wiedząc tyle, co ja wiem o tym Dzieciątku, zrobiłby to samo! I pomimo, że jest świadomy swej potęgi jako najpotężniejszy cesarz ziemi, to wiem też, jak bardzo wszystko, co boskie, wysoko ponad sobą stawia.

3. Jeżeli chcesz, to napiszę do cesarza i zapewniam cię już teraz, że on z wielkimi honorami do Rzymu cię sprowadzi, zaś Dzieciątku, jako niezaprzeczalnemu Synowi Najwyższego Boga, wielką i wspaniałą świątynię wystawi,

4. w której będą Go wielbić po wsze czasy, a i sam cesarz leżeć będzie niczym proch przed Panem, któremu posłuszne są wszystkie żywioły i bogowie!

5. O mocy Dzieciątka przekonałem się już dwa razy; przed Nim nawet Jupiter nie potrafi się obronić i żaden metal nie oprze się działaniu mocy Jego.

6. A więc, jeżeli zechcesz, to jeszcze dziś poślę gońców do Rzymu. A odwiedziny boskiego Dziecka nieprawdopodobne uczynią wrażenie i ukrócą władzę kapłaństwa, które samo już gubi się w coraz to nowych sposobach kłamstw i oszustw!"

7. Na to Józef odpowiedział Cyreniuszowi: „Kochany, drogi przyjacielu! – Czy sądzisz, że honory ze strony Rzymu cokolwiek znaczą dla Tego, któremu podlegają słońce, księżyc, gwiazdy i wszystkie żywioły świata?

8. Gdyby to tylko było Jego życzeniem, by świat oddał Mu honory jako bożkowi, wtedy zjawiłby się przed oczami całego świata w całym swym boskim majestacie! – Ale świat zostałby wtedy skazany na zagładę!

9. On jednak wybrał uniżenie tego świata, ażeby go uszczęśliwić, jak napisano w Księgach Proroków, dlatego odstąp od swoich zamiarów napisania do Rzymu.

10. Lecz jeśli chcesz Rzym zniszczonym ujrzeć, to uczyń według zamysłu swego! – Bo zrozum, Ten oto przyszedł, aby sprawić upadek wielkich i możnych tego świata, a wyzwolić ubogich; przynieść pocieszenie zasmuconym i ku zmartwychwstaniu poprowadzić pogrążonych w śmierci!

11. I ja w to głęboko wierzę w sercu moim, i tę moją wiarę odkrywam tylko dziś i tylko przed tobą; a poza tym nikt nie powinien ode mnie tych słów usłyszeć!

12. Uczynisz dobrze, jeśli moje słowa zatrzymasz w sercu swoim jako Świętość Świętości do czasu, kiedy i w tobie wzejdzie nowe Słońce Życia!"

13. Wypowiedź Józefa przeszyła serce Cyreniusza niby strzała i w okamgnieniu wywołała w nim zmianę, i to taką, że gotów był złożyć całe poważanie oraz tytuły, aby się od razu uniżyć!

14. Ale Józef powiedział do niego:

„Przyjacielu! przyjacielu! – Pozostań tym, kim jesteś, bo władza w rękach takich jak ty jest błogosławieństwem Bożym dla ludzi! Zrozum, to nie twoja zasługa, że takim jesteś, i nie Rzymu, a tylko Boga, dlatego zostań, kim jesteś!" A wtedy Cyreniusz oddał cześć nieznanemu Bogu i znów zasiadł za stołem, i w radosnym nastroju kontynuował wieczerzę z Józefem i Marią.

39

Cyreniusza umiar w jedzeniu i piciu. Dziękczynna modlitwa Józefa i jej dobry wpływ na Cyreniusza. Słowa Józefa o śmierci i życiu wiecznym. Istota i wartość łaski.

5 październik 1843

1. Choć Rzymianie przyzwyczajeni byli do obfitych posiłków, a raczej obżarstwa, które długo trwało, to Cyreniusz był pod tym względem wyjątkiem.

2. Gdy nie musiał, co miało miejsce od czasu do czasu, urządzać wielkiego obżarstwa ku czci cesarza, to jego posiłki były krótkie, gdyż należał on do filozofów, którzy mówią: „Człowiek żyje nie po to, aby jeść, ale je po to, aby żyć – a do tego nie jest potrzebne kilka dni trwające obżarstwo".

3. I tak też było i teraz, ten pobłogosławiony posiłek trwał krótko i był tylko koniecznością dla wzmocnienia ciała.

4. Po zakończeniu jedzenia Józef podziękował Panu za pokarm i pobłogosławił gospodarza.

5. A ten, wzruszony do głębi, przemówił do Józefa: „O, jakże wysoko stoi twoja religia nad moją! – I o ile bliżej Wszechmogącej Boskości stoisz ode mnie!

6. I jakże o wiele bardziej niż ja jesteś człowiekiem, którym nie uda mi się nigdy zostać!"

7. Józef odpowiedział Cyreniuszowi: „Szlachetny przyjacielu, nie troszcz się już o to, co Pan właśnie dał ci teraz!

8. I powiem ci: Zostań tym, kim jesteś w sercu twoim; ale tylko przed Bogiem, Panem wieczności, bądź pokorny i czyń dobro tajemnie, a będziesz wtedy Bogu tak bliski jak moi Ojcowie: Abraham, Izaak i Jakub!

9. Patrz, przecież w tym Dziecku Wszechmocny Bóg w twoim domu zagościł; ty Go na swoich rękach nosiłeś! – Cóż więcej chcesz? Powiadam ci: jesteś uratowany od śmierci wiecznej; i odtąd nie będziesz śmierci więcej widział, i jej nie odczujesz ani też nie posmakujesz!"

10. Tu zerwał się z miejsca Cyreniusz z radości i mówił: „O nie! – Co powiedziałeś?! – Ja nie umrę?!

11. Odpowiedz mi, jak coś takiego jest możliwym?! – Przecież dotąd żaden człowiek nie ominął śmierci! – Miałbym więc oto ja do liczby wiecznie żyjących bogów dołączyć, tak jak żyję?!"

12. Józef odpowiedział: „Szlachetny przyjacielu, źle mnie zrozumiałeś; chcę ci tylko powiedzieć, jaki będzie koniec twojego ziemskiego życia i co się z tobą stanie, a mianowicie:

13. Gdybyś bez tej łaski zmarł, to ciężka choroba, ból, zmartwienie, rozpacz i rozczarowanie zabiłyby twą duszę i ducha razem z twym ciałem,

i po takiej śmierci zostałaby po tobie tylko męcząca przygnębiona obojętność, bezpłodna świadomość twego własnego ja.

14. I w tym przypadku porównać można by cię było do kogoś, kto był we własnym domu, kiedy ten się nad nim zawalił, przysypał go i niemal żywcem pogrzebał; a człowiek ów musiał śmierć odczuć i zrozpaczony gorzko jej posmakował; i w takim stanie będąc, nie mógł sobie pomóc.

15. Lecz kiedy umrzesz w łasce Bożej, to wtedy tylko twoje ciężkie ciało zostanie ci bez bólu odebrane i zbudzisz się w wiecznie doskonałym życiu, w którym nie będziesz już pytał: «Gdzie jest moje ziemskie ciało?»

16. I będziesz mógł – kiedy Pan Życia wołać cię będzie – dzięki swojej duchowej wolności swoje ciało zdjąć z siebie jak starą, uciążliwą szatę!"

17. Słowa te wywarły na Cyreniuszu wielkie wrażenie. Dlatego upadł przed Dzieckiem, mówiąc: „O Panie Niebios! Pozostaw mnie w Twojej łasce!" A Dzieciątko uśmiechnęło się do niego i podniosło rączkę nad nim.

40

Wielki szacunek Cyreniusza dla Marii. Pełna pociechy odpowiedź Marii. Cyreniusz życzy szczęścia Józefowi. Słowa Józefa o prawdziwej mądrości.

6 październik 1843

1. Po tym Cyreniusz powstał i zwrócił się do Marii, mówiąc: „O ty, najszczęśliwsza pomiędzy wszystkimi kobietami i wszystkimi matkami na Ziemi! – Powiedz mi, co w sercu swoim czujesz, kiedy wiesz, że Pan Niebios i Ziemi na twoich rękach spoczywa!"

2. Maria odpowiedziała: „Przyjacielu, jak możesz mnie pytać o to, co mówi ci twoje własne serce?

3. Spójrz, chodzimy po tej samej Ziemi, którą Bóg stworzył, Jego cuda depczemy wciąż i nieprzerwanie swoimi nogami; a pomimo to wiele milionów i milionów ludzi ugina swe kolana chętniej przed dziełami swoich rąk niż przed wiecznie prawdziwie żyjącym Bogiem!

4. A jeśli wielkie dzieła Boga nie są w stanie ludzi obudzić, to jak może to uczynić Dzieciątko w pieluszkach?

5. Dlatego tylko niewielu będzie dane w tym Dziecku Pana rozpoznać! – Tym tylko, którzy są tobie podobni i mają dobrą wolę.

6. Ale ci, którzy są dobrej woli, ci nie będą mieli potrzeby przychodzić do mnie po to, abym im powiedzieć musiała, co czuję w sercu swoim.

7. To Dziecko będzie się Samo objawiało w ich sercach oraz będzie ich błogosławić; i pozwoli, aby odczuli to, co czuje matka, która nosi to Dziecko na swoich rękach!

8. Szczęśliwa jestem, ponad wszystko szczęśliwa, że noszę to Dziecko na rękach moich!

9. Ale bardziej szczęśliwymi będą w przyszłości ci, którzy Je sami w swoich sercach nosić będą!

10. Noś Je również i ty na zawsze w sercu swoim, a będzie ci dane to, o czym Józef cię zapewnił".

11. A kiedy Cyreniusz wysłuchał słów miłej Marii, nie mógł się nadziwić jej mądrości.

12. Dlatego zwrócił się do Józefa ze

słowami: „Słuchaj, najszczęśliwszy ze wszystkich mężów na Ziemi! Kto domyślałby się kiedykolwiek tak głębokiej wiedzy w twojej młodej żonie?!

13. Doprawdy, gdyby gdzieś istniała jakaś Minerwa, to gdzież jej do tej miłej, słodkiej Matki!"

14. A Józef na to odrzekł: „Zrozum, każdy człowiek może zdobyć mądrość na swój sposób od Boga; ale bez Niego nie ma na Ziemi żadnej mądrości!

15. To tłumaczy także mądrość mej kobiety.

16. A jeśli Pan przemawiał już do ludzi także za pośrednictwem zwierząt, to czemu nie mógłby tego czynić ustami ludzi?!

17. Ale pozostawmy to teraz; myślę bowiem, że już pora zająć się przygotowaniem do jutrzejszej podróży!"

18. A Cyreniusz mu odpowiedział: „Józefie, nie musisz się już o nic troszczyć, wszystko jest przygotowane; ja sam będę jutro rano towarzyszyć ci aż do Ostracyny".

41

Przepowiednia Józefa o mordowaniu dzieci. Cyreniusz wściekły na Heroda. Szczęśliwa podróż morska do Egiptu. Błogosławieństwo Józefa dla żeglarzy i Cyreniusza w podzięce za pomoc w podróży.

9 październik 1843

1. Na to rzekł Józef do Cyreniusza: „Szlachetny przyjacielu, dobre i szlachetne jest twoje postanowienie; ale czy będziesz w stanie je wykonać!

2. Pomyśl bowiem, jeszcze tej nocy przyjdą do ciebie listy od Heroda, w których będzie on żądać od ciebie, aby wszystkie dzieci w wieku od jednego do dwóch lat w strefie nadbrzeżnej schwytać i do Betlejem dostarczyć, żeby Herod mógł je tam uśmiercić!

3. Ty możesz się sprzeciwić Herodowi; ale twój biedny brat musi do tej krwawej gry politycznej robić dobrą minę, aby się nie narazić na ukąszenie tego jadowitego gada.

4. Wierz mi, że w tym czasie, kiedy ja u ciebie przebywam, w Betlejem dokonuje się okrutny mord na dzieciach i setki matek rozdziera swoje szaty w rozpaczy.

5. A to wszystko dzieje się z powodu jednego Dziecka, o którym trzech perskich mędrców w duchowym natchnieniu mówiło, że Ono Królem żydowskim zostanie!

6. W tej wypowiedzi Herod dopatrzył się mowy o królu tego świata; dlatego chce Go uśmiercić, aby tron zachować dla siebie i utwierdzić dziedzictwo swojej władzy w Judei; podczas gdy Dziecko to przyszło na ten świat, aby rodzaj ludzki od wiecznej śmierci wybawić!"

7. A kiedy Cyreniusz to usłyszał, skoczył na równe nogi z wściekłości przeciwko Herodowi i rzekł do Józefa:

8. „Wysłuchaj mnie, mężu Boży! Ja nie będę narzędziem w rękach tego potwora! – Dziś jeszcze ruszymy w drogę i na moim własnym statku o trzydziestu wiosłach znajdziesz dobry nocleg!

9. Moim najwierniejszym pomocnikom udzielę wskazówek, jak mają postąpić z posłańcami, którzy by mi przynieśli jakieś depesze.

10. Posłuchaj, zgodnie z naszym tajnym zarządzeniem muszą być one zatrzymane tak długo, dopóki ja nie powrócę do swojej kwatery.

11. Listy zostaną im zabrane i bez ich wiedzy zostaną mi doręczone, żebym mógł zobaczyć, co zawierają.

12. Ale jestem już zupełnie pewien, jaką treść owe listy będą zawierały, dlatego też wiem, że będzie najlepiej, kiedy pozostanę długo poza domem; przybędą posłańcy, a strażnicy moi ich pochwycą i zatrzymają aż do mojego powrotu!

13. A teraz oznajmij twojej rodzinie, aby się przygotowała do podróży, zaraz bowiem udamy się na mój bezpieczny statek!"

14. Józef zadowolił się tym i w ciągu godziny wszyscy byli na statku; nawet Józefa zwierzęta pociągowe zostały zabrane. Wiatr północny im sprzyjał i wyruszyli w drogę.

10 październik 1843

15. Siedem dni trwała ta podróż, a wszyscy marynarze i obsługa statku zapewniali, że jeszcze nigdy nie udało im się przepłynąć tych wód bez żadnych trudności, jak tym razem,

16. co uznali za niezwykłe, bowiem – według ich wierzeń – Neptun w tym czasie był wyjątkowo niebezpieczny i groźny, gdyż porządkował dno morza i naradzał się ze swoją służbą!

17. Lecz Cyreniusz rzekł do zadziwionych marynarzy: „Słuchajcie, głupota może być dwojakiego rodzaju: jedna jest wolna, natomiast druga narzucona!

18. Gdybyście byli we władaniu tej wolnej, to można by wam pomóc; ale wy jesteście we władaniu tej narzuconej, usankcjonowanej ogólnie, i tu nie można wam pomóc.

19. Dlatego też musicie pozostać w przekonaniu, że Neptun zgubił swój trójząb i nie miał odwagi wychłostać nas swoją łuskowatą ręką za nasz karygodny występek!"

20. Po tych słowach zwrócił się Józef do Cyreniusza z zapytaniem: „Czyż nie jest w zwyczaju wynagrodzić marynarzy? Odpowiedz mi, a ja z przyjemnością to uczynię, ażeby nie szeptali za naszymi plecami i nie mówili nic złego o nas".

21. Cyreniusz mu na to odpowiedział: „Zostaw tę sprawę mnie. To wszystko są ludzie na moim utrzymaniu, dlatego nie ma potrzeby, byś martwił się tym wszystkim".

22. Ale Józef odrzekł: „To prawda, ale przecież są takimi samymi ludźmi jak my, dlatego powinniśmy obchodzić się z nimi godnie.

23. Ich głupota została im narzucona, więc muszą poświęcić jej swe ciało, ale ich duch niech się stanie przez mój dar wolnym!

24. Dlatego pozwól przyjść im tutaj, abym ich pobłogosławił, żeby w sercach swoich zaczęli spostrzegać, że również i dla nich wzeszło Słońce łaski i wyzwolenia!"

25. Na to zwołał Cyreniusz swoich ludzi, a Józef przemówił do nich tymi oto słowami:

26. „Posłuchajcie mnie, wierni słudzy Rzymu i tego oto waszego pana! – Uczciwie i pilnie prowadziliście statek, dlatego otrzymacie ode mnie dobre wynagrodzenie, które za taką podróż wam się należy.

27. Ale ja jestem biedny i nie mam ani złota ani srebra; posiadam za to łaskę Boga w wielkiej obfitości, a to jest łaska tego Boga, którego «Nieznanym» nazywacie!

28. Tę łaskę oto niechaj Bóg wielki wleje w piersi wasze, po to abyście ożywieni Duchem zostali!"

29. W czasie wypowiadania tych słów uczucie bezgranicznej rozkoszy ogarnęło wszystkich i zaczęli chwalić i wielbić nieznanego Boga.

42

Cyreniusz doświadcza błogosławieństwa Józefa. Pokorne oświadczenie Józefa i najlepsza rada udzielona Cyreniuszowi. Przybycie Józefa do Ostracyny, miasta portowego w Egipcie.

11 październik 1843

1. Także i Cyreniusz przepełniony został uczuciem błogości, dlatego też powiedział: „Posłuchaj, czcigodny mężu! – Odczuwam to samo co wtedy, kiedy nosiłem Dzieciątko na rękach swoich.

2. Łączy cię z Nim ta sama natura? – Jak to jest, że odczuwam to samo?"

3. A Józef odrzekł mu: „Szlachetny przyjacielu! – Nie ode mnie, tylko od Pana Niebios i Ziemi ta siła pochodzi!

4. Przeze mnie tylko przepływa, by błogosławiąc, do ciebie spłynęła; ale ja sam jej nie posiadam, albowiem jedynie sam Bóg jest Wszystkim we Wszystkim!

5. Dlatego czcij w swoim sercu bez ustanku tego jedynego prawdziwego Boga, a w ten sposób pełnia Jego błogosławieństwa nigdy cię nie opuści!"

6. I Józef mówił dalej: „No i spójrz, przyjacielu, dopłynęliśmy z pomocą Pana już do nadbrzeża, ale jeszcze, jak przypuszczam, nie do Ostracyny!

7. Czyż musimy aż tam płynąć? – Spójrz, dzień chyli się ku zachodowi! Co zrobimy? Popłyniemy dalej, czy tu pozostaniemy do rana?"

8. A Cyreniusz mu odpowiedział: „Zobacz, już jesteśmy przy wejściu do dużej zatoki, w której leży Ostracyna, bogate miasto handlowe!

9. W przeciągu trzech godzin powinniśmy dotrzeć na miejsce; lecz jeśli dotrzemy tam nocą, trudniej będzie o nocleg! Dlatego chcę, byśmy pozostali na statku tej nocy, a rano możemy udać się dalej".

10. Ale Józef odpowiedział: „Przyjacielu, jeżeli to tylko trzy godziny, to nie powinniśmy spać tutaj! Twój statek możemy tu zostawić, aby nie zwrócił na siebie uwagi i nie wzbudził sensacji w mieście – a ja dotrę potajemnie na miejsce mojego przeznaczenia!

11. Jeśli statek twój zostanie rozpoznany przez rzymską załogę, wtedy ty, jako namiestnik Rzymu, będziesz przyjęty z wielką czcią,

12. a ja będę zmuszony, czy chcę tego czy nie chcę, jako twój towarzysz ten hołd razem z tobą dzielić, co byłoby dla mnie w najwyższym stopniu nieprzyjemnym.

13. Dlatego życzeniem moim byłoby jeszcze teraz wybrać się w dalszą drogę! – Gdyż zwierzęta moje wypoczęły wystarczająco i z łatwością mogą nas w krótkim czasie zawieźć aż do Ostracyny!

14. Moi synowie są silni i mocni w nogach; oni mogą iść na piechotę, ty zaopatrz się w niezbędną służbę i pięć zwierząt i w ten sposób łatwo dotrzemy do nie tak daleko leżącego miasta".

15. Cyreniusz zgodził się na propozycję Józefa i przekazał statek pod

opiekę marynarzy, czterech służących wziął ze sobą, dosiedli zwierząt i wyruszyli w drogę.

16. Po dwóch godzinach osiągnęli cel. A gdy znaleźli się już w mieście, strażnicy zażądali od nich listu żelaznego.

17. Ale Cyreniusz dał się rozpoznać komendantowi strażnicy, który go natychmiast przywitał z żołnierzami, po czym uczyniono wszystko, ażeby znaleźć nocleg.

43

Cyreniusz kupuje dom pod miastem dla Świętej Rodziny.

12 październik 1843

1. Na drugi dzień Cyreniusz wysłał sługi do naczelnika garnizonu, aby ten bez wszelkich ceremonii zjawił się u niego, w dogodnym dla niego czasie.

2. Komendant zjawił się niezwłocznie, mówiąc: „Wysoki namiestniku wielkiego cesarza w Cylistrii, najwyższy zwierzchniku Tyru i Sydonu, pozwól mi spełnić twą wolę!"

3. Cyreniusz rzekł do niego: „Wielce szanowny komendancie! Po pierwsze, życzę sobie, aby nie urządzano mi honorowego powitania, gdyż jestem tu w sprawach prywatnych.

4. A po drugie, chciałbym się dowiedzieć od ciebie, czy można kupić w mieście jakiś skromny dom mieszkalny albo wynająć poza miastem jakąś posesję do zamieszkania.

5. Gdyż pragnę tej wielce szanownej żydowskiej rodzinie coś takiego ofiarować.

6. Ta rodzina z ważnych przyczyn zmuszona była do ucieczki z Palestyny przed prześladowaniami Heroda i szuka ochrony w rzymskiej surowej i bezstronnej sprawiedliwości.

7. Wszystko, co się tyczy tej rodziny, sprawdziłem – jest ona bez zarzutu i sprawiedliwa; również to, że okoliczności zmusiły ją do usunięcia się spod władzy Heroda. Ostatnio okazało się, że jest on nieprzyjacielem czterech książąt palestyńskich i jednej części Judei, co oznacza też, że jest właściwie wrogiem Rzymu.

8. Sądzę, że rozumiesz, co ja chcę przez to powiedzieć? – Dlatego staram się kupić wspomnianej rodzinie dom i choćby w ten sposób coś niewielkiego, ale pożytecznego dla niej uczynić.

9. Jeśli więc masz coś na oku, proszę, abyś mi to pokazał. Ja sam nie mogę tutaj długo pozostawać, gdyż czeka mnie pilna praca w Tyrze, dlatego musimy się z tym uporać dzisiaj".

10. A na to komendant garnizonu odpowiedział mu: „Najjaśniejszy panie! W tej sprawie mogę ci łatwo pomóc – ja osobiście kupiłem działkę, mniej więcej pół mili od miasta. Wybudowałem tam willę i zasadziłem owocowy sad, a oprócz tego mam jeszcze trzy piękne poletka ziemi uprawnej.

11. Ale nie wystarcza mi wolnego czasu, bym mógł zająć się tą posiadłością. Jest ona całkowicie moją własnością i jeśli pragniesz ją kupić, to za sto funtów przekażę ci wszystkie prawa własności i nietykalności, bez obowiązkowego podatku".

12. Cyreniusz, wysłuchawszy go, podał mu rękę i nie żądając dokumentów zapłacił mu za jego działkę ziemi i willę. Po tym wszystkim, nie

powiadamiając Józefa, poszedł z komendantem obejrzeć nabyty dopiero co majątek.

13. Cyreniuszowi wszystko się spodobało. Rozkazał on swoim sługom pozostać w domu i zaczekać na jego przyjście z rodziną Józefa.

14. Następnie Cyreniusz udał się do miasta wraz z komendantem, gdzie otrzymał od niego dokumenty nabycia majątku i prawo własności i nietykalności. Pożegnał się z nim i przepełniony radością powrócił do Józefa.

15. A Józef, zobaczywszy go, powiedział: „Dobry, drogi przyjcielu, muszę podziękować mojemu Bogu za to, że cię pobłogosławił i natchnął dla okazania mi tak wielkiej przyjaźni!

16. Zostałem uratowany! – Ale muszę tu pozostać; jak będzie wyglądać nasza przyszłość? Gdzie będę mieszkać i co będę robić? – Zrozum, muszę się koniecznie zaraz tym zająć".

17. A Cyreniusz odpowiedział na to: „Dobrze, mój najczcigodniejszy przyjacielu. Zbierz swoją rodzinę, przygotujcie wasze rzeczy, bagaż oraz wszystko, co posiadacie i podążajcie za mną; za miastem zobaczymy, co da się znaleźć, gdyż tutaj nie było nic do wzięcia!" To spodobało się bardzo Józefowi i zrobił zaraz to, czego Cyreniusz sobie życzył.

44

Józef ze Świętą Rodziną w nowym domu. Cyreniusz jako gość. Podziękowanie Józefa i Marii.

13 październik 1843

1. A gdy Cyreniusz przybył z Józefem i jego rodziną do kupionej przez niego willi, rzekł Józef do Cyreniusza:

2. „Szlachetny przyjacielu, podobałby mi się ten skromny dom, miły ogród i sad z owocami, pełen daktyli, fig, granatów, jabłek, pomarańczy, grusz i wiśni,

3. winogron, migdałów, melonów i przeróżnej zieleni! A obok jest jeszcze łąka i trzy grunty ziemi uprawnej i należą na pewno do tego!

4. Doprawdy, nie błyskotek i przepychu pragnę, ale takiej użytecznej i korzystnie położonej ziemi i domu, które mi przypominają moje domostwo za Nazaretem, które dzierżawię w Judei; pragnę i to wydzierżawić albo nawet i kupić!"

5. Wówczas Cyreniusz wyciągnął akt kupna posiadłości, nietykalności i własności i przekazał go Józefowi, mówiąc:

6. „Niechaj cię pobłogosławi Pan twój, a teraz także i mój Bóg! Przekazuję ci oto w posiadanie na własność tę wolną od podatku posiadłość.

7. Wszystko, co jest otoczone zaroślami oraz ogrodzeniem, przynależy do tego domu. Z tyłu, za budynkiem mieszkalnym, jest jeszcze obszerna stajnia dla osłów i krów! Znajdują się tam dwie krowy; natomiast zwierząt pociągowych masz pod dostatkiem swoich.

8. Jeżeli kiedyś chciałbyś powrócić do swojej ojczyzny, możesz tę posiadłość sprzedać, a za otrzymane pieniądze gdzie indziej coś kupić.

9. Jednym słowem – mój serdeczny przyjacielu – jesteś oto od tej chwili pełnoprawnym właścicielem tego domostwa i możesz z nim zrobić, co zechcesz.

10. A ja dziś i jutro, i pojutrze pobędę u ciebie, aby owi źli posłańcy Heroda jeszcze trochę dłużej musieli na mnie poczekać.
11. A ze względu na wielką miłość do ciebie pragnę przez ten krótki czas być współużytkownikiem tej posiadłości!
12. Mogłem wprawdzie wydać rozkaz i w mgnieniu oka cesarski pałac mógłby wam służyć do zamieszkania – po pierwsze z uwagi na to, że jestem wyposażony we władzę przez samego cesarza,
13. a po drugie, ponieważ jestem bliskim krewnym cesarza!
14. Lecz nie chciałem tego uczynić ze względu na wielkie poważanie i miłość, jaką żywię do ciebie, a zwłaszcza do Dziecięcia, które za Syna Najwyższego Boga uważam!"
15. Józef był tak bardzo tą niespodzianką oszołomiony i wzruszony, że nie był w stanie nic powiedzieć – mógł tylko płakać z radości i wdzięczności.
16. Także i z Marią było podobnie, lecz ona szybko ochłonęła, a żeby wyrazić swą wdzięczność, podeszła do Cyreniusza i położyła Dziecię na jego rękach. Cyreniusz zaś, wzruszony tym bardzo, powiedział: „O Ty, mój wielki Boże i Panie! Czyż ja, grzesznik, godzien jestem nosić Cię na swych rękach? O, bądź dla mnie łaskawy i miłosierny!"

45

Oglądanie nowego miejsca zamieszkania. Słowa podzięki Marii i Józefa. Cyreniusz interesuje się historią Izraela.

14 październik 1843

1. A kiedy Józef doszedł już do siebie po tej niespodziance, zabrał go Cyreniusz ze sobą i poszli obejrzeć całą zagrodę.
2. I Maria, wziąwszy Dziecko z rąk Cyreniusza, udała się z nimi razem, mając wiele wdzięczności dla dobroci Pana, który także o ich ziemski byt się zatroszczył.
3. A kiedy obejrzawszy wszystko powrócili do czystego domu, zwróciła się Maria do Józefa, promieniejąc radością:
4. „O, mój drogi i ukochany Józefie! Spójrz, jestem tak bardzo szczęśliwa, że Pan nas tak obdarzył!
5. Tak, wydaje mi się, że Pan ten cały stary porządek odwrócił!
6. Albowiem popatrz, kiedyś wyprowadził On dzieci Izraela z Egiptu i poprowadził je do obiecanej Ziemi Palestyńskiej, zwanej wtedy Kanaan.
7. A teraz znowu uczynił On Egipt krainą błogosławioną i Sam uciekał razem z nami, i prowadził nas tutaj, skąd kiedyś wyzwolił i prowadził Ojców naszych przez pustynię do Ziemi Obiecanej, mlekiem oraz miodem płynącej".
8. Na to Józef odpowiedział Marii: „Niedaleka jesteś od prawdy w swoim pogodnym spostrzeżeniu;
9. lecz ja uważam, że twoja wypowiedź jest prawdziwa tylko w odniesieniu do obecnej sytuacji.
10. W ogóle wydaje mi się, że Pan postąpił z nami tak jak niegdyś z synami Jakuba, kiedy w kraju Kanaan zapanował wielki głód.
11. Lud izraelski zamieszkał wtedy w Egipcie, ale Mojżesz poprowadził go znowu do ojczyzny przez pustynię.

12. I wierzę, że z nami będzie tak samo i nie pogrzebią nas tutaj. A kiedy nadejdzie odpowiedni czas, powrócimy do Kanaan.
13. Aby Ojcowie nasi mogli wrócić do domu, powołany został Mojżesz; ale my mamy Pana pośród nas!
14. I dlatego myślę, że wszystko stanie się tak, jak powiedziałem".
15. A Maria zachowała te wszystkie słowa w sercu swoim i przyznała rację Józefowi.
16. Cyreniusz, słuchając tej rozmowy, wyraził życzenie zapoznania się dokładniej z prahistorią Żydów.

46

Wspólny posiłek. Opowieść Józefa o historii stworzenia ludzi i o dziejach narodu żydowskiego. Oględna wiadomość Cyreniusza dla cesarza i jej dobry skutek.

16 październik 1843

1. Józef polecił swoim synom zaopatrzyć zwierzęta i popatrzeć, czy jest należyty zapas karmy dla nich.
2. A oni uczynili wszystko, co im Józef kazał, nakarmili zwierzęta, wydoili krowy.
3. A później zajrzeli do spiżarni, gdzie ujrzeli duży zapas mąki, chleba, owoców i kilka pełnych garnków miodu.
4. Bowiem komendant był zapalonym pszczelarzem, uczniem znanej rzymskiej szkoły pszczelarskiej, opiewanej przez jednego z ówczesnych poetów.
5. Więc synowie przynieśli od razu: chleb, mleko i miód Józefowi do pokoju gościnnego.
6. A Józef obejrzał wszystko, dziękował Panu i pobłogosławił cały pokarm, stawiając go na stół, i zaprosił Cyreniusza do wspólnego posiłku.
7. Ten zaś z przyjemnością spełnił życzenie Józefa; gdyż również był wielkim miłośnikiem mleka i chleba z miodem.
8. W czasie posiłku Józef opowiedział Cyreniuszowi pokrótce historię narodu żydowskiego, jak również historię o stworzeniu świata i rodzaju ludzkiego.
9. Józef mówił tak prosto i jasno, i w takim porządku, że Cyreniusz był tym olśniony i uwierzył we wszystko, o czym Józef mu opowiedział.
10. Cyreniusz ucieszył się, że Pan obdarzył go taką światłością, z drugiej jednak strony ubolewał nad swoimi najbliższymi w Rzymie, którzy przebywali w głębokiej duchowej ciemności. To go smuciło.
11. Dlatego zwrócił się do Józefa następującymi słowami: „Dostojny mężu i najlepszy przyjacielu, jakiego miałem w życiu!
12. Posłuchaj, jaki jest mój plan! To, co tu od ciebie usłyszałem, przekażę mojemu rodzonemu bratu Augustowi. Napiszę mu, że to wszystko usłyszałem przypadkowo od jednego poczciwego, całkiem nieznanego Żyda.
13. Twoje nazwisko i miejsce pobytu przed nim zataję; dlaczego jednak najlepszy człowiek w Rzymie, cesarz August, mój brat, miałby umrzeć bez łaski wiecznego Boga?"
14. Józef przystał na to i Cyreniusz przez trzy dni pisał w Ostracynie list, wysyłając go potem specjalnym statkiem do Rzymu, do cesarza, i sygnując swoją korespondencję podpisem:

Twój brat Cyreniusz.

15. Kiedy cesarz przeczytał list Cyreniusza, otworzyły się oczy jego i zaczął się liczyć z narodem żydowskim; wydał zarządzenie, mocą którego Żydzi mogli ubiegać się o obywatelstwo rzymskie za stosunkowo niewielką opłatą.

16. Jednocześnie wszyscy propagatorzy pogaństwa zostali pod różnymi pretekstami wydaleni z Rzymu.

17. Z podobnej przyczyny został też wydalony z Rzymu tak ulubiony poeta Owidiusz, o powodach czego nikt się dowiedzieć nie mógł; i z podobnej przyczyny wiodło się nie najlepiej stanowi kapłańskiemu za panowania Augusta.

47

Odjazd Cyreniusza i jego troska o Świętą Rodzinę. Budzące grozę przesłanie świadka mordu dzieci. List Cyreniusza do Heroda.

17 październik 1843

1. Na czwarty dzień przyszedł Cyreniusz, aby pożegnać się z Józefem. Przed tym, zanim opuścił Ostracynę, porozmawiał też ze sprawującym rządy nad miastem, aby w szczególny sposób ochraniał Świętą Rodzinę.

2. Gdy opuszczał miasto, cała rodzina chciała mu towarzyszyć aż do samego portu, w którym stał zakotwiczony jego statek.

3. Lecz Cyreniusz im to odradził, zwracając się do Józefa przyjaźnie: „Najdroższy, dostojny przyjacielu – pozostańcie spokojnie wszyscy tutaj!

4. Gdyż naprawdę nie wiadomo, jacy posłańcy przybyli za moim statkiem i z jakimi wiadomościami!

5. I chociaż ty znajdujesz się teraz poza wszelkim niebezpieczeństwem, to ja ze swej strony powinienem przejawić wszelką ostrożność, ażeby nikomu nie dać powodu do dociekań, dlaczego akurat w styczniu odwiedziłem Egipt".

6. Józef zrozumiał powody, dla których Cyreniusz nie chciał, ażeby go odprowadzano. Żegnając się z nim, na progu domu pobłogosławił swego dobroczyńcę.

7. Potem udał się Cyreniusz w drogę, obiecując odwiedzić Józefa w niedalekiej przyszłości. Opuścił zagrodę w towarzystwie swoich czterech sług i udał się pieszo na statek.

8. Kiedy przybył na statek, załoga przywitała go z wielką radością, ale byli tam też i inni posłańcy, którzy powitali go płaczem i lamentem.

9. Bowiem wielu rodziców, ratując swe dzieci od prześladowań Heroda, uciekło z wybrzeży Palestyny, korzystając z pomocy rzymskich żołnierzy, i teraz opowiadali o okropnych zbrodniach Heroda, które wydarzyły się w Betlejem.

10. Usłyszawszy to, Cyreniusz wysłał niezwłocznie dwa pisma, jedno do zarządcy miasta Jerozolimy, a drugie tej samej treści do Heroda.

11. A oto krótka treść obu listów: „Ja, Cyreniusz, brat cesarza i Wyższy Zarządca Azji i Egiptu, rozkazuję wam, abyście w imieniu cesarza zaprzestali natychmiast dokonywania okrucieństw;

12. w przeciwnym wypadku ujawnię Heroda jako sprzeciwiającego się moim rozkazom rebelianta oraz jako takiego sądzić go będę zgodnie z prawem, tak jak tego wymaga sprawiedliwość.

13. Również zarządcy miasta Jerozolimy rozkazuję zaprzestanie dokonywania wszelkich okrucieństw oraz powiadomienie mnie o tym – w przeciwnym razie wyciągnę odpowiednie wnioski i ten, kto złamie mój rozkaz, nie ujdzie karze.

14. Napisano na moim statku «Augustus» u wybrzeży Ostracyny, w imieniu cesarza, którego jestem najwyższym przedstawicielem w Azji i Egipcie, a w szczególności w Cylistrii, Tyrze oraz Sydonie. Cyreniusz – w zastępstwie Augusta".

48
Oddziaływanie i następstwa tego listu. Podstępność Heroda. Drugi list Cyreniusza do Heroda.

18 październik 1843

1. Zarządca Jerozolimy oraz Herod przerazili się, czytając list Cyreniusza i przerwali swój nikczemny proceder. Śpiesznie posłali gońców do Tyru, ażeby ci objaśnili Cyreniuszowi rzeczywisty powód ich działania.

2. Oni zaś opisali w najczarniejszym obrazie rzekomy spisek Persów oraz to, że odkryli zdradę, w którą zamieszany jest także Korneliusz, brat Cyreniusza.

3. Dowiedzieli się mianowicie, że Korneliusz wziął pod swoją opiekę nowego króla żydowskiego.

4. I jeżeli Herod nie dostanie od Cyreniusza należytego wsparcia, to wyśle gońców do Rzymu.

5. Cyreniusz powinien przeprowadzić szczegółowe dochodzenie, jak wygląda sprawa z Korneliuszem, bo w przeciwnym razie oni powiadomią o tym cesarza.

6. Ta groźba odwetu ze strony Heroda zaniepokoiła Cyreniusza.

7. Ale szybko opanował się i kierowany Duchem Bożym wysłał następujące pismo do Heroda:

8. „Co mówi tajemne prawo Augusta na wypadek wykrycia spisku? Ono nakazuje: «Jeżeli ktoś odkryje gdzieś tajemny spisek, powinien zachować się spokojnie i natychmiast donieść o tym organom państwa oraz go wskazać!

9. I ani zarządca, a jeszcze mniej miejscowy przedstawiciel władzy – pan lenny – nie mają prawa bez wyraźnego rozkazu najwyższych władz niczego w tej sprawie czynić ani za miecz chwytać.

10. Albowiem nikt nie może wyrządzić większej szkody państwu jak ten, co przedwcześnie wkracza samowolnie w takie sprawy, jak to tu miało miejsce.

11. Spłoszy on tylko spiskowców i rozproszy ich, a oni, zachowując większą ostrożność, nadal czynić będą potajemnie swą pracę, wyczekując odpowiedniej chwili i okoliczności, aby swój spisek doprowadzić do końca».

12. To jest najważniejsze zalecenie najmądrzejszego z cesarzy i obowiązujące prawo!

13. Czy zgodnie z nim działaliście? – Mój brat Korneliusz bowiem według niego wykonał wszystko, co ono przewiduje, tak, by nowy król żydowski znalazł się pod jego władzą,

14. a potem przekazał go do mojej

dyspozycji, a ja postąpiłem z nim zgodnie z moją wolą i według władzy danej mi nad Azją i Egiptem.

15. Mój brat przedstawił wam to wszystko, ale przemówił niestety do zupełnie głuchych uszu!

16. To właśnie wy obaj działaliście jak prawdziwi spiskowcy, występując przeciwko mojemu bratu i wydaliście rozkaz mordu na dzieciach, a w dodatku macie jeszcze śmiałość zwracać się do mnie, żądając poparcia w tej sprawie! – To ma się nazywać posługiwanie prawem?

17. Lecz ja na to odpowiadam, że cesarz jest już o wszystkim powiadomiony i upoważnił mnie do natychmiastowego odwołania zarządcy miasta Jerozolimy, co czynię, choć jest on moim krewnym, a ponadto wymierzam Herodowi karę grzywny w wysokości dziesięciu tysięcy funtów w złocie.

18. Zarządca terenu i miasta Jerozolimy zostaje przeze mnie zdymisjonowany i ma się stawić przede mną w przeciągu pięciu dni, a Herod powinien niezwłocznie zapłacić swoją karę tutaj w Tyrze, gdzie przebywam, w przeciągu trzydziestu dni. W przeciwnym razie Herod zostanie pozbawiony lennego prawa. Taki jest mój rozkaz i ma zostać wykonany! Cyreniusz – zastępujący Augusta".

49

Skutek, jaki przyniosło drugie pismo. Przybycie Heroda i zarządcy krainy do Tyru. Przyjęcie ich obu przez Cyreniusza. Poruszenie wśród ludu. Maroniusz Pilla przed Cyreniuszem.

19 październik 1843

1. List Cyreniusza wprowadził w zakłopotanie, a nawet przeraził zarządcę miasta Jerozolimy i Heroda.

2. Herod oraz zarządca, którego nazwisko brzmiało Maroniusz Pilla, udali się, nie zwlekając, do Cyreniusza.

3. Herod, aby potargować się z Cyreniuszem o nałożoną na niego karę; zarządca miasta, ażeby uprosić cofnięcie jego dymisji.

4. A kiedy obaj przybyli do Tyru w towarzystwie silnej eskorty, ludzie przerazili się, myśląc, że Herod także tutaj dopuści się okrucieństw, mając na to zgodę Cyreniusza.

5. Dlatego też lud pospieszył tłumnie do niego, padając przed nim, krzycząc i w przerażeniu błagając o litość!

6. Ale Cyreniusz, nie wiedząc z jakiego powodu się to dzieje, początkowo oniemiał z przerażenia,

7. lecz opanowawszy się, wypytywał ludzi, z jakiej przyczyny przybywają i co sprawia, że tak gwałtownie się burzą.

8. Ale tłum krzyczał: „On tu jest! On tu jest, okrutny z najokrutniejszych, ten który zamordował tysiące niewinnych dzieci w całej Palestynie!!!"

9. W tym momencie Cyreniusz domyślił się, co jest przyczyną tego wzburzenia. Pocieszył tłum, a ten uspokojony rozszedł się do domów.

10. Ledwo co ludzie rozeszli się, a już zameldowano mu o przybyciu tych obu.

11. Pierwszy wszedł Herod, skłonił się nisko, oddając cześć cesarskiej wysokości i prosząc o słowo.

12. Cyreniusz zaś mocno wzburzony zwrócił się ku niemu: „Mów, ty,

dla którego piekło jest zbyt dobrym miejscem, ażeby mu nadać imię! – Mów, ty wcielenie zła z najniższych nizin piekła! – Co masz mi do powiedzenia?"

13. Słysząc te grzmiące słowa, pobladły Herod począł mówić drżącym głosem: „Panie rzymskiej wspaniałości! – Za wysoka jest dla mnie wyznaczona przez ciebie grzywna, dlatego proszę o umorzenie jej połowy!

14. Bowiem Zeus mi świadkiem, że to, co zrobiłem, uczyniłem z powodu gorliwości i oddania dla Rzymu!

15. Postąpiłem wprawdzie okrutnie, lecz nie mogłem inaczej postąpić, bo skłoniło mnie do tego dziwne zachowanie się delegacji Persów. Wydali mi się podejrzani. Oni mnie oszukali, nie dotrzymując danego mi słowa".

16. Na to odrzekł Cyreniusz: „Podnieś się i wynoś się stąd, ty obłudny kłamco, broniący swoich korzyści! Wszystko mi jest wiadome! Uznaj się winnym i zapłać grzywnę, bo inaczej każę na miejscu odrąbać ci głowę!"

17. A wtedy Herod przyznał się do winy i dopiero po zapłaceniu nałożonej na niego kary otrzymał z powrotem dokument pełnomocnictwa, który mu, jako zakładnikowi, odebrano.

18. Po czym Cyreniusz zwolnił go, wypraszając, a następnie wezwał do siebie Maroniusza Pillę.

19. Ten drugi, słysząc rozgniewany głos Cyreniusza, wszedł, będąc podobnym bardziej umarłemu niż żywemu.

20. Cyreniusz zaś rzekł: „Pilla, weź się w garść, gdyż byłeś do tego zmuszony! – Lecz musisz mi odpowiedzieć na ważne pytania; dlatego kazałem wezwać cię do siebie! – Na ciebie nie czeka żadna kara, oprócz kary twego serca przed Bogiem!"

50

Przesłuchanie zarządcy kraju przez Cyreniusza. Próba łagodzenia faktów przez zarządcę. Cyreniusza zapytanie o działanie zgodne z sumieniem i osądzenie Maroniusza.

20 październik 1843

1. Po tych słowach Cyreniusza spadł ogromny kamień z serca Maroniusza Pilli; jego puls zaczął bić normalniej i był gotów odpowiedzieć Cyreniuszowi na jego pytania.

2. A Cyreniusz widząc, że Maroniusz Pilla dochodzi do siebie, zaczął go w ten oto sposób pytać:

3. „Pragnę cię uprzedzić; odpowiedz mi uczciwie i sumiennie na wszystkie moje pytania, albowiem każda nieszczera i wymijająca odpowiedź przyniesie negatywne następstwo! A teraz posłuchaj mojego pytania!

4. Powiedz mi, znasz ty tę rodzinę, której pierowrodne Dziecko zwane jest nowym królem żydowskim?"

5. Maroniusz Pilla odpowiedział: „Tak, znam ją osobiście i z obwieszczeń kapłanów żydowskich z Jerozolimy! – Ojciec Dziecka nosi imię Józef i jest pierwszorzędnym cieślą, znanym w całej Judei i połowie Palestyny; a dom jego znajduje się w pobliżu Nazaretu.

6. Uczciwość Józefa jest znana w całej krainie, a także i w Jerozolimie. Przed około jedenastoma miesiącami wziął on z żydowskiej Świątyni dojrzałe dziewczę pod swoją opiekę, a zdecydował o tym los opatrzności.

7. Ale to dziewczę, chyba podczas nieobecności cieśli, zbyt wcześnie przyniosło ofiarę bogini Wenus; zaszło w ciążę i według tego, co mi wiadomo, niemało kłopotu przyniosło temu człowiekowi, który doświadczył wielu nieprzyjemności ze strony kapłanów.

8. Ta sprawa jest mi dobrze znana; a co się tyczy rozwiązania, z uwagi na to, aby uniknąć hańby i plotek otoczenia, ten zacny mąż jeszcze przed tym pojął ją za żonę. Wśród ludu krążą mityczne opowieści o tym poczęciu i właściwie nie można tego pojąć rozumem.

9. Ona porodziła podczas spisu ludności w Betlejem, i to w jednej ze stajen; tyle co się dowiedziałem.

10. Dalsze rzeczy są mi nieznane; to samo powiedziałem Herodowi!

11. Ale on pomyślał, że Korneliusz tę podejrzaną, z uwagi na przybycie Persów, rodzinę gdzieś między ludem chciał ukryć, aby sprawowanie władzy tutaj stało się problemem, albowiem wiedział, że twój brat nie jest jego przyjacielem.

12. Dlatego to Herod dopuścił się owych okrucieństw. Zrobił on to, aby utrudnić twojemu bratu sprawowanie rządów nad tym krajem, a nie po to, żeby zawładnąć nowym królem żydowskim.

13. I uczynił on tak nie ze strachu przed nowym królem, lecz jedynie z zemsty na twoim bracie; dlatego rozkazał wymordować dzieci. Więcej nic ci nie mogę powiedzieć, albowiem to jest wszystko, co wiem o tym zadziwiającym wydarzeniu!"

14. Po tym przemówił Cyreniusz: „Sądząc z twoich słów, mówisz prawdę, ale jednocześnie starasz się wybielić Heroda w oczach moich, co nie uchodzi mej uwadze!

15. Ale powiem ci: czynu Heroda nie da się niczym usprawiedliwić!

16. A teraz chcę ci wyjaśnić, dlaczego Herod dopuścił się tego nieludzkiego okrucieństwa.

17. A zatem słuchaj: Herod to najbardziej żądny władzy człowiek, jakiego kiedykolwiek ziemia nosiła.

18. I gdyby tylko mógł, i posiadał do tego odpowiednią władzę, postąpiłby z nami Rzymianami, nie wykluczając Augusta, tak samo, jak postąpił teraz z niewinnymi dziećmi. Rozumiesz mnie?!

19. Wymordował on dzieci, bo myślał, że przez to wielką przysługę nam, Rzymianom uczyni, zaś siebie objawi jako wielkiego patriotę i otrzyma za to podziękowanie od samego cesarza i przejmie ode mnie zarządzanie tą krainą.

20. Gdyby to osiągnął, nosiłby tytuł *Vice Caesaris*[3] podobny mojemu i posiadałby nieograniczoną władzę nad jedną trzecią całego Rzymskiego Imperium! A potem mógłby wyzwolić się od Rzymu, ogłosić się samowładcą i królować nad Azją i Egiptem.

21 październik 1843

21. Pojmujesz?! – Taki oto był plan tego złoczyńcy; i tak jak ja go znam, zna go też i August!

22. A teraz pytam cię, a głowa twa będzie w zastaw prawdy, odpowiedz mi, czy o planie Heroda nic nie wiedziałeś, kiedy on posłużył się tobą jako narzędziem do wykonania tak niegodziwych czynów?

23. Mów! Lecz najpierw pomyśl, że za najmniejsze krętactwo możesz zapłacić życiem! Wiedz o tym, że w tej sprawie jest mi wiadomo wszystko, aż do najdrobniejszych szczegółów".

24. Tutaj Maroniusz Pilla, znów blady jak trup, jąkając się, począł mówić: „Tak, masz rację, wiedziałem o planach Heroda.

25. Ale bałem się jego intryg i dlatego uczyniłem to, czego żądał, aby odebrać mu powód do jeszcze większych zbrodni.

26. Gdybym znał wtedy jego niecne zamierzenia tak, jak znam je teraz za sprawą twoich słów, to nie byłoby go już wśród żywych!”

27. „Dobrze” – powiedział Cyreniusz – „choć w imieniu cesarza daruję ci życie, to jednak na twój stary urząd nie powrócisz, dopóki dusza twoja nie wyleczy się z tej choroby. Odpoczniesz, a w tym czasie mój brat Korneliusz zastąpi cię na twoim miejscu; gdyż utraciłeś moje zaufanie! Dlatego zostaniesz tutaj, aż będziesz znowu zdrowym!”

51

Maroniusz Pilla przyznaje się do winy. Cyreniusz jako mądry sędzia.

24 październik 1843

1. A gdy Maroniusz Pilla wysłuchał tego wyroku Cyreniusza, zaczął mówić drżącym głosem:

2. „Biada mi, gdyż wszystko zostało wyjawione! – Oto jestem republikaninem i dowie się o tym cesarz – biada mi, jestem zgubiony!”

3. Na to odpowiedział Cyreniusz: „Wiedziałem, jakiego ducha dziećmi jesteście i co było przyczyną tego, że stałeś się wspólnikiem Heroda.

4. Dlatego uczyniłem to, co uczyniłem.

5. Zaiste, gdybyś wraz ze mną nie należał do pierwszego rodu rzymskiego, z którego pochodzisz, to bez miłosierdzia rozkazałbym ci ściąć głowę

6. albo nawet kazałbym cię przybić do krzyża! Ale ułaskawiłem cię, ponieważ zostałeś omamiony przez Heroda, a także dlatego, że należysz do pierwszych patrycjuszy Rzymu obok mnie i Cezara Augusta.

7. Ale na twój stary urząd nie powrócisz, dopóki Herod żyć będzie i dopóki nie dojdziesz do pełnej równowagi duchowej.

8. A oto warunki twojego pobytu tutaj: wykonywać będziesz bez słowa sprzeciwu wszystko, co będzie ci zlecone do wykonania, i zawsze będziesz pod moim nadzorem!

9. Wczesną wiosną wyruszę do Egiptu i ty będziesz mi w tej podróży towarzyszyć!

10. Mieszka tam pewien stary mędrzec; oddam cię pod jego nadzór, a on objawi ci wszystkie twoje duchowe niedostatki.

11. I tam się także okaże, ile jest prawdy w twoich zapewnieniach i na ile można im zaufać.

12. A więc przygotuj się do tego spotkania, gdyż znajdziesz tam coś więcej aniżeli wyrocznię w Delfach!

13. Będziesz tam postawiony przed Sędzią, którego wzrok przenikliwy topi metale ciężkie na wosk! – Dlatego przygotuj się dobrze; albowiem moje słowa zostaną spełnione!”

52

Podróż Cyreniusza do Egiptu i jego przybycie do Ostracyny. Józef i Maria witają Cyreniusza. Pierwsze słowa Dziecięcia.

25 październik 1843

1. Oczekiwana wiosna szybko nadeszła. Bo w tych okolicach wiosna przychodzi już w połowie lutego.

2. Ale Cyreniusz swą podróż odłożył do połowy marca, ponieważ miesiąc ten w zwyczaju Rzymian przeznaczony był sprawom wojskowym.

3. W połowie marca Cyreniusz wydał rozkaz, aby wyposażono jego statek we wszystko, co jest potrzebne do podróży i odpłynął do Egiptu wraz z Maroniuszem Pillą.

4. Tym razem drogę pokonali w pięć dni.

5. W Ostracynie przyjęto Cyreniusza z wszystkimi honorami; bowiem musiał tym razem przeprowadzić ćwiczenia wojskowe i wizytację tamtejszych wojsk.

6. I został przyjęty ze wszystkimi honorami, które mu się należały.

7. To było wielkie wydarzenie dla Ostracyny, w mieście wszystko ożyło i poruszyło się na wieść o przyjeździe Cyreniusza. Wieść dotarła także do wiadomej nam zagrody.

8. Józef posłał do miasta swoich dwóch synów, ażeby się dokładnie dowiedzieli, co jest przyczyną tego poruszenia.

9. A synowie poszli i wkrótce powrócili z radosną nowiną, że Cyreniusz przybył do miasta i tam przebywa.

10. A Józef, gdy to usłyszał, rzekł do Marii: „Słuchaj, musimy naszego wielkiego dobroczyńcę niezwłocznie odwiedzić i go przywitać, albowiem zawdzięczamy mu bardzo wiele, a i Dziecko weźmiemy ze sobą!"

11. A Maria, wielce tym uradowana, odpowiedziała: „O, kochany Józefie, to rozumie się samo przez się; bowiem Dzieciątko jest przecież prawdziwym ulubieńcem Cyreniusza!"

12. Maria szybko ubrała Dzieciątko w nowe, wykonane przez nią samą odzienie i z troskliwą, matczyną miłością i niewinnością zapytała Dzieciątko:

13. „Mój najukochańszy Syneczku, mój Ty ukochany Jezusie, pójdziesz z nami odwiedzić drogiego nam Cyreniusza?"

14. A Dzieciątko uśmiechnęło się do Marii radośnie i wypowiedziało całkiem wyraźnie Swoje pierwsze słowa, a one brzmiały:

15. „Mario! Teraz Ja idę za tobą, aż do czasu, gdy ty pójdziesz za Mną!"

16. Te oto pierwsze słowa Dzieciątka wywołały w domu Józefa takie poruszenie, że o mało co zapomniano by o tym, aby się udać w odwiedziny do Cyreniusza.

17. Ale Dzieciątko samo przypomniało Józefowi, aby nie odkładał swojego zamiaru; albowiem przed Cyreniuszem jest tym razem dużo pracy dla dobra ludzi.

53

Strach Józefa i Marii, który nimi zawładnął na placu parady wojsk i myśl o ucieczce. Spotkanie z Cyreniuszem i Maroniuszem Pillą. Zakończenie przeglądu wojsk i powrót Świętej Rodziny do domu w towarzystwie Cyreniusza.

26 październik 1843

1. Józef i Maria wyruszyli bez zwłoki w niezbyt daleką drogę; towarzyszył im najstarszy syn Józefa, pokazując drogę do warownego zamku, w którym zatrzymał się Cyreniusz.

2. A kiedy doszli do wielkiego placu przed zamkiem, zobaczyli, że jest on już zapełniony uformowanymi do przeglądu oddziałami wojska, a przejście do bramy było zamknięte.

3. I Józef rzekł do Marii: „Kochana kobieto, widzisz, co dla nas ludzi jest niemożliwym, niemożliwym pozostanie!

4. Jest czystą niemożliwością poprzez rzędy wojsk dostać się do zamku; dlatego lepiej będzie, jeśli odejdziemy nieco dalej i zaczekamy na dogodniejszy moment!

5. A przy tym popatrz, Dzieciątko bojaźliwie patrzy na srogich wojowników i może się jeszcze przelęknąć, a jeśli zachoruje, będzie to naszą winą, dlatego może lepiej wróćmy do domu!"

6. Ale Maria odpowiedziała: „Najukochańszy Józefie, o ile mnie oczy nie mylą, ten człowiek, który właśnie przechodzi w błyszczącym hełmie na głowie przed ostatnim szeregiem wojowników – to Cyreniusz!

7. Poczekajmy zatem troszkę, a kiedy podejdzie bliżej, może zauważy nas i da nam znak, czy możemy się do niego zbliżyć, czy nie!"

8. Józef odrzekł: „Kochana kobieto, masz rację, rzeczywiście, to on we własnej osobie!

9. Ale przypatrz się temu drugiemu wojownikowi, który idzie obok niego! Czyż nie jest to sam zarządca Jerozolimy – jeśli to nie on, to ja nie chcę Józefem się nazywać!

10. Co on tutaj robi? – Przybył z naszego powodu? – Czyżby Cyreniusz wydał nas w ręce Heroda?!

11. Całe szczęście, że on nas nie zna. Teraz możemy się ukryć i ujść dalej, w głąb Egiptu!

12. Gdyby on znał mnie albo ciebie, bylibyśmy zgubieni; gdyż przechodził obok nas w odległości zaledwie dwudziestu kroków i mógłby nas rozpoznać i pochwycić.

13. Dlatego musimy odejść stąd jak najprędzej, bo inaczej przepadliśmy, zwłaszcza gdy nas ujrzy Cyreniusz, który nas zna".

14. Wówczas Maria przelękła się, chciała uciekać, co było niemożliwe. Tłum zaciekawionych ludzi, pchających się do placu, zamknął im drogę powrotu.

15. A wtedy Józef powiedział: „Co jest niemożliwe, takim pozostanie; poddajmy się więc woli Bożej. Pan z pewnością także i tym razem nas nie opuści!

16. Dla ostrożności ukryjmy nasze twarze, stańmy wszyscy troje twarzami do siebie, abyśmy nie zostali rozpoznani przez Cyreniusza".

17. Ale akurat w tym momencie Cyreniusz, przechodząc obok Józefa, odepchnął go trochę na bok, albowiem Józef z powodu tłoczących się ludzi nie mógł ustąpić mu drogi.

A wtedy Cyreniusz przyjrzał mu się z bliska i rozpoznał go.
18. A gdy Cyreniusz zobaczył Józefa oraz Marię z uśmiechającym się do niego Dzieciątkiem, łzy radości stanęły mu w oczach i nie był w stanie wymówić ani słowa.
19. Oprzytomniawszy, chwycił rękę Józefa i przyciskając ją do swojego serca, rzekł:
20. „Mój wielce szanowny przyjacielu! Widzisz, czym jestem zajęty!
21. O, wybacz mi, że jeszcze was nie odwiedziłem. Ale jak tylko skończę przegląd i dam wojsku rozkaz rozejścia się do koszar oraz
22. wydam rozkazy dowódcom na jutrzejsze zajęcia, wtedy przebiorę się i pójdę z tobą do twojego domu".
23. Następnie obrócił się, promieniejąc radością, w stronę Marii i Dzieciątka, i pieszczotliwie Je zapytał:
24. „O Ty, życie moje, mój Ty cały świecie; czy pamiętasz mnie jeszcze? Kochasz mnie? Ty moje miłe, słodkie Dzieciąteczko!"
25. A Dzieciątko podniosło Swoje rączki, wyciągając je do Cyreniusza, i uśmiechając się łagodnie, odpowiedziało całkiem wyraźnie:
26. „Cyreniuszu! Znam cię dobrze i kocham, gdyż i ty Mnie bardzo kochasz! – Przyjdź, podejdź do Mnie; albowiem chcę cię pobłogosławić!"
27. Tego było aż nadto dla serca Cyreniusza: wziął Dzieciątko na ręce i tuląc Je, powiedział:
28. „Tak! Ty jesteś moim życiem, z Tobą na rękach chcę wydać komendę na długotrwały pokój narodów!"
29. I wtedy wezwał do siebie dowódcę jednostki, i oznajmił mu, że jest w pełni zadowolony z żołnierzy, wyraził wszystkim swą łaskawą wdzięczność i polecił przez trzy dni żywić wojsko na jego koszt, a samego komendanta wraz z dowódcami zaprosił na uroczysty posiłek do domu Józefa.
30. Cyreniusz, tak jak stał, w asyście coraz bardziej zadziwionego Maroniusza Pilli, wziął Dzieciątko na ręce i udał się wraz z Marią i Józefem w kierunku ich domostwa, gdzie wydał zarządzenie sługom swoim, aby przygotowali uroczysty posiłek. Sprawił tym czynem wielkie wrażenie w mieście; i cały lud zapłonął miłością do Cyreniusza, widząc w nim tak wielkiego przyjaciela dzieci.

54

Pełne trwogi pytanie Józefa skierowane do Cyreniusza w sprawie obecności Maroniusza Pilli. Uspokajająca odpowiedź Cyreniusza. Przybycie do posiadłości Józefa.

27 październik 1843
1. Józef oddał wszystko w ręce Boga, wielbił w sercu Pana i dziękował za ten szczęśliwy zbieg okoliczności, wierząc, że wszystko zakończy się dobrze.
2. Niepokoiła go tylko zagadkowa obecność Maroniusza i ciągle nie było dla niego jasne, co tu robi ten przyjaciel Heroda.
3. Dlatego idąc, zbliżył się niepostrzeżenie do Cyreniusza i zapytał go cicho:
4. „Najszlachetniejszy przyjacielu ludzi! Czy ten idący tam oto z przodu, to nie Maroniusz z Jerozolimy?
5. On przecież jest przyjacielem Heroda, cóż on tutaj robi?

6. Czy może gdzieś o mnie usłyszał i chce mnie zaaresztować?
7. O najszlachetniejszy przyjacielu! Nie trzymaj mnie dłużej w tej dręczącej niepewności!"
8. A wtedy Cyreniusz uchwycił Józefa za rękę i również cicho mu odpowiedział:
9. „O, ty mój kochany, dostojny przyjacielu, nie bój się tego oto byłego zarządcy Jerozolimy!
10. On już nie jest zarządcą. Przekonasz się niebawem, że to on ma podstawę, by się bać ciebie.
11. Gdyż wiedz, że jest on, tak jak go tu widzisz, moim jeńcem i nie powróci na swoje stanowisko tak długo, aż nie będzie w pełni przywrócony dobru.
12. Wziąłem go ze sobą ze względu na ciebie. Gdy przesłuchiwałem go na okoliczność tych okrucieństw, które miały miejsce w Palestynie,
13. powiedział mi, że zna osobiście ciebie i Marię. Ale jak się okazało, nie mówił prawdy.
14. I to jest woda na nasz młyn!
15. On nie przypuszcza, że tu jesteś; dlatego ty nie musisz ujawniać, kim rzeczywiście jesteś!
16. W rzeczywistości oczekuje on tylko spotkania z mędrcem, który odsłoni mu jego wnętrze,
17. a to nie kto inny, tylko ty! Dlatego wziąłem go ze sobą, obiecując, że zapoznam go z pewnym mądrym człowiekiem.
18. Oto, dlaczego obawia się spotkania z tobą. Sądząc po jego bladej twarzy, domyśla się, że ty jesteś tym mędrcem.
19. To, co ci powiedziałem, powinno cię uspokoić; a najbliższa przyszłość ukaże ci wszystko w najjaśniejszym świetle!"
20. Usłyszawszy te słowa z ust Cyreniusza, Józef uradował się bardzo. Poinformował też o tym niepostrzeżenie Marię i swego starszego syna, by i oni wiedzieli, jak mają się zachować i nie zdradzili jakimś nierozważnym słowem planu Cyreniusza. I tak dotarli do zagrody, gdzie miał być przygotowany zaplanowany obiad.

55

Gościnne przyjęcie w domu Józefa. Skromność Marii i jej przekomarzanie się z Józefem. Boska, zawstydzająca wszelką filozofię, mądrość świętego Dzieciątka.

28 październik 1843

1. Wszystko było już gotowe, kiedy przyszli ostatni z zaproszonych gości. Cyreniusz, który do tej pory trzymał Dzieciątko na rękach, bawił się z Nim, głaskał i tulił, oddał Je teraz Matce i dał znak do rozpoczęcia obiadu.
2. Wszyscy zasiedli do stołu, zaś Maria udała się do drugiego pomieszczenia i usiadła tam do stołu z synami Józefa, gdyż nie była tak wytwornie ubrana, by móc usiąść przy stole obok przybyłych gości.
3. Lecz zobaczył to od razu Cyreniusz, pośpieszył za Marią i powiedział:
4. „O, ty najukochańsza Matko tego mojego Życia, cóż ty czynisz?
5. Na tobie i na twoim Dziecku mi zależy; ty jesteś królową naszego towarzystwa, a nie chcesz z nami zasiąść do posiłku, który właśnie ze względu na ciebie został podany?!

6. Tak nie wypada! Dlatego chodź szybko do nas i usiądź po mojej prawicy – a po mojej lewicy siedzi twój małżonek!"

7. Lecz Maria powiedziała: „Spójrz, kochany panie, jakże ubogo jestem ubrana; jakżeż ja będę w tym odzieniu obok ciebie, tak wspaniale ubranego, wyglądać?"

8. Na to Cyreniusz odpowiedział: „O, ty kochana Matko! – Jeśli onieśmiela cię moje wspaniałe, przyozdobione złotem odzienie, to mogę je zaraz zdjąć i założyć na siebie prosty marynarski ubiór, aby tylko mieć cię przy moim stole!"

9. A wtedy Maria przekonała się o wielkiej skromności Cyreniusza, powróciła do nich i usiadła do stołu z Dzieciątkiem na rękach.

10. A kiedy już wszyscy przy stole zasiedli, Dzieciątko skierowało Swój wzrok na Cyreniusza i uśmiechało się; a Cyreniusz odwzajemnił Mu się spojrzeniem pełnym miłości.

11. Po krótkiej chwili jego uczucia do Dzieciątka wezbrały tak potężnie,

12. że zapytał Je: „O Ty, moje Życie, czy chcesz znów znaleźć się na moich rękach?"

13. A wtedy Dzieciątko uśmiechnęło się do Cyreniusza słodko i odpowiedziało:

14. „O, Mój ukochany Cyreniuszu! – Do ciebie idę bardzo chętnie, bo tak bardzo Mnie kochasz! – Dlatego i Ja kocham ciebie!"

15. Od razu wyciągnął ręce Cyreniusz i wziął Dziecko, i tulił Je gorąco.

16. A Maria mówiła żartując: „Tylko nie pobrudź pana Cyreniusza!"

17. A Cyreniusz odpowiedział na to głęboko wzruszony: „O, kochana Matko! Pragnąłbym doprawdy być tak czystym, by godnie móc to Dziecko na moich rękach nosić!

18. Ono może mnie tylko oczyścić, ale nigdy pobrudzić!"

19. Tu zwrócił się znów do Dziecka i powiedział: „Moje Dzieciątko, jestem jeszcze nieczysty i niegodny, aby Ciebie nosić?"

20. A wtedy Dzieciątko odpowiedziało: „Cyreniuszu, kto kocha Mnie tak jak ty, ten jest czysty i Ja kocham go tak, jak on Mnie kocha!"

21. A Cyreniusz, wielce oczarowany, zapytał: „Jakże to możliwe, Dziecko moje, że mając zaledwie kilka miesięcy, tak rozumnie i wyraźnie mówisz? Czy nauczyła Cię tego Twoja kochana Mama?"

22. A Dzieciątko, błogo uśmiechnięte, wyprostowało się na rękach Cyreniusza i przemówiło z niezwykłą mądrością:

23. „Cyreniuszu, to nie zależy od wieku ani od wyuczenia, ale od tego, jakiego się ma ducha! – Uczyć musi się tylko ciało i dusza, ale duch ma już w sobie wszystko dane od Boga!

24. Oto Ja mam Ducha wszechmogącego Boga; i dlatego już tak wcześnie potrafię mówić!"

25. Ta odpowiedź wprawiła w zachwyt i ogromne zadziwienie wszystkich zgromadzonych przy stole, a Cyreniusz, jako najwyższy rangą, przemówił: „Na Zeusa, to Dziecko już teraz może zawstydzić wszystkich naszych mędrców swoją mądrością! Czymże jest wobec Niego Platon, Sokrates i stu innych filozofów! A czego dopiero dokona to Dziecko, kiedy już będzie dorosłe?!" – I Cyreniusz mówił dalej: „Z całą pewnością uczyni więcej niż wszyscy nasi mędrcy wraz ze wszystkimi naszymi bogami!"

56

Wysokie mniemanie Maroniusza o Dzieciątku i zadowolenie Cyreniusza z wypowiedzi Maroniusza.

30 październik 1843

1. A po cudownych słowach Dzieciątka Cyreniusz zwrócił się do poruszonego do głębi Maroniusza i zapytał go:

2. „Maroniuszu Pillo, co powiesz o tym Dziecku? Widziałeś kiedykolwiek coś podobnego, czy może słyszałeś o czymś takim?

3. Czyż nie jest to o wiele więcej niż nasza mityczna opowieść o Zeusie, który na jakiejś wyspie karmiony był przez kozę?

4. Lub też ta wątpliwa historia założycieli Rzymu, których miała żywić wilczyca?!

5. Powiedz, jakie jest twoje zdanie o tym wszystkim? Dlatego bowiem jesteś ze mną jako mój towarzysz, aby coś usłyszeć, zobaczyć i nauczyć się, i swój sąd o tym wypowiedzieć!"

6. Maroniusz Pilla zdobył się na odwagę i rzekł:

7. „Wysoki dowódco Azji i Egiptu, co ja, biedny i prosty człowiek, mogę na to odpowiedzieć, kiedy najwięksi mędrcy świata zamilknąć muszą, a geniusz Apolla i Minerwy na gorejącym kowadle Wulkana na żałośnie cienką, zgniecioną blachę przemieniony zostanie?!

8. Nie mogę tu nic innego powiedzieć jak tylko to: bogowie upodobali sobie wysłać na Ziemię najmądrzejszego spośród nich, a Egipt, gdzie nie ma śniegu i lodów, ma być jego ojczyzną!"

9. Cyreniusz uśmiechając się odpowiedział: „W pewnym sensie masz rację;

10. lecz pomyśl dobrze, pomyliłeś się, kiedy to Dzieciątko nazwałeś Dzieckiem wszystkich bogów!

11. Albowiem spójrz, obok mnie siedzą ojciec i matka Jego, ludzie tacy jak my obaj!

12. Jakże by więc mogli wydać na świat dziecko wszystkich bogów?!

13. Jeśliby tak miało być, to mieszkańcy Olimpu sami siebie wpędziliby w pułapkę, a przewaga tej oto głębokiej mądrości całkowicie by ich zniszczyła!

14. Dlatego proszę, zastanów się! Bo snując takie fantazje, ryzykujesz gniew całego Olimpu przeciwko sobie i jeszcze za życia pociągną cię za to przed sąd Minosa, Eakusa i Radamantysa, i wtrącą cię tam, gdzie Tantala!"

15. Tu zawahał się Maroniusz, ale po chwili odpowiedział: „Konsulu Cesarskiej Wysokości! Zdaje mi się, że konsylium trzech podziemnych sędziów dawno się rozpadło i mam nieodparte wrażenie, że bogowie opuszczą Olimp!

16. I jeśli mamy wreszcie mądrych ludzi, którzy mądrości swojej nie czerpią z kałuży, to możemy już niedługo zrezygnować z porad naszych bogów!

17. Zaiste, słowa tego cudownego Dziecka mają dla mnie większe znaczenie aniżeli trzy Olimpy pełne nowo upieczonych bogów".

18. Potem Cyreniusz zabrał głos, mówiąc: „Maroniuszu, jeżeli tak rozumujesz, to gotów jestem wszystko ci wybaczyć. Ale jeszcze potem na ten temat porozmawiamy, a teraz zakończmy tę rozmowę!"

Odsłonięcie prawdy. Maroniusz dowiaduje się od Cyreniusza prawdy o Świętej Rodzinie. Maroniusz przyznaje się do kłamstwa, które było koniecznością.

31 październik 1843

1. Po zakończeniu posiłku, który u Cyreniusza nigdy nie przekraczał dwóch godzin, komendant garnizonu wraz z podwładnymi mu dowódcami opuścili dom Józefa i udali się z powrotem do miasta. Cyreniusz przykazał im w tym dniu nie organizować już żadnych manewrów na cześć jego przybycia.

2. Kiedy się tamci oddalili, Cyreniusz wziął Maroniusza na szczerą rozmowę.

3. I zapytał go w obecności Józefa i Marii, która wzięła znów Dzieciątko na swoje ręce:

4. „Maroniuszu! Ty mnie w Tyrze zapewniałeś, kiedy to wziąłem cię na przesłuchanie w sprawie Heroda, że znasz osobiście pewnego poczciwego cieślę Józefa z okolic Nazaretu;

5. a także niejaką Marię, którą ten cieśla wziął właśnie w Świątyni za żonę, czy też może tylko pod swoją opiekę!

6. Dzięki temu, że mamy dość wolnego czasu i jesteśmy sami u naszych gościnnych gospodarzy, opowiedz mi dokładnie o tym wszystkim.

7. Bowiem w ostatnich dniach doszły do mnie słuchy, że w rzeczywistości ta rodzina tutaj w Egipcie się znajduje i jest zupełnie inną niż ta, którą mi mój brat przekazał, i dobrze się gdzieś ukrywa.

8. Mam nadzieję, że pomimo twego udziału w bestialskich czynach Heroda, masz jeszcze na tyle ludzkiego uczucia, ażeby przyznać, że trzymanie w niewoli niewinnych ludzi jest okrucieństwem, bez względu na to, jakie mają pochodzenie.

9. Dlatego opisz mi dokładnie znaną ci parę małżeńską, ażebym mógł ich odnaleźć i schwytać; tego wymaga bowiem nasze prawo.

10. Jestem zobowiązany tym bardziej od ciebie tego wymagać, gdyż oświadczyłeś mi, że rodzinę tę znasz osobiście, a mnie na szybkim jej znalezieniu zależeć musi!"

11. Wtedy Maroniusz poczuł się zmieszany i nie wiedział doprawdy, jak ma na to odpowiedzieć; gdyż naprawdę ani Józefa, ani Marii przedtem nie widział.

12. Po dłuższej chwili zaczął mówić jąkającym się głosem:

13. „Konsulu Cesarskiej Wysokości! Pokładając nadzieję w twojej pobłażliwości i dobroci, zmuszony jestem w końcu przyznać ci się, biorąc na świadków Zeusa i innych bogów, że wymienionych przez ciebie Józefa i Marii w ogóle nie znam!

14. Moje oświadczenie w Tyrze było tylko fortelem, albowiem, mając wtedy o sprawie fałszywe mniemanie, chciałem jedynie wprowadzić cię w błąd.

15. Ale teraz przekonałem się, że ciebie w żaden sposób nie można oszukać ani zmylić, dlatego też zmieniłem zupełnie moje zamiary i wyjawiam całą prawdę!"

16. Cyreniusz widząc, że Józef chce coś powiedzieć, dał mu znak, aby jeszcze chwilę się wstrzymał, i odpowiedział Maroniuszowi:

17. „Jeżeli tak się sprawy mają, porozmawiajmy teraz szerzej, gdyż dopiero teraz widzę, jak bardzo możesz być niebezpieczny dla państwa! Żądam, abyś mi teraz odpowiedział pod przysięgą na wszystkie pytania".

58

Maroniusz Pilla usprawiedliwia się i sprawa dobrze się kończy. Józef jako rozjemca. Szlachetny werdykt Cyreniusza.

2 listopad 1843

1. Na to Maroniusz odpowiedział Cyreniuszowi: „Konsulu Cesarskiej Wysokości! Jak długo będę jeszcze podejrzany o sprzyjanie Herodowi?!

2. Teraz jest dla mnie zupełnie jasne, że ten okrutnik i tyran dążył do zagarnięcia władzy i uczynienia siebie władcą Azji.

3. Czyż miałbym mu w tym pomagać? – Jakże by to mogło być możliwe? – Bo mając w ręku mieszkańców Jerozolimy, mógł Herod uczynić z dziećmi rodzin żydowskich wszystko i to właśnie uczynił!

4. Lecz ten gwałtowny czyn przyniósł mu zupełną klęskę, bowiem już nigdy w życiu, po wszystkie czasy nie uczyni nic podobnego!

5. A ja mimo woli stałem się jego narzędziem. Będąc pod jego władzą, zmuszony byłem podporządkować się jego rozkazom, albowiem groził mi Rzymem!

6. A że teraz wiem od ciebie, jak ta sprawa wygląda, a nie mam już władzy w swoich rękach, to pragnę jej już więcej nigdy nie mieć;

7. i nie widzę doprawdy, w jaki sposób mógłbym być niebezpiecznym dla państwa człowiekiem?!

8. Proszę cię, pozostaw mnie przy sobie jako wiecznego zakładnika wierności dla Rzymu, a sprawisz, że będę bardziej szczęśliwym, niż gdybyś ponownie powierzył mi urząd zarządcy Palestyny i Judei".

9. Te słowa wypowiedział Maroniusz zupełnie poważnie i nie było w nich żadnej dwuznaczności.

10. Dlatego przemówił Cyreniusz do niego: „Dobrze, mój bracie, chcę wierzyć w to, co mówiłeś; bowiem odnalazłem w twoich słowach dużo rozsądku!

11. Lecz dla potwierdzenia mojego mniemania o tobie wysłucham jeszcze tego mądrego człowieka, o którym wspominałem ci w Tyrze.

12. Patrz, oto ten człowiek, mędrzec nad mędrcami stoi tutaj przed nami!

13. On przeniknął całe twoje wnętrze i umysł, więc zapytajmy go, co o tobie sądzi!

14. A ja postąpię zgodnie z jego słowami. Jeżeli według słów jego powinieneś być zarządcą Jerozolimy, to jeszcze dziś zostaniesz na to stanowisko przeze mnie mianowany!

15. A jeżeli tego nie powie, pozostaniesz przy mnie jako zakładnik!"

16. Następnie Cyreniusz zwrócił się do Józefa i poprosił go o rozstrzygnięcie tej kwestii. Józef zaś odpowiedział: „Szlachetny przyjacielu, Cyreniuszu! Według mnie Maroniusz jest teraz czysty i możesz z powrotem powierzyć mu to stanowisko, wiele się nad tym nie zastanawiając!

17. Wszyscy znajdujemy się pod panowaniem jedynego wiecznego Boga i nie ma takiej władzy na ziemi, która mogłaby się sprzeciwić temu, co On uczynić zamierza!"

18. Wtedy Cyreniusz podniósł rękę i powiedział: „Przysięgam tobie, Maroniuszu Pillo, w obliczu żyjącego Boga, któremu służy ten mędrzec, że z tą chwilą otrzymujesz ponownie urząd zarządcy Jerozolimy!”

19. Ale Maroniusz powiedział: „Daj ten urząd komuś innemu, a mnie zatrzymaj jako swego przyjaciela; gdyż u twojego boku jestem o wiele szczęśliwszy!”

20. A Cyreniusz odpowiedział: „Dobrze, pozostań moim kompanem tak długo, jak długo Herod żyć będzie, a potem dopiero uczynię cię najwyższym zarządcą krainy żydowskiej!” I Maroniusz przyjął tę propozycję z dużą wdzięcznością.

59

Józef pyta o Heroda. Odpowiedź Maroniusza Pilli. Cierpienia i straszliwy koniec Heroda.

3 listopad 1843

1. Józef, zwracając się do Maroniusza, rzekł: „Z łaski Boga mojego i Pana mogłem wniknąć w twą duszę i zobaczyłem, że nie ma w niej już złej woli.

2. Powiedz mi jednak, jak wytłumaczyć, że w sercu Heroda zrodziła się myśl, żeby uśmiercić niewinne dzieci, gdy poczuł lęk przed nowym Królem Żydów?!

3. Czyż naprawdę jego serce nie zmiękło, kiedy widział przelaną krew niewinnych dzieci i słyszał płacz matek?!

4. Co zrobi, kiedy otrzyma wiadomość, że nie ma wśród zamordowanych dzieci tego, którego chciał zgładzić?!

5. Kiedy się dowie, że to Dziecko ma się zupełnie dobrze i żyje gdzieś w Judei czy Palestynie?!”

6. Tu spojrzał osłupiały Maroniusz na Józefa i dopiero po chwili przemówił:

7. „Prawdziwie głęboko mądry mężu! Nie mogę ci nic innego odrzec jak tylko to:

8. Gdybyś zechciał ku złemu wykorzystać twą mądrość i odnieść z niej jakieś korzyści, wtedy mógłbyś zażądać od Heroda dziesięć tysięcy funtów złota za to, że wskażesz mu miejsce pobytu tego Dziecka.

9. Zapewniam cię, że otrzymałbyś tę ogromną sumę!

10. Albowiem złoto jest dla tego okrutnika niczym w porównaniu z jego żądzą władzy.

11. Chociaż złota u niego tyle, że mógłby z niego budować domy, to liczy się dla niego tyle – o ile może ono umocnić jego władzę. I dla władzy gotów jest wyrzucić całe swoje złoto do morza i wymordować całą ludzkość!

12. Mnie także z początku chciał przekupić złotem i proponował mi też diamenty, rubiny i perły;

13. lecz moja cnota oraz moralność patrycjusza rzymskiego sprzeciwiła się ostro pokusom tego żądnego krwi psa!

14. A wtedy wpadł we wściekłość i groził mi zemstą Rzymu, powołując się na swój rzekomy, a w gruncie rzeczy fałszywy patriotyzm.

15. I właśnie tak zmusił mnie, abym podporządkował się jego woli. Innego wyjścia dla mnie nie było, jak tylko mu ulec. Wręczył mi własnoręcznie napisany list, w którym brał na

siebie całą odpowiedzialność.

16. Dlatego zmuszony zostałem działać tak, jak tobie jest wiadomo.

17. Bądź pewien, że od tamtego czasu aż do obecnej chwili nie można się po nim niczego dobrego spodziewać.

18. Myślę, że wystarczy ci to, co powiedziałem, jesteś bowiem głęboko mądrym człowiekiem i nie muszę ci o tym królu furii i głupców, o tej żyjącej meduzie, więcej mówić!"

19. A Józef odpowiedział: „Niechaj cię wieczny, jedyny, prawdziwy Bóg pobłogosławi za te prawdziwe słowa!

20. Uwierz mi, a przekonasz się: Bóg wiecznie sprawiedliwy włoży temu najbardziej zwyrodniałemu z ludzi na głowę koronę, której tak pożąda, że zadziwi ona cały świat!"

21. Wtedy uniosło Dzieciątko wysoko Swoją rączkę i przemówiło: „Herodzie, Herodzie! – Nie mam żadnego przekleństwa dla ciebie; ale powinieneś nosić na tym świecie koronę, która przepełni cię wielkim cierpieniem i będzie ci bardziej ciążyć niż waga złota, które musiałeś Rzymowi zapłacić!"

22. W tym czasie, kiedy Dzieciątko te oto słowa w Egipcie wypowiedziało, Herod został obsypany wszami, a zajęciem jego służby przez pozostałą część życia Heroda było nic innego, jak tylko oczyszczanie go z wszawicy; wszy jednak rozmnażały się nieustannie i wreszcie spowodowały jego śmierć.

60

Gniew Cyreniusza na Heroda i uspokajające słowa Dzieciątka Jezus. Pytanie Dzieciątka: „Kto ma najdłuższą rękę?" Cud unicestwienia.

4 listopad 1843

1. A kiedy Cyreniusz wysłuchał tego wszystkiego, co powiedzieli Maroniusz Pilla, Józef i Dzieciątko, przeraził się i rzekł:

2. „O, wieczne moce jedynego, najwyższego Władcy Nieskończoności! Czyż nie macie gromów i błyskawic, aby nimi miotać w to monstrum wasala Rzymu?!

3. O, Auguście Cezarze, mój dobry bracie, która z bogiń zaślepiła ci oczy, żeś temu potworowi i wyrzutkowi największych głębin Tartaru dał w lenno Palestynę i Judeę?!

4. Nie, nie, to za dużo na jeden raz, aby to zrozumieć! – Maroniuszu, dlaczego nie powiedziałeś mi tego wcześniej, kiedy Heroda w Tyrze wezwałem na przesłuchanie?

5. Według prawa mogłem natychmiast kazać mu odrąbać jego zbrodniczy łeb!

6. I dziś byłby już inny, bardziej godny wasal na miejscu tego monstrum rodem z Grecji!

7. Cóż teraz mam zrobić? Uznał on swą winę i okazał skruchę; więc nie mogę nałożyć na niego po raz drugi kary za to samo przestępstwo.

8. Ale poczekaj, ty krwawy psie, ty hieno ponad wszystkie hieny, urządzę na ciebie polowanie, o jakim się jeszcze nigdy nikomu nawet nie śniło!"

9. Maroniusza, Józefa oraz Marię przeszyła groza na widok szalonego gniewu Cyreniusza; nie wiedzieli też teraz, co dalej zamierza uczynić Cyreniusz.

10. Nikt z nich nie miał odwagi nawet jednego pytania mu zadać; gdyż za bardzo było wzburzone jego serce i umysł.

11. Tylko Dzieciątko nie okazało żadnego strachu na widok gwałtownego wybuchu Cyreniusza i patrzyło spokojnie w jego twarz.

12. A gdy ustało podobne do wichru wzburzenie Cyreniusza, odezwało się nieoczekiwanie:

13. „Cyreniuszu! Posłuchaj Mnie! – Podejdź do Mnie, weź Mnie na ręce i wyjdź ze Mną na zewnątrz, a tam Ja ci coś pokażę!"

14. Słowa te spłynęły jak kojący balsam na zranione serce Cyreniusza i udał się rychło z otwartymi ramionami w kierunku Dziecka; wziął Je pełen miłości delikatnie na ręce i wyniósł w towarzystwie Józefa, Marii i Maroniusza Pilli na zewnątrz, na powietrze.

15. Zaraz po tym zapytało Dzieciątko Cyreniusza:

16. „Kto z nas dwóch ma dłuższą rękę? Zmierz twoją z Moją!"

17. Cyreniusza zdumiało to pytanie i nie wiedział, co ma na nie odpowiedzieć; wiedział przecież dobrze, że jego ręka była trzy razy dłuższa od obu rączek Dziecka razem wziętych.

18. Ale Dzieciątko zapytało znowu: „Cyreniuszu! Czy uważasz, że twoja ręka jest o wiele dłuższa niż Moja?!

19. A jednak Ja powiem ci, że Moja o wiele dłuższą jest niż twoja!

20. Czy widzisz w sporej odległości przed nami tę wysoką kolumnę przyozdobioną bożkiem?

21. Chwyć ją stąd swoimi dłuższymi rękoma, powal ją i zmiażdż swymi palcami".

22. Cyreniusza dotknęły te słowa bardziej niż poprzednie, ale po krótkiej przerwie odezwał się: „O, Dzieciątko, moje życie, to uczynić może tylko Bóg!

23. Ale Dzieciątko wyciągnęło po chwili Swoją rączkę w kierunku kolumny, która była oddalona o dobre tysiąc kroków, i kolumna ta runęła w dół, stając się pyłem!

24. A Dzieciątko powiedziało: „Nie kłopocz się na próżno o Heroda; bowiem Moja ręka jest dłuższa od twojej! Herod otrzymał swą zapłatę; ale ty wybacz mu, tak jak Ja mu wybaczyłem, a uczynisz lepiej, albowiem i on jest ślepym synem tej ziemi!" – Słowa te odsunęły od Cyreniusza cały gniew i urazę, a w skrytości ducha zaczął się on pobożnie modlić do Dziecka.

61

Przerażenie Maroniusza Pilli i pytanie Józefa. Pogańskie wyznanie Maroniusza. Skromne wyjaśnienie Józefa. Ostrzeżenie Cyreniusza, aby być ostrożnym.

6 listopad 1843

1. Ale Maroniusza Pillę tak przeraziło to nadprzyrodzone zjawisko, że począł się trząść na całym ciele jak topola w czasie gwałtownego sztormu.

2. Zauważywszy to, Józef podszedł do niego i powiedział:

3. „Maroniuszu Pillo! Dlaczego się trzęsiesz z takim przerażeniem? Czy stało się coś złego? Czyżby cię ktoś skrzywdził?"

4. A Maroniusz odpowiedział Józefowi: „O mężu, któremu podobnego

nie ma na ziemi, tobie łatwo; gdyż ty jesteś Bogiem, któremu posłuszne są wszystkie żywioły!

5. Ale ja jestem tylko śmiertelnym słabym człowiekiem, którego egzystencja, podobnie jak i ta kolumna, znajduje się w twoich rękach!

6. Swą myślą możesz mnie, jak na pewno i cały świat, w jednej chwili zniszczyć!

7. Jakże nie mam się trząść przed tobą ze strachu? Ty jesteś na pewno praojcem wszystkich bogów, jeżeli oni gdziekolwiek istnieją?!

8. Przecież ta kolumna od pradawnych czasów poświęcona była Jupiterowi; wszystkie sztormy i błyskawice trzęsły się przed nią z wielkiego strachu!

9. A zniszczyło ją niepełnoletnie Dziecko! – Jeżeli twój potomek potrafi uczynić coś takiego, to jaką potęgą musisz ty władać?!

10. Przyjmij więc mój hołd, od niegodnego ciebie robaka ziemskiego!"

11. Ale Józef odpowiedział: „Posłuchaj przyjacielu, bracie Maroniuszu, jesteś w wielkim błędzie.

12. Ja nie jestem kimś więcej niż ty, lecz tylko śmiertelnym człowiekiem! – Jeżeli przysięgniesz mi na życie i śmierć dochowanie tajemnicy, to wyjawię ci coś.

13. Jeśli jednak nie będziesz milczał, to stanie się z tobą to, co stało się z tą kolumną!

14. A więc słuchaj mnie, jeśli chcesz i wierzysz!"

15. Ale Maroniusz padł na kolana przed Józefem i zaczął prosić go, by nic mu nie mówił, ponieważ obawiał się, że nie potrafi dochować tajemnicy i zginie.

16. „Nie myśl o tym" – powiedział Józef – „albowiem Pan Nieba i Ziemi nie karze nigdy nikogo za czyny popełnione w nieświadomości.

17. Dlatego wysłuchaj mnie bez bojaźni, gdyż to, co zamierzam ci powiedzieć, nie zniszczy cię, lecz na odwrót – zachowa cię na wieki!"

18. A Cyreniusz, wielbiąc i tuląc Dzieciątko na rękach, podszedł do Józefa i powiedział:

19. „Mój największy przyjacielu! Pozostaw Maroniusza takim, jakim jest. Ja sam przygotuję go dziś wieczorem na przyjęcie wielkiej nowiny, a jutro spokojnie go ze wszystkim zaznajomisz!"

20. Józef wyraził na to zgodę i całe towarzystwo powróciło do domu.

62

Cyreniusz i Józef z pełnym zrozumieniem wyrażają troskę o dobro duszy ludzkiej. Słowa Józefa o braterstwie i miłości do ludzi. Dlaczego Bóg obdarzył nas, ludzi, dwojgiem oczu, dwojgiem uszu, a tylko jednymi ustami.

7 listopad 1843

1. Wieczorem powiedział Cyreniusz do Józefa: „Mój przyjacielu, mój boski bracie! Jak bardzo mi przykro, że dzisiaj nie mogę u ciebie przenocować!

2. I jakże mi przykro, że jutrzejszego dnia do samego popołudnia muszę czas poświęcić na sprawy państwowe!

3. Ale o trzeciej po południu przyjdę do ciebie z Maroniuszem, a ty będziesz go mógł oświecić.

4. Albowiem bardzo bym pragnął,

ażeby ten wykształcony człowiek został uratowany i nabył mądrości w świętej szkole życia twojego Boga, którą uważam za jedyną prawdziwą i żywą!"

5. Na to Józef odpowiedział: „Szlachetny przyjacielu! To jest sprawiedliwe i dobre z twej strony; i podoba się Panu, kiedy ludzie leczą swych wrogów miłością i życzą im doczesnego i wiecznego dobra!

6. A jeśli my na każdego czyniącego nieprawość będziemy patrzeć jak na błądzącego brata, wtedy i Bóg będzie w nas widział Swoje błądzące dzieci.

7. W przeciwnym razie pozostaniemy w Jego oczach jedynie złośliwymi stworzeniami lub stworzeniami podlegającymi sądowi i zginiemy jak efemerydy!

8. Widzisz, Pan dlatego dał człowiekowi dwoje oczu, a tylko jedne usta, aby jednym okiem mógł widzieć ludzi jako ludzi, zaś drugim – jako swoich braci!

9. Jeżeli ktoś z ludzi zawini wobec nas, wtedy powinniśmy przymknąć oko, przez które patrzymy na niego jako na człowieka, a otworzyć oko, przez które widzimy go jako naszego brata.

10. A jeżeli ktoś jako brat zawini, wtedy powinniśmy przymknąć oko, przez które widzimy go jako brata, a otworzyć oko, przez które widzimy go jako człowieka i skierować je w głąb siebie po to, żeby w nas samych ujrzeć winnego człowieka.

11. Jeżeli zaś chodzi o usta, to powinniśmy wszyscy jednymi ustami wyznawać jedynego Boga, jedynego Pana i jedynego Ojca, a wtedy On uzna nas za Swoje dzieci!

12. Gdyż także Bóg ma dwoje oczu i jedne usta; jednym okiem widzi nas jako Swoje stworzenia, zaś drugim okiem jako Swoje dzieci!

13. Jeżeli spoglądamy na innych jak na swych braci, wtedy i On spojrzy na nas okiem Ojca.

14. A kiedy spoglądamy na innych tylko jak na ludzi, wtedy też i Bóg patrzy na nas okiem Stwórcy; Jego usta zwiastują Jego dzieciom miłość, a Jego stworzeniom sąd!

15. Sprawiedliwe jest więc i słuszne, że troszczymy się o Maroniusza jak o naszego brata!"

16. Potem Józef pobłogosławił Cyreniusza i Maroniusza, którzy udali się do miasta ze swoimi sługami, zaś on zajął się swym gospodarstwem.

63

Jakub w roli opiekuna przy kołysce Dzieciątka. Jakub ciekawy i skarcony przez Dzieciątko. Przypuszczenie Jakuba na temat tego, kto jest ukryty w tym Dziecku.

8 listopad 1843

1. Wieczorem położyła Maria zmęczone Dziecko do kołyski, którą dla Niego już w Ostracynie Józef przysposobił.

2. Jakub, najmłodszy z synów Józefa, który musiał zazwyczaj przejmować rolę opiekunki, także i teraz kołysał Dzieciątko do snu.

3. A Maria udała się do kuchni, aby przygotować jedzenie na noc.

4. Ale kołyszący Jezusa syn Józefa zapragnął, by Dziecko szybciej zasnęło, gdyż razem ze starszymi braćmi chciał oglądać oświetlony łuk triumfalny, który pobudowano niedaleko

willi Cyreniusza.

5. Dlatego kołysał Dzieciątko pracowicie, śpiewał i pogwizdywał.

6. Ale Dziecko nie chciało pomimo to zasnąć; a kiedy tylko przestawał Je kołysać, zaczynało się ruszać i pokazywało mu, że jeszcze nie śpi.

7. Doprowadzało tym Jakuba do rozpaczy, tym bardziej, że dochodziły do niego z dala odgłosy uczestników zabawy i biła stamtąd jasność od pochodni.

8. Dlatego też postanowił, że nawet jeśli Dzieciątko nie zaśnie, to na jakiś czas Je opuści, aby przynajmniej przez chwilę popatrzeć na to widowisko.

9. A kiedy się Jakub podniósł, żeby wyjść, przemówiło Dzieciątko: „Jakubie, jeśli Mnie opuścisz, to zdarzy ci się coś niedobrego!

10. Czyż nie jestem dla ciebie więcej wart niż ten pusty spektakl i twoja próżna ciekawość?

11. Spójrz, wszystkie gwiazdy oraz wszyscy Aniołowie zazdroszczą ci tej służby, którą dla Mnie spełniasz, a ty jesteś pełen niecierpliwości i chcesz Mnie opuścić?

12. Doprawdy, jeśli to uczynisz, to nie jesteś wart mieć Mnie za brata!

13. Idź, jeśli ta publiczna igraszka jest ci milsza niż Ja!

14. Spójrz, cały ten pokój jest pełen Aniołów, którzy gotowi są Mi służyć, jeśli tobie ta niewielka i lekka czynność jest tak uciążliwa!"

15. Te słowa odebrały nagle Jakubowi całkowicie ochotę wyjścia na dwór;

16. dlatego pozostał przy kołysce i prosił Dzieciątko szczerze o wybaczenie, i kołysał Je pracowicie dalej.

17. A Dzieciątko powiedziało do Jakuba: „Zostało ci wszystko wybaczone, lecz pamiętaj, nie dawaj się światu przekupić!

18. Gdyż Ja jestem więcej niż cały świat, wszystkie niebiosa, wszyscy ludzie i Aniołowie!"

19. A słowa te sprawiły, że Jakub o mało nie padł rażony strachem; albowiem przejrzał nagle, kto w tym Dziecku jest ukryty.

20. Wtedy nadeszli Maria i Józef, i pozostali czterej synowie Józefa; wszedłszy do pokoju usiedli za stołem, a Jakub bez zwłoki opowiedział im wszystko, co mu się przydarzyło.

64

Józef zabiera głos i mówi o miłości do Boga i miłości do świata, wskazując na osobę Dawida, Salomona i Cyreniusza. Poruszenie wśród synów Józefa i błogosławieństwo Dzieciątka Jezus.

9 listopad 1843

1. A kiedy Jakub wszystko opowiedział, rzekł do niego Józef:

2. „Tak było, jest i będzie, że Boga trzeba kochać więcej, choćby i w najmniejszej cząstce, aniżeli wszystkie wspaniałości świata.

3. Co bowiem mogą dać człowiekowi wszystkie, choćby i najwspanialsze rzeczy świata?

4. Dawid musiał uciekać przed własnym synem, a Salomon u końca dni swoich gorzko wszystkiego żałował, gdyż stracił uznanie Pana. A wszystko dlatego, że dał się uwieść wspaniałościom świata!

5. Bóg w każdej sekundzie obdarowuje nas nowym życiem; czy zatem nawet w najmniejszej cząstce życia nie powinniśmy Go darzyć większą

miłością, aniżeli darzymy ten pełen marności i nieczystości przemijający świat?!

6. My zaś jesteśmy przekonani, że to oto Dzieciątko nasze z nieba jest i nazywa się Synem Bożym.

7. I między nami jest nie tylko drobna część Boga; a więc słusznym jest, że Go bardziej kochamy niż cały ten świat!

8. Spójrzcie na Cyreniusza poganina! – Nie dla nas jest to, co on czyni, lecz dla Dziecka; bowiem jego serce mówi mu, że oto najwyższa Boskość jest mocno i ściśle związana z tym naszym Dzieciątkiem, dlatego też szanuje Je i miłuje.

9. I czyni to poganin; o ile więcej powinniśmy czynić więc my, którzy w pełni świadomi jesteśmy, skąd to Dziecko przybyło i kto jest Jego Ojcem.

10. Dlatego całą uwagę powinniśmy skupić na Dzieciątku; gdyż Ono jest czymś więcej niż my i cały świat!

11. Weźcie sobie ze mnie przykład i zobaczcie, ile ciężkich ofiar ja, stary człowiek, już temu Boskiemu Dzieciątku złożyłem!

12. A złożyłem je lekko i z wielką miłością, gdyż Boga kocham bardziej niż cały świat!

13. Straciliśmy coś kiedykolwiek przez to? – O nie! Po każdej ofierze zawsze umacnialiśmy się!

14. Pomyślcie więc i czyńcie to samo także wy wszyscy, a nigdy na tym nie stracicie, lecz zawsze tylko zyskacie.

15. A ponadto Dzieciątko jest tak łagodnego usposobienia, że doprawdy najwyższą przyjemnością jest być przy Nim!

16. Niezmiernie rzadko płacze! Nie było jeszcze nigdy chore; a kiedy się Je przywołuje, to jest takie radosne i wesołe, a do każdego człowieka uśmiecha się zawsze tak serdecznie, że budzi w nas wzruszenie.

17. A teraz, kiedy zaczęło też tak nagle i wspaniale mówić, chciałoby się Je nieustannie hołubić i pieścić!

18. Dlatego też, moje dzieci, przemyślcie dobrze, kim jest to Dzieciątko i strzeżcie Jo, i troszczcie się o Nie pieczołowicie;

19. Gdyż może was Ono ukarać, jeśli będziecie Je, jako najwyższe Dobro, mniej szanować od wszystkich nic nieprzedstawiających i nieznaczących głupstw i naiwności świata!"

20. Te słowa poruszyły wszystkich synów Józefa do łez. Wstali oni od stołu i otoczyli kołyskę Dziecka.

21. A Dzieciątko spojrzało na Swoich braci przyjaźnie i pobłogosławiło ich, mówiąc: „O bracia, stańcie się Mnie równi, jeżeli chcecie być wiecznie szczęśliwymi!" – I bracia zapłakali i już nic więcej tego wieczoru nie spożywali.

65

Józef poleca nocny odpoczynek. Dzieciątko wzywa do czuwania przed nadchodzącym sztormem. Rozpętanie się orkanu. Przybycie uciekającego Cyreniusza i jego sług.

10 listopad 1843

1. Synowie Józefa nie chcieli odejść od kołyski; gdyż owładnęła ich miłość do małego boskiego Braciszka.

2. Ale ponieważ było już późno, powiedział Józef do swoich synów:

3. „Już wystarczająco pokazaliście, jak bardzo kochacie to Dzieciątko.

4. Jest już późna godzina, a jutro także będzie dzień; dlatego idźcie już w imieniu Pana na spoczynek.

5. Dzieciątko już śpi; ustawcie ostrożnie kołyskę obok łóżka Matki i udajcie się do swojej sypialni!"

6. Zaledwie Józef to powiedział, jak Dzieciątko otworzyło oczy i rzekło:

7. „Zostańcie wszyscy tutaj na noc, a waszą sypialnię zostawcie wolną dla uchodźców, którzy przyjdą tu szukać schronienia.

8. Wkrótce nadejdzie huragan, jakiego nie było jeszcze w tych stronach.

9. Ale niech nikt z was się nie obawia, bo nikomu z was włos z głowy nie spadnie.

10. Nie zamykajcie żadnych drzwi, aby uciekinierzy mogli się w tym domu ukryć!"

11. Józef, słysząc te słowa, przestraszył się i pospieszył zaraz na dwór, aby się zorientować, z której strony nadciąga burza.

12. Ale na zewnątrz było zupełnie cicho i nie było nigdzie nawet najmniejszej chmurki; niebo było czyste i nie było wiatru.

13. Nad całą okolicą rozpościerała się głucha cisza i nic nie wskazywało nadejścia sztormu.

14. Józef powrócił do domu, oddał chwałę Bogu i powiedział:

15. „Dziecko widocznie tylko śniło; gdyż sztormu nic nie zapowiada.

16. Niebo jest czyste, w którą by nie spojrzeć stronę, i nie ma najmniejszego wiatru, który zwiastowałby nadejście sztormu, skąd więc miałby się wziąć?"

17. Ledwo Józef te słowa wypowiedział, jak rozległ się huk jakby tysiąca grzmotów; ziemia zatrzęsła się tak potężnie, że w mieście runęło wiele domów i świątynia.

18. Zaraz potem zerwał się huragan, wody morza wzniosły się i fale poczęły zalewać miasto; obudzeni w środku nocy ludzie poczęli uciekać z miasta na wyżej położone miejsca.

19. Cyreniusz zaś ze swoimi ludźmi, uciekając z miasta, przybył do posiadłości Józefa i zdał krótką relację, jakie spustoszenie w mieście wyrządza huragan.

20. Ale Józef uspokoił Cyreniusza, gdy opowiedział mu, co powiedziało przedtem Dziecię. – Cyreniusz odetchnął, a szalejący huragan nie był już w stanie go zaniepokoić; gdyż czuł się zupełnie bezpiecznie.

66

Potęgowanie się sztormu. Śpiące spokojnie Dzieciątko. Troska Cyreniusza. Wyjaśnienia Dzieciątka: „Sztormy są potrzebne...". Ewangelia o przyrodzie i zaufaniu do Boga.

1. A gdy Cyreniusz zupełnie ochłonął, podszedł do kołyski i spoglądał na Dzieciątko, rozważając w swoim sercu pełnię wielkich myśli.

2. Ale Dzieciątko spokojnie spało i przeraźliwie szalejący sztorm nie przeszkadzał Mu w tym.

3. Ale oto wiatr począł tak gwałtownie uderzać w ściany domu, że Cyreniusz był pełen obaw, iż budynek może się zawalić.

4. Dlatego powiedział do Józefa: „Szanowny przyjacielu! Widzę, że sztorm staje się coraz bardziej gwałtowny i lepiej byłoby opuścić ten dom, bo może on nie wytrzymać naporu wiatru.

5. Może nadejść trąba powietrzna

i nawet ten solidny budynek porwać, a nas wszystkich pod gruzami pogrzebać!

6. Dlatego może lepiej będzie, gdy zdecydujemy się na ucieczkę, bo może się zdarzyć to, co stało się w mieście!"

7. W tym momencie Dzieciątko otworzyło nagle Swe niebiańskie oczka, rozpoznało Cyreniusza i rzekło do niego wyraźnym głosem:

8. „Cyreniuszu! – Jeśli jesteś przy Mnie, nie potrzebujesz obawiać się huraganu i burzy;

9. gdyż sztormy, tak jak i cały świat, też znajdują się w rękach twojego Boga!

10. Sztormy są potrzebne i muszą przepędzać wylęgłe zło piekła i wcielonego szatana!

11. Ale nie dotkną one tych, którzy przy Mnie się znajdują, gdyż znają swojego Pana i nie czynią nic bez powodu.

12. Bowiem ten Jedyny, o największej miłości, mądrości i wszechmocy, trzyma lejce w Swoich rękach.

13. Dlatego nie obawiaj się, Mój Cyreniuszu, kiedy jesteś przy Mnie, i bądź pewien, że nikomu nie może tu włos z głowy spaść!

14. Te wichry wiedzą dokładnie, kto jest w tym domu.

15. Pomyśl, nawet tobie, choć jesteś tylko człowiekiem, ludzie oddali cześć w postaci ognistego triumfalnego łuku!

16. A tu te wichry czczą Kogoś, kto jest kimś więcej niż tylko człowiekiem! – Czy nie jest to słuszne?

17. Zobacz, to jest pieśń pochwalna natury, która swego Pana i Stwórcę opiewa! Nie jest to słuszne?

18. O, Cyreniuszu, powietrze, które cię owiewa, rozumie też Tego, który je stworzył; dlatego może Go chwalić!"

19. Słowa te sprawiły, że wszyscy zamilkli, oniemiali. Dzieciątko wkrótce zasnęło, a Cyreniusz ukląkł przed kołyską, modląc się w ciszy do Niego.

67

Przerażająca wiadomość od posłańca. Cyreniusz w rozterce pomiędzy sercem a światem. Rada Dzieciątka.

13 listopad 1843

1. Tak przeszła spokojnie godzina i nikt nie przejmował się już jękami i wyciem szalejącej wichury.

2. Ale po upływie tej spokojnej godziny przybyli pospiesznie posłańcy do Cyreniusza, który przebywał w domu Józefa, mówiąc:

3. „Możny, dostojny panie! Dzieją się niespotykane rzeczy.

4. W wielu miejscach wydostaje się z ziemi ogień;

5. orkan gna unoszące się w powietrzu słupy ognia, a one niszczą wszystko, co napotykają na swej drodze!

6. Nie ma nic trwałego i dostatecznie silnego, co mogłoby się przeciwstawić tej sile!

7. Kapłani powiedzieli: «Wszyscy bogowie rozgniewali się i chcą nas wszystkich zniszczyć!»

8. I tak też chyba jest; gdyż słychać wyraźnie szczekanie Cerbera i furie tańczą dookoła! A Wulkan wylał już swój pokarm z wnętrza ziemi na jej powierzchnię!

9. Jego jednookie olbrzymy – cyklopy – miażdżą w szaleństwie domy i góry.
10. A i Neptun wszystkie swe siły zjednoczył!
11. Podobnie do gór podnosi się morze i chce nas wszystkich zatopić!
12. Jeśli od razu nie złożymy ofiary ludzkiej tym rozgniewanym bogom, to już po nas!
13. Tysiąc młodzieńców oraz tysiąc dziewic przeznaczyli kapłani na ofiarę; zostaliśmy pośpiesznie do ciebie wysłani, by otrzymać twoje zezwolenie"
14. Cyreniusza przeraziła ta gwałtowna wieść i doprawdy nie wiedział, co ma teraz uczynić.
15. Kapłani mieli olbrzymi wpływ na politykę i nikt nie mógł łatwo ich żądaniom się przeciwstawić.
16. Ale zezwolić na ofiarę było dla jego serca jeszcze większą niemożliwością niż przeciwstawić się kapłanom.
17. Dlatego zwrócił się do Dzieciątka, które akurat obudziło się, i zapytał Je o radę w tej trudnej sprawie.
18. A Dzieciątko odpowiedziało: „Bądź spokojny! Albowiem w ciągu jednej minuty ucichnie ten sztorm, a tych, którzy chcieli ludzi masakrować, już nie ma! Dlatego bądź spokojny, Mój Cyreniuszu!"

68

Odpowiedź Cyreniusza dla posłańców. Nalegania żądnych krwi kapłanów w sprawie ofiary. Mądra decyzja Cyreniusza. Utrapienie i męka dwóch tysięcy ofiar.

14 listopad 1843

1. Posłańcy czekali cierpliwie na rozkaz Cyreniusza.
2. A Cyreniusz podniósł się od kołyski i powiedział do nich:
3. „Idźcie do kapłanów i przynieście mi listę przeznaczonych na ofiarę młodzieńców i dziewcząt;
4. gdyż muszę zobaczyć, czy wybór jest sprawiedliwy!"
5. Posłańcy pospiesznie odeszli do miasta, a w tym czasie huragan już ucichł i panowała wszędzie cisza.
6. A kiedy przybiegli do miasta, ujrzeli, że z budynku, który zajmowali kapłani, pozostały tylko gruzy – był całkowicie zniszczony, a wszyscy kapłani wraz z najwyższym, z wyjątkiem trzech, pogrzebani pod nim zostali.
7. Wtedy posłańcy powrócili szybko do Cyreniusza, przynosząc mu wiadomość o tym, co się wydarzyło.
8. Cyreniusz, będąc w ten sposób upewnionym o prawdziwości zapowiedzi Dzieciątka, nie wiedział, co ma teraz uczynić i chciał Je znowu spytać o radę.
9. Ale w tym samym momencie przybyli do niego trzej ocaleni kapłani;
10. i zaczęli pytać pospiesznie, co trzeba uczynić, kiedy bowiem wszyscy słudzy boży przygotowywali się do złożenia wielkiej ofiary, ich budynek legł w gruzach i zostali oni pod gruzami swego pałacu pogrzebani.
11. „Tysiąc młodzieńców oraz tysiąc dziewcząt stoi przygotowanych na ofiarę na placu, na którym przedtem stały kolumny Jupitera – a teraz są one doszczętnie zniszczone!"
12. Zapytali, czy ofiara powinna się

odbyć teraz, czy też dopiero podczas wschodu słońca?!

13. Mówili, że składania ofiar w żadnym wypadku nie można zaniechać, ponieważ wtedy bogowie mogą się z powodu ludzkiej niewdzięczności i niewierności jeszcze bardziej rozgniewać!

14. Cyreniusz odpowiedział przybyłym do niego kapłanom:

15. „Dzisiaj ofiara w żadnym razie nie może zostać złożona, a jutro rano osobiście wydam rozkaz, czy ma się ona odbyć, czy też nie. To rozkaz. Kto nie zachowa mojego rozkazu, zapłaci życiem!"

16. Po tym kapłani opuścili Cyreniusza i udali się na plac, gdzie nieszczęsne dziewczęta i młodzieńcy płakali, trzęsąc się ze strachu, wyciągając ręce ku niebiosom i bogów o zmiłowanie błagając.

17. A Cyreniusz nie mógł się doczekać poranka; gdyż ubolewał nad tymi ofiarami, iż musiały taką straszną, pełną lęku i bojaźni noc przetrzymać!

69

Pełna strachu noc młodych ludzi, przeznaczonych na ofiarowanie. Trzej diabelscy bałwochwalcy. Cyreniusz wzburzony ogłasza wyrok: wolność dla ofiar, śmierć kapłanom.

15 listopad 1843

1. A ci trzej niższej rangi kapłani po przybyciu na plac oznajmili od razu i straży, i młodzieży zmożonej strachem przed śmiercią, że ofiara będzie mieć miejsce z całą pewnością rano i że o tym sam Cyreniusz rozporządził.

2. Co sprawiły te słowa, nie trzeba dalej opisywać; z historii i tradycji wiadomo, że w czasie podobnych ofiar w intencji ukojenia i ułagodzenia bóstw dopuszczano się najrozmaitszych tortur.

3. (A że opis tysiąca rodzajów tortur i gwałtów mógłby wywołać oburzenie; przeto zostawiając to, przechodzimy dalej.

4. Teraz wybierzemy się wraz z Cyreniuszem, Maroniuszem i Józefem o wczesnym poranku na plac ofiar, aby tam rozejrzeć się trochę!)

5. W zupełnie wczesny, wyjątkowo pogodny ranek udali się ci trzej wyżej wymienieni na plac przeznaczony na ofiarę.

6. A kiedy Cyreniusz zbliżał się do placu, już z oddali usłyszał błagalne krzyki zgromadzonej tam na ofiarowanie młodzieży,

7. przyspieszył swoje kroki, żeby jak najszybciej przerwać tę przerażającą scenę.

8. Po przyjściu na plac rozsierdził się bardzo, widząc trzech bezdusznych kapłanów, oczekujących rozpoczęcia krwawej ofiary.

9. Cyreniusz, nie zwlekając, kazał ich przywołać do siebie i spytał: „Powiedzcie mi, nie żal wam tej wspaniałej młodzieży, która w okrutny sposób ma zostać zamordowana? – Nie macie dla niej współczucia w sercach waszych?!"

10. A kapłani odpowiedzieli: „Gdzie bogowie się burzą, tam nie ma miejsca dla ludzkich uczuć!

11. Życie człowieka jest niczym dla bogów i często budzi nawet ich odrazę; dlatego jako ich słudzy i zgadzając się z nimi, nie możemy nosić w sobie żadnego współczucia,

12. ale przeciwnie – odczuwamy błogość i radość, że możemy usługiwać bogom i spełniać ich upodobania.
13. Dlatego radujemy się bezmiernie na tę ofiarę dla bogów, gdyż nieczęsto się taka okazja nadarza!"
14. To wyznanie kapłanów było potężnym ciosem dla serca Cyreniusza, który, powodowany oburzeniem na kapłanów, trząsł się od gniewu.
15. A po chwili, opanowawszy się, ponownie zwrócił się do kapłanów, mówiąc: „A gdyby zjawił się tu sam Zeus i darował życie tym wszystkim ofiarom! – co uczynilibyście wtedy?"
16. A kapłani odpowiedzieli: „Wtedy tym bardziej ofiara powinna się dokonać, gdyż oznaczałoby to próbę dla naszej wiary i gorliwości wobec bogów!
17. Gdybyśmy litowali się nad ofiarami, Zeus ukarałby nas za bluźnierstwo i zniszczył grzmotem i błyskawicami!"
18. A Cyreniusz pytał ich dalej: „Czym zatem zawinili bogom wasi wyżsi kapłani, skoro wszyscy zginęli w swoim pałacu?"
19. Kapłani na to odpowiedzieli: „Czyż nie wiesz, że ponad wszystkimi bogami i kapłanami panuje jeszcze nieubłagane Fatum?!
20. Ono to właśnie uśmierciło wyższych kapłanów i wprawiło w zdenerwowanie wszystkich bogów; ale bogów nie można uśmiercić, tak jak śmiertelnych kapłanów!"
21. „Dobrze", powiedział Cyreniusz, „dzisiaj po północy przyszło do mnie Fatum i dało mi rozkaz, żeby wszystkiej tej młodzieży darować życie, i zaświadczam to jako Cyreniusz, a potwierdza mój brat, Juliusz August jako najwyższy konsul i cesarz panujący w Rzymie. I jaka jest wasza odpowiedź na tę wiadomość?"
22. Usłyszawszy to, kapłani zbledli, a tamci, którzy mieli być ofiarowani, powrócili do zmysłów. – Gdyż w tym momencie kazał Cyreniusz ogłosić wszystkim ofiarom wolność, a tych trzech kapłanów związać i przygotować na śmierć.

70

Prośba Józefa o złagodzenie powziętej przez Cyreniusza decyzji. Wściekłość Cyreniusza na trzech skazanych na śmierć kapłanów. Błaganie skazanych na śmierć kapłanów o łaskę.

16 listopad 1843

1. Józef podszedł do Cyreniusza i zapytał go: „Wielce szanowny i najukochańszy przyjacielu – czyżby twoje postanowienie uśmiercenia tych trzech bałwochwalców było najzupełniej poważne?"
2. A Cyreniusz, pełen gniewu i oburzenia na kapłanów pozbawionych jakichkolwiek uczuć ludzkich, odpowiedział Józefowi:
3. „Tak, mój dostojny przyjacielu! Niech to, co uczynię, posłuży jako przykład, że nie ma nic bardziej rażącego jak okrucieństwo i brak miłości!
4. Albowiem człowiek bez miłości i współczucia jest największym złem na ziemi.
5. Wszystkie dzikie zwierzęta w porównaniu z tymi ludźmi to łagodne baranki; a nawet furie piekielne to wobec nich dopiero uczniowie!
6. Dlatego ja, jako panujący nad tą

krainą, uważam, że jest to mój pierwszy i najwyższy obowiązek, ażeby zmieść z powierzchni ziemi tych wyrodków!

7. Obowiązkiem kapłanów powinno być wpajanie ludziom uczucia miłości, powinni oni służyć ludziom dobrym przykładem!

8. Jeśli jednak ci nauczyciele ludu jako pierwsi kierują się złem, to jacy będą ich uczniowie?

9. Dlatego precz z tymi bestiami! – Zastanawiam się tylko, jaki rodzaj męczarni i kaźni byłby dla nich najbardziej odpowiedni; bowiem po wykonaniu wyroku zostaną potępieni".

10. Józef nie odważył się już nic odpowiedzieć, gdyż Cyreniusz wypowiedział te słowa z wielką powagą.

11. Po chwili padli na twarz przed Cyreniuszem trzej kapłani, prosząc go o zmiłowanie i przyrzekając, że zmienią swe życie i gotowi są wyzbyć się swych tytułów i stanowisk.

12. Usprawiedliwiali swoje postępowanie tym, że zmuszeni byli przestrzegać kapłańskiego prawa, które określało, jak mają postępować.

13. Ale Cyreniusz przerwał im mówiąc: „O, wy niegodziwcy, myślicie, że nie znam prawa, które obowiązuje kapłanów?!

14. Posłuchajcie zatem, co mówi wasze prawo o składaniu wyjątkowych ofiar: «Jeśli jakiś naród zdradzi rozmyślnie swoich bogów i zostaje nawiedzony za to wojną, głodem lub dżumą przez zagniewane bóstwa, to wtedy kapłani powinni wezwać naród do opamiętania i poprawy.

15. Jeżeli naród z pokorą usłucha napomnień kapłanów, to wtedy oni powinni go pobłogosławić i wezwać do składania ofiary dziękczynienia i pokuty; a wtedy należy składać w ofierze złoto, bydło i zboże. Te dary kapłani powinni poświęcić i złożyć na ołtarzu jako ofiary całopalenia!

16. A gdyby naród trwał przy swoich błędach i kpił z napomnień kapłanów, wtedy powinni przykazać, by schwytano nieposłusznych szyderców razem z ich żonami i dziećmi, i powinni ich trzymać w lochach pod ziemią przez siedem miesięcy, ćwicząc ich rózgami!

17. Jeżeli heretycy wyrażą skruchę, wtedy należy ich wypuścić na wolność. A jeżeli nie wyrażą skruchy, należy ich stracić mieczem, a potem dla wymazania winy przed bogami – wrzucić w płomienie!»

18. Czyż nie w ten właśnie sposób brzmi stare prawo ofiarowania? – Była tu wojna, głód, dżuma? – Czy odłączyła się ta piękna młodzież od Boga? – Otrzymali wcześniej naukę przez siedem miesięcy? – Nie!!! – Jedynie przez pychę, lubieżność i pożądliwość chcieliście ich uśmiercić; i dlatego musicie teraz umrzeć jako najbardziej karygodni złoczyńcy oraz zdrajcy swego własnego prawa!"

71

Józef próbuje załagodzić gniew Cyreniusza i przypomina mu o sądzie Pana. Ustępstwo Cyreniusza. Pozorny wyrok śmierci na krzyżu środkiem poprawy dla trzech kapłanów.

17 listopad 1843

1. A kiedy Cyreniusz zakończył swoją mowę, rzekł do niego Józef:

2. „Cyreniuszu, mój wielkoduszny przyjacielu i bracie! Sądzę, że chociaż ci trzej bałwochwalcy zasłużyli

na karę, to jednak pozostaw to Panu.

3. Bo przecież wiesz, że nie podoba się Panu Bogu Wszechmogącemu Nieba i Ziemi ten, kto wydaje wyrok nawet i na samego wielkiego przestępcę!

4. Dlatego pozostaw Wszechmogącemu tę sprawę, a On pobłogosławi cię za to, niechaj On ich osądzi i wymierzy im karę, o ile nie wyrażą skruchy i nie zmienią się!

5. Ale jeśli zajrzą w swoje wnętrze i z prawdziwej skruchy będą pragnęli odmienić się i powrócić do jedynie prawdziwego Boga, wtedy znajdą drogę, by stać się prawdziwie szlachetnymi ludźmi!"

6. Te oto słowa Józefa sprawiły, że Cyreniusz począł się zastanawiać, co właściwie uczynić powinien.

7. Po chwili zdecydował, aby tych trzech, w ramach surowej przestrogi, śmiertelnie przestraszyć.

8. Wtedy zwrócił się Cyreniusz do Józefa: „Mój najmilszy i najwierniejszy przyjacielu i bracie! Rozważyłem twoją prośbę i zastosuję się do niej!

9. Ale teraz nie mogę tego jeszcze zrobić! – Najpierw muszę wykonać to, co już postanowiłem; po uprzednim potępieniu, zostaną skazani na tortury i mękę!

10. A jeśli zniosą trwający dobę strach o życie, to ty staniesz oficjalnie przede mną i poprosisz mnie przed ludem na placu skazań o łaskę i o darowanie im kary śmierci;

11. a ja naturalnie wysłucham twej prośby i według porządku prawa podaruję tym trzem kreaturom życie!

12. Myślę, że tak będzie sprawiedliwie, albowiem od razu ich ułaskawić nie mogę, ponieważ to ja sam obwiniłem ich o dokonanie przestępstwa wobec ich prawa, którego powinni przestrzegać jako kapłani swojej wiary!

13. Według prawa podlegają zatem karze śmierci, lecz w wyjątkowych wypadkach może nastąpić przebaczenie ich występku i wyrok śmierci może zostać uchylony.

14. A teraz muszę spełnić mój obowiązek!"

15. Józef nie sprzeciwił się Cyreniuszowi, ten zaś zwołał od razu sędziów i urzędników państwowych, i powiedział:

16. „Przynieście tutaj trzy żelazne krzyże i łańcuchy; krzyże umocujcie w ziemi i przez dwadzieścia cztery godziny palcie wokół nich ogień!

17. Przez ten czas krzyże należycie się rozpalą, a kiedy przyjdę, to tych trzech złoczyńców na te rozpalone krzyże wciągnąć każę. Niech tak się stanie!"

18. Potem wziął Cyreniusz w ręce podaną mu buławę, przełamał ją i rzucił pod nogi kapłanom, mówiąc:

19. „Oto usłyszeliście wasz wyrok! Przygotujcie się do niego; na to bowiem zasłużyliście! Niechaj tak się stanie".

20. Wydany wyrok jak tysiąc błyskawic uderzył w tych trzech, zaczęli okropnie wyć i rozpaczać, wzywając na pomoc wszystkich swych bogów.

21. Zostali też natychmiast wzięci pod nadzór strażników, zaś urzędnicy prawa poszli do gmachu sądu, aby przygotować narzędzia kaźni, zgodnie z rozkazem Cyreniusza. Zaś Cyreniusz, Józef oraz Maroniusz udali się do domu.

72

Maria wątpi we wszechmoc Dzieciątka Jezus. Uspokajające opowiadanie Józefa. Dlaczego potężny Lew z Judei uciekł przed Herodem? Błogość zamordowanych dzieciątek. Dojrzałość Pilli.

18 listopad 1843

1. A gdy Cyreniusz z Józefem i Maroniuszem zbliżali się do zagrody, wyszła im naprzeciw Maria z Dzieciątkiem na ręku, pełna niepokoju, i zapytała Józefa:

2. „Mój Józefie, mój najukochańszy małżonku! Powiedz mi, co stało się ze zgromadzoną młodzieżą?!

3. Bo jeśli tutaj zwykły się zdarzać takie wstrząsy natury, którym towarzyszą równie potężne i okrutne obrzędy składania ludzkich ofiar, to nawet my nie możemy tutaj być pewni życia naszego Dziecka!

4. Nasze Dziecko ma wielką moc – ale pomimo to musieliśmy uciekać z Palestyny przed Herodem!

5. I dlatego wywnioskowałam, że na niektóre przypadki Dziecię ma jeszcze za mało mocy; i to my powinniśmy Je przed wielkimi niebezpieczeństwami ochraniać!"

6. Na to Józef odpowiedział Marii: „O, ty moja od Boga, samego Pana powierzona kobieto, nie obawiaj się niczego!

7. Wiedz, że ani włos z głowy nikomu z przeznaczonej na ofiarę młodzieży nie spadł!

8. Nasz kochany Cyreniusz uwolnił wszystkich, a tych trzech kapłanów, którzy już wczoraj szykowali się do rzezi młodzieży i prosili Cyreniusza o zezwolenie na ten haniebny czyn, teraz sam Cyreniusz przeznaczył na męczeńską śmierć na krzyżu!

9. Ale, mówiąc między nami, to tylko dla pozoru! Jutro rano, zamiast wykonania wyroku, zostaną ułaskawieni!

10. To będzie dla nich lekcja, ażeby nie wpadło im już kiedykolwiek do głowy podobne ofiary składać.

11. Dlatego, moja najukochańsza kobieto, nie martw się; Pan, który nas aż do teraz bezpiecznie prowadził, także i w przyszłości nie odda nas w ręce pogan!"

12. Te słowa uspokoiły Marię, a jej oblicze znowu się rozjaśniło.

13. A Dzieciątko uśmiechnęło się do Matki i powiedziało:

14. „Mario, jeżeli ktokolwiek poskromi lwa tak, że będzie mu służył na podobieństwo jucznego zwierzęcia, to powiedz:

15. czyż byłoby rzeczą chwalebną bać się płochliwego zająca, znajdując się na grzbiecie potężnego lwa?"

16. Maria zadziwiła się mądrością tych słów, jednakże sama nie zrozumiała w pełni ich głębi.

17. Dlatego Dzieciątko zwróciło się ponownie do Marii i z całą powagą powiedziało:

18. „To Ja jestem potężnym Lwem z pokolenia Judy, który niesie ciebie na Swoim grzbiecie. Jak możesz bać się tych, których Ja mogę rozwiać jak plewy jednym tchnieniem Moim?!

19. Czy myślisz, że uciekłem od Heroda, aby uchronić Siebie przed jego gniewem?

20. O, nie! Ja uciekłem, aby chronić jego; jeśli on bowiem ujrzałby oblicze Moje, byłoby już po nim na wieczność całą!

21. Wiedz jednak, że te dzieciątka, które ze względu na Moją osobę uduszone zostały, są już szczęśliwe w

Królestwie Moim i rozpoznały już we Mnie ich Pana wieczności!

22. Mario, tak oto mają się rzeczy. Dlatego i ty nie powinnaś się lękać, ale mieć wielką ufność w Mej osobie, co też i zwiastowanym ci było. Wszakże ty sama powinnaś wiedzieć, kim jest Ten, którego «Synem Bożym» nazywać powinnaś, i którego już tak nazwałaś!"

23. Te słowa wstrząsnęły Marią do samej głębi, gdyż teraz zrozumiała jasno, że nosi na swych rękach Pana.

24. Maroniusz, który znajdował się przy Marii, usłyszawszy te słowa padł na kolana przed Dzieciątkiem.

25. Cyreniusz dopiero teraz spostrzegł Marię, ponieważ przez jakiś czas zajęty był rozmową z jednym z towarzyszących mu sekretarzy.

26. Dlatego pośpieszył przywitać Dzieciątko i czule Je przytulić, a Ono powiedziało: „Cyreniuszu! Podnieś Maroniusza, bowiem został już wtajemniczony i ma prawo Mnie rozpoznać! – Pojmujesz, co chcę ci przez to powiedzieć?!"

73

Dekret Cyreniusza: odwołanie ćwiczeń wojskowych. Wymarsz do miasta i życzenie Dzieciątka korzystne dla trzech skazanych na ofiarę.

20 listopad 1843

1. Kiedy wszyscy doszli do zagrody, Cyreniusz wysłał swojego adiutanta do miasta, do naczelnika Ostracyny, i zakazał mu urządzania w najbliższych dniach wszelkich parad wojskowych i zbiorowych manifestacji.

2. Było bowiem zwyczajem Rzymian nie urządzać ich w czasie, kiedy miały miejsce nadzwyczajne zdarzenia, jak zaćmienie słońca albo księżyca, przechodzenie gwałtownych burz,

3. pojawianie się ognistych meteorów i komet; nagłe pojawienie się obłąkanego, czy epileptyka;

4. także w dniach „surowego sądu" – na podobieństwo tego gwałtownego huraganu, który właśnie nawiedził Ostracynę – Rzymianie żadnej pracy ani innych publicznych zajęć nie wykonywali.

5. Dni takie uważane były bowiem przez prostych Rzymian za dni pechowe albo dni szczególnie poświęcone bogom, które lud powinien uświęcać, a nie na własne potrzeby lub interesy używać.

6. Aczkolwiek Cyreniusz nie przestrzegał tych niedorzecznych zwyczajów, to jednak ze względu na szacunek do ludzi musiał się stosować do tych, które oni zwykli byli przestrzegać.

7. A kiedy adiutant odszedł, Cyreniusz rzekł do Józefa: „Szlachetny bracie i przyjacielu! Pozwól teraz podać śniadanie, a potem wszyscy razem udamy się do miasta i obejrzymy spustoszenia spowodowane przez nawałnicę!

8. Tam na pewno spotkamy wielu nieszczęsnych i cierpiących mieszkańców i postaramy się im pomóc.

9. Potem przejdziemy się do przystani i zobaczymy, w jakim stanie są statki i czy w czasie burzy nie zostały uszkodzone.

10. W mieście znajdzie się trochę

pracy dla twych synów, a ja ich zaraz zatrudnię jako nadzorców i kierowników, bo brakuje tam fachowców i majstrów budowlanych.

11. Bo Egipt w sztuce architektury nie jest już tym, czym był przed tysiącem lat, za panowania faraonów".

12. Józef spełnił życzenie Cyreniusza i polecił podać proste śniadanie; składało się ono z chleba, miodu, mleka i owoców.

13. Po spożyciu śniadania Cyreniusz podniósł się, a za nim wszyscy obecni, ażeby zgodnie z jego życzeniem wyruszyć do miasta.

14. Ale Dzieciątko zawołało Cyreniusza i powiedziało do niego: „Mój Cyreniuszu! Udajesz się do miasta, aby pomóc poszkodowanym mieszkańcom i twoim życzeniem jest, ażebym Ja był z tobą.

15. Ja też chcę z tobą pójść, ale musisz Mnie słuchać i Mojej rady przestrzegać!

16. Wiesz, że najwięcej cierpią ci trzej, których skazałeś na długą torturę w oczekiwaniu na egzekucję!

17. Lecz zrozum! – Ich cierpienie nie sprawia Mi żadnej przyjemności; dlatego idźmy zaraz do nich, aby tym nieszczęśliwcom pomóc!

18. Jeśli zgodzisz się na to, to idę z tobą; jeśli jednak nie zrobisz tego, to zostaję w domu! – Gdyż wiedz, że jestem Panem na Swój sposób i mogę czynić, co chcę, nie zważając na ciebie! Jeśli jednak pójdziesz za Moją radą, to możemy się trzymać razem!"

74

Cyreniusz postawiony na rozdrożu. Rada Dzieciątka. Maroniusz jako znawca rzymskiego prawa. Ułaskawienie trzech kapłanów na Placu Sądu, ich śmierć od nagłego szczęścia oraz ich ponowne ożywienie przez Dzieciątko Jezus.

21 listopad 1843

1. A gdy Cyreniusz usłyszał te słowa od stojącego ponad wszystkim „małego mówcy w kołysce", jak Go nazywał, zaniemówił i doprawdy nie wiedział, jak ma postąpić.

2. Gdyż z jednej strony widział siebie przed ludem jako niezdecydowanego zarządcę i skompromitowanego pana i władcę,

3. ale z drugiej strony miał wiele respektu dla poznanej mocy Dziecka!

4. Zamyślił się więc przez chwilę, a potem powiedział do siebie:

5. O Scyllo, o Charybdo[4], o micie Herkulesa na rozstajnych drogach!

6. Oto stoi bohater między dwiema przepaściami; odsunie się od jednej, wpadnie nieuchronnie w drugą!

7. Co mam zrobić? – Gdzie mam się zwrócić? – Mam jako chwiejny po raz pierwszy wystąpić przed ludem i wykonać wolę oto Tego wszechmocnego Dziecka?

8. Czy powinienem postąpić zgodnie z i tak już łagodnym moim postanowieniem?

9. Wtedy zwróciło się Dzieciątko do Cyreniusza i powiedziało uśmiechając się: „Mój kochany przyjacielu, znowu wymieszałeś puste jajka i puste orzechy!

10. Czym jest Scylla lub Charybda, i czym heros Herkules przy Mnie?! Chodź za Mną, a nie będziesz miał z tymi nic nie znaczącymi marnościami do czynienia!"

11. A Cyreniusz, ochłonąwszy ze

swego niezdecydowania, powiedział po chwili do Dziecka:

12. „Tak, Ty moje Życie, mój mały Sokratesie, Platonie i Arystotelesie w kolebce, Tobie chcę być posłuszny i niech się dzieje wola Twoja!

13. Pójdziemy na Plac Sądu, żeby tam nasz wyrok w ułaskawienie zamienić!"

14. W tym momencie zbliżył się do Cyreniusza Maroniusz i bardzo rzeczowo objaśnił:

15. „Cesarska, Konsularna Wysokości! – Zgadzam się całkowicie z propozycją Dziecka; gdyż właśnie teraz przypomniałem sobie, że w przypadku osądzenia kogoś z duchowieństwa na karę śmierci wymagane jest zatwierdzenie tego wyroku przez najwyższego kapłana w Rzymie, noszącego tytuł «Pontifex maximus[5]».

16. Poza tym ci trzej nie są przecież żadnymi buntownikami, a jedynie osobami błędnie wykonującymi swe obowiązki i źle interpretującymi swoje zakonne prawa.

17. Dlatego całkowicie popieram propozycję Dzieciątka; gdyż zaakceptowanie jej będzie dla ciebie korzystne i nie wyrządzi żadnej szkody twemu autorytetowi!"

18.Cyreniusza ucieszyła uwaga poczyniona przez Maroniusza i natychmiast wyruszył w drogę wraz ze wszystkimi, którzy mu zechcieli towarzyszyć.

19. A przybywszy na plac, znaleźli tam trzech kapłanów prawie nieżywych ze strachu w oczekiwaniu na męczeńską śmierć.

20. Tylko jeden z nich, nieco bardziej przytomny, podniósł się z trudem i stanął przed Cyreniuszem, prosząc o łagodniejszy rodzaj śmierci.

21. Na to Cyreniusz rzekł do niego i dwóch pozostałych: „Popatrzcie na to Dziecko, które Matka na swym ręku trzyma! Ono daje wam z powrotem życie, więc i ja je wam także daruję, odwołując wydany przeze mnie wyrok!

22. Podnieście się i odejdźcie stąd wolni! Fiat![6] – Także i straże, sędziowie i urzędnicy sądowi niech opuszczą to miejsce ze wszystkim! Fiat!"

23. Ale ten niespodziewany akt łaski spowodował, że trzej skazani na śmierć, a teraz ułaskawieni kapłani upadli nieżywi z wrażenia; a wtedy Dzieciątko wyciągnęło i podniosło nad nimi Swą rączkę, i z powrotem ożyli; wielce uradowani oddali pokłon Dzieciątku i podążyli za swoim wybawcą.

75

Wygląd miasta po huraganie. Dobroczynne skutki nawałnicy. Nierozsądny pomysł Cyreniusza, który chciał pozbyć się swojego miecza. Mądre słowa Dzieciątka o mieczu, który może służyć jako laska pasterska.

22 listopad 1843

1. Cyreniusz i wszyscy mu towarzyszący – także i trzej ułaskawieni kapłani – wyruszyli z Placu Sądu, udając się do miasta.

2. A kiedy całe towarzystwo doszło do wielkiego placu, gdzie kiedyś stała świątynia i pałac duchowieństwa, ujrzeli tam jedynie ogromne gruzowisko.

3. Widząc to, Cyreniusz złapał się rękami za głowę i krzyknął donośnym głosem:

4. „Jakżeś jest zmienione, miasto!

5. Nie potrzeba na to wiele czasu, tylko jedno skinienie Wszechmocnego i cała Ziemia może zostać w pył i w proch zmieniona!

6. O, ludzie! – Czy chcecie walczyć z Tym, który rozkazuje żywiołom?!

7. Chcecie być sędziami i panować nad tym, co podlega boskiej wszechmocy; czy zdajecie sobie sprawę, że możecie zostać poprzez Jego jedno tchnienie unicestwieni?!

8. Nie, nie! – Ja jestem bez rozumu, gdy noszę jeszcze miecz przy sobie, jakbym rzeczywiście posiadał jakąś moc!

9. Precz z tobą, nędzne narzędzie! Na stercie śmieci i gruzów jest dla ciebie najlepsze miejsce! – Moim prawdziwym mieczem powinieneś być Ty, Ty – którego na ręku nosi Twoja Matka!"

10. I tu Cyreniusz nagłym ruchem ściągnął z siebie galowy pas wraz z mieczem i chciał go precz wyrzucić.

11. Ale Dzieciątko na ręku Swej Matki, która stała obok Cyreniusza, powiedziało:

12. „Cyreniuszu! Nie czyń tego, co zamierzyłeś, gdyż doprawdy ten, kto o takim usposobieniu jak ty miecz nosi, nosi go słusznie!

13. Kto używa miecza jako broni do zabijania w złym celu, ten niechaj miecz wyrzuci;

14. ale ten, komu służy on jako laska pasterska, niechaj go zatrzyma, bowiem jest to wola Tego, któremu Niebo i Ziemia na całą wieczność posłuszne być muszą!

15. Ty jesteś pasterzem dla tych, którzy w księgach krain podlegających twej władzy są zapisani;

16. dlatego opasaj się z powrotem z właściwym honorem, ażeby podległy tobie lud rozpoznał, że jesteś ich pasterzem!

17. Składałoby się twe stado tylko z czystych jagniąt, wtedy nie potrzebowałbyś żadnego kija!

18. Ale jest pomiędzy nimi bardzo dużo kozłów; dlatego chętnie dołożyłbym ci jeszcze jedną laskę, nie zabierając tej, którą już masz!

19. Prawdą jest, że poza Bogiem nie ma żadnej Mocy, ale jeżeli Bóg wyposażył cię w Moc, wtedy też nie powinieneś jej odrzucać precz!"

20. Te słowa sprawiły, iż Cyreniusz ponownie założył na siebie pas wraz z mieczem, modląc się w sercu do Dzieciątka. Trzej kapłani zaś, obserwując to wszystko, przejęli się do głębi wielką mądrością Dzieciątka.

76

Trzej kapłani nie mogą wyjść z podziwu, widząc mądrość Dziecka i Józefa. Mitologia przedstawiona kapłanom przez Józefa.

24 listopad 1843

1. Z wielkim szacunkiem trzej kapłani zbliżyli się do Józefa i zapytali go, w jaki sposób Dziecko posiadło tak wielką mądrość i ile ono ma lat.

2. A Józef odpowiedział im: „Kochani przyjaciele, nie pytajcie zbyt wcześnie o to; gdyż przedwczesna odpowiedź mogłaby kosztować was życie!

3. Ale naśladujcie nas i pozwalajcie waszym bogom upaść; wierzcie mi – jest tylko jeden prawdziwy Bóg Nieba i Ziemi, i wierzcie, że tym jedynym Bogiem jest Ten Bóg, którego wielbi oraz czci w Jerozolimie lud

Izraela, a będziecie mogli poprzez głos wewnętrzny i z ust tego Dziecka dowiedzieć się, skąd ta Jego mądrość pochodzi!"

4. Trzej kapłani powiedzieli: „Człowieku, wypowiadasz niezwykłe słowa!

5. Czyżby wszyscy bogowie, nawet tacy jak nasi wielcy – Zeus, Apollo, Merkury, Wulkan, Pluton, Mars, Neptun, Juno i Minerwa, Wenus i inni byli tylko dziełem ludzkiej fantazji?"

6. Józef na to odrzekł: „Słuchajcie mnie, przyjaciele moi! Wszyscy wasi bogowie powstali dzięki wyobraźni waszych praojców, którzy jednak pomimo to wiedzieli o istnieniu jedynego Boga!

7. Ale oni byli nadzwyczajnymi poetami i śpiewakami na królewskich dworach tej krainy w tamtych dawnych czasach i przedstawiali w pieśniach dobre cechy i właściwości tego jedynego, prawdziwego Boga.

8. Dla nich Jupiter przedstawiał dobro i miłość Ojca Wieczności, Apollo był mądrością Ojca, a Minerwa odpowiednikiem władzy tej mądrości.

9. Merkury oznaczał wszechobecność tego jedynego Boga przez swą wszechmocną wolę.

10. Wenus przedstawiała wspaniałość i piękno, i wieczną, niezmienną młodość istoty boskiej.

11. Wulkan i Pluton byli odpowiednikami wszechmocy Boga ponad całą Ziemią.

12. Mars przedstawiał boską powagę oraz sąd i śmierć dla skazanych.

13. Neptun oznaczał działającego Ducha jedynego Boga we wszystkich odmętach wód, który przez nie ożywia tę Ziemię.

14. Tak Izyda jak i Ozyrys przedstawiają boską, nienaruszalną Świętość, którą jest boska miłość i mądrość na wieki wieków!

15. I w ten sposób wszyscy półbogowie przedstawiają nic innego, jak tylko przymioty charakteru tego jedynego Boga w różnych obrazach!

16. I to przedstawianie było wielce chwalebne; albowiem człowiek nie dowiadywał się o niczym innym, jak tylko o tych oto wszystkich cechach, przedstawiających tego jedynego Boga w przeróżnych rodzajach Jego oddziaływania.

17. Ale z czasem egoizm, samolubstwo i żądza władzy zaślepiły i zaćmiły ludzi.

18. Stracili oni Ducha i nie pozostało im nic, jak tylko zewnętrzna materia; i stali się poganami, a to oznacza, że stali się zupełnymi materialistami i utracili tego jedynego Boga; dlatego żywili się tymi zewnętrznymi, pustymi i niezrozumiałymi obrazami, podobnie jak psy, co o wilczym głodzie gryzą gołe kości, na których nie ma już żadnego mięsa! – Rozumiecie mnie?"

19. Słysząc to, ci trzej spojrzeli na siebie z wielkim zdumieniem i mówili: „Doprawdy, jesteś w sprawach naszej religii bardziej zorientowany, aniżeli my sami! Ale gdzie ty o tym wszystkim się dowiedziałeś?"

20. Na to Józef odpowiedział: „Trochę cierpliwości; Dziecko wam to powie! Dlatego podążajcie za nami i nie zawracajcie!"

77

Cyreniusz i trzej kapłani. Odkopywanie przysypanych. Cudowna pomoc Dzieciątka. Przywrócenie do życia odurzonych przewodników po katakumbach.

25 listopad 1843

1. Trzech kapłanów nie zapytało już Józefa o nic więcej, gdyż poznali, że jest człowiekiem głęboko wtajemniczonym w misteria Egiptu, co było udziałem niewielu wyższych kapłanów tej krainy.

2. Cyreniusz zwrócił się do kapłanów i zapytał ich, ile według nich zginęło tu ludzi.

3. Odpowiedzieli: „Dostojny namiestniku! Dokładnej liczby nie jesteśmy w stanie podać;

4. ale na pewno było ponad siedemset osób, które zostały pogrzebane, nie licząc wychowanków obojga płci!"

5. „Dobrze", powiedział Cyreniusz, „spróbujemy to dokładnie ustalić".

6. I zapytał Józefa, czy nie byłoby właściwą rzeczą odkopać tych zasypanych pod gruzami!

7. A Józef na to odpowiedział: „To nawet surowy obowiązek; albowiem w podziemiach mogą znajdować się jeszcze żywi wychowankowie i uratowanie ich jest świętym obowiązkiem!"

8. A kiedy to Cyreniusz usłyszał, polecił sprowadzić dwa tysiące robotników i kazał im natychmiast usuwać gruzy.

9. Po kilku godzinach pracy wydobyto zwłoki siedmiu ludzi, a byli to akurat przewodnicy katakumb.

10. Cyreniusz powiedział: „Doprawdy, akurat tych jest mi szczególnie żal; gdyż bez ich pomocy nie będziemy w stanie wiele uczynić w podziemnym labiryncie, gdzie jest tyle korytarzy bez końca!"

11. Ale Dzieciątko zwróciło się do niego: „Mój Cyreniuszu, w podziemiach nie znajdziesz nic dobrego,

12. albowiem od kilku stuleci nie są używane i wypełnia je szlam i mnóstwo wszelakiego rodzaju robactwa.

13. Tych siedmiu przewodników katakumb nosiło tylko takie tytuły; ale żaden z nich we wnętrzu tych katakumb nigdy jeszcze nie był.

14. A teraz patrz – ci przewodnicy nie są martwi, lecz tylko odurzeni, i dlatego mogą być przywróceni do życia.

15. Niech jakieś silne kobiety natrą im skronie, piersi i przeguby rąk i nóg, a przebudzą się z tego odurzenia!"

16. A Cyreniusz powiedział: „O Ty, moje życie! Gdybyś Ty ich dotknął, na pewno by się obudzili".

17. Ale Dzieciątko odpowiedziało: „Uczyń to, co ci doradziłem; gdyż nie mogę być ponad miarę czynny i nie chcę przynosić temu światu sądu zamiast błogosławieństwa!"

18. Cyreniusz nie zrozumiał słów wypowiedzianych przez Dzieciątko, ale zastosował się do Jego rady.

19. Polecił zaraz sprowadzić dziesięć silnych dziewic, które miały natrzeć ciała siedmiu przewodników.

20. Po kilku minutach nacierania obudziło się tych siedmiu i poczęli wypytywać otaczających ich ludzi, co się z nimi stało i co się tu dzieje.

21. Cyreniusz polecił zaraz zaprowadzić ich do dobrego schroniska; a lud zadziwiony tym przywróceniem życia oddał cześć i hołd tym dziesięciu dziewicom.

78

Praca dyktowana miłosierdziem. Pożyteczny sztorm. Przeczucie Cyreniusza. Odwiedziny w porcie.

27 listopad 1843

1. Potem zajęto się dalszym wydobywaniem ciał spod gruzów i Cyreniusz wydał rozkaz, żeby ciała, które nie są zmiażdżone, ułożyć twarzą do ziemi na wyścielonym matami placu;

2. a te bardziej uszkodzone od razu pochować na placu cmentarnym, jak było w zwyczaju, na głębokości ośmiu stóp, lub spalić.

3. Tych, którzy nie byli zbyt okaleczeni, powinno się poddać podobnym zabiegom, jakie zastosowano wobec przewodników katakumb, którzy zostali ożywieni.

4. A jeżeli ktoś z nich oprzytomnieje – natychmiast odprawić go do tej samej gospody, w której znajdowali się przewodnicy.

5. Po wydaniu zarządzenia Cyreniusz oddalił się wraz z wszystkimi, którzy mu towarzyszyli, i skierował się do innej części miasta, aby także i ją obejrzeć.

6. Ku swojemu zdziwieniu przekonał się, że ani jeden dom w tej dzielnicy nie ucierpiał;

7. ale nie było można dojrzeć nigdzie ani jednej świątyni, która nie obróciłaby się w rumowisko; w całym mieście ocalała tylko jedna świątynia, na której widniał napis: „Nieznanemu Bogu!"

8. Potem, kiedy całe towarzystwo w asyście ogromnego tłumu przewędrowało liczące pokaźną ilość mieszkańców miasto – bo liczyło ono osiemdziesiąt tysięcy mieszkańców – przywołał Cyreniusz do siebie Józefa i powiedział:

9. „Posłuchaj, mój najdostojniejszy przyjacielu i bracie! Muszę przyznać, że to niespotykane działanie sztormu i jego małe skutki tutaj wręcz budzą we mnie zabawne zdziwienie!

10. Popatrz na tę uliczkę, wzdłuż której stoją domy biedoty; ściany tych domów stanowią kamienie postawione w nieładzie, ułożone bez żadnej zaprawy murarskiej.

11. Zdawałoby się, że taka budowla może się rozsypać przy najmniejszym wstrząsie, spowodowanym nawet uderzeniami kopyt końskich!

12. Ale spójrz, stoją nienaruszone! I nawet jedna budowla nie została w żadnej części uszkodzona,

13. a tymczasem stojące między tymi budowlami solidnie zbudowane świątynie, które miały przetrwać tysiące lat, zostały zamienione w wielkie gruzowisko!

14. Co ty sądzisz o tym zadziwiającym zjawisku? Czyż nie rzuca się tu w oczy fakt, że zarówno trzęsienie ziemi jak i huragan działały tutaj w sposób zamierzony?!

15. Doprawdy! Muszę ci ku mojej wielkiej radości wyznać:

16. jeżeli twój Syneczek Swojego wszechmocnego paluszka między te świątynie, wespół z szalejącym sztormem, nie włożył – to niech ja nie będę Cyreniuszem!"

17. Na to odrzekł mu Józef: „Zachowaj to dla siebie i nie mów o tym nikomu – ale jest tak, jak mówisz!

18. A teraz udajmy się do portu, by zobaczyć, czy nie znajdzie się tam dla mnie jakaś praca". – A Cyreniusz poszedł za radą Józefa i udali się nad brzeg morza.

79

Niewielkie szkody wyrządzone w porcie przez sztorm. Powrót do domu. Maria w lektyce. Umyślna, okrężna droga do domu i jej przyczyna.

28 listopad 1843

1. Przyszedłszy na brzeg przystani, którą tworzył częściowo brzeg naturalny, a częściowo sztucznie zbudowany przez ludzi, Cyreniusz znów się zdziwił,

2. zobaczywszy, że nic nie zostało uszkodzone, z wyjątkiem tego, że na wspaniałym statku Cyreniusza zostały zniszczone wszystkie figury mitycznych bogów.

3. Wtedy Cyreniusz powiedział do Józefa: „Mój najdostojniejszy przyjacielu – w takiej sytuacji twoi synowie nie będą mieli zbyt wiele pracy.

4. Spójrz, żaden statek nie ucierpiał z powodu sztormu, oprócz tego, że – co mnie cieszy – wszystkie bożki z mojego okrętu musiały zakosztować wody morskiej,

5. z czego jestem bardzo rad i już z pewnością nie umieszczę żadnego z nich na moim pokładzie!

6. Twojemu Bogu niech będzie za to cześć i chwała!

7. A twoich synów zatrudnię, żeby przeprowadzili drobne reperacje, ale wynagrodzeni zostaną tak, jakby wykonali większą pracę!"

8. Józef odpowiedział Cyreniuszowi: „Przyjacielu i bracie, nie kłopocz się zbytnio o zarobek mych dzieci!

9. Nie ze względu na zarobek chciałem ci towarzyszyć wraz z synami, ale żeby w razie potrzeby być ci pomocnym. Lecz tobie pomógł sam Pan i tak jest lepiej, dlatego możesz z mojej pomocy zrezygnować.

10. Myślę, że wszystko co ważniejsze już obejrzeliśmy i jest już dość późno, wypada nam teraz pomyśleć o powrocie do domu, a idąc, zastanowimy się, co powinniśmy jeszcze obejrzeć jutro".

11. Cyreniusz odrzekł: „Ja też tak myślę, a szkoda mi też utrudzonej Matki Dzieciątka, dlatego wracajmy jak najszybciej do domu.

12. Rozkażę też przynieść lektykę, aby ją wraz z Dzieciątkiem zanieśli do domu!"

13. A Dzieciątko od razu po tych słowach powiedziało do Cyreniusza:

14. „Tak, zrób to, bo Matka jest już zmęczona noszonym ciężarem.

15. Ale nie przechodź w drodze powrotnej koło placu kapłańskiego.

16. Bo gdybym był wraz z Matką przenoszony tam, gdzie na matach leżą ciała stu przysypanych,

17. wtedy wszyscy zostaliby nagle ożywieni, a to byłoby przyczyną sądu, który spowodowałby bardzo złe następstwa!

18. A tak będą przy ludzkiej pomocy i dzięki Mojemu tajemnemu działaniu w ciągu nocy przywróceni życiu!

19. A przez to uniknie się podejrzenia, że był to cud, a wtedy ty i cały lud zostaniecie ocaleni przed uśmiercającym na wieczność sądem Ducha!"

20. Cyreniusz zastosował się dokładnie do tej rady i cieszył się skrycie w sercu, tymczasem lektyka została przyniesiona, a Maria usadowiła się w niej wraz z Dzieciątkiem.

21. Cyreniusz wybrał inną drogę, którą udało się całe towarzystwo razem z trzema kapłanami, i wszyscy dotarli szybko do willi Józefa.

80

Rola Józefa jako gospodarza domu. Radość Dzieciątka z obecności Jakuba. „Kto się czubi ten się lubi!" Szczęśliwa i godna pozazdroszczenia misja Jakuba.

29 listopad 1843

1. Po przybyciu do domu Józef poszedł do swoich synów, którzy byli zajęci przygotowaniem obiadu i rzekł do nich:

2. „To dobrze, moje dzieci, że wyprzedziliście moje życzenie, ale dzisiaj mamy trzech gości: są to ci trzej kapłani, którzy byli szykowani na stracenie.

3. Pragniemy ich dobrze przyjąć, żeby stali się naszymi przyjaciółmi w dziele rozpoznania naszego Ojca w niebie,

4. który wybrał nas na Swoje dzieci przez Przymierze, które z naszymi Ojcami zawarł!

5. A ty Jakubie idź zaraz do Matki, gdyż ona jest zmęczona, i weź od niej nasze kochane Dzieciątko;

6. trzeba Je położyć do kołyski, bo bardzo się zmęczyło".

7. Jakub pobiegł naprzeciw Marii, która dopiero co wysiadła z lektyki, i z wielką miłością i radością wziął Dzieciątko z jej rąk.

8. A Dzieciątko na widok Jakuba również się wielce uradowało. Podnosiło się na jego rękach i śmiejąc się radośnie, pociągało i szczypało go, gdzie tylko Swoimi rączkami złapać mogło.

9. Trzej kapłani, którzy mieli przed Dzieciątkiem wielki respekt, dziwili się temu wszystkiemu, ale też radowali się w swoich sercach, widząc Jego prawdziwie dziecięce zachowanie.

10. Jeden z nich podszedł do Jakuba i zapytał go w hebrajskim języku:

11. „Powiedz mi, czy to cudowne Dzieciątko, jeśli mogę Je tak nazwać, jest zawsze takie wesołe, psoci oraz zbytkuje, jak to robią zazwyczaj małe dzieci?"

12. Ale Dzieciątko samo odpowiedziało:

13. „Tak, tak, Mój przyjacielu! – Tych, których kocham, tych tarmoszę i szczypię, i troszkę im dokuczam; lecz to zdarza się tylko tym, którzy Mnie tak jak Mój Jakub kochają!

14. Ale nie krzywdzę nikogo! – Prawda, Mój kochany Jakubie, to cię nie boli, gdy Ja cię szczypię i tarmoszę?"

15. A Jakub, do łez wzruszony, odpowiedział: „O, Ty mój boski, ukochany Braciszku, jakże mógłbyś mi krzywdę uczynić?!"

16. A Dzieciątko odpowiedziało Jakubowi: „Jakubie, Mój bracie, ty kochasz Mnie prawdziwie!

17. Ale Ja też ciebie kocham tak, że ty tego nigdy pojąć nie będziesz w stanie!

18. Spójrz, Mój kochany bracie Jakubie, niebiosa są obszerne i nieskończenie wielkie; mieszczą one wiele świetlanych światów, tak jak ziemia lśni kroplami rosy!

19. A w tych światach mieszkają niezliczone szczęśliwe istoty twojego rodzaju; ale wśród nich nikt nie jest tak szczęśliwy jak ty teraz; z biegiem czasu to zrozumiesz! A spać nie mogę, kiedy ludzie wokół Mnie czuwają. Chcę pozostać przy tobie!"

20. Na te słowa Jakub rozczulił się w sercu swoim i w jego oczach pojawiły się łzy radości; zaś pytający Jakuba kapłan upadł na ziemię w

geście wielkiego szacunku i najwyższego poważania dla Dziecka.

81

Życzenie Cyreniusza, aby święte Dzieciątko także jego dopuściło do krotochwil. Odpowiedź Dzieciątka. Zwiastowanie dotyczące Rzymu. Napomnienie Marii, aby zachować w sercu niezrozumiałe słowa Dziecięcia.

1 grudzień 1843

1. Cyreniusz także usłyszał słowa Dzieciątka, podszedł do Niego i z miłością zapytał:

2. „Życie moje! To znaczy, że Ty kochasz mnie mniej, bo kiedy trzymałem Cię na ręku, to nigdy mnie nie targałeś i nie szczypałeś!"

3. Ale Dzieciątko odpowiedziało: „O, Cyreniuszu! Nie przejmuj się tym; albowiem pomyśl, wszystkie nieprzyjemności, których z Mego powodu doświadczyłeś, były niczym innym, jak tylko takim szczypaniem i szarpaniem, albowiem Ja i ciebie bardzo kocham!

4. Rozumiesz, co ci powiedziałem?

5. Ale wiedz, że będę cię jeszcze częściej szczypać i tarmosić – i będę w wielkiej miłości do ciebie bardzo nieznośny!

6. Ale ty nie powinieneś się z tego powodu niczego obawiać, bo nic złego ci się nie stanie – tak jak dotychczas; czy Mnie rozumiesz, Mój drogi Cyreniuszu?"

7. Cyreniusz, pełen głębokich uczuć w sercu dla Dzieciątka, odpowiedział wzruszony:

8. „Tak, tak, moje Życie! Rozumiem Cię doskonale i wiem, że powiedziałeś mi coś ważnego!

9. Lecz pomimo wszystko chciałbym, ażebyś choć raz potargał i poszturchał mnie tak, jak czynisz to ze Swoim bratem!"

10. A Dzieciątko odpowiedziało: „O, Mój kochany przyjacielu, nie bądź bardziej dziecinny niż Ja!

11. Myślisz, że tak czyniąc, będę cię bardziej kochać?

12. Widzisz, mylisz się, ponieważ jest niemożliwym, abym cię bardziej kochał, aniżeli cię teraz kocham!

13. Doprawdy, ty też nie będziesz w stanie nigdy w pełni poznać i pojąć ogromu i siły Mej miłości do ciebie!

14. Słuchaj, nie upłynie nawet sto lat, kiedy Rzym w Moją twierdzę niejednokrotnie się przemieni!

15. Choć dziś jest jeszcze nie ten czas, ale wierz Mi, ty już stoisz na progu, poprzez który wkrótce liczni przejdą!

16. Zrozum! – Ale nie cieleśnie, lecz duchowo w Moim przyszłym królestwie na wieki wieków".

17. Te słowa Dziecka wywołały u wszystkich obecnych wielkie poruszenie, zaś Cyreniusz w ogóle nie wiedział, co o tym myśleć.

18. Zwrócił się zatem do stojącej obok Marii i zapytał ją, o czym boskie Dzieciątko mówiło?

19. Maria zaś odrzekła: „O, przyjacielu, gdyby Dziecko to było zwykłym ludzkim dzieckiem, to byśmy Je rozumieli.

20. Ale Ono jest wyższego rodzaju i dlatego też nie rozumiemy Go! Zatrzymajmy jednak w sobie wszystkie Jego słowa; przyszłość ujawni nam wszystko w prawdziwym świetle!"

82

Cyreniusz pyta Józefa i otrzymuje odpowiedź dotyczącą Izydy. Trafne wyjaśnienia Maroniusza. Spożycie posiłku. Głęboki szacunek okazany przez trzech kapłanów.

1 grudzień 1843

1. Tu wyszedł znowu Józef z domu i zaprosił całe towarzystwo do przygotowanego już posiłku.

2. Ale Cyreniusz, pełen wielkich, krzyżujących się myśli, zawołał do siebie Józefa i opowiedział mu o tym, co mówiło Dzieciątko i co odpowiedziała zapytana przez niego Maria,

3. i poprosił Józefa, aby wyjaśnił mu zaraz, co oznaczały wypowiedziane przez Dzieciątko słowa.

4. Na to odpowiedział Józef mocno poruszonemu Cyreniuszowi:

5. „O przyjacielu i bracie, czyż nie jest ci znane opowiadanie o człowieku, który chciał podnieść zasłonę Izydy?"

6. Cyreniusz, zdziwiony tym pytaniem, odpowiedział:

7. „O, dostojny przyjacielu: ten mit jest dobrze znany; ów biedny człowiek zginął! Ale co przez to chcesz mi powiedzieć i jaki to ma związek z moim pytaniem?"

8. Józef odpowiedział Cyreniuszowi: „Ukochany przyjacielu, nic innego jak tylko to, że tu jest ktoś więcej niż Izyda!

9. Dlatego zastosuj się do rady mej kobiety, a dobrze na tym wyjdziesz!"

10. Przysłuchiwał się temu Maroniusz Pilla i wtrącił swoje zdanie:

11. „Konsulu Cesarskiej Wysokości! Jestem w tych sprawach wprawdzie jeszcze bardzo nieświadomy, lecz wydaje mi się, że tego mądrego człowieka zrozumiałem!"

12. A Cyreniusz odpowiedział mu: „Szczęśliwy jesteś, jeżeli masz takie przekonanie!

13. Ale ja jeszcze tym się chlubić nie mogę!

14. Mój rozum nie jest w swym funkcjonowaniu przytępiony, ale w rozwiązaniu tej sprawy odmawia mi posłuszeństwa!"

15. A Maroniusz odpowiedział: „Ja zrozumiałem tę sprawę tak: nie sięgaj rzeczy zbyt dalekich, bo za krótka jest twoja ręka!

16. Byłoby wprawdzie rzeczą zacną być szczęśliwym Faetonem, synem greckiego boga słońca – Heliosa,

17. cóż jednak może uczynić słaby i śmiertelny człowiek, jeżeli słońce zbyt wysoko ponad nim swoją drogę wytyczyło?!

18. On musi się tylko jego światłem zadowolić, a chwałę i siłę pozostawić istotom, które zostały obdarzone wyższymi zdolnościami aniżeli słaby i śmiertelny człowiek!

19. A jak długa jest niewidzialna ręka Dziecka, o tym przekonaliśmy się w dniu wczorajszym!

20. Powiedz, Konsulu Cesarskiej Wysokości! Czy nie zrozumiałem dobrze tego, co ten mądry człowiek powiedział?!"

21. A Cyreniusz przyznał rację Maroniuszowi i uspokojony w swoim sercu udał się z Józefem do jego domu, aby spożyć posiłek.

22. Ale tych trzech kapłanów nie miało odwagi, aby otworzyć swoje oczy; gdyż myśleli, że Dziecko to jest Zeusem lub nawet samym Fatum.

83

Zaślepienie, bojaźliwość i myśl o ucieczce trzech bałwochwalców. Mądre reguły postępowania przekazane Józefowi i Cyreniuszowi przez Dzieciątko Jezus.

2 grudzień 1843

1. Po posiłku, kiedy wszyscy wstali od stołu, do Józefa podszedł jeden z kapłanów i z największą skromnością zapytał go:

2. „Uranusie albo przynajmniej Saturnusie, który jesteś ojcem Zeusa! Gdyż ty nim jesteś, chociaż boskość twoją dotąd przed nami usiłowałeś ukryć,

3. a uczyniłeś to po to, aby wypróbować, czy my cię rozpoznamy, czy też nie.

4. Tylko przez krótki czas nie mogliśmy cię rozpoznać, dlatego prosimy cię o wybaczenie nam naszej ślepoty.

5. Mowa twego Dziecka otworzyła nam oczy, przelała na nas światło, i teraz wiemy dokładnie, gdzie się znajdujemy.

6. O, ukaż nam łaskę i uszczęśliw nas tym, co nam powiesz; czego sobie życzysz, byśmy przynieśli w ofierze tobie i twojej małżonce, a także twojemu Dzieciątku, które na pewno przez twoją wszechmoc odmłodzonym jest Zeusem?!"

7. Józef zdziwił się tą nagłą zmianą nastawienia kapłanów w stosunku do jego osoby, gdyż już wcześniej, gdy szli przez miasto, wyjaśniał im przyczynę błędu pogaństwa, i to w jasny i przystępny sposób.

8. Dlatego zastanawiał się, co im powinien powiedzieć. – Ale oto Dzieciątko zapragnęło iść na ręce do Józefa;

9. A kiedy on Je wziął na swoje ręce, zaraz mu podpowiedziało:

10. „Zostaw tych biednych i nie gań ich; gdyż są niewidomi i śpią, i śnią!

11. Ale zatrzymaj ich przez kilka dni tutaj, a Moi bracia obudzą ich ze snu! Kiedy będą widzieć, w jaki sposób wy do Boga się modlicie, wtedy sami porzucą swojego Uranusa, Saturnusa i Zeusa!

12. Te słowa uspokoiły Józefa, więc zaproponował trzem kapłanom, żeby pozostali w domu, dopóki nie ułożą swego życia i nie znajdą dla siebie jakiejś pracy.

13. A ci trzej kapłani, pełni bardzo głębokiego szacunku i czci, nie mieli odwagi, by odmówić tej propozycji, gdyż doprawdy nie wiedzieli, co się z nimi stanie.

14. W końcu propozycję przyjęli, mamrocząc jednak z cicha między sobą:

15. „Ach! Gdyby tak było możliwe uciec stąd i schronić się w jakimś zakątku Ziemi, to bylibyśmy szczęśliwi!

16. A tak musimy tu pozostać przed obliczem objawionych nam głównych bogów. O, jakaż to męka dla nas, nędznych stworzeń!"

17. Cyreniusz zauważył, że mamroczą, podszedł do nich i chciał się włączyć do ich rozmowy.

18. Lecz Dzieciątko powiedziało: „Mój Cyreniuszu, pozostań tu, wiem bowiem, co w nich się dzieje.

19. Ich plan to owoc ciemności i nierozumnego strachu; nie myślą o niczym innym jak jedynie o ucieczce przed nami do jak najbardziej oddalonego zakątka Ziemi.

20. To wszystko; i dlatego nie musisz się unosić!"

21. Pozostaw w tym domu sądy w Moich rękach i bądź pewien, że nikomu nic złego się nie stanie!"

22. Cyreniusz, zadowolony z takiego zakończenia sprawy, udał się z Józefem zaczerpnąć świeżego powietrza; a trzej kapłani udali się do przeznaczonego dla nich pomieszczenia.

84

Legenda o powstaniu Ostracyny. Kłopot Cyreniusza z pogańską świątynią.

4 grudzień 1843

1. Wyszedłszy z domu, wdychając świeże powietrze, Józef i Cyreniusz zajęli się omawianiem różnych drobnych, bieżących spraw, tymczasem w domu Maria zajęła się Dzieciątkiem.

2. A synowie Józefa zajęci byli porządkowaniem domu, w czym pomagali im też słudzy Cyreniusza.

3. Podczas rozmowy Józefa z Cyreniuszem, którym towarzyszył też Maroniusz Pilla, a dotyczącej mniej ważnych spraw, doszło do wymiany zdań w jednej ważnej kwestii; kiedy Cyreniusz powiedział:

4. „Dostojny przyjacielu i bracie! Spójrz, miasto i cały duży rejon wokół niego liczy dobre osiemdziesiąt tysięcy mieszkańców!

5. Wśród nich jest bardzo niewielu o tak głębokiej wierze i religii, jaką ty posiadasz.

6. Ogół wyznaje i praktykuje od tysięcy lat bałwochwalstwo.

7. Wszystkie świątynie w tym starożytnym mieście zgodnie z legendą nakazał zbudować Zeus na znak zwycięstwa nad ziemskimi Tytanami; a całe miasto powstało jakoby tylko dzięki walce bogów z Gigantami.

8. Legenda mówi, że Merkury zebrał wszystkie kości poległych Tytanów i kazał zatopić je w morzu; i to było zaczątkiem istnienia tej krainy.

9. Potem przez cały miesiąc Zeus zsyłał na te kości deszcze, piasek i popiół, i duże kamienie.

10. Potem zlecił Zeus starej Ceres[7], aby uczyniła tę krainę płodną i urodzajną, a także nakazał, by niedaleko morza wybudowano zamek jako hołd dla wielkiego zwycięzcy.

11. A Zeus sam stworzył z ziemi naród, który po wszystkie czasy tę oto krainę i to miasto zamieszkiwać będzie.

12. Z mojego wyjaśnienia możesz łatwo wywnioskować, że właśnie ten lud, jak żaden inny na tej Ziemi, jest w pełni przekonany, że zamieszkuje miasto, które sami bogowie mu zbudowali;

13. z tego też względu widzisz wokoło tyle zniszczonych domów, bowiem żaden człowiek nie ma prawa poprawiać ani zmieniać tego, co pierwotnie zbudowane zostało, bo byłoby to wielkim grzechem przeciw bogom, którzy to miasto zbudowali.

14. Oprócz tego legenda też głosi, że stara Ceres zbudowała świątynię, przy pomocy Merkurego oraz Apolla, swoimi własnymi rękami.

15. Jest to mit, legenda, a zarazem głęboka wiara tych łagodnych i dobrodusznych ludzi, którzy pomimo swojego ubóstwa są bardzo gościnni i wyjątkowo uczciwi.

16. Co uczynimy, kiedy lud zażąda

teraz odbudowy zniszczonych świątyń?

17. Czy powinno się te świątynie odbudować czy też nie, a może należy ich nawrócić na twoją wiarę?

18. A jeśli tak się stanie, cóż powiedzą na to okoliczne ludy, które też nierzadko to miasto odwiedzają, a teraz zobaczą je jako jeszcze większą ruinę?!"

85

Józef radzi zawierzenie Bogu i przepowiada koniec Ostracyny.

4 grudzień 1843

1. I mówił dalej Cyreniusz: „O przyjacielu, doprawdy, twoja dobra rada będzie bardzo cenna!

2. Jeżeli masz w żywej skarbnicy swojej prawdziwej boskiej mądrości poradę na to, to daj mi ją!

3. Gdyż doprawdy, im więcej o tej sprawie rozmyślam, tym gorzej ona wygląda i tym więcej wydaje mi się być zawikłaną!"

4. A Józef powiedział Cyreniuszowi: „Posłuchaj mnie, szlachetny przyjacielu! Mogę z łatwością ci pomóc znaleźć wyjście z tego kłopotu!

5. Dlatego chcę ci dać radę, co powinieneś czynić w takich przypadkach.

6. Jeżeli ty, podobnie do mnie, masz żywą wiarę i kochasz jedynego prawdziwego Boga i czcisz Go,

7. to mówię ci: dopóki ty sam siebie zamęczasz takimi myślami, dopóty Bóg dla ciebie nic nie zrobi!

8. Ale jeżeli wszystkie twoje zmartwienia i kłopoty przedłożysz Jemu i nie będziesz o niczym innym myśleć, jak tylko o tym, jak można Go bardziej pokochać, i będziesz do tego dążyć,

9. wtedy On będzie ci we wszystkim pomagać, a wszystko, co zdaje się tobie dzisiaj krzywym, On jutro przed tobą wyprostuje!

10. Dlatego rozkaż, aby oczyszczono z gruzów i zgliszczy tylko te miejsca, gdzie mogą znajdować się jeszcze zasypani ludzie.

11. A wszystkie świątynie, pod których gruzami nie ma niczego poza zupełnie zniszczonymi figurami bożków, pozostaw jako leżące ruiny!

12. Albowiem wszystko, co zostało przez żywioł zniszczone, w oczach tego ciemnego ludu zostało zniszczone przez bogów.

13. Dlatego też zapewne nie będą się oni w ogóle troszczyć o odbudowę tych świątyń,

14. bo to – według ich wierzeń – znaczyłoby działać przeciwko woli bogów i mogłoby na nich ściągnąć nową karę.

15. Kapłanów, którzy mogliby przekonać lud, że otrzymali nakaz od bogów, aby odbudować miasto własnymi środkami, już obecnie nie ma.

16. A ci trzej, którzy jeszcze tutaj są, nie będą nigdy świątyń dla bożków budować.

17. Dlatego nie martw się! Pan Ziemi zrobi to, co jest najlepsze dla ciebie i dla tego ludu.

18. W obecnym czasie wiele innych miast spotyka podobny los, więc nie będzie nikogo dziwić, jeśli to stare miasto za dziesięć lat zupełnie ruiną się stanie!"

19. Te oto słowa uspokoiły Cyreniusza i wrócił wraz z Józefem w doskonałym nastroju do domu.

86

Powrót Cyreniusza ze służbą do Ostracyny. Maria się modli. Niosące pociechę słowa Józefa.

5 grudzień 1843

1. A gdy w domu zasiedli w jadalni, Cyreniusz powiedział do Józefa: „Kochany przyjacielu, ty moje wszystko, w tej chwili przyszła mi do głowy dobra myśl!

2. Jak sądzisz, czy nie będzie najlepiej o tej sprawie, którą rozważaliśmy,

3. z tymi trzema kapłanami porozmawiać i zapytać, jakie byłoby ich zdanie?"

4. Józef na to odpowiedział: „Więc moja rada ci nie wystarcza – ty jesteś tu panem i możesz czynić wszystko, co da ci uspokojenie,

5. chociaż według mego zdania za wiele nie uda nam się z nimi uzgodnić, dopóki mnie za Uranusa lub Saturna, a Dzieciątko za Zeusa uznawać będą!

6. A jeżeli ty zwrócisz się do nich z zapytaniem, to nic ci nie odpowiedzą, lecz każą zwrócić się do mnie albo do Dzieciątka!"

7. Kiedy Cyreniusz to od Józefa usłyszał, odstąpił od realizacji swojego pomysłu i powiedział:

8. „Teraz wszystko stało się jasnym, mój umysł jest już w pełni uspokojony i mogę najbliższy czas poświęcić sprawom państwowym.

9. Nastaje wieczór, dlatego też czas, bym wyruszył do miasta wraz z moją służbą!

10. Jutro po południu znów tu przyjdę, a gdybym potrzebował od ciebie jakiejś pilnej rady, to poproszę cię, byś jeszcze przed południem do mnie przybył!"

11. I pobłogosławił Józef Cyreniusza i Maroniusza, zaś Cyreniusz zbliżył się do kołyski i delikatnie pocałował śpiące Dzieciątko;

12. po czym wyprostował się wzruszony i udał się do swoich zajęć.

13. Oddalając się, oglądał się wciąż na dom Józefa, który dla niego znaczył więcej aniżeli wszystkie skarby tego świata.

14. A Józef także posyłał Cyreniuszowi błogosławieństwo za błogosławieństwem, dopóki mógł jeszcze dojrzeć Cyreniusza i jego gromadkę.

15. Kiedy Cyreniusz i jego orszak zniknęli z oczu, Józef wrócił do domu i poszedł do Marii, która jak zwykle o tym czasie pogrążona była w głębokiej modlitwie.

16. A kiedy tylko Maria zauważyła Józefa obok siebie, podniosła się i powiedziała: „Kochany małżonku, doprawdy dzień ten odmienił mnie zupełnie! – Ten świat, ten świat! – On nie przynosi ludziom żadnego pożytku!"

17. A Józef na to: „Moja najwierniejsza kobieto, masz rację; lecz ja myślę: dopóki Pan jest z nami, nie stracimy nic na tym świecie! Dlatego bądź dobrej myśli; rano wzejdzie nam to stare słońce na nowo! Panu samemu niechaj będzie cześć i chwała! Amen".

Maria jako wzór kobiecej pokory. Pochwalne i dziękczynne pieśni Józefa i jego synów. Dobry wpływ na trzech bałwochwalców.

6 grudzień 1843

1. Maria, która na ogół mówiła niewiele, a oprócz tego nie miała nawyku – tak jak większość kobiet – aby mieć zawsze ostatnie słowo, zadowoliła się w swoim sercu prostym i skromnym pocieszeniem ze strony Józefa.

2. Udała się po tym na spoczynek, a Józef w sercu polecił ją opiece Pana.

3. Józef udał się do swoich synów i rzekł do nich: „Dzieci, jest wspaniały wieczór; chodźmy trochę na powietrze!

4. Zaśpiewamy tam w wielkiej Bożej Świątyni pieśń pochwalną Panu, dziękując Mu za Jego nieskończoną szczodrość i dobroć, którymi On naszych Ojców od początku świata obdarzał!"

5. Synowie Józefa na wezwanie ojca zaraz powstali i udali się za nim.

6. A on ich zaprowadził na niewielkie wzgórze, odległe od ich domu o jakieś sto kroków, ale należące jeszcze do gospodarstwa Józefa; było ono wysokie na dwadzieścia klaftrów[8].

7. To poruszenie w domu zauważyli trzej kapłani i pomyśleli, że bogowie udają się dzisiejszej nocy na Olimp, aby tam odbyć wspólną naradę.

8. Dlatego również wyszli z domu i udali się ukradkiem w ślad za Józefem.

9. Przybywszy pod wzgórze, skryci za gęsto ulistnionymi gałęziami drzewa figowego, nasłuchiwali, nad czym będą radzić bogowie Olimpu.

10. Jakież wielkie było jednak ich zdziwienie, kiedy domniemani przez nich najważniejsi bogowie z panteonu sami poczęli się modlić i wychwalać jakiegoś Boga.

11. Ale największe wrażenie wywarły na nich słowa z psalmu Dawida:

12. „Panie Boże, Tyś był ostoją naszą z pokolenia na pokolenie! Zanim góry powstały, zanim stworzyłeś Ziemię i Świat, Tyś jest Bogiem od wieczności do wieczności!

13. Ty, Który pozwalasz ludziom umrzeć i mówisz: «Wracajcie znowu, ludzkie dzieci!»

14. Gdyż tysiąc lat przed oczami Twoimi jest jak jeden dzień i straż nocna!

15. Ty zostawiasz ich płynących jak prąd, a oni są jak sen; i podobni do trawy, która zwiędła,

16. która wpierw kwitnie, a potem więdnie i wieczorem ściętą będzie, i potem uschnie.

17. Twój gniew sprawia, że musimy przemijać, a Twoja złość, że tak niespodziewanie musimy stąd odchodzić!

18. Tam, gdzie nasze karygodne czyny stawiasz przed Sobą i nasze nierozpoznane grzechy w to światło przed Twoim Obliczem!

19. Dlatego przez Twój gniew przemijają wszystkie nasze dni szybko jak westchnienie, a lata nasze jak krótka pogawędka.

20. Życie nasze trwa lat siedemdziesiąt, a jeśli komu sił starcza, to osiemdziesiąt, i jeżeli nawet piękne było, to kosztowało wiele pracy i mozołu,

a przeleciało szybko, jakbyśmy frunęli!

21. Któż jednak wierzy w moc gniewu Twego i kto się boi Ciebie w uniesieniu Twoim?

22. Naucz nas, żebyśmy przemyśleli, że umierać musimy – abyśmy mądrzejszymi się stali.

23. Panie, obróć do nas znowu Oblicze Swoje i zmiłuj się nad sługami Swymi!

24. Napełnij nas o poranku łaską Swoją, abyśmy mogli Cię wychwalać i radować się przez wszystkie dni życia naszego.

25. Rozwesel nas za dni przeszłych utrapień, za lata, w których doznaliśmy niedoli!

26. Ukaż sługom Swoim dzieła Twe i chwałę Swoją dzieciom Swoim!

27. O Ty, Panie i Boże nasz, bądź dla nas łaskawy i wspieraj dzieło rąk naszych".

28. A kiedy ci trzej posłuchali ich śpiewu, powrócili do swojego pomieszczenia.

29. I jeden z nich do pozostałych dwóch powiedział: „Doprawdy, oni nie są wcale bogami, jeśli modlą się sami do jednego Boga, w ten sposób uznają też i Jego gniew nad sobą!"

30. A drugi z nich rzekł: „To byłoby w gruncie rzeczy niczym; ale słowa ich modlitwy dotyczyły akurat nas, to jest najbardziej niezwykłe, w tym leży właśnie sedno sprawy!

31. Lecz teraz cisza! Modlący się wracają z powrotem! Jutro głębiej wnikniemy we wszystko, co usłyszeliśmy i zbadamy tę sprawę; a teraz zamilknijmy, bo idą!"

88

Złote godziny poranne. Józef i jego synowie na polu przy pracy. Śmierć Joela ukąszonego przez jadowitego węża. Powrót i przerażenie w domu. Pocieszające słowa Dzieciątka. Przywrócenie Joela do życia.

7 grudzień 1843

1. Przyszedłszy do domu, Józef nakazał synom dokończyć ich obowiązki i udać się na spoczynek.

2. A on sam, będąc bardzo zmęczonym, udał się na spoczynek niezwłocznie.

3. Tak zakończył się dzień bogaty w różne wydarzenia.

4. W następnym dniu był Józef, tak jak zazwyczaj, na długo przed świtaniem na nogach, potem obudził swoich synów do pracy.

5. Józef powiedział: „Złotem jest godzina poranka; co w tym czasie zrobimy, jest bardziej pobłogosławione aniżeli nasz trud w ciągu całego dnia!

6. I poszedł z czwórką synów uprawiać pole, a Jakub pozostał z Dzieciątkiem.

7. Najstarszy syn był najpilniejszy i starał się w pracy prześcignąć pozostałych trzech.

8. Lecz wyobraźcie sobie, przekopując łopatą ziemię, podniósł nagle bardzo jadowitego węża z ziemi!

9. Wąż ten poruszał się szybko i ukąsił go w nogę.

10. Trzej młodsi bracia pospieszyli mu zaraz z pomocą i zabili żmiję; ale jego noga puchła w oczach, zakręciło mu się w głowie, upadł, a po kilku minutach wyzionął ducha.

11. Józef i trzech synów poczęli się

modlić i wołać do Pana, ażeby On z powrotem przywrócił życie Joelowi.
12. I przeklął Józef żmiję, i rzekł do swoich trzech synów: „Nie powinna nigdy na wieki żadna żmija po tej ziemi pełzać!
13. Podnieście brata i zanieście go do domu; widocznie taka jest wola Pana, że zabrał ode mnie pierworodnego nosiciela rodu!”
14. Z płaczem ponieśli Joela trzej bracia ku zagrodzie, a Józef rozdarł swe szaty i podążył za nimi głośno lamentując.
15. Gdy Maria usłyszała płacz i lament, przelękła się i wyszła im naprzeciw, trzymając Dzieciątko na ręku, a Jakub podążał za nią.
16. Oboje, Maria i Jakub, wydali okrzyk przerażenia, gdy zobaczyli martwego Joela i Józefa z rozdartymi szatami.
17. Wyszli także ku nim i trzej kapłani; i również przelękli się, widząc martwego.
18. A jeden z nich powiedział do Józefa: „Teraz wierzę, że jesteś zwyczajnym człowiekiem, bo gdybyś był bogiem, to byś go wskrzesił na nowo do życia!
19. Lecz Dzieciątko powiedziało: „Wszyscy błądzicie; Joel jest odurzony i śpi, a nie jest umarły!
20. Przynieście morską cebulę i połóżcie ją na ranę, a zaraz będzie mu lepiej!”
21. Jakub pospieszył i przyniósł cebulę, i przyłożył ją do rany Joela.
22. A on za chwilę odzyskał przytomność i zdziwiony zapytał, co się z nim wydarzyło.
23. Wówczas stojący wokół niego opowiedzieli mu, co się wydarzyło, wychwalając i dziękując Panu za cud ratunku; a trzej kapłani z wielkim podziwem spoglądali na Dzieciątko, ale z jeszcze większym – na cebulę.

89

Ślubowanie Józefa. Sprzeciw Dzieciątka Jezus i Jego wskazanie na najmilsze Bogu ofiary. Opór Józefa i jego przezwyciężenie.

9 grudzień 1843

1. Potem poszedł Józef z całą swoją rodziną do pomieszczeń przeznaczonych na odpoczynek i w jednym z nich modlił się głośno i chwalił Boga przez całą godzinę.
2. I złożył ślubowanie Bogu, że kiedy powróci do Jerozolimy, to złoży Mu ofiarę w Świątyni.
3. Na to Dzieciątko powiedziało: „Posłuchaj Mnie! Czy myślisz, że Pan będzie mieć w tym upodobanie?
4. O, mylisz się bardzo! Patrz, ani całopalenie, ani krew zwierząt, ani ofiary z płodów ziemi: mąki, oleju i zboża – nie są rzeczami, w których On ma upodobanie,
5. gdyż tylko serce skruszone i pokorne jest tym, w czym je znajduje.
6. Jeśli masz nadmiar czegokolwiek, wówczas oddaj go tym, którzy są nadzy, głodni oraz spragnieni. I możesz tym sprawić prawdziwą i rzeczywistą ofiarę Panu!
7. Zwalniam cię ze złożonego ślubowania, bo posiadam do tego właściwą Moc!
8. Ale Ja Sam spełnię je kiedyś w Jerozolimie, tak że nasyci się cała Ziemia na wieczność!”
9. Wówczas Józef wziął Dzieciątko do siebie na ręce i powiedział:

10. „Ty mój najukochańszy mały Jezusie, Twój Józef dziękuje Ci całym sercem i uznaje w pełni świętą prawdę Twojej pieknej wypowiedzi;
11. ale pomyśl, Bóg, Twój i nasz Ojciec, nakazał przez Mojżesza i proroków składanie ofiary i żądał od nas, Swoich dzieci, abyśmy tego przestrzegali!
12. Powiedz mi: czy masz Ty, Syneczku mój, choć wspaniałego boskiego pochodzenia, prawo do tego, żeby Prawo Wielkiego Ojca, który w niebiosach wiecznie mieszka, zmieniać?
13. Dzieciątko odpowiedziało: „Józefie, jeśli bym ci nawet powiedział, kim jestem, nie będziesz chciał Mi uwierzyć, gdyż ty widzisz we Mnie tylko człowiecze dziecko!
14. Ale pomimo wszystko powiem ci, że tam, gdzie Ja jestem, tam jest i Ojciec; a gdzie Mnie nie ma, nie ma tam i Ojca.
15. Ale Ja jestem teraz tutaj, a nie w Świątyni; jak może zatem Ojciec w Świątyni być?!
16. Rozumiesz to? – Spójrz, gdzie Ojca miłość jest, tam jest także i Jego serce; we Mnie jest zatem miłość Ojca i dlatego też i Jego serce!
17. Nikt nie nosi serca poza sobą, a więc również i Ojciec; tam gdzie Jego serce, tam jest również On! – Czy pojąłeś?"
18. Słowa te wypełniły Józefa, Marię i pięciu synów głębokim, świętym przeczuciem; i udali się na zewnątrz, i chwalili w sercach swoich tak blisko będącego Ojca. A Maria zabrała się do przygotowywania porannego posiłku.

90

Śniadanie. Zagadnienie mycia się. Sprzeciw trzech kapłanów wobec wskazówek Józefa na temat mycia się przed posiłkiem. Dzieciątko widzi ich nieodpowiednie zachowanie i zachęca do posłuszeństwa. Zakłopotanie Józefa z powodu pytań kapłanów.

11 grudzień 1843

1. Śniadanie nie było długo przygotowywane, bowiem składało się tylko ze świeżego mleka, tymianku, chleba oraz miodu.
2. Maria sama przyniosła wszystko na stół i zawołała Józefa, jego pięciu synów i trzech kapłanów, ażeby usiedli za stołem i spożyli posiłek.
3. Józef przyszedł, niosąc Dzieciątko na ręku, przekazał Je Matce i podszedł do stołu, gdzie zajął swoje miejsce.
4. Zaintonował pochwalną pieśń na cześć Pana, a kiedy skończyli śpiewać, zapytał zgodnie z panującym zwyczajem, czy przystępujący do posiłku są umyci.
5. Maria, pięciu synów i Dzieciątko odpowiedzieli: „Tak, jesteśmy umyci i czyści!"
6. Zaś Józef odpowiedział: „A zatem możecie jeść! A jak się ma sprawa z wami? Czy także jesteście umyci?" – zwrócił się Józef do kapłanów.
7. A oni odpowiedzieli: „U nas nie ma zwyczaju, aby rano myć się wodą, a tylko wieczorem.
8. Rano smarujemy się oliwą, aby ochronić ciało od gorąca".
9. A Józef odpowiedział : „Może to jest i dobre, ale gdybym ja przyszedł do waszego domu, to robiłbym to samo co i wy,

10. gdy więc znaleźliście się w moim domu, to zastosujcie się do moich zwyczajów, bowiem według mojego zdania są one lepsze niż wasze".
11. Kapłani zwrócili się do Józefa z prośbą, aby ich zwolnił od tego.
12. I chciał Józef kapłanów od tego zwolnić;
13. lecz Dzieciątko odezwało się: „Doprawdy, niechaj każdy ugryziony kęs zamieni się w ich żołądkach w kamień, jeśli się najpierw do czysta nie umyją wodą, zanim zasiądą do wspólnego stołu, przy którym Ja obecny jestem!"
14. Te słowa przełamały ich opór, bowiem wszyscy trzej poprosili o wodę i umyli się.
15. A kiedy to uczynili, zaprosił Józef wszystkich do posiłku;
16. lecz kapłani odmówili zajęcia miejsca przy stole i nie chcieli jeść – bowiem bali się Dzieciątka.
17. A Dzieciątko na to rzekło: „Jeżeli będziecie się wzbraniać, aby do stołu przyjść i z nami tę błogosławioną strawę spożyć, to umrzecie!"
18. Wówczas kapłani usiedli za stołem i spożyli posiłek wraz z pozostałymi, wypełnieni głębokim respektem dla Dzieciątka.
19. A kiedy wszyscy spożyli posiłek, Józef powstał i podziękował Bogu za Jego dar.
20. A po tym kapłani zapytali go: „Jakiemu Bogu teraz dziękowałeś? – Czy nie jest tym pierwszym prawdziwym Bogiem to Dziecko? – Czy dziękowałeś jeszcze jakiemuś innemu Bogu?"
21. To pytanie wprowadziło Józefa w zakłopotanie i nie wiedział co ma im powiedzieć.
22. Wówczas Dzieciątko powiedziało: „Józefie, nie przejmuj się tą sprawą, gdyż to, co ci trzej powiedzieli, wypełni się! Ale teraz nie zastanawiaj się nad tym; bo pomimo wszystko modlisz się do jednego Boga i Ojca!"

91

Miłość jest prawdziwą modlitwą do Boga. Jezus jako Syn Boga. Pogańskie myśli trzech kapłanów i odpowiedź Dzieciątka.

12 grudzień 1843

1. Józef ucałował Dzieciątko i powiedział: „Tak, doprawdy, gdyby nie było w Tobie serca Ojca, nigdy nie byłbyś zdolnym takich słów wypowiedzieć!
2. Gdyż na całej Ziemi nie ma dziecka w Twoim wieku, które mówiłoby takie słowa z samego siebie, jakich nie wypowiedział jeszcze żaden mędrzec.
3. Dlatego powiedz mi, czy ja powinienem modlić się do Ciebie jako do mojego Boga i Pana?"
4. To pytanie Józefa skierowane do Dzieciątka wszystkich zaskoczyło.
5. A Dzieciątko odpowiedziało, łagodnie uśmiechając się: „Józefie! Czy nie wiesz, jak człowiek do Boga modlić się powinien?
6. Widzę, że nie wiesz; dlatego chcę ci powiedzieć!
7. Posłuchaj! W duchu i w prawdzie powinien się człowiek modlić do Boga, a nie ustami, jak to czynią dzieci tego świata, które myślą, że są Bogu posłuszne, kiedy przez jakiś czas poruszają ustami.
8. Jeżeli chcesz w duchu i w prawdzie się modlić, miłuj Boga w swym

sercu i czyń dobro wszystkim – przyjaciołom i wrogom, wtedy twoja modlitwa będzie właściwą przed Bogiem modlitwą!

9. A kiedy ktoś tylko rusza ustami przed Bogiem, a myśli o różnych rzeczach tego świata, które mu leżą na sercu i są dla niego ważniejsze niż Sam Bóg – powiedz, czy jest to modlitwą?!

10. Doprawdy, miliony takich modlitw Bóg wysłucha akurat tyle, ile kamień wysłucha głosu krzykacza!

11. Ale jeżeli z miłości do Boga będziesz się modlić, nigdy nie będziesz musiał pytać, czy do Mnie powinieneś się zwracać i Mnie jako Najwyższego Boga i Ojca powinieneś ubóstwiać.

12. Albowiem kto się modli do Boga, modli się i do Mnie; gdyż Ojciec i Ja jedną Miłością i jednym Sercem jesteśmy".

13. Te słowa sprawiły, iż zrozumieli jasno, dlaczego Jezus Synem Bożym powinien być nazywany.

14. A pierś Józefa wypełniła się najwyższą niebiańską błogością.

15. Maria też cieszyła się skrycie Dzieciątkiem i wszystkie Jego słowa zachowała w swoim sercu; to samo uczynili też synowie Józefa.

16. Trzej kapłani zwrócili się do Józefa: „Dostojny mędrcu wszystkich czasów!

17. Chcemy porozmawiać z tobą o tajemnych rzeczach na wierzchołku tego wzgórza, na którym tyś wczorajszego wieczoru razem ze swoimi synami modlił się do twojego Boga!"

18. Ale Dzieciątko powiedziało:

19. „Myślicie, że Moje uszy będą za krótkie i nie będą w stanie na tym szczycie waszych ust dosięgnąć? – O, mylicie się; gdyż uszy Moje sięgną tak daleko jak Moje ręce! Dlatego rozmawiajcie przy Mnie śmiało i otwarcie".

92

Odkrycie ślepoty i ubóstwa myśli trzech kapłanów. O budowaniu świątyni w sercu i o prawdziwej mszy. O prawdziwej służbie Bożej.

13 grudzień 1843

1. Kapłani bardzo się zmieszali, gdy usłyszeli te słowa, i nie ośmielili się odsłonić swoich myśli w obecności Dzieciątka.

2. Dzieciątko zauważyło to i powiedziało mocnym głosem:

3. „Czy wy przypadkiem nie macie zamiaru uczynić ze Mnie jakiegoś bożka?

4. Czy aby nie zechcecie zbudować na tym wzgórzu świątyni i postawić w niej na złotym ołtarzu wyobrażające Mnie rzeźby, żeby zgodnie z waszym rytuałem przynoszono Mi ofiary?

5. Spróbujcie tylko to uczynić, a zaiste, mówię wam: ten, który uczyni pierwszy krok i tylko jeden palec wyciągnie, od razu umrze!

6. Jeżeli chcecie dla Mnie świątynię zbudować, to zbudujcie ją w waszych sercach – żywą!

7. Gdyż jestem żyjącym, a nie martwym, dlatego chcę świątynię żywą – a nie martwą!

8. Jeżeli wierzycie, że we Mnie mieszka pełnia Samego Bóstwa, to czyż z tego samego nie wynika, że jestem już Żywą Świątynią dla was? Jeśli tak, to po cóż chcecie budować kamienną świątynię i ustawiać w niej

jakąś rzeźbę?!

9. Co jest ważniejsze: Ja – czy pusta świątynia i w niej jakaś figura, która Mnie przedstawia?

10. Skoro przebywa u was i wśród was żyjący Bóg, jaki jest sens uwielbiać martwego – na co się to komuś może przydać?

11. O, wy ślepi i nie mający rozumu! Powiedzcie, co jest ważniejsze: kochać Mnie, czy budować na Moją cześć tysiąc świątyń, a potem tysiąc lat szeptać i ruszać wargami przed Moimi podobiznami w ozdobnych szatach?!

12. A gdyby przyszedł do was jakiś biedny człowiek, nagi, głodny i spragniony,

13. a wy, zobaczywszy go, powiedzielibyście: patrzcie, to jest półbóg, gdyż w takiej postaci zjawiają się często wyższe istoty;

14. namalujmy jego obraz i umieśćmy go w świątyni, by mógł być przez nas czczony!

15. Powiedzcież Mi, gdybyście to temu biednemu człowiekowi zrobili, to czym byście mu usłużyli, choćbyście jego obraz nawet i z czystego złota wykonali?!

16. Gdybyście jednak zgodnie z nakazem miłości tego biednego odziali, nakarmili i napoili, wtedy miałby on z tego pożytek – a z obrazu pożytku mieć nie będzie.

17. A zatem: czy Bóg nie istnieje bardziej w każdym żyjącym człowieku na tej Ziemi, skoro wszelkie życie tylko z Niego pochodzi?

18. Czy może być Bóg ślepym, skoro słońce stworzył i tobie dał widzące oko?!

19. Albo ma być głuchym On, który dał tobie uszy; i bez uczuć, który cię zmysłem czucia obdarzył?

20. Dlatego rozważcie, jakżeż nierozumnie jest z waszej strony tak myśleć i mówić!

21. Bóg Sam jest doskonałym życiem, także doskonałą miłością; jak chcecie Go ubóstwiać? Modląc się i czcząc Go jak umarłego?

22. Pomyślcie nad tym, abyście ze swojej ślepoty zostali uleczeni!"

23. Mowa ta spowodowała, iż kapłani usunęli się przed Jezusem na ziemię; i ujrzeli świętą prawdę, dlatego już nic więcej tego dnia nie mówili.

93

Wielorakie i dobre skutki tego pouczenia. Święta Rodzina w swym domowym życiu. Niewidoma żebraczka i jej sen. Uzdrowienie niewidomej przy pomocy wody, w której kąpało się Dzieciątko.

14 grudzień 1843

1. Po zlożeniu w ten sposób czci, trzej kapłani powrócili do swojego pomieszczenia, gdzie pozostali już do zachodu słońca.

2. Wszyscy trzej milczeli i każdy z nich osobno rozmyślał o zadziwiających słowach wypowiedzianych przez Dzieciątko.

3. Józef zaś wielbił i chwalił Boga w sercu swoim i gorąco Mu dziękował, że wybrał go na opiekuna i żywiciela Syna Bożego.

4. A potem, gdy on, Maria i jego synowie chwałę i cześć oddali Bogu, Maria zajęła się Dzieciątkiem,

5. po czym Dzieciątko znowu zostało oddane pod opiekę Jakubowi,

gdyż Maria zabrała się do zszywania rozdartego odzienia Józefa, a on sam poszedł z synami uprawiać pole.

6. Następnie Maria zabrała się do sprzątania pomieszczeń, aby do przyjścia gości wszystkie były posprzątane.

7. A gdy już zakończyła sprzątanie, powróciła do Dziecka, by zobaczyć, czy Mu czegoś nie potrzeba.

8. Dzieciątko zapragnęło piersi i kąpieli, i to w czystej, zimnej wodzie.

9. Maria uczyniła to szybko i sprawnie; a kiedy Dzieciątko było już wykąpane, przyszła do ich domu niewidoma kobieta, użalając się Marii nad swoją niedolą.

10. Maria powiedziała do tej niewidomej kobiety: „Widzę, że jesteś rzeczywiście biedna; ale co mogę ci dobrego uczynić, by ci dopomóc?"

11. A kobieta odpowiedziała: „Posłuchaj mnie! – Tej nocy śniłam zupełnie cudownie.

12. Widziałam we śnie, że miałaś promieniujące światłością dziecko, które zapragnęło piersi i kąpieli.

13. Kąpiel ta była z czystej wody; a gdy dziecko w niej kąpałaś, to woda była pełna świecących się gwiazd!

14. Wtedy przypomniałam sobie, że jestem niewidomą, i zdziwiłam się niemało, w jaki sposób mogę to wszystko widzieć.

15. Ty zaś, stojąc koło mnie, powiedziałaś: «Kobieto, nabierz tej wody i przemyj nią swe oczy – a będziesz widzieć!».

16. I chciałam zaraz zaczerpnąć wody i przemyć swoje oczy, ale w tym momencie się obudziłam – i nadal pozostałam ślepą.

17. I dzisiaj rano powiedział ktoś do mnie: «Idź z domu i szukaj! A znajdziesz niewiastę z dzieckiem, bowiem nie wejdziesz do żadnego innego domu, jak tylko do tego jedynego!»

18. I oto jestem teraz u celu, po moich wielkich trudach, bojaźni i niebezpieczeństwie!"

19. Wtedy podała Maria niewidomej kobiecie wodę z kąpieli i kobieta obmyła nią sobie twarz, i w jednej chwili stała się widomą.

20. I kobieta ta, wypełniona radością, nie wiedząc, co mogłaby najlepszego uczynić z wdzięczności, chciała od razu w całej Ostracynie o tym rozgłosić; ale Maria zabroniła jej tego bardzo stanowczo.

94

Podziękowanie uzdrowionej i prośba o przyjęcie jej do domu Józefa. Świadectwo Jakuba o Marii. Przepowiednia dziewczyny o przyszłym wyniesieniu Marii. Skromność Marii. Powrót Józefa do domu.

15 grudzień 1843

1. Wówczas kobieta poczęła prosić Marię, aby mogła u nich przez jakiś czas pozostać i służyć u nich, gdyż chciałaby się odwdzięczyć za to uzdrowienie.

2. Ale Maria odpowiedziała: „Kobieto, to nie zależy ode mnie, gdyż ja sama jestem tylko służebnicą Pana.

3. Poczekaj jednak trochę, aż mój małżonek powróci z pola do domu! Od niego się dowiesz, czy twoja prośba może być spełniona".

4. A kobieta upadła Marii do stóp i chciała się do niej, jak do jakiejś bogini, modlić i ją ubóstwiać; gdyż uznała swoje uzdrowienie za wielki cud, bo od urodzenia była niewidomą.

5. Ale Maria surowo zabroniła jej to czynić i oddaliła się do innego pomieszczenia.
6. Wówczas kobieta zaczęła płakać, gdyż pomyślała, że obraziła czymś swoją dobrodziejkę.
7. Jakub, który bawił Dzieciątko, widząc płacz kobiety, powiedział do niej:
8. „Dlaczego płaczesz, jakby cię ktoś skrzywdził?"
9. A kobieta odrzekła: „Ach, kochany młodzieńcze! Obraziłam tę, która mi dała wzrok; jak mogę nie płakać?"
10. Jakub odpowiedział: „Nie martw się! Ta młoda kobieta, która podała ci wodę, łagodniejsza jest od gołębia; dlatego nie może jej nikt przenigdy obrazić.
11. I choćby nawet ktoś chciał ją obrazić, to mu się to nie uda!
12. Ponieważ ona w odpowiedzi pobłogosławi tego, kto by jej wyrządził krzywdę, poza tym ma zwyczaj prosić tego, kto wyrządza jej krzywdę, o przyjaźń, a przy tym robi to tak delikatnie, że nawet najtwardszy kamień nie mógłby się jej przeciwstawić.
13. Oto widzisz, do czego jest zdolna ta niewiasta. Dlatego nie przejmuj się tym; ja cię zapewniam, że ona w tej chwili modli się za ciebie!"
14. I rzeczywiście tak było. Maria modliła się do Boga, aby chciał oświecić rozum tej kobiety; ażeby ujrzała, że Maria jest także tylko słabą kobietą.
15. Maria była kobietą o najwyższej szlachetności; ale radością dla niej było w każdym miejscu i przed każdym być uniżoną.
16. Po pewnym czasie przyszła dobra, kochana Maria z powrotem i rzeczywiście poprosiła tę kobietę o przebaczenie, jeżeli była dla niej nazbyt surową.
17. To zachowanie Marii uspokoiło kobietę, która mogła teraz płonąć najszczerszą miłością do Marii.
18. I pełna zachwytu powiedziała:
19. „O ty, jasny umyśle mojej płci, to, co twoje szlachetne serce mi okazało, uczynią kiedyś dla ciebie narody!
20. Gdyż ze wszystkich kobiet tej Ziemi ty jesteś z pewnością pierwszą, która z najwyższymi bogami obcuje, bo obok prawdziwie boskich cnót posiadasz także miłość, słodycz i ujmujące piękno!"
21. Ale Maria odpowiedziała: „Kochana kobieto, po mojej śmierci niech czynią ludzie ze mną, co chcą; ale za mego życia nie powinno się to stać!"
22. I tu nadszedł Józef z czterema synami; a Maria przedstawiła mu kobietę, opowiadając wszystko, co się wydarzyło.

95

Przyjęcie uzdrowionej przez Józefa.
Wzruszająca historia kobiety. Józef pociesza biedną osieroconą.

16 grudzień 1843

1. Jak tylko kobieta poznała, że Józef jest małżonkiem Marii, podeszła do niego i przedłożyła mu swoją prośbę, aby mogła pozostać w domu jego.
2. A Józef odpowiedział jej: „Jeżeli tobie została tu okazana łaska, o której opowiedziała mi moja żona, i jeżeli wdzięczność chciałabyś okazać temu domowi, wtedy oczywiście możesz tutaj zostać.

3. Jak widzisz, jest tutaj spory kawałek ziemi, są też zwierzęta i dom jest obszerny.

4. Dlatego zajęcia nie będzie brakowało; a i miejsca do spania jest dosyć.

5. Maria jest kobietą o słabszej, delikatnej budowie ciała; dlatego uczynisz coś dobrego, jeśli pozostaniesz u nas i pomożesz mej kobiecie w pracach domowych.

6. Wszystkie twoje potrzeby będą zaspokojone; ale pieniędzy nie mogę ci dać, gdyż sam ich nie posiadam.

7. Jeżeli ta propozycja i te warunki ci odpowiadają, to pozostań u mnie – lecz uczyń to dobrowolnie, a nie z poczucia obowiązku, z chęci spłacenia długu wdzięczności za uzdrowienie".

8. Te słowa nadzwyczaj uradowały kobietę, która była biedną sierotą; z radości na nowo zaczęła wychwalać i błogosławić dom, w którym znalazła tyle dobra i miłości.

9. Józef zapytał ją o miejsce urodzenia, ile ma lat oraz jaką wyznaje religię.

10. I kobieta odpowiedziała: „Czcigodny panie! Zostałam urodzona w Rzymie, jestem córką jednego z potężnych patrycjuszy.

11. Mój starszy wygląd nie odpowiada mojemu wiekowi; gdyż zaledwie od dwudziestu wiosen jestem mieszkanką tej Ziemi.

12. Byłam od urodzenia niewidomą. Kapłani poradzili moim rodzicom, by zawieźli mnie do Delf, gdzie przez miłosierdzie Apolla miałam odzyskać wzrok.

13. Tę radę rodzice otrzymali, gdy miałam dziesięć lat i siedem miesięcy.

14. Moi rodzice byli bardzo bogaci i niezmiernie mnie kochali, jako swą jedyną córkę, dlatego posłuchali rady kapłanów.

15. Wynajęli statek, aby razem ze mną do Delf się udać.

16. Znajdowaliśmy się niecałe trzy dni na morzu, gdy rozpętał się gwałtowny sztorm, który pognał statek z ogromną szybkością w te oto strony.

17. Około dwustu klaftrów od brzegu – jak opowiedział ratujący mi życie człowiek – był nasz statek, kiedy to potężnym wirem został rzucony o skały

18. i wszystko oprócz mnie i jednego marynarza, który mnie uratował, poszło na dno, także i moi dobrzy rodzice.

19. Nie miałam możliwości, ażeby powrócić do ojczyzny. Marynarz, który mnie uratował, zmarł pięć lat temu. I tak, pogrążona w biedzie i smutku, przebywam tutaj od tamtej pory jako żebraczka.

20. Ale teraz, kiedy znalazłam u bogów taką łaskę, że przywrócili mi wzrok i mogę widzieć was, moich dobroczyńców, na pewno zapomnę o moim nieszczęściu. Bardzo tego pragnę".

21. Opowiadanie kobiety sprawiło, że wszyscy się rozpłakali; a Józef powiedział: „O, ty biedna osierocona, bądź pocieszoną; gdyż tutaj powinnaś po wielokroć swoich rodziców odnaleźć!"

96

Pytanie kobiety o znaczenie niejasnych słów Józefa. Odpowiedź Józefa.

18 grudzień 1843

1. Kobieta nie zrozumiała, co miał na myśli Józef, kiedy jej powiedział, że po wielokroć swoich rodziców tu odnajdzie, i dlatego spytała go:

2. „Kochany, nad wyraz dobry panie, w którego to domu spotyka mnie nieskończenie cudowna i wielka łaska, jak mam rozumieć słowa, że odnajdę tutaj po wielekroć moich utraconych rodziców?"

3. Józef jej odpowiedział: „Zaiste, w moim domu będziesz traktowana na równi z moimi dziećmi!

4. Poznasz tu jedynego i wiecznie prawdziwego Boga, który cię stworzył, a dziś przywrócił światło twoim oczom!

5. Będziesz mogła twojego Boga i Pana rozpoznać i zostaniesz przez Niego Samego pouczoną!

6. Poznasz tutaj również wysokiej rangi Rzymianina, który twoje sprawy w Rzymie uporządkuje.

7. A tym Rzymianinem jest Cyreniusz, brat Augusta.

8. On znał na pewno twoich rodziców i na moją prośbę z pewnością pozałatwia i uporządkuje w Rzymie wszystkie twoje sprawy majątkowe. – Czy wszystko to nie będzie dla ciebie wielokrotnym odzyskaniem twoich rodziców w duchowym i materialnym sensie?!

9. Powiedz, gdyby twoi rodzice żyli, czy mogliby coś więcej zrobić dla ciebie?

10. Czy przywróciliby światło twoim oczom i czy wskazaliby ci jedynego, wiecznego, prawdziwego Boga?!

11. Twoi cieleśni rodzice zaopatrzyliby cię dobrze, ale docześnie, a tu będziesz na całą wieczność zaopatrzoną, jeśli tylko to zaopatrzenie zapragniesz przyjąć!

12. Teraz powiedz sama, co jest ważniejsze: twoi cieleśni rodzice, których morze pochłonęło; czy ci obecni, którym oto morze w imię jedynego Boga posłusznym być musi?"

13. Usłyszawszy to, kobieta nie mogła wymówić ani jednego słowa, odczuwając wielki szacunek i miłość do Józefa.

14. Tym bardziej, że nagle wyobraziła sobie, że znajduje się w obecności samego Zeusa, ponieważ krążyły po mieście plotki i słuchy, że gdzieś niedaleko Ostracyny mieszka jakoby sam Zeus.

15. Ale Józef odgadł myśli kobiety i zwrócił się do niej:

16. „O, dziewczyno, o córko! – Nie uważaj mnie za większego aniżeli jestem; a najmniej za tego, który jest niczym!

17. Ja jestem równym tobie, zwyczajnym człowiekiem; niech ci to na razie wystarczy! A z biegiem czasu więcej zrozumiesz i stanie się jaśniej wokół ciebie; dlatego na dzisiaj wystarczy.

18. A teraz przynieście posiłek; a po nim chcemy się z czymś więcej zapoznać; i tak niech się stanie".

97

Słowa Józefa o trzech poszczących kapłanach. Pokora nowej domowniczki i jej adopcja przez Józefa. Błogosławieństwo i radość Dzieciątka Jezus.

19 grudzień 1843

1. Synowie Józefa od razu wyszli i za chwilę przynieśli obiad.

2. Zaś Józef powiedział: „A co z tymi trzema? Będą wraz z nami jedli, czy też chcą spożyć posiłek sami?

3. Idźcie i dowiedzcie się, i niechaj tak będzie, jak sobie życzą!"

4. Synowie poszli i zapytali ich, ale oni nic im nie odpowiedzieli, tylko na migi wyjaśnili, że poszczą i do czasu, aż zajdzie słońce, nic nie będą mówić ani jeść, ani pić.

5. Synowie przekazali to Józefowi, a Józef zadowolił się tą wieścią i rzekł:

6. „Jeżeli oni powzięli taką decyzję, jest to sprawa ich sumienia, a my zgrzeszylibyśmy, przymuszając ich do czynienia czegoś na przekór ich przyrzeczeniu!

7. Dlatego usiądźmy za stołem i zakosztujmy z dziękczynieniem oraz w Imieniu Pana tego, co Bóg nam podarował!"

8. A kobieta powiedziała: „O, panie tego domu! Ty jesteś tak dobry. Ja nie znaczę nic; jestem niegodna siedzieć przy tym stole i z wami jeść! Daj mi jedzenie, a ja usiądę na progu twego domu i tam spożyję z dziękczynieniem to, co ty mi do spożycia dasz!

9. Mam tak brudne i podarte odzienie i jestem cała brudna, nie godzi mi się zasiadać w takim odzieniu do stołu razem z tobą, panie!"

10. Lecz Józef powiedział do synów: „Idźcie i przynieście cztery duże dzbany wody do przedsionka izby Marii!

11. A ty Mario idź, umyj i uczesz kobietę, i przyodziej ją w twoje najlepsze szaty!

12. A kiedy już będzie umyta i w świąteczne szaty przyodziana, wtedy przyprowadź ją tutaj, aby się już nie wstydziła i razem z nami przy stole spożywała!"

13. Zgodnie z życzeniem Józefa w przeciągu pół godziny wszystko zostało spełnione i oto stanęło przed Józefem miłe, skromne i przepełnione wdzięcznością dziewczę. Tylko na jej twarzy pozostały ślady przeszłego smutku.

14. Rysy twarzy czyniły ją bardzo piękną, a w jej oczach odnaleźć można było głęboką pokorę, ale i głęboką miłość.

15. Jej widok sprawił Józefowi prawdziwą radość i powiedział: „O Panie, dziękuję Tobie, że wybrałeś mnie, abym uratował tę biedną; w Twoim Najświętszym Imieniu chcę ją przyjąć jako moją córkę!"

16. A zwracając się do synów powiedział: „Spójrzcie na swoją biedną siostrę i pozdrówcie ją jako jej bracia!"

17. Z wielką radością uczynili to synowie Józefa, a na końcu powiedziało też i Dzieciątko:

18. „Tak jak przez was, niech będzie i przeze Mnie przyjętą; ten dobry uczynek wielce Mnie raduje!"

19. A kiedy dziewczyna usłyszała, że Dzieciątko mówi w taki sposób, zdziwiło ją to bardzo i powiedziała: „O, cudzie! – Cóż to jest, że to Dzieciątko potrafi mówić jak Bóg?!"

98

Serdeczna rozmowa dziewczęcia z Dzieciątkiem. Niebezpieczeństwo świętej Tajemnicy. Błogość i niewysłowiona radość dziewczęcia.

20 grudzień 1843

1. Dziewczyna podeszła zaraz do Dziecięcia i powiedziała:

2. „O, Ty jesteś nadzwyczajnym i cudownym Dzieckiem!

3. Tak, Ty jesteś tym samym promieniującym światłem Dziecięciem, o którym miałam tak cudowny sen, w którym Matka Cię kąpała, a potem woda z tej kąpieli wzrok mi przywróciła.

4. Tak, tak, Ty boskie Dzieciątko! – Ty dałeś mi światło oczu; Ty jesteś moim Zbawicielem; Ty jesteś prawdziwym Apollem z Delf!

5. Ty znaczysz dla mego serca więcej aniżeli wszyscy bogowie Rzymu, Grecji i Egiptu!

6. Jakiż wielki boski Duch musi w Tobie mieszkać, skoro dał mowę takiemu maleństwu i poprzez Ciebie, uzdrawiając i czyniąc potężne dzieła, daje się poznać!

7. Zbawienie ludziom tej Ziemi, którzy razem ze mną w wielkiej ciemności i ucisku żyliście!

8. Tutaj jest Słońce Nieba, które wam ślepym, jak i mnie, widzenie z powrotem przywróci!

9. O Rzymie, ty potężny zdobywco Ziemi, spójrz, do mnie uśmiecha się Ten, który cię w górę gruzów obróci!

10. On Swój sztandar poprzez twoje mury do ludu zaniesie, a ty udasz się do grobu; jak na wietrze rozwiane są plewa, tak i ty rozwianym będziesz!"

11. A wtedy Dzieciątko wyciągnęło rączki i zapragnęło, aby dziewczę Je na swoje ręce wzięło.

12. I dziewczę wzięło Je z tysiąckrotną radością do siebie, ściskało i tuliło serdecznie.

13. A Dzieciątko bawiło się lokami jej włosów i cichutko do niej powiedziało:

14. „Czy ty, Moja kochana siostro, wierzysz słowom, które o Mnie wypowiedziałaś, kiedy Mnie na swoim ręku Mój brat trzymał?"

15. A dziewczę tak samo cichutko odpowiedziało:

16. „Tak, Ty mój Zbawco, Ty moje Światło, Ty moje pierwsze Słońce Poranne! – Teraz wierzę jeszcze mocniej!"

17. A Dzieciątko jej na to odrzekło: „Szczęście tobie, że masz w swoim sercu taką wiarę, jak powiedziałaś!

18. Ale powiadam ci: niczego nie zachowuj w większej tajemnicy niż właśnie to wyznanie wiary!

19. Ponieważ nigdy jeszcze wróg wszelkiego życia nie nadstawiał uszu bardziej niż właśnie teraz!

20. Dlatego nie rozmawiaj z nikim o Mnie i nie zdradź Mnie, jeżeli ci zależy na tym, aby przez nieprzyjaciela nie zostać na wieki uśmierconą!"

21. Dziewczę zaprzysięgło trzymać wszystko w najgłębszej tajemnicy, a w tym czasie, kiedy Dzieciątko bawiło się na jej rękach, ona stała się jeszcze piękniejszą niż była – twarzyczka jej wyładniała i wygląd stał się bardziej młodzieńczy, tak że wszyscy nie mogli wyjść z podziwu. Dziewczę było do tego stopnia uczuciem szczęścia przepełnione, że poczęło głośno wykrzykiwać swoją radość.

99

Przybycie Cyreniusza i Pilli. Relacja Józefa o dziewczęciu. Starania Cyreniusza o względy adoptowanej córki Józefa.

21 grudzień 1843

1. W chwili, kiedy dziewczyna upojona była radością, przybył właśnie Cyreniusz w towarzystwie Maroniusza Pilli do domu Józefa, jak poprzedniego dnia wieczorem obiecał.

2. Józef i Maria przyjęli go z wielką serdecznością i radością, Cyreniusz zaś powiedział:

3. „O, ty mój dostojny przyjacielu i bracie, cóż takiego przeżyliście, że ku mojej wielkiej radości tak weseli jesteście?"

4. Józef wskazał Cyreniuszowi dziewczynę i powiedział:

5. „Spójrz na to dziewczę z Dzieciątkiem na ręku, rozradowane i wesołe – oto jest przedmiot naszej radości!"

6. Cyreniusz zerknął na dziewczynę i powiedział do Józefa:

7. „Wziąłeś ją jako opiekunkę do Dziecka? Skąd pochodzi ta piękna żydowska dziewczyna?"

8. Józef zaś odpowiedział płonącemu z ciekawości Cyreniuszowi:

9. „O, drogi przyjacielu! – Cud to sprawił, że znalazła się w naszym domu! – Ona przyszła jako niewidoma do mnie, wyglądała jak nędzna żebraczka w podeszłym wieku.

10. Przez cudowną moc Dzieciątka odzyskała wzrok, a potem podczas rozmowy okazało się, że jest sierotą i liczy sobie zaledwie dwadzieścia lat, dlatego ją adoptowałem i to jest naszą radością".

11. A Cyreniusz obserwował dziewczynę z coraz większym zainteresowaniem, zaś ona, będąc pod wpływem błogiego odurzenia szczęściem i radością, nie zwróciła jeszcze uwagi na stojącego w pełnym blasku swojego majestatu Cyreniusza. Cyreniusz powiedział do Józefa:

12. „O, przyjacielu i bracie, jak bardzo teraz żałuję, że jestem rzymskim patrycjuszem!

13. Zaprawdę, dałbym wszystko za to, ażebym był Żydem i abym mógł ciebie poprosić o tę prześliczną Żydówkę, którą bym pojął za żonę!

14. Ty przecież wiesz, że nie jestem żonaty i nie mam dzieci! Jakimż byłoby dla mnie szczęściem otrzymać taką żonę, przez ciebie pobłogosławioną!"

15. Wówczas Józef uśmiechnął się do Cyreniusza i powiedział: „A co byś uczynił, jeżeli to nie byłaby Żydówka, ale Rzymianka i to równego tobie stanu?"

16. I gdyby okazała się jedynaczką pewnego patrycjusza, który utonął w odmętach morskich w drodze do Delf?"

17. Tu spojrzał Cyreniusz na Józefa jak osłupiały i po chwili głuchej ciszy powiedział:

18. „O, dostojny przyjacielu i bracie! Co powiedziałeś?! – Proszę cię, wytłumacz mi to jaśniej; gdyż sprawa ta jest dla mnie bardzo ważną!"

19. Ale Józef powiedział: „Mój drogi przyjacielu! Wszystko ma swój czas; dlatego bądź cierpliwy, a dziewczę samo opowie ci o wszystkim!"

20. A ty mi lepiej powiedz, jak się przedstawia sprawa z ludźmi zasypanymi pod gruzami świątyni!"

Cyreniusz zdaje Józefowi sprawozdanie z uratowania dwustu zasypanych pod gruzami ludzi. Jego zainteresowanie obcą dziewczyną. Wątpliwości Józefa i ich rozważanie. Potrójne prawo małżeńskie w starym Rzymie.

22 grudzień 1843

1. Ale Cyreniusz mówił do Józefa: „O, przyjacielu i bracie! Nie troszcz się o tych umarłych; gdyż tej nocy około dwustu zostało do życia przywróconych i poświęciłem całe przedpołudnie, aby zapewnić im schronienie!

2. A jeżeli zostaną pod gruzami odnalezieni kolejni ludzie, to otoczeni zostaną taką samą opieką jak ci pierwsi.

3. Tak pokrótce przedstawia się cała sprawa i nie jest dla mnie teraz tak interesująca jak ta dziewczyna, która według twojego zupełnie wiarygodnego zeznania jest córką tragicznie zaginionego patrycjusza!

4. Dlatego pozwól mi lepiej przyjrzeć się tej dziewczynie; chcę dokładnie poznać wszystkie okoliczności tego zdarzenia, abym mógł coś dla niej uczynić.

5. Poza tym pomyśl, ja sam jestem wolny i jak ci już powiedziałem – nie mam dzieci; mogę jej zapewnić wszystko, czego tylko potrzebuje, piastuję przecież wysokie stanowisko i jestem bratem cesarza!

6. Dlatego też historia tej dziewczyny interesuje mnie teraz ponad wszystko, ciągle bardziej i bardziej – i bardziej w moim sercu!

7. Stwórz mi więc proszę taką sytuację, bym mógł z tym dzieckiem porozmawiać i te wszystkie sprawy z nią omówić, czy coś jej doradzić!"

8. Lecz Józef na to rzekł do Cyreniusza: „Wielki przyjacielu i bracie! Mówisz, że jesteś wolny, a w Tyrze sam powiedziałeś, że jesteś żonaty z jedną kobietą – tylko że nie masz z nią dzieci!?

9. Powiedz, jak mam to rozumieć? Wiem, że ty, jako Rzymianin, masz prawo wziąć sobie drugą żonę, jeżeli pierwsza nie może mieć dzieci, ale dlaczego nazywasz siebie człowiekiem wolnym, skoro jesteś żonaty. Proszę, wyjaśnij mi to dokładniej!"

10. Cyreniusz uśmiechnął się i powiedział: „Drogi przyjacielu, widzę, że nie jesteś zaznajomiony należycie z naszym rzymskim prawem; dlatego pozwól, że ci wszystko dokładnie przedstawię.

11 Posłuchaj, my Rzymianie mamy potrójne prawo małżeńskie; dwa spośród nich nie są wiążące – wiążące jest tylko jedno.

12. Zgodnie z pierwszymi dwoma mogę się ożenić nawet z niewolnicą, ale nie będzie to trwałe i uznane małżeństwo. Ta kobieta może być jedynie nałożnicą, a ja będę figurować jako wolny mężczyzna i mogę w tym czasie wziąć sobie odpowiednią dla mnie kobietę jako swą żonę.

13. Różnica pomiędzy tymi dwoma niewiążącymi prawami polega na tym, że w pierwszym wypadku mogę sobie wziąć tylko konkubinę, bez jakichkolwiek zobowiązań;

14. zaś w drugim wypadku mogę się ożenić z córką średniego stanu, zobowiązując się, iż wezmę ją za prawowierną żonę – jeżeli będziemy mieć przynajmniej trójkę zdrowych

dzieci, a wśród nich musi być jedno dziecko rodzaju męskiego.

15. W trzecim wypadku występuje prawo wiążące, zgodnie z którym trzeba stanąć przed ołtarzem Hymena, boga małżeństwa i całą ceremonię przeprowadza kapłan; i kobieta, którą się w ten sposób poślubi, staje się żoną, a mężczyzna jej prawowitym mężem.

16. Jak widzisz, zgodnie z prawem nie ożenek i nie ślub niweczą u nas stan wolny, a tylko rzeczywiste małżeństwo.

17. Tak więc u nas Rzymian są trzy rodzaje ślubu: *nuptias capere, patrimonium facere oraz uxorem ducere* – i tylko ten trzeci ślub, kiedy się człowiek rzeczywiście żeni, gdy znajdzie sobie odpowiednią kobietę – znosi stan wolny!

18. Oto, dlaczego jestem wolny, tym bardziej, że z konkubiną nie mogę mieć dzieci; ale nawet gdybym z nią miał dzieci, to i tak byłbym wolny, gdyż u nas dzieci konkubiny nie wchodzą w rachubę – chyba że jako ojciec adoptowałbym je za zezwoleniem cesarza!

19. Proszę więc zatem, zapoznaj mnie z historią życia tej dziewczyny, gdyż z całą powagą postanowiłem ją poślubić".

20. Kiedy Józef to usłyszał od Cyreniusza, powiedział mu: „W takim razie ja sam najpierw podejdę do dziewczęcia i porozmawiam z nią o tym, gdyż takie nieoczekiwane oświadczyny mogłyby ją wzburzyć albo nawet uśmiercić!"

101

Tulia zapoznaje się z Cyreniuszem. Cudowne odkrycie: Tulia młodzieńczą miłością Cyreniusza. Wzruszenie Cyreniusza.

23 grudzień 1843

1. Potem Józef podszedł do dziewczyny, która dalej była zajęta Dzieciątkiem, pociągnął ją za rękaw i powiedział jej:

2. „Posłuchaj mnie, moja córko, czyżbyś naprawdę nie zauważyła, kto jeszcze się tutaj znajduje? – spójrz no i zobacz!"

3. Wówczas dziewczyna ocknęła się i ujrzała w całej świetności Cyreniusza.

4. Przestraszyła się więc i zapytała bojaźliwie: „O ty, mój kochany ojcze Józefie, kim jest ten tak bardzo wystrojony człowiek? – Czego on tu chce? I skąd on jest?!"

5. A Józef odpowiedział jej: „O, nie bój się, moja córko Tulio! Popatrz, to jest nadzwyczaj dobry człowiek – Cyreniusz, brat cesarza oraz namiestnik nad krajami Azji oraz części Afryki.

6. On załatwi twoje sprawy w Rzymie i wszystko uporządkuje; gdyż już od pierwszego spojrzenia stałaś się mu bardzo drogą!

7. Podejdź do niego sama i poproś o wysłuchanie, a potem opowiedz mu całą historię twojego życia, a zapewniam cię, że chętnie skłoni swe ucho, aby posłuchać tego, co mu zechcesz powiedzieć!"

8. Ale dziewczę odparło: „O, mój kochany ojcze, nie mam na to odwagi; gdyż wiem, że tacy panowie dociekają bardzo surowo w takich okolicznościach, a jeśli znajdą choć jeden

niejasny punkt w wyjaśnieniach, to zaraz grożą człowiekowi śmiercią!

9. Tak było i ze mną, kiedy byłam jeszcze żebraczką, wówczas też taki wielki pan przesłuchiwał mnie i zapytał, skąd pochodzę.

10. A kiedy mu wszystko opowiedziałam, zażądał ode mnie, abym mu to udowodniła.

11. A ja, uboga sierota, nie mogłam nic udowodnić. Wtedy on zabronił mi surowo o czymś takim mówić; i groził mi śmiercią, jeżeli nie zastosuję się do jego nakazu.

12. Dlatego proszę cię, nie zdradź mnie, gdyż będę straconą!"

13. W tym czasie podszedł Cyreniusz, który usłyszał ich cichą rozmowę i powiedział do Tulii:

14. „O Tulio, nie bój się, chcę ofiarować ci wszystko, żeby uczynić cię jak najbardziej szczęśliwą!

15. Podaj mi jedynie imię twojego ojca, o ile pamiętasz, jak go zwano – i nic więcej mi nie potrzeba!

16. Ale nie obawiaj się, nawet jeżeli sobie tego nie przypominasz, to i tak będziesz drogą memu sercu dlatego, że przyjął cię jako swoją córkę mój największy przyjaciel!"

17. Wówczas Tulia nabrała odwagi i odpowiedziała Cyreniuszowi: „Doprawdy, jeżeli twoje łagodne spojrzenie oszuka mnie – to wtedy będzie znaczyć, że cały świat jest tylko kłamstwem! Dlatego powiem ci, jak mój dobry ojciec się nazywał.

18. Posłuchaj więc, jego nazwisko brzmiało Victor Aurelius Dexter Latii; i jeśli ty bratem cesarza jesteś, to nazwisko to nie powinno być dla ciebie obce".

19. A kiedy Cyreniusz to usłyszał, widać było, że został tym bardzo poruszony i odpowiedział łamiącym się ze wzruszenia głosem:

20. „O Tulio, przecież on był rodzonym bratem mojej matki! Tak, tak! Ja go znałem i pamiętam, że w jego domu była jedynaczka, niewidoma od urodzenia, którą on bezgranicznie kochał!

21. O, jak często mu tego zazdrościłem, jego szczęścia, które właściwie było nieszczęściem. Lecz dla niego ślepa Tulia była czymś więcej aniżeli cały świat!

22. Tak, ja sam byłem w tej Tulii, która miała wówczas zaledwie cztery albo pięć lat, całkiem zakochany i często sam do siebie mówiłem: Ta albo żadna powinna kiedyś, w przyszłości, zostać moją prawowitą żoną.

23. I – o Boże! teraz odnajduję tę niebiańską Tulię tutaj, w domu mojego niebiańskiego przyjaciela!

24. O Boże, Boże! – To zbyt wiele dobra na raz dla tak słabego śmiertelnika jak ja, dla takiej znikomości dobrych czynów, które ja, wielkie nic przed Tobą, o Panie, uczyniłem!" – I tu Cyreniusz głęboko wzruszony osunął się na krzesło i dopiero po chwili wziął się w garść i kontynuował z Tulią rozmowę.

102

Starania Cyreniusza o rękę Tulii. Tulia sprawdza Cyreniusza. Ewangelia miłości.

27 grudzień 1843

1. Cyreniusz zwrócił się ponownie do Tulii: „Tulio, czy chciałabyś dać mi swoją rękę i zostać moją prawowitą żoną, o co cię z głębi mojego serca proszę?"

2. A Tulia odpowiedziała: „A cóż uczyniłbyś ze mną, gdybym ci odmówiła?”

3. Wówczas Cyreniusz, chociaż nieco wzburzony, ale wciąż kierując się głosem serca, powiedział:

4. „Wtedy serce swe ofiaruję Temu, którego ty na swoich rękach trzymasz i odejdę stąd ze smutkiem!”

5. A Tulia, prowadząc dalej rozmowę, zapytała Cyreniusza: „A cóż byś powiedział na to, gdybym ja Tego, którego trzymam na ręku, poprosiła o radę, ażeby mi powiedział, co mam uczynić,

6. a On by mi odradził przyjąć twe oświadczyny i kazał pozostać w domu, który mnie tak przyjaźnie do siebie przyjął?”

7. Cyreniusz słysząc to, zawahał się, a potem z zakłopotaniem odpowiedział:

8. „Jeżeli by to się stało, wtedy, moja najwspanialsza Tulio, musiałbym bez słowa cofnąć moje oświadczyny i zapomnieć o moim pragnieniu!

9. Bowiem śmiertelnemu człowiekowi nie godzi się przeciwstawiać woli Tego, któremu posłuszne są żywioły.

10. Zapytaj więc teraz Dzieciątka, abym jak najszybciej wiedział, jak się ma moja sprawa!”

11. Wówczas Dzieciątko wyprostowało się i rzekło: „Ja nie jestem Panem tego, co z tego świata jest; dlatego we wszystkim, co z tego świata jest, jesteście przede Mną wolnymi!

12. Jeśli ujęła miłość wasze serca, to nie powinniście jej łamać!

13. Ponieważ nieważne jest u Mnie inne prawo małżeńskie jak tylko to, które zapisane jest ognistym pismem w sercach waszych.

14. I jeżeli wy, w zgodzie z tym prawem, już przy pierwszym spojrzeniu rozpoznaliście się, i to was złączyło, to nie powinniście się już rozstawać, jeżeli nie chcecie zgrzeszyć przede Mną.

15. Ja nie uznaję żadnego światowego związku za ważny, lecz tylko związek serc;

16. kto ten związek łamie, jest prawdziwym cudzołożnikiem przed obliczem Moim!

17. Ty, Cyreniuszu, jeżeli córkę tę serce twoje pokochało, nie powinieneś się od niej nigdy odwracać!

18. I ty, córko, jeżeli serce twoje zapałało przy pierwszym wejrzeniu miłością do Cyreniusza, to przede Mną jesteś już żoną jego i nie musisz się nią dopiero stać!

19. Gdyż u Mnie nie liczy się zewnętrzna zgoda albo sprzeciw, tylko zgodność waszych serc jest dla Mnie najlepszą wskazówką!

20. A więc zgodnie z tym pozostańcie od dziś dla siebie wiernymi, jedno drugiemu, abyście nie byli przede Mną jako łamiący Prawo!

21. Ale przeklęci niech będą wszyscy sprzeciwiający się Mojej miłości z jakichkolwiek ziemskich powodów!

22. Co jest ważniejsze – żywa Miłość, która ode Mnie pochodzi, czy ziemska, która wywodzi się z piekła?

23. Ale biada także i takiej miłości, która opiera się na normach ziemskich, na czymś, co ma swoje podstawy na ziemi – taka miłość jest przeklęta!”

24. Słowa te, wypowiedziane przez Dzieciątko, sprawiły, że wszyscy się przerazili i już nikt nie miał odwagi czegokolwiek powiedzieć w sprawie dotyczącej małżeństwa.

103

Boskie Dzieciątko wyjaśnia żywe, prawdziwe prawo małżeństwa. Miłość z rozsądku i miłość płynąca z serca. Wzmocnienie więzi obu kochających się przez posiadanie dziecka. Przeświadczenie Tulii o Boskości mieszkającej w Dzieciątku.

28 grudzień 1843

1. Mowa Dzieciątka zbiła z tropu wszystkich słuchających, spoglądali tylko jedni na drugich i milczeli. A Dzieciątko ponownie otworzyło usta i poczęło mówić:

2. „Dlaczego stoicie tacy smutni wokół Mnie? Przecież nie skrzywdziłem was!

3. Tobie, Mój Cyreniuszu, dałem to, czego pragnęło serce twoje, i także tobie, kochana Tulio; potrzeba wam czegoś więcej?

4. Czyż Ja powinienem żywe cudzołóstwo dobrym nazywać, kiedy wy, ludzie, na martwym cudzołóstwie nałożyliście karę śmierci?

5. Cóż byłoby to za pragnienie?! Czyż to, co w życiu się odgrywa, nie jest czymś więcej niż to, co osądzone jest w śmierci?

6. Myślę, że powinniście się cieszyć, a nie smucić, że tak to jest!

7. Kto kocha, kocha w sercu, czy w głowie?

8. Ale wy swoje prawa małżeńskie nie z serca, ale z głowy wydobyliście!

9. A życie jest tylko w sercu i wypływa z niego do wszystkich części ciała człowieka, i dlatego też i do głowy, która sama w sobie nie ma żadnego życia i w gruncie rzeczy nie jest żywą.

10. Jeżeli prawo głowy jest martwe i potwierdza śmierć, to przecież sprawiedliwiej jest respektować wiecznie żyjące prawo serca!

11. Dlatego radujcie się, że Ja, jako żywy wśród was, przyczyniam się ku prawu życia, bo jeśli bym tego nie czynił, to już dawno opanowałaby was śmierć wieczna!

12. Dlatego przyszedłem na ten świat, ażeby przeze Mnie rozpadły się i poszły w niepamięć wszystkie dzieła i prawa śmierci, a zamiast nich wprowadzone zostały i umocniły się stare prawa życia i bytowania!

13. Jeżeli wam zawczasu ukazuję, jakie są prawa życia, a jakie prawa śmierci, czy wyrządzam wam tym krzywdę, że tak się smucicie i boicie Mnie, jakbym zamiast życia śmierć wam przyniósł?!

14. O, wy nierozumni! We Mnie powróciło do was życie wieczne; radujcie się więc i nigdy więcej nie bądźcie smutni!

15. Ty, Mój Cyreniuszu, weź żonę, którą Ja tobie daję, a ty, Tulio, weź męża, którego Ja tobie przyprowadziłem i bądźcie razem, i jedno drugiego niech nie opuszcza!

16. A kiedy was cielesna śmierć rozdzieli, wówczas to, które pozostanie, wolnym będzie zewnętrznie, jednak miłość wasza trwać będzie wiecznie. Amen!”

17. Te słowa Dzieciątka wprowadziły wszystkich w wielkie zdumienie.

18. A Tulia przemówiła, drżąc z ogromnego przejęcia:

19. „O, ludzie! To oto Dziecko nie jest człowieczym dzieckiem, lecz Samą Najwyższą Boskością!

20. Gdyż w taki sposób nie może

żaden człowiek, lecz tylko Bóg mówić; tylko Bóg jako źródło życia może Sam prawa życia znać i może je w nas obudzić!

21. Ale my, ludzie, wszyscy jesteśmy martwi; i w jaki sposób moglibyśmy te prawa życia znaleźć i przestrzegać ich?

22. O Ty, ponad wszystko święte Dziecię, dopiero teraz widzę jasno to, czego przedtem jeszcze nie pojmowałam: Ty jesteś Panem Niebios i Ziemi w wieczności! Tobie niechaj oddam całe moje uwielbienie!"

104

Prośba Cyreniusza do Dzieciątka o błogosławieństwo. Dzieciątko domaga się, by Cyreniusz zrezygnował z Eudokii ze względu na Tulię. Wewnętrzna walka Cyreniusza. Silna wola Dzieciątka. Przyprowadzenie Eudokii do domu Józefa.

29 grudzień 1843

1. Te wzniosłe słowa Tulii zachwyciły Cyreniusza i podszedł on do Tulii, która trzymała Dziecię na rękach, a potem bardzo głęboko wzruszony powiedział do Dzieciątka:

2. „O Ty, moje Życie, Tyś prawdziwym Bogiem mego serca! A gdyś mnie łaskawie połączył z tą dziewczyną, to jako biedny grzesznik proszę Cię o błogosławieństwo Twoje, któremu pozostanę wierny, jak życie me długie!"

3. A wtedy Dziecię powiedziało: „Mój kochany Cyreniuszu, błogosławię ciebie i twoją kobietę Tulię!

4. Ale tę kobietę, z którą dotychczas żyłeś, i która była twoją, musisz Mi oddać!

5. Jeżeli nie uczyniłbyś tego, pozostałbyś przede Mną w grzechu cudzołóstwa; gdyż tamtą kobietę kochałeś – i kochasz jeszcze bardzo!

6. Lecz jeśli przekażesz Mi ją i ofiarujesz całkowicie, oddasz Mi również twój grzech.

7. A Ja po to przyszedłem na ten świat, aby wszystkie grzechy ludzi tego świata na Siebie wziąć i zgładzić je Moją miłością przed Jego boskim obliczem na wieki! – Niech tak się stanie!"

8. Cyreniusz zawahał się z początku, słysząc to stanowcze żądanie, bowiem jego wybranką była wyjątkowej piękności grecka niewolnica, którą za ciężkie pieniądze kupił.

9. Za jej piękność kochał ją Cyreniusz bardzo, mimo że nie miał z nią dzieci.

10. Greczynka ta miała już trzydzieści lat, a mimo to była jeszcze tak piękna, że przez zwykłych pogan była wprost ubóstwiana jako Wenus.

11. Dlatego to żądanie było dla dobrego Cyreniusza trudne do spełnienia i byłoby mu o wiele łatwiej, gdyby go nie usłyszał.

12. Ale Dziecko nie dało się zbić z tropu, tylko stało mocno przy Swoim żądaniu.

13. Cyreniusz widząc, że Dziecię nie chce ustąpić, powiedział:

14. „O Ty, moje Życie! Rozważ: moją wybrankę, piękną Eudokię, noszę głęboko w mym sercu i kiedy z niej zrezygnuję, będzie mi jej bardzo brakować!

15. Doprawdy, jeśli byłoby to możliwym, wolałbym odstąpić Ci Tulię, aniżeli tę tak piękną Eudokię!"

16. Ale Dzieciątko uśmiechnęło się do Cyreniusza i powiedziało: „Uważasz Mnie za kramarza?

17. O nie, kimś takim nie jestem! – Uważasz Mnie za kogoś, kto pozwala targować się ze sobą o wypowiedziane słowo?
18. O, posłuchaj Mnie, gdybyś do Mnie powiedział : «Zezwól, by przeminęło całe widzialne niebo i widzialna ziemia», to posłuchałbym tego prędzej, aniżeli wycofał raz przeze Mnie wypowiedziane słowa!
19. Zaprawdę powiadam ci: słońce, księżyc, gwiazdy i ta Ziemia przeminą i rozsypią się jak stare zbutwiałe odzienie; ale słowa Moje przez całą wieczność nie przeminą!
20. Dlatego rychło rozkażesz przyprowadzić tutaj Eudokię i dopiero wtedy otrzymasz pobłogosławioną przeze Mnie Tulię.
21. A jeśli będziesz się upierać, to sprawię, że Eudokia umrze – a Tulii nie dam ci już nigdy.
22. Bowiem to, co czynisz, musisz z wolnej woli uczynić; inaczej wymuszona czynność nie ma dla Mnie żadnej wartości!
23. Jeżeli Eudokia umrze, to obciąży cię jej śmierć i już nie będziesz mógł zostać mężem Tulii.
24. A jeśli ofiarujesz Mi dobrowolnie Eudokię, wtedy będziesz prawdziwie wolny i Tulia będzie mogła zostać twoją prawowitą żoną!
25. Ale dwóch kobiet zgodnie z Moim Porządkiem nie możesz posiadać; gdyż na początku stworzonym został jeden mężczyzna i jedna kobieta.
26. Czyń więc tak, jak ci powiedziałem, aby nie ściągnąć sądu na siebie!"
27. Te słowa Dzieciątka doprowadziły Cyreniusza do szybkiej decyzji; postanowił więc posłać do miasta po Eudokię.
28. Albowiem Cyreniusz przywiózł ją ze sobą z Tyru, ale nigdzie i nikomu jej nie pokazywał, by nikogo nie prowokować i nikogo nie wabić jej wdziękiem.
29. Nawet teraz nie zaufał nikomu innemu, tylko najstarszemu z synów Józefa i Maroniuszowi Pilli.
30. Ci dwaj w towarzystwie żołnierzy Cyreniusza wyruszyli niezwłocznie do jego rezydencji, gdzie przebywała piękna Eudokia, i przyprowadzili ją do domu Józefa. Eudokia nie rozumiała tego i dziwiła się, jak to jest możliwe, że Cyreniusz pierwszy raz wysłał po nią obcych mężczyzn, aby ją do niego przyprowadzili.

105

Ponowna prośba Cyreniusza o pozostawienie przy nim Eudokii. Odmowa Dzieciątka. Obruszenie i protest Eudokii. Zwycięstwo ducha Cyreniusza. Maria pociesza Eudokię.

30 grudzień 1843

1. A kiedy Cyreniusz ujrzał Eudokię obok Tulii, to zauważył, że jest o wiele piękniejszą od Tulii i zabolało go, że na zawsze się z nią rozstanie.
2. Dlatego jeszcze raz zapytał Dzieciątko, czy nie mógłby zatrzymać Eudokii przynajmniej jako dziewczyny usługującej i dotrzymującej towarzystwa Tulii.
3. Ale Dzieciątko odpowiedziało: „Mój Cyreniuszu! Możesz mieć tyle usługujących w domu dziewcząt, ile zechcesz,
4. ale nie Eudokię! Tę musisz tutaj

zostawić, i to dlatego, że Ja chcę tego dla twojego dobra!"

5. A kiedy Eudokia to zobaczyła i usłyszała, w jaki sposób małe Dziecko Cyreniuszem włada,

6. oburzyła się i powiedziała: „Na wszystkich bogów, cóż to ma być?! – Niepełnoletnie dziecko nakazuje temu, przed którym drży Azja i Egipt, kiedy on przemawia!

7. I ten wielki władca słucha bojaźliwie decyzji dziecka, które chce nim rządzić, i posłuszny jest temu, co ono mówi?!

8. A ja słyszę, że mam się z Cyreniuszem rozstać po to, aby inna moje miejsce zajęła!

9. O, to nie stanie się tak łatwo, jak myśli sobie to niepełnoletnie dziecko!

10. Byłoby to dla ciebie, potężny Cyreniuszu, czystą hańbą, gdybyś pozwolił temu małemu dziecku rządzić sobą; dlatego bądź mężczyzną i Rzymianinem!"

11. A kiedy Cyreniusz usłyszał to od Eudokii, wzburzył się i powiedział:

12. „Tak, Eudokio! Właśnie teraz pokażę ci, że jestem mężczyzną i Rzymianinem!

13. Spójrz, jeśli Dziecko, które Tulia bawi, nie byłoby boskiego pochodzenia i mówiłoby do mnie tym sposobem, nie słuchałbym i nie czynił, co mówi!

14. Ale to Dziecko jest najwyższego boskiego pochodzenia i dlatego chcę Je słuchać i wykonywać to, czego ode mnie będzie żądało!

15. Cóż byłoby dla ciebie lepszym: zrobić to, czego chce to Dziecię ponad wszystkimi dziećmi, czy umrzeć na wieki?"

16. Te słowa Cyreniusza skierowane do Eudokii zrobiły na niej ogromne wrażenie.

17. Zaczęła wprawdzie rozpaczać, że musi nagle z tylu wspaniałości zrezygnować,

18. ale pomyślała, że boskiej woli nie da już zmienić, i poddała się temu zrządzeniu.

19. Wówczas podeszła Maria do Eudokii i powiedziała: „Eudokio! – Nie smuć się z powodu tej zmiany!

20. Albowiem oddałaś teraz tylko niewiele znaczącą wspaniałość po to, aby o wiele większą w zamian otrzymać!

21. Widzisz, ja też jestem córką królewską, lecz ta królewska wspaniałość już dawno przeminęła, teraz zaś jestem służebnicą Pana – a to jest więcej aniżeli wszystkie królestwa tego świata!"

21. Te słowa podniosły Eudokię na duchu, a jej serce wzmocniło się teraz w domu Józefa.

106

Eudokia pragnie dowiedzieć się czegoś więcej o Dziecku. Maria wzywa do cierpliwości. Dzieciątko Jezus na rękach Eudokii prowadzi z nią rozmowę.

2 styczeń 1844

1. Eudokia poczęła wypytywać Marię, jak to się dzieje, że Dzieciątko wypełnione jest tak cudowną siłą, i co świadczy o Jego boskim pochodzeniu.

2. Jak to się stało, że Cyreniusz popadł w taką zależność i robi wszystko to, co Dzieciątko mu wskaże.

3. A Maria odpowiedziała jej, uśmiechając się miło: „Droga Eudokio!

Zważ, że nie każdy kij można złamać na kolanie!

4. Wszystko wymaga swojego czasu, cierpliwością osiągniemy więcej.

5. Kiedy pobędziesz u mnie dłużej, dowiesz się wszystkiego; a tymczasem uwierz, że to Dziecko większym jest aniżeli wszyscy razem wzięci bohaterzy i bogowie Rzymu!

6. Czy odczułaś przedwczoraj wielką potęgę sztormu?

7. Spójrz, siła ta pochodzi z potężnej ręki Tego, którego Tulia bawi.

8. Wspomnij, co uczyniła ta siła ze świątyniami w całym mieście i pomyśl, że to samo może ona z całą Ziemią uczynić!

9. Na początek wiesz już wystarczająco dużo i nie możesz na razie więcej wiedzieć ze względu na twoje dobro;

10. a kiedy będziesz bardziej dojrzałą, doświadczysz i dowiesz się więcej.

11. Dlatego proszę cię ze względu na twoje dobro, byś przed każdym milczała o tym; a jeśli będziesz mówiła, ściągniesz na siebie sąd!"

12. Te słowa Marii uspokoiły Eudokię i zaczęła nad tym wszystkim, co usłyszała, rozmyślać.

13. Zaś Maria podeszła do Tulii, wzięła od niej Dzieciątko i powiedziała do niej:

14. „Spójrz, mój Syneczek pobłogosławił cię już i dlatego będziesz szczęśliwą na wieki!

15. Ale tam siedzi biedna Eudokia; która jeszcze nie odczuła nieskończenie wielkiej dobroci Dzieciątka i Jego błogosławieństwa! Dlatego też chcę to Dziecię również i na ręce Eudokii położyć, aby odczuła, jaka moc z Niego wypływa!"

16. Potem zaniosła Maria Dzieciątko do Eudokii i powiedziała jej:

17. „Tu oto – Eudokio – jest moje i twoje Zbawienie! Weź Je na swoje ręce i odczuj, jaką słodyczą jest być matką takiego Dzieciątka!"

18. Z wielką godnością i czcią wzięła Eudokia Dziecię na swoje ręce;

19. ale nie miała odwagi przy tym tajemniczym Dziecku nawet się poruszyć.

20. Ale Dzieciątko uśmiechnęło się i przemówiło: „O, Eudokio! Nie obawiaj się Mnie; gdyż Ja nie jestem twą zgubą, lecz twoim Zbawieniem!

21. W krótkim czasie poznasz Mnie lepiej, aniżeli teraz Mnie znasz!

22. Potem nie będziesz się Mnie już obawiać, tylko kochać, tak jak Ja cię kocham!" – Te słowa odebrały Eudokii bojaźń i zaczęła się z Dzieciątkiem bawić oraz pieścić Je serdecznie.

107

Podziękowanie Cyreniusza. Szlachetna odwaga i mądrość skromnego Józefa. Cyreniusz przekazuje Józefowi ośmioro biednych dzieci do wychowania.

3 styczeń 1844

1. A wówczas Cyreniusz zwrócił się do Józefa: „Dostojny przyjacielu i bracie! W twoim domu znalazłem największe szczęście; powiedz, jakiej zapłaty ode mnie żądasz?

2. O, powiedz, w jaki sposób chociaż trochę mógłbym się odwdzięczyć za wszystko, co dla mnie uczyniłeś?

3. Tylko proszę, nie mów o tej posiadłości, bo jako podarunek ode mnie

jest ona zbyt nędzna i mało warta!"

4. A Józef odpowiedział: „O, bracie i przyjacielu, cóż ty o mnie myślisz?

5. Myślisz może, że ja kramarzem dobroczynności jestem i czynię dobro tylko za wynagrodzeniem?

6. O, w jak wielkim jesteś błędzie, jeśli w ten sposób myślisz o mnie!

7. Wiedz, że nie znam nic nędzniejszego od płacenia temu, który czyni dobro!

8. Doprawdy, niech będzie przeklęty dzień i godzina, w której urodzony zostałem, jeśli wziąłbym od ciebie chociaż jednego statera![9]

9. Dlatego weź ze spokojnym sumieniem oczyszczoną Tulię do siebie; co jej uczynisz i co biednym uczynisz, niech będzie zapłatą za moje czyny.

10. Niech dom ten ochroni się przed podarunkami, gdyż to, co posiadam, jest wystarczające dla nas wszystkich – po co nam więcej?

11. Sądzisz może, że chciałbym na utrzymanie Eudokii pieniędzy? – Och, o to bądź spokojny!

12. Wezmę ją do siebie jako córkę i będę ją wychowywać w łasce Boga.

13. A czy istnieje ojciec, który za wychowanie swojej córki kiedykolwiek chciałby być opłacanym?!

14. Powiem ci, Eudokia jest więcej warta aniżeli cały świat; dlatego też nie ma takiej zapłaty, która mogłaby tu być zaoferowaną!

15. A największa nagroda za moją pracę – jest tam! Ona spoczywa w tej chwili na rękach u Eudokii!"

16. A kiedy Cyreniusz tę wielką bezinteresowność Józefa ujrzał, powiedział mocno wzruszony:

17. „Zaprawdę, przed Bogiem oraz wszystkimi ludźmi tej Ziemi stoisz jako jedyny człowiek ponad wszystkimi ludźmi!

18. Ciebie wychwalać słowami byłoby daremnym; gdyż ponad każde słowo ludzkie jesteś dostojniejszym!

19. Ale ja wiem, co zrobię, aby wyrazić ci moją wdzięczność i to, jak wysoko cię szanuję i cenię.

20. Zrobię ci podarunek, którego przyjęcia na pewno nie odmówisz!

21. Posłuchaj, mam w Tyrze trzy dziewczynki i pięciu chłopców[10], są one dziećmi bardzo biednych rodziców, którzy już zmarli!

22. Przyślę te dzieci tutaj, aby zostały przez ciebie wychowane.

23. I możesz być pewnym, że o ich utrzymanie będę się troszczył.

24. Odrzucisz tę moją propozycję? – Nie, Józefie, mój wzniosły bracie, tego na pewno nie uczynisz!"

24. I odpowiedział Józef do głębi wzruszony: „Nie, bracie, tego nie odmówiłbym ci przenigdy! A zatem przyślij mi je najszybciej jak to tylko możliwe; i niech zostaną jak najlepiej zaopatrzone we wszystko, co im trzeba!"

108

Rozważanie Cyreniusza nad pobłogosławieniem jego małżeństwa przez arcykapłana Hymena. Rada Józefa i wielka radość Cyreniusza.

4 styczeń 1844

1. Cyreniusz tym zapewnieniem Józefa był uszczęśliwiony i powiedział:

2. „Dostojny przyjacielu, teraz wszystkie moje życzenia zostały spełnione i nie mam już więcej życzeń.

3. Tylko jedna fatalna okoliczność

mnie niepokoi i zakłóca moje szczęście:

4. Tulia, to niebiańskie stworzenie, jest teraz pobłogosławiona przez Boga jako moja prawowita kobieta; ale pomyśl, jestem wszak Rzymianinem i ze względu na moje pochodzenie muszę także dać się pobłogosławić kapłanowi.

5. Tego błogosławieństwa powinien mi udzielić wyższy kapłan Hymena i dopiero wtedy moje małżeństwo będzie prawnym i ważnym związkiem.

6. Jak mam to teraz wszystko przeprowadzić, gdy oprócz pozostałych przy życiu trzech kapłanów mniejszej rangi nie ma tutaj żadnego innego kapłana?"

7. Józef odpowiedział Cyreniuszowi: „Czemu martwisz się o drobiazgi?

8. Jeżeli ta sprawa jest tak ważna dla ciebie, to gdy powrócisz do Tyru, znajdziesz tam dość kapłanów, którzy za pieniądze mogą pobłogosławić twój związek małżeński – jeżeli już tak koniecznie chcesz tego błogosławieństwa.

9. Ale jeśli pozostawisz to tak, jak jest, uczynisz lepiej; gdyż jesteś też panem ponad swoim własnym prawem!

10. Ja jednak przypominam sobie, co słyszałem od pewnego Rzymianina, który mówił, że w Rzymie istnieje tajemne prawo, które głosi:

11. «Jeżeli mężczyzna wybiera sobie dziewczynę na przyszłą żonę w obecności niemego, głupiego lub małoletniego dziecka,

12. które jest podczas oświadczyn dobroduszne i uśmiecha się, to taki związek małżeński jest ważny, trzeba tylko ten fakt zgłosić odpowiedniemu kapłanowi, upoważnionemu do pobłogosławienia pobierających się,

13. przy czym nie powinno zabraknąć małej, dźwięczącej ofiary».

14. Jeżeli tak ma się sprawa, to cóż więcej potrzeba do tego?

15. Pozwól przyjść tym trzem kapłanom, którzy tu u mnie są; oni dadzą świadectwo, że ty w towarzystwie uśmiechającego się do ciebie, a nawet błogosławiącego cię Dziecka, które jest w czwartym miesiącu swojego życia, tę oto Tulię wybrałeś!

16. Masz więc to zupełnie niewinne świadectwo i trochę złota, cóż potrzeba tu więcej dla rzymskiego narodu?!"

17. A Cyreniusz podskoczył do góry z radości i przemówił do Józefa:

18. „Doprawdy, mój czcigodny przyjacielu, masz w zupełności rację! Rzeczywiście istnieje takie prawo; tylko nie pomyślałem i nie wpadłem na to!

19. Teraz jest wszystko w najlepszym porządku; zaproś do mnie tych trzech kapłanów, a ja omówię z nimi ten punkt, przeprowadzając właściwą rozmowę w tej sprawie!" – I Józef od razu polecił przyprowadzić tych milczących nadal trzech kapłanów do pokoju.

109

Rozważania kapłanów. Cyreniusz bierze odpowiedzialność na siebie. Świadectwo o zachłanności Rzymu. Cyreniusz zawiera związek małżeński z Tulią.

5 styczeń 1844

1. Trzej kapłani przyszli niezwłocznie i jeden z nich przemówił: „Tylko nakaz namiestnika kraju zezwala nam na rozwiązanie języków;

2. gdyż dziś rano złożyliśmy ślubo-

wanie, że przez cały dzień nie będziemy mówić i – poszcząc – nic do ust nie weźmiemy!

3. Lecz przerwiemy nasze milczenie wieczorem, kiedy namiestnik tego zażąda i na jego odpowiedzialność!

4. A Cyreniusz na to odpowiedział: „Nie chcę was zmuszać do naruszenia przysięgi i jeżeli jest to dla was kwestia sumienia, to biorę całą odpowiedzialność na siebie!

5. Tym bardziej, że znajduję się w domu Tego, którego te sprawy dotyczą, i jestem pewien, że poniosę za to mniejszą odpowiedzialność, aniżeli sobie wyobrażacie".

6. A Józef powiedział: „O bracie, z tej próby wyszedłeś zwycięsko. Powiedz im teraz, czego od nich chcesz".

7. Wówczas jeden z kapłanów zapytał Cyreniusza, co powinni dla niego zrobić.

8. A Cyreniusz krótko wyjaśnił kapłanom swoją prośbę.

9. Kapłani odpowiedzieli: „Prawo jest właściwe i okoliczności zgodne z tym prawem; ale my jesteśmy tylko kapłanami niższej rangi, dlatego nasze świadectwo nie będzie ważne!"

10. Wówczas Cyreniusz wyjaśnił im, że jeżeli nie ma kapłanów o wyższej randze – jak w tym przypadku – to może to uczynić każdy kapłan. I to będzie ważne. Tak bowiem mówi prawo.

11. Ale kapłani odrzekli: „To prawda; ale przecież przed dwoma dniami, kiedy to chcieliśmy złożyć ofiarę przynależną wyższym kapłanom, to nas potępiłeś!

12. A jeśli teraz zastosujemy prawo wyższych kapłanów, czy znowu nie będziesz nas chciał potępić?!"

13. A Cyreniusz odrzekł nieco rozdrażniony: „Wówczas potępiłem was, gdyż chcieliście najwyższe prawo kapłanów użyć w złej sprawie.

14. Lecz tu jest słuszne prawo za wami; jeśli postąpicie zgodnie z nim, to nie musicie się obawiać, że ktoś was potępi!

15. Pragnę wam za to przekazać dar, który zabezpieczy wasze życie! Oraz oczywistą ofiarę dla Rzymu!"

16. Kapłani odpowiedzieli: „Dobrze, ale my straciliśmy wiarę w bogów i nie chcemy mieć już więcej do czynienia z pogańskim Rzymem!

17. I jeszcze jedno: czy nasze świadectwo będzie ważne, gdy w Rzymie dowiedzą się, że przeszliśmy na wiarę Izraela?"

18. A Cyreniusz odpowiedział: „Wy wiecie tak jak i ja, że w Rzymie każde świadectwo jest ważne za odpowiednią cenę!

19. Dlatego czyńcie, czego od was oczekuję, a o wszystko inne już ja się postaram!"

20. Dopiero to zapewnienie przekonało ich, żeby wystawić wymagany przez Cyreniusza dokument i tym samym usankcjonować jego związek.

21. A kiedy Cyreniusz otrzymał już ich świadectwo, podał Tulii rękę i podniósł ją na znak, że jest jego prawowitą żoną,

22. i dał jej pierścień, po czym polecił przynieść dla niej z miasta królewskie szaty.

Tulia w królewskiej sukni. Ból Eudokii. Dzieciątko pociesza Eudokię. Łzy radości Eudokii. Uczestnictwo Marii.

8 styczeń 1844

1. W krótkim czasie przyniesiono Tulii królewskie szaty, które jej nałożono.

2. A Maria odebrała od niej swoją suknię; wyprała ją i zachowała dla siebie.

3. Cyreniusz chciał także i jej królewskie szaty podarować.

4. Ale Maria, tak samo jak wcześniej Józef, skromnie odmówiła.

5. Gdy jednak Eudokia zobaczyła Tulię przyodzianą w królewskie szaty, to zrobiło jej się ciężko na sercu i poczęła w skrytości wzdychać.

6. A wtedy Dzieciątko powiedziało cicho do niej: „Eudokio, powiadam ci, nie wzdychaj z powodu powabów świata, ale tylko przez wzgląd na twe grzechy, a będzie to lepsze dla ciebie!

7. Spójrz bowiem, Ja jestem kimś większym niż Cyreniusz i Rzym; jeśli masz Mnie, wtedy masz więcej, aniżeli byś cały świat posiadała.

8. Ale jeśli chcesz Mnie w doskonałej pełni posiadać, musisz żałować swoich grzechów, w których następstwie niepłodną się stałaś.

9. A kiedy będziesz z miłości do Mnie żałować swoich grzechów, to wtedy dopiero według wzrastającej miłości do Mnie będziesz mogła rozpoznać, kim Ja naprawdę jestem!

10. A kiedy Mnie rozpoznasz, będziesz o wiele szczęśliwszą, niż gdybyś była małżonką nawet samego cesarza!

11. Albowiem pomyśl, cesarz musi solidną straż posiadać, aby nie zostać zrzuconym z tronu.

12. Ja zaś wystarczam Sobie Sam! Duchy, słońca, księżyce, ziemie oraz wszystkie żywioły są Mi posłuszne i nie potrzebuję straży, i pozwalam się tobie na rękach nosić, pomimo to, iż jesteś grzesznicą!

13. Dlatego uspokój się i nie płacz; gdyż ty otrzymałaś to, co Tulii odebranym zostało, gdy otrzymała królewskie szaty!

14. A to jest nieskończenie więcej niż te złotem mieniące się królewskie suknie, które nie mają życia i niosą śmierć,

15. a tymczasem ty Życie na swych rękach nosisz i śmierci już nigdy nie zakosztujesz, jeśli Mnie pokochasz!"

16. Te słowa Dzieciątka tak uzdrawiająco podziałały na duszę Eudokii, że zapłakała z radości, szczęścia i zadziwienia.

17. A Maria, zauważywszy, że oczy Eudokii we łzach radości się kąpią, podeszła do niej i spytała:

18. „Miła Eudokio, cóż się dzieje z tobą, że w twoich oczach słodkie łzy odkrywam?"

19. A Eudokia odrzekła z głębokim westchnieniem:

20. „O, najszczęśliwsza z Matek całej Ziemi! Posłuchaj, twoje Dziecię cudownie do mnie przemówiło!

21. Zaprawdę, nie śmiertelni ludzie w przepychu ziemskiej wielkości, a tylko bogowie zdolnymi są, by władać takimi słowami!

22 Wielkie myśli i przeczucia wypełniają moje serce. Tak, jakby w tajemnych morskich głębinach odbijały się promienie gwiazd: podobnie wznoszą się we mnie i dlatego płaczę z zachwytu!"

23. A Maria powiedziała: „Eudokio, bądź cierpliwa, po gwiazdach przyjdzie i Słońce; w Jego świetle ujrzysz wtedy, gdzie jesteś! – Ale teraz zamilknij, gdyż Cyreniusz właśnie nadchodzi”.

111

Cyreniusz składa podziękowanie Dzieciątku. Dzieciątko błogosławi parę młodą. Józef zaprasza na posiłek weselny. Cyreniusz wraca do miasta.

9 styczeń 1844

1. Kiedy Cyreniusz i Tulia podeszli do Eudokii, która trzymała Dzieciątko na ręku, zwrócił się Cyreniusz do Dzieciątka i powiedział:

2. „O Ty, Życie moje. Ty moje Wszystko! Tobie jednemu dziękuję za moje wielkie i cudowne szczęście!

3. Zrobiłem dla Ciebie tak niewiele, a Ty wynagrodziłeś mnie niewypowiedzianie hojnie i przeobraziłeś mnie w najszczęśliwszego człowieka na Ziemi!

4. Powiedz mi, jak ja, żałosny grzesznik, mam Ci dziękować za Twoją łaskę!”

5. Wtedy Dzieciątko podniosło prawą rękę i powiedziało:

6. „Mój kochany Cyreniuszu Kwirynusie[11], błogosławię ciebie i twoją małżonkę Tulię, abyście żyli ze sobą szczęśliwie na tym świecie!

7. Ale powiadam ci też: nie uważaj się za szczęśliwego w szczęściu tego świata, lecz ujrzyj ten świat jako scenę widowiska złudy, a w ten sposób będziesz z właściwą mądrością się nim rozkoszować!

8. Gdyż wiedz, że wszystko na tym świecie jest przeciwieństwem tego, czym się wydaje i czym jest w rzeczywistości. Prawdziwa i sprawiedliwa na Ziemi jest tylko miłość, jeżeli wypływa prawdziwie z głębi serca.

9. Gdzie życie bez miłości ujrzysz, tam nie ma życia, ale śmierć!

10. Ale gdzie prawdziwa miłość panuje, tam jest życie i nie może go zniszczyć nawet śmierć!

11. Nie wiesz, jak słabe jest podłoże, na którym stoisz, ale Ja wiem i dlatego o tym ci mówię!

12. Dokop się głębokości tysiąca kłaftrów, a otworzy się przed tobą potężna przepaść, która cię pochłonie.

13. Nie zanurzaj się zbyt głęboko w ten świat ani nie ciesz się z odkrywania jego głębi;

14. kto bowiem zanurza się w ten świat za głęboko, przygotowuje swe własne pójście na dno.

15. I nie dowierzaj miejscu, na którym stoisz, bo pulchność gruntu może cię pochłonąć, kiedy dojdzie do wybuchu!

16. Pomyśl: wszystko na tym świecie może cię uśmiercić, gdyż wszystko samo w sobie śmierć nosi – tylko nie miłość, jeśli ją zachowasz w jej czystości.

17. Jeśli jednak zmieszasz ją z rzeczami tego świata, wtedy stanie się ciężka i może cię uśmiercić cieleśnie oraz duchowo.

18. Dlatego trwaj w czystej, bezinteresownej miłości; kochaj jedynego Boga, twego Ojca i Stworzyciela ponad wszystko, a twoich braci ludzi jak siebie samego; a będziesz miał życie wieczne w twojej miłości. Amen”.

19. Te mądre słowa Dzieciątka sprawiły, że Cyreniusz i wszyscy obecni wypełnieni zostali poważaniem i drżeli na całym ciele.

20. Ale Józef podszedł do Cyreniusza i przemówił: „Bracie, uspokój się i wyrusz z błogosławieństwem tego domu do miasta! Ale wszystko, co tu się wydarzyło, zatrzymaj w tajemnicy, przynajmniej na razie! A o poranku urządzimy wam weselną ucztę!” – A wtedy Cyreniusz udał się do miasta z Tulią i usługującymi.

112

Niespodzianka w domu Józefa; młodzieńcy w bieli pomocnikami w domostwie.

10 styczeń 1844

1. Było już późno, kiedy Cyreniusz opuścił zagrodę Józefa i udał się ze swoimi do miasta, a Józef zwrócił się do swoich synów, mówiąc:

2. „Dzieci, zatroszczcie się o gospodarstwo! Nakarmcie krowy i osły, a potem przygotujcie kolację, dobrą i świeżą, gdyż chcę dziś moją nową córkę przy radosnym posiłku zaadoptować i pobłogosławić!”

3. Synowie natychmiast poszli wykonać polecenie, czyniąc wszystko tak, jak im Józef polecił.

4. Ale wielkie było ich zdziwienie, kiedy zobaczyli w oborze kilku na biało odzianych młodzieńców, gorliwie obrządzających bydło Józefa.

5. Synowie Józefa zapytali ich, kto im tę pracę polecił wykonać i czyimi są oni sługami.

6. Młodzieńcy ci odpowiedzieli: „Jesteśmy po wszystkie czasy sługami Pana i Pan nam zlecił to czynić; dlatego też to czynimy!”

7. Ale synowie Józefa zapytali młodzieńców: „Kto jest waszym panem i gdzie on jest? Czy jest to może Cyreniusz?”

8. A młodzieńcy odpowiedzieli: „Nasz Pan jest też i waszym Panem, mieszka u was, ale Cyreniusz to nie Jego imię!”

9. Synowie Józefa pomyśleli, że to ich ojciec i zwrócili się do młodzieńców:

10. „Jeżeli tak, to chodźcie z nami, ażeby nasz ojciec, który jest panem tego domu, rozpoznał, czy rzeczywiście jesteście jego sługami!”

11. Lecz młodzieńcy odpowiedzieli: „Wydójcie najpierw krowy, a potem pójdziemy z wami waszemu Panu się przedstawić!”

12. Synowie Józefa wzięli naczynia i udoili trzy razy więcej mleka niż zazwyczaj, pomimo że wcześniej tak samo dbali o krowy.

13. I dziwili się bardzo z powodu tak dużej ilości mleka i nie mogli pojąć, dlaczego krowy tyle mleka dały.

14. A kiedy już zakończyli dojenie, młodzieńcy zwrócili się do nich:

15. „Zakończyliście już swą pracę, pozwólcie więc, że udamy się do domu, gdzie wasz i nasz Pan mieszka!

16. Ale ojciec polecił wam przygotować kolację i musi być przygotowana, zanim wejdziemy do pomieszczenia Pana!”

17. I udali się młodzieńcy do kuchni, a tam zastali już wielu innych młodzieńców zajętych przygotowywaniem smacznej wieczerzy!

18. Tym razem trwało to dłużej niż zwykle i udał się Józef, aby zobaczyć, co robią jego synowie.

19. I jakże zdziwił się, gdy zobaczył tłok w kuchni wypełnionej pracownikami!

20. I zapytał synów, co tu na Boga się dzieje!

21. Ale młodzieńcy w bieli odpowiedzieli na to: „Józefie, nie przejmuj się tym, gdyż co tu jest i co się dzieje, jest i dzieje się prawdziwie z woli Pana! – Pozwól nam najpierw przygotować wieczerzę, a później dowiesz się reszty od Samego Pana!”

113

Zdziwienie Marii ciągłym nawiedzaniem domu. Pocieszenie Józefa. Anioł oddaje głęboką cześć Dzieciątku. Dzieciątko przemawia do Archanioła. Wspólna wieczerza.

11 styczeń 1844

1. Józef powrócił zaraz do pokoju i opowiedział Marii i Eudokii o tym, co zobaczył.

2. Maria i Eudokia zadziwiły się niezmiernie; a Maria powiedziała:

3. „O wielki Boże, ani sekundy nie pozostawiasz nas bez Twoich nawiedzeń! – Zaledwie jedna noga opuszcza nasz dom, a już sto nowych wstępuje!

4. O Panie, czy nie chcesz nas obdarzyć chwilą wytchnienia?! Czyż mamy znowu gdzieś uciekać, może przed Rzymianami? Co jeszcze nam się tu objawi?”

5. Józef rzekł: „Kochana Mario, nie trwóż się niepotrzebnie! Pomyśl, jesteśmy przecież prawdziwymi wędrowcami na tym świecie, a Pan jest naszym Przewodnikiem!

6. Dokąd nas Pan zaprowadzi, tam za Nim pójdziemy zgodnie z Jego świętą wolą; gdyż jedynie On wie, co jest dla nas najlepszą rzeczą!

7. Ty boisz się bez przerwy, kiedy nam Pan coś nowego zsyła; ja natomiast cieszę się z tego, bo wiem, że On wie lepiej od nas, co dla nas jest najlepsze, i troszczy się o nas o każdej porze!

8. Dzisiaj rano Pan mocno mnie doświadczył i byłem z tego powodu bardzo smutny.

9. Jednak smutek nie trwał długo; zmarły syn powrócił do życia i cieszy się zdrowiem!

10. Czyń tak, jako i ja, a lepiej na tym wyjdziesz, aniżeli zamartwiając się daremnie i trwożąc jak dziecko!”

11. Te słowa uspokoiły Marię i zapragnęła obejrzeć młodzieńców i nowych kucharzy.

12. Już wstała i chciała iść, ale wtedy weszli do pokoju synowie Józefa z pełnymi misami różnego jedzenia, a za nimi podążali wszyscy młodzieńcy, wypełnieni najwyższą czcią i szacunkiem.

13. A gdy tylko zbliżyli się do Dzieciątka, upadli wszyscy na twarz przed Nim i pokłonili się, wielbiąc Je.

14. A Dzieciątko uniosło się i powiedziało do młodzieńców: „Powstańcie, Archaniołowie Moich nieskończonych Niebios!

15. Wysłuchałem waszej prośby! Wasza miłość pragnie Mi służyć także i tu, na Mojej niskości; a Ja, wasz Pan, jeszcze nigdy nie potrzebowałem waszych usług!

16. Ale gdy wasza miłość jest tak wielka, pozwalam wam pozostać tu trzy ziemskie doby. Służcie temu domowi, ale oprócz tutejszych domowników nikt nie powinien wiedzieć, kim jesteście.

17. A teraz usiądźcie do wieczerzy z Moim ojcem i Moją rodzicielką, i z ich córką, która Mnie na swym

ręku trzyma, i z trzema poszukującymi, i z Moimi braćmi!"

18. Wówczas młodzieńcy wstali, Maria wzięła Dzieciątko i wszyscy usiedli za stołem. Najpierw zaśpiewali razem z Józefem pochwalną pieśń, a potem wszyscy jedli oraz pili w radości i szczęściu.

19. Archaniołowie w osobach młodzieńców płakali ze szczęścia i mówili:

20. „Doprawdy, spoglądaliśmy na wieczność pełną najwyższej błogości;

21. ale największe rozkosze są niczym wobec tej chwili, w której przy stole Pana spożywać możemy wieczerzę z Jego dziećmi, a wśród nich jest On w całej Swojej pełni! – O Panie! Pozwól, abyśmy również mogli stać się Twoimi dziećmi!"

114

Rozmowa Marii z Zurielem i Gabrielem. Wskazówka Dzieciątka dotycząca Nowego Porządku w Niebie i na Ziemi. Eudokia ciekawa Posłańców Anielskich.

12 styczeń 1844

1. Po zakończonym posiłku oraz po złożeniu przez wszystkich hołdu wdzięczności Panu za Jego dary, jeden z młodzieńców zwrócił się do Marii:

2. „Mario, błogosławiona pośród wszystkich niewiast na Ziemi! – Czy pamiętasz, jak w Świątyni często towarzyszyłem tobie i przynosiłem ci dobre potrawy i słodkie napoje?"

3. Maria uśmiechnęła w sposób trochę wymuszony i powiedziała: „Tak, poznaję cię, ty jesteś Archanioł Zuriel! Droczyłeś się ze mną, gdyś do mnie mówił, nie pokazując się;

4. a ja musiałam cię długo prosić, byś mi się ukazał!"

5. A młodzieniec na to odpowiedział: „Błogosławiona Matko, to było wolą Pana, który cię nadzwyczaj kocha!

6. Tak jak twoje serce, jako źródło miłości, ciągle bije i twoją istotę ożywia i pobudza, nęci, szturcha i trąca,

7. taka jest też miłość Pana, iż On Sam Swoich umiłowanych ciągle do życia w duchu pobudza i zachęca, ale właśnie przez to życie tworzy i czyni je trwałym na wieczność!"

8. Maria uradowała się, słysząc to wyjaśnienie i chwaliła wielką dobroć Pana.

9. Potem zwrócił się do niej inny młodzieniec i powiedział: „Łaskiś pełna Dziewico! Poznajesz i mnie? Gdzieś około roku temu odwiedziłem cię w Nazarecie!"

10. A Maria poznała jego głos i powiedziała: „Tak, tak, ty jesteś Gabriel! Nie ma tobie równego! To ty oznajmiłeś Ziemi tę wielką Nowinę o zbawieniu wszystkich narodów!"

11. A młodzieniec odpowiedział: „O, Dziewico! Pan tylko posłużył się mną jako skromnym posłańcem Nowiny Jego Wielkiego Dzieła!

12. Jestem najmniejszym w Królestwie Bożym, a nie największym! – Co prawda przyniosłem Ziemi najświętszą i największą zapowiedź;

13. lecz nie oznacza to mojej wielkości, tylko odwrotnie, moją służebność w Królestwie Bożym!"

14. I zadziwiła się Maria, a także Józef słowami Archanioła oraz jego wielką skromnością i pokorą.

15. A Dzieciątko powiedziało: „Tak,

ten Anioł ma rację! Na początku był Mi najbliższym ten największy!
16. Ale się wywyższył i chciał być równym Mnie, i chciał Mnie przewyższyć, dlatego oddalił się ode Mnie.
17. Dlatego też zbudowałem Niebo oraz Ziemię i ustanowiłem porządek, w którym tylko najmniejszy będzie Mi najbliższym!
18. Ale teraz wybrałem dla Siebie niskość tego świata; i dlatego najwyższymi będą u Mnie ci, którzy tak jak Ja wybrali w swoim sercu skromność i pokorę.
19. I tak oto, Mój Gabrielu, masz rację i Matka też ją ma; gdyż jesteś największym, bowiem najmniej znaczącym z siebie i w sobie!"
20. A kiedy Dzieciątko te słowa do młodzieńca Gabriela wypowiedziało, padli na kolana wszyscy młodzieńcy i modlili się do Niego.
21. A Eudokia biła się z myślami, gdyż nie wiedziała, co ma o tych pięknych młodzieńcach sądzić.
22. Usłyszała, że nazwano ich Arcyposłańcami z Bożego Królestwa, ale zrozumiała, że chodzi o Palestynę i Górny Egipt. Dlatego zapytała, czyimi są wysłannikami.
23. A jeden z nich odpowiedział: „Eudokio, bądź cierpliwa! Pozostaniemy tutaj przez trzy dni i poznamy się lepiej!" – Eudokia zadowoliła się tymi słowami i udała się wkrótce na spoczynek.

115

Józef wzywa do nocnego spoczynku. Młodzieńcy ostrzegają o napadzie rabusiów. Napad. Zwycięstwo Aniołów.

13 styczeń 1844

1. A Józef powiedział: „Dzieci oraz przyjaciele! Jest już późno; myślę, że wszystkim nam pora iść spać!"
2. Młodzieńcy odpowiedzieli: „Tak, ojcze Józefie, masz rację, wy, którzy zamieszkujecie w przemijających ciałach, wzmocnijcie się sennym odpoczynkiem!
3. A my udamy się na zewnątrz domu i będziemy go ochraniać!
4. Bowiem przebiegły wróg życia dowiedział się, że tutaj Pan mieszka, i zaplanował nocą na ten dom morderczo napaść.
5. Ale my jesteśmy tu, aby ochraniać ten dom; i jeśli wróg przyjdzie, to będzie tego żałował".
6. Józef, Maria i wszyscy inni bardzo się przelękli, słysząc tę wiadomość.
7. A Józef powiedział: „W takim razie także i ja nie pójdę odpoczywać, ale razem z wami będę przez całą noc czuwał!"
8. Młodzieńcy zaś powiedzieli: „Nie martw się! Jest nas dość i siły w nas wystarczająco dużo, ażeby zamienić całe stworzenie w nicość, jeżeli by taka była wola Pana!
9. Jakże moglibyśmy się bać gromadki zarozumiałych złoczyńców?
10. Tak bowiem mają się sprawy: kilku przyjaciół kapłanów, którzy tu zginęli od huraganu, za podszeptem szatana dowiedziało się, że Cyreniusz stał się wielkim przyjacielem Żydów, i to za sprawą tego oto domu.
11. Przeto uknuli oni spisek i zaprzysięgli napaść tej nocy na twój dom i zabić wszystkich w nim przebywających.

12. Dlatego zjawiliśmy się tutaj, by was ochronić.

13. Bądź więc spokojny, a jutro rano zobaczysz, jaki jest skutek naszej nocnej straży!"

14. Kiedy Józef usłyszał to zapewnienie, podziękował za to Bogu i oddał Mu cześć i chwałę;

15. następnie wskazał Eudokii jako pierwszej jej sypialnię, pobłogosławił ją jako swoją córkę, a ona udała się zaraz na spoczynek.

16. Potem również i Maria poszła tam z Dzieckiem, które tym razem wzięła ze sobą do łóżka.

17. Kapłani także udali się do swej izby, a Józef z synami zostali w jadalni i postanowili tam siedzieć i czuwać.

18. Zaś młodzieńcy wyszli z domu i rozlokowali się wokół niego.

19. Kiedy nadeszła północ, na drodze wiodącej z miasta do zagrody Józefa dał się słyszeć szczęk broni.

20. W przeciągu kilku minut dom Józefa został otoczony przez trzystu uzbrojonych mężczyzn.

21. A gdy chcieli się oni przedostać do środka, powstali młodzieńcy i w mgnieniu oka unicestwili całą gromadę napastników – oprócz jednego,

22. którego związano i zatrzymano jako świadka.

23. I tak oto dom Józefa został w cudowny sposób uratowany, a mieszkańcy jego pozostali w pokoju i bezpieczeństwie, uwolnieni od groźby jakichkolwiek napaści w przyszłości.

116

Przygotowania do biesiady weselnej Cyreniusza. Hołd Aniołów dla kąpiącego się Dzieciątka. Przywrócenie życia wodą z kąpieli Dzieciątka.

15 styczeń 1844

1. Rano, jeszcze przed wschodem słońca, wszyscy w domostwie Józefa byli już zajęci pracą.

2. Młodzieńcy zaopatrzyli stajnię i zwierzęta, udali się do kuchni wraz z synami Józefa, gdyż trzeba było przygotować wiele potraw do posiłku weselnego Cyreniusza.

3. A sam Józef w towarzystwie Zuriela oraz Gabriela udał się na zewnątrz, gdzie ujrzał ciała zabitych i zapytał:

4. „Cóż mamy zrobić? Będziemy musieli ich pochować, zanim jeszcze przyjedzie z miasta Cyreniusz?!"

5. A dwaj młodzieńcy odpowiedzieli: „Józefie, nie troszcz się o to. Namiestnik powinien zobaczyć, jaka siła mieszka w twoim domu!

6. Dlatego niechaj zwłoki pozostaną tu i leżą aż do przybycia Cyreniusza; i niech on sam zarządzi ich sprzątnięcie".

7. Józef zadowolił się tą odpowiedzią i wrócił do domu z Aniołami.

8. A kiedy weszli do środka, Maria kąpała Dzieciątko, a Eudokia pomagała jej, jak tylko potrafiła.

9. Młodzieńcy widząc to, zatrzymali się na progu i stanęli z rękami skrzyżowanymi na piersiach; w szacunku oczekując, aż Dzieciątko zostanie wykąpane.

10. A kiedy Dzieciątko zostało ubrane w czyste odzienie, przywołało do Siebie Józefa i powiedziało:

11. „Józefie, na ziemi należącej do tego domu nikt nie powinien umrzeć.

12. Pragnę, abyś wziął tę wodę i ją przechował.

13. A kiedy przyjdzie tu Cyreniusz

i zobaczy zabitych, weź tę wodę i pokrop każdego z nich, a oni ożyją, by mogli być postawieni przed sąd.
14. Ale przedtem zwiążcie każdemu z zabitych ręce na plecach, aby po obudzeniu nie chwycili zaraz za broń, aby się bronić!"
15. A kiedy Józef to usłyszał, od razu wyszedł z dwoma młodzieńcami i uczynił to wszystko, o czym mówiło Dzieciątko.
16. Kiedy ostatniemu związali ręce, akurat przybył Cyreniusz w pełnej gali wraz ze swoją świtą.
17. I przeraził go widok tylu ciał powiązanych, więc zapytał wzburzony, co się tu stało.
18. A Józef opowiedział mu wszystko dokładnie i polecił zaraz przynieść wodę, i pokropił nią zwłoki, które jak z głębokiego snu zaczęły się podnosić.
19. Cyreniusz rozkazał odesłać spiskowców natychmiast do miejskiego więzienia.
20. A kiedy wszyscy pod silną eskortą zostali odprowadzeni do miasta, Cyreniusz ze swoją żoną udali się do domu, gdzie złożyli hołd uwielbienia Bogu Izraela.

117

Cyreniusz poirytowany napadem spiskowców. Józef zwraca uwagę na pomoc Pana. Cyreniusz i Anioł. Słowa Józefa otwierają oczy. Cudowna moc Anioła.

16 styczeń 1844
1. To zajście odebrało Cyreniuszowi radosny nastrój i doprawdy nie wiedział, co ma uczynić ze zdrajcami.
2. Dlatego podszedł do Józefa, aby to z nim omówić. Józef zaś odpowiedział:
3. „Bądź dobrej myśli, mój bracie w Panu! Bowiem z tej przyczyny nie spadnie ci włos z głowy.
4. Jednakże pomyśl: jesteś na Ziemi największym moim przyjacielem i dobroczyńcą; ale na cóż by mi się cała twoja przyjaźń dzisiejszej nocy zdała?
5. Dzisiejszej nocy podstępni mordercy mogliby mnie i moich domowników pozbawić życia, a ty przybywszy rano nie znalazłbyś już po nas śladu!
6. I kto okazał się moim wybawcą? Kto wiedział o spisku wcześniej i na czas przysłał mi swoją pomoc?
7. Spójrz, to był Pan, mój oraz twój Bóg! – A więc bądź dobrej myśli; gdyż i ty jesteś teraz pod ochraniającą ręką Pana, a On nie dopuści, aby choć jeden włos spadł z głowy twojej!"
8. Ze wzruszeniem w sercu podziękował Cyreniusz Józefowi za tę pociechę, mając u boku Tulię, która się Dzieciątkiem zajmowała.
9. W tym momencie spostrzegł on dwóch pięknych młodzieńców w izbie i wielu innych w kuchni.
10. Więc spytał Józefa, skąd oni się wzięli i czy też należą do tych uratowanych nieszczęśliwców.
11. Lecz Józef mu odpowiedział: „Każdy Pan ma swoje sługi, a ty wiesz przecież, że moje Dzieciątko też jest Panem!
12. Oto są Jego słudzy; ci sami, którzy dzisiejszej nocy nasz dom od zagłady uchronili!
13. Jednakże nie próbuj zgadywać,

z jakiego kraju pochodzą, albowiem niczego pewnego w tej sprawie się nie dowiesz; wiedz tylko, że dysponują oni nieopisaną siłą i mocą!

14. Oni ci nic nie powiedzą, a przymusem przeciwko nim także nic nie wskórasz, bo są zbyt potężni i silni!"

15. A Cyreniusz zapytał: „Zatem to półbogowie, o jakich słyszy się w naszych starodawnych opowieściach?

16. Ale jakże to?! Czy oprócz jedynego Boga macie jeszcze półbogów, którzy służbę dla ludzi pełnią?!"

17. A Józef odpowiedział: „O bracie, myliłbyś się bardzo, jeżeli byś tak sądził! O półbogach w naszej wierze nie ma żadnej mowy;

18. a tylko o błogosławionych duchach, które są teraz Aniołami Bożymi; oni tak jak i my żyli kiedyś na tej Ziemi!

19. Lecz o tym, czego teraz dowiedziałeś się ode mnie, milcz – tak jakbyś o tym nigdy nie słyszał – inaczej może cię coś złego spotkać!"

20. Słysząc to, Cyreniusz położył palec na ustach i przysiągł milczeć o tym do końca swego życia.

21. A potem przystąpiło do Cyreniusza dwóch młodzieńców i rzekli: „Wyjdź teraz z nami na zewnątrz, żebyśmy mogli ci swą moc okazać!"

22. I Cyreniusz wyszedł z nimi na zewnątrz, i wyobraźcie sobie, że góra, którą było widać w oddali, zniknęła po jednym słowie wypowiedzianym przez młodzieńca!

23. Wówczas Cyreniusz zrozumiał, dlaczego musi milczeć; i przez całe swoje życie milczał, nic nie mówiąc o tym, co widział, jak też i ci, którzy z nim byli.

118

Różnica między potęgą Pana i potęgą Jego sług. Cyreniusz pyta o zadania i sens Aniołów. Przypowieść o kochającym ojcu i jego dzieciach.

17 styczeń 1844

1. Po tym młodzieńcy przyprowadzili Cyreniusza z powrotem do domu, do pomieszczenia, gdzie byli wszyscy zgromadzeni – Józef, Maria z Dzieciątkiem, Tulia, Eudokia, trzej kapłani, Maroniusz i jeszcze kilka osób ze świty Cyreniusza.

2. Józef podszedł zaraz do Cyreniusza i zapytał go:

3. „Mój oświecony bracie, co myślisz o tych sługach Pana?"

4. Cyreniusz na to odpowiedział: „Mój dostojny bracie, w rzeczywistości między Panem a nimi nie ma żadnej różnicy, bo są równie silni jak On!

5. Dzieciątko unicestwiło swego czasu skinieniem ręki wielki posąg Zeusa;

6. a słudzy Jego zniszczyli jednym słowem całą górę! – Powiedz, jaka różnica między Panem a sługami!?"

7. A Józef na to odpowiedział Cyreniuszowi: „Przyjacielu, jest między nimi przeogromna różnica!

8. Pan tworzy oraz czyni wszystko wiecznie z Siebie Samego; natomiast Jego słudzy potrafią to czynić tylko w imieniu Pana, kiedy On zechce!

9. A gdyby nie mieli mocy od Niego, to potrafiliby tyle co ty i ja – nawet pyłku nie potrafiliby poruszyć!"

10. Cyreniusz odpowiedział: „Zrozumiałem i nie potrzeba mi już tego dalej wyjaśniać.

11. Ale wytłumacz mi teraz – do czego Panu są potrzebni ci słudzy, skoro sami w sobie żadnej siły nie posiadają, bowiem jeden Pan tworzy i działa?"

12. Józef odpowiedział: „Kochany bracie, tu jest Dzieciątko, zwróć się do Niego z tym zapytaniem. Ono da ci najlepszą odpowiedź".

13. I Cyreniusz tak zrobił. Dzieciątko zaś odrzekło:

14. „Cyreniuszu, jesteś żonaty i zeszłej nocy zapłodniłeś swoją żonę, chcąc mieć potomstwo!

15. A Ja ci powiadam: otrzymasz dwanaścioro potomstwa. Lecz jeśli chcesz być ojcem dwanaściorga dzieci, to odpowiedz Mi, po co je chcesz mieć?

16. Czyż bez dzieci nie mógłbyś uporać się z twoimi sprawami i obowiązkami?"

17. Tu zawahał się Cyreniusz i dopiero po chwili odrzekł zakłopotany:

18. „Naturalnie, że dzieci nie są mi potrzebne do działalności w sprawach państwowych, które toczą się zgodnie z ustanowionym porządkiem i istniejącymi prawami.

19. Ale w moim sercu odczuwam potrzebę posiadania dzieci, a ta potrzeba nazywa się miłością!"

20. A Dzieciątko odpowiedziało: „Dobrze! Ale kiedy już będziesz miał dzieci, czy z miłości do nich nie zachęcisz ich do zajmowania się twoimi sprawami albo nie zaopatrzysz je w pełnomocnictwa i nie obdarzysz władzą i siłą, lub nie uczynisz z nich swoich ważnych pomocników?"

21. Cyreniusz odpowiedział: „O Panie, na pewno to uczynię!"

22. A Dzieciątko odrzekło na to: „Widzisz, jeśli ty jako człowiek uczynisz to ze swoimi dziećmi z miłości do nich, to czy Bóg nie może uczynić podobnie ze Swoimi dziećmi?"

23. Ta odpowiedź wyjaśniła Cyreniuszowi wszystko i napełniła go, jak też i wszystkich obecnych, uczuciem najwyższego szacunku, i nie pytał już o nic więcej.

119

Dyspozycje Józefa co do weselnej uczty. Założenie świątecznego ubioru. Promieniste odzienie Aniołów. Uczucie niepokoju u Cyreniusza i innych. Ponowne odłożenie świątecznego ubioru.

18 styczeń 1844

1. I przyszli także synowie Józefa, mówiąc do niego: „Ojcze, posiłek poranny jest już gotowy!

2. Jeżeli chcesz, to uporządkujemy stół i podamy jedzenie!"

3. A Józef odpowiedział: „Dobrze, moje dzieci, uczyńcie to, ale ubierzcie swoje nowe odzienie; gdyż będziemy jeść posiłek weselny z Cyreniuszem!

4. Wy także musicie być przy stole, dlatego powinniście być odświętnie ubrani! Idźcie i uczyńcie wszystko, byście dobrze i uroczyście wyglądali!"

5. Synowie wykonali dokładnie to, co im Józef polecił i należycie przygotowali stół.

6. A dwóch młodzieńców podeszło do Józefa i powiedziało do niego:

7. „Ojcze Józefie, jak uważasz, że jest najlepiej? Spójrz, ubranie, które mamy, jest tylko roboczym; czy i my powinniśmy nowe odzienie na siebie założyć?"

8. A Józef im na to odpowiedział: „Wy jesteście Aniołami Pana, a to ubranie, które na sobie teraz macie, jest i tak najpiękniejszym odzieniem weselnym, dlaczegóż więc mielibyście jakieś inne zakładać?"

9. Lecz młodzieńcy odpowiedzieli: „Ależ my nie chcielibyśmy sprawić nikomu przykrości; to, co poleciłeś uczynić swoim synom, również i my możemy zrobić, żeby usiąść przy twoim stole; możemy założyć odzienie weselne!

10. Dlatego pozwól nam wyjść, żebyśmy i my mogli nasz ubiór zmienić tak jak twoi synowie!"

11. A Józef odrzekł: „Uczyńcie tak, jak Pan wam nakazał! Wy pozostajecie sługami Pana i znacie Jego wolę; a więc czyńcie tak, aby wszystko było zgodne z wolą Pana!"

12. Obaj młodzieńcy wyszli, a po chwili ponownie się pojawili razem z synami Józefa i pozostałymi młodzieńcami, ubrani w jasne i lśniące odzienie w odcieniu koloru nieba podczas brzasku poranka;

13. zaś ich oblicza, stopy i ręce promieniowały łagodnym światłem złocistego wschodzącego słońca.

14. Cyreniusz i jego bliscy przelękli się, ujrzawszy promieniujący z nich blask i majestat.

15. Cyreniusz zaniepokojony zwrócił się do Józefa:

16. „Najdostojniejszy przyjacielu, teraz przekonuję się o wspaniałości twojego domu. Pozwól mi jednak wyjść, albowiem ta wspaniałość pochłania mnie, przeraża i dech zapiera!

17. Dlaczego kazałeś założyć twoim synom odświętne odzienie? Gdyby pozostali w swojej dawnej prostocie, ona korzystnie oddziaływałaby na nasze dusze!"

18. Wówczas Józef oprzytomniał, ponieważ od blasku i jasności, które biły od młodzieńców, jego serce też zamierało z wrażenia. Wezwał zaraz swoich synów i kazał im ubrać z powrotem stare odzienie.

19. Synowie Józefa wyszli, a młodzieńcy podążyli za nimi i również zamienili swoje odzienie, i powrócili razem z synami Józefa w swojej poprzedniej prostocie.

20. Wówczas Cyreniuszowi zrobiło się lżej na duszy i usiadł za stołem ze swoją młodą żoną i bliskimi.

21. Po jednej stronie zasiadł Cyreniusz ze swoją żoną i bliskimi, a po drugiej stronie siedzieli: Józef, Maria z Dzieciątkiem, Eudokia, synowie Józefa i młodzieńcy. Wszyscy poczęli jeść i pić po tym, jak Józef zaśpiewał pieśń pochwalną.

22. Wielu ze zgromadzonych uczestników świty Cyreniusza myślało, że siedzą przy stole u boku wcielonych bogów Olimpu i nie wiedzieli, co mają począć z uczuciem rozkoszy, którym byli przepełnieni; gdyż nie wiedzieli o domu Józefa, jakiego był on rodzaju.

120

Józef zatroskany o Święta. Uspakajające wyjaśnienie Aniołów. Nowa troska Józefa dotycząca obecności pogan. Odpowiedź Dzieciątka.

19 styczeń 1844

1. Po smakowitym posiłku, który trwał około godziny, Józef złożył Bogu dziękczynienie, po czym wszyscy wstali od stołu.

2. Ale ze względu na to, że był to

piątek, dzień poprzedzający szabat, na który to dzień przypadała akurat Pascha, Józef był zaniepokojony, bowiem nie wiedział, jak w towarzystwie Rzymian to święto powinien obchodzić.

3. Wiedział bowiem, że Rzymianie przyjdą do niego w sobotę paschalną tak jak w powszedni dzień tygodnia.

4. Dlatego był w kłopocie i łamał sobie głowę, jak z tego wybrnąć, by móc świętować tę wyjątkową, świętą dla niego sobotę.

5. Wówczas obstąpili go młodzieńcy i powiedzieli: „Wysłuchaj nas sprawiedliwy i zatroskany mężu!

6. Wiadomo ci jest, że w ten dzień Aniołowie Boży, a więc: Archanioły, Cherubini i Serafini pojawiali się w Jerozolimie.

7. I że miejsce najświętsze było przez nich zamieszkałe – wiesz o tym ty i twoja żona.

8. Ponieważ my zawsze podążamy za Panem, dlatego też jesteśmy tutaj.

9. Kiedy Pan był w Świątyni – to i my tam byliśmy.

10. Ale teraz mieszka On tutaj, a my też tu jesteśmy, aby świętować z tobą Paschę.

11. Jak mógłbyś lepiej dzień Paschy świętować niż tak, jak my ją będziemy świętować?!

12. Posłuchaj, my będziemy jutro czynić to, co dziś czyniliśmy, i jeszcze coś czynić będziemy, co będzie słuszne!

13. Czyń to samo, a będziesz z nami, w pełnej obecności Pana, szabat i Paschę prawidłowo obchodzić!

14. Zapytaj najdostojniejsze Dzieciątko, a Ono ci to samo powie i poświadczy wszystko, co mówimy!"

15. A Józef odpowiedział: „Wszystko to słuszne, dobre i prawdziwe, ale co z Prawem Mojżesza? Weźcie to pod uwagę! Czyż ono już nie obowiązuje?"

16. A młodzieńcy odrzekli na to: „Sprawiedliwy mężu, mylisz się – powiedz sam, czyż Mojżesz kiedykolwiek Paschę do Jerozolimy przeniósł?

17. Czyż nie nakazał on świętować Paschę tam, gdzie jest Pan z Arką Przymierza?!

18. Otóż spójrz, Pan już nie jest z Arką Przymierza, lecz jest On z tobą, mieszka w twoim domu!

19. Zatem powiedz sam, gdzie – według słów Mojżesza – Pascha powinna być obchodzona?"

20. A Józef odpowiedział: „Jeśli tak, to rzeczywiście święto powinno być tu obchodzone! Lecz cóż zrobimy z tyloma poganami, którzy się tutaj znaleźli?"

21. Młodzieńcy odrzekli: „O, sprawiedliwy synu Dawida, nie przejmuj się tym, lecz czyń to, co my czynić będziemy, a wszystko będzie w porządku!"

22. A Dzieciątko zwróciło się do Józefa w obecności młodzieńców, którzy upadli przed Nim w pokłonie:

23. „Józefie, jak dziś, tak i jutro, i pojutrze – nie troszcz się o tych nieobrzezanych, gdyż są teraz dla ciebie lepsi jak ci obrzezani!

24. Zrozum, że sens nie leży w obrzezaniu ciała, ale serca.

25. Ci Rzymianie mają szlachetne, obrzezane serca; dlatego obchodzić będę Paschę z nimi, a nie z Żydami!"

26. Te słowa przywróciły Józefowi równowagę, został napełniony radością, a wszystkie zmartwienia i troski pozostawił młodzieńcom na okres Paschy.

121

Cyreniusz zaprasza Józefa do zamku na święto Paschy. Józef zatroskany o święto. Uspokajające słowa Dzieciątka: „Gdzie Ja jestem, tam też jest prawdziwa Pascha".

20 styczeń 1844

1. Gdy wszystko w sprawie Paschy już zostało ustalone, a Józef ze wszystkim się zgodził,

2. podszedł do niego Cyreniusz i powiedział: „Dostojny przyjacielu oraz bracie mój! Dzisiaj jestem twoim gościem i zostanę u ciebie do wieczora!

3. Ale jutro chcę urządzić małą ucztę w moim zamku i zapraszam wszystkich, tak jak tu są zgromadzeni,

4. i mam nadzieję, że tej przyjemności mi nie odmówisz?!

5. Nie myśl, że robię to, chcąc się odwdzięczyć albo wynagrodzić ci twoją gościnność. Robię to z uczucia wielkiej miłości i głębokiego szacunku dla ciebie i całej twojej rodziny.

6. Gdyż wiedz, że przełożyłem swój wyjazd na pojutrze, bowiem muszę wyjechać wcześniej niż zamierzałem;

7. pilne sprawy zmuszają mnie do zmiany moich planów.

8. Z powodu mojego wyjazdu byłbym szczęśliwy, gdybym cię mógł u siebie zobaczyć i urządzić to godne ciebie przyjęcie".

9. Józef znowu popadł w zakłopotanie i nie wiedział, co ma odpowiedzieć. Przed nim była Pascha, którą chciał świętować u siebie, w swoim domu.

10. Dlatego odpowiedział Cyreniuszowi: „Wielce szanowny przyjacielu i bracie w Panu!

11. Wiedz, że u nas Żydów jest wielkie święto i każdy, jeżeli ma możliwość, powinien być w swoim domu – jeżeli tylko nie może w tym dniu udać się do Świątyni w Jerozolimie.

12. Zadam gwałt swojemu sumieniu, jeśli nie postąpię zgodnie z tym prawem!

13. Dlatego nie mogę przyjąć twojego zaproszenia.

14. Ale jeżeli ty zgodzisz się przyjść do mnie i uczestniczyć w mym święcie, które już jest także twoim świętem, to sprawisz mi tym wielką przyjemność".

15. Cyreniusz na to odpowiedział: „Bracie, czyż jesteś mniejszej wiary aniżeli ja – poganin od urodzenia?!

16. Kim jest twoje Dziecko? Czyż nie jest ono Panem, z którego wszelkie twoje prawo bierze swój początek?!

17. Nie są ci oto młodzieńcy Jego arcysługami? – Czyż nie ma przywileju Ten oto potężny o prawie decydować?!

18. A jeśli On wysłucha mej prośby, czy ty będziesz i wtedy twe święto za ważniejsze od Jego boskiego Słowa uważał?"

19. Tu podniosło się Dzieciątko i powiedziało: „Tak, Cyreniuszu, powiedziałeś prawdę; ale zachowaj to wszystko dla siebie!

20. Rano będziemy wszyscy twoimi gośćmi; gdyż tam, gdzie Ja jestem, tam jest też prawdziwa Pascha – bowiem Ja jestem Wybawcą dzieci Izraela z niewoli Egiptu!"

21. Józef, słysząc te słowa, przyjął zaproszenie Cyreniusza.

122

Pytania Józefa o gruzy zniszczonych świątyń, o przyszłość i los buntowników i trzech kapłanów, a także o ośmioro dzieci. Odpowiedź Cyreniusza.

22 styczeń 1844

1. Po uzgodnieniu, w jaki sposób zostanie spędzona Pascha, zadowolony Józef pytał dalej Cyreniusza, jak wygląda sprawa z usuwaniem gruzów zniszczonych świątyń i z ludźmi, którzy zostali odnalezieni.

2. I Cyreniusz mówił: „O, mój najczcigodniejszy bracie i przyjacielu, o to nie musisz się troszczyć;

3. gdyż podjąłem już jak najlepsze decyzje!

4. Gruzy do ostatniego kamyczka zostały już usunięte, zabici kapłani – pochowani, a uratowanych zabiorę pojutrze do Tyru, gdzie rozporządzę, co z nimi dalej się stanie!

5. Tak oto przedstawia się ta sprawa! Myślę, że jest to dobre i sprawiedliwe rozwiązanie".

6. A Józef odpowiedział: „Tak, doprawdy, lepiej nie zatroszczyłby się nawet ojciec o własne dzieci!

7. Ale co zamierzasz uczynić z buntownikami, którzy wczorajszej nocy dom mój napadli?"

8. Na to Cyreniusz odrzekł: „Posłuchaj, to są najwięksi zdrajcy i zasłużyli sobie na karę śmierci.

9. Ale wiesz, że nie jestem zwolennikiem rozlewu krwi, lecz tego największym wrogiem!

10. Dlatego też umorzyłem im karę śmierci, ale otrzymali inną karę i pozostaną dożywotnio niewolnikami!

11. Myślę, że nie będzie to zbyt dużą karą, zwłaszcza, że jeśli ktoś postara się szczególnie swe błędy naprawić, to odzyska nawet potajemnie swą wolność.

12. Wszystkich zabieram ze sobą do Tyru, gdzie zarządzę, co dalej".

13. A Józef odpowiedział: „Kochany bracie! I w tym przypadku postąpiłeś zgodnie z boskim porządkiem i dlatego pragnę cię pochwalić jako prawdziwie mądrego zarządcę!

14. Ale mam jeszcze coś na sercu! Są tam także ci trzej kapłani; co ma się z nimi stać według twej woli?"

15. Cyreniusz odpowiedział: „O, dostojny przyjacielu i bracie, o nich też się już zatroszczyłem.

16. Maroniusz weźmie ich do siebie i wyszkoli na urzędników.

17. Powiedz, czy to pochwalasz? – Doprawdy, gdyby moja mądrość była głębsza, mógłbym z pewnością lepiej rzecz rozsądzić!

18. Ale myślę, że postąpiłem tak, jak umiałem najlepiej, i wierzę, że twój Pan i Bóg pobłogosławi moje wysiłki i moją dobrą wolę".

19. A Józef na to odrzekł: „Pan pobłogosławił już twoje myśli i twoją wolę, dlatego też podjąłeś najlepsze decyzje!

20. Mam do ciebie jedno jeszcze pytanie: Kiedy przyślesz mi obiecane dzieci na wychowanie – pięciu chłopców i trzy dziewczynki?"[12]

21. Cyreniusz na to odpowiedział: „Mój bracie i mój przyjacielu, to będzie moją pierwszą troską po przyjeździe do Tyru!

22. A teraz pozwól nam wyjść na zewnątrz, gdyż dzień jest wyjątkowo przyjemny i pragniemy tam naszego Pana chwalić". I Józef, nie czekając długo, postawił cały dom na nogi.

123

Wymarsz na świętą górę. Napotkane dzikie zwierzęta. Poskromienie bestii przez dwóch niebiańskich młodzieńców.

23 styczeń 1844

1. Cyreniusz ze swoją świtą, Maroniusz z trzema kapłanami, Józef z Marią i Dzieciątkiem, dwóch młodzieńców i Eudokia utworzyli zastęp, który wyruszył w drogę.

2. Maria i Eudokia wsiadły na osły, które prowadzili obaj młodzieńcy.

3. Inni młodzieńcy pozostali w domu z synami Józefa, pomagając im zatroszczyć się o całe gospodarstwo oraz w celu przygotowania obiadu, który dopiero wieczorem miał zostać spożyty.

4. A góra, na którą wyruszyli, znajdowała się poza miastem i była gęsto porośnięta drzewami cedrowymi, a jej wysokość wynosiła około czterystu klaftrów.

5. Poganie uważali ją za świętą, dlatego nie wolno było wyrąbywać na niej drzew.

6. Na górę wiodła tylko jedna droga, która była zbudowana przez kapłanów. Prowadziła na sam wierzchołek góry, gdzie stała świątynia, z której roztaczał się na wszystkie strony piękny widok.

7. Ale w zalesionej części tej szeroko rozpościerającej się góry zamieszkiwało mnóstwo drapieżnych zwierząt; dlatego też wejście na górę było niebezpieczne.

8. Trzej kapłani wiedzieli o tym. Dlatego podeszli do Cyreniusza idącego z przodu i uprzedzili go o czyhającym na górze niebezpieczeństwie.

9. A Cyreniusz rzekł: „Czyż nie widzicie, że się nie boję?

10. Czemu miałbym się bać? – Jest przecież Pan Niebios i całego świata pośród nas i dwóch z Jego wszechmocnych sług".

11. Kapłani poczuli się upomnieni, cofnęli się na swe miejsca i cała grupa ruszyła naprzód.

12. Kiedy towarzystwo weszło w gęstwinę i kiedy przez nią przez pół godziny wędrowało, nagle z gąszczu wyskoczyły trzy ogromne lwy i stanęły przed Cyreniuszem, zagradzając mu drogę.

13. Cyreniusz przeraził się ogromnie i zaczął wołać o pomoc.

14. Wówczas młodzieńcy wystąpili naprzód i poskromili lwy, które rycząc, usunęły się z miejsca;

15. jednak nie uciekły z powrotem w gąszcz, tylko towarzyszyły grupie, podążając z boku, nikomu nic złego nie czyniąc.

16. Potem znowu pojawiła się cała gromada lwów, tygrysów i panter.

17. A kiedy drapieżniki dostrzegły obu młodzieńców, rozdzieliły się, ustępując drogi wędrującym.

18. Wielu ze świty Cyreniusza osłupiało na ten widok, nie mając odwagi nawet oddychać.

19. A gdy zauważyli, że przy Dzieciątku bestie łaszą się i pokładają na ziemi, rozjaśniło się w głowach pogan i zaczęli odkrywać, kto w Dziecku mieszka.

Zasłabnięcie Eudokii i Tulii. Jadowite węże na wzgórzu. Oczyszczenie terenu przez Marię i Dzieciątko. Zdumienie świty Cyreniusza.

24 styczeń 1844

1. Stado bestii nie zawróciło, lecz towarzyszyło idącym, cicho pomrukując.

2. Eudokia i Tulia wpadły w przerażenie na ten widok i uległy chwilowemu omdleniu;

3. ale Józef i Maria ocucili je i przemawiając do nich, dodali im tyle odwagi, że wkrótce bez żadnej bojaźni wędrowały dalej.

4. I cały orszak wędrował już dalej bez przeszkód, i bez trudu osiągnął samą górę.

5. A tam, na samym wierzchołku, znajdowała się przestronna polana, niezwykle malownicza. W samym jej środku wznosiła się świątynia, ale tu znów czekała na wędrowców niemiła niespodzianka.

6. Cały teren wokół świątyni roił się od jadowitych grzechotników oraz żmij.

7. Całe ich setki wygrzewały się na słońcu, zajmując każde wolne miejsce wokół świątyni.

8. A kiedy dostrzegły zbliżające się towarzystwo, poczęły syczeć i grzechotać.

9. Świta towarzysząca Cyreniuszowi znieruchomiała ze strachu, najbardziej przestraszyła się tych węży Tulia, straciła zupełnie głowę i myślała, że to już jej koniec.

10. Ale nie tylko ludzie się przestraszyli; także towarzyszące im trzy lwy przylgnęły do nich tak blisko, jak tylko mogły, zdradzając objawy strachu.

11. Widok ten nie zrobił zbyt wielkiego wrażenia na Cyreniuszu, ale krępował się ze względu na obecność żony i towarzyszącej mu świty.

12. Dlatego zwrócił się do Józefa i powiedział: „Bracie! Powiedz tym dwóm sługom Pana, by okiełznali te wstrętne gady!"

13. Ale Józef odpowiedział: „Nie ma takiej potrzeby!

14. Bowiem spójrz na moją kobietę; przepuśćmy ją tamtędy z jej jucznym zwierzęciem,

15. a zaraz ujrzysz, jak szybko te stworzenia zaczną przed nią uciekać!"

16. I Maria z Dzieciątkiem na rękach wystąpiła do przodu na ośle; a gdy bestie Marię ujrzały,

17. rozpierzchły się w okamgnieniu i żaden ślad po nich nie pozostał.

18. Zadziwili się tym wydarzeniem wszyscy towarzyszący Cyreniuszowi i zaczęli jeden przez drugiego pytać:

19. „Czy nie jest to aby sama bogini Hygieja[13], na której jedno skinienie posłuszne stają się węże?"

20. Cyreniusz usłyszawszy te zapytania rzekł: „Mówicie o Hygiei, której nie ma i nie było!

21. Tutaj jest ktoś więcej niż Junona, której nigdy nie było; to jest niewiasta wybrana przez Najwyższego Boga i jest ona żoną tego dostojnego mędrca!"

22. Wówczas zaniemówili wszyscy, którzy towarzyszyli Cyreniuszowi i nikt spośród nich już więcej nie pytał nikogo o tę sprawę.

125

Niebezpieczna świątynia. Roje czarnych much. Świątynia w gruzach. Uczestnicy wyprawy pod drzewem figowym.

25 styczeń 1844

1. Gdy w ten sposób szczyt góry oczyszczony został z gadów, Cyreniusz powiedział do swoich sług:

2. „Idźcie teraz do świątyni, wysprzątajcie ją, nakryjcie ołtarz obrusami i postawcie przyniesione ze sobą jedzenie.

3. A my posilimy się w tej świątyni, z której rozpościerają się piękne widoki!"

4. Słudzy Cyreniusza przystąpili bez zwłoki do wykonania polecenia.

5. A kiedy wszystko było już przygotowane, zaprosił Cyreniusz Józefa i Marię, by w świątyni się posilili i wzmocnili.

6. Józef zaś powiedział: „Bracie, powiadam ci, nakaż jak najszybciej, żeby wszystko z tej świątyni wyniesiono, bowiem zawali się szybciej niż mógłbyś przypuszczać!

7. Albowiem przyjrzyj się, budowla ta jest ponad wszystko stara, zwietrzała oraz niestabilna, a swego czasu służyła ona kapłanom do haniebnych czynów!

8. I przed rozpadem utrzymuje ją tylko kilka złych duchów.

9. Jeśli wejdę do wnętrza tej ruiny z moją kobietą i Dzieciątkiem, wtedy złe duchy uciekną, a cała świątynia obróci się w jedno gruzowisko!

10. Dlatego proszę cię, posłuchaj mej rady, a dobrze na tym wyjdziesz!"

11. Cyreniusz zdziwił się, słysząc te słowa, ale postąpił według rady Józefa.

12. Służba Cyreniusza właśnie wykonywała jego polecenie w wielkim pośpiechu, gdy nagle chmara czarnych much wyfrunęła ze świątyni z dzikim bzyczeniem.

13. A wtedy zawołał Józef do sług: „Oddalcie się jak najprędzej od świątyni, gdyż zostaniecie poszkodowani!"

14. Jakby przez nagły sztorm uchwyceni, słudzy wybiegli na zewnątrz.

15. A gdy w wielkim pośpiechu oddalili się od świątyni na kilka kroków, cała budowla runęła z niesamowitym hukiem.

16. Wszyscy przerazili się, łapiąc się za głowy; nawet lwy zerwały się nagle przerażone, ale po chwili wróciły.

17. Każdy pytał o powód tej nagłej katastrofy; ale wśród pogan – z wyjątkiem Cyreniusza – nikt nie potrafił tego wytłumaczyć.

18. Po ochłonięciu zapytał Cyreniusz Józefa, gdzie można by znaleźć pewne miejsce, żeby ochłonąć i spożyć posiłek.

19. A Józef wskazał mu miejsce pod figowym drzewem, pełnym kwiatów i owoców.

20. I od razu wysłał Cyreniusz swoje sługi, ażeby oczyścili to miejsce i wyścielili obrusami, na których rozłożono jadło i napoje dla odświeżenia i wzmocnienia sił.

126

Przekąska na świeżym powietrzu. Pożar cesarskiego pałacu. Wzburzenie i gniew Cyreniusza. Spokój Józefa i jego opanowana odpowiedź.

26 styczeń 1844

1. Następnie zaprosił Cyreniusz raz jeszcze Józefa, aby udał się z nim posilić wraz z Marią, Dzieciątkiem i Eudokią.

2. Wtedy udał się Józef razem ze swoimi bliskimi i zajął miejsce, błogosławiąc pokarm, i jadł oraz pił.

3. W ślad za Józefem poszło także tych dwóch młodzieńców, a za nimi cała reszta towarzystwa.

4. Ale w tym czasie, kiedy wszyscy spokojnie się posilali i rozkoszowali jedzeniem,

5. Maroniusz, siedzący obok Cyreniusza, zauważył nad miastem Ostracyną unoszący się czarny obłok dymu,

6. a potem chmury dymu niedaleko od miasta – na przystani.

7. Maroniusz zwrócił uwagę Cyreniuszowi, który natychmiast domyślił się, że w mieście płonie jego pałac, a na przystani – jego statki!

8. Cyreniusz trafiony jakby tysiącem błyskawic, skoczył na równe nogi i począł krzyczć:

9. „W imię Pana – cóż ja widzę! – Czy to są owoce mojej dobroci dla was, nędzni mieszkańcy Ostracyny?

10. Doprawdy, zamienię tę dobroć we wściekłość tygrysa, a wy będziecie za swój występek pokutować tak, jak jeszcze żadna bestia w najniższym kręgu piekła nie pokutowała!

11. Wstańcie, przyjaciele i bracia! Nie pozostaniemy tu ani chwili dłużej! Powstać, powstać do sprawiedliwej zemsty przeciw złoczyńcom!!!"

12. Cała świta Cyreniusza porwała się i migiem pozbierała wszystko, co leżało.

13. Ale Józef nie poruszył się nawet z miejsca ze swoimi i nawet głowy w stronę pożaru nie zwrócił.

14. Cyreniusz zauważył to i porywczo odezwał się do Józefa:

15. „Jaki z ciebie przyjaciel, jeżeli w chwili mojego nieszczęścia tak spokojnie tu siedzieć potrafisz?!

16. Wiesz przecież, że bez ciebie na tej górskiej drodze pewnego kroku nie postawię pośród ogromnej ilości tych dzikich i żarłocznych bestii!

17. Dlatego wstań i ochroń mnie, w przeciwnym razie zbuntujesz mnie przeciwko sobie!"

18. A Józef odpowiedział: „Posłuchaj, przepełniony gniewem Rzymianinie, właśnie teraz cię nie posłucham!

19. Co zrobisz, kiedy za dwie godziny zdążysz przybyć na miejsce? Czy wszystko nie będzie tam już zniszczone przez ogień?!

20. A jeżeli chcesz się zemścić, to masz jeszcze na to dość czasu.

21. Doprawdy, gdybyś nie wybuchnął gniewem, poprosiłbym tych dwóch anielskich młodzieńców, zaś oni załatwiliby sprawę w mgnieniu oka.

22. Ale ponieważ ty w taki sposób zareagowałeś, więc udaj się tam sam i gaś swoim gniewem ten ogień!"

127

Tulia próbuje ułagodzić Józefa. Płynące z serca Józefa słowa przyjaźni. Pożar ugaszony mocą dwóch młodzieńców.

27 styczeń 1844

1. Te poważne słowa Józefa zrobiły na Cyreniuszu wielkie wrażenie i nie wiedział, co ma na nie powiedzieć;

2. nie miał też odwagi nawet jednego słowa więcej wykrztusić, wiedząc, że Józef jest także mocno wzburzony.

3. Dlatego zwrócił się do Tulii: „Idź do tego oto mądrego męża i przedstaw mu moje nieszczęście i moje wzburzenie przez nie wywołane!

4. Poproś go o wybaczenie i zapewnij, że już nigdy w przyszłości nie zachowam się podobnie!

5. I proś, by nie pozostawiał mnie w potrzebie, tylko mi swoją pomoc ofiarował!"

6. Ale Józef domyślił się i usłyszał, o czym Cyreniusz mówi do Tulii;

7. dlatego też powstał i podszedł do Cyreniusza, mówiąc: „Szlachetny przyjacielu i bracie w Bogu Panu! Do tej pory nie potrzebowaliśmy nigdy żadnych pośredników;

8. a każde życzenie i prośbę wzajemnie i otwarcie przedstawialiśmy sobie!

9. Dlaczego więc nagle twoja żona musi być pośredniczką pomiędzy nami, jakby nas obu do tego nie miało wystarczyć?

10. Czy naprawdę myślisz, że jest mnie w stanie cokolwiek rozgniewać?

11. Bardzo byś się mylił, myśląc tak o mnie! Moja rozwaga jest owocem wielkiej miłości do ciebie!

12. A złym przyjacielem jest ten, który swemu przyjacielowi, będącemu w potrzebie, nie potrafi powiedzieć prawdy prosto w oczy!

13. Zrozum, jeśli to, co cię zaniepokoiło w tej chwili, byłoby rzeczywiście czymś ważnym, to ja pierwszy ostrzegłbym ciebie, jak to już robiłem w różnych okolicznościach.

14. Ale tu właściwie nic takiego się nie dzieje. To tylko złudzenie, którego sprawcami są złe duchy, przez nas stąd wygnane.

15. One teraz mszczą się i niepokoją nas.

16. To wszystko! – Jeśli zapytałbyś mnie o to, nim się wzburzyłeś, to nie miałbyś nawet potrzeby, żeby podnieść się z miejsca.

17. Ale ty wpierw uwierzyłeś swoim zmysłom i wzburzyłeś się całkiem niepotrzebnie.

18. Usiądź więc teraz na swoim miejscu i popatrz spokojnie na ten pożar, który, bądź pewien, wkrótce wygaśnie!"

19. Tych słów Józefa Cyreniusz nie mógł w pełni pojąć i patrzył na niego jak wół na malowane wrota,

20. ale uwierzył wszystkiemu, co Józef mówił, choć tego w pełni nie rozumiał.

21. Józef zaś w obecności Cyreniusza powiedział do młodzieńców:

22. „Spójrzcie i wy w kierunku miasta, tam gdzie te przepędzone duchy swawolę czynią, żeby się to zakończyło, ku spokojności mego brata!

23. I ci dwaj młodzieńcy uczynili to, i oto w mgnieniu oka po pożarze nie pozostało żadnego śladu!

24. Dopiero teraz Cyreniusz pojął, o czym Józef mu przedtem mówił, i odzyskał radość; ale przed dwoma młodzieńcami, jak i przed Józefem, nabrał ogromnego respektu.

128

Cyreniusz zostaje pouczony o obiecanych „szarpnięciach" Pana. Józef wyjaśnia cudowne zjawiska w przyrodzie.

29 styczeń 1844

1. Potem, gdy już wszystko się uspokoiło i wróciło do normalnego stanu, Dzieciątko rzekło do Cyreniusza:

2. „Posłuchaj Mnie mężu o szlachetnym sercu! – Przypominasz sobie, jak Ja pociągałem Mojego brata Jakuba za włosy?

3. Pamiętasz, ty również chciałeś, bym Ja ciebie tak samo za włosy pociągnął!

4. A Ja obiecałem ci to i popatrz, dotrzymałem Mojej obietnicy;

5. albowiem wszystkie te niespodzianki, które przydarzyły ci się od tego czasu, są niczym innym jak tylko obiecanym szarpnięciem twoich włosów!

6. A jeżeli w przyszłości coś takiego cię jeszcze spotka, to przypomnij sobie ten dzień i te słowa, ale nigdy się nie lękaj i nie popadaj w gniew;

7. ponieważ nie spadnie ci ani jeden włos z głowy! Komu czynię coś takiego, tego kocham – i ten nie musi się niczego obawiać ani na tym świecie, ani na tamtym!"

8. A gdy Dzieciątko to powiedziało, Cyreniuszowi stanęły w oczach łzy i nie wiedział, co ma mówić, będąc przepełnionym miłością i wdzięcznością.

9. Słowa te usłyszeli także poganie i byli niemało zdumieni, widząc że dziecko w wieku jednej czwartej roku w taki sposób przemawia.

10. A wówczas niektórzy spośród nich zwrócili się z zapytaniem do Józefa, jak to możliwe, by w takim wieku tak doskonale i mądrze mówić.

11. Wtedy wzruszył Józef ramionami i powiedział: „Kochani przyjaciele! Na tej wielkiej Ziemi, w różnych obszarach życia, pokazują się tu i tam najcudowniejsze zjawiska.

12. Zdarzają się one na naszych oczach, ale kto może tajemne prawa sprawczej Boskości pojąć?!

13. Doprawdy, sami depczemy niezliczoną ilość cudów codziennie naszymi stopami – nie zważając na nie!

14. Ale któż z nas wie, w jaki sposób powstają te cudowne dzieła – ta trawa, drzewo, robak, komar, czy ryba w wodzie?

15. Naprawdę, nie pozostaje nam nic innego, jak tylko te cuda podziwiać i wielkiego, świętego Mistrza za to wychwalać i wielbić!"

16. To wyjaśnienie Józefa zadowoliło pogan

17. i od tej chwili spoglądali na całą naturę zupełnie innymi oczami.

18. Rozeszli się po całej polanie i zachwycali pięknem przyrody.

19. Ale Cyreniusz zwrócił się potajemnie do Józefa i zapytał go, czy rzeczywiście nie zna prawdy.

20. A Józef przytaknął i odrzekł: „Zwróć się z tym do tego Dziecka; Ono da ci najlepszą odpowiedź".

129

Pytanie Cyreniusza o cudowną zdolność posługiwania się mową przez Dzieciątko Jezus. Mądre słowa Anioła o tajemniczej istocie Dziecięcia.

30 styczeń 1844

1. Cyreniusz zwrócił się w pełnej pokorze do Dzieciątka i zapytał:

2. „Ty moje Życie, moje Wszystko! – Pomyśl, jeśli nawet człowiek wie, kim jesteś, to zaiste niezrozumiałym jest, jak Ty, małe trzymiesięczne Dzieciątko, tak doskonale i tak mądrze potrafisz mówić!

3. Chciałbym od Ciebie na tej górze, gdzie tyle nadzwyczajnego się wydarzyło, trochę światła w tej mierze otrzymać!"

4. Ale Dzieciątko odpowiedziało: „Cyreniuszu, spójrz, tam znajdują się dwaj słudzy; zwróć się do nich, a oni ci wyjaśnią".

5. Cyreniusz postąpił zgodnie z radą Dzieciątka i zwrócił się z zapytaniem do dwóch młodzieńców.

6. Oni zaś odrzekli: „To jest niebiańska tajemnica; nawet jeśli ci ją wyjaśnimy, to i tak nie będziesz w stanie jej pojąć!

7. Bowiem ludzie nigdy nie potrafią pojąć tego, co niebiańskie, gdyż ich duch nie jest jeszcze wolny, lecz jest uwięziony w materii tego świata.

8. Ty też jesteś jeszcze naturalnej miary; a więc nie pojmiesz tego, co byśmy ci powiedzieli!

9. Ale ponieważ bardzo tego pragniesz, to zgodnie z wolą Pana odpowiemy ci,

10. ale zrozumienia nie możemy ci dać, gdyż jesteś człowiekiem.

11. A więc posłuchaj nas! – Spójrz, to Dzieciątko, takie, jakim Ono jest w Swoim człowieczym rodzaju, nie będzie jeszcze długo potrafiło naturalną miarą człowieczą się z wami porozumieć!

12. To stanie się możliwe dopiero po jednym roku!

13. Ale w sercu Dzieciątka mieszka pełnia wiecznego, wszechmocnego Bóstwa!

14. Jeśli więc to Dzieciątko do ciebie mądrze i zrozumiale mówi, to nie czyni tego widzialne Dziecko, lecz Boskość tego Dziecka budząca w tobie odpowiednie zmysły.

15. A ty słyszysz te słowa, jakby mówiło je do ciebie Dziecko, które widzisz.

16. Ale to tylko przemawia do ciebie niewidzialna Boskość!

17. I to, co słyszysz, myślisz że jest z zewnątrz, lecz słyszysz to tylko w sobie; i tak jest z każdym, który słyszy, jak to Dziecko mówi!

18. Abyś się mógł o tym przekonać, stań gdzieś daleko, gdzie już naturalnego głosu Dziecka nie możesz usłyszeć.

19. A Dziecko do ciebie przemówi i ty Je usłyszysz z dali tak samo, jak z najmniejszej bliskości! – Idź i doświadcz tego!"

20. A Cyreniusz, chociaż niewiele z tego zrozumiał, odszedł jednak na odległość w stronę krańca płaskowyżu około tysiąca kroków.

21. A wtedy usłyszał głos Dzieciątka całkiem jasno i wyraźnie, który brzmiał:

22. „Cyreniuszu, zawracaj szybko z powrotem; gdyż pod tobą, w miejscu gdzie stoisz, jest jama pełna tygrysów!

23. One już węszą twój zapach; dlatego śpiesz się z powrotem, nim cię dostrzegą!”

24. Kiedy Cyreniusz to usłyszał, uciekł z szybkością wiatru i stanął po chwili zupełnie osłupiały. Chciał pytać dalej, ale nie wiedział już o co, gdyż to doświadczenie było dla niego szalenie zadziwiające.

130

Cyreniusz pogodził się ze swoją niewiedzą o duchowych sprawach; jego prośba o duchowe Światło. Odpowiedź Anioła jako wielkie i jasne świadectwo o istocie Pana i Jego ludzkiej postaci. Dzieciątko błogosławi Cyreniusza.

31 styczeń 1844

1. Obaj młodzieńcy nie mówili już nic więcej; ale Cyreniusz po tym doświadczeniu był wewnętrznie zupełnie porażony i mógł już tylko odpoczywać.

2. Po pewnym czasie, gdy znów się pozbierał, przemówił do młodzieńców:

3. „Wielce dostojni w wieczności słudzy Boga! Wasze wyjaśnienie jest tak przekonujące, że mógłbym już być zadowolony po tym, co mi powiedzieliście i pokazaliście!

4. Rozumiem, że nie posiadam wyższej mądrości i jestem tylko rozumnym człowiekiem, który widzi nieco dalej, niż potrafi sięgnąć.

5. Ale czy nie mógłbym zrozumieć trochę więcej?!

6. Proszę was pokornie, uczyńcie to! Otwórzcie ukryte we mnie głęboko drzwi do zrozumienia,

7. przynajmniej po to, abym to, co mi już przekazaliście, lepiej i jaśniej mógł pojąć!”

8. Ale ci dwaj odpowiedzieli: „Kochany przyjacielu i bracie, prosisz przed czasem o niemożliwe!

9. Dopóki bowiem w ciele przebywasz, jest niemożliwym, byś sprawy najwyższej boskiej mądrości mógł pojąć!

10. Pomyśl: Pan Bóg, który w Swej nieskończonej i wiecznej pełni w tym oto Dziecku mieszka, miał niezliczone miriady najwspanialszych, ogromnych światów, z których ty nieskończenie maleńką cząstkę jako gwiazdy na niebie dostrzegasz,

11. do Swojego wyboru, żeby stać się człowiekiem! I pomimo wszystko wybrał On tę nędzną Ziemię, która przy wszystkich innych ciałach niebieskich jest tą najbiedniejszą i najgorszą pod każdym względem!

12. Ale Jemu, wiecznemu Panu Nieskończoności tak właśnie się upodobało; On to uczynił, tak jak to przed naszymi oczami widzimy!

13. Myślisz może, że potrzebował naszej rady albo naszego zezwolenia?

14. Taka myśl byłaby od podstaw błędna! – On czyni od wieczności to, co chce, i jeszcze nigdy nikt nie był Jego doradcą!

15. Któż może Go pytać i mówić: Panie! Co czynisz i dlaczego to czynisz?

16. On Sam jest w Sobie najwyższą Doskonałością, najwyższą mądrością, największą miłością oraz dobrodusznością!

17. On jest Sam Sobie najwyższą siłą i mocą; Jego jedna myśl niszcząca wystarczy, a wszystko zmienia się w mgnieniu oka w nicość!

18. I pomyśl, pomimo to pozwala Siebie w postaci słabego człowieczego Dziecka na rękach tej biednej żydowskiej Dziewicy nosić!

19. I oto On, który słońca, światy i istoty w nieskończonym rodzaju ożywia i zaopatruje we wszystko na wieczność, ssie na tej ubogiej i tak lichej Ziemi słabe piersi piętnastoletniej Dziewicy!

20. On, jako podstawa wszelkiego życia, przyodział Sam szatę śmierci i grzechu i ukrył się w ciele i krwi!

21. Czy to pojmujesz? Co myślisz teraz? – Czy chcesz jeszcze jaśniejszej odpowiedzi?!

22. Zrozum, jak niewiele możesz pojąć, tak samo niewiele można ci o tajemnicy mowy najwyższego Dziecka powiedzieć.

23. Ale kochaj Je ze wszystkich sił swoich i nie zdradź Go nigdy, a w ten sposób znajdziesz w tej miłości coś, czego nie objawią ci wszystkie Nieba w wieczności!"

24. Słowa te napełniły Cyreniusza tak wielkim uczuciem, że natychmiast upadł przed Dzieckiem, płacząc i mówiąc: „O, Panie! Niewart jestem tej łaski, której tu doznaję!"

25. A Dzieciątko odpowiedziało: „Cyreniuszu, podnieś się i nie zdradź Mnie nigdy! Znam twoje serce i kocham cię, i błogosławię cię; dlatego powstań!" – I Cyreniusz podniósł się zaraz, drżąc z miłości i szacunku.

131

Zbliżające się sztorm i burza. Rada Józefa. Przeczucie i ucieczka lwów.

1 luty 1844

1. Wszyscy spacerujący po obszernej polanie, rozpościerającej się we wszystkich kierunkach aż po sam grzbiet góry, poczęli powoli wracać ze spaceru, ale na obliczach ich malował się niepokój,

2. ponieważ zobaczyli, że z południa i zachodniej części Egiptu nadciągają olbrzymie czarne chmury, które zawsze są zwiastunami wielkich huraganów.

3. Ale na północnym wschodzie, w kierunku Ostracyny, niebo było jasne i tym groźniej wyglądało ono na południowym zachodzie.

4. Dlatego wszyscy radzili, aby jak najprędzej wyruszyć w drogę powrotną.

5. Ale Cyreniusz powiedział: „Jeżeli nadejdzie odpowiedni czas do wyruszenia w drogę, ci oto mędrcy, którzy tu są, powiedzą nam o tym;

6. i jak długo oni są spokojni, to i my nie pozwolimy stawać włosom ze strachu!"

7. Ale Maroniusz i jeden z naczelników powiedzieli mu: „Masz rację, ale wyjdź za tę wyniosłość i spójrz na niebo, a jesteśmy pewni, że podzielisz nasze zdanie.

8. Tam niebo wygląda tak, jakby najgorsze bestie zamierzały podpalić ziemię ze wszystkich stron".

9. Cyreniusz skierował się ku drzemiącemu Józefowi i zapytał:

10. „Przyjacielu i bracie" – powiedział do niego – „czy słyszałeś, z jakimi wiadomościami i ostrzeżeniami przyszło do mnie tamtych dwóch?"

11. A Józef odpowiedział: „Drzemałem i dlatego nie wiem, o czym między sobą rozmawialiście".

12. Cyreniusz rzekł: „W takim razie

wstań i pójdź ze mną za tę wyniosłość, a wtedy pojmiesz, o czym rozmawialiśmy".

13. I Józef wstał od razu i poszedł z Cyreniuszem.

14. A doszedłszy do wyniosłości, Cyreniusz pokazał Józefowi zbierające się na niebie złowieszcze chmury zapowiadające burzę.

15. Wówczas Józef powiedział: „Co zatem chcesz teraz robić?"

16. I mówił Józef dalej: „Uciekać? Ale dokąd? Za ćwierć godziny burza będzie już tutaj!

17. Do Ostracyny musielibyśmy biec półtorej godziny i kiedy osiągnęlibyśmy pół drogi, burza dogoniłaby nas wszystkich.

18. A jeśli w leśnej gęstwinie okrążą nas drapieżne zwierzęta, które w czasie silnych burz nierzadko to robią,

19. a w dodatku nastąpi oberwanie chmury i strumienie wody zrzucą nas w dół, to co wówczas?

20. Dlatego lepiej pozostańmy tutaj, gdzie w ostatecznym razie tylko przemokniemy; tymczasem w lesie może nam się przydarzyć nieszczęście".

21. Cyreniusz pochwalił radę Józefa i usiadł obok niego pod figowym drzewem.

22. Ale towarzyszący Cyreniuszowi przyjaciele zaniepokoili się bardzo, kiedy zauważyli, że lwy, które przez cały czas nie oddalały się od ludzi, nagle podniosły się i zniknęły w leśnej gęstwinie.

23. Wówczas Maroniusz powiedział do Józefa: „Zobacz, nawet trzymające się nas wiernie trzy bestie, czując, że nadchodzi coś niedobrego, zostawiły nas i poszły szukać sobie bezpiecznego miejsca. Czy nie lepiej pójść za ich przykładem?"

24. Ale Józef odpowiedział: „Człowiek nie powinien uczyć się od zwierząt, co powinien uczynić, lecz od Pana całej natury!

25. A ja jestem zdania, że jestem mądrzejszy od zwierzęcia; dlatego zostanę tu i przeczekam tę burzę, a dopiero po niej wyruszę, jeśli w ogóle jakaś burza nadciągnie!" Reszta musiała się tym zadowolić i oczekiwała w trwożliwym niepokoju.

132

Szczyt góry we mgle. Poganie boją się swoich bogów. Odwaga Cyreniusza wystawiona na próbę w czasie szalejącej nawałnicy. Burza ucicha pod mocą słów Dzieciątka Jezus.

3 luty 1844

1. Nie minął nawet kwadrans, kiedy wierzchołek góry został spowity mgłą i zrobiło się całkiem ciemno.

2. Ludzie Cyreniusza poczęli użalać się i lamentować, mówiąc:

3. „I teraz nam się dostanie! – Zeus nas zaraz dobrze obsłuży!

4. Tu nie będzie się mówić: daleko od Zeusa, daleko od błyskawic!

5. Wręcz przeciwnie, możemy tu nawet zginąć; gdyż śmiertelni nie powinni nigdy nadmiernie zbliżać się do bogów, jeśli chcą zdrowi po ziemi chodzić!"

6. Na to Cyreniusz odpowiedział, żartując: „Niech wszyscy nasi bogowie razem wzięci spróbują mi cokolwiek zrobić!

7. Ja znalazłem lepszego Boga, o którym nie mówi się: z dala od Niego, z dala od błyskawic,

8. lecz tu mówi się zupełnie odwrotnie: z dala od Niego, to z dala od Życia, a więc bliżej uśmiercających błyskawic!

9. Bo bliskość Niego znaczy tyle, co być blisko Życia – i bardzo daleko od uśmiercającej błyskawicy!

10. Dlatego nie napełniają mnie wcale trwogą te mgły; bo wiem, że wszyscy jesteśmy daleko od uśmiercających błyskawic!"

11. Ale ledwo co Cyreniusz wypowiedział te słowa, jak błysnęło i błyskawica z hukiem uderzyła w ziemię tuż przed nim, a potem cały ich legion!

12. To zdziwiło Cyreniusza, a jego towarzysze zapytali: „Jak ci się to podoba po twojej wcześniejszej wypowiedzi?"

13. A Cyreniusz odrzekł: „Bardzo, to demonstracja zabójczej siły, od której nikt jeszcze nie stracił życia!

14. Wygląda na to, że wasi bogowie zauważyli tutaj brata cesarza – i jeszcze kogoś innego! I z tego tylko powodu oddają nam ten hołd!"

15. Ale jeden z przywódców, który znajdował się jeszcze pod silnym wpływem bożków, rzekł do żartującego Cyreniusza:

16. „Ja bardzo proszę Waszą Konsularną Cesarską Dostojność, by nie wyśmiewał się z naszych bogów! Bo może usłyszeć to zwinny Merkury i doniesie Zeusowi, a wtedy moglibyśmy zostać zniszczeni jedną błyskawicą!"

17. Ale Cyreniusz odpowiedział, jeszcze bardziej żartując: „Mój kochany kapitanie, najlepiej usiądź całkiem spokojnie na ziemi!

18. Bowiem Zeus skazał Merkurego na domowy areszt, zaś sam Zeus od Junony tak mocny policzek dostał, że oślepł i ogłuchł, i od dziś nie będzie już żadnych spraw związanych z piorunami i błyskawicami załatwiać.

19. Dlatego możesz być zupełnie spokojny i nie musisz obawiać się reakcji Zeusa!"

20. Ale w tym momencie zaczęło coraz bardziej błyskać i bardzo groźnie grzmieć, więc kapitan zauważył:

21. „Och, czy nie przyjdzie Waszej Cesarskiej Konsularnej Dostojności gorzko zapłacić za tą bluźnierczą mowę przeciw bogom?"

22. A Cyreniusz mu odpowiedział: „Dzisiaj na pewno nie; może jutro, jeśli mi na to czas pozwoli!

23. Bo zrozum, jeżeli ja, podobnie do ciebie i innych głupców, bałbym się bogów, nie mógłbym tego wszystkiego mówić, stojąc pod gradem ognia błyskawic i piorunów!

24. Ale ja nie boję się już tych bogów, dlatego mówię w ten sposób!"

25. Tak oto kapitan został odprawiony i nie miał już odwagi na dalszą rozmowę z Cesarską Wysokością.

26. Ale w chwilę potem jedna z błyskawic uderzyła pomiędzy Józefem, Marią i dwoma młodzieńcami.

27. Wtedy Dzieciątko powiedziało: „Pokaż oblicze, potworze!"

28. Na te słowa opadły nagle na dół wszystkie chmury. Niebo stało się całkiem czyste; ale na ziemi pojawiło się mnóstwo pełzającego robactwa.

29. Wtedy młodzieńcy skierowali na nie swój wzrok i poczęło się ono pośpiesznie kryć w leśnej gęstwinie, a jego część została pozbawiona życia.

30. Ten akt sprawił, że wszyscy, którzy znajdowali się z Cyreniuszem na górze, oniemieli, gdyż nikt nie mógł zrozumieć, jak to się stało.

133

Pragnienie wiedzy najwyższego z rzymskich dowódców i jego rozmowa z Cyreniuszem o prawach natury i ich Prawodawcy. Powrót do domu.

5 luty 1844

1. Po długiej chwili zdumienia nad zdumieniami zbliżył się do Cyreniusza jeden z najwyższych dowódców i powiedział:

2. „Wasza Wysokość! Jak mi wiadomo, Wasza Wysokość zajmował się swego czasu przyrodoznawstwem, jak czyni to wiele wysoce postawionych osób w Rzymie;

3. ja jestem żołnierzem, a nie uczonym w naturze;

4. i te w najwyższym stopniu szczególne zjawiska, które przed naszymi oczami się działy, zmuszają mnie do zastanowienia.

5. Doprawdy nie widzę żadnej innej przyczyny fantastycznych zjawisk poza przedziwną mocą tego żydowskiego Dziecka.

6. Czy rzeczywiście nie ma innego powodu? – Czy nie istnieją jakieś tajemne prawa natury, według których deszcz, grad i śnieg powstają?

7. O, rozjaśnij mi to trochę, abym coś z tego rozumiał i nie stał tu jak «pończocha Iliryjczyka»!"[14]

8. A Cyreniusz na to odpowiedział: „O, przyjacielu! – Źle to sobie obmyśliłeś, zwracając się do mnie i przypuszczając, że ja mogę ci należycie wyjaśnić to, o co pytasz!

9. Gdyż ja akurat wiem tyle, co ty; to, że to wszystko dzieje się według istniejących praw, to jest pewne!

10. Ale jakiego rodzaju jest to prawo, trudno jest komukolwiek określić; to wie tylko sam Prawodawca, który je ustanowił!

11. A czy my, śmiertelni, jesteśmy upoważnieni tegoż wielkiego Prawodawcę pytać, w jaki sposób jest zbudowane i jak funkcjonuje to prawo, to mi nie jest wiadomym!"

12. A wówczas dowódca odrzekł: „Wasza Wysokość! Przecież jest tu ten mądry Żyd oraz jego zadziwiające Dziecko, a także tych dwóch niezwykłych młodzieńców, którzy dziś rano olśnili nas swoimi szatami!

13. Czy nie możemy zwrócić się do nich, żeby nam wyjaśnili te dziwne zjawiska?"

14. A Cyreniusz odrzekł: „Idź, jeśli masz dostatecznie wiele odwagi!

15. Mnie jednak jej brakuje, gdyż widzę całkiem jasno, że to są zupełnie inne istoty niż my!"

16. Dowódca odrzekł: „Odwagi mi akurat nie brakuje,

17. ale gdy Wasza Wysokość jest takiego mniemania, to i ja muszę się z tym zgodzić!"

18. A Józef powiedział do Cyreniusza: „Bracie, niechaj wszyscy zbierają się do drogi, bo słońce chyli się ku zachodowi!"

19. Cyreniusz uczynił to i w krótkim czasie wszyscy byli gotowi do wymarszu, który przebiegł bez żadnych przeszkód; i w ciągu dwóch godzin powrócili do domostwa.

134

Przyjęcie w domu Józefa. Opowiadanie Joela. Trzy lwy jako straż przyboczna Cyreniusza.

6 luty 1844

1. Kiedy wszyscy dotarli do zagrody, wyszli im na spotkanie synowie Józefa i niezwykle serdecznie powitali ich młodzieńcy, którzy tam pozostali.

2. Synowie Józefa opowiedzieli mu, co w czasie ich nieobecności czynili i jak skrupulatnie wypełnili jego nakazy.

3. Jednocześnie najstarszy syn Józefa zaczął ojcu opowiadać o zadziwiających zjawiskach, które wszyscy widzieli nad Ostracyną i okolicą.

4. Joel powiedział: „Mieszkańców Ostracyny szczególnie przestraszył gwałtowny pożar rezydencji namiestnika!

5. Lecz w tym czasie, kiedy wszyscy mieszkańcy miasta starali się powstrzymać rozprzestrzenianie się ognia – potężny pożar nagle, i sam z siebie, wygasł i nie pozostało po nim ani śladu.

6. Potem zobaczyliśmy, jak góra zaczyna się otulać obłokiem ognistym i poczęły bić w nią pioruny pośród błyskawic.

7. I pomyśleliśmy wtedy o Synaju, że wyglądał podobnie w czasie wielkich Bożych Objawień za czasów naszych ojców.

8. I byliśmy zaniepokojeni o was, ale młodzieńcy nas pocieszali, że nic wam się nie stanie.

9. W tym czasie, kiedy góra poczęła się otulać w ogniste chmury, bardzo byliśmy tym przestraszeni;

10. od strony drogi prowadzącej na szczyt wybiegły naprzeciw nas trzy ogromne lwy!

11. Przeraziliśmy się bardzo, ale młodzieńcy powiedzieli nam: „Nie bójcie się, bo te zwierzęta szukają schronienia w domu Tego, któremu wszystkie rzeczy muszą być posłuszne!"

12. Tak też i było. Lwy skierowały się do naszej szopy, gdzie się spokojnie położyły.

13. Po przejściu burzy w towarzystwie kilku młodzieńców udaliśmy się do szopy, aby przyjrzeć się tym drapieżnym zwierzętom.

14. Zobaczywszy nas, lwy podniosły się i przejawiały wobec nas znaki uległości i przyjaźni".

15. Wysłuchawszy tego, Józef powiedział: „Dobrze, mój synu; wszystko to wiemy, bo i my sami to przeżywaliśmy. Twoje opowiadanie było zbyt drobiazgowe i rozwlekłe.

16. A teraz idź i przygotuj posiłek dla nas wszystkich, byśmy mogli się pokrzepić, bowiem ta góra bardzo nas zmęczyła".

17. Synowie i pozostali młodzieńcy pośpieszyli do kuchni i do spiżarni i w krótkim czasie posiłek został podany.

18. Cyreniusz powiedział: „Mnie to zdumiewa, że lwy, zamiast ukryć się w swoich kryjówkach, tu przybiegły.

19. W końcu może się tak stanie, że pozostaną przy domu i będą go ochraniały, takie przypadki już miały miejsce".

20. A Józef odpowiedział: „Jest mi miłe wszystko, co jest miłe i podoba się Panu!

21. Może być też tak, że zwierzęta te podążą za tobą na statek i będą

cię ochraniać w czasie podróży?!"

22. Cyreniusz odrzekł: „Wówczas i mnie będzie miłe wszystko, co jest miłe Panu, chociaż Pan może mnie ochronić i bez pomocy lwów".

23. W tym momencie lwy wyszły z szopy i stanęły obok Cyreniusza, okazując mu swoją przyjaźń.

24. Cyreniusz powiedział: „To jest doprawdy zadziwiające; wystarczy, kochany bracie, że tylko coś powiesz, a już słowa twe się spełniają!"

25. Młodzieńcy zaś dodali: „Te lwy dzisiejszej nocy wyświadczą wam dobrą przysługę!

26. Albowiem Pan zna wszystkie pożyteczne środki, poprzez które pomaga będącym w potrzebie.

27. Te zwierzęta były już użyte w boskiej służbie; dlatego także i teraz zostały wybrane, aby wyświadczyć ci przysługę w pewnej sprawie, która cię oczekuje! – Niechaj więc się tak stanie!"

135

Posiłek w domu Józefa. Dzieciątko przepowiada zamach na Cyreniusza. Powrót Cyreniusza do domu. Lwy na nocnej straży. Napad. Sąd Boży nad zamachowcami.

7 luty 1844

1. Po tych słowach lwy opuściły Cyreniusza i powróciły do szopy.

2. Cyreniusz chciał jeszcze o tym porozmawiać z Józefem, ale przyszli synowie Józefa i oznajmili, że posiłek czeka już na stole.

3. Wówczas Józef poprosił wszystkich o przejście do jadalni i posilenie się.

4. Na to zaproszenie udali się tam i kosztowali błogosławionych potraw oraz gasili pragnienie wodą z sokiem z cytryn.

5. Po wieczerzy Józef jak zawsze podziękował Panu i pobłogosławił wszystkich obecnych.

6. Ale Dzieciątko domagało się spotkania z Cyreniuszem; a kiedy on zbliżył się w najwyższej pokorze do Niego, przemówiło:

7. „Cyreniuszu, tej nocy napadnie na ciebie w twej sypialni kilku zdrajców!

8. Dlatego daję ci lwy i pozwól im pozostać w sypialni razem z tobą.

9. A kiedy ta horda wtargnie do twej sypialni, to zostanie przez lwy rozszarpana;

10. a tobie nie poruszy się nawet włos na głowie! – Nie obawiaj się też lwów, gdyż one rozpoznają w tobie swego pana!"

11. Z wielką żarliwością podziękował Cyreniusz Dzieciątku i obsypał Je niezliczonymi pocałunkami, co uczyniła także jego żona, Tulia, ale ta nie wiedziała, o czym przed chwilą Dzieciątko z Cyreniuszem rozmawiało.

12. Kiedy zbliżał się wieczór, Cyreniusz podniósł się, powtórzył swoje zaproszenie dla wszystkich z domu Józefa na przyszły dzień i otoczony swymi nowymi sługami udał się wraz Tulią do miasta.

13. Kiedy tylko wyszedł poza próg domu Józefa, trzy lwy otoczyły go i prowadziły do samej jego rezydencji, nie odstępując od niego aż do sypialni.

14. A kiedy on i Tulia udali się do swojego łoża, lwy położyły się na podłodze obok nich; a ich lśniące w

ciemności oczy skierowały się ku drzwiom.

15. Sługa Cyreniusza jeszcze kilka razy wchodził i wychodził tego wieczoru z komnaty, w której ułożyli się do snu Cyreniusz i Tulia, ale lwy nie zwracały na niego najmniejszej uwagi.

16. Ale oto około godziny drugiej, podczas zmiany nocnej straży, dwudziestu zakapturzonych mężczyzn cichym krokiem poczęło się skradać ku pomieszczeniu, w którym spał Cyreniusz.

17. A kiedy byli już pięć kroków od łoża, wyciągnęli sztylety,

18. a wtedy rzuciły się na nich lwy z przeraźliwym rykiem i rozszarpały ich na strzępy w mgnieniu oka, tak że żaden nie uszedł cało.

19. Albowiem na taki atak nie byli przygotowani; na widok lwów ogarnął ich potworny strach i nikt z nich nie zdążył pomyśleć o obronie.

20. Dlatego też nikt z nich nie mógł znaleźć wyjścia i uciec, i wszyscy padli ofiarą lwiej wściekłości.

21. I tym oto sposobem Cyreniusz został tej nocy uratowany dzięki pomocy lwów, a następnego dnia rano był bardzo zdziwiony, kiedy ujrzał rozszarpane ciała w swojej sypialni.

136

Przesłuchanie służby Cyreniusza. Bojaźń sług przed obliczem sędziów. Odkrycie zdrajcy. Lwi sąd jako wzór.

8 luty 1844

1. Na ten widok Cyreniusz obudził wszystkie swoje sługi i wezwawszy ich do siebie, począł ich przesłuchiwać, chcąc się dowiedzieć, w jaki to sposób zawiązał się spisek na jego życie.

2. Na widok rozszarpanych ciał słudzy zamarli z przerażenia i mówili do rozgniewanego namiestnika:

3. „Ponad wszystko surowy, sprawiedliwy i wielki nasz panie, niech bogowie będą naszymi świadkami, że myśmy o tym spisku nic nie wiedzieli!

4. Prowadź nas wszystkich na stracenie, jeżeli okażemy się wspólnikami tej zdrady!”

5. A Cyreniusz odpowiedział: „Posprzątajcie ciała i zakopcie je przed zamkiem na placu. Niech posłuży to za przykład i będzie przestrogą dla tych wszystkich, którzy w przyszłości wpadną na tak haniebny pomysł”.

6. Ale słudzy bali się lwów, które ułożyły się wokół łoża Cyreniusza, więc powiedzieli:

7. „O Panie, Panie! Spójrz, boimy się dotknąć czegokolwiek, bo te trzy bestie nie spuszczają z nas oczu i mogą zrobić z nami to samo, co zrobiły z tymi spiskowcami”.

8. A Cyreniusz odpowiedział im: „Kto z was ma czyste sumienie, niechaj wystąpi naprzód, a przekona się, że te zwierzęta uszanują jego uczciwość!”

9. Na te słowa Cyreniusza wszyscy słudzy, poza jednym, wyszli naprzód i lwy nikogo z nich nie ruszyły.

10. Wówczas Cyreniusz zapytał stojącego w tyle sługę: „Dlaczego pozostałeś w tyle? Przecież widzisz, że lwy nie ruszają nikogo z twoich towarzyszy!”

11. Zapytany odpowiedział: „Panie, Panie, bądź dla mnie miłosierny, bo

moje sumienie nie jest czyste".
12. Cyreniusz zapytał go: „W czym masz nieczyste sumienie! Mów, jeżeli nie chcesz umrzeć!"
13. A sługa odpowiedział: „Panie, Panie, ja o tej zdradzie wiedziałem już wczoraj rano, ale milczałem dlatego, że mnie przekupili stu funtami srebra!
14. Albowiem pomyślałem sobie, że będziesz i tak uratowany, tak jak to zapowiedział ten mądry człowiek, u którego gościłeś; i dlatego wziąłem od nich srebro".
15. Wtedy wzburzył się Cyreniusz i krzyknął: „A zatem każdy uczciwy człowiek musi mieć wśród swoich przyjaciół i sług jedno diabelskie nasienie?!
16. Ty nędzny niegodziwcze, wystąp do przodu i poddaj się sądowi Bożemu! Jeżeli On zmiłuje się nad tobą, wówczas i ja nie będę cię sądził;
17. ale jeżeli nie znajdziesz przed tym sądem łaski, to jesteś osądzony na wieki!"
18. Wtedy sługa ów, zlękniony, zaczął się wahać i zemdlony osunął się na ziemię.
19. Wtedy jeden z lwów zbliżył się do nieprzytomnego, chwycił jego rękę i ostrożnie zawlókł go przed oblicze Cyreniusza, a sługa ten, leżąc, pozostał w bezruchu.
20. A potem ten sam lew skoczył gwałtownie do otwartego pomieszczenia, złapał worek, przyciągnął go i rozerwał na tysiąc części.
21. I ukazało się sto funtów srebra, które sługa otrzymał za milczenie.
22. Cyreniusz był wielce zdziwiony tym, co się na jego oczach stało.
23. Tymczasem lew chwycił znowu winowajcę za rękę, zaciągnął go do przyległego pomieszczenia i zostawił leżącego w miejscu, gdzie leżał przedtem worek.
24. Tu machnął kilka razy ogonem, żeby sługa się ocknął, co poskutkowało i nic więcej mu już nie zrobił.
25. Po tym powrócił na swoje miejsce i zachowywał się całkiem spokojnie, tak jak pozostałe dwa lwy.
26. Wówczas słudzy na rozkaz Cyreniusza poczęli sprzątać zwłoki. Cyreniusz zaś wychwalał i sławił Boga Izraela za to, że uchronił go cudownym wprost sposobem. A sypialnia została w ciągu godziny uprzątnięta.

137

Tulia przebudzona z głębokiego snu. Cyreniusz opowiada jej o niezwykłych wydarzeniach. Radosne spotkanie, a potem pożegnanie ze Świętą Rodziną.

9 luty 1844

1. Kiedy już wszystko się uspokoiło i w sypialni zapanował porządek po wydarzeniu, które miało miejsce tej nocy, przebudziła się Tulia z twardego snu.
2. A Cyreniusz zapytał ją, czy dobrze wypoczęła i czy się jej dobrze spało.
3. Tulia odparła, że spało jej się dobrze po męczącej wycieczce, w której wyczerpała swe siły.
4. Wówczas Cyreniusz powiedział: „To wielkie szczęście dla ciebie!
5. Jeśli bowiem zbudziłabyś się tej nocy, przeżyłabyś wielki szok!
6. Jeszcze godzinę temu ten pokój przedstawiał przerażający widok!"

7. Tulia, która nic z tego nie rozumiała, zaczęła wypytywać, co wydarzyło się tej nocy.

8. A Cyreniusz, wskazując na lwy, odpowiedział bardzo podniesionym głosem:

9. „Tulio! Czy widzisz te zwierzęta? Nazywane są królami wśród zwierząt. Kiedy się zdenerwują, nikt nie może się im przeciwstawić ani dorównać im w sile, zawziętości i walce.

10. I biada każdemu wędrowcowi tam, gdzie one żyją!

11. Nic bowiem nie uratuje go przed ich wściekłością – jeden skok i każdy człowiek leży rozszarpany w gorącym piachu pustyni!

12. A jednak istnieją ludzie, dla których te zwierzęta są prawdziwymi aniołami niebios!

13. I dzisiejszej nocy te groźne bestie uratowały nas przed złością ludzi i rozszarpały dwudziestu buntowników w tym oto pomieszczeniu!"

14. Tulia, słysząc te słowa, bardzo się przeraziła i zapytała:

15. „Jak to się stało? Czemu nic nie słyszałam? Jeśli o tym wiedziałeś, to czemu mi nic nie powiedziałeś?"

16. Cyreniusz odpowiedział: „Tulio, wszystko o czym wiedziałem, to było tylko to, że nocą coś się stanie,

17. ale w jaki sposób, dokładnie nie wiedziałem, gdyż wiedziałem tylko tyle, ile przekazało mi boskie Dziecię mojego przyjaciela.

18. A to, że ci nic nie powiedziałem, stało się ze względu na moją wielką miłość co ciebie!

19. Albowiem spójrz, wszystko już za nami; Bóg Izraela uratował nas za sprawą cudu przed haniebną zagładą,

20. dlatego Go kochamy, wychwalamy i przez całe życie czcić będziemy w głębi serc naszych!

21. A że już jesteś ubrana, pozwól, że wyjdziemy tej szanownej rodzinie naprzeciw, by ją przywitać jeszcze przed bramą miasta!"

22. I nakazał Cyreniusz swoim sługom, by przyszykowali wszystko jak należy na przyjęcie gości.

23. A zdradzieckiemu słudze kazał iść z nimi do bram miasta.

24. W tym czasie z drugiej części pałacu przyszedł Maroniusz z trzema kapłanami i doniósł Cyreniuszowi, że Święta Rodzina już zbliża się do rezydencji.

25. Wówczas Cyreniusz wszystko zostawił i z bijącym sercem pospieszył na spotkanie ze swoim przyjacielem Józefem, który stał już przy pierwszych stopniach pałacu i oczekiwał go z otwartymi ramionami razem z Marią, Dzieciątkiem i z wszystkimi swoimi domownikami oraz młodzieńcami.

138

Relacja Cyreniusza i krytyka Józefa. Miłość i współczucie lepsze od surowego osądu. Podziękowanie Cyreniusza. Spotkanie w wielkiej sali pałacu Cyreniusza.

10 luty 1844

1. Cyreniusz z całą serdecznością przywitał Józefa i w kilku słowach opowiedział mu, co wydarzyło się w pałacu.

2. Józef na to odpowiedział: „Mój najukochańszy przyjacielu i bracie w Panu – o tym, co mówisz, wiedziałem już wcześniej, zanim się to wydarzyło!

3. Ale jednego nie powinieneś robić!

4. A mianowicie: tych rozszarpanych

zwłok na publicznym placu chować!
5. Choć zrobiłeś to dla przestrogi, by w przyszłości od podobnych rzeczy naród powstrzymać;
6. ale jest to środek, który nie za długo podziała! Pomyśl, nic na tym świecie nie trwa krócej niż lęk, strach czy smutek!
7. Dlatego te trzy stany nie trwają dłużej niż powody, które je wywołały.
8. Lecz jeśli człowiek przez wolność swego ducha strząśnie z siebie te trzy stany, wtedy z podwójną zaciekłością uczyni wszystko, aby zemścić się na strasznym sędzi.
9. Dlatego zawsze z miłością kieruj ludem, a takie wywołujące dreszcze sceny jednak przed nim ukryj; w ten sposób doznasz miłość ludu i odzyskasz jego szacunek!
10. Mówię ci: kropla współczucia doprowadza wroga do poprawy i jest lepsza aniżeli cały pałac najsroższej sprawiedliwości!
11. Współczucie polepsza tak wroga jak i przyjaciela; a surowość i sucha sprawiedliwość wzbudza w nim dumę i poczucie urażonej godności,
12. a wtedy ten winny i skazany będzie w sobie pełen złości jak furia i nie będzie miał innego celu, jak tylko się zemścić na sprawiedliwym.
13. Ale co uczyniłeś, tego nie da się już odmienić.
14. Jednak na przyszłość zapamiętaj sobie tę regułę, ona jest lepsza od najczystszego złota!"
15. Cyreniusz uściskał Józefa i podziękował za udzieloną mu naukę, jak syn swojemu ojcu.
16. A potem wszyscy wkroczyli do sypialni Cyreniusza, która u wysoko postawionych Rzymian znajdowała się zawsze w wielkim salonie,
17. bowiem Rzymianie twierdzili, że w czasie snu razem z potem człowieka wychodzą z niego wszystkie choroby,
18. a jeżeli choroby nie mają dostatecznej przestrzeni i powietrza, by wyjść swobodnie na zewnątrz, pozostają dalej w człowieku i on choruje.
19. Oto dlaczego u bogatych Rzymian w olbrzymich sypialniach znajdowały się nawet fontanny, które to oczyszczały powietrze i – jak wierzyli – wchłaniały chorobliwe poty.
20. Podobnie też urządzona była sypialnia w pałacu, w którym zamieszkiwał Cyreniusz. Była to duża sala, a w niej znajdowały się dwie fontanny z ogromnymi basenami.
21. Podłoga była tam z czarnego i brązowego marmuru, a całą salę wypełniały staroegipskie wspaniałości.
22. W tej właśnie sali zebrało się całe towarzystwo; rozmowy, które prowadzili, dotyczyły przeszłości, a w tym czasie służba Cyreniusza zajęta była gorliwie wykonywaniem poleceń i porządkowaniem wszystkiego w salach obok.

139

Żal zdrajcy. Współczucie lwów dla skruszonego. Dobra rada Józefa. Wielkoduszność Cyreniusza i jej wspaniały wpływ na skruszonego sługę.

12 luty 1844

1. A w sali tej znajdował się też służący, który zdradził Cyreniusza; stał w kącie, żałując gorzko swego czynu.
2. Towarzystwo, a także Cyreniusz, zajęci rozmową zapomnieli o nim.

3. Służba była zajęta dekorowaniem stołu oraz innymi czynnościami.

4. Dlatego też i nikt ze służby nie przypomniał sobie o nim.

5. Ale oto niespodziewanie lwy podniosły się, podeszły do skruszonego sługi Cyreniusza i poczęły lizać jego ręce, jakby w ten sposób pragnęły mu wyrazić swoje współczucie.

6. Maroniusz pierwszy zauważył, co się dzieje w kącie sali i co robią lwy, i zwrócił uwagę Cyreniuszowi;

7. gdyż obawiał się, że te drapieżniki mogły nabrać apetytu na ludzką strawę.

8. A kiedy Cyreniusz zobaczył ten niezwykły obrazek z lwami i zdrajcą służącym, skierował się do Józefa, by z nim na ten temat porozmawiać.

9. A Józef powiedział: „Przyjacielu i bracie, zobacz, jakiż to akt; mówiłem ci już na schodach, gdy przybyłem, iż lepsza jedna kropla współczucia od pałacu pełnego najlepszej sprawiedliwości!

10. Te zwierzęta właśnie to wyrażają; idź tam i jako człowiek uczyń to lepiej!

11. Dzisiaj rano, idąc do ciebie, dowiedziałem się od jednego ze sług Pana, jak wychwalałeś te lwy w rozmowie ze swą żoną.

12. A te zwierzęta pokazują ci, jak powinieneś postąpić na samym początku!

13. Spójrz, tak poucza zawsze Pan człowieka!

14. W świecie nic na próżno się nie dzieje. Nawet od wirującego w powietrzu pyłku można się wiele mądrości nauczyć.

15. Gdyż jest on przez tę samą mądrość i wszechmoc Boga kierowany i utrzymywany, podobnie jak słońce i księżyc na niebie!

16. Więc tym bardziej możesz to oto zjawisko jako wyraźne wskazanie Pana potraktować, który chce ci jasno powiedzieć, co powinieneś czynić.

17. Idź tam i podnieś tego po trzykroć biednego i nisko upadłego; idź tam i podnieś tego ponad wszystko zmartwionego i pełnego żalu brata!

18. Albowiem tego oto przygotował ci Pan, byś miał w nim najwierniejszego przyjaciela i brata!"

19. Kiedy Cyreniusz usłyszał te słowa, pośpieszył ku słudze, który od razu padł mu do nóg, lecz on podźwignął go, chwyciwszy pod ramię, i powiedział:

20. „Bracie, źle wobec mnie postąpiłeś, ale widzę twoją szczerą skruchę i wybaczam ci.

21. Od dziś będziesz podążać za mną u mego boku, ale już nie jako sługa, lecz jako brat!"

22. To ogrzało słudze serce tak, że zaczął głośno płakać i począł się oskarżać, że mógł tak ciężko zgrzeszyć przeciw najszlachetniejszemu człowiekowi spośród wszystkich ludzi!?

140

Braterska mowa Cyreniusza do jego skruszonego sługi i przyjęcie go do towarzystwa. Zazdrość innych sług i odpowiedź Cyreniusza.

13 luty 1844

1. Cyreniusz, widząc jego skruchę i jego wdzięczność, począł go pocieszać, mówiąc:

2. „Widzisz, mój nowy bracie w Panu, my ludzie jesteśmy wszyscy pełni

błędów przed Bogiem, a jednak Bóg wybacza nam te błędy, jeśli je rozpoznamy i żałujemy ich!

3. Wszak Bóg jest Święty, podczas gdy my wszyscy grzesznikami przed Nim jesteśmy!

4. Ale jeżeli On, Święty, nam przebacza, to dlaczego my grzesznicy nie mielibyśmy jeden drugiemu przebaczać naszych przewinień?!

5. Jak długo człowiek nie stanie się złem ostatecznym, tak długo zostaje łaska Boga przy nim;

6. ale jeśli człowiek stanie się na tym świecie wcielonym szatanem, to odbierze mu Bóg Swoją łaskę i przekaże go na sąd piekła!

7. Dlatego tych dwudziestu, którzy cię przekupili, zostało rozszarpanych przez lwy – bowiem oni byli już diabłami!

8. Ale tobie nic się nie stało, ponieważ działałeś nieświadomie i nie wiedziałeś, co czynisz!

9. Bóg Pan nie odsunął od ciebie łaski, ale otworzył twe oczy, byś rozpoznał swój grzech.

10. I ty rozpoznałeś swój grzech, żałując, i Bóg wybaczył ci twój grzech!

11. Dlatego i ja wybaczam ci to, co uczyniłeś wobec mnie i nazywam cię moim przyjacielem i bratem w Panu!

12. Dlatego cię podniosę i zaprowadzę do moich święcie dostojnych gości.

13. Bądź odtąd dobrej myśli i chodź ze mną, ażeby mój wielki przyjaciel pobłogosławił cię, byś stał się prawdziwie moim bratem!"

14. Te wspaniałe słowa Cyreniusza do sługi, który go zdradził, odniosły bardzo dobry efekt.

15. Pocieszony i wzmocniony podniósł się i z oczami pełnymi łez podążył za Cyreniuszem do reszty towarzystwa.

16. A kiedy podszedł bliżej, Józef podniósł ręce i pobłogosławił sługę, mówiąc do niego: „Niech Pan będzie z tobą!"

17. Potem Cyreniusz rozkazał, by przyniesiono dla sługi nową i wspaniałą odzież.

18. Sługa otrzymał nowe, honorowe imię i Cyreniusz ucałował go jako swego brata.

19. Następnie zawezwał Cyreniusz całą swoją służbę, przedstawił jej nowego brata i przykazał, aby wszyscy byli mu posłuszni.

20. Widząc to inni słudzy rzekli do Cyreniusza: „Jakim ty jesteś sprawiedliwym sędzią, skoro wywyższasz zdrajcę, a nas, którzy byliśmy ci zawsze wierni i służyli ci z całym oddaniem – poniżasz?!"

21. A Cyreniusz odpowiedział im: „Martwi was to, że mi się żal zrobiło tego człowieka? Czy któremu z was zabrakło czegoś w tym czasie, kiedy u mnie służył? A mimo to nikt z was nie ryzykował głową w mojej obronie.

22. Ten zaś był zawsze ostatnim wśród was. Za to, co zrobił, mógłby przypłacić życiem w paszczach lwów. Dzięki jego uczynkowi pozbyłem się moich wrogów. Czyż za to nie należy mu się nagroda i wywyższenie?"

23. Wtedy słudzy zamilkli i zaspokojeni tą odpowiedzią wrócili do swoich obowiązków.

24. Obserwując to wszystko, jeden z niebiańskich młodzieńców powiedział: „Podobnie będzie kiedyś w Królestwie Bożym, gdzie będzie więcej radości z jednego nawróconego grzesznika, który uznał swój błąd, aniżeli z dziewięćdziesięciu dziewięciu sprawiedliwych!"

141

Przygotowania i zaproszenie na biesiadę u Cyreniusza. Uświęcająca mowa Dzieciątka. Zaproszenie do posiłku biednych. Posiłek dla lwów.

14 luty 1844

1. Tymczasem śniadanie było już gotowe i stół zastawiony rozmaitymi potrawami;

2. i słudzy oznajmili o tym Cyreniuszowi.

3. Cyreniusz poszedł najpierw obejrzeć wszystko, a znalazłszy wszystko w porządku, wrócił do gości i poprosił ich o przejście do dużego salonu.

4. Józef zdziwił się bardzo po wejściu do niego, gdyż myślał, że znajduje się nie w sali, ale w małej Świątyni Salomona w Jerozolimie.

5. Wszystko tam zostało wykonane według wskazówek Maroniusza Pilli, który jako były naczelnik miasta Jeruzalem wiedział, jak tamta Świątynia wyglądała na zewnątrz oraz wewnątrz.

6. Pełen radości Józef rzekł: „Doprawdy, mój bracie Cyreniuszu Kwirynusie, nie mogłeś urzeczywistnić lepszego pomysłu!

7. Czuję się jak w Jerozolimie; brakuje tylko tego, co Przenajświętsze; Świątynia byłaby gotowa, gdyby jeszcze to było!

8. Jest zasłona, ale brak za nią Arki Przymierza!"

9. A Cyreniusz odpowiedział: „Bracie, pomyślałem, że to, co jest Najświętsze, ty przyniesiesz tutaj Żywe ze sobą, dlaczego więc coś nienaturalnego miałbym stwarzać?"

10. Na te słowa ocknął się Józef ze swych marzeń o Świątyni i przypomniał sobie o Dzieciątku i Marii!

11. A Dzieciątko przywołało do Siebie Cyreniusza i w asyście Aniołów oddajacych hołd przemówiło:

12. „Cyreniuszu, dużo uczyniłeś, by najczystszemu mężowi Ziemi sprawić radość, ale o jednej rzeczy zapomniałeś!

13. Pomyśl, wydajesz tu wspaniałe, wielkie przyjęcie!

14. Co wydały trzy części najlepszego i najszlachetniejszego świata, jest tu dzisiaj zgromadzone!

15. Dlatego uczyniłeś dobrze; gdyż doprawdy, większego zaszczytu, niż doznaje teraz twój dom, nie doznał i nie dozna w wieczności żaden inny dom na żadnym innym świecie!

16. Albowiem masz przed sobą Tego, przed Którym wszystkie moce Niebios przysłaniają swoje oblicze!

17. Józef ci zwrócił uwagę, że najświętsze miejsce w tej świątyni jest puste.

18. Zobacz, tak też i jest! – Ale też nie powinno być.

19. Dlatego poślij sługi swoje i każ im przyprowadzić tutaj różnych biednych, niewidomych, chromych, kulawych i ułomnych!

20. Zleć dla nich w tym oto Przenajświętszym miejscu jeden stół nakryć i świątecznie ich ugość, a Moi słudzy będą im usługiwać!

21. I pomyśl, w ten oto sposób będzie to Przenajświętsze miejsce żywe i będzie sobą więcej przedstawiać aniżeli pusta Arka Przymierza w Jerozolimie!

22. Postaraj się także o trzy kozły; rzuć je lwom, żeby i one otrzymały swój pokarm".

23. Cyreniusz ucałował Dzieciątko

i pospieszył wykonać wszystko skrupulatnie według Jego zaleceń.

24. I w przeciągu godziny miejsce, które miało przedstawiać najświętsze miejsce Świątyni, zapełnione zostało biednymi, a lwy otrzymały swe pożywienie.

142

Pokorna modlitwa dziękczynna Józefa. Przekomarzanie Cyreniusza z Józefem, kto jakie miejsce przy stole powinien zająć. Mądra rada Józefa dla Cyreniusza.

15 luty 1844

1. A gdy wszystko było już gotowe do rozpoczęcia posiłku, podniósł Józef oczy ku niebu i podziękował Bogu Abrahama, Izaaka i Jakuba.

2. A kiedy zakończył modlitwę, zajął miejsce wraz ze swymi bliskimi w dolnej części suto zastawionego stołu.

3. Wówczas Cyreniusz pospieszył do Józefa i rzekł do niego:

4. „Nie, nie, mój dostojny przyjacielu i bracie, tak nie będzie; gdyż to święto dotyczy ciebie, a nie mnie!

5. Dlatego też twoje miejsce jest tam – u góry stołu, a nie na dole!

6. Proszę więc, wstań! I pozwól mi przeprowadzić się wraz ze wszystkimi, którzy ci towarzyszą, na drugi koniec stołu, gdzie znajduje się złota zastawa.

7. A w tym miejscu zasiądą moi przyjaciele, tak jak o tym wcześniej postanowiłem".

8. Ale Józef mu odpowiedział: „Cyreniuszu, jestem twoim serdecznym przyjacielem i dlatego pozostanę ze wszystkimi na tym końcu stołu,

9. bowiem ty nic nie stracisz, pozostawiając mnie tu;

10. ale z uwagi na to, że piastujesz wysokie stanowisko państwowe, utracisz wiele u twoich urzędników, jeżeli nie posadzisz ich w górnej części stołu!

11. Dlatego pozostaw tę sprawę, tak jak jest! W tym świecie obowiązują prawa świata; w Królestwie Bożym jest inaczej – gdyż tam przy stole Abrahama, Izaaka i Jakuba ostatni będą pierwszymi, a pierwsi ostatnimi!"

12. Cyreniusz na to odpowiedział: „O, bracie, uradowałem się, że w tym dniu będę mógł Królewskiemu Synowi królewskie poważanie okazać!

13. A teraz połowa mojej radości mnie opuściła, gdy widzę z oddali tego, dla którego to wszystko jest poświęcone!

14. Bracie, usiądź przynajmniej w połowie stołu, abym cię miał bliżej siebie!"

15. A Józef powiedział: „Ależ mój najukochańszy bracie, nie bądź dziecinny?!

16. Przecież ty wiesz, że ja zawsze i wszędzie muszę przestrzegać porządku, który zapisał Pan w moim sercu!

17. Czy ty mnie chcesz z tego porządku wytrącić?

18. Posadź u góry twoich wielkich; zaś sam, jako pan, możesz usiąść tam, gdzie tylko zechcesz, gdyż przecież każde miejsce ci się należy!

19. I tak zamkniesz tę sprawę; po złotych naczyniach twoi wielmożni rozpoznają pierwsze miejsca przy stole, będą się czuć wielce zaszczyceni, będą wiedzieli, że wybrałeś dla nich najbardziej zaszczytne miejsca, a sam usiadłeś na tych niższych".

20. Cyreniusz zrozumiał te słowa Józefa i zaakceptował je; wskazał swoim oficjalnym gościom pierwsze miejsca przy stole,

21. a sam usiadł z Tulią na miejscach znajdujących się w połowie stołu.

22. I wszystko zostało wreszcie uporządkowane; wielcy byli bardzo ucieszeni, że siedzą u góry stołu.

23. Cyreniusz też był zadowolony, że siedział pośrodku, a i Józef wraz ze swoimi cieszył się, że mógł zaszczycić swoją obecnością wraz ze swoimi bliskimi tak wielką uroczystość, pozostając w Porządku Bożym.

143

Pytania kapitana szukającego Boga. Odpowiedź kapłana o bożkach i jego wyznanie o jedynie prawdziwym Bogu. Odpowiedź Józefa udzielona kapitanowi.

16 luty 1844

1. Poranny posiłek trwał około godziny, a podczas jedzenia rozmawiano na wiele różnych tematów.

2. Jeden z kapitanów uczestniczących w wyprawie na górę zapytał pod koniec posiłku jednego z uczestniczących w śniadaniu niższych kapłanów:

3. „Posłuchaj mnie tylko! My mamy wiarę, według której roi się od bogów wszędzie, gdzie tylko spojrzymy;

4. lecz ja do tej pory ani jednego z nich nie widziałem i niczego od nich nie usłyszałem.

5. O tysiącu różności nierzadko już śniłem – ale o boskości jeszcze nigdy!

6. Kto z nas, dzisiaj żyjących ludzi, może otwarcie wystąpić i uczciwie powiedzieć: «Ja widziałem i słyszałem Zeusa albo jakieś inne bóstwo?»

7. Ale jeśli my jesteśmy ludźmi takimi jak ci, którzy w dawnych czasach mogli obcować na co dzień z bogami,

8. to nie rozumiem, dlaczego ci bogowie o nas zapomnieli i nie troszczą się o nic, co nas dotyczy!

9. Mógłbyś mi – jako były kapłan – tę sprawę wyjaśnić i podać powód, dla którego bogowie nie chcą już z nami mieć nic do czynienia?"

10. A kapłan na to odpowiedział: „Kochany przyjacielu, proszę cię na wszystko na tym świecie, nie pytaj mnie już nigdy więcej o takie niedorzeczne sprawy!

11. Nasi bogowie są niczym innym jak przelotnymi ideami, które z naszych głupich rojeń powstały.

12. A w naszej głupiej wyobraźni nie spostrzegamy nic lepszego jak tylko własne pomysły, które w postaci bogów przed sobą stawiamy,

13. budujemy im świątynie, ubóstwiamy i modlimy się do tych nic nieznaczących produktów naszej próżnej wyobraźni.

14. Oto są bogowie, którym świątynie wybudowaliśmy, a Rzym dzięki nim obfituje w bogactwo!

15. Ale doprawdy istnieje jeden prawdziwy Bóg; który był zawsze święty; jednak my, nieczyści w naszych sercach, nie możemy Go ujrzeć, lecz tylko Jego dzieła!

16. A jeśli chcesz o tym Bogu więcej się dowiedzieć, to zwróć się do tego czystego i niewinnego Żyda; on ci Go – przysięgam ci – przedstawi

bliżej!"

17. Kapitan zadowolił się tą odpowiedzią, bo takiej od dawna szukał.

18. Skierował się zaraz do Józefa ze swoją prośbą.

19. A Józef mu odpowiedział: „Dobry człowieku, wszystko ma swój czas! Kiedy duchowo dojrzejesz, będzie ci to na pewno objawione, a dziś powinieneś zadowolić się tą obietnicą!"

144

Józef i Cyreniusz postanawiają obejrzeć imitację Przenajświętszego. Sprzeciw Dzieciątka. Zakłopotanie Józefa. Słowa Marii i potwierdzenie ich przez Dzieciątko. Pouczenie kapitana.

17 luty 1844

1. A kiedy kapitan szukający Boga został w ten sposób odprawiony, Józef zwrócił się do Cyreniusza:

2. „Bracie, pozwól nam teraz obejrzeć to Przenajświętsze!"

3. Cyreniusz z radością zgodził się na propozycję swego oddanego przyjaciela.

4. Ale wówczas uniosło się Dzieciątko i powiedziało do Józefa:

5. „Wysłuchaj Mnie, wierny żywicielu Mego ciała! Sam powiedziałeś przed chwilą do poszukującego Boga kapitana:

6. «Wszystko ma swój czas, a kiedy staniesz się dojrzały, wtedy będzie ci to objawione! A tymczasem musisz się obietnicą zadowolić!»

7. Powiem więc i Ja tu, przed wejściem do imitacji Przenajświętszego:

8. I to wejście też ma swój czas! Wy wszyscy nie jesteście jeszcze do tego dojrzali; a kiedy będziecie dojrzali, wtedy Ja zechcę przez Moje sługi otworzyć to przed wami!

9. A tymczasem musicie się zadowolić Moją obietnicą!"

10. Józef i Cyreniusz z konsternacją popatrzyli jeden na drugiego i trudno było powiedzieć, który z nich był bardziej tym zakłopotany.

11. Józef zwrócił się do Marii: „Wygląda na to, że Dzieciątko, które jest jeszcze w pieluszkach, pragnie mną rządzić!

12. A co będzie, kiedy będzie miało dziesięć lat, a potem dwadzieścia?"

13. A Maria odpowiedziała Józefowi: „Kochany ojcze Józefie, jak możesz się tak irytować?!

14. Przecież sami Aniołowie pokazują ci wielką pokorę, z jaką traktują to Dziecko!

15. I te liczne cuda, które wokół nas się dzieją; to przecież jasne jak słońce, że to dowód na wielkość cudownej prawdy wszystkich prawd!

16. Posłuchaj, jako twoja wierna żona i służebnica rozumiem, co ma na myśli Dzieciątko!

17. Uczyń tak, jak Ono chce, a jestem przekonana, że od razu zacznie wiać inny wiatr!"

18. A Józef zapytał Marię: „No tak – ale cóż ja mam zrobić?"

19. I Maria odrzekła: „Spójrz na tego mężczyznę, który szuka, i pokaż mu To, czego szuka – Którego on tak daleko szuka, a Który jest tak blisko!"

20. A Dzieciątko spojrzało przyjaźnie uśmiechnięte na Józefa i rzekło na to:

21. „Tak, tak, Mój najukochańszy Józefie, ta kobieta ma rację; idź do kapitana i poucz go.

22. Albowiem musisz wiedzieć, że przed tymi, którzy proszą, szukają i zapukają – musi zostać otwarta tak długo zamknięta brama Mojego Królestwa!

23. I nie musisz od razu palcem na Mnie wskazywać, bowiem nie jest to jeszcze Mój czas; i ty także wiesz, że wszystko swój czas mieć musi!"

24. A Józef ucałował Dzieciątko, udał się do kapitana i rzekł mu:

25. „Chodź i słuchaj! Niech będzie ci dane to, czego pragniesz!" I kapitan słuchał z radością mowy Józefa.

145

Kapitan pyta o przyjście Mesjasza. Józef objaśnia mu istotę Mesjasza. Niższy kapłan mówi o końcu pogańskiej świątyni. O żywej świątyni w sercach ludzi.

19 luty 1844

1. A kiedy kapitan wysłuchał wykładu Józefa o Bogu, a także o Mesjaszu,

2. zastanowił się, a po chwili milczenia zapytał, kiedy Mesjasz przybędzie.

3. Józef mu odpowiedział: „Ten Mesjasz, przez którego wszyscy ludzie zostaną uwolnieni od jarzma śmierci i Ten, który Ziemię znowu z Niebem zwiąże, już właśnie przybył!"

4. A kapitan dalej badał i pytał: „Jeśli ten Mesjasz akurat przybył, to powiedz mi, gdzie On jest – i po czym można Go rozpoznać?"

5. A Józef odpowiedział: „Nie do mnie to należy, żebym ci Go palcem pokazał!

6. Ale co się tyczy znaków, po których będzie można Go rozpoznać, to mogę ci coś o tym powiedzieć!

7. Posłuchaj, po pierwsze, Mesjasz będzie żyjącym wiecznym Synem Najwyższego, tobie do tej chwili nieznanego Boga!

8. Najczystsza Dziewica pocznie Go w przecudowny sposób jedynie przez siłę Tego Przenajwyższego!

9. A kiedy On przyjęty i urodzony zostanie, wtedy w Jego ciele będzie mieszkać cała pełnia przenajwyższej siły Boga.

10. A jeśli On na tej Ziemi mieszkać będzie cieleśnie, to będą Jego słudzy i posłańcy z wysokich niebios zstępować na Ziemię i będą tajemnie, a także i jawnie, wielu ludziom objawiać się i Jemu służyć.

11. On poprzez Słowa i Czyny uszczęśliwi wszystkich, którzy pójdą w Jego ślady w czynach i według Jego Słowa, i serca ich zapłoną do Niego!

12. Jednakże tych, którzy nie zechcą Go rozpoznać, będzie sądzić Jego wszechmocne Słowo, które On nieprzemijającym żelaznym piórem w sercu każdego człowieka zapisywać będzie!

13. A Słowa Jego nie będą podobne słowom człowieka, ale będą przepełnione siłą i pełnią życia. Kto Jego Słowa przyjmie i zachowa w sercu swoim oraz będzie je wypełniać, na wieki nie zazna śmierci!

14. Jego istota będzie tak łagodna jak jagnię i delikatniejsza od gołębicy;

15. a mimo to na Jego lekkie tchnienie będą Mu posłuszne wszystkie żywioły!

16. I gdy On nawet wiatrom cicho rozkaże, to wtedy zerwą się one i pomarszczą morza aż do samego dna!

17. A jeśli będzie On spoglądać na wzburzone morze, tam wody staną się spokojnym lustrem!

18. A kiedy Jego tchnienie dotknie Ziemi, otworzy ona swe prastare grobowce i wszystkich martwych odda ponownie życiu.

19. A ogień ochłodą będzie tym, którzy żywe Mesjasza Słowo w piersi swojej nosić będą!

20. Oto, drogi kapitanie, znasz teraz znaki Mesjasza, po których łatwo Go rozpoznasz.

21. Więcej o Nim powiedzieć nie jest mi wolno, ani tego, gdzie On jest, ale wkrótce sam Go z łatwością odnajdziesz!"

22. Te słowa wywarły na kapitanie tak wielkie wrażenie, że nie miał już więcej odwagi o tym mówić.

23. I udał się do wcześniej poznanego kapłana, i powiedział do niego:

24. „Słyszałeś, co ten mądry Żyd do mnie mówił?"

25. A kapłan odrzekł: „Każde jedno słowo wpłynęło głęboko do mej zadziwionej duszy!"

26. Wówczas kapitan zwrócił się do niego: „Powiedz mi, co się stanie i jaki koniec czeka naszych bogów, jeśli Ten Mesjasz zjawi się w pełni Swojej boskiej siły?"

27. A kapłan odpowiedział: „Czy odczułeś przed trzema dniami siłę tego huraganu?

28. A tam na górze – czy nie widziałeś nagłego końca naszej świątyni Apolla i następujących po tym znaków?

29. Pomyśl, to samo stanie się niedługo i z Rzymem – jego świątynie obrócą się w gruzy!

30. Tam, gdzie do niedawna składano ofiary Zeusowi, ujrzysz rumowisko kamieni; ale za to ludzie będą budować żywe świątynie w sercach swoich!

31. A wtenczas każdy człowiek na równi z kapłanem będzie mógł temu jedynemu prawdziwemu Bogu ofiarę przynieść, wszędzie i o każdej porze! – I to wszystko, co mogę ci powiedzieć! – Pragniesz więcej? To popatrz, tam są ci, którzy wiedzą więcej niż ja; dlatego nie pytaj mnie już o nic!"

146

Następne pytania kapitana. Wykład Józefa o Królestwie Mesjasza i o tym, że miłość jest kluczem do poznania prawdy. Towarzystwo w Przenajświętszym. Niewidomi odzyskują wzrok.

20 luty 1844

1. Po tych słowach kapitan nie pytał już o nic więcej kapłana, ale udał się znów do Józefa,

2. któremu opowiedział wszystko, co usłyszał,

3. i zapytał Józefa, co ma o tym wszystkim myśleć.

4. A Józef odrzekł mu: „Trzymaj się tego, co ci powiedziano, i tylko tego, co ci powiedziano;

5. a na wszystko inne oczekuj cierpliwie i w ten oto sposób zajdziesz najdalej!

6. Bo musisz wiedzieć, że to święte Królestwo Mesjasza nie składa się z pytań i odpowiedzi,

7. lecz tylko z cierpliwości, miłości, łagodności i zupełnego oddania się woli Bożej!

8. Bowiem u Boga nie da się nic na kolanie złamać, nic wymusić, a już

najmniej warto być upartym i Mu się sprzeciwiać!

9. A kiedy Pan uzna, że to będzie dla ciebie dobre, wtedy poprowadzi cię do wyższego objawienia!

10. Zacznij żywo kochać tego objawionego ci przeze mnie Boga, a przez to najprędzej dotrzesz tam, gdzie właśnie chcesz być!

11. Tak! – Taka miłość da ci więcej wewnętrznego ożywienia, niż udałoby ci się Go milionem martwych pytań zdobyć!"

12. Ale kapitan zapytał: „Dobrze, mój szanowny, mądry przyjacielu! To wszystko chcę uczynić, ale musisz mi teraz powiedzieć: jak można twojego Boga kochać, skoro się Go jeszcze nie zna?"

13. Józef odpowiedział: „Tak jak kochasz swojego brata i swoją przyszłą żonę – tak kochaj Boga.

14. Miłujże swoich bliźnich jako szczerych braci oraz siostry w Bogu, a będziesz przez to i Boga kochać!

15. Czyń zawsze i wszędzie dobro, a będziesz mieć łaskę u Boga!

16. Bądź miłosierny dla każdego, a znajdziesz przez to i miłosierdzie u Boga!

17. Dalej: bądź we wszystkich rzeczach opanowany, łagodny i pełen cierpliwości i stroń od zarozumiałości, dumy i zawiści jak od zarazy,

18. a wtedy Pan roznieci potężny płomień w twoim sercu

19. i to potężne światło duchowego płomienia przepędzi z ciebie wszystkie ciemności śmierci, a wtedy odnajdziesz objawienia w sobie samym i w nich na wszystkie swoje pytania żywe odpowiedzi otrzymasz!

20. Oto właściwa droga do Światła i Życia w Bogu, to jest właściwa miłość do Boga; tą drogą podążaj!"

21. A gdy kapitan od Józefa tę lekcję otrzymał, zaniechał dalszych pytań, które jeszcze chciał zadać Józefowi, i pogrążył się w głębokiej zadumie.

22. A w tym samym czasie została przez młodzieńców szeroko rozsunięta zasłona i Józef od razu zrozumiał, że przyszedł czas, by udać się do imitacji Przenajświętszego,

23. i już z głębi sali, wśród nakarmionych biednych uniósł się potężny okrzyk podziękowania.

24. A kiedy ukazał się pośród nich Cyreniusz w całym swoim blasku, razem z Józefem i Marią niosącą na ręku Dzieciątko, ludzie o mało nie potracili głów, nie wiedząc, jak mają wyrazić wdzięczność i podziękowanie.

25. Ten widok sprawił Cyreniuszowi wiele radości, lecz wycisnął mu również i łzy współczucia, podobnie jak Józefowi i Marii.

26. Było tam bowiem wielu ślepców, kulawych i ułomnych różnego rodzaju, w liczbie kilkuset.

27. Maria modliła się po cichu, po czym wzięła chustkę, którą wycierała często Dzieciątko i zaczęła wycierać oczy wszystkim niewidomym; i wszyscy odzyskali wzrok! – I od tej chwili wzruszonym głosom podziękowania i pochwał nie było końca. Dlatego towarzystwo powróciło na krótko do głównej sali.

Błagalne okrzyki chorych do Marii. Maria wskazuje na Dzieciątko Jezus. Uzdrawianie chorych i ich pouczenie przez Anioła. Kapitan poszukuje Cudotwórcy.

21 luty 1844

1. Po chwili udali się wszyscy znów do Przenajświętszego i znowu zostało przez nich pochwalone.

2. A ułomni, kalecy i wszyscy inni o różnych dolegliwościach wołali: „O ty, wspaniała Matko! Któraś niewidomym pomogła, uwolnij i nas od naszej wielkiej męki!”

3. Ale Maria odpowiedziała: „Dlaczego do mnie wołacie? Ja nie mogę wam pomóc; gdyż jestem tylko, tak jak i wy, słabą i śmiertelną służebnicą mojego Pana!

4. Ale Ten oto, którego noszę na moich rękach, może wam pomóc; w Nim bowiem mieszka wieczna pełnia boskiej wszechmocy!”

5. Ale chorzy nie słuchali tego, co mówiła Maria, lecz jeszcze głośniej wołali: „O, wspaniała Matko, pomóż nam, pomóż nam biednym, uwolnij nas od naszej udręki!”

6. Wtedy podniosło się Dzieciątko, wyciągnęło rękę Swoją w stronę chorych i wszyscy zostali w jednej chwili cudownie uzdrowieni.

7. Kulawi skakali jak sarny, pokrzywieni stali prosto jak cedry w Libanie i wszyscy inni zostali uwolnieni od swojego cierpienia.

8. A Aniołowie przystąpili do nich i nakazali im milczeć o tym, co się zdarzyło, zwiastując im bliskość Królestwa Bożego na Ziemi.

9. To zdarzenie obudziło naszego kapitana z głębokiego zamyślenia do rzeczywistości i udał się do Przenajświętszego za towarzystwem.

10. Tam podszedł do Józefa i zapytał go: „Dostojny przyjacielu, co się tutaj stało? Nie widzę ani ślepych, ani kulawych, ani sparaliżowanych i innych chorych!

11. Jak to?! – Czy oni wszyscy zostali cudem uzdrowieni, czy może ich kalectwo było tylko ułudą wyobraźni?”

12. Józef odpowiedział: „Idź i porozmawiaj z nimi, jeżeli to wszystko wydaje ci się tak zagadkowe! Oni ci najlepiej powiedzą, co z nimi się stało!”

13. I kapitan uczynił to, co polecił mu Józef.

14. A kogo tylko z uzdrowionych zapytał – otrzymywał tę samą odpowiedź: „Uzdrowiony zostałem w cudowny sposób!”

15. Kapitan przyszedł znowu do Józefa i zapytał go:

16. „Kto z was uczynił te cuda? Komu z was jest taka moc przypisana? Kto z pośród was jest Bogiem?!”

17. A Józef odpowiedział: „Spójrz, tam stoją uzdrowieni!

18. Idź jeszcze raz do nich i zapytaj ich; to od nich otrzymasz odpowiedź!”

19. Kapitan udał się do nich i zapytał, kogo uważają za cudotwórcę.

20. Odpowiedzieli mu: „Spójrz na to towarzystwo; z jego środka przyszło do nas cudowne uzdrowienie!

21. Wydaje nam się, że ta mała Żydówka taką moc posiada! Ale w jaki sposób się to dzieje, bogowie raczą wiedzieć!”

22. I tak oto kapitan wiedział tyle, co i przed tym.

23. Ale Józef zwrócił się do niego: „Ty jesteś bogatym Rzymianinem;

zatroszcz się o tych biednych z miłości do Boga, a doświadczysz więcej! A teraz niech cię zadowoli to, co już usłyszałeś!"

148

Dobre czyny kapitana i Cyreniusza. Józef poucza bezradnego kapitana.

22 luty 1844

1. A kiedy kapitan to od Józefa usłyszał, nie namyślając się długo, poszedł do Cyreniusza i powiedział:

2. „Konsulu Cesarskiej Wysokości, zapewne Wasza Wysokość słyszał, co mi powiedział ten mądry Żyd?

3. Postanawiam natychmiast wypełnić to, co mi polecił.

4. Dlatego proszę Waszą Wysokość o pozwolenie, bym mógł wziąć pod moją opiekę tych wszystkich biednych i troszczyć się o nich jak o własne dzieci!"

5. Cyreniusz na to odpowiedział: „Mój wielce szanowny, kochany kapitanie! Bardzo mi przykro, lecz nie mogę się na to zgodzić,

6. gdyż ja ich wszystkich już wcześniej pod moją opiekę wziąłem!

7. Ale nie przejmuj się tym, wszak biednych i nieszczęśliwych wszędzie znajdziesz.

8. Idź za radą tego mądrego Żyda, a z pewnością będzie ci to wynagrodzone!"

9. Kapitan pokłonił się Cyreniuszowi, znów podszedł do Józefa i zapytał:

10. „Co mam teraz zrobić, skoro Cyreniusz mnie wyprzedził?! Skąd mam wziąć biedaków? Gdyż ci tutaj to wszyscy biedni z Ostracyny!"

11. Józef uśmiechnął się przyjaźnie do kapitana i powiedział:

12. „O, mój przyjacielu, nie przejmuj się; gdyż na Ziemi jest wiele niedostatku i nie tylko biedni potrzebują wsparcia.

13. Pomyśl, wszak nie potrzebują go tylko ślepi, kulawi i chromi.

14. Przejdź się od domu do domu i zapytaj o potrzeby, a w ten sposób znajdziesz niezliczoną ilość okazji, aby podzielić się z innymi tym, na czym ci zbywa!

15. Spójrz, to miasto jest bardziej ruiną niż okazałą metropolią!

16. Obejrzyj te zrujnowane domy, a zrozumiesz całą niedorzeczność twojego zmartwienia".

17. Kapitan odpowiedział: „Drogi i mądry przyjacielu, w istocie masz rację.

18. Lecz tamci niewiele mogą mi powiedzieć o Mesjaszu, który ma nadejść.

19. Gdy tymczasem ci tutaj przeżyli coś nadzwyczajnego i mogliby mi niektóre rzeczy objaśnić?!"

20. Józef odpowiedział kapitanowi: „Ach, mój przyjacielu! – Czy naprawdę myślisz, że odkrycie tego, co duchowe, leży w mocy tych biedaków?

21. O nie – bardzo się mylisz! – To odkrycie jest w zasięgu twojego serca i ducha! – Jeśli czynisz z miłości dobro, to światło z jej płomienia będzie ci dane, a nie z ust tych biednych!" To wyjaśnienie zadowoliło kapitana i zaprzestał on ciągłych pytań.

149

Pytanie o naprawę kartagińskiego statku w szabat. Dzieciątko o czynieniu dobra w dzień szabatu. Józef wierny Prawu. Cudowne odnowienie statku przez Aniołów Bożych.

23 luty 1844

1. Cyreniusz wydał rozkaz naczelnikowi, by przygotował na następny dzień dodatkowy statek do przewozu uzdrowionych do Tyru.

2. Naczelnik odpowiedział: „Cesarska, Konsularna Wysokości! Jak mi wiadomo, na przystani znajduje się jeszcze tylko jeden stary kartagiński statek, ale mocno uszkodzony.

3. Majstrów budowy statków nie ma w tym mieście; są tylko stolarze, ale tacy, którzy z biedą mogą rybacką łódź do kupy związać.

4. Powstaje pytanie, w jaki sposób uda nam się naprawić ten stary, kartagiński statek?!"

5. Wówczas Cyreniusz rzekł: „Nie martw się o to! Usłyszymy zaraz najlepszą radę!

6. Posłuchaj, ten mądry Żyd znany jest jako stolarz o wysokim kunszcie, a jego pięciu synów też pomoże nam przy naprawie statku.

7. Zaraz zapytam go o radę i jestem przekonany, że udzieli nam najlepszej!"

8. I Cyreniusz zwrócił się do Józefa, i przedstawił mu całą sprawę.

9. Lecz Józef odpowiedział mu: „Przyjacielu i bracie, gdyby dzisiejszy dzień nie był naszym świętem, szabatem, wszystko by było dobrze, ale w tym dniu nie mamy prawa wykonywać jakiejkolwiek pracy!

10. Może są w mieście inni stolarze, których szabat nie dotyczy. Ja z przyjemnością mogę im udzielić wskazówek".

11. Wówczas podniosło się Dzieciątko i przemówiło: „Józefie – w szabat każdy człowiek może czynić dobro!

12. Szabatu nie powinno się obchodzić w bezczynności, jak dzień długi, lecz bardziej w czynieniu dobra.

13. Mojżesz nakazał przestrzegać ściśle świętowanie szabatu, ale w tym przykazaniu zawierał się zakaz wszelkiej niepotrzebnej, najemnej i płatnej pracy, która mogłaby być poczytana jako hańbiąca to święto przed Panem;

14. ale czynienia w szabat woli Bożej Mojżesz nie zabronił!

15. Nie jest nigdzie w Prawie zapisane, że w szabat powinniśmy być obojętni na potrzebę naszego brata.

16. I Ja, jako Pan szabatu, mówię: czyńcie w szabat wszelkie dobro, żeby go należycie uświęcić!

17. Józefie, jeśli nie masz odwagi, ze względu na Prawo Mojżesza, naprawić tego statku, to niechaj uczynią to Moi słudzy!"

18. A Józef odpowiedział: „Mój boski Syneczku, masz rację; ale ja się z tym Prawem zżyłem i nie chciałbym go nawet o włos przekraczać!"

19. Wtedy Dzieciątko przywołało młodzieńców i powiedziało im: „Idźcie tam i wypełnijcie Moją wolę;

20. gdyż Józef poważa Prawo bardziej aniżeli Prawodawcę, a szabat bardziej aniżeli Pana szabatu!"

21. W mgnieniu oka opuścili młodzieńcy salę i naprawili statek, a potem szybko wrócili.

22. Wszyscy byli tym zadziwieni

i nie mogli uwierzyć, że statek jest już naprawiony. Lecz wkrótce posłańcy z przystani donieśli o tym zdarzeniu Cyreniuszowi. Wówczas Cyreniusz z wszystkimi swoimi gośćmi udał się na brzeg morza. Zobaczyli statek i zadziwili się nadzwyczajną siłą młodzieńców.

150

Odwiedziny w porcie. Cenny statek. Cyreniusz dziękuje Józefowi. Odpowiedź Dzieciątka i Jego wskazówki na temat dobroczynności.

24 luty 1844

1. Cyreniusz obejrzał dokładnie statek, a przy tym obliczył, ilu na nim ludzi mógłby umieścić.

2. I doszedł do przekonania, że w razie potrzeby może pomieścić wygodnie dobre tysiąc osób.

3. Podczas tego przeglądu przekonał się o wyjątkowej wytrzymałości i solidności statku;

4. gdyż nie wyglądał na stary i połatany, lecz przeciwnie – błyszczał nowością i był jak odlany.

5. Nie można było odkryć żadnej szczeliny, a w drewnie nie było widać żadnych sęków ani porów.

6. Kiedy Cyreniusz przekonał się o tym, zszedł na ląd, otoczony jak zawsze swoją świtą. Podszedł do Józefa i powiedział:

7. „Mój najzacniejszy przyjacielu, najszczęśliwszy ze wszystkich ludzi Ziemi, teraz już nie dziwię się cudom i wiem, że dla Boga nie ma żadnych przeszkód i wszystko jest możliwe!

8. Widzę, że nie jest to stara, połatana łajba, lecz nowo zbudowany statek. Ale i temu się nie dziwię.

9. Albowiem dla Pana jest jedno – stworzyć nowy świat, czy nowy statek. A przecież i nasza Ziemia jest statkiem, który niesie wszystkich ludzi na falach wiecznego morza nieskończoności.

10. Ale ty uczyniłeś mnie dziś swym wielkim dłużnikiem i zastanawiam się, czy będę mógł zwrócić ci kiedykolwiek mój dług?!

11. Ten stary statek był przedtem starym wrakiem, który nie wart był jednego funta srebra, a teraz wart jest co najmniej dziesięć tysięcy funtów złota!

12. Dziś jest on gotów do dalekich podróży i może nawet przepłynąć przez Słupy Herkulesa (Gibraltar), płynąć do Bretanii i wokół całej Afryki, aż do Indii.

13. Doprawdy! Za takie dzieło nie można żadnym złotem zapłacić!

14. Wiedz, mój zacny przyjacielu, że to, o czym teraz myślę, to w jaki sposób kiedykolwiek spłacę ci mój dług!

15. Jeżeli byś zechciał przyjąć ode mnie złoto, to w ciągu siedmiu dni mógłbyś otrzymać dziesięć tysięcy funtów w złocie.

16. Ale wiem, że dla ciebie złoto jest wstrętne i odrażające, i dlatego czyni mnie smutnym to, że mojemu największemu przyjacielowi winnym muszę pozostać!"

17. Na to Józef chwycił rękę Cyreniusza i przycisnął ją do swej piersi. Chciał coś powiedzieć, ale łzy napłynęły mu do oczu, kiedy spojrzał na szlachetnego Rzymianina.

18. A Dzieciątko zwróciło się z uśmiechem do Cyreniusza: „Mój drogi Cyreniuszu Kwirynusie, zaprawdę powiadam ci: przyjąłeś biednych w

Moim imieniu i już ten twój uczynek ma większą wartość niż dziesięć tysięcy takich statków!

19. Tych kilkuset wziąłeś pod swoją opiekę w jednej chwili i musiałbym ci dać bardzo wiele statków, aby cię tu na Ziemi wynagrodzić!

20. Bo dla Mnie jeden człowiek ma większą wartość niż wszystkie oceany pełne takich statków. Dlatego nie myśl więcej o swoim długu!

21. Co czynisz biednym, to czynisz także Mnie, ale nagrodę za to otrzymasz nie tu, na Ziemi, lecz po śmierci. Wtedy zbudzę twoją duszę i uczynię cię równym Moim sługom, którzy ten oto statek odnowili!"

22. A wtedy Cyreniusz zapłakał i zapewnił, że od tej chwili całe swoje życie poświęci pomocy biednym oraz cierpiącym ludziom.

23. A Dzieciątko podniosło Swą rączkę i powiedziało: „Amen", i pobłogosławiło Cyreniusza i jego statek.

151

Obiad w zamku. Kapitan poszukuje biednych w mieście, jego powrót i pochwała Cyreniusza. Błogosławieństwo Dzieciątka.

26 luty 1844

1. Następnie powrócili wszyscy do zamku, gdzie oczekiwało ich jedzenie przyrządzone zgodnie ze zwyczajem żydowskim.

2. Wszyscy usiedli na swoich miejscach, by się posilić smacznie przyrządzonym obiadem.

3. Ale pod koniec posiłku Cyreniusz zauważył nieobecność znanego już nam kapitana .

4. „Gdzież on jest? Cóż on robi?" – zapytywali jeden drugiego Rzymianie, obok których zajmował poprzednio miejsce kapitan.

5. Cyreniusz zwrócił się z tym pytaniem do Józefa:

6. Józef odpowiedział: „Nie martw się o niego; poszedł do miasta poszukiwać biednych!

7. Właściwie zależy mu bardziej na znalezieniu wewnętrznego światła niż na znalezieniu biednych;

8. ale to nie szkodzi jego sprawie – gdyż w samym poszukiwaniu otwiera się przed nim właściwa droga!"

9. Cyreniusz słysząc to, ucieszył się ogromnie i w sercu chwalił kapitana.

10. A w tym czasie, kiedy Rzymianie snuli różne domysły na temat nieobecności kapitana, ten wszedł na salę wesoły i zadowolony. Wówczas ze wszystkich stron posypały się pytania: gdzie był i co robił?

11. A kapitan, będąc wielkim zwolennikiem stawiania pytań, był też nie mniejszym entuzjastą odpowiedzi.

12. Podszedł więc najpierw do Cyreniusza i przeprosił go za swoją nieobecność i za to, że w czasie wspólnego obiadu urządził sobie wycieczkę.

13. Cyreniusz podał kapitanowi dłoń i rzekł do niego:

14. „Doprawdy, nawet gdybyśmy stali przed wrogiem, a ty opuściłbyś pole walki dla takiej przyczyny – nie odpowiadałbyś za swój czyn przede mną!

15. Bo jak to dzisiaj widzę i rozumiem, jeśli uczynimy dobro choćby tylko jednemu człowiekowi, to zrobimy więcej, niż gdybyśmy zdobyli wszystkie królestwa świata dla Rzymu!

16. Bo dla Boga jeden człowiek ma

większe znaczenie niż cały świat!

17. Dlatego przed Bogiem uczynimy o wiele więcej, jeśli z miłości zatroszczymy się o jednego brata, cieleśnie i duchowo,

18. niż gdybyśmy wyruszyli przeciw tysiącom największych wrogów!

19. Tak, przed Bogiem nieskończenie chwalebniej jest być dobroczyńcą swoich braci niż największym bohaterem w tym szalonym świecie!"

20. A Dzieciątko dopowiedziało: „Amen – tak jest, Mój Cyreniuszu Kwirynusie!

21. Pozostań na tej drodze; która jak żadna inna prowadzi do wiecznego życia! – Albowiem miłość jest życiem; kto miłość posiada, ten posiada i życie!" Po tym Dzieciątko pobłogosławiło Cyreniusza i kapitana Swoim spojrzeniem.

152

Mowa Dzieciątka Jezus do biednych. Cyreniusz zwiastunem Pawła. Proroctwo o upadku Jerozolimy dokonanym przez miecz Rzymian.

27 luty 1844

1. Po tej rozmowie młodzieńcy odsłonili kotarę i wszyscy skierowali się do przebywających tam biednych. Dzieciątko podniosło się i pobłogosławiło wszystkich Swoim wzrokiem.

2. Potem zwróciło się do Cyreniusza i przemówiło do niego łagodnym tonem:

3. „Mój kochany Cyreniuszu Kwirynusie! Patrz, oto słudzy w postaci młodzieńców w Moim imieniu chronią i zachowują cały wszechświat!

4. Każda planeta oraz każde słońce musi być posłuszne ich cichym skinieniom.

5. Oto, jak nieskończonej władzy im udzieliłem.

6. I jak im przekazałem kierownictwo nad wszelkim stworzeniem, tak samo tobie przekazuję o wiele większe światy życia!

7. Spójrz, ci oto bracia i siostry znaczą o wiele więcej niż cała nieskończoność przepełniona ciałami niebieskimi i słońcami!

8. Powiadam ci: jedno dziecko w kołysce znaczy więcej niż cała materia w nieskończonej wiecznej przestrzeni!

9. Zrozum więc, jak wielki dar ode Mnie otrzymujesz i jak wysoko cię cenię!

10. Prowadź z miłością, łagodnością i cierpliwością tych oto biednych do Mnie, a nie będziesz w stanie ogarnąć wielkości nagrody, jaką otrzymasz!

11. Ja, twój Pan i twój Bóg, czynię cię zwiastunem w królestwie pogan, by ten, którego kiedyś wyślę do nich, został przez nich zrozumiany i przyjęty.[15]

12. Potem wyślę zwiastuna także do Żydów;[16]

13. ale powiadam ci: tamten będzie miał trudne zadanie! I co on uczyni w pocie czoła, ty będziesz podczas swojego snu sprawiać!

14. I dlatego tamtym będzie Światło zabrane i wam w całej pełni powierzone!

15. Oto rzucam w ciebie ziarno, które kiedyś wyda Mi drzewo, a na nim wyrosną szlachetne owoce dla Mego Domu na wieczność.

16. A tamto drzewo, które za czasów Abrahama zasadziłem w Salem –

w mieście, które Ja w Melchizedechu własną ręką budowałem – przeklnę, albowiem nic prócz liści nie posiada!

17. Doprawdy, byłem cały czas złaknniony! Wiele razy kazałem dobrym ogrodnikom to drzewo w Salem ożywić nawozem, a pomimo to nie przyniosło Mi żadnych owoców!

18. Dlatego nie przeminie nawet sto lat, a miasto zbudowane Moją ręką dla Moich dzieci – przez was, obcych, upadnie; syn twojego brata podniesie miecz przeciwko Salem!

19. I tak jak ty biednych przygarnąłeś jako swoje dzieci, tak i Ja wezmę was, obcych, jako dzieci Moje, a tamci zostaną ode Mnie odsunięci!

20. Słowa te zachowaj w sobie i czyń według nich; Ja będę cię zawsze błogosławić niewidzialną koroną Mojej wiecznej miłości i łaski. Amen!"

21. Po tych słowach wszyscy zaniemówili. Aniołowie pokłonili się nisko, kryjąc swe twarze; i nikt nie miał odwagi czegokolwiek powiedzieć, ani też o nic zapytać.

153

Pytanie Cyreniusza o Boską Istotę Dziecka. Odpowiedź Józefa: żywe Słowo Boże u proroków. Wyjaśnienie Dzieciątka Jezus.

28 luty 1844

1. Dopiero po chwili poprosił Cyreniusz Józefa na bok i zwrócił się do niego:

2. „Mój dostojny przyjacielu i bracie! Usłyszałeś to wszystko, co mówiło do mnie Dzieciątko?!

3. Czy usłyszałeś, jak rzekło: «Ja – twój Pan i twój Bóg?!»

4. Patrząc na moc Jego woli i moc Jego sług, którzy kryją swe oblicza w geście uniżenia, czyż nie jest Ono tym jedynym, wiecznym, najprawdziwszym Bogiem i Stwórcą świata oraz wszystkiego, co na nim jest?!

5. Przyjacielu! Bracie! – Co o tym sądzisz? – Czyż nie jest tak? – Czyż jest inaczej?"

6. Na te słowa zawahał się Józef, bowiem uważał Dziecko za Syna Bożego, ale samej Boskości w Nim nie dostrzegał!

7. A po dłuższym namyśle powiedział: „Uważać to Dziecko za Samego Boga mogłoby być zbyt śmiałe!

8. Podobnie jest i u Żydów, że są dziećmi Bożymi – są zatem również synami Bożymi!

9. I tak jest od czasów Abrahama, który był synem Bożym, i są nimi jego potomkowie.

10. Od prawieków mieliśmy wielkich oraz małych proroków, którzy przemawiali w imieniu Boga, i Bóg przemawiał przez nich w pierwszej osobie.

11. Oto mówił Pan przez Izajasza: „Lecz Ja jestem Pan, twój Bóg, który gromi morze, tak iż się burzą jego odmęty. – Pan Zastępów – to moje imię.

12. – Włożyłem Moje słowa w twoje usta i w cieniu Mej ręki cię skryłem, bym mógł rozciągnąć Niebo i założyć Ziemię, i żeby powiedzieć Syjonowi: «Tyś Moim ludem»!"[17]

13. Ale zważ, choć prorok mówił w pierwszej osobie, to nie znaczy, że sam był Bogiem, a tylko, że Duch Pański mówił ustami proroka!

14. I spójrz, podobnie jest i tutaj; Bóg ucieleśnił w tym Dziecku potężnego proroka i mówi Jego ustami tak, jak niegdyś czynił to przez chłopięce

usta Samuela!"

15. Cyreniusza uspokoiła ta odpowiedź, ale Dzieciątko znowu wezwało ich do Siebie i zwróciło się do Józefa:

16. „Józefie, ty wiesz dobrze, że Pan przemawiał często ustami proroków w pierwszej osobie;

17. ale nie wiesz, co Pan przekazał kiedyś Izajaszowi, gdy powiedział:

18. «Któż jest Ten, który przybywa z Edomu, z Bosry idzie w szatach szkarłatnych? Ten wspaniały w Swoim odzieniu, który kroczy z wielką Swą mocą?

19. To Ja jestem tym, który sprawiedliwości uczy i Mistrzem jest w pomocy!

20. Dlaczego krwawa jest Twoja suknia i szaty Twe jak u tego, co wygniata winogrona w tłoczni?

21. Sam jeden wygniatałem je do kadzi, z narodów – ani jednego nie było ze Mną. Tłoczyłem je w Moim gniewie i deptałem je w Mojej porywczości.

22. Posoka ich obryzgała Mi szaty i poplamiłem Sobie całe odzienie.

23. Albowiem dzień pomsty sobie ustanowiłem; i nadszedł rok, ażeby Moich wybawić!

24. Rozglądałem się; nikt nie pomagał. Zdumiewałem się, a nie było nikogo, kto by podtrzymał. Wówczas Moje ramię musiało Mi pomóc i podtrzymała Mnie Moja zapalczywość.

25. Zdeptałem ludy w Moim rozgniewaniu, starłem je w Mojej zapalczywości, sprawiłem, że krew ich na ziemię spłynęła!»[18]

26. Józefie! – Czy znasz Tego, który z Edomu miał przyjść i przyszedł, i teraz do ciebie mówi: Ja jestem Tym, który uczy sprawiedliwości i Mistrzem jest w pomocy?!"

27. Na te słowa położył Józef swoją rękę na piersi i modlił się do Dzieciątka.

28. A Cyreniusz rzekł po chwili cicho do Józefa: „Bracie! Choć nie pojmuję tych mądrych słów Dzieciątka, to myślę, że miałem jednak rację, kiedy mówiłem ci o Jego Boskości!"

29. A Józef odrzekł: „Tak, masz rację; lecz zamilcz, jeśli chcesz żyć!" I wtedy Cyreniusz zapisał to ostrzeżenie głęboko w swoim sercu i pamiętał o nim przez całe swoje życie.

154

Pytanie kapitana i odpowiedź Cyreniusza. Rozmowa kapitana z Aniołem. Udręka kapitana.

29 luty 1844

1. Po tym zdarzeniu przyszedł nasz kapitan do Cyreniusza i zapytał go, ilu mężczyzn ma wysłać na zamek dzisiejszego wieczoru.

2. Kapitan pytał, bowiem wiedział, że Cyreniusz jeszcze wieczorem zechce zanieść na statek swój bagaż i cały zapas żywności dla tych kilkuset, których pragnął zabrać z Ostracyny do Tyru.

3. Cyreniusz spojrzał na kapitana i odpowiedział: „Mój drogi przyjacielu! Gdybym się troszczył o to dopiero teraz, to nie byłaby to należyta troska!

4. Jeszcze dzisiaj wszystko zostanie tak obmyślone, aby żaden z podróżujących nie musiał cierpieć.

5. Widziałeś zapewne, jak szybko stary kartagiński statek został odnowiony przez tych oto młodzieńców?

6. Pomyśl, w ten sam sposób może zostać zaopatrzony i tak też będzie!

7. Co się zaś tyczy moich statków, są już od dawna we wszystko zaopatrzone; i starczy tego dla tysiąca ludzi, najskromniej licząc.

8. Dlatego już nikt nie powinien się o nic troszczyć, a ty bądź gotów do cesarskiej służby".

9. Ta odpowiedź zdziwiła bardzo kapitana, albowiem dla Cyreniusza sprawy wojskowe zawsze były najważniejsze.

10. Dlatego zapytał: „Wasza Cesarska, Konsularna Wysokości! Kim są ci młodzieńcy? Czy to egipscy czarownicy, czy półbogowie albo słynni magowie i znawcy gwiazd?"

11. Ale Cyreniusz odpowiedział: „Mój przyjacielu, wśród nich nie ma żadnego z tych, o których mówisz!

12. Jeśli chcesz wiedzieć, kim są ci młodzieńcy, zapytaj jednego z nich, a bez mojej pomocy zdobędziesz jasność w tym względzie!"

13. Tu skłonił się kapitan przed Cyreniuszem i zwrócił się do jednego z młodzieńców z pytaniem:

14. „Posłuchaj mnie, mój najgodniejszy i najwspanialszy, czarujący i delikatny, swoją niepojętą pięknością paraliżujący mój język, ty naj... naj... najsło...dszy młodzieńcze!

15. Tak – ale o co... co... o co... tak w ogóle – chciałem cię zapytać?"

16. A młodzieniec o olśniewającej, niebiańskiej piękności odrzekł:

17. „To przecież wiesz. Zapytaj tylko śmiało, gorący zwolenniku pytań, a ja na każde twoje pytanie chętnie udzielę odpowiedzi!"

18. Ale kapitan, odurzony pięknością młodzieńca, oszołomiony i zmieszany, nie potrafił z siebie wydobyć ani jednego słowa.

19. Dopiero po dłuższej chwili, kiedy się już na niego napatrzył, zdobył się na prośbę o jeden pocałunek.

20. A wtedy młodzieniec ucałował kapitana i powiedział: „Na wieczną więź między nami! – Dąż do bliższego poznania z tym mądrym Żydem, a spłynie na ciebie światło!"

21. I po tych słowach kapitan poczuł do młodzieńca tak wielką miłość, że nie wiedział, co ma czynić i całkiem zapomniał o swoim pytaniu.

22. Uczucie to dręczyło go aż do wieczora i była to dla niego mała kara za nadmierną ciekawość oraz nieustanną chęć stawiania pytań; ale wieczorem był już zupełnie przytomny i nie miał najmniejszej ochoty nawet na to, żeby się zbliżyć do któregokolwiek z młodzieńców.

155

Troska Cyreniusza o statek. Dobra rada Anioła. Cyreniusz wygłasza dziękczynną mowę do Józefa i Dzieciątka. Przepowiednia Józefa na temat Cyreniusza i przygód w czekającej go podróży.

1 marzec 1844

1. Wieczorem przygotowano posiłek, a po jego spożyciu zajęto się wszystkim, co związane było z podróżą.

2. Kartagiński statek nie był jeszcze zaopatrzony i Cyreniusz niepokoił się o to.

3. Ale jeden z młodzieńców podszedł do niego i powiedział: „Kwirynusie! Nie powinieneś o nic się troszczyć;

4. bowiem to, o co się troszczysz, jest już w najlepszym porządku!
5. Zadbaj, aby twój dom miał wszystko, co potrzebne jest podczas twojej nieobecności, a o wszystko inne my się zatroszczymy w imię Boga, Pana Zastępów!"
6. Cyreniusz uwierzył – i nie martwił się już więcej o nic, co dotyczyłoby statków.
7. Potem wezwał do siebie kapitana i przekazał mu zarząd i opiekę nad zamkiem.
8. A kiedy kapitan przystąpił do wykonywania swoich obowiązków,
9. wezwał Cyreniusz do siebie również generała i przekazał mu pełnomocnictwa dotyczące stacjonującego tam wojska;
10. gdyż u Rzymian nawet generał nie mógł dowodzić wojskiem podczas obecności namiestnika, bez jego zgody.
11. A kiedy Cyreniusz przekazał już na powrót miejscowym urzędnikom władzę, podszedł do Józefa i powiedział:
12. „Mój najdostojniejszy, tak chcę cię nazywać, mój święty przyjacielu i bracie! Ileż mam do zawdzięczenia tobie, a jeszcze więcej twojemu przenajświętszemu Dzieciątku!
13. Jak i kiedy będę mógł ci odpłacić tak wielki dług?!
14. Ty dałeś mi Tulię i uratowałeś moje życie!
15. Nie jestem w stanie wyliczyć wszystkich nadzwyczajnych dobrodziejstw, którymi mnie obdarowałeś w krótkim czasie mojego pobytu tutaj!"
16. A Józef odpowiedział: „Przyjacielu! Pamiętasz, jak niewiele czasu upłynęło od chwili, kiedy to ja znajdowałem się w potrzebie?!
17. Wtedy ty byłeś ratującym Aniołem, którego Pan posłał do mnie z Tyru!
18. Spójrz, tak oto jedna ręka drugą rękę wspiera w dużym ciele całej ludzkości!
19. A teraz już nic więcej o tym! Gdyż patrz, zrobił się już wieczór! A moje domostwo znajduje się godzinę drogi od miasta; dlatego pozwól mi wyruszyć powoli z powrotem!
20. Wielokrotnie ty i twoi towarzysze otrzymaliście moje i Pana błogosławieństwo; dlatego możesz w ufności opuścić miasto i udać się w podróż!
21. Ale trzy lwy weź ze sobą na statek, one będą dobrze ci służyć!
22. Gdyż podczas żeglugi spotka was sztorm, który zagna was na Kretę, a tam napadną na was zbójcy.
23. A wtedy znów staną w twojej obronie te zwierzęta!
24. Słysząc to, Cyreniusz się zatrwożył, ale Józef go pocieszył i zapewnił, że nikt z nich najmniejszej szkody nie poniesie.

156

Podziękowania Maroniusza, trzech kapłanów i Tulii. Józef nakazuje milczenie.

2 marzec 1844

1. Potem przyszli do Józefa Maroniusz Pilla i trzej kapłani i dziękowali mu za troskę oraz gościnne przyjęcie.
2. A Józef napominał ich, aby nie rozgłaszali tego, co tu widzieli i słyszeli.
3. Maroniusz i trzej kapłani przyrzekli uroczyście zastosować się do tej

rady Józefa.

4. W tym czasie nadeszła Tulia, upadła przed Marią na kolana i roniąc łzy dziękowała za dobro, którego doznała.

5. A Maria wraz z Dzieciątkiem schyliła się i podniosła ją, mówiąc:

6. „Bądź błogosławioną w imieniu Tego, który spoczywa na moich rękach! Bądź zawsze wdzięczną w sercu swoim i wspominaj to Dziecko, a znajdziesz w Nim zbawienie swoje!

7. Ale wstrzymaj swój język i nie wydaj nas przed nikim!

8. Bo kiedy nadejdzie odpowiedni czas, wtedy Pan objawi już Sam Siebie przed tym światem!"

9. Po tych słowach Tulia odeszła, płacząc ze wzruszenia.

10. A Józef rzekł do Cyreniusza: „Przyjacielu! Posłuchaj, wielu z twojej świty było świadkami cudownych zdarzeń; nakaż im, ze względu na ich własne dobro, ażeby milczeli o tym wszystkim!

11. Bowiem każdego, który zdradzi te boskie tajemnice, spotka śmierć!"

12. Cyreniusz przyrzekł Józefowi, że nikt z jego towarzyszy nie powie ani słówka o tym, co tu widział i słyszał.

13. A Józef pochwalił Cyreniusza, przypominając mu o obiecanej dla niego ósemce dzieci – pięciu dziewczynkach i trzech chłopcach.[19]

14. A Cyreniusz przyrzekł: „Przyjacielu, to będzie mój pierwszy obowiązek, aby tego słowa dotrzymać!

15. Ale mam jeszcze jedno pytanie. Będę musiał w tym roku pojechać z Tulią do Rzymu!

16. Mój brat, August Cezar, którego, jak wiesz, już trochę oświeciłem, będzie chciał poznać szczegóły mej wyprawy.

17. Co mam mu powiedzieć? I jak dalece mogę tego szlachetnego człowieka wprowadzić w te cudowne tajemnice?"

18. A Józef odpowiedział: „Możesz niektóre rzeczy ujawnić, lecz tylko podczas rozmowy w cztery oczy.

19. Ale ostrzeż go, że musi milczeć, jeśli chce zachować w spokoju swą cesarską godność, a także i bezpieczeństwo potomków,

20. lecz jeśli powie gdzieś choć jedno słowo, poniesie karę Bożą!

21. A jeśli przeciwstawi się Wszechmogącemu, to w mgnieniu oka dozna wraz z całym Rzymem zagłady!"

22. Cyreniusz podziękował z całego serca Józefowi za pouczenia; a Józef pobłogosławił go, a potem udał się z bliskimi do swojej posiadłości.

157

Dzieciątko Jezus rozmawia z Jakubem. Ciężary, które muszą znosić ci, którzy mają w sercu Pana. Nagłe zamilknięcie Dzieciątka Jezus.

4 marzec 1844

1. Poza miastem Maria podała Jakubowi Dzieciątko na ręce, bo trzymając Je przez cały dzień, bardzo była już zmęczona.

2. A Jakub uradował się, że znowu przytula swego ukochanego.

3. Wtedy Dzieciątko otworzyło oczy i przemówiło: „Mój kochany Jakubie! – Ty doprawdy kochasz Mnie mocno, z całego serca!

4. Ale kiedy stanę się naprawdę ciężkim, czy będziesz wtedy wciąż jeszcze kochał Mnie tak samo?"

5. A Jakub odpowiedział: „O, mój najukochańszy Braciszku! Nawet gdybyś ważył tyle co ja, to także niósłbym Cię z pałającym sercem na swoich rękach".

6. A wtedy Dzieciątko powiedziało: „Mój bracie, teraz na pewno nie będę ci ciążyć,

7. ale nadejdzie czas, gdy stanę się dla ciebie wielkim ciężarem!

8. Dlatego dobrze czynisz, że już teraz, kochając Mnie, przyzwyczajasz się do Mojego brzemienia;

9. kiedy bowiem nadejdą te czasy, będziesz Mój ciężar tak samo lekko znosić, jak lekko teraz Mnie niesiesz jako Dziecko!

10. Ale powiadam ci: każdego, kto Mnie wcześniej nie poniesie jako Dziecka, przygniecie kiedyś Mój pełen ciężar.

11. Ale kto w sercu swoim przyjmie Mnie jako małe i słabe Dzieciątko, tak jak ty to uczyniłeś, dla tego Ja będę i w wieku męskim miłym ciężarem!"

12. A Jakub, niewiele rozumiejąc z tych słów, zapytał, pieszcząc Dzieciątko:

13. „O, Ty mój najukochańszy Braciszku, mój Jezu! – Chcesz, abym nosił Cię jako dorosłego mężczyznę?"

14. A Dzieciątko odpowiedziało: „Kochasz Mnie z wszystkich swoich sił i to Mi wystarcza!

15. Twoja naiwność i prostoduszność jest Mi milsza aniżeli mądrość mędrców, którzy dużo wiedzą, ale ich serca są chłodniejsze od lodu.

16. A czego nie potrafisz jeszcze teraz pojąć, to ogarniesz swoimi myślami we właściwym czasie!

17. Spójrz, jestem jeszcze tylko zupełnie małym Dzieckiem,

18. ale Mój język jest już rozwiązany i mogę mówić z tobą jak dojrzały mężczyzna!

19. Gdybym chciał takim pozostać, to byłbym wtedy podwójną istotą – dzieckiem dla oczu, a mężczyzną dla uszu.

20. Jednak dłużej tak być nie może! Oto zawiążę Swój język na rok przed wszystkimi oprócz ciebie;

21. ale ty będziesz słyszał Mój głos tylko w swoim sercu!

22. A kiedy zacznę znowu ustami mówić, twoje oczy ujrzą Mnie bardziej męskim, ale twoje uszy będą tylko to, co dziecięce, ode Mnie słyszały!

23. Ujawniam przed tobą to wszystko, abyś się nie gniewał i nie irytował z Mojego powodu – i niech tak się stanie!"

24. Od tej chwili zamilkło Dzieciątko i w Swoim zachowaniu było na powrót zupełnie podobne do każdego innego dziecka. – A podczas tej rozmowy przekroczyli próg domu.

158

Cudowny obrządek gospodarski Aniołów. Józef obchodzi święto szabatu. Uwagi Gabriela o przyrodzie w szabat. Zniknięcie Aniołów.

5 marzec 1844

1. A gdy przybyli do zagrody, Józef polecił czterem starszym synom zajrzeć do zwierząt i je nakarmić, po czym udać się na nocny spoczynek.

2. I udali się niezwłocznie, aby wypełnić polecenie Józefa, ale wkrótce wrócili z powrotem, mówiąc:

3. „Ojcze, to niezwykłe! Woły i osły są nakarmione i napojone, a pomimo to żłoby są pełne i w wiadrach jest zapas wody; jak to być może?"

4. I udał się Józef, by to zobaczyć, i znalazł potwierdzenie wszystkiego, o czym mu synowie opowiedzieli.
5. A wtedy wrócił i zapytał młodzieńców, czy to oni uczynili w szabat.
6. A młodzieńcy potwierdzili; wtedy Józef, rozważając to, powiedział do nich:
7. „Jak to jest: wy, słudzy Pana, nie przestrzegacie szabatu?!"
8. Ale Gabriel mu na to odpowiedział: „O ty, prawy mężu, jakże możesz nas o coś takiego pytać?!
9. Czy nie upłynął dzisiejszy dzień jak wszystkie inne, a słońce nie wzeszło i nie zaszło jak w każdy powszedni dzień? I czyż nie powiewał wiatr dziś rano, w południe i wieczorem?
10. A kiedy staliśmy nad morzem, czy nie dostrzegłeś tej samej aktywności ruchliwych fal? Dlaczego i one nie chcą święcić szabatu?
11. A jakże i ty mogłeś dzisiaj chodzić, jeść i pić, łapać oddech – i nie zabroniłeś sercu swemu bicia?!
12. Pomyśl, lękający się szabatu człowieku – wszystko na świecie dzieje się z woli i siły Pana, których On nam udziela, a my je rozdzielamy i nimi kierujemy!
13. Gdybyśmy chcieli odpoczywać w ciągu całego dnia, to powiedz, czy nie upadłoby od razu całe dzieło Jego stworzenia?
14. Pamiętaj zatem, że musimy szabat uświęcać, czyniąc wszystko w miłości do Pana, a nie bezczynnie próżnując!
15. Prawdziwy spoczynek w Panu polega na miłości do Niego i na bezustannym działaniu według niej dla utrzymania wiecznego Porządku.
16. Wszystko inne jest dla Boga odrażające i pełne ludzkiej głupoty.
17. Zapamiętaj to dobrze i nie obawiaj się czynić w szabat dobra, gdyż w ten sposób będziesz podobny do twojego i mojego Pana i Stwórcy!"
18. Po tych słowach wszyscy młodzieńcy upadli na kolana i pokłonili się nisko przed Dzieciątkiem, a potem zniknęli.
19. A Józef zapisał te słowa głęboko w swoim sercu i nigdy nie był już bojaźliwym w dniach szabatu.

159

Zdziwienie Eudokii i jej niepokój po zniknięciu niezwykłych młodzieńców. Uspokajające słowa Marii. Nocny spoczynek. Tęsknota Eudokii za Gabrielem, jego nagłe zjawienie się i rada.

6 marzec 1844

1. A kiedy młodzieńcy zniknęli, Eudokia zapytała Marię, kim właściwie oni byli?
2. Eudokia była bowiem jeszcze poganką i nie wiedziała nic o nadzwyczajnych tajemnicach Niebios.
3. To, że także poganie mogli wtedy widzieć Anioły, spowodowane było tym, że w owym czasie otwarło się w nich wewnętrzne widzenie;
4. a zniknięcie Aniołów nie było niczym innym, jak tylko ponownym zamknięciem owego duchowego, wewnętrznego widzenia;
5. z tego też powodu po zniknięciu Aniołów Eudokii wydawało się, że zbudziła się z głębokiego snu.
6. I teraz znowu odczuwała wszystko bardziej naturalnie, także samą

siebie, albowiem przedtem miała wrażenie, że to, co w ciągu dnia czyni, widzi i słyszy, jest jakby snem na jawie.

7. Dlatego też powyżej przytoczone pytanie, zadane Marii przez Eudokię, było usprawiedliwionym;

8. bo Eudokia powróciła do swojego zewnętrznego, pogańskiego sposobu widzenia.

9. A Maria odpowiedziała jej: „Eudokio, my będziemy ze sobą przebywać jeszcze długo i stanie się dla ciebie jasnym wszystko, co teraz jeszcze jest ciemnym!

10. Ale na dziś niech ci to wystarczy; udajmy się na spoczynek, gdyż jestem bardzo zmęczona".

11. Eudokia pozornie zadowoliła się tą odpowiedzią; lecz w jej sercu wzrastało pożądanie.

12. A Józef powiedział: „Moje dzieci, jest już noc, zamknijcie więc bramy i udajcie się na nocny spoczynek.

13. Jutro jest dzień po szabacie, w którym nie pracujemy, i będziemy mogli o wielu rzeczach porozmawiać!

14. A za dziś chwalcie Pana i czyńcie, jak powiedziałem!

15. Ty, Jakubie, przygotuj do snu Dzieciątko i ustaw kołyskę przy łóżku Matki!

16. A ty, Eudokio, udaj się do swej sypialni i wzmocnij się słodkim snem w imieniu Pana!

17. I Eudokia udała się do swojej izby, położyła się, ale sen pozostał gdzieś daleko;

18. gdyż zbyt wzburzone i rozpalone były jej uczucia z powodu nagłego zniknięcia młodzieńców,

19. bo zakochała się w Gabrielu i nie wiedziała, jak ma sobie poradzić z tak nagłym zniknięciem obiektu jej miłości.

20. A kiedy wszyscy ucichli i zasnęli, Eudokia podniosła się i otworzyła okno, wyglądając na zewnątrz.

21. I oto nagle stanął przed nią Gabriel i powiedział: „Musisz uspokoić swoje serce!

22. Albowiem spójrz: nie jestem człowiekiem równym tobie, tylko duchem i Posłańcem Bożym!

23. Lecz módl się do Dzieciątka, gdyż Ono jest Panem, Ono uspokoi twe serce!" – Po tych słowach Anioł znowu zniknął, a Eudokia stała się spokojna.

160

Jakuba dziecięca i radosna gra z Dzieciątkiem. Nagana Józefa i trafna odpowiedź Jakuba. Sen Eudokii i wspaniałe świadectwo o Panu.

7 marzec 1844

1. Rankiem, godzinę przed wschodem słońca, jak zwykle w domu Józefa wszyscy byli na nogach w radosnym nastroju; Dzieciątko poruszało się rześko w kołysce, gaworząc i popiskując.

2. Jakub bawił się z Dzieciątkiem na swój sposób i wykonywał nad Panem Nieskończoności przezabawne gesty i ruchy, śpiewając i pogwizdując przy tym.

3. Ale Maria była jeszcze w łóżku i drzemała; dlatego upomniał Józef Jakuba, ażeby nie robił tyle hałasu i zważał na śpiącą Matkę oraz na niego, który chce się zagłębić w swojej porannej modlitwie.

4. Jakub przeprosił i powiedział: „Kochany ojcze, zobacz, w tym ma

upodobanie Pan Niebios i Ziemi, że ja się z Nim bawię!

5. A my powinniśmy o każdej porze czynić to, co Panu się podoba!

6. Spójrz, podoba się Panu to, co ja czynię! A więc jak może się tobie to nie podobać?

7. A Matka na pewno nie spałaby tak słodko, gdybyśmy obaj, ja i Dzieciątko, zbytnio hałasowali!

8. Dlatego proszę cię, kochany ojcze, uznaj mnie za usprawiedliwionego i w przyszłości nie rób mi takich wyrzutów, nawet jeśli czasem na zbyt swawolnego wyglądam przed tobą, bo przecież przy tym naszemu Panu się podobam!"

9. Ale Józef odpowiedział: „Tak, tak, jestem zadowolony, że tak dobrze potrafisz obchodzić się z Dzieckiem;

10. ale w przyszłości nie czyń takiego hałasu, kiedy widzisz, że ktoś jeszcze śpi albo w skupieniu modli się do Boga".

11. Jakub podziękował Józefowi za to upomnienie i zapytał go:

12. „Ojcze! Jeśli modlisz się do Boga, tak jak teraz się modliłeś, to do jakiego Boga ty się modlisz?

13. Bo przecież z tego, co wiem o tym Dziecku, jest czystą niemożliwością, by gdziekolwiek znajdował się jakiś inny, większy i prawdziwszy Bóg, niż jest Nim to Dzieciątko – według wszelkich znaków na Ziemi oraz w Niebiosach!

14. I według proroków oraz wielu cudownych poświadczeń też tak jest!

15. To prorok mówi o Nim: «Któż to jest Ten, który przybywa z Edomu, z Bosry idzie w szatach szkarłatnych? Ten wspaniały w swym odzieniu, który kroczy z wielką Swą mocą? To Ja jestem tym, który sprawiedliwości uczy i Mistrzem jest w pomocy!».

16. Ojcze! Te słowa wypowiedziało Dzieciątko o Sobie wczoraj w twojej obecności! Kim zatem Ono jest? Tego nie mógłby o sobie powiedzieć nigdy żaden człowiek! – A przecież Bóg jest tylko jeden!

17. Kim jest więc to Dzieciątko, które mówi: «To Ja jestem tym, który mówi sprawiedliwie, potężny w wybawianiu.»?"

18. Na to zawahał się Józef i odpowiedział: „Doprawdy, mój synu Jakubie, masz rację; ty wiesz o wiele więcej, będąc przy kołysce, aniżeli ja, który modlę się w moim kącie!"

19. Po tych słowach ze swojej sypialni wyszła Eudokia, pełna najwyższego zachwytu i piękna jak poranny brzask; upadła przed kołyską na kolana i modliła się do Dzieciątka, wielbiąc Je.

20. A kiedy minęło pół godziny jej modlitwy, podniosła się i rzekła: „Tak, tak, jedynie Ty jesteś Tym i poza Tobą nie ma żadnego innego!

21. Dziś we śnie widziałam słońce na niebie, ale było puste i miało mało światła.

22. Ale potem ujrzałam na Ziemi to Dzieciątko, a Ono błyszczało jak tysiąc słońc i wypływał z Niego olbrzymi promień w kierunku owego pustego słońca, i rozświetlił je potężnie na wszystkie strony!

23. W owym promieniu widziałam grono Aniołów, którzy tu byli z nami, jak opadali i wznosili się, a ich ilość była nieskończona, a ich spojrzenia były wciąż skierowane ku Dzieciątku! Ach, jak wspaniałe było to wszystko!"

24. To opowiadanie Eudokii sprawiło, że Józef na zawsze opuścił swój kąt modlitwy i od tej pory widział w Dzieciątku Tego, w którym jest wszystko i modlił się często przy kołysce.

161

Miły poranek w domu Józefa. Zmartwienie Marii i Józefa z powodu nagłego zamilknięcia Dzieciątka. Nieskuteczna próba uzdrowienia niewidomego za pomocą wody po kąpieli Dzieciątka. „Nie wiecie o tym, że człowiek nie powinien wystawiać Boga na próbę?" (Jakub). Uzdrowienie niewidomego przez Jakuba przy ukrytym wsparciu Dzieciątka Jezus.

8 marzec 1844

1. A wtedy zbudziła się też i Maria; przecierając sen z oczu, wstała, umyła się i przebrała w pomieszczeniu obok.

2. Po krótkim czasie pojawiła się z powrotem czysta, podobna jednemu z Aniołów Niebiańskich, tak piękna, tak dobra, tak łagodna i tak przy tym oddana woli Pana!

3. Przywitała Józefa i ucałowała go, a potem objęła Eudokię i także ją ucałowała.

4. Po takim serdecznym powitaniu, które za każdym razem przyprawiało Józefa o łzy radości, Maria – z sercem pełnym pokory i miłości – przy kołysce dała Dziecięciu swoją pierś, modląc się.

5. Po tym, jak Dzieciątko zostało nakarmione, tak jak zazwyczaj poleciła przygotować świeżą wodę i kąpała Dzieciątko.

6. A Dzieciątko stąpało rześko w miednicy i radośnie gaworzyło.

7. A kiedy było już wykąpane, zawinięte w pieluszkę i ubrane,

8. Maria zapytała, jak się czuje i czy jest Mu dobrze w świeżym ubranku.

9. Bo Maria wiedziała przecież, że Dzieciątko potrafi mówić, i to z Boską mądrością; ale ani ona, ani nikt inny oprócz Jakuba nie był świadomy, że Dzieciątko znowu zawiązało Sobie język.

10. Dlatego zadziwiło wszystkich, że Dzieciątko na pytanie Marii nie odpowiada.

11. Maria poczęła prosić Je natarczywie, ażeby zechciało cokolwiek odpowiedzieć; lecz Dzieciątko nie wypowiedziało ani jednego słówka i tylko coś Sobie niezrozumiale gaworzyło.

12. To bardzo zaniepokoiło Marię i Józefa, którzy pomyśleli, że może Aniołowie unieśli ze sobą Dzieciątko do Nieba, a w zamian położyli im do kołyski zwyczajne dziecko.

13. Albowiem u Żydów rozpowszechnione było przekonanie, że bywają takie przypadki zamiany dzieci.

14. Maria z Józefem poczęli oglądać Dzieciątko, wielce niepokojąc się, czy jest Ono tym samym Dzieckiem,

15. ale nic niepokojącego nie odkryli w Jego zewnętrznym wyglądzie – główka, jak też i wszystkie inne członki były te same.

16. Wtedy Maria powiedziała: „Nie wylewajcie wody po kąpieli i sprowadźcie tu jakiegoś chorego;

17. gdyż dotychczas woda po kąpieli Dziecięcia posiadała cudowne właściwości uzdrawiające!

18. Jeżeli chory zostanie uzdrowiony, znaczy, że jest to nasze Dziecko, a jeżeli tak się nie stanie, znaczy, że upodobało się Panu Bogu dać nam inne dziecko w zamian za to, które się nam narodziło!"

19. Na te słowa Jakub chciał się odezwać, ale usłyszał w swoim sercu

głos Dzieciątka, które zabroniło mu mówić na ten temat, i zamilkł.

20. A Józef posłał natychmiast najstarszego syna do miasta, aby przyprowadził jakiegoś chorego.

21. Za półtorej godziny przyszedł on z jednym ślepcem, a Maria przemyła mu oczy wodą z kąpieli; ale niewidomy nie odzyskał wzroku.

22. To bardzo zasmuciło Marię, Józefa, czterech synów Józefa oraz Eudokię; jedynie Jakub pozostał wesoły, wziął na ręce Dzieciątko i bawił się z Nim.

23. A niewidomy ponuro zrzędził, myślał bowiem, że urządzono sobie z niego drwiny.

24. Ale Józef pocieszył go i obiecał mu opiekę do końca życia, co uspokoiło niewidomego.

25. Józef zauważył też wesołość Jakuba i zwrócił mu uwagę, że grzeszy przeciwko ojcu, nie traktując poważnie sytuacji, gdy on jest tak bardzo zasmucony zamilknięciem Dziecka.

26. A Jakub odpowiedział: „Jestem wesoły, gdyż wiem, jak się sprawy mają; a wy się smucicie, bo tego nie wiecie! Czyż nie wiadomo wam, że człowiek nie powinien wystawiać Pana Boga na próbę?"

27. Tu tchnął Jakub na niewidomego, a ten w jednej chwili przejrzał; wszyscy z wielkim zdziwieniem spojrzeli na Jakuba i nie wiedzieli, co mają o tym wszystkim myśleć.

162

Józef docieka przyczyny wesołości Jakuba i źródła jego mocy uzdrawiającej. Jakub wypytywany przez Józefa. Zwątpienie Józefa. Mądre słowa Jakuba, które mu Pan podpowiedział. Józef dziwi się mądrości swego syna.

9 marzec 1844

1. Po chwili Józef podszedł do Jakuba i zapytał go, skąd w jego tchnieniu wzięła się taka moc.

2. A Jakub odrzekł: „Kochany ojcze! – Usłyszałem w sobie głos, który powiedział:

3. «Tchnij w twarz temu niewidomemu, a odzyska on w pełni swój wzrok!»

4. I ja zawierzyłem mocno temu głosowi, i uczyniłem tak, jak on mi nakazał, i człowiek ten przejrzał na oczy!"

5. Na to Józef powiedział: „Tak też i jest, jak mówisz,

6. ale skąd się wziął ten władczy głos w tobie? Jak go usłyszałeś?"

7. A Jakub odpowiedział: „Kochany ojcze, czy nie widzisz Tego, który siedząc na moim ręku, bawi się moimi lokami?

8. Myślę, że On jest tym, który tak cudownie przemówił!"

9. A Józef dalej wypytywał Jakuba:

10. „Nadal uważasz to Dzieciątko za prawdziwe? Nie sądzisz, że mogło zostać podmienione?!"

11. A Jakub odpowiedział: „Ojcze, zastanów się: jaka osoba albo jaka siła byłaby w stanie zamienić Wszechmocnego?!

12. Przecież Aniołowie padali i chowali swoje twarze przed majestatem oraz potęgą Dzieciątka. Jakże więc mogliby z Nim – Wszechmocnym – w ten sposób postąpić?!

13. Dlatego uważam to Dzieciątko za jedyne i prawdziwe z taką pewnością, z jaką nigdy nie wierzyłem

w pospolity przesąd zamiany dzieci!"

14. Józef odrzekł na to: „Mój kochany synu, nie dajesz mi żadnego dowodu, że to, co mówisz, jest prawdą;

15. gdyż posłuchaj, co mówi sam Dawid: «Dlaczego burzą się i szaleją poganie, i mówią tak wiele na próżno?

16. Królowie tej krainy buntują się, a panowie naradzają się ze sobą przeciwko Panu oraz Jego pomazańcowi i wołają:

17. Pozwólcie nam zerwać więź i odrzucić od nas Jego powróz!»

18. Pomyśl, mój synu: te słowa płyną z głębi ducha; ci królowie to potęgi, a krainą jest wielkie królestwo niewidzialnych mocy! Co planują w swoich zamysłach, o czym rozmawiają?

19. Czyż w tym proroctwie nie jest ukazane niebezpieczeństwo, że ukryte potęgi zła mogą położyć swoje ręce na Panu?!"

20. A Jakub odpowiedział: „Tak by się mogło stać, jeśli Pan zezwoliłby na to!

21. Ale o tym mówi początek psalmu, w którym zawarte jest pytanie: «Dlaczego burzą się i szaleją poganie, i mówią tak wiele na próżno?»

22. Czyż Dawid nie pragnął w ten sposób opisać te moce i ich niedoskonałość względem Pana?!

23. Dalej mówi on jak najwyraźniej: «Ale Ten w Niebie mieszkający śmieje się z nich i drwi!

24. On będzie kiedyś mówił do nich w Swoim gniewie i Swoją złością będzie je płoszyć!»

25. Kochany ojcze! Myślę, że te oto dwie strofy wielkiego, boskiego psalmisty usprawiedliwiają moją wiarę wystarczająco!

26. Gdyż wyjaśniają bez wątpienia, że Pan po wszystkie czasy pozostanie Panem i żadna zamiana Mu nie zagraża!"

27. Józef zadziwił się mądrością swego syna i udał się ze wszystkimi do Dzieciątka, aby Je przyjąć z powrotem jako Pana, i wielbił w Nim Boga.

163

Praca synów Józefa. Zręczność i biegłość Marii w kunsztownej pracy. Pilność i pracowitość Eudokii. Przybycie ośmiorga dzieci z Tyru. Józefa dobre wieści dla Cyreniusza. Maria nauczycielką dzieci.

11 marzec 1844

1. I w ten sposób wróciło wszystko do starego i dobrego porządku w domu Józefa.

2. Józef i jego synowie wyrabiali przeróżne małe drewniane sprzęty i sprzedawali je mieszkańcom miasta po niskich cenach;

3. a czynili to tylko w chwilach wolnych od pracy w domu.

4. Maria i Eudokia troszczyły się o gospodarstwo domowe i szyły ubrania, a czasami wykonywały też delikatne prace dla bogatych rodzin z miasta.

5. Maria w sztuce przędzenia i tkania była bardzo zręczna; wykonywała całe ubiory;

6. Eudokia była dobrą szwaczką i zręcznie posługiwała się igłą.

7. I tak oto rodzina zarabiała na to, co było niezbędne, a miała wszystkiego pod dostatkiem tyle, żeby i biednym w potrzebie dopomóc.

8. Dopiero po upłynięciu kwartału przybyło ośmioro dzieci z Tyru –

naturalnie pod opieką niezawodnych przyjaciół Cyreniusza,

9. którzy przywieźli także osiemset funtów w złocie na utrzymanie dzieci.

10. Ale Józef powiedział: „Dzieci przyjmę chętnie, ale złota nie wezmę, gdyż ciąży na nim przekleństwo Pana.

11. Dlatego oddajcie to złoto Cyreniuszowi wraz z moim pozdrowieniem i błogosławieństwem; a Cyreniusz już będzie wiedzieć, dlaczego ja nie mogę i nie chcę go przyjąć.

12. Ale przekażcie mu moje błogosławieństwo i pozdrowienia.

13. Powiedzcie mu, że przez cały czas jego powrotnej podróży towarzyszyłem mu w duchu i byłem świadkiem wszystkiego, co mu się w podróży przydarzyło.

14. Zawsze, kiedy mu grozi jakieś niebezpieczeństwo, moje błogosławieństwo niezmiennie jest przy nim.

15. Stratą trzech lwów niechaj się nie trwoży, gdyż taka była wola Pana, którego on zna!"

16. Po czym pobłogosławił Józef przyjaciół Cyreniusza i z wielką radością przejął ósemkę dzieci, które od razu poczuły się nadzwyczaj dobrze w domu Józefa.

17. Przyjaciele Cyreniusza wzięli z powrotem złoto i wyruszyli do Tyru.

18. Józef zaś chwalił Pana i dziękował Mu za otrzymane dzieci, błogosławiąc je i oddając pod opiekę Marii, która była mistrzynią szkolnego wychowania, gdyż w Świątyni otrzymała wszechstronne wykształcenie.

19. Dzieci uczyły się trzech języków – greckiego, hebrajskiego oraz rzymskiego.

20. Albowiem w tamtych czasach prawie każdy wykształcony człowiek musiał władać tymi trzema językami, także w piśmie.

164

Spokojny rok w domu Józefa. Cudowne uzdrowienie opętanego chłopca z murzyńskiej rodziny przez Jakuba na polecenie wewnętrznego głosu Dzieciątka Jezus.

12 marzec 1844

1. W tym okresie życie toczyło się w domu Józefa zupełnie spokojnie i nie wydarzyło się nic nadzwyczajnego.

2. A spokój ten trwał przez cały rok, kiedy Dzieciątko już Samo potrafiło chodzić, a także mówić i bawić się z ośmiorgiem pozostałych dzieci.

3. W tym czasie przybyła do domu Józefa rodzina murzyńska, która miała bardzo chore dziecko.

4. Powiedziano im w mieście, że w tym domu przebywa cudowny lekarz, który leczy wszystkie choroby.

5. Chorym dzieckiem był chłopiec w wieku dziesięciu lat, którego bardzo dotkliwie dręczył zły duch.

6. Duch ten nie dawał mu spokoju w ciągu dnia i nocy, miotał nim tu i tam, przenikał jego wnętrzności, przez co musiał znosić ogromne bóle.

7. Pędził go do wody i do ognia.

8. Kiedy jednak duch ten znalazł się w domu Józefa, stał się spokojny i przestał dawać znać o sobie.

9. A Józef zapytał ojca rodziny, który znał grekę, jak się przedstawia sprawa z jego synkiem.

10. I ojciec dokładnie opowiedział Józefowi, co działo się z jego

chłopcem od samego początku.

11. Po tym zawołał Józef Jakuba, który, mimo iż już był szesnastoletnim młodzieńcem, jak zwykle zajęty był Dzieciątkiem, i opowiedział mu o nieszczęściu murzyńskiej rodziny.

12. Jakub zwrócił się do Dzieciątka, pieszcząc Je i rozmawiając z Nim w swoim sercu.

13. Lecz Dzieciątko zwróciło się głośno do Jakuba w języku hebrajskim:

14. „Mój Bracie! Jeszcze długo, zanim Mój czas nastanie; ale ty udaj się do tego chłopca z plemienia, które nosi znamię Kaina!

15. Dotknij go wskazującym palcem lewej ręki pomiędzy piersiami, a zły duch ucieknie od niego na zawsze!"

16. I podszedł Jakub do chłopca, i uczynił tak, jak mu Dzieciątko nakazało.

17. Potrząsnął wtedy chłopcem zły duch po raz ostatni i krzyknął:

18. „Czegóż, okrutny, chcesz ode mnie? Dokąd mam się teraz udać, kiedy mnie przed czasem z mojego mieszkania przeganiasz?!"

19. A Jakub odpowiedział: „Pan tego chce! Niedaleko stąd rozciąga się morze; tam gdzie jest najgłębsze, na samym dnie, powinieneś mieszkać, i szlam niech odtąd będzie twoim domem. Amen!"

20. I wtedy opuścił ten duch chłopca, i chłopiec stał się zdrowy w jednej chwili.

21. Rodzina chciała Józefa wynagrodzić, ale on nic nie przyjął, pożegnał ją w pokoju i wielbił Boga za ten cud uzdrowienia chłopca.

165

Pół roku bez cudu. Jezus rześkim Chłopcem. Jakub odwiedza rybaka Jonatana. Christoforos albo: Dzieciątko brzemieniem świata. Jonatan towarzyszy Jakubowi w drodze do domu.

13 marzec 1844

1. Po tym wydarzeniu minęło pół roku w zupełnej ciszy i spokoju i w przeciągu tego czasu nic szczególnego się nie wydarzyło,

2. gdyż Dzieciątko, ze względu na Swą wewnętrzną Siłę, unikało wszystkiego, co mogłoby się stać powodem do uczynienia cudu.

3. Było rześkie i bawiło się z innymi dziećmi, kiedy te miały na to czas;

4. a poza tym najchętniej przebywało w towarzystwie Jakuba, rozmawiając z nim najzupełniej roztropnie i rozumnie, kiedy byli sami.

5. Ale z innymi dziećmi rozmawiało tak samo, jak czynią to inne dzieci, mając dwa latka.

6. W tej osadzie mieszkał nad brzegiem morza pewien Żyd, który pochodził z Judei i zajmował się rybołówstwem.

7. Żyd ten był wielkiej postury i był bardzo silny.

8. Któregoś dnia przed szabatem, rankiem po śniadaniu, wziął Jakub Dzieciątko i udał się za pozwoleniem Józefa do Żyda, który mieszkał około godziny drogi od ich domu.

9. Jakub uczynił to, gdyż ów Żyd zapraszał go już wiele razy i Dzieciątko nakazało mu potajemnie, aby to uczynił.

10. A kiedy Jakub przyszedł z Dzieciątkiem do domu rybaka, ten uradował się wielce i serdecznie ich przyjął.

Posadził ich zaraz za stołem i poczęstował najlepszą rybą.

11. Jakub jadł z wielką przyjemnością, lecz najlepsze kąski wybierał i podawał swojemu małemu Braciszkowi na skosztowanie.

12. Dzieciątko z apetytem spożywało małe porcje, które Jakub wkładał Mu prosto do ust.

13. To uradowało rybaka tak bardzo, że był mimo woli wzruszony do łez.

14. Jakub zamierzał wkrótce wybrać się w drogę powrotną;

15. ale rybak prosił go usilnie, by pozostali przez cały dzień u niego.

16. I rybak powiedział: „A wieczorem chcę ciebie razem z twoim najukochańszym małym bratem zanieść do domu!

17. Posłuchaj, szedłeś tutaj na pewno półtorej godziny, bo musieliście obejść całą morską zatokę.

18. Ja zaś jestem takiego wzrostu, że w najgłębszych miejscach tej zatoki woda sięga mi zaledwie do bioder.

19. Wezmę cię razem z tym dzieckiem na moje ręce i przebrnę z wami z łatwością zatokę, a do tego wezmę jeszcze dużą porcję najlepszych ryb i zaledwie w piętnaście minut zaniosę was do domu!"

20. Wtedy Dzieciątko powiedziało: „Jonatanie! Masz dobre chęci, ale czy Ja i Mój brat nie będziemy dla ciebie trochę za wielkim ciężarem?"

21. A Jonatan uśmiechnął się i odpowiedział: „O ty, kochane dziecię, gdybyście byli nawet sto razy ciężsi niż jesteście, to i tak mógłbym was z łatwością utrzymać!"

22. A Dzieciątko powiedziało: „Jonatanie, przeprowadźmy próbę; przenieś Mnie przez tę zatokę jedynie na odległość pięćdziesięciu klaftrów, a wtedy okaże się, czy wystarczy ci sił dla nas obu!"

23. Jonatan podjął się od razu tej próby; za zgodą Jakuba wziął Dzieciątko na swoje ręce i brnął z Nim przez morską zatokę.

24. Kiedy szedł w jedną stronę, był w stanie unieść ciężar Dziecka, którym jednak był zaskoczony.

25. Ale w drodze powrotnej Dzieciątko było tak ciężkie, iż Jonatan uznał za niezbędne uchwycić mocny kij, by móc się na nim wesprzeć i z ogromnym trudem doniósł Dzieciątko do brzegu.

26. A kiedy już dotarł na brzeg, posadził Dzieciątko na brzegu, gdzie czekał Jakub, i powiedział: „Na wolę Jehowy, cóż to ma znaczyć? Od tego dziecka nie może być cięższy nawet cały ten świat!"

27. A Dzieciątko uśmiechnęło się i powiedziało: „To na pewno; albowiem niosłeś teraz doprawdy o wiele więcej aniżeli wszystko, co cały ten świat stanowi!"

28. A Jonatan, nie ochłonąwszy jeszcze, zapytał: „Jakże mam to rozumieć?"

29. A Jakub odpowiedział: „Kochany Jonatanie, weź swoje ryby i towarzysz nam drogą lądową do naszego domostwa, i przenocuj u nas; a rano zostanie ci to przedstawione w jaśniejszym świetle!"

30. Na to wziął Jonatan porządną porcję najlepszych ryb i udał się w towarzystwie obydwu do domu Józefa, który go z wielką radością przyjął, gdyż znali się jeszcze z lat szkolnych.

Jonatan u swego szkolnego kolegi – Józefa. Opowiadanie Jonatana i jego pytanie do Józefa o osobliwość i niezwykłość Dziecka. Józef mówi o Dziecku. Pokora Jonatana, jego miłość i modlitwa do Dzieciątka.

14 marzec 1844

1. Jonatan przekazał duży pakunek z rybami Józefowi, czym sprawił mu wiele radości, bowiem Józef bardzo chętnie je spożywał.

2. A potem powiedział do Józefa: „Mój drogi przyjacielu z młodzieńczych lat, powiedz mi, kim jest twoje dziecko?!

3. Doprawdy, ma dopiero dwa, najwyżej trzy lata, a potrafi mówić tak rozsądnie, jakby było dorosłym mężczyzną!

4. I posłuchaj: ja, który przecież dwa woły pod pachą, tak jak ty dwie owce, unieść mogę, chciałem Jakuba wraz z tym dziecięciem aż do wieczora zatrzymać, a potem chciałem przebrnąć wpław zatokę i przenieść ich do twojego domu!

5. Kiedy przedstawiłem to życzenie Jakubowi, dzieciątko zwróciło się do mnie i wprawiło mnie w zdumienie:

6. «Jonatanie! Masz dobre chęci, ale czy Ja i Mój brat nie będziemy dla ciebie trochę za wielkim ciężarem?»

7. To dziecięce pytanie, wobec mojej świadomości swoich sił, samo przez się wzbudziło mój uśmiech!

8. Ale dzieciątko powiedziało dalej, że powinienem spróbować przenieść je tam i z powrotem przez wąską część zatoki, bym się przekonał, czy nie będzie dla mnie zbyt ciężkie!

9. Za zgodą Jakuba wziąłem dziecko na rękę i przeniosłem przez wodę.

10. W jedną stronę mogłem znieść jego ciężar, ale z powrotem musiałem podeprzeć się porządnym kijem i na drugi brzeg dotarłem z wielkim mozołem i z taką biedą, na jakiej ten świat stoi.

11. Gdyż doprawdy, mój kochany przyjacielu, możesz mi wierzyć, to dziecko było tak potwornie ciężkie, iż pomyślałem, że ciężar świata leży na moich rękach!

12. A kiedy dotarłem do brzegu, szybko przekazałem dziecko Jakubowi, by móc trochę odetchnąć,

13. i zapytałem Jakuba, co to może być; jak dziecko może być tak ciężkie jak świat cały?

14. A dziecko nieproszone odezwało się ponownie i stwierdziło,

15. że ja teraz o wiele więcej niosłem niż cały ten świat!

16. Przyjacielu, świadkiem tego wszystkiego był twój Jakub! A teraz pytam się ciebie:

17. Na Wolę Jehowy, co ty masz za dziecko? Doprawdy, to wszystko nie jest naturalne!"

18. A Józef odpowiedział Jonatanowi: „Jeżeli potrafisz milczeć jak mur – inaczej twoje życie byłoby w niebezpieczeństwie – to chciałbym tobie, mojemu staremu i najbardziej poczciwemu przyjacielowi, coś opowiedzieć!"

19. I Jonatan przysiągł, mówiąc: „Przysięgam na Boga i wszystkie nieba – niechaj tysiąckroć spalony zostanę w ogniu, gdybym choć jedną sylabę z tego, co usłyszę, zdradził!"

20. Wtedy wziął go Józef na swoje ulubione wzgórze i opowiedział mu całą historię Dzieciątka, której Jonatan od nikogo wcześniej jeszcze nie słyszał.

21. A Jonatan zaraz po jej wysłuchaniu upadł na kolana i modlił się na wzgórzu do Dzieciątka, które właśnie w tym samym czasie kręciło się wśród ośmiorga innych dzieci w miejscu zabaw,

22. i zwrócił się gorącymi słowy na zakończenie swej modlitwy: „O błogości nad błogościami! Mój Bóg, mój Stworzyciel odwiedził mnie! Ja Tego, który cały świat i Nieba nosi, na swoich rękach niosłem?! – O, nieskończona Łasko nad Łaskami! O ty, Ziemio, czy jesteś warta takiej łaski?! – Tak, teraz są dla mnie jasne te słowa boskiego Dzieciątka: «Więcej niż cały świat niosłeś!»" – Po tym Jonatan ucichł i przez godzinę nie mógł w zachwycie żadnego słowa wypowiedzieć.

167

Józef zaprasza Jonatana. Rozmyślania Jonatana i wyznanie grzechów. Dobra rada Józefa. Ulubiony pokarm Dzieciątka: serce Jonatana! Świadectwo Jezusa o Jonatanie.

15 marzec 1844

1. A kiedy Jonatan swoją prawdziwie żywą modlitwę zakończył, Józef powiedział do niego:

2. „Mój drogi przyjacielu, mieszkasz tylko z trzema pomocnikami w swojej chacie.

3. Dziś w przeddzień szabatu nie będziesz już na pewno łowić ryb; zatem zostań u mnie na jutrzejszy szabat!"

4. A Jonatan odpowiedział: „Mój przyjacielu i bracie, gdyby nie było u ciebie boskiego Dziecka, chętnie bym został;

5. ale rozważ, jam jest grzeszny człowiek i wszystkie członki mojego ciała są nieczyste!

6. Bo od dłuższego czasu pomiędzy poganami żyję i nie rozmyślam już o Prawie Mojżeszowym, i żyję bardziej jak poganin niż jak Żyd.

7. Dlatego nie mogę pozostać tam, gdzie samo Przenajświętsze mieszka!"

8. A Józef odrzekł: „Bracie, podajesz dobry powód, jednak ja go nie przyjmę!

9. Albowiem Pan, który dla wszystkich pogan okazał się łaskawy, dla ciebie na pewno okaże się jeszcze łaskawszym, gdyż jesteś pełnym skruchy i żalu Żydem!

10. Musisz Go tylko miłować, a Pan będzie cię wtedy na pewno kochać ponad miarę!

11. Spójrz, Eudokia i tych ośmioro dzieci są poganami, a mimo to Dzieciątko bawi się z nimi i niezmiernie je kocha!

12. A więc i ciebie przyjmie i obdarzy miłością, i będzie się z tobą obchodzić jak z najlepszym przyjacielem!"

13. Po tych słowach Jonatan nabrał odwagi i razem z Józefem zeszli ze wzgórza, i udali się do domu, gdzie już od dawna przygotowany był obiad i wszyscy ich oczekiwali.

14. Józef przywołał wszystkich do stołu. Maria wzięła Dzieciątko i jak zwykle usiadła u boku Józefa.

15. Ale Dzieciątko nie chciało spożywać przygotowanego dla Niego mlecznego posiłku.
16. Maria się tym zaniepokoiła, bo myślała, że Dzieciątku coś dolega.
17. Ale Ono powiedziało: „Dlaczego martwisz się z Mojego powodu?
18. Spójrz, Jonatan przyniósł Mi coś lepszego do zjedzenia i to Mnie prawdziwie nasyci!"
19. Maria zorientowała się, że chodzi o ryby, które zaraz podano na stół.
20. Ale Dzieciątko zwróciło się do niej: „Mario, źle Mnie zrozumiałaś!
21. Ja nie myślałem o rybach, chociaż one rzeczywiście lepiej smakują niż to wczorajsze mleko, które już się zwarzyło, a które Joel wziął zamiast świeżego, aby ugotować dla Mnie mus,
22. ale miałem na myśli wielką pokorę i wielką miłość serca Jonatana, którą Mi okazywał już wcześniej, kiedy Mnie jeszcze nie znał – oto co miałem na myśli!
23. Powiadam ci, Mario: Jonatan jest człowiekiem silnym budową swego ciała, ale miłość jego serca jest jeszcze silniejsza!
24. I ta jego miłość do Mnie jest najbardziej wzmacniającym pokarmem, który Mnie teraz syci! – Ale jego ryb też skosztuję; a tego kwaśnego musu nie lubię!" – Jonatan był tymi słowami tak poruszony, że aż głośno zapłakał ze szczęścia.

168

Mleko zważone przez Joela. Nagana Marii i Józefa. Pobłażliwość Dzieciątka. Wskazówki na temat dobrego wychowania.

16 marzec 1844

1. Teraz i Maria skosztowała mleka, które Joel dla Dzieciątka przygotował, stwierdzając, że rzeczywiście jest kwaśne i zważone.
2. Maria przywołała zaraz do siebie Joela, który zajęty był w kuchni smażeniem ryb.
3. A kiedy przyszedł, powiedziała do niego poważnie: „Joelu! Proszę, skosztuj tego mleka!
4. Masz tak niewiele szacunku dla Dzieciątka, dla ojca Józefa i dla mnie, jego wiernej kobiety, żeś coś takiego nam uczynił?!
5. Czy nasze krowy i kozy nie mają świeżego mleka w wymionach?
6. Dlaczego wziąłeś wczorajsze mleko, które już skwaśniało? Takie mleko można jeszcze pić chłodne, kiedy ma się pragnienie, ale nigdy nie można go już gotować ani podawać małym dzieciom!"
7. Tu skosztował też Józef mlecznego musu i już chciał Joela zgromić,
8. a wtedy Dzieciątko wyprostowało się i przemówiło: „O wy, ludzie! Dlaczego zawsze chcecie być nade Mną?!
9. Czy nie wystarczy, że Ja zwróciłem Joelowi uwagę?! Dlaczego wy chcecie go sądzić?!
10. Czy myślicie, że mam upodobanie w takiej waszej surowości? O, przenigdy! Mnie podoba się tylko miłość, łagodność i cierpliwość!
11. Joel zawinił przez swoje niedbalstwo i to jest fakt,
12. dlatego zganiłem jego postępowanie, a tym samym – ukarałem. I ta kara jest wystarczająca; po cóż więc jeszcze dalsze nagany i gromy na dokładkę?

13. Dobrze czyni ojciec, kiedy małe, niegrzeczne dzieci przywołuje do porządku i karci rózgą, ale dorosłemu synowi na pewno wystarczy, by ojciec był dla niego mądrym, łagodnym nauczycielem!

14. A jeśli syn przeciwstawia się ojcu, należy mu pogrozić!

15. Ale jeśli się opamięta i odmieni, wtedy powinna powrócić zgoda;

16. a kiedy się nie nawróci, wtedy powinien zostać oddalony z domu ojca, a nawet wygnany z ojczyzny!

17. Ale Joel nie zrobił przecież nic złego; a tylko ochota na ryby nie pozwoliła mu na wydojenie kozy, bo to zabrałoby mu zbyt dużo czasu!

18. Ale na pewno nie uczyni tego już nigdy więcej, więc niech będzie mu wszystko wybaczone!"

19. I przywołało Dzieciątko Joela do Siebie i powiedziało: „Joelu, jeżeli Mnie kochasz, tak jak Ja ciebie, to w przyszłości nie sprawiaj twojemu ojcu i twojej matce takich kłopotów!"

20. Joel począł ze wzruszenia płakać i upadł na kolana, i prosił Dzieciątko, Marię i Józefa o wybaczenie.

21. A Józef rzekł: „Podnieś się, mój synu, co Pan tobie odpuścił, to i my odpuszczamy.

22. Idź teraz i zobacz, jak się mają twoje ryby!"

23. Zaś Dzieciątko dodało wesoło: „Tak, tak, idź zaraz, bo inaczej ryby za mocno się przypieką i nie będą dobre; a Ja też chcę je jeść!"

24. Ta zapobiegliwość spodobała się ósemce dzieci tak bardzo, że z radości zaczęły się głośno śmiać.

25. I samo Dzieciątko śmiało się równie serdecznie, rozweselając całe towarzystwo przy stole, a oczy Jonatana były pełne radosnych łez wzruszenia.

169

Jedzenie ryb. Dzieciątko Jezus upomina się o Swoją porcję. Odmowa Józefa. Dzieciątko Jezus odwzajemnia się przepowiednią na temat przyszłej czci dla Marii. Błogosławieństwo w ustach pokornego Dzieciątka.

18 marzec 1844

1. Nie trwało długo, jak Joel przyniósł upieczone ryby i postawił je w półmisku na stole.

2. Józef począł kłaść przed każdym po jednej porcji ryby i nie zapomniał także o sobie;

3. ale przed Dzieciątkiem nic nie położył, bo bywało Ono zawsze obsługiwane przez Matkę.

4. Dzieciątko było z tego niezadowolone, gdyż czekało niecierpliwie na porcję dla Siebie.

5. Józef rzekł na to: „Ależ mój najukochańszy Syneczku, mój Jezusie, to byłoby dla Ciebie o wiele za dużo!

6. Nie mógłbyś tego wszystkiego zjeść, a gdybyś nawet zjadł, to mógłbyś się rozchorować!

7. Czyż nie widzisz, że położyłem Matce większą porcję dlatego, że będzie Cię karmić?!

8. A więc bądź spokojny, mój Syneczku, bo nie zostaniesz pominięty!"

9. A Dzieciątko odpowiedziało: „To wiem dobrze – ale wiem jeszcze coś, o czym ty nie wiesz!

10. Dlatego byłoby bardziej przyzwoicie, gdybyś także Panu dał całą porcję!

11. Czy wiesz dokładnie, kim był Melchizedech, ten król z Salem?

– Nie, ty nie wiesz!
12. Za to Ja wiem i ci powiem: tym Królem z Salem był Sam Pan; lecz oprócz Abrahama nikt nie mógł o tym wiedzieć!
13. Dlatego skłonił się przed Nim Abraham aż do ziemi i ofiarował Mu dobrowolną dziesięcinę.
14. Józefie! Otóż Ja jestem tym samym Melchizedechem; a ty jesteś równy Abrahamowi.
15. Dlaczego zatem nie chcesz Mi oddać dziesięciny z tych smacznych ryb?
16. Dlaczego odsyłasz Mnie do Matki? – Kto naprawdę stworzył te ryby i całe morze? Czy była to Maria – czy Ja, ów Król Salem z wieczności?
17. Spójrz, oto jestem tutaj, wśród Mojej własności od wieków, a ty nie chcesz nawet porcji ryb przede Mną postawić? – To naprawdę bardzo osobliwe i niespotykane!
18. Dlatego przyjdzie czas, kiedy ludzie Mojej cielesnej Matce o wiele większą „porcję" dawać będą aniżeli Mnie!
19. A Ja będę musiał czekać na to, co Matce zostało podane, i będzie to bardzo dalekie od porządku Melchizedecha!"
20. I Józef nie wiedział, co ma na to odpowiedzieć. Podzielił tylko swoją porcję i położył jej większą część przed Dzieciątkiem.
21. Ale Dzieciątko odrzekło: „Kto Mi coś ofiarowuje, lecz zatrzymuje jakąś część dla siebie, ten Mnie nie zna!
22. Kto Mi chce coś ofiarować, niechaj Mi da wszystko, gdyż inaczej nie wezmę nic!"
23. Wtedy podsunął Józef z radością Dzieciątku także pozostałą część swojej porcji.
24. A wtedy Dzieciątko podniosło prawą rączkę i pobłogosławiło obie części, mówiąc:
25. „Kto da Mi wszystko, ten zyska stokrotnie! Weź tę rybę z powrotem na swój talerz, Józefie i jedz! A co ci pozostanie, dopiero Mi podasz!"
26. Wtedy wziął Józef rybę z powrotem i zjadł z niej sporo. A kiedy nie mógł już więcej jeść, to pozostało z niej tyle, że wystarczyłoby dla dwunastu osób. I Dzieciątko jadło potem z tego, co pozostało.

170

Pytanie Jonatana o stosunek Józefa do Dzieciątka. Odpowiedź Józefa.

20 marzec 1844

1. Po wydarzeniu przy stole, które przyniosło Jonatanowi wiele łez radości, ale też i żalu, rzekł on do Józefa:
2. „Józefie, mój stary przyjacielu z młodości, powiedz mi szczerze – jak bardzo czujesz się szczęśliwym, kiedy myślisz o wielkości twojego powołania?!
3. Co odczuwasz, kiedy patrzysz na to Dzieciątko i twoje pełne wiary serce mówi do ciebie: «Spójrz, to Dzieciątko jest Bogiem, Jehową, Zebaoth![20]
4. Tym, który rozmawiał z Adamem, Henochem, Noem, Abrahamem, Izaakiem i Jakubem;
5. Tym, który naszych ojców z kraju ciężkiej niedoli przez Mojżesza wyzwolił i Sam dał nam Prawo na Pustyni,
6. i przez czterdzieści lat wielki lud żywił na pustyni, na której tylko

z rzadka tu i tam rosły ciernie i osty.

7. Który mówił przez usta świętych proroków?!»

8. O, Józefie, powiedz, powiedz mi! – Co odczuwasz w obecności Tego, który Niebo i Ziemię posadowił?!

9. Tak, Ten, który stworzył Aniołów, ulepił pierwszą parę ludzi oraz ożywił ją Swoim wiecznie żyjącym tchnieniem!

10. Albo – powiedz lepiej – czy jest w twojej mocy, kiedy to przemyśliwasz, w ogóle cokolwiek mówić?

11. Czy nie zawiązuje ci się twój język, gdy spoglądasz na Dzieciątko, i czy z wielkiej bojaźni przed Tym, który był wiecznie, nie musisz milczeć?"

12. A Józef odpowiedział Jonatanowi: „Masz rację, że mnie o to pytasz;

13. ale przemyśl to sam: cóż powinienem czynić?! Po prostu tak teraz jest i muszę to Przenajświętsze traktować tak, jakby było czymś niższym, w przeciwnym razie nie mógłbym tego wszystkiego znieść!

14. Bóg jest po prostu Bogiem, a my jesteśmy Jego stworzeniem! – On jest wszystkim, a my wszyscy jesteśmy niczym.

15. Ta proporcja w ostatecznej rachubie jest właściwa. Czy potrafiłbyś sam przez twój najwyższy wzlot myśli coś w niej zmienić?

16. Pomyśl, oto dlaczego twoje pytania są daremne! Chciałbym mieć serce tak wielkie jak Ziemia i głowę tak wielką jak Niebo, i chciałbym posiadać uczucia i myśli, przed którymi wszyscy Aniołowie musieliby drżeć,

17. lecz powiedz, jaką przysługę wyświadczyłbym Temu, który całą Nieskończoność, podobnie jak ja ziarenko piasku, w Swojej prawicy trzyma?!

18. Czy byłbym przez to bardziej człowiekiem, a Bóg mniej Bogiem?!

19. Widzisz więc sam, że takie pytania nie mają żadnego sensu! Wszystko, co mogę teraz uczynić, to ze wszystkich moich sił kochać to oto Dzieciątko i pełnić dla Niego służbę, której ode mnie wymaga!

20. A wszystkie inne myśli pozostawiam obok, gdyż wiem dobrze, że moja najwznioślejsza i najmądrzejsza myśl w porównaniu z wielkością Boga jest pustym chełpieniem się i nicością!"

21. Jonatan po wysłuchaniu tego, co powiedział Józef, zajął się innymi myślami i już więcej nie zadawał podobnych pytań.

171

Wieczór na ulubionym wzgórzu Józefa. Jakub karmi małego Jezusa chlebem z masłem i miodem. Muchy w naczyniu z miodem. Zawierająca głęboką mądrość wypowiedź Jezusa o słowach Izajasza z rozdz. 7,15.

21 marzec 1844

1. Pod wieczór tego samego dnia, który był dniem poprzedzającym szabat, wziął Jakub Dzieciątko i poszedł z Nim na ulubiony pagórek Józefa.

2. A Józef i Jonatan udali się także na to wzgórze w ślad za Jakubem, ale po pewnym czasie.

3. Jakub wziął jak zwykle ze sobą dla Dzieciątka trochę masła i miodu w małym garnuszku oraz kawałek pszennego chleba,

4. który podawał Dzieciątku często małymi porcjami do ust, gdyż jadało Ono najchętniej miód oraz chleb z masłem.

5. Kiedy jednak Jakub postawił na ławeczce swój garnuszek i udał się do Dzieciątka, które wesoło biegało w trawie na łagodnym zboczu wzgórza,

6. wtedy od razu zleciały się do naczynia pszczoły i muchy, delektując się ochoczo słodką zawartością i ucztując.

7. A że Józef to zauważył, powiedział do Jakuba: „Idź i przykryj garnuszek czymkolwiek, inaczej całą zawartość zjedzą muchy i pszczoły!"

8. I przybiegł szybko Jakub z Dzieciątkiem do garnuszka i chciał przegonić nieproszonych gości; ale oni ucztowali dalej.

9. Wówczas Dzieciątko powiedziało: „Jakubie, podaj Mi garnuszek, a Ja przekonam się, czy te intruzy będą nieposłuszne również w stosunku do Mnie!"

10. Wtedy podał Jakub Dzieciątku garnuszek do rąk, a Ono trzy razy syknęło ksz... ksz... ksz... i w jednym momencie muchy i pszczoły uciekły.

11. Potem Jakub podał Dzieciątku kawałek chleba z masłem i miodem, a Ono wzięło go i zjadło ze smakiem.

12. A Jonatan, który rozmawiał z Józefem o różnych przekazach zapisanych egipskimi hieroglifami, zauważył sytuację, która miała przed chwilą miejsce na ławeczce, i zapytał Józefa, czy może mieć ona jakieś głębsze znaczenie.

13. A Józef odpowiedział: „Nie sądzę, bowiem nie we wszystkich drobnych działaniach i wydarzeniach musi być ukryta jakaś mądrość.

14. Przecież za każdym razem, kiedy zostawisz odkryte masło i miód, przylecą pszczoły i muchy, by się nimi pożywić.

15. Oczywiście, że można by ten przypadek, jak i tysiąc innych, użyć jako przykład dla pewnych okoliczności czy pewnych działań, ale sam w sobie nie ma on żadnego znaczenia".

16. Wówczas Dzieciątko przybiegło do Józefa i żartobliwie zwróciło się do niego:

17. „Mój najdroższy Józefie, tym razem trafiłeś jak kulą w płot!

18. Cóż bowiem czytasz w Izajaszu? Czyż nie napisano tam o Mnie: «Masło i miód spożywać będzie, aż nauczy się odrzucać zło i wybierać dobro.

19. Bo zanim Chłopiec będzie potrafił odrzucać zło, a wybierać dobro, zostanie opuszczona kraina, której dwóch królów ty się uląkłeś.

20. Pan sprowadzi na ciebie i na twój lud, i na dom twego ojca czasy, jakich nie było od chwili, kiedy król Asyrii odłączył Efraim od Judei.

21. W owym dniu zagwiżdże Pan na muchy przy końcu odnóg nilowych w Egipcie i na pszczoły w ziemi asyryjskiej!»

22. Pomyśl, Józefie! – Co zawarte jest w słowach proroka, znajduje się też i w tym zdarzeniu;

23. ale czas objawienia jeszcze nie nadszedł, choć już jest niedaleki!

24. Ale czy znasz Syna tej prorokini, który nazywa się «Zdobądź – wnet, Pilny – łup»?

25. Znasz tego Syna, którego Dziewica urodzi i będzie Go nazywać «Emmanuel»?

26. Spójrz, to jestem Ja! – Jednak nie pojmiesz tego wcześniej, aż dopiero Ja, jako Ten «Zdobądź – wnet, Pilny – łup» oraz jako «Emmanuel», z góry wołać będę Ojca i Matkę!"

27. Tu pobiegło Dzieciątko znowu do Jakuba. A Józef i Jonatan spojrzeli na siebie ze zdumieniem i nie mogli się nadziwić słowom Dzieciątka i słowom proroka, które w zadziwiająco obrazowy sposób pasowały do tej sytuacji.

172

Nadmierna bojaźń i pokora Jonatana wobec Jezusa. Dobra rada Józefa i pełna miłości pociecha z ust Dziecięcia. Jonatan pozostaje.

22 marzec 1844

1. A kiedy Jonatan doszedł do siebie po zdziwieniu, do którego doprowadziło go Dzieciątko Swoją mową, powiedział do Józefa:

2. „Bracie, doprawdy, nie bacząc na to, że obiecałem pozostać u ciebie dziś i jutro, muszę jednak zmienić moje postanowienie.

3. Gdyż zrozum, dla mnie to wszystko jest zbyt święte! Mam wrażenie, że jestem na jakimś pustkowiu jako wędrowiec i rozglądam się, a wszystko co widzę, woła do mnie: «Tu nie ma miejsca dla ciebie, jest tylko dla duchów!»

4. Wydaje mi się, jakbym się znajdował ponad szczytem wysokiej góry, skąd daleki widok budzi z początku moje oczarowanie i przyjemnie pieści zmysły,

5. ale po chwili przemawia do mnie zimne, najczystsze powietrze:

6. «Ej, ty, wygodny, leniwy i nieczysty wole roboczy w ludzkiej postaci, wracaj szybko do swojej śmierdzącej zagrody!

7. Bo tu, gdzie w najczystszym eterze szybują przeczyste duchy, nie ma miejsca dla duszy nieczystej».

8. I nie bacząc na to, jaki czysty i sprawiedliwy był Mojżesz przed Bogiem, Pan nie wysłuchał prośby jego, mówiąc do niego:

9. «Nie możesz widzieć Mnie, twojego Boga, i równocześnie żyć!»

10. Tutaj jest Sam Pan w pełni Jego Świętości; On, który był zapowiadany ustami wszystkich proroków!

11. Jakże więc mógłbym jeszcze dłużej Jego widzialną obecność znosić ja, który jestem starym grzesznikiem wobec Prawa Mojżesza?!"

12. Ale Józef odpowiedział: „Kochany przyjacielu i bracie, przecież wiesz, co jest najważniejsze w Prawie; dlaczego zatem chcesz się udać do domu, zamiast oglądać to żywe Prawo?

13. Kochaj Pana ze wszystkich sił twoich i nie myśl nieustannie o swoich grzechach, a będziesz o wiele milszy Panu!

14. Poczekaj, aż Dzieciątko Samo cię pożegna! – Jeśli tak się stanie, to wierz mi, że nie jesteś Go godnym,

15. ale jak długo to nie nastąpi, pozostań, gdyż bardziej w domu niż tu nie będziesz w wieczności nigdzie!"

16. Na to podeszło do nich Dzieciątko i powiedziało: „Józefie, masz rację, że zwróciłeś uwagę Jonatanowi na to, że jest uparty i nie chce pozostać u nas, choć Ja go tak kocham!"

17. A po tym Dzieciątko zwróciło się do Jonatana i powiedziało:

18. „Jonatanie! – Czy naprawdę nie chcesz tutaj pozostać? Cóż strasznego ci się dzieje, że nie chcesz być z nami?"

19. A Jonatan odpowiedział: „Mój Boże i mój Panie! Spójrz, przecież jestem wielkim grzesznikiem wobec Prawa!"

20. Ale Dzieciątko odpowiedziało: „Dlaczego mówisz o grzechach? Ja nie rozpoznaję w tobie żadnego!

21. Wiesz, kto jest grzesznikiem? – Ja ci powiem: ten, kto jest bez miłości!

22. Ale w tobie jest miłość i nie jesteś grzesznikiem przede Mną, albowiem Ja wybaczyłem ci grzechy, bo jestem Panem ponad Mojżeszem w wieczności!"

23. Wtedy zapłakał Jonatan i postanowił pozostać, i zbliżył się do Dzieciątka, ściskał Je i tulił.

173

Lekkie jak piórko Dziecko Jezus. Zdziwienie Jonatana. Dzieciątko wypowiada mądre słowa o Prawie Mojżesza. Mojżesz ustanowił Prawo z miłości do Boga. Prawo to pozostało, ale miłość obumarła. „...dla tych, którzy trzymają się tylko liter Prawa, uczynię Bramę do Życia tak ciasną jak ucho igielne".[21]

23 marzec 1844

1. A kiedy Jonatan ściskał i tulił do siebie Dzieciątko, rzekło Ono do niego:

2. „Jonatanie, spróbuj Mnie unieść; teraz nie będę dla ciebie na pewno tak ciężkim jak nad morską zatoką!"

3. I Jonatan, przepełniony radością i miłością, wziął Dzieciątko na swoje ręce i przyznał, że jest lekkie jak piórko.

4. I powiedział wtedy do Niego: „Mój Boże i mój Panie! Jak mam to rozumieć?!

5. Tam nad morzem byłeś mi ciężarem świata; ale tu jesteś dla mnie piórkiem!"

6. A Dzieciątko odpowiedziało: „Jonatanie, tak jak z tobą, tak i z każdym się stanie!

7. Albowiem Mój wielki ciężar nie we Mnie leży, ale w Prawie Mojżesza!

8. A że ty nie znałeś Mnie, tylko Prawo Mojżesza, to kiedy Mnie na barkach przez zatokę niosłeś, ugniatał twoje ramiona nie Mój, lecz Prawa ciężar, ciężki jak świat.

9. Ale teraz w sercu swoim rozpoznałeś Mnie, Pana ponad Mojżeszem i ponad jego Prawem; i spójrz, ciężaru tego Prawa nie ma już we Mnie, który jestem Panem tego Prawa!

10. Tak też stanie się kiedyś z nosicielami Prawa!

11. Doprawdy, powiadam ci: ci, co są sprawiedliwi przed tym Prawem, będą jęczeć i zgrzytać zębami;

12. a Pan będzie w domach grzeszników przy stole siedział i będzie ich uzdrawiał, i przyjmie ich jako Swoje dzieci!

13. Zagubionych będę szukał; chorych, ciężko uciśnionych i uwięzionych uzdrowię, wybawię i uwolnię;

14. ale ci sprawiedliwi tylko przed Prawem będą musieli jako nieusprawiedliwieni z Mojego Domu odejść!

15. Doprawdy, powiem ci: celników i grzeszników w Moim Domu uszczęśliwię;

16. ale tego sprawiedliwego obciążę wielkim ciężarem przede Mną w Moim Domu!

17. Tak – nierządnica winna Mnie namaścić; i cudzołożnicy winę chcę w piasek wpisać, i grzesznicy mogą Mnie dotknąć;

18. ale niech będzie przeklętym rycerz Prawa i uczony w Piśmie, jeśli on Mnie dotknie!

19. Tych, których ciężar Prawa zabił, wyciągnę z grobów;
20. ale dla tych, którzy pożerają tylko litery, Bramę do Życia uczynię tak ciasną jak ucho igielne!"
21. Józefa przeraziły te słowa i powiedział: „Ależ Dzieciątko, cóż za straszne rzeczy mówisz?!
22. To Prawo przecież Bóg ustanowił, więc jakże grzesznik może być lepszym niż sprawiedliwy?!"
23. A Dzieciątko odrzekło: „Tak, to prawda, że Bóg Prawo ustanowił; ale nie dla rozumu świata, tylko dla serca! I Mojżesz sam także całe Prawo w miłości do Boga ustanowił!
24. I to Prawo pozostało, ale miłość już dawno umarła!
25. Lecz Prawo, w którym nie ma już żadnej miłości, jest nieprzydatne i ten, kto go przestrzega bez miłości, jest martwym niewolnikiem Prawa.
26. Dlatego dziś milszym jest Mi poganin i grzesznik, który ma wolną wolę, niż skrępowany i pozbawiony prawdziwego życia niewolnik Prawa!"
27. Usłyszawszy to Józef zamilkł i rozmyślał o tym, co przekazało mu Dzieciątko, a Ono rozmawiało już z Jonatanem i Jakubem.

174

Wieczór na wzgórzu. Rozważania Józefa i Jonatana o pełni księżyca. Myśli Dzieciątka o wiedzy i miłości. Oblicze Boga. Istota księżyca.

26 marzec 1844

1. Nastał wieczór i wstał księżyc w całej swojej pełni ponad Ostracyną,
2. i podziwiał Jonatan ze wzgórza jego formę, zachwycał się jego blaskiem w zupełnej ciszy.
3. A Józef, widząc to, zapytał Jonatana: „Bracie, cóż takiego widzisz w tym świecącym krążku, że go tak dokładnie obserwujesz?"
4. I Jonatan odpowiedział: „Ja właściwie nie widzę nic – z wyjątkiem ciągle tych samych plam!
5. Chociaż za każdym razem, kiedy patrzę na księżyc, zapytuję sam siebie: co oznaczają te plamy i w ogóle – czym jest księżyc? Dlaczego czasem go nie widzimy albo widzimy w kształcie sierpa? Dlaczego nie jest jednakowy, lecz kształt jego się zmienia?
6. Jeśli wiesz na ten temat coś więcej, to powiedz mi, gdyż lubię słuchać, jak ktoś mówi o takich rzeczach!"
7. Na to Józef rzekł: „Drogi przyjacielu! W tej sprawie jesteśmy sobie bardzo podobni;
8. a ja wiem tyle co i ty o dziwnej właściwości tego ciała.
9. I na ten temat miałbym śmiesznie mało do powiedzenia! – Dzieciątko z pewnością będzie wiedzieć więcej, dlatego najlepiej zapytaj Je!"
10. I Jonatan, choć trochę skrępowany, zapytał Dzieciątko o księżyc.
11. A Dzieciątko odpowiedziało mu: „Jonatanie, jeżeli ci opowiem o księżycu, to będziesz Mnie pytać i o słońce, a potem także o niezliczone gwiazdy!
12. Powiedz, kiedy minie ci ochota patrzenia w gwiazdy i kiedy ustanie twoja ciekawość?
13. Zastanów się: wielka wiedza czyni głowę zbyt ciężką, a życie nieznośnym!

14. A wielka miłość do Boga i bliźnich czyni to życie przyjemniejszym i odbiera wszelki strach przed śmiercią.
15. Gdyż miłość sama w sobie jest życiem wiecznym; kto ją posiada, będzie kiedyś oglądać cuda całego stworzenia!
16. Albowiem prawdziwie kochający Boga będą oglądać Jego Oblicze! – A Jego Obliczem jest to, co On stworzył przez Swoją Mądrość i przez Swoją wieczną Wszechmoc!
17. Bowiem Mądrość i Wszechmoc są Obliczem Boga, a Miłość źródłem Jego Istoty w Wieczności!
18. A że zapytałeś Mnie o księżyc, to ci odpowiadam: on jest także ziemią obok twojej Ziemi i ma góry, doliny, owoce, zwierzęta i istoty twojego rodzaju.
19. Ale ta jego strona, którą widzisz, jest jałowa, naga i pusta i nie ma ani wody, ani ognia.
20. Tylko ta strona księżyca, której nie widzisz, jest podobna Ziemi;
21. jego światło pochodzi od słońca, a zmieniający się na niebie kształt zależy od jego pozycji i zmienia się w każdej minucie, według obrotu wokół Ziemi. Zaś plamy są to głębsze i ciemniejsze miejsca próby.
22. Teraz już wiesz, czym jest księżyc; czy jesteś zadowolony?" – A Jonatan przytaknął i zagłębił się w rozmyślaniu.

175

Maria i Chłopczyk Jezus prowadzą serdeczną i żartobliwą rozmowę na wzgórzu. Józef i Jonatan „posilają się" księżycem. Nagłe zaćmienie księżyca.

27 marzec 1844

1. A kiedy Maria z Eudokią ukończyły prace domowe, udały się także na wzgórze.
2. A Dzieciątko wybiegło im naprzeciw i skakało radośnie wokół cudownej Matki.
3. A Maria wzięła już dość ciężkie Dzieciątko na swoje zmęczone ręce i tuliła Je, mówiąc żartobliwie:
4. „Ale dzisiaj jesteś ciężki! Pewnie zjadłeś za dużo miodu i chleba z masłem?"
5. A Dzieciątko odpowiedziało: „Ile tego mogło być, skoro ten cały garnuszek Jakub z łatwością umie schować w swojej dłoni!
6. A kawałek chleba był tak cienki, że trzeba było uważać, aby go wiatr nie uniósł jak cienki liść z drzewa!
7. Od tego nie można być zbyt ciężkim!
8. Muszę ci powiedzieć, że naprawdę jestem już bardzo głodny i już się cieszę na wieczorny posiłek.
9. Spójrz, Józef i Jonatan zjedli już cały księżyc i wciąż są głodni, choć już nie rosną;
10. więc jakże Ja mogłem się najeść tym maleńkim, jak dla muszki, podwieczorkiem, kiedy przecież muszę ciągle rosnąć?!"
11. A Maria odrzekła ze śmiechem: „Mój Syneczku, dzisiaj jesteś znowu nieznośny!
12. Spójrz, gdyby Józef i Jonatan naprawdę zjedli księżyc, to nie świeciłby tak pięknie z nieba jak teraz!"
13. A Dzieciątko na to rzekło: „Kobieto i Matko! Ja nie jestem nieznośny; tylko ty Mnie nie zrozumiałaś!
14. Idź do tych dwóch, a oni ci jeszcze więcej o księżycu opowiedzą!"
15. Maria uśmiechnęła się i poszła

do Józefa, pozdrowiła go i zapytała, nad czym się tak głęboko zamyślił

16. i dlaczego razem z Jonatanem tak pilnie przypatrują się pełni księżyca.

17. A Józef, zerknąwszy zaledwie kątem oka na Marię, rzekł: „Nie przeszkadzaj mi przypatrywać się księżycowi,

18. gdyż chciałbym z Jonatanem rozwikłać pewne zagadnienie! Jezus udzielił nam wskazówki, przy pomocy której chcemy pewną rzecz rozwikłać; dlatego bądź cicho i nie przeszkadzaj nam!"

19. Maria popatrzyła na Dzieciątko, które się tajemniczo uśmiechnęło, a potem powiedziało:

20. „Przyjrzyj się teraz, jak Józef i Jonatan wciąż zjadają księżyc! Bądź tylko cierpliwa i każ Jakubowi przynieść kawałek chleba i jedną pomarańczę!

21. Gdyż widok Józefa i Jonatana jedzących księżyc czyni Mnie jeszcze bardziej głodnym, niż dotychczas byłem".

22. I zawołała Maria zaraz Jakuba, i kazała mu przynieść to, czego Dzieciątko sobie życzyło.

23. Potem spytała Je, kiedy tych dwóch zakończy swoje obserwacje.

24. A Dzieciątko odrzekło: „Teraz dobrze uważaj: dzisiaj, i to niebawem, nastąpi zaćmienie księżyca i trwać będzie około trzech godzin!

25. Tych dwóch o tym nie wie, dlatego będą naprawdę myśleli, że zjedli księżyc, a szczególnie Jonatan!

26. To zjawisko położy kres ich obserwacjom.

27. Po tym pouczę ich znowu, jak to zwykle czynię, jeśli jest ku temu potrzeba.

28. Lecz przedtem muszą się obaj mocno zapędzić w swych domysłach, aby potem mogli zobaczyć, jak szybko ich spekulacje pyłem się stają!"

29. Ledwo to Dzieciątko wypowiedziało, a już księżyc począł przybierać ciemne zabarwienie.

30. Jonatan zauważył to pierwszy i zwrócił uwagę Józefowi.

31. Józef zobaczył to i był jeszcze bardziej zaskoczony, gdyż zaćmienie z każdą chwilą rosło.

32. Wkrótce zaniepokoili się obaj, a Józef zapytał Dziecko: „Co to jest, co się dzieje z księżycem?"

33. A Dzieciątko odpowiedziało: „Przecież widzisz, że jem, dlaczego Mi przeszkadzasz? – Poczekaj, aż uporam się z pomarańczą tak, jak wy z księżycem, a wtedy ci odpowiem!"

34. Po tym Józef zamilkł, a kiedy nastąpiło zupełne zaćmienie księżyca, przestraszyli się obaj i wszyscy musieli udać się do domu; zaś Jonatana naprawdę męczyła myśl, że zjadł księżyc.

176

Dalsze rozważania Józefa i Jonatana o księżycu. Pojawienie się światła nad zaćmionym księżycem.

28 marzec 1844

1. A gdy przybyli do domu, Jonatan powiedział do Józefa: „Bracie, cóż zrobimy z tym nieszczęsnym wydarzeniem?

2. Na moje nędzne życie, spójrz tylko przez okno! Cały księżyc został zjedzony jak warzywo z łodygą.

3. I panuje na zewnątrz przerażająca ciemność!

4. Tak, tak, nie na próżno słyszałem często od uczonych pogańskich, że człowiek nie powinien liczyć ciał niebieskich i że w ogóle nie powinien ich zbyt wnikliwie badać,

5. gdyż może nieopatrznie spowodować, że spadną na ziemię!

6. A gdyby człowiek doprowadził do upadku gwiazdę przewodnią, byłby zgubiony i przepadłby.

7. Księżyc jest także gwiazdą na niebie i może także podlega temu tajemniczemu prawu!

8. A może obaj trafiliśmy w niego i jego fragmenty spadły gdzieś na ziemię; gdyż widziałem, jak po niebie rozprysły się jego ogniste cząsteczki.

9. A może jest tak, że zostaliśmy opętani przez księżyc i będziemy lunatykami, co byłoby dla nas wielkim utrapieniem!

10. Jedno jest faktem! Księżyc już nie istnieje! Ale kto go zjadł, gdzie on się podział? – oto pytanie!"

11. Józef odrzekł: „Wiesz, ja nieraz słyszałem, że księżyc, tak jak i słońce, bywa niekiedy zaciemniony.

12. I może teraz właśnie się to stało, chociaż osobiście nie mogę sobie przypomnieć, abym coś podobnego widział w całym moim życiu.

13. Słyszałem od starszych ludzi, że Aniołowie Boży od czasu do czasu czyszczą te dwa światła niebieskie rozjaśniające Ziemię, podobnie jak czyści się lampę zanieczyszczoną sadzą przez knot;

14. naturalnie podczas takiej pracy na Ziemi panuje ciemność. Tak jest może i w tym wypadku!

15. Gdyż baśń o tym, że jakiś smok zaczyna połykać gwiazdę i dlatego robi się na Ziemi ciemno, jest zbyt głupia i została wymyślona przez ciemne ludy pogańskie".

16. Podczas gdy Józef i Jonatan tak to rozważali, księżyc zaczął się powoli ukazywać z drugiej strony.

17. I dzieci, i synowie Józefa zauważyli to i wznieśli okrzyki: „Patrzcie, patrzcie, księżyc znów wychodzi!"

18. A wtedy obaj spojrzeli na niebo i Jonatanowi spadł kamień z serca, gdyż księżyc znowu stawał się widoczny.

19. Józef ponownie zapytał Dzieciątko, jak to jest z tym zaćmieniem.

20. Dzieciątko odpowiedziało: „Pozwólcie temu biednemu księżycowi wyjść najpierw z cienia, a potem zobaczymy, czy jest taki sam, czy może się zmienił.

21. Ziemia nie jest jakimś rozciągniętym w bezkresie ciałem, ale jest kulista jak pomarańcza, którą zjadłem,

22. i jeszcze jest swobodnie zawieszona, a wokół niej znajduje się nieskończona, wolna przestrzeń; dlatego też promienie słońca mogą o każdym czasie rozjaśniać ją ze wszystkich stron.

23. I oto ta wielka Ziemia musi rzucać swój cień, a kiedy księżyc w niego wejdzie, wtedy staje się ciemny, gdyż także i on jest oświetlany przez słońce. Ale więcej wam nie powiem!" – Tu spojrzeli Józef i Jonatan na siebie i nie wiedzieli, co mają na to odrzec.

177

Zdziwienie Jonatana kulistym kształtem Ziemi. Jezus jako „profesor” i „naukowiec”. Przygotowanie do kolacji.

29 marzec 1844

1. Dopiero po chwili Jonatan zwrócił się do Józefa: „Bracie! Kto mógłby nawet we śnie wpaść na pomysł, że Ziemia jest tak straszliwie wielką kulą?!

2. A więc my zamieszkujemy tylko powierzchnię tej kuli?

3. Ale co mam począć z morzem? Czy ono też należy do kuli? Czy może tylko ściśle opływa kulę ziemską?”

4. Wtedy Dzieciątko przemówiło: „Żebyście z powodu długich medytacji podczas dzisiejszej nocy nie wyzbyli się tak dobrze czyniącego snu, pomogę wam i wyjaśnię.

5. Podejdźcie do Mnie, a ty Jakubie rychło przynieś ładną, okrągłą pomarańczę”.

6. A gdy pomarańcza została przyniesiona, Dzieciątko wzięło ją do rąk i rzekło:

7. „Spójrzcie, to jest Ziemia! – A teraz chcę, aby ta pomarańcza stała się miniaturą Ziemi; ma posiadać góry, doliny, rzeki, jeziora, morza i miasta tam, gdzie zostały przez ludzi pobudowane. Niechaj się stanie!”

8. I w tymże momencie w rękach Dzieciątka znalazła się kula ziemska w małym rozmiarze.

9. Widać było morza, rzeki, jeziora, góry, jak również i miasta na kuli, która po słowach „niechaj się stanie” sto razy większą się stała od pomarańczy.

10. Wszyscy tłoczyli się, aby obejrzeć Ziemię w cudownym pomniejszeniu.

11. Józef odnalazł na niej szybko Nazaret oraz Jerozolimę i zadziwił się nadzwyczajną wiernością ich obrazu.

12. Eudokia odnalazła wkrótce Teby w swojej ojczyźnie i też nie mogła się nadziwić, z jaką dokładnością wszystko było przedstawione.

13. Został także odnaleziony Rzym i wiele innych znanych miejsc.

14. Ponad godzinę trwało oglądanie kuli ziemskiej i zachwytom nie było końca.

15. Również Marii podobała się ta mała Ziemia i jej oglądanie ekscytowało ją w najwyższym stopniu.

16. I ósemka dzieci stała jak zahipnotyzowana, nie odrywając wzroku od tej miniatury kuli ziemskiej.

17. A Dzieciątko objaśniało szczegółowo istotę i budowę Ziemi, jakby było profesorem geografii, ale wszyscy rozumieli Jego mowę.

18. A kiedy Dzieciątko wszystko już wyjaśniło, rzekło do Jakuba:

19. „Jakubie! – Weź teraz jakiś sznurek i powieś tę kulę gdzieś swobodnie, żeby pragnący wiedzy i rano mogli jeszcze się nią zająć!

20. A dziś zostawmy ją już w spokoju i sami udajmy się na spoczynek; ale dopiero po kolacji;

21. gdyż chce Mi się pić i bardzo zgłodniałem w czasie, kiedy wy najedliście się księżycem i Ziemią!”

22. Józef polecił zaraz kucharzowi Joelowi przygotować wieczorny posiłek i podać go niezwłocznie na stół. I poszedł Joel z trzema braćmi, i przygotował smakowitą kolację.

Wieczorny posiłek. Jonatana plany powrotu do domu i jego tajemny zamysł. Skuteczna perswazja Dzieciątka. Posłuszeństwo Jonatana.

30 marzec 1844

1. A kiedy spożyto wieczorny posiłek, Jonatan powiedział do Józefa:
2. „Bracie, masz mało miejsca do spania, dlatego pozwól mi w tę piękną noc powrócić do domu, gdzie mam wygodne posłanie.
3. A jutro rano jeszcze przed wschodem słońca znowu się zjawię u ciebie".
4. Józef mu na to odrzekł: „Bracie, jeżeli całe twoje zmartwienie sprowadza się do tego, że nie widzisz w moim domu miejsca na twój wygodny odpoczynek – to bez obawy, możesz tu całkiem spokojnie pozostać.
6. Widzisz tę budowlę z lewej strony podwórka?
7. Tam jest przestronne pomieszczenie, w którym poleciłem przygotować dla ciebie wygodne spanie.
8. To znaczy – wszystko tam będzie przystosowane do twojego wzrostu, dlatego zostań u mnie na noc".
9. Ale Jonatan odpowiedział: „Bracie, jesteś dla mnie tak dobry, że nigdzie nie czułbym się tak jak u ciebie,
10. na pewno łoże jest wystarczająco wygodne i obszerne.
11. Ale zrozum, jakaś siła ciągnie mnie gwałtownie do domu i jest tak potężna, jakbym miał tam polecieć, a nie jak zwykle pójść na własnych nogach!"
12. Na to Józef rzekł: „To już twoja wola: jeśli chcesz – to idź, a jeżeli chcesz zostać – to pozostań!"
13. Po tej rozmowie Jonatan podszedł do Dziecięcia z pokorą i chciał się z Nim pożegnać.
14. A Dzieciątko zwróciło się do niego: „Jonatanie, jeżeli już chcesz iść, to idź, ale nie zapomnij powrócić do nas!
15. Ale powiadam ci: twój nocny połów wielką siecią nic ci nie przyniesie!
16. Bo Ja zagonię w sieć rekina, a on będzie się w niej szamotał aż do wschodu słońca, a rano rozerwie twą najlepszą sieć!
17. I nie uda ci się go złapać, gdyż on cały twój wysiłek zniweczy jednym uderzeniem ogona!"
18. Gdy Jonatan usłyszał te słowa, od razu odeszła mu chęć powrotu do domu i rzekł do Józefa:
19. „Bracie, jeśli tak sprawy się mają, to ja zostaję! – Gdyż chciałem cię rano obdarzyć wielką porcją świeżo złowionych, wyśmienitych ryb;
20. i ta myśl ciągnęła mnie z wielką siłą do domu!
21. Ale teraz, gdy wiem, co mnie czeka, wolę pozostać u ciebie.
22. A zatem zaprowadź mnie tam, gdzie przygotowałeś dla mnie nocleg i gdzie będę mógł spokojnie wypocząć, a w moim domu niechaj się dzieje, co chce!"
23. A Dzieciątko powiedziało: „Jonatanie, teraz podobasz Mi się bardziej, aniżeli wtedy, kiedy ukrywałeś coś w swoim sercu!
24. I dlatego mówię ci: idź do swego domu, gdyż o północy wykonasz dla Mnie coś ważnego".
25. Na to podniósł się Jonatan i pobłogosławiony przez wszystkich domowników Józefa pośpieszył do swojej zagrody.

Przywitanie Jonatana w jego domu. Jonatan wypływa na głębokie morze. Jonatan ratuje rozbitków – Cyreniusza i jego najbliższych.

1 kwiecień 1844

1. Była godzina dziesiąta wieczorem według dzisiejszej tarczy zegara, gdy Jonatan udał się do domu.

2. A kiedy tam przybył, jego trzej pomocnicy z kobietami i dziećmi jeszcze nie spali, lecz byli zajęci przy pracach domowych. Jonatan usłyszał, jak między sobą mówili:

3. „Bardzo dobrze, że nasz pan wyjechał; mamy teraz okazję, aby mu pokazać, że dbamy o jego gospodarstwo i że jesteśmy wiernymi sługami jego domu!

4. Złowiliśmy dzisiaj tysiąc funtów tuńczyka, tysiąc funtów jesiotra, trzy młode rekiny, dziesięć mieczników, jednego delfina i około dwieście funtów małych, szlachetnych ryb.

5. Jaką radość przeżyje nasz pan, kiedy takie bogactwo ryb znajdzie!"

6. Na to Jonatan pokazał się i wszyscy wybiegli mu naprzeciw, jakby do ojca, i pochwalili się szczęśliwym połowem.

7. Jonatan ucałował ich, pochwalił i powiedział: „Za to, że tyle się napracowaliście, przynieście tutaj kilka największych ryb: rekina, jesiotra oraz delfina i porozcinajcie je, aby je uwędzić.

8. Rozniećcie ogień i niechaj dym z pachnących krzewów uwędzi ryby, to nie będą się psuć w czasie upałów. Posólcie je, a zwłaszcza rekiny, nie żałujcie też morskiej cebuli i tymianku!

9. A tuńczyka i inne drobne ryby zasólcie w beczkach".

10. Na to jego pierwszy pomocnik odezwał się: „Panie, zrobiliśmy to już w ciągu dnia i wszystko jest w jak najlepszym porządku!"

11. A wtedy Jonatan poszedł wszystko obejrzeć, a powróciwszy powiedział: „Dzieci i bracia, to nie był zwykły połów!

12. W tym widać wyższą siłę. Dlatego teraz będziemy czuwać do północy i czekać, bo całkiem możliwe, że ta wyższa siła poleci nam do wykonania jeszcze jakąś pracę!

13. Czy widzieliście całkowite zaćmienie księżyca? To pewny znak, że jeszcze dzisiaj przydarzy się komuś jakieś nieszczęście i ktoś znajdzie się w niebezpieczeństwie; dlatego też będziemy czuwać aż do północy, bo komuś może być potrzebna nasza pomoc.

14. Na wszelki wypadek przygotujcie wielką łódź z żaglem i dziesięciorgiem mocnych wioseł, aby była gotowa w każdej chwili do wypłynięcia w morze!"

15. Trzej pomocnicy natychmiast poszli, by wypełnić jego polecenie.

16. Podczas gdy oni szykowali łódź, zerwał się silny wiatr i morze poczęło się burzyć, a fale z minuty na minutę stawały się coraz wyższe.

17. Wówczas Jonatan powiedział do tych trzech: „Teraz powinniśmy działać bez chwili zwłoki! Zawołajcie wszystkich swoich synów i posadźcie ich przy wiosłach. Ty, pierwszy rybaku, będziesz przy sterze, a ja stanę przy wiosłach z przodu łodzi!

18. Zwińcie żagiel, bo popłyniemy pod wiatr. W imię Wszechmocnego, wychodzimy na głębokie morze!"

19. A kiedy już wiosłowali około

godziny, nieustannie walcząc z falami, nagle usłyszeli głośne krzyki, wzywające pomocy wśród szalejącego żywiołu.

20. Jonatan wiosłował odważnie w tym kierunku i w ciągu piętnastu minut ujrzeli duży rzymski statek, który osiadł na piachu i chylił się pod naporem fal.

21. Od razu zarzucono drabiny z powrozów i wszyscy ludzie – około stu – znaleźli ratunek; na ich czele stał sam Cyreniusz, a wśród innych byli Tulia i Maroniusz Pilla.

180

Szczęśliwe przybicie do brzegu. Radość Jonatana. Podziękowanie Cyreniusza. Rozbitek w spokoju. Podniesienie statku z ławicy piaskowej. Wspólne śniadanie. Pokora Jonatana. Józef przybywa z najbliższymi.

2 kwiecień 1844

1. A Cyreniusz zapytał ratownika wielkiej postury, gdzie się znajdują i jak nazywa się ta okolica, a także, jak nazywa się ich wybawca.

2. Jonatan odpowiedział: „Panie, musisz pochodzić z obcych stron, jeśli nie rozpoznajesz tej bardzo charakterystycznej okolicy!"

3. A Cyreniusz odrzekł: „Przyjacielu, nierzadko jedno miejsce podobne jest do drugiego, a w świetle księżyca często trudno jest rozpoznać nawet i swój rodzinny kraj!

4. A już zupełnie ciężko jest zachować przytomność umysłu, jeśli przed tym miało się do czynienia ze strachem przed śmiercią!".

5. Dlatego powiedz mi, co to za okolica, do której przygnał nas straszny sztorm!"

6. Jonatan odpowiedział: „Drogi Panie, wiesz zapewne, że żelazna reguła zabrania uratowanemu mówić od razu, gdzie się znajduje,

7. bo gdyby się dowiedział, że jest bardzo daleko od swojego miejsca przeznaczenia, mógłby ulec panice i doświadczyć psychicznego wstrząsu.

8. Albo odwrotnie, gdyby w drodze czystego przypadku trafił do samego celu, niezwykła radość mogłaby zagrozić jego życiu.

9. Oto, dlaczego człowiek, który kogoś uratował, powinien na początku milczeć i dopiero po upływie pewnego czasu odpowiadać na pytania uratowanego!"

10. A kiedy Cyreniusz to usłyszał, powiedział:

11. „Zaprawdę, jesteś szlachetnym wybawcą i do tego posiadasz prawdziwą mądrość, dlatego steruj żwawo, byśmy rychło dobili do brzegu!"

12. A Jonatan odrzekł: „Spójrz, wpłynęliśmy już do zatoki, która kończy się wąską odnogą.

13. Gdyby morze było spokojne, już dawno widzielibyśmy moją chatę rybacką!

14. Zaledwie w kwadrans staniemy na suchym lądzie, bowiem wiatr jest nam bardzo przychylny".

15. Cyreniusz zadowolił się tą wieścią, a Jonatan bardzo szybko wprowadził łódź do zatoki i nim się obejrzeli, osiągnęli upragniony ląd.

16. A kiedy już wszyscy wyszli na brzeg i przywiązali łódź, Cyreniusz głośno podziękował Bogu Izraela, że uratował jego i najbliższych.

17. A kiedy Jonatan zobaczył, że

nieznany dostojnik wychwala Boga Abrahama, Izaaka i Jakuba, powiedział:

18. „Mój przyjacielu, jestem podwójnie uradowany, widzę bowiem, że uratowałem Izraelitę, gdyż ja też jestem synem Abrahama!"

19. A Cyreniusz odrzekł: „Ależ ja nie jestem Izraelitą, tylko Rzymianinem, ale pomimo to znam Świętość twojego Boga i tylko Jego jedynego uznaję!"

20. „To jeszcze lepiej! Jutro porozmawiamy więcej na ten temat; a tymczasem udajcie się teraz wszyscy na spoczynek!

21. Spójrz, moja chata jest czysta i obszerna! Słomy mam dosyć, więc zróbcie sobie legowiska, a ja tymczasem zobaczę, czy uda się ściągnąć wasz statek z mielizny".

22. Słysząc to, Cyreniusz powiedział: „Przyjacielu, przecież to można zrobić jutro, w dzień".

23. Na to Jonatan odrzekł: „Jutro jest szabat i w ten dzień nie należy wykonywać żadnej pracy, dlatego jeszcze dziś trzeba wszystko doprowadzić do porządku".

24. I Jonatan znów wsiadł ze swymi pomocnikami do łodzi. Tymczasem wiatr ucichł i szybko dopłynęli do osadzonego na mieliźnie statku Cyreniusza. Za sprawą pełni księżyca zaczął się przypływ, dzięki czemu zdołali uwolnić uwięziony statek.

25. Jonatan uchwycił linę, umocował ją do statku i z radością ducha, silnymi uderzeniami wioseł, nadał ruch konwojowi, który przeciągnął okręt najpierw na głęboką wodę zatoki, a potem do bezpiecznego portu. Tam został on przycumowany do brzegu długimi linami, gdyż nie udało się dojść do kotwicy.

26. Po tej ciężkiej pracy, trwającej dobre dwie godziny, Jonatan udał się ze swoimi pracownikami na zasłużony odpoczynek. Zaczynało już świtać, gdy Jonatan i jego ludzie zapadli w sen, który trwał około trzech godzin.

27. Także Cyreniusz i jego najbliżsi odpoczywali tej nocy długo.

28. Jonatan obudził się rześki i pokrzepiony. Podziękował i złożył hołd Bogu w osobie Dzieciątka, przypominając sobie wszystkie Jego słowa.

29. Potem polecił kobietom przygotować oraz usmażyć trzydzieści tuńczyków dla licznych gości, przy czym on sam i jego pomocnicy także w tej pracy pomagali.

30. Gdy śniadanie było już przygotowane, Jonatan udał się do chaty, aby obudzić uratowanych rozbitków.

31. Cyreniusz był już na nogach i czuł się rześki i wesoły, i zaraz zapytał Jonatana, czy udało mu się odnaleźć statek i co się z nim dzieje.

32. Jonatan odpowiedział: „Wyjrzyj przez okno i przekonaj się!"

33. Cyreniusz podszedł do okna i zobaczył na przystani swój okręt w całej okazałości.

34. Ucieszył się tym bardzo i przepełniony uczuciem wdzięczności do swego wielkiego wybawcy Jonatana, powiedział:

35. „Przyjacielu, takiego uczynku nie da się wynagrodzić w zwyczajny sposób! Zaiste, chcę wynagrodzić cię tak, jakby w podobnym wypadku mógł to uczynić tylko cesarz!"

36. Ale Jonatan odpowiedział mu: „Przyjacielu, zostaw to. Chodź teraz i zjedz śniadanie wraz ze wszystkimi twoimi ludźmi i bliskimi".

37. A Cyreniusz, bardzo zdziwiony, odpowiedział : „I ty chcesz nas jeszcze do tego gościć? – O, szlachetny człowieku! – Gdy tylko dowiem

się od ciebie, gdzie jestem i kim ty jesteś, wtedy poznasz, kim ja jestem, i czeka cię sowita nagroda!"

38. Potem podnieśli się wszyscy ze swoich legowisk i podążyli za Jonatanem do jego chaty, gdzie już czekało na nich śniadanie; i wszyscy jedli smacznie przyrządzone ryby, i w wielkim ukontentowaniu wychwalali Jonatana pod niebiosa.

39. A Jonatan rzekł: „O, nie chwalcie mnie tak bardzo, gdyż na tę pochwałę zasłużył sobie ktoś zupełnie inny, a nie ja!

40. Ja byłem tylko zwykłym narzędziem dla Tego, który mnie posłał, mówiąc, że spełnię tej nocy ważną misję, którą On mi do wykonania poleci.

41. I tak oto znalazłem was w wielkiej potrzebie, i stałem się waszym wybawcą, lecz była to wola Najwyższego!

42. Ja tę świętą wolę wypełniłem, to zaś, że mogłem wolę Boga z miłości do Niego Samego wypełnić, jest dla mnie największą zapłatą. I nawet wtedy, gdybyś był cesarzem, to nie mógłbyś mi już dać nic więcej!

43. Dlatego proszę cię, nie myśl o nagrodzie dla mnie.

44. Doprowadź tylko twój piękny, wielki statek do pełnego porządku, a gdy powiesz mi, dokąd chcesz płynąć, będę mógł posłużyć ci dalszymi radami!"

45. Na to odpowiedział Cyreniusz: „Przyjacielu, zaraz się wszystkiego dowiesz!

46. Posłuchaj: celem mojej podróży jest Ostracyna w Egipcie; jestem bowiem namiestnikiem i bratem cesarza – nazywam się Cyreniusz Kwirynus!"

47. Po tych słowach Jonatan padł na kolana i prosił o łaskę, jeśliby wcześniej coś niestosownego powiedział lub uczynił.

48. A kiedy Cyreniusz chciał podnieść Jonatana z kolan, to nadszedł właśnie Józef ze swymi bliskimi, zaniepokojony tym, że Jonatan, pomimo obietnic, długo do jego domu nie przybywa.

181

Rozmowa Jonatana z Cyreniuszem. Józef zaskoczony widokiem obcego statku. Wyjaśnienia Jonatana. Przestroga dla ratownika. Wzruszające spotkanie Dzieciątka z Cyreniuszem.

3 kwiecień 1844

1. Józef nie udał się od razu do chaty Jonatana, tylko wysłał najpierw do niego posłańca, by mu oznajmił o jego przyjściu.

2. Powiadomiony o tym Jonatan zaraz wstał i zwrócił się do Cyreniusza:

3. „Cesarska, Konsularna Wysokość! Jeszcze raz proszę, wybacz mi moje zachowanie.

4. Wszystko we mnie jest surowe i ciężkie, w niektórych okolicznościach także mój język!

5. Lecz teraz muszę wyjść przed chatę, bo mój sąsiad i serdeczny przyjaciel akurat zjawił się z wizytą!"

6. Cyreniusz odrzekł: „O, przyjacielu, który uratowałeś mi życie, czyń według swego upodobania i nie zważaj na obecność moją, twojego dłużnika!

7. A ja tymczasem się przebiorę, by schludniej wyglądać i zaraz wyjdę

do was!"
8. Jonatan opuścił Cyreniusza i udał się na powitanie Józefa.
9. A Józef szedł właśnie brzegiem zatoki, tam gdzie stał statek, aby mu się z bliska przyjrzeć.
10. Jonatan pospieszył za Józefem i jego najbliższymi, którzy mu towarzyszyli, i dogonił ich wkrótce.
11. A gdy się przywitali i Jonatan wziął na swoje ręce Dzieciątko, które do niego przybiegło,
12. Józef zdziwiony zapytał swego rosłego przyjaciela:
13. „Bracie, powiedz mi – skąd wziął się u ciebie ten statek?
14. Czy przybyli nim jacyś podróżnicy?
15. Doprawdy, cóż za przepiękny okręt, takie widzi się tylko w Rzymie!"
16. Jonatan odparł: „O, przyjacielu, to właśnie dlatego musiałem wczoraj opuścić twój dom!
17. Tej nocy sztorm osadził ten statek na mieliźnie.
18. Dzięki mojemu wysiłkowi – za sprawą łaski twojego Dzieciątka – udało mi się go uratować od niechybnego utonięcia.
19. Wyciągnięci z topieli, w liczbie około stu osób, przebywają w moim domu, który na szczęście jest tak obszerny, że wszystkich pomieścił;
20. sądzę, że jeszcze dzisiaj odpłyną, a szczęśliwym trafem celem ich podróży jest, jak mi powiedziano, nasze miasto.
21. Oni wprawdzie jeszcze nie wiedzą, gdzie się znajdują – gdyż wybawionym od śmiertelnego niebezpieczeństwa nie należy od razu wszystkiego wyjawiać –
22. ale kiedy będą wyruszać, wtedy przekażę im wskazówki, jak mają dalej płynąć i gdzie w tej chwili się znajdują!"
23. A Józef zapytał Jonatana, czy uratowani powiedzieli mu już, kim są i skąd pochodzą.
24. Jonatan odpowiedział: „Przecież wiesz, że nie powinno się wyjawiać takich rzeczy;
25. bowiem przyjętym jest, że dopóki uratowani nie odjadą, nie mogą być wyjawione ich nazwiska, bo przy kolejnej podróży mogłoby to im wyrządzić szkodę!"
26. Na te słowa zwróciło się Dzieciątko do Jonatana: „O, człowieku! Ty masz doprawdy szlachetne serce, w którym nie znajduję żadnego fałszywego tonu;
27. ale co się tyczy starych zabobonów, to jeszcze jesteś w nie bardzo bogaty!
28. W tym jednak przypadku lepiej jest milczeć, aniżeli coś mówić, albowiem za kilka chwil i tak cała sprawa się wyjaśni!"
29. Zaledwie Dzieciątko zdążyło to powiedzieć, jak z rybackiej zagrody wyszedł Cyreniusz wraz ze swoją świtą i skierował się w kierunku statku, a zatem w stronę miejsca, w którym znajdował się Józef.
30. Zbliżając się ku brzegowi, Cyreniusz powiedział do Tulii: „Żono, popatrz w tamtą stronę! Czy goście naszego wybawcy nie zdają ci się być tymi, do których kierujemy się w naszej podróży do Ostracyny?
31. Na Boga Żywego! Czegoś podobnego jeszcze nigdy nie widziałem! – Spójrz, nasz gospodarz trzyma na rękach Dzieciątko zupełnie podobne do Tego, które mieszka u naszego świętego przyjaciela w Ostracynie!"
32. I w tej właśnie chwili Dzieciątko zapragnęło, by Je postawić na ziemi, a gdy już wyzwoliło się z ramion

Jonatana, wybiegło Cyreniuszowi naprzeciw.

33. A Cyreniusz zatrzymał się, by lepiej przyjrzeć się biegnącemu do niego Dziecku.

34. A wtedy Ono odezwało się, stojąc trzy kroki przed Cyreniuszem:

35. „Cyreniuszu, Cyreniuszu, Mój kochany Cyreniuszu! Spójrz, jak do ciebie biegnę z naprzeciwka; dlaczego i ty nie pospieszyłeś Mi naprzeciw?!"

36. A wtedy rozpoznał Cyreniusz Dzieciątko i upadł przed Nim na kolana, a razem z nim Tulia, i krzyczał wręcz:

37. „O mój Boże, och, mój Panie! Kim... gdzie ja jestem w ogóle... mój Boże, że Ty, mój Stwórca, moje Życie, któryś jest dla mnie wszystkim, wszystkim jesteś, nawet w tym jeszcze nieznanym mi miejscu, wychodzisz mi oto naprzeciw?!"

38. A Dzieciątko odpowiedziało: „Mój kochany Cyreniuszu, jesteś już we właściwym miejscu; gdyż gdzie Ja jestem, tam jest właściwe miejsce dla ciebie! – Spójrz, tam idą Józef, Maria, Eudokia, Moi bracia i ośmioro twoich dzieci!"

39. Na to rzekł Cyreniusz: „O, Ty moje Życie, za dużo tej błogości dla mnie naraz!" – Po czym zaczął płakać ze szczęścia i nie mógł już nic powiedzieć, gdyż przepełniało go uczucie świętości.

182

O chyleniu serca zamiast kolan. Cyreniusz wita Józefa. O dobrodziejstwie krzyża i triumfie ufających Bogu. Radość Cyreniusza z powodu bliskości Ostracyny.

12 kwiecień 1844

1. Teraz doszli do nich także Józef wraz z Marią, którzy wzruszyli się z radości, że Cyreniusz po dwóch latach znowu się pokazał i mogą go wreszcie przywitać.

2. Ale Dzieciątko powiedziało do Cyreniusza: „Cyreniuszu! Wystarczy, gdy w miłości swe serce przede Mną chylisz;

3. ale twoje kolana trzymaj wyprostowane! Gdyż pomyśl: masz ze sobą wielu towarzyszy, którzy Mnie jeszcze nie znają i nie powinieneś Mnie zdradzać tym pokłonem!

4. Dlatego podnieś się z ziemi i zachowuj się tak, jak to czynią Józef, Jonatan, Maria i wszyscy inni; i żona twoja także powinna zaprzestać hołdów!"

5. Na te słowa podnieśli się Tulia z Cyreniuszem, który wziął Dzieciątko na ręce i tulił Je.

6. I z Dzieciątkiem na rękach podszedł do Józefa, i powiedział:

7. „Bądź z głębi mojego serca pozdrowiony! – często tęskniłem za tobą nade wszystko!

8. Ale jałowych obowiązków wobec cesarstwa tyle się w ciągu tych dwóch lat namnożyło, że doprawdy nie wiedziałem, jakby tu wygospodarować trochę czasu, by wreszcie zaspokoić święte pragnienie mego serca.

9. Dopiero teraz udało mi się wszystko uporządkować i mogę sobie pozwolić na krótką nieobecność w Rzymie, ażeby odwiedzić ciebie, mojego świętego przyjaciela.

10. I oto teraz, kiedy spełniam życzenie mego serca, omal nie spotkała mnie śmierć; ale oto najświętsze Dzieciątko przysłało mi wybawcę, który pośpieszył mi z pomocą.

11. O, mój przyjacielu i bracie! Jakże wiele musiałem w tych ostatnich dwóch latach wytrzymać!
12. Prześladowanie, zdrada, zbrukanie dobrego imienia przed cesarzem i wiele innych nieprzyjemnych rzeczy.
13. Ale pamiętałem zawsze to, co mi przed dwoma laty powiedziało to najświętsze Dzieciątko, że Ono tych skubie i tarmosi, których kocha.
14. I naprawdę, wszystkie te burze w mojej duszy, zmysłach i uczuciach były naprawdę niczym innym, jak tylko pieszczotą z ręki mojego Pana nad panami!
15. Albowiem gdy tylko jakaś fala wzburzyła się przeciwko mnie, grożąc mi zatopieniem,
16. natychmiast rozbijała się o inną, jeszcze bardziej potężną falę z naprzeciwka i od razu stawała się niegroźną, pustą pianą.
17. I tak po pokonaniu wielkich niebezpieczeństw, które groziły mi katastrofą, dotarłem tutaj nietknięty i znajduję się teraz w twoim przenajświętszym towarzystwie; i wielka burza, która mnie trwożyła, ułożyła się jakby do wiecznego snu!"
18. Wówczas Józef objął Cyreniusza i powiedział: „Tak, mój bracie w Panu! Jest tak, jak powiedziałeś!
19. Ja zawsze znałem i odczuwałem wszystko, co się z tobą dzieje, ale nigdy nie przestawałem dziękować Panu, że tak ciebie ukochał.
20. A teraz spójrz na południowy wschód. Poznajesz to miasto, a jeszcze bardziej – twoje gospodarstwo?
21. Nakaż, by zaopatrzono twój statek i udaj się ze mną; a dopiero w domu porozmawiamy sobie serdecznie o wszystkim!"
22. A kiedy Cyreniusz spojrzał we wskazanym kierunku, zaraz rozpoznał dom z zagrodą i nie mógł się nadziwić temu wszystkiemu.

183

Kłopoty Cyreniusza. Wymijająca odpowiedź Józefa. Niezadowolony Cyreniusz otrzymuje wyjaśnienie od Dzieciątka. Wymarsz do zagrody.

13 kwiecień 1844

1. A kiedy Cyreniusz porozglądał się wokoło i ochłonął ze zdziwienia, odezwał się do Józefa:
2. „Mój szlachetny przyjacielu, zrobię tak, jak sobie życzysz!
3. Ale najpierw muszą zostać moje dwa życzenia spełnione!
4. Po pierwsze – mój wspaniały wybawca musi zostać wynagrodzony, i to należycie, po cesarsku,
5. i po drugie – muszę się koniecznie dowiedzieć, jak to jest możliwe, że morze przygnało nas ku tym okolicom i wyrzuciło na brzeg, czego najmniej mogłem się spodziewać.
6. Bo posłuchaj, wszystko zaczęło się już w Tyrze, gdzie w nasze żagle uderzył silny wschodni wiatr, który potem przemienił się wręcz w orkan!
7. Ten wiatr miotał nami w kółko przez dziesięć dni po morzu – Bóg tylko wie gdzie.
8. Gdy jednak wczoraj wieczorem przed północą dzięki temu oto olbrzymowi poczułem grunt pod nogami, byłem pewien, że jestem gdzieś w Hiszpanii, niedaleko Słupów Herkulesa!

9. A tymczasem dziś jestem – zamiast w spodziewanej Hiszpanii – dokładnie tam, dokąd płynąłem!

10. O bracie, przyjacielu! – Proszę cię tylko o małe wyjaśnienie tego, jak to się stało!"

11. Ale Józef odrzekł: „Mój przyjacielu, przede wszystkim każ twoim ludziom obejrzeć statek, czy wszystko jest z nim w porządku,

12. a dopiero potem z pomocą łaski Pana wyjaśnię ci tajemnicę twojej morskiej podróży!"

13. Na to Cyreniusz odrzekł Józefowi: „O, Józefie! Wydajesz mi się dzisiaj bardzo dziwnym!

14. Czy chcesz mnie wystawić na próbę, czy też masz coś innego na myśli?

15. A może dziś jest szabat, święto twojego i mojego Boga, które ty tak ściśle przestrzegasz?

16. Doprawdy nie rozumiem ciebie i nie wiem, dlaczego dziś zmuszasz mnie do wykonania pracy?!

17. Spójrz, oto Ten tutaj, Ten przenajświętszy, który na moich rękach spoczywa, już dawno uporządkował mój statek, a ja kocham Go ponad wszystko!

18. I po cóż były moje zmartwienia? – Byłem w wielkim niebezpieczeństwie i trwożyłem się bardzo,

19. ale wszystkie moje zmartwienia były niepotrzebne; gdyż On Sam przyniósł mi ratunek!

20. Dlatego również w przyszłości nie chcę się już na zapas martwić o nic więcej, a statek już na pewno zostawię dziś w spokoju! – Czyż nie jest to słuszne?"

21. A Dzieciątko ucałowało Cyreniusza i powiedziało: „Józef w Moim imieniu poddał cię próbie, gdyż wcześniej chciałeś wynagrodzić Jonatana przed pójściem do naszego domu!

22. Ale powiadam ci: nie musisz wynagradzać Jonatana, gdyż Ja Sam jestem dla niego nagrodą.

23. Dlatego zbieraj się w drogę i idź z Józefem, a w domu wszystko stanie się dla ciebie jasne". I Cyreniusz postąpił według wskazówki Dzieciątka i bez zwłoki wszyscy wyruszyli w kierunku domostwa Marii i Józefa.

184

Orzeźwiający wpływ wspólnej biesiady na wzgórzu, w cieniu drzew. Mądra interpretacja morskiej podróży Cyreniusza. O tym, jak Pan Swoich prowadzi.

15 kwiecień 1844

1. A kiedy już wszyscy z wyjątkiem sług Jonatana znaleźli się w gościnie Józefa, on zlecił swoim synom, aby postarali się o dobry obiad.

2. A Jonatan przekazał im na ten cel wielki kosz pełen szlachetnego tuńczyka, który zabrał ze sobą.

3. Wydawszy wszystkie polecenia, Józef poprowadził swoich gości, ze szczególnymi względami dla Cyreniusza, na swoje ulubione wzgórze. A wraz z nimi wyruszyła Maria, Jonatan i Dzieciątko, które Cyreniusz niósł na ręku.

4. Także Eudokia i Tulia, i tych ośmioro oddanych w opiekę dzieci – również udali się w ślad za całym towarzystwem na rozlegle wzgórze.

5. Przyszedłszy tam, rozsiedli się wszyscy na ławkach, które wykonał Józef, i będąc w cieniu pachnących

róż, mirtu i papirusów, rozkoszowali się wypoczynkiem.

6. A wzgórze to składało się jakby z dwóch części: jedna była gęsto zarośnięta i ta służyła w ciągu dnia;

7. druga była odsłonięta i nadawała się wieczorem i nocą do tego, aby delektować się świeżym powietrzem i podziwiać roztaczający się stąd widok okolicy, a także podziwiać niebo.

8. Siedząc w uroczym cieniu drzew na wzgórzu, Cyreniusz zwrócił się do Józefa, czy mógłby mu teraz, tak jak obiecał, wyjawić zagadkę jego morskiej podróży.

9. A Józef odpowiedział: „Tak, bracie, tu jest miejsce i czas na to, a teraz zechciej mnie wysłuchać!

10. Wyobraź sobie, że wschodni wiatr przedstawia łaskę Bożą; ona pędziła cię w sztormie ku Temu, którego dzisiaj trzymasz na swoich rękach!

11. Ale jeszcze bardzo wielu nie zna i nie rozpoznaje tego, jak i kiedy działa łaska Boża.

12. I ty także nie rozpoznałeś tego, co wszechmocny Pan w Swej łasce z tobą chce uczynić!

13. Myślałeś, że jesteś zgubiony i że Pan o tobie całkiem zapomniał;

14. i kiedy osiadłeś ze swym statkiem na ławicy piasku dzięki wielkiej łasce Pana, pomyślałeś, że jesteś już stracony, a to właśnie wtedy Pan całą Swoją mocą uchwycił cię i uratował przed pójściem na dno.

15. Tak było zawsze i wiecznie tak będzie, że Pan różnymi drogami poprowadzi tych, którzy byli, oraz tych, którzy będą na drodze do Niego!

16. A dlaczego ciebie Pan poprowadził w taki sposób? – Posłuchaj, kiedy w Tyrze i okolicach stało się wiadomym, że chcesz wypłynąć do Ostracyny,

17. płatni spiskowcy wsiedli na statki i chcieli cię na otwartym morzu morderczo napaść!

18. Wtedy posłał Pan na te wody gwałtowny i silny wiatr wschodni;

19. on zaś porwał twój statek szybko od twojego portu, tak że stałeś się dla buntowników nieosiągalny.

20. A że twoi wrogowie nie chcieli zrezygnować z pogoni, lecz wprost przeciwnie, z jeszcze większą zaciętością poczęli cię ścigać, Pan przemienił Swoją łaskę opieki nad tobą w orkan,

21. który zatopił twoich nieprzyjaciół w kipieli morskiej, a twój statek poprowadził w spokojne miejsce, gdzie znalazłeś ratunek. – Cyreniuszu! – Czy rozumiesz teraz zagadkę swojej morskiej podróży?"

185

Cyreniusz dziękuje Dzieciątku za łaskę. Jak należy się modlić, aby podobało się to Bogu. Pierwsza przyczyna, dla której Pan stał się człowiekiem. Podziw Cyreniusza dla postępów ośmiorga dzieci.

16 kwiecień 1844

1. A kiedy Cyreniusz to wszystko usłyszał, zwrócił się od razu do spoczywającego na jego rękach Dzieciątka:

2. „O Ty, Którego imienia mój język nie godzien jest wymawiać! – A zatem była to tylko i wyłącznie Twoja łaska, mój Panie i mój Boże?!

3. W jaki sposób powinienem Ci teraz podziękować, jak mam Cię wielbić i wychwalać za ten cudowny dar łaski?

4. Jak ja, biedny i prosty człowiek, mogę odwdzięczyć się Tobie, który dla mnie tak bezgranicznie jesteś łaskawy i ochraniasz mnie bardziej niż Twoje własne serce?"

5. A Dzieciątko mu odpowiedziało: „Mój kochany Cyreniuszu! Byłbyś Mi o wiele milszym, gdybyś tak często do Mnie nie wzdychał!

6. Jaką korzyść odnoszę Ja, a także i ty, z tego, że tak często przede Mną składasz hołdy?!

7. Powiadam ci, bądź pełen otuchy i pogodnego ducha i kochaj Mnie jak wszystkich innych ludzi w swym sercu; a będziesz Mi o wiele milszym, niż gdybyś tylko wzdychał – bo to na nic i jeszcze raz na nic!"

8. Na to Cyreniusz, jak tylko mógł najdelikatniej, odpowiedział:

9. „O Ty, moje Życie, moje Wszystko! – Czyż nie mam prawa modlić się do Ciebie, mojego Boga i Pana?"

10. „O tak, to możesz czynić, ale nie poprzez głośne hołdy,

11. ale tylko w duchu twoim, który głosi w tobie miłość do Mnie, i w jego prawdzie, która jest prawdziwym Światłem, jakie z płomienia miłości wypływa.

12. Czy myślisz, że Ja od ludzkich modlitw stanę się większy i potężniejszy, kiedy przecież i bez nich już taki jestem?!

13. Pamiętaj, że po to Sam zstąpiłem z Mej wiecznej Nieskończoności w to ciało, aby Mnie ludzie bardziej uwielbiali w swoich sercach,

14. ale przy tym oszczędzali swój język i swoje usta, gdyż jałowa modlitwa poniża tego, do którego jest skierowana i tego, który ją wygłasza, gdyż jest wtedy tylko martwą bzdurą i obyczajem pogan!

15. Co czynisz, kiedy spotykasz się z twoimi najlepszymi przyjaciółmi i braćmi?

16. Zauważ, cieszysz się nimi, witasz ich i podajesz im ręce, i oddajesz im serce i myśli!

17. Tak samo czyń i ze Mną, a na wieki wieków nie będę od ciebie niczego innego wymagał!

18. A teraz bądź w pełni radosny i przyjrzyj się trochę dzieciom, które oddałeś pod opiekę Józefa, i wypytaj je, czego się już nauczyły,

19. a wówczas również ty sam znajdziesz wielkie ukontentowanie, czym i Mnie sprawisz radość, i to większą, niż gdybyś przez sto kolejnych lat tylko do Mnie wzdychał i wywoływał Moje imię!"

20. Po tych słowach Cyreniusz zaraz poweselał i przywołał do siebie dzieci, i zaczął je o przeróżne rzeczy wypytywać.

21. A dzieci na każde jego pytanie dawały mu gruntowną odpowiedź i nie mógł się nadziwić, że już tak roztropnymi się stały.

22. I Cyreniusz nie wiedział, co ma począć z radości; a dzieci cieszyły się razem z nim, kiedy je wychwalał, że są tak rozumne; i obdarował je obficie, chwaląc ich Mistrza.

186

Dar chłopczyka o imieniu Sykstus dla ojca – Cyreniusza. Wykład chłopca o budowie i kształcie Ziemi. Potwierdzenie Jezusa.

17 kwiecień 1844

1. I wystąpił przed Cyreniusza najstarszy z trzech chłopców i powiedział do niego:

2. „Ojcze Kwirynusie Cyreniuszu! Zapytałeś nas o wiele rzeczy, a na

każde twe pytanie odpowiedzieliśmy, nie jesteśmy ci dłużni żadnej odpowiedzi i jesteś z nas zadowolony;

3. czy nie zechciałbyś na dowód wdzięczności za twoją miłość i troskę o nas przyjąć ode mnie małego podarunku?"

4. Cyreniusz uśmiechnął się i zwrócił się do chłopca:

5. „Twoja propozycja, mój kochany Sykstusie, wiele dla mnie znaczy, ale musisz mi naprzód powiedzieć, jaki to ma być podarunek,

6. a dopiero potem powiem wam wszystkim, czy mogę ten podarunek przyjąć".

7. Na to chłopiec odrzekł: „Ojcze Kwirynusie Cyreniuszu, to nie jest rzecz, którą możemy i chcemy ci podarować,

8. ale jest to wiedza naukowa, o której istnieniu dotychczas nie masz jeszcze na pewno żadnego pojęcia!"

9. A kiedy Cyreniusz to usłyszał, rzekł:

10. „Posłuchaj, mój kochany Sykstusie, jeśli tak sprawa się przedstawia, to możesz podarować mi tyle, ile tylko zechcesz, a ja przyjmę ochoczo wszystko, co masz dla mnie!"

11. Po tej deklaracji Cyreniusza chłopczyk powiedział:

12. „A teraz, ojcze Kwirynusie Cyreniuszu, jeśli jest ci to miłym, to proszę, wysłuchaj mnie!

13. Na pewno jeszcze nigdy nie słyszałeś o tym, jak naprawdę wygląda nasza Ziemia i jaki jest jej kształt!

14. Jak sądzisz, jaką ma ona formę, ta wielka Ziemia, która nas nosi i żywi dzięki łasce Boga?"

15. Cyreniusz zawahał się po tym pytaniu i nie wiedział, co ma odpowiedzieć.

16. Ale po pewnej chwili rzekł do chłopca: „Posłuchaj chłopcze, twoje pytanie wprawiło mnie w zakłopotanie, gdyż nie jestem w stanie dać ci żadnej konkretnej odpowiedzi!

17. Znam różne przypuszczenia, jeśli chodzi o kształt Ziemi; ale gdzie chodzi o prawdę, tam nie wolno się kierować tylko przypuszczeniami!

18. Dlatego odpowiedz sam, a ja posłucham cię i potem ocenię twoją prezentację".

19. Wówczas na znak dany przez Józefa chłopczyk pobiegł do domu i powrócił, ostrożnie niosąc w rękach globus, który poprzedniej nocy, podczas zaćmienia księżyca, stworzyło z pomarańczy Dzieciątko.

20. A kiedy Cyreniusz go zobaczył, zadziwił się i powiedział: „A cóż to ma być? Czy jest to może prezent, o którym wspominałeś?

21. Ale przecież powiedziałeś, że podarunkiem dla mnie ma być nie rzecz, tylko naukowy wykład!?

22. To jednak, co trzymasz w ręku, to przecież tylko jakaś rzecz, a nie naukowe wyjaśnienie!"

23. Na to chłopiec odpowiedział: „Kochany ojcze Kwirynusie Cyreniuszu, to prawda, ale tego, co trzymam w ręku, nie mogę ci podarować, bo ta rzecz nie jest moja,

24. ale jest niezbędną, abyś mógł mnie zrozumieć!"

25. I w tym momencie chłopiec, jak profesor, przy pomocy miniatury kuli ziemskiej, zaczął objaśniać istotę Ziemi, i to z taką precyzją, że wprawiło to Cyreniusza w najgłębsze zdumienie.

26. Kiedy chłopiec ukończył swój wykład, Dzieciątko zwróciło się do Cyreniusza: „I tak oto jest! – A po to, żeby utkwiło ci to w pamięci, niech ta mała Ziemia twoją pozostanie, aż do czasu, kiedy w Moim Królestwie większą otrzymasz!"

187

Radość Cyreniusza z prezentu i jego prośba dotycząca Augustusa. Nad wyraz mądra wskazówka Dzieciątka dotycząca Bożego Porządku.

18 kwiecień 1844

1. Cyreniusza niezwykle uradował otrzymany podarunek i wprost oniemiał ze szczęścia.

2. Potem, gdy już obejrzał wspaniały globus z wszystkich stron i przekonał się o wielkiej dokładności, z jaką przedstawia on wszystkie znane mu punkty świata, odzyskał mowę i rzekł:

3. „Józefie, ależ to jest dla nas niezbite ponad wszystko świadectwo na temat Tego, który kiedyś tę Ziemię stworzył!

4. Co jednak jest trudniejsze dla Wszechmogącego – stworzyć wielką Ziemię, czy taką jej miniaturę, która daje nam wyobrażenie o tej wielkiej, która nas nosi?!

5. Myślę, że to jednakowo wielkie zadania!

6. O Boże, o wielki Boże! – Jaka pełnia doskonałości wszystkich rodzajów musi w Tobie mieszkać, że czynienie takich cudowności przychodzi Ci z tak wielką lekkością?!

7. Kto się w Tobie zagłębi całą swą duszą, umysłem, zmysłami – ten dostąpi szczęśliwej błogości już na tej Ziemi!

8. Kto Ciebie posiada i kochając, nosi w swoim sercu, tego można nazwać nieskończenie szczęśliwym!

9. O jakżeż wstrętną wydaje mi się działalność ludzi tego świata!

10. O, biedny mój bracie, Augustusie, gdybyś wiedział i rozumiał to, co ja wiem i rozumiem, wówczas bardzo by ci obrzydł twój chwiejny tron!

11. O Ty, mój mały Jezusie, Ty moje Życie. Ty moje Wszystko! Czy zechciałbyś mojemu bratu, poprzez Twą Wszechmoc, ukazać, jakże marnym i nieczystym jest jego tron?"

12. Na to Dzieciątko odpowiedziało: „Cyreniuszu, spójrz na wszystkie stworzenia ziemskie,

13. a znajdziesz wśród nich łagodne i okrutne!

14. Czy mniemasz, że z tego względu te drugie przeciwstawiają się Mi?

15. Pomyśl, lew jest okrutnym zwierzęciem i w swojej wściekłości nie oszczędzi żadnego życia!

16. Ale czy widziałeś, by był przeciwko Mnie?

17. O, nigdy – odpowiadasz sam sobie – przecież ten król pustyni uratował mi dwa razy życie!

18. I zrozum, podobnie jest z twoim bratem; on nie może być takim jak ty, a ty – takim jak on.

19. Albowiem Ja godzę się na istnienie wszelakiej kreatury dla tej przyczyny, iż jest ona niezbędna dla budowy Mego wiecznego porządku!

20. I dlatego musiało się tak stać, że twój brat został tym, kim jest, a ty, kim ty jesteś!

21. Ale jeśli twój brat mówi: «Panie! Nie wiem, kim jestem i co czynię, lecz Twoja Siła jest ze mną i jestem posłuszny Jej przeznaczeniu!» –

22. wtedy także twój brat jest sprawiedliwym jak i ty i nie musisz się o niego troszczyć; albowiem w przyszłości czyny każdego człowieka zostaną ujawnione!" Te słowa przywiodły Cyreniusza do lepszych myśli o Augustusie i na nowo zaczął przypatrywać się małej ziemi, którą otrzymał w prezencie od Jezusa.

Cyreniusz potwierdza swe uczucia do Pana. Próba: śmierć Tulii. Głęboki smutek Cyreniusza. Słowa nagany z ust rozczarowanego Dzieciątka i jej dobry wpływ na Cyreniusza.

19 kwiecień 1844

1. A gdy Cyreniusz z wielką uwagą zaczął przyglądać się globusowi, Dzieciątko poprosiło, żeby Je zostawić, gdyż chciało się na wzgórzu pobawić tu i tam.

2. Cyreniusz postawił Je delikatnie na ziemi i powiedział:

3. „O Ty, moje Życie, moje Zbawienie, moje Wszystko! Wypuszczam Cię tylko z moich rąk;

4. ale nigdy, przenigdy nie wypuszczę Cię z mojego serca, gdyż mieszkasz w nim tylko Ty – tak, Ty Sam jesteś moją jedyną Miłością!

5. Zaprawdę, gdy tylko Ciebie, mojego Zbawiciela, posiadam, to cała reszta świata ze wszystkimi skarbami wydaje mi się większą nicością niż nicość sama w sobie!"

6. Wtedy odwróciło się Dzieciątko w stronę Cyreniusza i powiedziało:

7. „Skoro tak, jeśli Mnie tak bardzo kochasz, muszę pozostać przy tobie, pomimo tego, że bardzo chciałbym się trochę pobawić!

8. Ale jeśli będziesz tylko oglądał swoją małą ziemię, to zrozum, że będzie dla Mnie trochę nudne pozostawanie w twoim towarzystwie,

9. ale ty swoje serce i wszystkie swe myśli obróciłeś w Moją stronę, więc muszę przy tobie pozostać i nie mogę się z tobą rozstać!

10. A jednak posłuchaj, Mój kochany Cyreniuszu! Co powie na to twoja kobieta, gdy usłyszy, że ty tylko Mnie kochasz?"

11. A Cyreniusz odrzekł: „Panie, jeżeli tylko mam Ciebie, to po cóż pytać o moją kobietę i o cały ten świat?! – Uwierz, to wszystko nie jest dla mnie warte ani grosza!

12. O, mój Ty Jezusie, jakaż błogość i szczęście mogą być większe od tego tylko, by Ciebie ponad wszystko kochać i wzajemnie – przez Ciebie być kochanym?!

13. Dlatego wolałbym raczej Tulią wzgardzić jak przelatującą szarańczą, aniżeli o jeden mały krok od miłości do Ciebie odstąpić!"

14. A Dzieciątko zapytało: „Cyreniuszu, a gdybym cię poddał próbie, czy jesteś przekonany, że pozostałbyś wierny swoim słowom?"

15. Cyreniusz odrzekł: „W zgodzie z moimi najgłębszymi uczuciami mógłbyś pod moimi stopami Ziemię w pył obrócić i Tulię tysiąc razy mi odebrać, a ja i tak pozostanę w mojej miłości do Ciebie niezmiennym!"

16. I w tej samej chwili Tulia usunęła się nagle na ziemię jak rażona gromem i padła nieżywa.

17. Wszyscy obecni przerazili się. Przyniesiono natychmiast sok z cytryn i świeżą wodę, by ją orzeźwić;

18. ale wszystkie starania okazały się daremne; gdyż Tulia była martwa.

19. A kiedy Cyreniusz ujrzał, że Tulia naprawdę jest martwa, ukrył swoją twarz w dłoniach i bardzo posmutniał.

20. A wtedy Dzieciątko zapytało: „Cyreniuszu, jak teraz to odczuwasz? Patrz, Ziemia pozostała cała, a twoja kobieta została uśmiercona po raz pierwszy, a nie po tysiąckroć, jak się przed chwilą zarzekałeś, a jednak

ty się smucisz, jak gdybyś wszystko na tym świecie stracił!
21. Czyż nie masz teraz jak i przedtem Mnie, który byłem wszystkim dla ciebie?! Jak więc możesz aż tak bardzo się smucić?"
22. Wtedy westchnął głęboko Cyreniusz i przemówił głosem pełnym żalu: „O, Panie! Nie wiedziałem, jak drogą jest mi Tulia, dopóki ją miałem; dopiero jej utrata ukazała mi jej wartość!
23. Dlatego smucę się i będę w żalu do końca mojego życia, gdyż była dla mnie bezcenną i wierną pomocnicą!"
24. Na to Dzieciątko także westchnęło głęboko i powiedziało: „O wy, jak pogoda zmienni ludzie! Jakże niewiele stałości mieszka w waszych sercach!
25. Jeśli już teraz, w Mojej obecności, jesteście chwiejni, to jacy będziecie, kiedy Mnie pośród was zabraknie?!
26. Cyreniuszu! Kim byłem Ja dla ciebie jeszcze przed kilkoma minutami – i czym jestem teraz?
27. Twoją twarz ukrywasz przede Mną tak samo jak przed światem, a twoje serce jest tak pełne smutku, że nawet nie chcesz słuchać Mojego głosu!
28. Więc powiadam ci: doprawdy, ty jeszcze nie jesteś Mnie wart!
29. Albowiem kto bardziej miłuje żonę swoją aniżeli Mnie, ten nie jest Mnie godzien, gdyż Ja znaczę więcej aniżeli kobieta, którą stworzyła Moja Moc!
30. Powiadam ci, w przyszłości bądź bardziej rozważny, gdyż inaczej nie ujrzysz już nigdy Mego Oblicza na tym świecie!"
31. Po tym podeszło Dzieciątko do Józefa i powiedziało mu: „Józefie! Każ tę zmarłą zanieść do izdebki, a tam niech ułożą ją tak jak innych zmarłych!"
32. A Józef zapytał: „Mój Syneczku, czy już nigdy nie będzie żywą?"
33. A Dzieciątko odpowiedziało: „Nie pytaj Mnie o to, albowiem Mój czas jeszcze nie nadszedł, lecz uczyń, co ci powiedziałem!
34. Posłuchaj, ta kobieta poczuła zazdrość o Mnie, kiedy Cyreniusz wyznał Mi swoją miłość; i oto zazdrość oraz zawiść tak szybko ją uśmierciły! Nie pytaj Mnie o nic więcej, tylko poleć, by zaniesiono ją do izdebki, gdyż ona rzeczywiście jest bez życia!"
35. Józef polecił niezwłocznie zanieść do domu zwłoki i przygotować w jednej z bocznych izb podest, żeby położono na nim ciało.
36. Wszyscy otoczyli Cyreniusza i zaczęli go pocieszać, wyrażając swoje współczucie z powodu nagłej śmierci jego żony.
37. Ale oto Cyreniusz odkrył swą twarz, wyprostował się jak godny i mężny człowiek i powiedział:
38. „O, kochani przyjaciele, nie pocieszajcie mnie niepotrzebnie, albowiem znalazłem już pocieszenie w moim własnym sercu;
39. a lepszego nie możecie mi już dać!
40. Posłuchajcie: w tym domu Pan w cudowny sposób tę szlachetną kobietę mi podarował i tu również On Sam mi ją zabrał; gdyż tylko On jest przecież Panem życia i śmierci!
41. Jemu niechaj wszystko będzie ofiarowane i Jego święte imię niech będzie wiecznie wychwalane i uwielbiane!
42. Ten twardy cios w moje serce ożywia jednak bardzo mojego ducha!
43. Gdyż przez to Pan uczynił mnie

wolnym i ja należę teraz do Niego jedynie, uwolniony ze wszystkich więzi ziemskich; i On Sam jest teraz świętym mieszkańcem mojego serca! Więc nie pocieszajcie mnie; albowiem on jest jedynym moim pocieszeniem na wieczność!"

44. A wtedy przyszło znowu Dzieciątko do Cyreniusza i powiedziało: „Amen! – Tak niechaj będzie na wieczność!

45. Jak podmuch przeminą ziemskie lata, a potem będziesz na wieki tam, gdzie i Ja; pomiędzy tymi, którzy będą Mnie kochać miłością równą twojej! – Tak więc niech będzie na wieczność, wieczność, wieczność!"

189

Józef zaprasza Cyreniusza na posiłek. Cyreniusz odmawia, mówiąc, że Pan go już nakarmił. Dzieciątko chwali Cyreniusza.

20 kwiecień 1844

1. Przyszli synowie Józefa i oznajmili, że posiłek jest już gotowy.

2. Józef podszedł do Cyreniusza, który znowu z Dzieciątkiem się bawił i zapytał go, czy mimo przeżywanego smutku nie zechciałby coś zjeść.

3. Ale Cyreniusz odpowiedział: „O, mój dostojny bracie, myślisz że odczuwam jakikolwiek głód?

4. Spójrz tylko na mnie! Jak może człowiek być głodnym w towarzystwie Tego, dzięki któremu w każdej chwili miriady i miriady nasyconymi zostają?!

5. A co się tyczy rzekomego smutku, o którym wspomniałeś, to powiem z pełni mojej miłości do Tego, który ciebie i mnie stworzył:

6. Doprawdy, jak mogę się smucić w towarzystwie mojego i twojego Pana?!

7. Pomyśl, tam gdzie ty jedno ziarenko pszenicy w ziemi zasiejesz i gdzie ono zgnije, tam uczyni Pan, że na jego miejscu sto nowych urośnie!

8. Także i teraz mamy do czynienia z takim przypadkiem: gdzie Pan jedno zabrał, odda wkrótce za to tysiąc!

9. Odebrał mi Pan zazdrosną Tulię, ale oddał mi za to Sam Siebie!

10. O bracie, jakże nieskończenie wielką odpłatę dał mi Pan za taką małą stratę!

11. W zamian za kobietę mogę Go teraz wiecznie w moim sercu nosić i swoim nazywać! – O, bracie, doprawdy, czy po tym mógłbym jeszcze żałować Tulii i smucić się?!"

12. Na to odrzekł Józef: „O, bracie! Stałeś się wielkim przed Panem; zaprawdę, byłeś poganinem – a jesteś teraz lepszym od wielu Izraelitów!

13. Tak, sam muszę się przed tobą przyznać: twe serce i twe usta wielce zawstydzają mnie samego,

14. gdyż takiego poddania się woli Pana nie doświadczyłem jeszcze na sobie samym!"

15. Wtedy podniosło się Dzieciątko i powiedziało: „Józefie! Wiem, dlaczego ciebie wybrałem; ale nigdy jeszcze nie byłeś większym dla Mnie, jak teraz, kiedy swoją słabość wyznajesz przed poganinem!

16. Ale powiadam ci, kiedy już dałeś świadectwo, że on jest lepszym od wielu Izraelitów:

17. Cyreniusz jest więcej wart niż

Abraham, Izaak i Jakub, i więcej niż Mojżesz i prorocy, i więcej niż Dawid i Salomon!

18. Gdyż ich czyny były sprawiedliwe poprzez wiarę i poprzez wielką bojaźń przed Bogiem w ich secach;

19. Ale Cyreniusz jest pierwszym dzieckiem, którego Moja miłość przebudziła, ożywiła; a to oznacza więcej niż całe stare Przymierze, które było martwym, podczas gdy Cyreniusz jest teraz w pełni żywym!

20. Ty znasz wspaniałość Świątyni w Jerozolimie; ona jest dziełem mądrości Salomona.

21. Ale ta Świątynia jest dziś martwa, jak i jej mistrz budowniczy, który Mnie dla kobiet poświęcił!

22. Za to Cyreniusz, który oparł się samemu sobie, w swoim sercu wybudował Mi teraz nową, żywą Świątynię, w której będę mieszkać wiecznie, a to znaczy więcej niż cała mądrość Salomona!"

23. Na te słowa Cyreniusz zaczął płakać ze szczęścia, a Józef i Maria zapisali je sobie głęboko w swoich sercach, gdyż były one pełne mocy i pełne życia!

190

Dzieciątko zaprasza Cyreniusza na obiad i do wspólnej zabawy. Zarzuty Maroniusza i Marii. Rozbrajająca odpowiedź Dzieciątka. Przebudzenie Tulii.

22 kwiecień 1844

1. A Dzieciątko przemówiło potem znów do Cyreniusza:

2. „Cyreniuszu, jesteś nasyconym w twoim sercu i to nasycenie pozostanie w tobie już na wieki!

3. Ale twoje ciało trawi głód i potrzebuje ono wzmocnienia, tak jak również Ja Sam potrzebuję naturalnego wzmocnienia Mojego ciała.

4. Dlatego chodź teraz ze Mną do domu na dobrą rybę, którą dziś Jonatan przyniósł i którą przyrządzili Moi bracia.

5. Bowiem muszę ci się przyznać, że chętniej jem rybę niż dziecięce potrawy żydowskiej kuchni i raduję się już na myśl o smakowitym kąsku!

6. O, Mój najukochańszy Cyreniuszu, ryby jadam z wielkim apetytem i kocham Jonatana za to, że jest wytrawnym rybakiem i przynosi nam często zdobycz swoich najlepszych połowów!

7. I po jedzeniu, Mój Cyreniuszu, musisz się ze Mną pobawić, i twoje dzieci też powinny!

8. Nie jesteś jeszcze stary i dlatego możesz ze Mną pobiegać i poskakać!"

9. To dziecięce wyznanie Dzieciątka sprawiło Cyreniuszowi tyle radości, że zapomniał całkiem o zmarłej Tulii, chociaż jego towarzystwo nadal pogrążone było w smutku;

10. a niektórzy jego towarzysze zaczęli się nawet martwić o Cyreniusza z powodu jego wesołości, gdyż przypuszczali, że stał się obłąkany.

11. Sam Maroniusz podszedł do Cyreniusza i zapytał go, jak się czuje.

12. Ale Dzieciątko odpowiedziało Maroniuszowi, nim Cyreniusz zdążył otworzyć usta:

13. „O, Maroniuszu! Nie kłopocz się o Mojego Przyjaciela, gdyż nigdy w swym życiu nie był on bardziej zrównoważony na umyśle niż teraz!

14. chciałbym, żebyś ty był tak zdrowy jak Cyreniusz, bo wtedy nie stawiałbyś w Mojej obecności takiego pytania jak przed chwilą!

15. Chodź także i ty z nami do stołu; może uzdrowi cię kawałek dobrej ryby!"

16. Po tym udali się na posiłek: Cyreniusz z Dzieciątkiem, Józef i Maria, Jonatan, Eudokia i ośmioro dzieci, i Maroniusz poszedł za nimi, choć z duszą na ramieniu;

17. ale reszta jego towarzystwa nie udała się na obiad, trwając w żałobnym smutku.

18. Po posiłku, który wszystkim smakował, Dzieciątko zapragnęło wyjść na powietrze, aby tam pobawić się z Cyreniuszem i ośmiorgiem dzieci.

19. Ale Maria zwróciła się do Niego: „Słuchaj, mój Jezusie! Teraz ani Tobie, ani dzieciom nie wolno się bawić; bo po pierwsze, dzisiaj jest szabat, a po drugie, mamy w domu zwłoki zmarłej i trzeba się zachowywać skromnie i cicho!"

20. Ale Dzieciątko odpowiedziało: „Kobieto, pod wpływem jakiego ducha ty jesteś, że zwracasz się do Mnie w ten sposób?

21. Czy szabat jest ważniejszy niż Ja – a ta martwa kobieta silniejsza niż Moja wola?

22. Dlatego teraz, żebyś zrozumiała, że Ja stoję ponad szabatem i tą martwą kobietą i nie pozwolę Sobie odebrać Moich przyjemności, mówię – obudź się!"

23. Po tych słowach umarła podniosła się z miejsca spoczynku i za chwilę weszła do izby jadalnej.

24. A Dzieciątko nakazało, ażeby podano jej coś do jedzenia, a zaraz potem wyszło z Cyreniuszem na zewnątrz, podczas gdy reszta stołowników nie mogła się nadziwić owemu wskrzeszeniu.

191

Jezus i Cyreniusz idą w zawody. Jak Cyreniusz doszedł do mistrzostwa? Jak osiągnąć pełnię życia?

23 kwiecień 1844

1. A kiedy Dzieciątko po wyjściu z izby spotkało się z innymi dziećmi i Cyreniuszem, zwróciło się do niego:

2. „Spójrz tam, na to drzewo; jak daleko może być od nas?"

3. „Myślę" – powiedział Cyreniusz – „że może być oddalone o dobrych dwieście kroków!"

4. A Dzieciątko rzekło: „Najlepiej zróbmy wyścigi i przekonajmy się, kto z nas ma najszybsze nogi!"

5. Cyreniusz uśmiechnął się i powiedział: „O, Panie, tylko z naturalną siłą dobiegniesz do drzewa na pewno jako ostatni!"

6. A Dzieciątko odparło: „To się dopiero okaże, zróbmy więc próbę!"

7. A wówczas obaj biegacze, Jezus i Cyreniusz, ruszyli ze wszystkich sił i przy drzewie szybciej znalazło się Dzieciątko.

8. Po dobiegnięciu do drzewa Cyreniusz powiedział bardzo zdyszany:

9. „O, Panie! Ja już dobrze wiedziałem, że Ty użyjesz Swojej nadzwyczajnej mocy i dlatego osiągniesz cel jako pierwszy!

10. Ciebie niosą niewidzialne siły, a mnie tylko moje powolne nogi!"

11. Ale Dzieciątko odrzekło: „Cyreniuszu, znowu się mylisz, bowiem

i twoje, i Moje nogi są ożywione przez niewidzialne siły.
12. A różnicę stanowi tylko to, że Ja Mistrzem, a ty tylko uczniem tych sił jesteś.
13. Ale jeśli będziesz odpowiednio ćwiczyć swoje siły, to i ty będziesz mógł ich jak Mistrz używać!
14. A teraz biegnijmy z powrotem i zobaczmy, kto dobiegnie pierwszy do placu przed domem!"
15. W tym momencie Cyreniusz schylił się szybko ku ziemi, porwał Dzieciątko na ręce i począł z Nim biec – i był pierwszym na placu.
16. Na ten fortel Dzieciątko roześmiało się i zawołało: „Ależ to było zabawne!
17. Spójrz, od razu doszedłeś do mistrzostwa; ujrzałeś Mistrza, przygarnąłeś Go i sam dzięki temu stałeś się mistrzem!
18. Wyciągnij z tego naukę: w przyszłości nikt nie będzie mistrzem sam z siebie;
19. ale jeśli ktoś weźmie Mistrza do siebie, to stanie się mistrzem dzięki Temu, którego przyjął, przygarnął i wypełnił się Nim.
20. Bo nie ma znaczenia, jak szybko kto potrafi biegać, ale liczy się to, żeby każdy starał się wskazany przeze Mnie cel jako pierwsze i jako pierwszy osiągnąć!
21. Ale ten, kto bieg życia o własnych siłach rozpocznie, ten będzie ostatnim,
22. a kto uczyni tak, jak ty właśnie uczyniłeś, ten jako pierwszy u celu się znajdzie!
23. A teraz pozwól nam przejść do innej zabawy, abyśmy się prawdziwie rozweselili!"

192

Pouczająca gra w dołeczki. Dołki życia oraz ich porządek.

24 kwiecień 1844

1. Potem zwróciło się Dzieciątko do Sykstusa jako najstarszego chłopca i powiedziało do niego:
2. „Sykstusie, idź i wykop dziesięć dołków w jednakowych odstępach, tam, z początku tej wydeptanej drogi! Do czego to potrzebne, to już wiesz.
3. Potem przynieś dziesięć kulek z gliny, które Jakub dla nas ulepił, a potem trochę nimi porzucamy – ty już wiesz jak, gdyż sam Mnie tego nauczyłeś!"
4. Sykstus uczynił od razu to, co Dzieciątko mu poleciło.
5. A kiedy dziesięć dołków zostało wykopanych i dziesięć kulek przyniesionych, powiedziało Dzieciątko do Cyreniusza:
6. „Teraz postaw Mnie na ziemi, bym mógł ci objaśnić i pokazać, jak się w to gra; ale wy, dzieci, nie możecie nic dopowiadać, gdyż chcę to wszystko Cyreniuszowi Sam objaśnić!"
7. Tu zwróciło się Dzieciątko bardzo uroczyście do Cyreniusza i rzekło:
8. „Spójrz, gra się w taki sposób: musisz stanąć trzy kroki przed tymi dołkami i potem pchnąć jedną kulkę.
9. Jeśli trafisz dzięki udanemu rzutowi w ten dziesiąty, a zatem ostatni i najbardziej oddalony dołek, wtedy jesteś królem gry; jeśli uda ci się trafić w dziewiąty, wtedy zostajesz ministrem; w ósmy – to jesteś dowódcą wojskowym!
10. W siódmym jesteś namiestnikiem, w szóstym sędzią, w piątym

kapłanem, w czwartym rolnikiem, w trzecim ojcem, w drugim matką, a w pierwszym dzieckiem!

11. Jak się gra dalej, wyjaśnię ci, gdy wszystkie dołki zostaną zajęte".

12. Po tym, uśmiechając się, wziął Cyreniusz jedną kulkę i pchnął ją wzdłuż drogi, a ona wtoczyła się od razu do pierwszego dołka!

13. A Dzieciątko zapytało: „Czy jesteś zadowolony ze swojego położenia? Jeśli nie, możesz jako początkujący spróbować jeszcze dwa razy!"

14. Cyreniusz odpowiedział: „Moje najwspanialsze Życie, mój Jezusie! Pozostanę tam, gdzie teraz jestem".

15. A Dzieciątko rzekło: „Dobrze, a teraz niech każde z was po kolei pchnie kulką. Ja zrobię to ostatni!"

16. I dzieci potoczyły swoje kulki, ale nie zajęły wszystkich dołków, gdyż często dwie a nawet trzy kulki wpadały do tego samego dołka.

17. Na końcu pchnęło kulkę Dzieciątko i jak zwykle trafiło w dziesiąty dołek!

18. Na to jedna z dziewczynek odezwała się: „Czy ten mały Jezus zawsze musi być królem?!"

19. Dzieciątko odrzekło dziewczynce: „Dlaczego cię to martwi? – Przecież rzucałaś przede Mną, czemu masz tak niezręczną rękę?!

20. Radzę ci: nie miej do Mnie urazy, gdyż inaczej wypuszczę znów na ciebie mysz, której tak się boisz!"

21. Na to dziewczynka już nic więcej nie powiedziała i zadowoliła się swoim drugim dołkiem.

22. Ale dziewiąty, ósmy, siódmy i szósty dołek były puste. Wtedy Cyreniusz rzekł do Dzieciątka:

23. „Spójrz, moje Życie! – Nie ma jeszcze żadnego ministra, żadnego dowódcy, namiestnika i sędziego!

24. Kto przejmie te ważne stanowiska?"

25. „Te stanowiska" – odpowiedziało Dzieciątko – „muszę teraz przejąć Ja Sam, bowiem nikt ich nie zdobył; a wszystkie inne wolne miejsca muszą być policzone, począwszy od królewskiego dołka, i zajęte!

26. Gdyby był zajęty dołek ministra, to trzy następne wolne stanowiska przypadłyby jemu; ale że nie jest zajęty, to w ten sposób cztery dołki przypadają królowi! – A teraz, kiedy dołki są już pozajmowane, przechodzimy do właściwej gry!"

193

Gra w dołki przedstawiająca działalność ludzi. Dzieciątko jako ‚król' nadaje prawo w grze.

23 kwiecień 1844

1. I dalej powiedziało Dzieciątko do Cyreniusza: „Oto teraz, kiedy jestem królem, to każdy z was musi Mnie, jako króla, słuchać!

2. A teraz posłuchajcie Mojego Prawa! – Ten dołek kapłanów niech naprawdę będzie mądrym i dobrym.

3. Jeśli będziesz się śmiał, bo ktoś inny się śmieje, wtedy chybisz, zostaniesz w swojej roli zawieszony i otrzymasz karę.

4. A ty, dołeczku rolnika, bądź pracowity, bo inaczej będziesz musiał głodować!

5. Ty, dołeczku ojcowski, bądź pełen miłości dla swych dzieci, wychowuj je mądrze i sprawiedliwie, bo inaczej zostaniesz przez nie wykpiony!

6. Ty, dołku matki, bądź gospodarny i wypełniony bojaźnią Bożą, aby twoje niemowlęta mądrymi się stały!

7. A ty, Mój dobry i kochany dołku dziecka, pozostań takim, jakim jesteś: stałym nauczycielem mądrości w Bogu!

8. I to są prawa, które muszą być dokładnie przestrzegane!

9. A kto chce ode Mnie ułaskawienia, ten musi do Mnie przyjść na kolanach!

10. A teraz idźcie, decydujcie, działajcie i pozostawcie Mnie samego! A ty, Cyreniuszu, musisz iść z ojcem i matką, gdyż jesteś dzieckiem!"

11. Najpierw przeszli dziewczynka i chłopiec jako kapłani, bardzo dostojnie, z minami wyrażającymi powagę urzędu, i ustawili się na podwyższonym miejscu.

12. Potem dwie dziewczynki i chłopiec przeszli jako rolnicy na bok i byli pracowicie zajęci ziemią, tak jakby nie mieli niczego ważniejszego do wykonania.

13. Za nimi znowu przeszli chłopiec i dziewczynka, również poważnie, trzymając się za ręce i przedstawiając w ten sposób ojca, gdyż ojciec w swoim sercu powinien też być matką, aby być właściwym ojcem.

14. Potem przeszła jedyna matka, a za nią dziecko w osobie Cyreniusza; ale matka lękała się dziecka i nie miała śmiałości, ażeby z nim rozmawiać i aby je mądrze pouczać.

15. Dlatego zwróciła się do króla i prosiła o łaskę, aby dał jej inne zadanie.

16. Ale król wysłał ją do kapłanów, a ci zaczęli się śmiać, widząc zmierzającą w ich kierunku strapioną matkę.

17. Wtedy król wezwał od razu kapłanów i zdjął ich z urzędu, bowiem się śmiali, a mieli być poważnymi, i wskazał im miejsce pomiędzy rolnikami.

18. Ale rolnicy wkrótce zaczęli się kłócić i sprzeczać między sobą, więc król ich przywołał i uciszył, wprowadzając spokój między nimi.

19. Potem przyszła znowu matka, pragnąca nowej roli.

20. A król powiedział: „Ponieważ miłość przedstawiasz w jej mądrości, to zostań kapłanem!"

21. Ale zaraz przyszedł ojciec i uskarżał się, że nie ma kobiety, gdyż matka została kapłanem!

22. A król zdecydował: „W takim razie weź to dziecko, idź tam i bądź tym, kim jest teraz matka!"

23. Tak też się stało, ale kapłan zaczął wymagać zbyt dużego szacunku od rolników.

24. A wtedy wszystko zaczęło się „walić i palić", dlatego król zwołał wszystkich i przemówił: „Widzę, że nie jesteście jednym, dlatego chcę zacząć grę na nowo!"

194

Cyreniusz w dołku ministra. Niezadowolenie dziewczynki. Skuteczny i odstraszający manewr króla. Mysi cud.

26 kwiecień 1844

1. Cyreniusz ponownie musiał jako pierwszy potoczyć kulkę, która tym razem wylądowała w dziewiątym dołku, a dzieci powiedziały:

2. „Ojcze Cyreniuszu, to dopiero awans: z dziecka na ministra, i to po pierwszym rzucie!

3. Gdybyś mógł jeszcze raz potoczyć kulę, na pewno udałoby ci się

zdobyć dołek króla".
4. Cyreniusz na to odrzekł: „Moje dzieci, ja jestem zadowolony już z tej godności, więc teraz wy weźcie kulki i potoczcie je!
5. I starajcie się jak najczęściej trafiać do dołka dziecka, gdyż tam będziecie na najwłaściwszym i najlepszym miejscu!"
6. Po tych słowach od razu potoczył kulę Sykstus i trafił w dołek dziecka, i też się z tego prawdziwie cieszył.
7. Następnie pchnęła kulkę najstarsza z dziewczynek i znowu trafiła do drugiego dołka matki.
8. Dziewczynka zaczęła się zżymać: „Ach, znów muszę być matką!"
9. A wtedy Dzieciątko poszło, wyjęło kulkę z dołka, podało ją znowu dziewczynce i powiedziało:
10. „Proszę – spróbuj jeszcze raz, ty grymaśnico, tylko uważaj, żebyś znowu nie została matką!"
11. I dziewczynka potoczyła kulkę jeszcze raz, i trafiła do tego samego dołka, i zaczęła płakać z gniewu.
12. A wtedy podeszło Dzieciątko do dziewczynki i zwróciło się do niej: „O, ty żądne władzy stworzenie! Doprawdy, nie potrafisz ukryć tej swojej prakobiecej natury!
13. Co Ja powinienem z tobą zrobić, ty naturo węża, ty lwi pazurze?
14. Niech szybko przybiegnie tu jakaś mysz i niech cię porządnie przestraszy, a wtedy staniesz Mi się od razu inną!"
15. Na tę groźbę dziewczynka padła na kolana przed Dzieciątkiem i krzyknęła, szlochając:
16. „Mój najukochańszy Jezusie, proszę cię, tylko żadnej myszy ani szczura, bo ja się ich strasznie boję!
17. Już tysiąc razy bardziej wolę być matką, niż choćby tylko jedną mysz widzieć!"
18. A Dzieciątko odpowiedziało: „Jeszcze tym razem ochronię cię przed myszą,
19. ale jeśli jeszcze raz zaczniesz Mi zrzędzić, wtedy od razu dziesięć myszy napuszczę na ciebie i będą obwąchiwać twoje nogi!"
20. Ale dziewczynka stała cicho jak myszka i przyglądała się cierpliwie, jak wszystkie inne dzieci zajmowały dołki,
21. i nie powiedziała nic nawet wtedy, kiedy inna dziewczynka zajęła dołek ojca, choć zazwyczaj najbardziej złościło ją, jeśli nie był to chłopiec.
22. Na końcu potoczyło kulkę Dzieciątko i jak zwykle trafiło do dołka króla.
23. Wtedy dziewczynka z ukrytej złości ugryzła się w wargę.
24. A Dzieciątko uśmiechnęło się, wzięło do ręki małą gałązkę, dotknęło lekko wszystkie kule i dmuchnęło na nie, a w okamgnieniu w każdym z dołków zamiast kulek pojawiły się żwawe myszy.
25. A gdy dziewczynka spostrzegła te zwierzątka, zaczęła od razu przeraźliwie krzyczeć ze strachu i uciekła stamtąd.
26. Na to wyszedł z domu Józef i zapytał: „Mój kochany Jezusie, co ty znów robisz tej dziewczynce, że aż tak się wydziera?"
27. A Dzieciątko odrzeko: „Ona jak zwykle jest zazdrosna, dlatego musiałem napuścić na nią kilka myszy!"
28. Józef uśmiechnął się rozbawiony i poszedł uspokoić dziewczynkę, a reszta dzieci bawiła się dalej, gdyż nie dostrzegły żadnych strasznych myszy.

195

Dialog Dzieciątka Jezus z upartą dziewczynką.

27 kwiecień 1844

1. Po chwili dziewczynka powróciła do wszystkich i Dzieciątko zapytało ją, czy chciałaby znowu z nimi grać.

2. Dziewczynka odrzekła: „Chętnie się poprzyglądam, ale bawić się nie chcę, gdyż wszystko może mnie zdenerwować, a ty zrobisz się wtedy zaraz nieznośny!

3. Dlatego nie mogę z wami grać; za bardzo się ciebie boję, bo zaraz mnie straszysz myszami i szczurami".

4. Dzieciątko odpowiedziało: „Dlaczego jesteś taka niemądra i złościsz się o rzeczy bez znaczenia?

5. Bądź zadowolona z tego, co ci los przyniesie, a w przyszłości żadne myszy ani szczury nie napędzą ci strachu!

6. Spójrz na Mnie! Jestem zawsze ostatnim i nie narzekam, chociaż to Mnie należy się pierwszeństwo!

7. Dlaczego marudzisz, chociaż jako dziewczynka powinnaś być czystą cierpliwością?

8. Dziewczynka odrzekła: „Ale co ja mogę na to poradzić? Dlaczego mam takie usposobienie? Przecież sama sobie go nie dałam i jestem taką, jaką jestem, i nie może być inaczej!

9. A ponieważ znam siebie, lepiej będzie, jeśli nie będę się z wami bawić, gdyż muszę się złościć i denerwować, a to z kolei sprowadza na mnie karę w postaci myszy!"

10. Na te słowa Dzieciątko odwróciło się od dziewczynki i powiedziało niby do Siebie: „Spójrz, dzieci tego świata buntują się przeciwko Tobie i krytykują na sobie Twoje dzieło, gdyż one Cię nie znają!

11. Ale jeszcze jeden rzut i jeszcze następny, a dzieci tego świata zaczną inaczej o Tobie myśleć!"

12. Po tych słowach Dzieciątko zwróciło się znowu do dziewczynki i powiedziało: „A kogo winisz za to, że jesteś taka drażliwa i niezadowolona ze swojego losu?"

13. A Dziewczynka odpowiedziała: „Naprawdę! – Jeśli ty, mój kochany Jezusie, zaczynasz pytać, to pytaniom nie ma końca,

14. a wtedy stajesz się bardzo natrętnym dzieckiem!

15. Skąd ja mam wiedzieć, kto jest temu winien, że taka jestem? Przecież sam jesteś małym prorokiem i cudownym dzieckiem, które może z Bogiem rozmawiać!

16. Zapytaj Go, jeśli to możliwe, a On już będzie wiedział najlepiej, dlaczego taka jestem!"

17. A Dzieciątko odpowiedziało: „Słuchaj, dziewczynko! Gdybyś Mnie znała, wtedy inaczej rozmawiałabyś ze Mną;

18. ale dlatego, że Mnie nie znasz, mówisz tylko tak, jak potrafisz!

19. Spójrz na słońce! Jak myślisz – czym ono jest i od kogo otrzymało swoją świetlistość?"

20. Zniecierpliwiona dziewczynka odpowiedziała: „Dlaczego upatrzyłeś sobie akurat mnie, aby mnie dręczyć swoimi pytaniami?!

21. Spójrz, tam stoi ich jeszcze siedmioro i mają święty spokój; idź i ich zadręczaj swoimi wiecznymi pytaniami!"

22. A Dzieciątko powiedziało: „Oj, dziewczynko! Zobacz, one są zdrowe

i nie potrzebują żadnego lekarstwa; ale ty jesteś chora na duszy, dlatego chciałbym ci pomóc; gdybyś tylko nie była taka uparta!

23. Ale jesteś tak bardzo uparta, że będzie Mi trudno ci pomóc!

24. Jednak zapamiętaj sobie: gdyby jakiś Anioł z Niebios Boga otrzymał tę łaskę, żeby mógł odpowiadać na Moje pytania, wtedy zapłonąłby z wielkiego szczęścia tak mocno, że ogień jego miłości w okamgnieniu obróciłby w popiół całą Ziemię!

25. A teraz odejdź ode Mnie; nie lubię cię, bo jesteś uparta i zawzięta!" – I dziewczynka odeszła od Niego, i po cichu zapłakała; zaś Jezus w roli króla kierował Swoimi towarzyszami zabawy.

196

Nowe sprzeczki podczas drugiej gry. Trzecie pchnięcie. Ambitna dziewczynka w dołku ministra. Nagonka przeciw Dziecku. Ostatnie pchnięcie. Wszyscy lądują w dołku dziecka, a tylko Dziecko w dołku króla. Kulka promienista jak słońce. Świetlista kulka Dzieciątka w dołku ojca. Fundament i porządek życia na nowo ustanowione.

29 kwiecień 1844

1. Podczas następnej gry znów doszło do różnych sporów pomiędzy grającymi.

2. Wszyscy obawiali się ministra, bo był nim sam Cyreniusz; dowódca, namiestnik i sędzia nie mieli odwagi do jakichkolwiek działań i dąsali się skrycie na taki podział ról.

3. Najbardziej niezadowolone były dziewczynki, które grały role namiestnika i sędziego, bowiem bez pozwolenia ministra nie mogły one nic uczynić.

4. Tylko Sykstus był w swoim dołku dziecka w pełni szczęśliwy.

5. Dzieciątko, widząc tę nową niezgodę, zwołało wszystkich i rozdało kulki ponownie, po raz trzeci nakazując grę od nowa.

6. Tym razem Cyreniusz trafił do dołka króla, a Dzieciątko do dołka dziecka;

7. i wszystkie dzieci wielce się uradowały, że choć raz Jezus, który wtedy miał dwa lata i cztery miesiące, trafił do dołka dziecka.

8. Wtedy znów podeszła do Dzieciątka kłótliwa dziewczynka i powiedziała: „To jest wreszcie odpowiednie miejsce dla ciebie; cieszy mnie to, że choć raz trafiłeś w ten nudny dołek!"

9. Ale Dzieciątko odpowiedziało: „Spójrz, dołek ministra jest jeszcze wolny! Weź kulkę i pchnij ją, może uda ci się go zdobyć?"

10. Wtedy dziewczynka wzięła kulę, pchnęła ją i rzeczywiście trafiła w sam dołek ministra.

11. A kiedy zobaczyła się w roli ministra, poczerwieniała z radości, że nareszcie jej ambicja została zaspokojona i odezwała się niby żartobliwie:

12. „Teraz, mój Jezusie, czeka cię dopiero zabawa; będę cię karać, jeśli nie okażesz mi posłuszeństwa!"

13. A Dzieciątko odparło: „Czyż nie wiesz, że dzieci są wolne i nie podlegają prawu? Co chcesz Mi zrobić, co chcesz ze Mną uczynić?"

14. A dziewczynka odparła na to: „Niech tylko zacznie się gra, a zaraz

przekonasz się, czy minister nie ma władzy nad dziećmi!”

15. Potem Cyreniusz jako król rozdzielił role i wszyscy rozeszli się na miejsca, żeby wypełniać swoje obowiązki.

16. I oto minister zaczął judzić kapłana przeciw dziecku, żeby ten go nie dopuszczał do siebie.

17. Także i inne ważne osoby nie miały szacunku dla dziecka.

18. Wówczas, zgodnie z regułą zabawy, dziecko pobiegło do króla i poskarżyło się, że go prześladują.

19. A król na to odrzekł: „Panie, nie jestem dokładnie wprowadzony w reguły tej gry!

20. Ale wiem, że i teraz nie były one przestrzegane i w naszą zabawę wkradły się nieład i zamieszanie – dlatego chciałbym jeszcze raz zwołać wszystkie dzieci i jeśli chcesz, możemy zacząć wszystko od nowa!”

21. A Dzieciątko odrzekło: „Tak, Cyreniuszu, jeszcze raz od nowa i na wieczność po raz ostatni!

22. Teraz zwołaj dzieci, byśmy mogli podjąć ostatnią próbę!”

23. I Cyreniusz zwołał wszystkie dzieci, i rozdzielił kule, i rozpoczęły się na nowo rzuty.

24. Tym razem wszystkie dzieci i Cyreniusz trafili do dołka dziecka, a tylko Jezus do dołka króla.

25. I zaraz Jego dołek rozżarzył się, a Jego kula rozjaśniła się jak słońce!

26. A Dzieciątko wzięło tę promieniejącą kulkę i włożyło ją do dołka ojca, a potem zapytało:

27. „Cyreniuszu! Czy pojmujesz już trochę tę bardzo wiele znaczącą grę?”

28. Cyreniusz zaś odpowiedział: „O Panie, Ty moje Życie, jak mógłbym ją zrozumieć?”

29. Wtedy Dzieciątko zwróciło się do niego: „W takim razie posłuchaj Mnie; Ja wytłumaczę wam wszystkim jasno i gruntownie jej znaczenie!”

197

Znaczenie gry. Trzy pierwsze gry – historia od stworzenia Adama do czasu, gdy Pan staje się człowiekiem. Nowe i na wieki ostatnie pchnięcie: wszystkie dzieci rozpoznają Ojca. Ojciec na wieczność Ojcem.

30 kwiecień 1844

1. Dziecko zaczęło bez zwłoki, jak nauczyciel w synagodze, przemawiać do wszystkich i powiedziało:

2. „Oto jest znaczenie tej gry: od stworzenia, jak też i przed nim, Bóg był przez całą wieczność Panem!

3. Pierwsza gra: stare duchy przebudziły się i nie chcą przypodobać się wspaniałości Boga; i gra ta nie ma żadnego porządku.

4. Ta gra trwa od Adama aż do Noego i od Noego do Mojżesza.

5. Uparta dziewczynka to miłość, a także świat, któremu miłość nie sprzyja.

6. Za czasów Noego świat zostaje ukarany przez potop, tak jak dziewczynka przez myszy.

7. Lecz świat nie staje się lepszym, ale popada znów w bałwochwalstwo; ludzie chcą ołtarzy, widzialnego bóstwa i ceremonii.

8. Wtedy zwołuje Pan grających pod władzą Mojżesza i odbywa się następne, drugie pchnięcie!

9. Najpierw zanosi się na to, że tym razem porządek się utrzyma, ale gdy

tylko raz Mojżesz odwróci się plecami, złoty cielec już będzie gotów!

10. I wtedy właśnie dziewczynka wszczyna powszechną kłótnię, za co zostanie ukarana prawdziwym zagrożeniem.

11. Tak więc potop był raczej groźną przestrogą aniżeli karą.

12. Ale wędrówka ludu przez pustynię była już prawdziwą karą, gdyż kara ta dokonała się przez ogień, tak jak kiedyś stało się to w Sodomie.

13. Kule zostają rzucone i rozpoczyna się gra; prawdę powiedziawszy, na początku wszystko układa się dobrze, ale dzieje się tak tylko z czystej obawy, gdyż w tej grze brakuje matki, czyli miłości, która odeszła, gdyż nie mogła tam zapanować.

14. I tak oto trwa w tej grze epoka Mojżesza, która opiera się na nieustannych zawieruchach i ustawicznym strachu.

15. I znowu zwołuje Pan Swoją gromadkę; następuje nowe pchnięcie i Pan staje się Dzieckiem!

16. A wtedy przychodzi miłość i okazuje radość triumfu nad słabością Pana.

17. Pchnięcie miłości jest teraz udane i wprowadza ją na pierwszy stopień tronu.

18. I oto prześladować będzie ona Pana aż do śmierci, i nie pozostawi Go przez ponad tysiąc i blisko dziewięćset lat w spokoju, i podburzy wszystkich przeciw Niemu!

19. Ale potem zauważą i przekonają się władający światem sami na sobie, że w taki sposób nic więcej nie uda się uczynić.

20. I wtedy nastąpi ostatnie pchnięcie: Pan będzie znowu wiecznym Panem; pełen najżarliwszego zapału będzie Jego stan i pełne łaski będzie Jego pchnięcie!

21. I cały lud oczami dziecka rozpozna Ojca, a wtedy Pan jako Ojciec, w całej potędze Swej Miłości, zbliży się do ludu, coraz bliżej i bliżej!

22. I to będzie Jego ostatnie pchnięcie, i nie będzie już żadnego więcej w przyszłości! – Albowiem Ojciec będzie wtedy już wiecznie Ojcem!

23. Zrozum, oto jest sens tej gry! – Ale teraz chodźmy do domu, aby zobaczyć, co porabia wskrzeszona Tulia; i wszyscy podążajcie za Mną!"

198

Maria i Eudokia zatroskane o wskrzeszoną Tulię. Proroczy obraz czci dla Marii. Prawdziwie umiłowani przez Pana.

2 maj 1844

1. A kiedy wszyscy uczestnicy gry przybyli do domu, ledwo zostali zauważeni przez domowników, gdyż wszyscy oni byli poruszeni widokiem przywróconej do życia Tulii.

2. Jedni kierowali do niej słowa otuchy i radości, inni kręcili się tu i tam wokół niej i bacznie ją obserwowali, pełni niepokoju, że znowu może popaść w stan śmierci.

3. Maria i Eudokia zajęły się nią i przynosiły jej różne środki na orzeźwienie i wzmocnienie.

4. Zaś synowie Józefa wraz z Jakubem zajęci byli przygotowywaniem wieczornego posiłku.

5. Tylko Józef i Jonatan siedzieli w przyległej izbie na słomianych plecionkach i gawędzili o wydarzeniach z pradawnych czasów.

6. Tylko oni jako jedyni zauważyli

wchodzących i natychmiast wstali, i wyszli na spotkanie Cyreniuszowi i Dzieciątku, i przywitali ich serdecznie.

7. Dzieciątko podbiegło do Józefa i powiedziało:

8. „Jak długo będą jeszcze ci bezrozumni biegać wokół Tulii i ją pocieszać, orzeźwiać i wzmacniać?

9. Przecież ona już dawno się obudziła i nie umrze przed jej czasem; czego chcą w takim razie ci niemądrzy?!"

10. A Józef powiedział: „Czy musi nas to zajmować? Pozostawmy im radość; gdyż ona nam niczego nie odbiera!"

11. A Dzieciątko na to odrzekło: „To, jakby nie było, jest oczywista prawda i Ja też nie chcę się tym zajmować,

12. ale mam na myśli to, że skoro wskrzeszona zasługuje na tak wielki podziw, to również Wskrzesiciel nie powinien pozostać na tak bardzo odległym planie!"

13. A Józef rzekł na to: „Mój Syneczku, masz całkowitą rację; ale co można na to poradzić?

14. Czy powinienem Cię wychwalać jako prawdziwego Wskrzesiciela, to znaczy przed czasem objawić prawdę o Tobie przed tymi, którzy jeszcze długo nie będą mogli Cię rozpoznać? – To nie byłoby mądre!

15. Gdybyś tchnął objawienie w ich zmysły, uczucia, rozum, to byliby osądzeni.

16. Dlatego pozostawmy ich takimi, jakimi są; a my pozostaniemy ze sobą potajemnie w Duchu i Prawdzie!

17. A kiedy do przesytu zatroszczą się i napatrzą na tę Rzymiankę, wtedy przyjdą do nas i wrócą do naszego towarzystwa!"

18. Dzieciątko zwróciło się do Józefa, Cyreniusza oraz Jonatana: „Ujrzyjcie także i w tym obraz przyszłości!

19. Kiedyś również ci, którzy będą pod naszym dachem, z powodu rzeczy tego świata obcować będą z martwą Rzymianką,

20. i Maria będzie wśród Rzymian, i także będzie miała z tą Rzymianką wiele do czynienia!

21. Ale pomimo tego to nie oni będą naszymi sprzymierzeńcami; o wiele bardziej będą tym, czym są, czyli poganami; i nie Mnie będą poważać, tylko Marię!

22. A Moja prawdziwa wspólnota pozostanie ukryta i mała po wszystkie czasy w tym świecie!

23. Tulia była ślepą żebraczką i stała się widomą dzięki Mojej wodzie życia,

24. a potem stała się pierwszą damą w wielkim pogańskim cesarstwie.

25. Ale że była zazdrosną, spotkała ją śmierć.

26. Potem znów została wskrzeszoną, aby żyła; ale ona jeszcze nie ma wystarczającej woli, by dostrzec Moją obecność.

27. Czyż będę musiał zwrócić jej uwagę na Mnie przy pomocy sądu?

28. Chcę jeszcze jakiś czas poczekać i przekonać się, czy ta Rzymianka podniesie się i przyjdzie do Mnie, jej Wskrzesiciela! – Józefie, czy rozumiesz treść tego obrazu?"

199

Prawdziwie ludzkie, krótkowzroczne pytania Józefa. Odpowiedź Dzieciątka. Uniwersalne znaczenie Człowieczeństwa Pana.

3 maj 1844

1. A Józef odpowiedział Dzieciątku:

2. „O, Ty mój Boży Syneczku! – W głębi duszy dobrze Cię zrozumiałem.

3. Ale muszę przyznać, że nie przepowiadasz mi niczego radosnego!

4. Gdyż jeśli tak samo przed Tobą, jak i po Tobie większość ludzi poganami i bałwochwalcami była i nimi pozostanie, to na cóż wtedy Twoje przyjście tutaj na Ziemię?

5. Po co to poniżenie Twojej nieskończonej Świętości? Skoro tylko niewielu otrzyma Twą pomoc? – Dlaczego nie wszyscy?!"

6. A Dzieciątko odpowiedziało: „O Józefie, zadajesz wiele niepotrzebnych pytań!

7. Czy nigdy nie przyglądałeś się gwiaździstemu niebu? – Spójrz, każda gwiazda, którą dostrzegasz, jest jednym światem, jedną Ziemią, na której, tak jak tu, wolni ludzie mieszkają!

8. A bez liku jest takich, których jeszcze żadne oko ludzkie nie było w stanie wyśledzić; i pomyśl, dla nich wszystkich jest przeznaczone Moje uniżenie!

9. Ale jak i dlaczego, to rozświetli się przed tobą kiedyś z największą jasnością w Moim Królestwie!

10. Dlatego niech cię nie dziwi, że taka jest Moja przepowiednia o ludziach tej Ziemi;

11. albowiem Ja mam takich bez liku i bez końca, i wszyscy ci bez liku i bez końca potrzebują Mojego zejścia tu, na Ziemię –

12. a potrzebują go, ponieważ potrzebuje tego Mój własny i wieczny Porządek, z którego ta Ziemia i wszystkie inne bez końca i bez liku się wywodzą.

13. Na Ziemi więc wydarzy się to, co ci przepowiadam!

14. I dlatego wieczny i święty cel i sens Mojego zejścia na dół pomimo wszystko nie okaże się daremnym!

15. Bo zrozum: wszystkie bez liku światy, słońca i ziemie mają swoje drogi, a te mają odległości – i nieskończoną ilość kierunków.

16. Wszędzie są inne prawa i wszędzie inne porządki;

17. ale w końcu wszystkie one zbiegną się do jednego – do Mojego Podstawowego Porządku i odpowiednio do jednego Głównego Celu, tak jak członki ciała do ich funkcji.

18. I pamiętaj, również tak stanie się na końcu z ludźmi tej Ziemi, i kiedyś w przyszłości rozpoznają w duchu, że jest tylko jeden Bóg, jeden Pan, jeden Ojciec, i tylko jedno doskonałe życie w Nim istnieje!

19. Ale jak i kiedy? – To pozostanie tajemnicą Tego, który teraz ci to mówi!

20. Ale przedtem jeszcze dużo wiatrów będzie musiało powiać ponad tą Ziemią

21. i dużo wody spaść z nieba, i dużo drzewa się wypalić, zanim człowiek powie:

22. Spójrz, teraz jest tylko jedno stado i jeden Pasterz, jeden Bóg i tylko jeden człowiek z wielu niezliczonych, jeden Ojciec i jeden Syn, w tej i z tej liczby – i nieskończeni!"

23. Na te słowa Dzieciątka zjeżyły się Cyreniuszowi, Jonatanowi i Józefowi włosy na głowie, a Józef powiedział:

24. „O, Dzieciąteczko! Twe słowa są coraz bardziej niepojęte i coraz wspanialsze – i prawdziwie przerażające!

25. Kto potrafi pojąć nieskończoną głębię tych słów?! – Dlatego proszę Cię, mów do nas na miarę naszego rozumienia, bo inaczej utoniemy w głębi Twoich myśli!"

26. Ale Dzieciątko uśmiechnęło się i powiedziało: „Józefie! Akurat dziś jestem w nastroju do wyjawiania wam tajemnic w taki sposób, aby po was wszystkich ciarki przechodziły!

27. A wy przez to powinniście zrozumieć, że we Mnie naprawdę żyje Ów doskonały Pan Wieczności i mieszka między wami w domu waszym! – A teraz posłuchajcie Mnie dalej!"

200

Prorocze wizje Jezusa: Jego śmierć, Jego nauka o pojednaniu. Zmartwychwstanie i otwarcie Bram Życia dla wszystkich ludzi.

4 maj 1844

1. Dzieciątko mówiło więc dalej: „Józefie! – Cóż powiesz na to, że w przyszłości dzieci tego świata pojmą swego Pana i uśmiercą przy pomocy szatana?

2. Jak grabieżcę i mordercę Go pochwycą i zaciągną przed ludzki sąd, w którym duch piekieł włada?

3. I ten oto Pana Zastępów do krzyża przybije! – Cóż o tym sądzisz?!

4. Jeśli z Nim stanie się tak, jak to przepowiadali prorocy, których słowa są ci dobrze znane! – Co na to powiesz teraz?"

5. A kiedy ci trzej słowa Dzieciątka usłyszeli, przerazili się ogromnie, a Józef powiedział bardzo porywczo:

6. „Mój Jezusie, mój Boży Syneczku, doprawdy, coś takiego nie może Ci się przydarzyć!

7. A ręka, która się na Ciebie kiedykolwiek podniesie, niech będzie na wieczność przeklęta, a ów złoczyńca niech cierpi wieczne i największe męki za swoją zbrodnię!"

8. I Cyreniusz dołączył się wraz z Jonatanem do zdania Józefa i powiedział:

9. „Tak, jeżeli kiedykolwiek coś takiego mogłoby się zdarzyć, to ja od dziś chcę się stać najokrutniejszym tyranem!

10. Dwieście tysięcy wojowników stoi gotowych na moje rozkazy; tylko jednego mojego skinienia potrzeba, żeby śmierć i zniszczenie dosięgły świat!

11. Zanim jakiś diabelski zuchwalec swe szatańskie ręce na Tym Dziecku śmiałby położyć, ja zdążę wydać rozkaz wymordowania wszystkich ludzi na całej Ziemi!"

12. A Dzieciątko uśmiechnęło się i powiedziało: „Ale wtedy pozostaną jeszcze twoi wojownicy, kto tych zgładzi i usunie z tej Ziemi?

13. Posłuchaj, Mój kochany Cyreniuszu, kto wie, co czyni, a mimo to postępuje niesprawiedliwie, ten grzeszy i jest sprawcą zła!

14. Ale kto nie wie, co robi, a czyni niesprawiedliwość, takiemu należy wybaczyć, gdyż on nie wiedział, co czynił!

15. Jednakże – jeśli ktoś dobrze by

wiedział, co robi, i nie chciałby czynić niesprawiedliwości, lecz byłby zmuszony i nie przeciwstawiałby się temu, i czyniłby niesprawiedliwość, wtedy taki jest niewolnikiem piekła i sam ściąga sąd na swoją głowę!

16. Albowiem piekło dobrze wie, że ślepym narzędziem włada się lepiej niż widzącym,

17. dlatego też trzyma ich ciągle na swej służbie – i właśnie ci ślepi przybiją Pana Wspaniałości do krzyża!

18. Ale jakże chciałbyś takiego ślepego ukarać, kiedy on na drodze się potknie i upadnie, łamiąc sobie przy tym ręce i nogi?!

19. Dlatego pozostaw sobie twoją władzę w domu, bo inaczej przyniesie ona więcej nieszczęścia niż dobra!

20. I bądź pewien, że Ten, którego ludzie cieleśnie unicestwią w swojej ślepocie, w Duchu i w Swojej wiecznej mocy nie zostanie uśmiercony i wkrótce potem zmartwychwstanie dzięki własnej sile,

21. i dopiero w ten sposób zostanie otwarta dla całego stworzenia droga do wiecznego życia!"

22. Gwałtowny ton, którego przed chwilą użył Cyreniusz, zwrócił uwagę całego towarzystwa na małą grupkę żywo rozmawiających.

23. Lecz Dzieciątko powiedziało: „Udajcie się do swoich spraw, gdyż to, co między nami się tu dzieje, nie jest dla was, albowiem wy jesteście niewidomi!" – I na te słowa całe towarzystwo odwróciło uwagę i odeszło od Dzieciątka i jego rozmówców.

201

Poważne słowa Jezusa do Marii. Zasmucające proroctwo o braku poważania Pana i Jego naśladowców na tym świecie.

6 maj 1844

1. Wśród tych, którzy odeszli, byli także Maria, Eudokia i Jakub.

2. Ale po krótkim czasie Maria powróciła do izby, a Eudokia i Jakub za nią.

3. Maria schyliła się nisko do Dzieciątka i powiedziała:

4. „Posłuchaj, mój Syneczku! Jesteś okropnie nieznośny!

5. Jeśli już teraz odsyłasz mnie do drzwi, to co uczynisz ze mną później, kiedy będziesz już mężczyzną?

6. Zastanów się – nie powinieneś być takim wobec tej, która Cię z wielką bojaźnią i wieloma utrapieniami pod swoim sercem nosiła!"

7. A Dzieciątko spojrzało z miłością i powagą na Marię i powiedziało:

8. „Dlaczego nazywasz Mnie swoim Syneczkiem?! – Czy nie pamiętasz już, co Anioł powiedział do ciebie?

9. Jak powinnaś nazywać Tego, który z ciebie został narodzonym?

10. Przypomnij sobie, Anioł powiedział: «I ten, który z ciebie się narodzi, będzie nazywany Synem Boga – Synem Najwyższego!»

11. Jeśli zaś jest tak, a nie inaczej, to dlaczego nazywasz Mnie swoim Syneczkiem?!

12. Gdybym był twoim Synem, to byś się Mną zajmowała więcej aniżeli Tulią!

13. Ale dlatego, że twoim Synem nie jestem, Tulia jest bliższa twemu sercu niż Ja.

14. Kiedy wychodzę z domu, aby trochę pobiegać i poskakać, a potem

wracam, to nie wychodzi Mi naprzeciw nikt z płomiennym sercem,

15. i jestem już jak chleb powszedni, i nikt nie wita Mnie z otwartymi rękami!

16. Ale kiedy pojawia się tu jakaś plotkarka z miasta, od razu przyjęta zostaje z pełną godnością.

17. Tak samo stało się i teraz z głupią Tulią, która ode Mnie otrzymała życie; a wy poświęcacie jej tyle uwagi i niemal wchodzicie jej do tyłka.

18. A Mnie, Dawcę życia, prawie nie zauważacie!

19. Powiedz sama, czy to jest w porządku?!

20. Czy Ja nie jestem kimś więcej niż jakaś głupia plotkara z miasta lub Tulia?

21. O, zapamiętajcie to sobie, wszyscy Moi przyszli słudzy i naśladowcy – jak teraz ze Mną się dzieje, tak będzie się działo i z wami!

22. Wasi zwolennicy odstawią was na bok, kiedy tylko przyjdą do nich w odwiedziny ich bracia i siostry plotkarze!" – Te słowa głęboko i boleśnie przeniknęły serce Marii i bardzo się po nich odmieniła.

202

Jakub w rozmowie z małym Jezusem. Dzieciątko uskarża się, iż Jego rodzice i wszyscy domownicy poświęcają Mu zbyt mało uwagi.

7 maj 1844

1. Na te słowa schylił się Jakub do Dzieciątka i powiedział:

2. „Słuchaj, mój ukochany Jezusie! Mój wrażliwy braciszku! Kiedy zaczynasz grymasić, nie da się z Tobą wytrzymać!

3. Czy może i dla mnie masz takie samo upomnienie, którego udzieliłeś Twojej Matce Marii?

4. Możesz i mnie go udzielić, ale ja też wtedy zacznę narzekać i gniewać się na Ciebie, że nie zaprosiłeś mnie do gry, w której chciałem brać udział z całego mojego serca!"

5. A Dzieciątko odpowiedziało mu: „O, nie martw się Jakubie, coś ci powiem,

6. bo twoja ciągła troska o Mnie jest Mi już znaną!

7. Do tego dzielimy często nawet ten sam los i jak układa się tobie, tak też i Mnie!

8. Kiedy ze Mną gdzieś idziesz, jak czasem do miasta, to w drodze powrotnej niesiesz Mnie nawet do domu,

9. i nikt nie wychodzi nam naprzeciw! Jeśli wychodzimy z domu, nikt nam nie towarzyszy, a jeśli wracamy, to także nie wychodzi nam na powitanie żadna dusza!

10. Jak sami wyszliśmy, tak i sami przychodzimy z powrotem!

11. Ale kiedy tylko spóźnimy się o piętnaście minut, to wtedy zaraz nas dostrzegają i dostajemy za swoje.

12. Gdy jesteśmy w domu, to musimy być grzeczni i zachowywać się cicho, jeśli nie chcemy otrzymać nagany.

13. A tyle się tu gawędzi o przeróżnych rzeczach i sprawach; powiedz, czyż my nie należymy do tych najciekawszych tematów, którym chociaż kilka chwil uwagi powinno się poświęcić?

14. Ale kiedy tylko ktoś znajomy z miasta oświadcza, że chce się zjawić i mówi: «Odwiedzę cię w ponie-

działek»,

15. to już trzy dni przedtem cieszy się z tego powodu nasz dom i mówi o tym później jeszcze przez następne trzy dni!

16. A gdy ten przyjaciel przyjdzie, to wszyscy wybiegają mu na powitanie, a kiedy odchodzi, jest odprowadzany aż pod swoje drzwi.

17. Kiedy jednak my wychodzimy i przychodzimy, nie wzrusza to nikogo!

18. Ale gdy tylko przyjdzie tu jakiś dobrze rozgadany plotkarz z miasta, wtedy mówią: «Jakubie, idź teraz z Malutkim bawić się na podwórze!»

19. I od razu wychodzimy, i nie możemy wrócić wcześniej, aż gość plotkarz pożegna nasz dom.

20. Tylko wtedy, kiedy przychodzą do nas Cyreniusz lub Jonatan, i my też coś znaczymy, jeśli tylko jakieś inne ważniejsze zajęcia nie stają na drodze!

21. Dlatego nie przejmuj się, jeśli powiem ci cokolwiek, co mogłoby ci sprawić przykrość, co się bowiem tyczy poważania i miłości, to sytuacja nas obu jest taka sama.

22. Jeśli przez cały dzień nie ruszamy się i nawet słowa nie piśniemy, to wtedy nazywają nas «grzecznymi» – i to słowo «grzeczni» jest też całą naszą nagrodą! – Jesteś z tego zadowolony? – Bo Ja nie!"

23. A kiedy Józef i Maria usłyszeli to wszystko, zmartwili się bardzo, ale Dzieciątko uspokoiło ich i powiedziało: „W przyszłości będzie inaczej, gdyż co było, to już przeszło!" – I Jakub uronił łzy radości w swoim sercu.

203

Józefa wyznanie przed Dzieciątkiem. Różnica pomiędzy ostrożnością uczuć a mądrością. Pan pozostaje w ukryciu, aby świat nie został osądzony. Dzieciątko upomina Marię.

8 maj 1844

1. Po tym zawołał Józef Dzieciątko do siebie i powiedział do Niego:

2. „Posłuchaj tego, co Ci powiem, i to nie ze względu na Ciebie, lecz z powodu wszystkich innych tutaj obecnych!

3. Wiem, że Ty przenikasz moje najskrytsze myśli, dlatego nie muszę do Ciebie nic mówić; ale ci, którzy tu są, też powinni wiedzieć, co do Ciebie powiem.

4. To prawda, że dla ludzkiego oka moglibyśmy się wydać oziębli dla Ciebie;

5. ale ta oziębłość była tylko pozorem, maską naszej wewnętrznej miłości i szacunku dla Ciebie, ubraną po to, byś nie został przedwcześnie ujawiony w tym okrutnym świecie!

6. Kto zna ten świat lepiej niż Ty? – I dlatego Ty najlepiej możesz zrozumieć nasze dotychczasowe zachowanie wobec Ciebie, którego powodem był nasz lęk o Ciebie i troska.

7. Dlatego proszę Cię, wybacz nam ten pozorny chłód naszych serc, które naprawdę na Twój widok zawsze promienieją jak poranne słońce!

8. Ale w przyszłości chcielibyśmy zachowywać się wobec Ciebie otwarcie, tak jak każą nam nasze serca!"

9. Po wysłuchaniu tych słów Dzieciątko powiedziało: „Józefie! Rzekłeś prawdę, ale jest wielka różnica

między maskowaniem uczuć a mądrością.

10. Skrywanie czyni uczucia oraz zmysły zimnymi, a mądrość i rozsądek ogrzewają je.

11. Ale po co ukrywać uczucia, gdy rozum wystarcza? Po co udawać, gdy naturalna mądrość tysiącami środków służy naszemu bezpieczeństwu?

12. Czyż nie jest Panem ten, na którego skinienie cała Nieskończoność musi być posłuszną, której istnienie oparte jest na trwałości Jego myśli, która zrodziła się ze słowa wypowiedzianego przez Jego usta?!

13. Jeśli Ja jestem Tym jedynym, prawdziwym Panem, to dlaczego miałbym się chronić za maską uczuć przed całym światem, który przepełniony jest Moją wieczną Mocą?!

14. Pomyśl, jedno tchnienie z Moich ust – i całe widzialne stworzenie przestaje istnieć!

15. Czy naprawdę myślisz, że Ja potrzebuję skrywania twoich uczuć, ażeby Siebie i ciebie uchronić przed prześladowaniami tego świata?

16. O nie, Ja tego nie potrzebuję! Bowiem Ja nie pozostaję w ukryciu ze względu na strach przed światem,

17. ale ze względu na sąd – aby ten świat nie został osądzony i potępiony, będąc złym, kiedy Mnie rozpozna.

18. Dlatego w przyszłości kierujcie się rozsądkiem i mądrością ze względu na dobro tego świata,

19. ale maskę dla uczuć trzymajcie ode Mnie z daleka, gdyż ona, nawet najroztropniejsza, jest tworem piekła!

20. A ty, Mario, powróć do swojej pierwszej miłości, albowiem inaczej będziesz kiedyś musiała doznać wiele smutku z tej przyczyny, że z powodu złego świata miałaś dla Mnie oziębłe serce!"

21. Na te słowa serce Marii omalże nie pękło i przygarnęła ona z całej siły Dzieciątko, i przycisnęła Je do piersi, tuląc Je z największą namiętnością matczynej miłości.

204

Rozmowa Marii z Dzieciątkiem. Różnica pomiędzy miłością człowieka a miłością Boga: „Mój gniew sam w sobie jest większą miłością niż twoja największa miłość!" Przypowieść o królu, który starał się o pannę, przywołana na okoliczność Tulii i Dzieciątka Jezus.

9 maj 1844

1. A kiedy Maria już długo tuliła Dzieciątko, zapytała z bojaźnią:

2. „Mój Jezusie, czy będziesz mnie znowu kochał, tak jak ja będę kochała Ciebie – wiecznie?"

3. A Dzieciątko uśmiechnęło się do Marii ciepło i powiedziało:

4. „Cóż za pytanie Mi zadajesz?!

5. Jeśli Ja nie kochałbym cię mocniej niż ty Mnie – zaprawdę, zaprawdę! – czy byłoby z tobą dobrze?

6. Pomyśl, jeśli ty kochałabyś Mnie miłością wszystkich gorejących słońc, to nawet taka miłość byłaby niczym przy Moim uczuciu, którym w Moim gniewie darzę nawet najgorszego człowieka!

7. Mój gniew sam w sobie jest większą miłością niż cała twoja miłość!

8. Jaką musi być więc miłość, którą mam dla ciebie?!

9. Jak mógłbym cię kiedykolwiek wybrać jako Moją rodzicielkę, jeśli

nie kochałbym cię bardziej, niż cała nieskończoność będzie w stanie to pojąć?!

10. Widzisz, jak niemądre jest twoje pytanie! A teraz powiadam ci: idź i przyprowadź tu Tulię,

11. gdyż są ważne sprawy, o których chcę z nią porozmawiać!"

12. I wtedy Maria poszła posłusznie, i przyprowadziła żonę Cyreniusza.

13. A kiedy Tulia z bojaźnią przestąpiła próg izby, w której znajdowało się Dzieciątko, Ono spojrzało na nią i rzekło:

14. „Tulio, wskrzeszona, posłuchaj! – Był sobie kiedyś wielki król, wolny, pełen męskiej urody i prawdziwie boskiej mądrości.

15. Ten król powiedział do siebie: «Chcę się udać w obce strony i poszukać sobie kobiety tam, gdzie nikt mnie nie zna,

16. chcę bowiem poślubić kobietę z mojej własnej woli, a ona powinna mnie pokochać dlatego, że jestem mądrym człowiekiem, a nie dlatego, że jestem wielkim królem!»

17. I udał się ze swego królestwa na daleką obczyznę, i przybył do pewnego miasta, gdzie poznał pewną rodzinę.

18. I upodobał sobie córkę gospodarza tego domu, i radość ogarnęła dziewczynę, gdyż wkrótce rozpoznała, że ubiegający się o jej rękę posiada wielką mądrość.

19. Ale król pomyślał: «Kochasz mnie dlatego, że widzisz moją postać, i dlatego, że urzekła cię moja mądrość;

20. a ja chcę się przekonać, czy naprawdę mnie kochasz! Dlatego przebiorę się za żebraka i będę cię często odwiedzał, naprzykrzając się.

21. Ale ty nie powinnaś wiedzieć, że ja jestem tym żebrakiem.

22. A żebrak powinien mówić, że jest moim najserdeczniejszym przyjacielem, ale cierpi biedę w tym obcym kraju jak jego przyjaciel.

23. I wtedy powinno się okazać, czy ta kobieta mnie naprawdę kocha!»

24. I jak wielki król pomyślał, tak też i zrobił.

25. Po jakimś czasie upozorował swój wyjazd, a potem pojawił się w domu gospodarza jako żebrak i powiedział do jego córki:

26. «Miła córko tego bogatego domu, spójrz, jestem bardzo biedny, a wiem, że ty jesteś bardzo bogata!

27. Siedziałem przy miejskiej bramie, kiedy twój wspaniały narzeczony opuszczał to miejsce i poprosiłem go o jałmużnę.

28. Ale on przystanął i powiedział: „Przyjacielu, ja nie mam nic, czym mógłbym cię wesprzeć i co mógłbym ci dać, oprócz wspomnienia o mojej narzeczonej, która jest bardzo bogata!

29. Idź do niej i powołaj się na mnie, a ona na pewno coś ci da, tak samo jakby dała mnie, gdybym był w potrzebie.

30. A kiedy tu powrócę, oddam jej po tysiąckroć to, co da ci ona».

31. Kiedy córka gospodarza domu to usłyszała, uradowała się wielce i obdarowała żebraka wszelkimi dobrami.

32. I odszedł żebrak, ale powrócił znowu po kilku dniach i kazał służbie oznajmić córce, że przyszedł.

33. Ale wtedy ona kazała mu odpowiedzieć, aby przyszedł innym razem, gdyż właśnie ma gości.

34. I przyszedł żebrak po raz drugi, i powiadomił o swym przyjściu.

35. Ale powiedziano mu: «Córka wyszła z kilkoma przyjaciółmi i nie ma jej w domu!» – I żebrak smutny

skierował się ku wyjściu.

36. A kiedy znajdował się przy drzwiach domu, spotkał ją, bo akurat przybyła w otoczeniu przyjaciół, ale w ogóle nie zwróciła na niego uwagi.

37. On zaś powiedział do niej: «Miła narzeczono mojego przyjaciela! Jakże ty kochasz swojego narzeczonego, skoro nie zwracasz uwagi na jego przyjaciela?»

38. A ona odpowiedziała: «Chcę się trochę zabawić; ale kiedy wróci twój przyjaciel, znów będę go kochała!»

39. I przyszedł żebrak następnego dnia jeszcze raz do córki, i zastał ją niezwykle rozbawioną, gdyż otoczona była wesołym towarzystwem.

40. I zapytał ją żebrak: «Jak ty możesz kochać swojego narzeczonego, kiedy jesteś tak rozbawiona, chociaż wiesz, że wyjechał on załatwiać ważne sprawy dla ciebie?»

41. Ale wówczas córka wyrzuciła żebraka z domu, mówiąc do niego: «A cóż to za pretensje! Czyż nie wystarcza, że go kocham, kiedy tu jest? A dlaczegóż to miałabym go kochać, kiedy go tu nie ma? A któż to wie, czy on mnie kocha?"

42. Po tych słowach zrzucił żebrak przebranie i rzekł do zdumionej córki:

43. «Spójrz, oto ten, który niby wyjechał, był tutaj przez cały czas, aby wypróbować twą miłość!

44. Lecz ty mało o nim myślałaś, a on, ukazawszy znak twej przysięgi, został przez ciebie wyrzucony i wyśmiany, bo światowe towarzystwo bardziej ci odpowiadało.

45. A teraz popatrz na tego, który stoi przed tobą; to wielki król, który jest władcą całego świata!

46. I ten odda ci teraz po tysiąckroć wszystko, co mu dałaś, ale od ciebie odwróci się na wieki i już nigdy więcej nie ujrzysz jego oblicza!»

47. Tulio! – Znasz tego króla i tego żebraka? Spójrz, Ja nim jestem, a ty jesteś tą córką! – Na tym świecie powinnaś być szczęśliwą,

48. ale co będzie potem, niech powie ci ta przypowieść!

49. Ja dałem ci życie oraz wielkie szczęście, a ty nie chcesz o Mnie pamiętać!

50. O ty, niewidoma od urodzenia Rzymianko! – Dałem ci światło, a tyś Mnie nie rozpoznała!

51. Dałem ci męża z Niebios, a ty chciałaś odebrać mu Moją część miłości.

52. Byłaś martwa; Ja ciebie wskrzesiłem, a ty przyjęłaś za to hołdy i nie zważałaś na Mnie!

53. A teraz, kiedy cię wezwałem, trzęsiesz się przede Mną jak cudzołożnica.

54. Powiedz! Co powinienem z tobą począć?

55. Czy wciąż jeszcze powinienem żebrać przed twoimi drzwiami?

56. Nie! – tego nie uczynię; ale oddam ci twoją część i wtedy rachunki między nami będą wyrównane!"

57. Te słowa napełniły cały dom Józefa przerażeniem.

58. A Dzieciątko zapragnęło tylko z Jakubem wyjść na dwór i nie powrócili aż do późnego wieczora.

205

Tulia uskarża się. Pocieszające słowa Marii. Rachunek sumienia Tulii, żal i pokuta. Ulubiona potrawa Jezusa. Dawna i nowa Tulia.

11 maj 1844

1. Dopiero po dłuższej chwili Tulia doszła do siebie, zaczęła głośno płakać i zawołała:

2. „O Panie, dlaczego odzyskałam wzrok w tym domu, dlaczego zostałam żoną Cyreniusza, ażeby teraz na moje złudne szczęście musiało spaść tyle cierpień?!

3. Po cóż wskrzeszasz umarłych? Dlaczego życie musiało powrócić w moją pierś?

4. Czyż zrodzona zostałam do męki? Dlaczego właśnie ja, gdy tysiące żyją w spokoju i szczęściu i nie wiedzą nawet, czym są łzy, które wyciska z oczu ból?"

5. Maria poruszona słowami Tulii, zaczęła ją pocieszać:

6. „Tulio, nie powinnaś się spierać z Panem, twoim i moim Bogiem!

7. Bo to jest Jego cechą i zasadą, że tych, których kocha, wystawia na wyjątkowe próby!

8. Rozpoznaj to w swoim sercu i wzbudź swoją miłość do Niego na nowo, a On szybko zapomni o Swej groźbie i obdarzy cię znów Swoją łaską!

9. On wiele razy groził czyniącym zło, zapowiadał ich zgubę, pokazując im nawet miejsca, gdzie psy miały chłeptać ich krew!

10. Ale kiedy tylko czyniący zło wyrażali skruchę, wtedy Pan mówił do proroków: «Czyż nie widzicie, że oni wyrazili skruchę? Dlatego nie będę ich sądził».

11. Kiedy Bóg powołał proroka Jonasza i nakazał mu zapowiedzieć zgubę miasta Niniwy, które pogrążyło się w wielkiej rozpuście,

12. Jonasz nie chciał pójść do nich i odpowiedział Panu: «Panie, ja wiem, że Ty bardzo rzadko dopuszczasz do tego, by spełniły się Twoje groźby, o których głoszą prorocy;

13. dlatego nie chcę się tam udać, abym nie został jako prorok przez mieszkańców Niniwy wyśmiany, kiedy Ty znów ulitujesz się nad nimi!»

14. Jak słyszysz, nawet ten prorok wyraził wątpliwość wobec gniewu Pana!

15. Lecz ja doradzam ci: uczyń to, co zrobili mieszkańcy Niniwy, a zostaniesz znowu dopuszczona do łaski Pana!"

16. Te słowa napełniły Tulię odwagą i zaczęła rozmyślać nad sobą, i znalazła mnóstwo błędów w sobie, i powiedziała:

17. „O, Mario! Dopiero teraz przejrzałam i stało się dla mnie jasnym, dlaczego Pan mnie tak chłoszcze!

18. Spójrz, moje serce jest pełne grzechu i pełne nieczystości! – Och, czy zdołam je kiedykolwiek oczyścić?!

19. Jak więc mogę się ważyć, żeby z tak nieczystym sercem Tego Świętego, ponad wszystkich Przenajświętszego, kochać?!"

20. A Maria na to odrzekła: „Właśnie dlatego musisz Go kochać w pełnym skruchy poczuciu twych win; albowiem tylko taką miłość oczyści twe serce przed Nim, Świętym wszystkich Świętości!"

21. A kiedy późnym wieczorem Dzieciątko wraz z Jakubem powróciło do domu, przyszło od razu do Marii

i zażyczyło Sobie coś do jedzenia. Maria dała Mu trochę chleba, masła i miodu.

22. Po czym rzekło do niej: „Widzę tu jeszcze inny pokarm, chciałbym poznać i jego smak! – Czy go nie widzisz? To serce Tulii, daj Mi je, bo przecież ty je dla Mnie przygotowałaś!" – Wtedy upadła Tulia przed Panem na kolana i zapłakała.

23. A Maria poprosiła: „O, Panie! Ulituj się nad tą biedną, która tak cierpi!"

24. A Dzieciątko odpowiedziało: „Już dawno się nad nią ulitowałem, inaczej nie wskrzesiłbym jej!

25. Tylko, że ona nie dostrzegła Mojego miłosierdzia i chciała raczej kłócić się ze Mną w swoim sercu, niż Mnie do niego przyjąć.

26. Ale gdy dzisiaj zwróciła swoje serce ku Mnie, postąpiłem z nią jak z mieszkańcami Niniwy".

27. Po tych słowach Dzieciątko podeszło do Tulii i powiedziało:

28. „Tulio, spójrz na mnie, jestem teraz taki zmęczony; a kiedy ty nosiłaś Mnie w swych ramionach, było Mi dobrze, bo masz takie czułe i delikatne ręce.

29. Dlatego podnieś się i weź Mnie na swe ręce, i poczuj, jak słodko jest trzymać w swoich rękach Pana Życia!"

30. To życzenie Dzieciątka całkiem rozczuliło Tulię.

31. Z sercem przepełnionym miłością wzięła Dzieciątko na swoje ręce i powiedziała, łkając:

32. „O, Panie! Jak to możliwe, że po wypowiedzeniu tak strasznej groźby jesteś dla mnie tak łaskawy?!"

33. A Dzieciątko odpowiedziało: „Albowiem odrzuciłaś od siebie dawną Tulię, która była przeciwna Mojej woli i przyjęłaś do serca nową, godną Mnie! – I teraz bądź już spokojna, gdyż Ja znowu cię kocham!" – Ta scena wzruszyła wszystkich do łez.

206

Płacząca Tulia. Mądre słowa Dzieciątka o różnych łzach i o przysiędze miłości złożonej przez Tulię.

13 maj 1844

1. Im dłużej Tulia trzymała Małego w ramionach, tym wyraźniej uświadamiała sobie własne słabości i od czasu do czasu wybuchała płaczem.

2. Ale Dzieciątko zwróciło się do niej: „Moja kochana Tulio! Przestaje Mi się to podobać, że bez przerwy płaczesz, trzymając Mnie na swoich rękach.

3. Bądź już teraz weselsza i spokojniejsza, gdyż nie mam upodobania we łzach ludzi, jeśli je przelewają tam, gdzie nie są potrzebne!

4. Czy myślisz może, że łzy oczyszczą twe serce ze wszystkich grzechów przede Mną?

5. O nie! To byłoby głęboko nierozsądne mniemanie. Łzy spływają po twojej twarzy i zasnuwają mgłą twoje oczy, co jest dla nich nawet szkodliwe,

6. ale przez serce nie płyną i nie oczyszczają go; często nawet powodują, że ono się zamyka i nie może do niego trafić ani dobro, ani zło!

7. I zrozum, że niesie to za sobą także śmierć Ducha, który w sercu mieszka!

8. Bo smutny człowiek nosi w sobie obrazę, a ta nie jest zdolną nic do siebie przyjąć.

9. Ja włożyłem w oko człowieka tylko trzy łzy, a są to: łza radości, łza współczucia i łza, którą ból wyciska.

10. Tylko te mile widzę; lecz łzy smutku, łzy żalu i łzy gniewu, które z uczucia żałości do samego siebie pochodzą, są owocami, które wyrastają na własnej glebie i u Mnie nie są w cenie.

11. Bo łzy smutku, które z obrażonej duszy płyną, żądają odszkodowania, a jeżeli ono nie przychodzi, to uczucie żalu przeobraża się w gniew i w końcu w zemstę.

12. Łzy żalu powstają z podobnej przyczyny, płyną one dopiero po popełnieniu zła, gdy grzech ściąga sprawiedliwą karę.

13. Ale takiej łzy nie przynosi sam grzech, lecz tylko świadomość kary, która stała się jego skutkiem.

14. Również i te łzy nie leczą serca, bo płaczący z tego powodu człowiek ucieka potem od grzechu nie przez wzgląd na miłość do Mnie, lecz ze strachu przed karą, co jest rzeczą jeszcze gorszą aniżeli sam grzech!

15. Co zaś dotyczy łez gniewu, to nie warto, bym o nich w ogóle mówił, bo są one źródłem, które bije z samego dna piekła!

16. Ale nie takie łzy płyną z twoich oczu, lecz tylko łzy żalu.

17. Lecz powiadam ci: wytrzyj i te łzy z oczu twoich, gdyż one żadnej radości Mi nie sprawiają!"

18. Wtedy Tulia otarła sobie oczy z łez i powiedziała: „O, Panie! – Jak nieskończenie mądrym i dobrym jesteś!

19. O, jakże radosną i wesołą mogłabym być, gdybym nie była grzeszną!

20. Ale w Rzymie na polecenie cesarza złożyłam bożkowi ofiarę przed ludem i ten czyn gryzie moje sumienie jak zły robak!"

21. A Dzieciątko odpowiedziało: „Ten grzech wybaczyłem ci jeszcze, zanim go popełniłaś.

22. Ale byłaś zazdrosna o miłość Cyreniusza do Mnie; zrozum, to był twój ciężki grzech! – Teraz przebaczyłem ci już wszystko i nie masz już żadnego grzechu, bo znów Mnie kochasz – bądź więc radosna i wesoła!"

23. Potem Tulia, jak wszyscy w domu Józefa, znowu napełniła się radością; po tej rozmowie wszyscy udali się, by spożyć wieczorny posiłek.

207

Dzieciątko uspokaja niepokój przed zbliżającym się sztormem. Wielki strach Eudokii. – „I gdybyś była na końcu wszystkich światów, to Ja mógłbym ciebie jednak ochronić!"

14 maj 1844

1. Po spożyciu posiłku pobłogosławił Józef wszystkich gości, a Dzieciątko także ich pobłogosławiło i powiedziało:

2. „Teraz udajcie się wszyscy na spoczynek, a kiedy w nocy przyjdzie niewielki sztorm, nie obawiajcie się niczego,

3. gdyż nikomu włos z głowy nie spadnie!

4. Pomyślcie, Ten, który między wami mieszka, jest także Panem sztormów!"

5. Po tych słowach marynarze Cyreniusza zaczęli się niepokoić o statek

i jeden z nich powiedział:

6. „To Dziecko jest prawdziwym prorokiem, gdyż przepowiada coś złego!

7. Dlatego powinniśmy udać się na statek, bo jest słabo przycumowany, trzeba go przyciągnąć jak najbliżej do brzegu i silniej przywiązać!"

8. Wtedy podniósł się Jonatan i powiedział: „Zostawcie wreszcie wasze zmartwienia w spokoju!

9. Gdyż po pierwsze – Pan już będzie wiedział, jak ma statek ocalić,

10. a po drugie – przecież w domu są moi ludzie, doświadczeni w takich sytuacjach i potrafią statek odpowiednio zabezpieczyć. Dlatego bądźcie spokojni w tym względzie – tak samo jak ja!"

11. Słysząc to, wszyscy uspokoili się i udali na spoczynek.

12. Maria przyszykowała dla Dzieciątka miękkie i świeże łóżeczko i położyła w nim Jezusa, stawiając łóżeczko obok swojego łoża.

13. Zwykle Maria i Eudokia spały w jednym łożu, tak miało być i tym razem.

14. Ale Eudokia, bojąc się nadchodzącego sztormu, rzekła do Marii:

15. „Mario, popatrz, ja strasznie się boję nadchodzącego sztormu!

16. Czy nie lepiej by nam było położyć Dzieciątko tej nocy pomiędzy nami?

17. Wtedy byłybyśmy poza wszelkim niebezpieczeństwem!"

18. A kiedy Dzieciątko dostrzegło zaniepokojenie Eudokii, uśmiechnęło się i powiedziało:

19. „O, Eudokio! Zwykle jesteś bardzo rozsądną, ale czasami głupszą od błyskawicy!

20. Czy myślisz może, że Ja tylko wtedy mogę cię ochronić, kiedy znajduję się u ciebie na kolanach?!

21. Och, jesteś w wielkim błędzie! – Spójrz, Moja ręka jest dłuższa, niż myślisz!

22. I gdybyś była na końcu wszystkich światów, to i wtedy jeszcze mógłbym cię ochronić, tak samo jak tutaj!

23. Dlatego bądź spokojna i udaj się jak zawsze na spoczynek, a rano znowu wstaniesz cała i zdrowa!" – To uspokoiło Eudokię i położyła się ona od razu z Marią na spoczynek.

208

Nocny sztorm i jego groza. Dzikie zwierzęta. Józef rzuca przekleństwo na sztorm. Nagana Dzieciątka. Koniec sztormu.

15 maj 1844

1. Po dwóch godzinach, kiedy już wszyscy spali, nadszedł potężny orkan i uderzył gwałtownie w dom, który mocno zadrżał.

2. Wszyscy śpiący obudzili się na odgłos huku i dudnienia.

3. A huragan szalał potężnie w towarzystwie błyskawic i grzmotów,

4. dlatego wszyscy w domu Józefa zaczęli się lękać i trząść ze strachu.

5. Ale w jeszcze większą trwogę wprawiło wszystkich gości Józefa to, że oprócz wyjącego huraganu usłyszeli ryk i wycie drapieżnych zwierząt.

6. I zgromadzili się wszyscy goście przebywający w domu Józefa w izbie, gdzie znajdowali się Józef, Cyreniusz i Jonatan.

7. A Józef wstał, zapalił światło i pocieszał zalęknionych, jak tylko

umiał.
8. To samo czynili olbrzym Jonatan i Cyreniusz.
9. Ponieważ sztorm stawał się coraz gwałtowniejszy, ta pociecha nie przynosiła zbyt wielkiego skutku; i wyjątkowo wielu ogarnął śmiertelny strach, kiedy przez kraty okien ujrzeli tygrysie łapy i usłyszeli ryk drapieżników.
10. Wówczas i samemu Józefowi wydało się, że natura przekroczyła swoje granice. Wzburzony tym stanem rzeczy, zawołał w kierunku szalejącej burzy:
11. „Zamilcz, potworze, w imieniu Tego, który tu mieszka, Pana Nieskończoności, wzywam cię:
12. zaprzestań niepokoić tych, którzy potrzebują spokoju w nocy! – Niech tak się stanie!"
13. Słowa te wykrzyczał Józef z taką siłą, że wszyscy tam będący jeszcze bardziej niż szalejącego orkanu przerazili się jego głosu.
14. Ale pomimo wszystko jego słowa nie chciały poskutkować, co rozdrażniło jeszcze bardziej Józefa, który jeszcze mocniej zaczął wygrażać szalejącemu sztormowi.
15. Ale i to pozostało bezowocne, a orkan kpił sobie z gniewu Józefa.
16. A wtedy Józef przeklął go.
17. I w tym momencie obudziło się Dzieciątko, i widząc Jakuba stojącego przy łóżeczku, rzekło:
18. „Jakubie, idź do Józefa i powiedz mu, ażeby cofnął swoje przekleństwo, bo przeklina to, czego nie zna!
19. Rankiem zrozumie przyczynę tego huraganu i dowie się, że był potrzebny; a za kilka minut wszystko się uspokoi".
20. I poszedł Jakub od razu do Józefa, i powtórzył mu wszystko, co Dzieciątko powiedziało.
21. Wtedy Józef oprzytomniał i zastosował się do tego, co powiedział mu Jakub, a potem burza ucichła. Drapieżne zwierzęta pouciekały, a wszyscy znajdujący się w domu Józefa udali się znów na spoczynek.

209

Dobre dzieło nocnego sztormu – powstrzymanie rabunku.

17 maj 1844

1. O poranku Józef wstał jak zwykle bardzo wcześnie i poszedł do synów, by rozdzielić im pracę na cały dzień.
2. „Najpierw przygotujcie smaczne śniadanie, a potem zobaczymy, co dzień przyniesie".
3. Po tym zarządzeniu wyszedł do sadu, aby zobaczyć, czy nocna burza nie wyrządziła jakichś większych szkód.
4. A kiedy tu i tam zaglądając, chodził po całej zagrodzie, napotkał ogryzioną ludzką kość
5. i zobaczył wiele miejsc, które były oblane ludzką krwią.
6. Widok ten wprawił go w osłupienie i nie potrafił rozwiązać tej zagadki.
7. A kiedy poszedł jeszcze dalej, znalazł na ziemi wiele sztyletów oraz krótkich kopii, a cała ta broń była zakrwawiona.
8. Wówczas Józef zastanowił się i przypomniał sobie słowa Dzieciątka, i począł zwolna domyślać się celu orkanu i obecności dzikich zwierząt.

9. Józef szybko powrócił do domu i wszystko, co zobaczył, opowiedział swoim synom; i trzem spośród nich nakazał zebrać resztki zwłok i porozrzucaną na ziemi broń.

10. Półtorej godziny później wszystkie członki zostały zebrane i złożone na stos pod drzewem, natomiast na drugim stosie leżała zgromadzona broń.

11. I zaraz po śniadaniu Józef zaprowadził Cyreniusza i Jonatana do sadu, i przedstawił im znalezisko.

12. Kiedy Cyreniusz ujrzał to wszystko, złapał się za głowę i powiedział:

13. „Na wolę wszechmocnego Pana – cóż to ma być?!

14. Skąd te kości, skąd ta broń obryzgana świeżą jeszcze krwią?

15. Józefie, bracie, przyjacielu! Czy nic ci nie podpowiada przyczyny tego strasznego widoku?"

16. Józef mu odpowiedział: „Przyjacielu i mój bracie! Możliwe, że to byli piraci albo jacyś złoczyńcy, którzy ciebie prześladują i tropią!

17. Ale na początek – trzeba to wszystko spalić!

18. A potem głębiej zbadamy i rozważymy te pytania".

19. Cyreniusz zadowolił się tą odpowiedzią i wydał polecenie swym sługom, by pozbierali ze wszystkich stron drzewo.

20. A kiedy około południa rozpalono ogromne ognisko, to wrzucono do ognia resztki zwłok oraz całą broń i wszystko zostało spalone.

210

Dziecko trzykrotnie okrąża pogorzelisko i wypowiada prorocze słowa do Cyreniusza: „Pan trzy razy będzie przechodził przez pogorzelisko świata, a nikt nie będzie Go pytał i mówił: «Panie! Co czynisz?» I dopiero podczas trzeciego przejścia ostatni płomień gniewu zostanie cofnięty z Ziemi!"

18 maj 1844

1. W ciągu kilku godzin wszystko zostało spalone i nie zauważył tego nikt z pozostałych gości, za wyjątkiem służby Cyreniusza, co było wolą Pana,

2. i po tym dopiero przyszli: Tulia, Maroniusz Pilla, kapitan, naczelnicy oraz Maria i Jakub, który przyprowadził Dzieciątko; tego dnia wyszli właśnie po raz pierwszy z domu na powietrze.

3. Maroniusz Pilla, obdarzony dobrym węchem, od razu poczuł zapach spalenizny;

4. a wtedy udał się niezwłocznie do Józefa i powiedział: „Szlachetny przyjacielu, czy nie czujesz w powietrzu woni pożaru?"

5. Wtedy Józef zaprowadził go na drugą stronę domu i pokazał mu dopalający się stos.

6. A Maroniusz zapytał, z jakiej to przyczyny pali się ten ogień.

7. Józef odpowiedział: „Przyjacielu! Tu zostało spalone coś po to, aby nie wpadło w oczy tego świata!

8. Zwróć się do Cyreniusza, on wie o wszystkim i opowie ci, co tu się stało, bo był świadkiem wszystkiego".

9. Tymi słowami Józef odprawił Maroniusza, jak też i innych, którzy mu towarzyszyli.

10. Ale także Dzieciątko zechciało wraz z Józefem, Cyreniuszem, Jonatanem i Swoim Jakubem udać się na

miejsce pogorzeliska, które jeszcze tu i ówdzie się dymiło.

11. A kiedy tam doszli, Dzieciątko trzy razy obiegło dymiący krąg ziemi i wyjęło z popiołu do połowy spalony sztylet, i podało go Cyreniuszowi, mówiąc:

12. „Cyreniuszu, spójrz, twoi nieprzyjaciele zostali pokonani i w popiół zamieniła się ich zawziętość!

13. W Mej ręce tkwi ostatni strzęp broni twojego wroga, teraz już do niczego nieprzydatnej!

14. Przekazuję ci go na znak, byś w przyszłości zaniechał jakiejkolwiek zemsty na tych, którzy stanęli przeciwko tobie – a jeszcze kilku ich pozostało!

15. Jak bezużyteczny jest bowiem ten stopiony sztylet, tak bezużyteczny niech będzie gniew w tobie oraz w twoich wrogach!

16. Oni przybyli za tobą z Tyru i tu chcieli cię zgładzić.

17. Lecz Ja przewidziałem dzień i godzinę, kiedy znajdziesz się w niebezpieczeństwie.

18. Dlatego w odpowiednim czasie wywołałem sztorm, który przygnał tu drapieżne zwierzęta z gór;

19. albowiem musiałem wprawić tych spiskowców w popłoch i przerażenie, ażeby stali się bezradnymi, kiedy zostaną napadnięci przez dzikie bestie.

20. I zapamiętaj, tak będzie także i w przyszłości: potężny ogień z piekła ogarnie zwłoki oraz szczątki tych, którzy zasłużyli na karę i obróci je w popiół i proch!

21. A Pan trzy razy obchodzić będzie pogorzelisko świata i nikt Go nie zapyta: «Panie! Co czynisz?».

22. I dopiero przy trzecim obejściu ostatni płomień gniewu powinien zostać zabrany z Ziemi!"

23. Wszyscy zrobili wielkie oczy, słysząc te słowa, gdyż nikt nie zrozumiał ich sensu.

211

Pytanie Józefa i pocieszająca odpowiedź Dzieciątka. Duży głód Dzieciątka. Posiłek z ryb. Pytanie Cyreniusza o Morze Śródziemne.

20 maj 1844

1. Po chwili podszedł do Dzieciątka Józef i zapytał Je, jak należy rozumieć słowa, które przed chwilą usłyszeli.

2. A Dzieciątko odrzekło: „Józefie, próżne jest twoje dociekanie!

3. Wiele jest bowiem rzeczy, które nie zostaną wam objawione, jak długo żyć będziecie na tej Ziemi.

4. Ale kto po tym życiu do Mego duchowego Królestwa przyjdzie, temu wszystko w pełnym świetle zostanie ukazane!

5. Dlatego nie pytaj mnie o rzeczy, które ciebie nie dotyczą!

6. A teraz nakaż przynieść ziemię, żeby można było zasypać to palenisko!"

7. I Józef zwrócił się do Cyreniusza, a ten od razu zlecił swoim ludziom, by przynieśli ziemię w celu zasypania pogorzeliska.

8. Kiedy skończono tę pracę, zrobiło się południe. Synowie Józefa przygotowali obiad i oczekiwali na przybycie swoich licznych gości.

9. A Dzieciątko odezwało się do Józefa: „Jestem okropnie głodny; upieczono trzy wielkie ryby, chodźmy się

więc posilić!"
10. A Józef odparł: „To się chwali; ale czy te ryby wystarczą dla z górą stu osób?"
11. Lecz Dzieciątko zwróciło mu uwagę: „A czy ty widziałeś, jakiej wielkości są te ryby? Jak więc możesz się pytać, czy ich wystarczy?
12. Każda z ryb waży dobre sto funtów, naprawdę nie potrzeba więcej, to wystarczyłoby nawet dla dwustu osób!
13. Dlatego chodźmy już do domu, bo jestem bardzo głodny i mam wyjątkową chęć na posiłek ze smakowitych okazów wyciągniętych z Morza Śródziemnego!"
14. Józef zaczął więc zaraz wołać wszystkich na obiad i sam skierował się do izby jadalnej.
15. Jeszcze po drodze Cyreniusz zapytał miłe Dzieciątko, czy to morze leży rzeczywiście pomiędzy lądami (Mare Mediterraneum).
16. A Ono odrzekło: „Czy jest tak rzeczywiście, czy też nie, o tym muszę z wami rozmawiać waszym językiem, jeśli chcę być przez was zrozumiany!
17. Po obiedzie sprawdź to na swojej miniaturze Ziemi, a przekonasz się, czy ta nazwa jest prawidłowa, czy też nie!"
18. Powiedziawszy to, Dzieciątko pobiegło naprzód ze Swym Jakubem, by jak najprędzej usiąść za stołem.
19. A kiedy wszedł Józef, Dzieciątko już z daleka uśmiechało się do niego, siedząc za stołem i trzymając w rękach kąsek ryby.
20. Zobaczywszy to, Józef uradował się w duszy; ale ze względu na przyzwoitość powiedział:
21. „Ależ – moje kochane Dziecię, tak duży kawałek? – Dasz radę go zjeść?"
22. A Ono uśmiechnęło się jeszcze bardziej i powiedziało: „ O to się nie martw, gdyż już twoi praojcowie zatroszczyli się, aby Mojemu żołądkowi nie mogło byle co zaszkodzić – Oni podawali Mi często nawet te największe i najtwardsze kawałki". – A Józef dobrze zrozumiał, co mu Dzieciątko chciało przez to powiedzieć.

212

Jakub i Dzieciątko otrzymują karę postu za brak modlitwy przed jedzeniem. Dzieciątko pyta Józefa, dlaczego i do kogo powinno się modlić. Dziecię Jezus ze Swoim Jakubem wychodzi pospiesznie z domu i nie pozwala się zatrzymać.

21 maj 1844

1. Po tym rozpoczął Józef swoją modlitwę przed posiłkiem i pobłogosławił go,
2. i zapytał także Dzieciątko, czy już się pomodliło.
3. Ale Ono uśmiechnęło się jeszcze raz i zwróciło się do Jakuba:
4. „Ale teraz nam się dostanie! Zapomnieliśmy obaj o proszącej oraz dziękczynnej modlitwie i już zdążyliśmy zjeść po kawałku ryby!
5. Tłumacz się teraz, jak tylko potrafisz, bo inaczej znów otrzymamy jakąś karę i pewnie do tego będziemy musieli jeszcze pościć!"
6. Wówczas Jakub odezwał się trochę onieśmielony: „Drogi ojcze Józefie, proszę, przebacz nam, bo tym razem rzeczywiście zapomniałem

pomodlić się razem z moim Jezusem!"

7. Kiedy Józef to usłyszał, zachmurzył się i powiedział:

8. „Jeśli zapomnieliście o modlitwie, to zapomnijcie także o jedzeniu do wieczora. A teraz idźcie i pospacerujcie sobie na powietrzu".

9. A Dzieciątko znowu spojrzało z uśmiechem na Jakuba i powiedziało: „No i teraz mamy! Czy nie mówiłem przed chwilą, że znowu dojdzie do postu?!

10. Ale poczekaj jeszcze chwilę; Ja też chcę z Józefem kilka słów zamienić!

11. Może uda Mi się coś utargować, jeśli chodzi o ten post do wieczora".

12. A Jakub pomyślał skrycie: „Panie! Czyń, jak uważasz najlepiej, a ja pójdę w Twoje ślady".

13. I Dzieciątko zapytało: „Józefie! Czy powiedziałeś to całkiem poważnie?!"

14. A Józef odpowiedział: „Oczywiście! Bo kto się nie modli, nie powinien też jeść!"

15. Dzieciątko uśmiechnęło się znowu i rzekło: „Ja bym to nazwał – być surowym!

16. Pomyśl, gdybym Ja był tak surowym jak ty, to taką karę otrzymałoby wielu, którzy dziś jedzą, choć się nie modlili!

17. A teraz chcę jeszcze od ciebie usłyszeć, tak właściwie, dlaczego i do kogo powinienem się modlić?!

18. I jeszcze Mi powiedz, do kogo ty tak naprawdę się modlisz i do kogo ten biedny Jakub miałby się modlić?!"

19. A Józef rzekł na to: „Do Pana Boga, Twojego świętego Ojca powinieneś się modlić, dlatego że On jest świętym ponad wszystkie Świętości!"

20. A Dzieciątko odpowiedziało: „W tym masz oczywiście rację,

21. ale najgorsze w tej sprawie jest to, że ty właściwie nie znasz Ojca wszystkich Świętości, do którego się modlisz!

22. I Tego Ojca jeszcze długo nie poznasz, bo stare nawyki i przyzwyczajenia ci na to nie pozwolą!"

23. Potem odezwało się Dzieciątko do Jakuba: „Chodźmy stąd, a przekonasz się, że na powietrzu i bez modlitwy można coś do jedzenia otrzymać!"

24. Powiedziawszy to, wybiegło Dzieciątko ze Swoim Jakubem z izby i nie dało się zatrzymać.

213

Maria i Cyreniusz krytykują postępowanie Józefa. Józef bierze sobie krytykę głęboko do serca. Józef wychodzi i woła Dzieciątko.

22 maj 1844

1. A kiedy Dzieciątko z Jakubem było już na dworze, rzekła Maria do Józefa:

2. „Posłuchaj, mój kochany małżonku, ojcze Józefie! Czasami jesteś dla tego boskiego Dziecka co nieco za ostry!

3. Bo przecież czego można żądać od dziecka w wieku dwóch lat i czterech miesięcy?

4. Któż chciałby je poddać kiedykolwiek tak ostremu wychowaniu?

5. Ale ty jesteś w stosunku do tego Dziecka wszystkich dzieci zbyt surowym, jakby, na Boga, było już nie

wiem jak dorosłe!
6. Pomyśl, mam wrażenie, że to nie jest słuszne! – Od czasu do czasu kochasz Je ponad miarę, a czasem znów jesteś tak surowym, jakbyś nie miał żadnych uczuć dla Niego!"
7. Do tego tonu Marii dołączyli od razu Cyreniusz, Jonatan, Tulia, Eudokia i Maroniusz Pilla.
8. A Cyreniusz dołożył jeszcze do tego: „Przyjacielu! Doprawdy czasem nie wiem, co mam o tobie myśleć!
9. Pouczasz mnie, bym w Samym Dziecku rozpoznał najwyższą Istotę Boską –
10. a zaraz potem wymagasz od Niego, ażeby się Samo modliło do Boga!
11. Powiedz mi, jak to się ma zgodzić? – Jeśli Dzieciątko jest Samym Bogiem, to czy Ono powinno się do Boga modlić? – Nie sądzisz, że twoje żądanie jest trochę niedorzeczne?
12. Ale załóżmy, że to Dziecko nie jest Tym, za kogo Je teraz uważam i które ubóstwiam;
13. wtedy jednak, będąc prawdziwym przyjacielem dzieci, i tak pomyślałbym, że twoje wymagania są niezrozumiałe,
14. bo komu przyszłoby do głowy, aby surowo wymagać od dwuletniego dziecka, żeby się modliło?
15. Dlatego nie miej mi za złe, że jako poganin powiem ci:
16. Przyjacielu, jesteś chyba potrójnie ślepym, jeśli tego Dzieciątka nie potrafisz każdego dnia docenić i Jego godności uznawać!
17. Doprawdy, tym razem i ja nie tknę jedzenia, jeśli nie ma tu obok mnie Dzieciątka i Jego Jakuba i dopóki nie znajdzie się Ono po mojej stronie!
18. Nie jest to nawet śmieszne, że prosisz Boga i Pana o błogosławieństwo posiłku, a jednocześnie odsyłasz tego samego Boga i Pana od stołu, dlatego że nie pomodlił się w taki sposób, do którego jesteś przyzwyczajony?!
19. To na pewno dlatego Dzieciątko zapytało cię, do kogo właściwie powinno się modlić, do kogo ty sam się modlisz i do kogo powinien modlić się Jakub?
20. I jak przypuszczam, nie zrozumiałeś, co chciało ci przez to powiedzieć!"
21. Te ostre i trafne uwagi przeniknęły serce Józefa do głębi i wyszedł z izby, żeby przyprowadzić Dzieciątko i Jakuba z powrotem.
22. Ale jego nawoływania i poszukiwania okazały się daremne, gdyż oni gdzieś się oddalili i nikt nie wiedział dokąd poszli.

214

Synowie Józefa szukają Dzieciątka. Tajemniczy głos i jego pocieszające słowa do Józefa. Józef udaje się za Dzieciątkiem, które wyszło mu naprzeciw na wysokość góry. Pień z drzewa cedrowego jako stół Pana, zastawiony pieczenią z jagnięcia, winem i chlebem. Posiłek przy stole Pana. „Prawdziwą modlitwą jest miłość do Mnie!"

23 maj 1844
1. To zaniepokoiło Józefa, dlatego zawołał swoich czterech starszych synów i powiedział do nich:
2. „Chodźcie i pomóżcie mi odnaleźć Dzieciątko i Jakuba, albowiem

zbłądziłem i jest mi ciężko na duszy!"

3. I czterej synowie udali się pospiesznie we wszystkie strony, i szukali Dzieciątka przez godzinę; ale nie mogli Go nigdzie odnaleźć i sami wrócili do domu.

4. A kiedy Józef zobaczył, że synowie powrócili sami, jeszcze bardziej się zatrwożył i wyszedł daleko poza obejście, tam usiadł na kamieniu i gorzko zapłakał, żałując, że tak bezmyślnie postąpił z Dzieciątkiem.

5. A gdy tak płakał, usłyszał głos, który przemówił do niego:

6. „Józefie! Sprawiedliwy mężu, nie płacz, nie pozwól, żeby ludzie siali niepokój w twoich uczuciach, sercu i umyśle!

7. Bo Ja, którego ty teraz z trwogą i pełen niepokoju szukasz, jestem bliżej ciebie, niż myślisz.

8. Udaj się naprzód w tym kierunku, w którym zwrócona jest twoja twarz, a twoje oczy ujrzą Tego, który teraz do ciebie mówi i którego szukasz!"

9. Na te słowa podniósł się Józef pokrzepiony i udał się pospiesznie w tę stronę, w którą zwrócone było jego oblicze, i szedł przez pola.

10. I tak idąc, dotarł do podnóża wysokiego wzgórza, o wysokości około stu siedemdziesięciu klaftrów.

11. A wtedy pomyślał: „Czy powinienem w takim upale wspinać się na tę górę?"

12. I ten sam głos odezwał się znowu: „Tak, musisz wejść na tę górę; dopiero tam oczy twoje ujrzą Pana, którego ty nie widziałeś, kiedy On siedział przy twoim stole!"

13. Po usłyszeniu tych słów Józef zaprzestał myśli o upale i wspinał się szybko na szczyt góry.

14. A gdy już prawie go osiągnął, napotkał gęstą mgłę, którą otoczony był sam wierzchołek i zdziwił się, że o tej porze roku tak niewielka góra okryta jest mgłą, a był to czas bliski Paschy.

15. A kiedy tak rozmyślał, ujrzał Dzieciątko i Jakuba, którzy wyłonili się z mgły. Dzieciątko rzekło do niego:

16. „Józefie! Nie lękaj się i podejdź z radością w sercu razem ze Mną na szczyt tego wzgórza

17. i sam się przekonaj o tym, że czas, w którym Pan pościć będzie, jeszcze nie nadszedł, i że dlatego On nie pomodlił się!

18. Ale przyjdzie taki czas, w którym Pan będzie pościł, jednak jeszcze nie teraz. – I dlatego chodź za Mną!"

19. I Józef udał się w ślad za Dzieciątkiem i szybko znalazł się na samym wierzchołku.

20. A kiedy znalazł się tam, mgła ustąpiła i na gładko wypolerowanej belce przytwierdzonej w poprzek do pnia cedrowego ujrzał pieczeń jagnięcą, puchar pełen wybornego wina i bochenek wspaniałego pszennego chleba.

21. Wtedy zadziwił się Józef niezmiernie i zapytał: „Skąd wzięliście to wszystko? – Czy przynieśli wam to Aniołowie albo może Ty, o Panie, jesteś tym, który to stworzył?"

22. A Dzieciątko spojrzało na słońce i odparło: „Józefie, spójrz, także i to światło spożywa z Mojego stołu!

23. I powiadam ci: ono potrzebuje w ciągu jednej godziny więcej pokarmu, aniżeli cała Ziemia, która ciebie nosi, ale jeszcze nigdy nie było głodne i nie dokuczało mu pragnienie! I takich wędrujących „głodomorów" posiadam bez liku, a nawet mnóstwo jeszcze o wiele większych!

24. Myślisz, że będę pościł, kiedy

Mnie od stołu odgonisz dlatego, że do Siebie Samego nie pomodliłem się na czas?

25. O, spójrz! Pan nie ma potrzeby tego czynić! – A teraz podejdź do Mojego stołu i posil się w Moim towarzystwie, ale tym razem bez twojego obyczaju i nawyku twojej modlitwy!

26. Albowiem prawdziwą modlitwą jest miłość do Mnie; jeżeli ją posiadasz, wtedy o każdym czasie możesz sobie oszczędzić trudu twoich ust!" – I podszedł Józef do stołu, jadł oraz pił przy prawdziwym stole Pana i czuł, że smak potraw jest niebiańsko rozkoszny.

215

Józef niosący krzyż. Ewangelia Dzieciątka o krzyżu.

24 maj 1844

1. Po tym niebiańskim posiłku na wzgórzu powiedział Józef do Dzieciątka:

2. „Mój Panie i mój Boże! Ja, biedny starzec, proszę Cię, wybacz mi, gdyż na pewno Cię obraziłem, i udaj się ze mną z powrotem do domu!

3. Bez Ciebie nie mogę tam wrócić; bo gdybym to zrobił, wszyscy obróciliby się przeciwko mnie i skarciliby mnie gorzkimi słowami!"

4. Dzieciątko odparło: „Tak, tak, pójdę już z tobą, bo nie chcę urządzać tu Mojej nowej jadalni!

5. Ale jednej rzeczy od ciebie zażądam – abyś Mój stół niósł przede Mną na swych ramionach aż do samego domu!

6. Nie bój się jednak jego ciężaru, kiedy będzie cię trochę uciskał, ale wiedz, że on cię nie zegnie do ziemi ani ci nie odbierze wszystkich sił!"

7. Po tych słowach wziął Józef na barki cedrowy stół w kształcie krzyża, zaś Jakub wziął ze sobą wszystko, co pozostało po spożytym na wzgórzu posiłku, i idąc z Dzieciątkiem pośrodku, wszyscy trzej wędrowali z powrotem do domu.

8. Po pewnym czasie Józef powiedział do Dzieciątka: „Posłuchaj, mój najukochańszy Jezusie! Ten krzyż jest jednak bardzo ciężki – czy nie moglibyśmy trochę odpocząć?"

9. Ale Dzieciątko sprzeciwiło się: „Józefie, ty jako cieśla nosiłeś już większe ciężary, których Ja na ciebie nie nakładałem.

10. I nigdy dotąd, dopóki nie przyniosłeś ciężaru na wyznaczone miejsce, nie pozwalałeś sobie na żaden odpoczynek!

11. A dziś, kiedy po raz pierwszy dźwigasz dla Mnie ten niezbyt wielki ciężar, chcesz już odpoczywać, chociaż nie uszedłeś jeszcze tysiąca kroków!?

12. O, Józefie! – Nieś! Nieś dalej Mój mały ciężar i nie zatrzymuj się, a w swoim czasie w Moim Królestwie otrzymasz właściwą nagrodę!

13. Pomyśl, w tym krzyżu poczujesz Moje brzemię, a ono przez swój niewielki ucisk sprawi, że zrozumiesz, kim Ja jestem dla ciebie na tym świecie!

14. Lecz kiedy ten świat będziesz opuszczać na Moich rękach, wtedy ten oto krzyż przemieni się dla ciebie w ognisty powóz Eliasza, którym odjedziesz przede Mną, szczęśliwy i błogi, do góry!"

15. Po tych słowach ucałował stary

Józef nieco ciężki dla niego krzyż i niósł go dalej bez odpoczynku;
16. i już więcej nie wydawał mu się zbyt ciężki, i zaniósł go z łatwością aż do samego domu.
17. W tym czasie wszyscy byli tam pełni oczekiwania i trwogi, starając się odgadnąć, kiedy i z której strony nadejdą w końcu ci, których oczekują.
18. A kiedy Maria, Cyreniusz oraz wszyscy obecni zobaczyli wracających, nie posiadali się z radości.
19. Wybiegli im na spotkanie z otwartymi ramionami, a Maria objęła Dzieciątko i zaczęła Je tulić z całych swoich sił i całej swojej miłości.
20. Cyreniusz zaś zdziwił się bardzo, dlaczego Józef przyniósł do domu przedmiot do straceń, symbol poniżenia i hańby.
21. A wtedy Dzieciątko na rękach Matki wyprostowało się i powiedziało do Cyreniusza:
22. „Zaprawdę, zaprawdę powiadam ci! – Ten oto znak największej hańby i zniewagi będzie znakiem najwyższego honoru, godności i poważania!
23. I jeśli ty nie zechcesz go nieść, idąc za Mną, tak jak Józef go teraz niesie, nie wejdziesz nigdy do Mojego Królestwa!" Te słowa sprawiły, że Cyreniusz zamilkł i nie pytał się już o nic więcej, co dotyczyłoby brzemienia Józefa.

216

Ryba na zimno z oliwą i sokiem z cytryny. O Mojżeszowym sposobie odżywiania. Dieta Nowego Testamentu: „Teraz mówi się i po wszystkie czasy będzie się o Nim mówić: Pan jest najlepszym kucharzem!"

25 maj 1844

1. Potem wszyscy weszli do domu i zgodnie z wolą Dzieciątka zasiedli za stołem,
2. bo do tej chwili jeszcze nikt z ważnych gości nie wziął do ust ani jednego kęska i wszystkie ryby leżały na stole w postaci, w jakiej je przyrządzono i podano.
3. Ale ze względu na to, że na poszukiwaniu Dzieciątka zeszło kilka godzin i dzień już się zbliżał ku wieczorowi,
4. ryby całkiem już ostygły – a zwyczaj żydowski zabrania jeść rybę w zimnej postaci.
5. Ale że to wszystko stało się jeszcze przed zachodem słońca, rybę można było zjeść, jednak podgrzaną; bowiem obyczaj nakazywał, aby ją znów postawić na ogień.
6. Dlatego Józef zawezwał do siebie synów-kucharzy i kazał im podgrzać ryby.
7. Wówczas Dzieciątko odezwało się: „Józefie, zostaw to, bo od dziś dozwolonym będzie jeść rybę chłodną, jeżeli przed tym ją dokładnie usmażono!
8. A zamiast ją jeszcze raz podgrzewać, każ przynieść cytryny i dobry olej,
9. a ryba będzie smaczniejsza, niż gdyby została jeszcze raz usmażona!"
10. Józef posłuchał rady Dzieciątka i polecił przynieść cały koszyk cytryn i duże naczynie pełne świeżego oleju.
11. Tymczasem goście, słysząc to, z zaciekawieniem oczekiwali smaku podanej potrawy.

12. Cyreniusz pierwszy wziął wielki kąsek ryby, dał na nią trochę oleju, a potem skropił ją sokiem z wyciśniętej cytryny.
13. A kiedy skosztował przyprawioną w ten sposób rybę, to nie mógł się nachwalić jej smakowitości.
14. Za przykładem namiestnika podążyli pozostali goście i wszystkim smakowała ta potrawa, przyrządzona w nowy sposób, a pochwałom nie było końca.
15. Potem, zjadłszy duży kąsek ryby, Józef powiedział:
16. „Doprawdy! Jeśli Mojżesz spróbowałby kiedyś tak przyrządzonej zimnej ryby, to na pewno włączyłby to danie do potraw dozwolonych do spożywania przez lud!
17. Ale on widocznie nie był w sztuce kucharskiej tak dobrze obeznany jak Ty, mój najukochańszy Jezu!”
18. Na to roześmiało się Dzieciątko naprawdę radośnie i wesoło przemówiło:
19. „Mój kochany Józefie! Przyczyna jest następująca:
20. Pod władzą Mojżesza na pustyni mówiło się, że głód jest najlepszym kucharzem! – I jego lud zjadłby z głodu nawet surowe mięso, szkodząc sobie;
21. dlatego Mojżesz musiał wprowadzić taką dietę i nakazał ludowi żywić się wyłącznie świeżym i ciepłym pożywieniem.
22. Ale teraz mówi się i w przyszłości po wszystkie czasy będzie się mówić: «Pan jest najlepszym kucharzem!». – I można już także spożywać zimną rybę z sokiem z cytryny i olejem.
23. A to dlatego, że zimna, ale dobrze usmażona ryba odpowiada stanowi pogan, sok z cytryny odpowiada pojednawczej i ściągającej razem sile, która jest we Mnie, a olej przedstawia Moje Słowo, kierowane do nich. – Czy rozumiesz teraz, dlaczego ta ryba lepiej smakuje?” – I wszyscy, poruszeni do głębi, podziwiali mądrość Dziecka.

217

Dlaczego Morze Śródziemne może być nazwane morzem „Środkowym”. „... gdyż prawdziwy środek jest tam, gdzie i Pan jest!”

28 maj 1844

1. A kiedy już wszyscy najedli się ryb na zimno, wstając od stołu, podziękowali Józefowi za wyśmienity posiłek i wyszli na dwór; słońce chyliło się właśnie ku zachodowi.
2. A kiedy wszyscy towarzysze Cyreniusza byli już na zewnątrz, Dzieciątko odezwało się:
3. „Cyreniuszu, czy przypominasz sobie, o co Mnie zapytałeś, gdy byliśmy przy pogorzelisku, a Ja wychwalałem ryby śródziemnomorskie, że są smaczne i zdrowe?”
4. Cyreniusz przez chwilę zastanowił się, ale nie mógł sobie przypomnieć postawionego wówczas pytania.
5. Powiedział więc do Dzieciątka: „O, mój Panie, Ty moje Życie! – Wybacz mi, muszę przyznać, że zupełnie zapomniałem!”
6. Dzieciątko uśmiechnęło się do zakłopotanego Cyreniusza i zwróciło się do niego głosem pełnym łagodności:
7. „Czy nie pytałeś Mnie wówczas o Morze Śródziemne – czy znajduje

się ono rzeczywiście pośrodku krain Ziemi?
8. A Ja wówczas doradziłem ci, byś spojrzał na Moją miniaturę ziemi i sam przekonał się, czy to morze rzeczywiście znajduje się pośrodku Ziemi.
9. Właśnie teraz mamy najlepszy czas, aby tę sprawę wyjaśnić!
10. Dlatego weź tę małą ziemię do ręki i znajdź odpowiedź na twoje pytanie!"
11. A Cyreniusz rzekł: „Rzeczywiście – na moją biedną duszę – zupełnie bym o tym zapomniał, gdyby nie Ty, o Panie!"
12. I zaraz Jakub pobiegł do przyległego budynku i przyniósł stamtąd Cyreniuszowi odwzorowaną przez Dzieciątko małą ziemię.
13. Ten zaś począł na niej szukać „środkowego" czyli Śródziemnego Morza i wkrótce je odnalazł.
14. A gdy je wskazał palcem, Dzieciątko zapytało:
15. „Cyreniuszu, czy to jest rzeczywiście środek Ziemi? – Jak sądzisz?"
16. A Cyreniusz odrzekł: „Znam reguły Euklidesa i Ptolemeusza
17. i wiem z planimetrii, że na powierzchni kulistej każdy dowolny punkt znajduje się w środku tej powierzchni, gdyż po pierwsze: koresponduje ze środkowym punktem kuli,
18. a po drugie: wszystkie wychodzące z niego linie posiadają jednakowe zakrzywienia i jednakowe wymiary.
19. Według tej reguły to morze mogło zostać nazwane «Morzem Środkowym».
20. Ale oczywiście wiem także, że każde morze można by nazwać morzem środkowym".
21. Dzieciątko powiedziało: „Masz zupełną rację; ale tu nie mają znaczenia prawa Euklidesa
22. i wyłącznie to morze można nazwać morzem «środkowym»,
23. gdyż prawdziwy środek jest tam, gdzie jest Pan!
24. Spójrz, Pan jest teraz tu, nad tym morzem i dlatego to morze jest morzem środkowym!
25. Pomyśl, jest to inna reguła, o której Euklidesowi nawet się nie śniło i ona jest właściwsza od jego reguł!"
26. To objaśnienie pobudziło Cyreniusza do dalszych przemyśleń, którymi się teraz dogłębnie zajął.

218

Wszystko dzieje się według woli Bożej w określonym czasie i porządku. O nie mającym sensu dociekaniu głębi tajemnic Bożych i o dziecięcej prostoduszności i naiwności jako najlepszej drodze do prawdziwej mądrości.

29 maj 1844

1. Dzieciątko zauważyło, że Cyreniusz docieka i chce się zagłębić w dalsze przemyślenia, i powiedziało:
2. „Cyreniuszu, twoje dociekania są bezużyteczne, bo ty chcesz od razu całą rękę, gdy Ja dałem ci jeden palec!
3. To nie jest właściwe, gdyż wszystko potrzebuje swojego czasu i swojego stałego i niezmiennego porządku!
4. A ty, widząc drzewo w kwiecie, od razu chciałbyś zrywać dojrzałe owoce.

5. Zrozum, tak się nie da, gdyż każde drzewo ma swój porządek kwitnienia i owocowania!
6. A ten czas i porządek biorą się od wieczności ze Mnie i Ja nie mogę przeciwko Sobie działać;
7. dlatego tego czasu i porządku nikt nie może Mi odebrać i nikt nie może go odmienić!
8. Kocham cię całą pełnią Mojej Boskiej Mocy; ale nie mogę ci podarować ani jednej minuty płynącego czasu,
9. gdyż czas musi płynąć jak strumień i jest nie do zatrzymania, i nie zatrzyma się wcześniej, dopóki nie dobije do wielkiego brzegu niezmiennej wieczności!
10. Dlatego twoje dalsze badanie i dociekanie Mojej głębi, czy chcesz tego czy nie, jest daremne!
11. Bo podążając tą drogą, nie uda ci się zbliżyć nawet o włos do Mojej tajemnicy, aż nie nadejdzie właściwy czas!
12. Pozostaw więc swoje dociekania i nie trudź swojego ducha, bo kiedy nadejdzie ten czas, otrzymasz ode Mnie wszystko!
13. Ty chcesz teraz pojąć, dlaczego środek Ziemi znajduje się tam, gdzie Ja przebywam?!
14. Ale Ja ci powiadam: tego pojąć jeszcze teraz nie potrafisz, dlatego powinieneś najpierw uwierzyć i w swojej wierze pokazać i udowodnić prawdziwą pokorę twojego ducha.
15. Twój duch osiągnie właściwą głębię dopiero przez prawdziwą pokorę i dopiero w głębi twojego ducha będziesz mógł w Moją głębię lepiej spoglądać.
16. Jeżeli jednak, trwając uparcie w swoich przemyśleniach, będziesz wywyższał swojego ducha, wtedy twój duch będzie się oddalał od żywej głębi coraz bardziej i bardziej, a ty przez to od Mojej głębi także się oddalisz!
17. I jeszcze to powiem: od tej chwili zostanie ukryta cała głęboka mądrość przed mądrymi tego świata;
18. ale prostym, zwykłym, słabym, dzieciom i sierotom zostanie włożona w serca!
19. Dlatego stań się w swoim usposobieniu dzieckiem, a nadejdzie czas także dla ciebie i wtedy ty właściwą mądrość posiądziesz!"
20. Cyreniusz zdziwił się niezwykle, słysząc takie pouczenie i zapytał Dzieciątka:
21. „Cóż, jeśli więc sprawy tak się mają, to znaczy, że żaden człowiek nie powinien już więcej studiować pisma ani przelewać swoich myśli na papier?!
22. Bo jeśli Ty wszystko godnym tego podarujesz, to po cóż wtedy te męczące nauki i poszukiwanie prawdy?"
23. A Dzieciątko odrzekło: „Przez właściwą i pełną pokory naukę pole do przyjęcia mądrości zostanie użyźnione i to także mieści się w Moim porządku.
24. Nie musisz przecież nauki traktować jako celu lub dla mądrości samej w sobie, ale spoglądaj na nią jako na środek!
25. A kiedy to pole zostanie użyźnione, to Ja wówczas rozsieję ziarno, z którego dopiero ta właściwa mądrość wyrośnie! Czyż teraz to rozumiesz?" – Na to zamilknął Cyreniusz i przestał dalej dociekać.

219

Krzyż wyrazem miłości Boga do człowieka.

30 maj 1844

1. Po tej wielce pouczającej rozmowie Dzieciątka z Cyreniuszem, zwrócił się Józef do Dzieciątka z zapytaniem, co powinien zrobić z przyniesionym do domu krzyżem.

2. A Dzieciątko odparło: „Józefie! – Powiadam ci: on już znalazł swego właściciela i swoje miejsce!

3. Bo także i ty mówisz do kupca: «Masz dobry towar, nie pozostaniesz długo w jego posiadaniu,

4. gdyż na pewno znajdzie się na niego jakiś chętny klient!»

5. I wiedz, że Ja też jestem kupcem! – Przyniosłem dobry towar na wolną sprzedaż.

6. Znalazł się już nabywca i w miłości do Mnie kupił go;

7. a tym nabywcą jest Jonatan, ten silny rybak!

8. Czyż nie powinien otrzymać zapłaty za ryby, w które nas tak obficie zaopatrzył?

9. Jedna ręka myje drugą. Kto podaje wodę, temu także woda winna zostać podana.

10. Kto daje olej, temu powinno się odpłacić obfitością oleju.

11. Kto pociesza, ten na wieki winien być pocieszony.

12. A kto miłość daje, ten miłość także otrzyma.

13. A Jonatan oddał Mi całą swoją miłość, dlatego również i Ja daję mu w tym krzyżu Moją miłość!

14. Wy także daliście Mi miłość – z wodą i olejem;

15. ale powiadam ci: czysta miłość jest Mi milsza niż ta z wodą i olejem!

16. Teraz krzyż stał się Moją czystą miłością!

17. Dlatego dałem go Jonatanowi, gdyż jego miłość do Mnie jest czysta,

18. ponieważ on kocha Mnie dla Mnie Samego i to jest miłość czysta!

19. On pokochał Mnie, nie wiedząc, Kim jestem; zaś wy kochacie Mnie mniej, gdyż jednak wiedzieliście, Kim naprawdę jestem.

20. I to właśnie jest miłość zmieszana z wodą! – Dlatego nigdy nie powinno wam jej zabraknąć na tym świecie w waszych oczach.

21. Cyreniusz kocha Mnie miłością zmieszaną z oliwą, dlatego kiedyś zostanie pomazany olejem życia, tak jak wy napojeni Wodą Życia.

22. Ale w Moim domu zamieszkają kiedyś tylko ci, którzy Mnie kochają czystą miłością!"

23. Te słowa Dzieciątka napełniły lękiem Józefa, a i Cyreniusz, słysząc je, bardzo się dziwił.

24. Ale Dzieciątko dodało: „Ale nie powinna was niepokoić myśl, że Ja nie chcę was dopuścić do krzyża – albowiem ten, kto będzie miał otwarte serce, ten także znajdzie otwartą drogę do krzyża!" – Kiedy Józef i Cyreniusz usłyszeli to, uspokoiły się znowu ich zmysły i serca.

220

Łzy Jonatana i jego miłość do Pana. Każdy człowiek narodzi się na nowo i uświęci przez miłość do Boga: „Czyż miłość do Mnie nie jest świętą, jak Ja Sam w Mojej Boskości jestem?”

31 maj 1844

1. Po tych słowach Dzieciątka Jonatan padł przed Nim na kolana i płakał z wielkiej radości i wdzięczności.
2. Zaś Dzieciątko zwróciło się do wszystkich: „Czy widzicie, jak wielką jest miłość Jonatana do Mnie?
3. Doprawdy, powiadam wam, z każdej jednej łzy, która z jego oczu teraz spływa, powstanie kiedyś dla niego świat w Moim Królestwie!
4. Chociaż kiedyś objaśniłem wam już znaczenie łez, ale dziś powtarzam wam jeszcze raz:
5. Żadna łza nie jest dla Mnie cenniejsza od takiej, jaka spływa z oczu Jonatana”.
6. A wtedy Jonatan podniósł się i powiedział:
7. „O, najwszechmocniejszy Panie mojego życia! Jak to możliwe, że ja, wielki grzesznik, otrzymuję od Ciebie tyle nieskończonej łaski i miłosierdzia?!”
8. Dzieciątko zaś odpowiedziało: „Jonatanie, zapytaj siebie, jak to możliwe, że potrafisz Mnie tak bardzo kochać, skoro jesteś wielkim grzesznikiem?
9. Czy miłość do Mnie nie jest świętą sama w sobie, tak jak Ja Sam jestem święty w Mojej Boskości?
10. Jak więc ty, wielki grzesznik, możesz nosić świętą miłość w swoim sercu?
11. Czyż każdy człowiek na nowo nie narodzi się i nie uświęci przez miłość do Boga w swoim sercu?
12. A jeśli ty jesteś pełen tej miłości, to powiedz, co w sobie grzechem nazywasz?
13. Spójrz! Ciało każdego człowieka samo w sobie jest grzeszne, dlatego musi umrzeć!
14. Tak, powiadam ci: nawet Moje ciało jest w niewoli grzechu i dlatego też będzie musiało umrzeć, tak jak i twoje!
15. Ale ten grzech nie jest grzechem wolnej woli, który będzie sądzony, i nie obciąża rachunku twojego wolnego ducha.
16. A twoja wartość zostanie osądzona nie według twojego ciała, ale według twojej miłości.
17. I kiedyś nie zapytają cię, jakie było twoje ciało, lecz jaka była twoja miłość!
18. Pomyśl, jeśli rzucisz kamień w górę, to on tam nie pozostaje, tylko spada w dół, na ziemię.
19. Dlaczego tak jest? – Dlatego, że przyciąga go materia Ziemi, jako osądzona miłość, którą on sam jest wypełniony.
20. Dlaczego obłoki i gwiazdy nie spadają z nieba? – Albowiem miłość nieba je przyciąga!
21. Jeśli więc twoje serce jest pełne miłości do Wiecznie Żywego Boga, powiedz: dokąd będzie cię przyciągać twoja wolna i żywa miłość?”
22. Ta nauka wypełniła wszystkich obecnych uczuciem niebiańskiej rozkoszy i upojeni nią nie wiedzieli, co się z nimi dzieje.

221

Środek przeciwko pladze insektów. Kometa.

1 czerwiec 1844

1. Po tej lekcji dla Jonatana oraz wszystkich domowników i gości Józef powiedział:

2. „Przyjaciele, wieczór jest ładny, może przed spoczynkiem wyszlibyśmy na powietrze?

3. W izbach jest teraz jeszcze bardzo duszno,

4. a jeśli człowiek położy się w takiej duszności do łóżka, to nie może być mowy ani o zaśnięciu, ani o jakimkolwiek odpoczynku!"

5. A Dzieciątko przyłączyło się, mówiąc: „Józefie! Jestem tego samego zdania; gdyby jeszcze te latające owady, których jest tam bez liku, nie były tak dokuczliwe, wówczas wieczory na powietrzu byłyby jeszcze przyjemniejsze!"

6. Józef odrzekł: „Tak, moje Życie, doprawdy jest w tym dużo racji!

7. Gdyby jeszcze był jakiś sposób, który nie naruszając Twojego porządku, trzymałby te latające stworzenia daleko od nas. To byłoby wielce pożądane".

8. Dzieciątko powiedziało: „Och, jakiś sposób na pewno się wkrótce znajdzie!

9. Idź i napełnij miskę ciepłym krowim mlekiem, i wystaw ją na dwór, a zobaczysz, że chmary tych niepożądanych gości zbiorą się dookoła tej miski – a nas pozostawią w spokoju!"

10. Józef z miejsca polecił swoim synom, aby wystawili w misie ciepłe mleko.

11. A synowie Józefa uczynili niezwłocznie, co im nakazał.

12. I kiedy miska z ciepłym mlekiem znalazła się już na dworze, to w szarzejącym zmroku, który powoli zapadał, wkrótce dał się zauważyć rój przeróżnych owadów kłębiących się nad misą mleka.

13. I wszyscy podziwiali ten wynalazek, który roje komarów zgromadził w jednym miejscu, ażeby tam mogły pomiędzy sobą toczyć prawdziwą wojnę mleczną.

14. A Cyreniusz powiedział: „Spójrzcie, jak proste i celowe jest to urządzenie!

15. Mała, ledwo zauważalna miska pełna ciepłego mleka uwalnia nas od plagi natrętnych owadów!

16. Doprawdy, powinno się to od razu wprowadzić także w Tyrze,

17. bo i tam wieczorami chmary tych stworzeń dokuczają ludziom".

18. Ale Dzieciątko zauważyło: „Ten środek jest rzeczywiście dobry, ale nie wszędzie da się go zastosować z powodzeniem,

19. bo nie wszędzie są takie same warunki.

20. Warunki, jakie są teraz tutaj, nie istnieją nigdzie poza tym miejscem!

21. Dlatego tylko tutaj ten sposób tak wspaniale skutkuje. Lecz tam, gdzie okoliczności są inne, tam nasz środek nie zadziała.

22. Ale teraz spójrz w niebo – a odkryjesz kometę!" – Tu spojrzał Cyreniusz w górę i za chwilę rzeczywiście ujrzał dużą kometę.

222

Rozmowa o kometach jako zwiastunach nieszczęść i wojen.

3 czerwiec 1844

1. A kiedy Cyreniusz napatrzył się już wystarczająco długo na lecący obiekt, powiedział:

2. „Doprawdy, dziwna gwiazda! – Pierwszy raz mi się zdarza taką widzieć,

3. chociaż już wcześniej słyszałem o takich mitycznych zwiastunach nieszczęść na niebie".

4. Na te słowa Cyreniusza podszedł do niego Maroniusz Pilla i rzekł:

5. „Posłuchajcie! Świątynia Janusa jest zamknięta zaledwie od siedmiu lat, a wszyscy mówią:

6. «Oto teraz Rzym cieszy się erą wiecznego pokoju!», bo jeszcze nigdy ta świątynia nie była zamknięta aż tak długo!

7. Ale teraz widzimy przed naszymi oczami ten straszny znak, który zapowiada, że świątynia Janusa zostanie wkrótce otwarta,

8. a na wielkich Polach Marsowych zrobi się znów tłoczno, gdy zacznie się tam gromadzić tłum zbrojnych!"

9. Wówczas Józef zapytał Maroniusza Pillę, czy naprawdę wierzy, że kometa jest zwiastunem wojen.

10. A Maroniusz Pilla z całą powagą odpowiedział: „O, przyjacielu, to absolutna prawda! – Mówię ci: przyjdzie wojna za wojną!"

11. Na to Cyreniusz rzekł: „Znalazło się na raz dwóch nieomylnych!

12. Józef trzyma się swojego Mojżesza, a Maroniusz Pilla wciąż nie może się pozbyć swoich starych pogańskich przesądów!"

13. A wówczas Józef powiedział: „Wielce szanowny bracie i przyjacielu Cyreniuszu! Sądzę, że Mojżesz jest jednak ważniejszy od świątyni Janusa w Rzymie!"

14. Na to Cyreniusz odparł: „Bez wątpienia! – Jeśli jednak człowiek ma w sercu Samego Pana, Jehowę w Swojej Pełni, to jestem zdania, że i Mojżesz, i głupi Janus powinni się znaleźć na dalekim planie, i to od razu, raz na zawsze!

15. Rzeczywiście, według starożytnych legend komety zalicza się do zwiastunek nieszczęść.

16. Ale uważam, że nasz Pan i najukochańszy Jezus w Swojej Boskiej Pełni jest także Panem komet. Czyż nie jesteście tego samego zdania?"

17. Józef odpowiedział: „Zgoda, ale nie można porównywać Mojżesza z owym Janusem z Rzymu, na dodatek tutaj, w obecności Pana!"

18. Cyreniusz odparł: „Nie miałem tego na myśli, ale jeśli jest przy mnie Pan, to wtedy Mojżesz i Janus są dla mnie tak samo bez znaczenia!"

19. Na to rzekło Dzieciątko do Cyreniusza: „ Przy tym pozostań!

20. Gdyż zaprawdę tam, gdzie chodzi o Nieskończoność, znikają wszystkie wielkości, a zero znaczy tyle co milion!"

21. Ta wypowiedź Dzieciątka była małym prztyczkiem dla Józefa, który od tej chwili nie podnosił już znaczenia Mojżesza w dyskusji z Cyreniuszem.

223

O istocie komety na przykładzie naczynia z mlekiem.

4 czerwiec 1844

1. Potem podszedł Jonatan do Józefa, który jak zwykle mocno dociekał istoty rzeczy i powiedział:
2. „Bracie, znów jest tak jak podczas zaćmienia księżyca i tylko Sam Pan może nam dopomóc w wyjaśnieniu tej zagadki!
3. Jak sądzisz, czy rozjaśni przed nami tę sprawę, jeśli Go o to zapytamy?"
4. A Józef odpowiedział: „Mój drogi bracie, Jonatanie, nie dowiemy się tego, jeśli nie spróbujemy!
5. Kto mocno ufa Panu, ten buduje na dobrym gruncie.
6. Podejdź do Dzieciątka, które teraz znajduje się na kolanach Marii i zapytaj Je,
7. a okaże się, jaką odpowiedź otrzymasz!"
8. Na te słowa Jonatan zwrócił się z miłością i pokorą do Dzieciątka, by Mu zadać pytanie.
9. Ale Dzieciątko uprzedziło go, mówiąc:
10. „Jonatanie, wiem już, czego ode Mnie chcesz, ale to nie dla ciebie!
11. Pójdź do domu i weź małą pochodnię,
12. zapal ją i podejdź z nią do miski z mlekiem, która jest przynętą dla komarów i innych owadów,
13. a powiadam ci, że ujrzysz kometę razem z zagadką jej natury!"
14. Jonatan od razu uczynił, co mu poleciło Dzieciątko.
15. I wyobraźcie sobie – kiedy podszedł z palącą się pochodnią do miski z mlekiem, gdzie kłębił się rój komarów, much i innych owadów,
16. to nagle zobaczył płonący ogon komety o długości kilku metrów, który składał się z latających owadów,
17. przy czym głowę tego ogona stanowiło naczynie z mlekiem.
18. To zjawisko zauważyli także inni goście
19. i wszyscy byli zadziwieni podobieństwem tego zjawiska do komety na niebie.
20. Jonatan podszedł do Dzieciątka i zapytał, jak można wytłumaczyć to zjawisko.
21. A Dzieciątko wyjaśniło: „Na początek wiesz tyle, ile zobaczyłeś! Ale nie każdy może poznać tę tajemnicę,
22. więc na razie niech to cię zadowoli! Jutro jest nowy dzień".

224

Wykład o istocie komety.

5 czerwiec 1844

1. Ale Jonatan zaczął wytężać swą głowę, jednak nie mógł nic mądrego wymyślić.
2. Dzieciątko od razu zauważyło, że Jonatan nie potrafi połączyć dwóch zjawisk: mleka w misie i komety na niebie.
3. Dlatego zwróciło się do niego:
4. „Mój kochany Jonatanie! Otóż w tobie samym następują zjawiska, które widziałeś przedtem w obrazie komety!
5. Twe serce wyobraża dużą miskę, w której miłość jest mlekiem.
6. A nad tym «mlekiem» krąży teraz

mnóstwo komarów, muszek oraz innych owadów, tak samo jak nad miską prawdziwego mleka.

7. Ten rój tworzą twoje trochę zabawne myśli na temat podobieństwa obu komet.

8. Ale – drogi przyjacielu Jonatanie – któż mógłby naprawdę uznać jądro komety za miskę z mlekiem, a jej ogon za rój owadów?!

9. Przecież to tylko odpowiednik, a nie naturalne podobieństwo zjawisk!

10. Ale czy ty w ogóle wiesz, co to jest odpowiednik? – Czym jest miska, czym mleko w środku i czym rój komarów i innych owadów?

11. Zobacz, ty tego nie wiesz! Więc posłuchaj, bo chcę ci to wyjaśnić!

12. Miska przedstawia naczynie do gromadzenia substancji, w których ukryta jest ożywcza i życiodajna siła, pochodząca ode Mnie.

13. A mleko jest właśnie tą ożywczą i życiodajną substancją z Mojego źródła.

14. W komarach, muszkach i innych owadach owa siła przejawia się już w swobodnym działaniu.

15. Ale jeśli ta siła nie będzie właściwie odżywiana, to wkrótce osłabnie i nie będzie mogła wzrosnąć ani ukształtować się na wyższym, doskonalszym stopniu rozwoju.

16. A teraz wyobraź sobie: kometa na niebie jest niczym innym, jak tylko przyszłym, nowo tworzonym i kształtującym się światem!

17. Jądro komety jest naczyniem, które przyjmuje ode Mnie życiodajną siłę.

18. Siła ta dzięki energii ognia przybiera postać rozgrzanego gazu, który z kolei skrapla się, tworząc smugę ożywczej pary.

19. I po to, żeby owa para, która nosi już w sobie Siłę wyższego rzędu, nie odpłynęła od nowego ciała niebieskiego,

20. zostaje wchłonięta przez niezliczone monady eterycznych cząstek, które szybują w przestworzach za jądrem nowego ciała-komety w postaci jej ogona i oddają temu nowemu światu swoją energię, przyczyniając się do jego wspaniałego rozwoju.

21. I na tym właśnie polega podobieństwo pomiędzy kometą na niebie i kometą – miską mleka!

22. Niechaj to wystarczy twojej wyobraźni. I nie dociekaj już niczego więcej, ażeby twoja miłość nie osłabła przez wysiłek twojego rozumu!”

23. To wyjaśnienie usłyszało wielu z tam obecnych. I choć nikt go nie zrozumiał, to jednak wielu uwierzyło, że to prawda.

225

Dlaczego głębokie dociekania dzieł Boga są niedobre dla dzieci Bożych.

7 czerwiec 1844

1. Wówczas Cyreniusz zwrócił się do Dzieciątka i zapytał Je: „O Ty, Życie moje! – Dlaczego nie można albo nie powinno się głęboko badać Twoich dzieł?

2. Dlaczego takie studia mogłyby zaszkodzić miłości do Ciebie?

3. Bo mnie się zdaje, że jest akurat odwrotnie: im głębiej i dokładniej poznajemy dzieło Twojego stworzenia, tym bardziej rośnie w nas uczucie

miłości do Ciebie, ale nigdy nie odwrotnie!

4. Bo wśród nas, ludzi, tak jest, że człowiek staje się dla nas tym cenniejszy, im więcej odkryjemy w nim doskonałości.

5. O ileż większe będzie więc uczucie do Ciebie, Pana oraz Stworzyciela wszelkiej wielkości i doskonałości, jeżeli będziemy Ciebie wciąż głębiej i głębiej poznawać!

6. Dlatego też i ja sam pragnę Ciebie, moje Życie, prosić, ażebyś przybliżył mi tę dziwną gwiazdę!

7. Bo serce podpowiada mi, że będę Cię kochał w pełni dopiero wówczas, kiedy poznam Cię głębiej i głębiej w Twoim wszechmocnym, mądrym i cudownym działaniu.

8. Bo przecież nikt nie może Ciebie jako jedynego Boga i Pana pokochać, jeśli przedtem Cię nie pozna,

9. a więc poznanie Ciebie całą naszą duszą jest drogą do tego, aby Cię pokochać!

10. Tak samo najpierw musiałem poznać mą kobietę, zanim mogłem ją przyjąć w swym sercu! Gdybym jej nie poznał, nie zostałaby moją żoną!"

11. Na to uśmiechnęło się Dzieciątko i rzekło: „O, mój kochany Cyreniuszu! Gdybyś Mi częściej udzielał tak mądrych rad, to musiałbym się stać głęboko rozumnym człowiekiem!

12. Posłuchaj, powiedziałeś Mi coś zupełnie nowego;

13. ale pomyśl: byłeś teraz Moim nauczycielem, gdy wbrew ostrzeżeniu przed zbytnim dociekaniem Moich dzieł chciałeś Mi udowodnić, że jest to bardzo pożyteczne.

14. Ale jak teraz miałbym, jako twój Uczeń, wyjaśniać ci nieznane rzeczy?!

15. Jeśli znasz prawdziwsze reguły miłości aniżeli te, które przekazuje ci twój Bóg i twój Stwórca, to po cóż miałbyś Go prosić o jakiekolwiek wyjaśnienia?

16. A może myślisz, że Bóg pozwoli Sobą kierować przez ludzi, według ich reguł rozsądku, jakby miał być Sędzią według praw świata?

17. O, Cyreniuszu! Wciąż jeszcze tkwisz w bardzo wielkim błędzie!

18. Posłuchaj: tylko Ja Sam znam Mój wieczny porządek, który jest praprzyczyną wszystkich rzeczy!

19. Także i ty wyszedłeś z tego porządku! Miłość twego ducha do Mnie jest twoim prawdziwym życiem.

20. A jednak ty, mając Mnie żywego przed sobą, chcesz miłość do Mnie zastąpić miłością do Moich dzieł, żeby Mnie mocniej kochać.

21. Pomyśl, czy takie nierozumne wzmacnianie miłości będzie uzasadnione?

22. Ten bowiem, kto Mnie nie ma w sobie i nie zna Mnie, może Mnie szukać drogą, którą przedstawiłeś;

23. ale jeśli ktoś ma już w swoim wnętrzu Mnie Samego, to do czego miałyby mu służyć twoje stopnie wtajemniczenia?"

24. Ta mowa bardzo zaskoczyła Cyreniusza i poczuł się nią dotknięty, i nikt więcej nie pytał już o kometę.

226

Wycofanie się Boskości z Dziecka. Jego ostatnie zarządzenie dla Józefa i Cyreniusza. Nocny spoczynek. Specjalna łaska Dziecka – Jezus dla Jakuba.

8 czerwiec 1844

1. Kiedy temat komety został wyczerpany, Dzieciątko zwróciło się do Józefa i powiedziało:

2. „Józefie, przez te dwa dni byłem prawdziwym Panem domu, wy zaś wszyscy byliście Mi posłuszni;

3. ale teraz znowu tobie przekazuję tę rolę i tak jak ty zadysponujesz, tak powinno się stać!

4. Od tej chwili będę jak każde dziecko. Musi tak być, albowiem Moje Ciało winno wzrosnąć do dzieła zbawienia, dla dobra was wszystkich.

5. Nie oczekujcie zatem ode Mnie teraz i w nadchodzącym czasie żadnych cudów więcej w tej krainie!

6. Ale też nie pozwólcie zwątpić swojej wierze i zaufaniu do Mojej władzy i mocy,

7. albowiem kim byłem od zawsze, tym jestem i pozostanę na wieczność!

8. Dlatego nie bójcie się nigdy tego świata, który jest niczym wobec Mnie; ale lękajcie się zbłądzić przede Mną, gdyż będzie to oznaczać śmierć dla waszych dusz!

9. A więc, Józefie, przejmij panowanie nad domostwem i bądź solidny i sprawiedliwy, w imię Mego Ojca, Amen.

10. Ty zaś, Cyreniuszu, wyrusz jutro szczęśliwie do Tyru, gdzie już czekają na ciebie ważne sprawy!

11. Moja miłość i łaska jest z tobą, dlatego nie trwóż się; wszystko inne omów z Józefem, bo od dziś on jest głową tego domu!"

12. A potem Dzieciątko przywołało do Siebie Jakuba i powiedziało do niego:

13. „Jakubie! – Między nami wszystko ma pozostać według reguł, które są ci już znane!

14. I niech ze wszystkim tak będzie w tym kraju. Amen!"

15. Ale Józef bardzo się zasmucił i błagał Dzieciątko, aby zachowało Swoją Boskość.

16. Lecz Ono stało się podobne do zwykłego dziecka i w Jego mowie nie było już żadnego śladu Boskości.

17. Stało się też śpiące i Jakub musiał Je zanieść do łóżeczka.

18. Jeszcze długo w nocy domownicy i goście siedzieli razem i rozmawiali o powodzie tej nagłej odmiany Dzieciątka,

19. ale nikt nie mógł znaleźć właściwego wytłumaczenia i tylko jeden drugiemu zadawał pytania,

20. a z żadnej strony nie nadchodziła dobra odpowiedź.

21. Wreszcie Józef rzekł: „Wiemy, jakie są nasze potrzeby i co winniśmy czynić, więc możemy być z tego zadowoleni!

22. A że jest już późna noc, więc będzie najlepiej, jeśli udamy się na spoczynek".

23. Z propozycją Józefa zgodzili się wszyscy i wkrótce w całym domu zapadła nocna cisza.

227

Troska Józefa o poranny posiłek. Pusta spiżarnia. Ryby Jonatana ratunkiem dla kuchni Józefa.

10 czerwiec 1844

1. Następnego ranka Józef był jak zwykle na nogach o wiele wcześniej niż cała reszta i wyszedł przed dom, żeby zobaczyć, jaki dzień się zapowiada.

2. Wszystko wskazywało na piękną pogodę; wrócił i obudził synów, aby przygotowali dla gości śniadanie.

3. Synowie szybko wstali i udali się do spiżarni, by rozeznać się w wielkości zapasów.

4. A kiedy przeszukali spiżarnię, szybko powrócili do Józefa i powiedzieli:

5. „Posłuchaj, kochany ojcze,

6. nasza spiżarnia w ciągu tych kilku dni bardzo się opróżniła,

7. dlatego doradź nam, dokąd mamy pójść, by przynieść produkty potrzebne do przygotowania posiłku".

8. Na to Józef podrapał się za uszami i sam poszedł przejrzeć zawartość spiżarni, lecz znalazł tam tylko potwierdzenie wypowiedzi swoich synów, co wprawiło go w jeszcze większe zakłopotanie.

9. I głowił się Józef, lecz nie mógł wymyśleć, jak ma wybrnąć z tej sytuacji.

10. A gdy tak stał i myślał w przedsionku izby jadalnej, podszedł do niego Jonatan, który też już się zbudził, przywitał i ucałował starego przyjaciela, i zapytał go, dlaczego tak stoi i czym się tak trapi.

11. Józef pokazał mu pustą spiżarnię, która była powodem jego zakłopotania.

12. A Kiedy Jonatan to ujrzał, powiedział do Józefa:

13. „O, mój najdroższy przyjacielu, nie kłopocz się z tego powodu!

14. Posłuchaj, moje spiżarnie są jeszcze pełne, mam tam jeszcze ze dwa tysiące cetnarów uwędzonych ryb!

15. Więc teraz pozwól twoim synom, aby od razu ze mną tam poszli, a za półtorej godziny twoja spiżarnia będzie wyglądała zupełnie inaczej!"

16. Ta propozycja była prawdziwym balsamem na serce Józefa i od razu ją przyjął.

17. Nie upłynęło nawet półtorej godziny, kiedy Jonatan z czterema synami Józefa powrócili z solidnym ładunkiem ryb.

18. Synowie przynieśli cztery cetnary ryb wędzonych, a Jonatan trzy wielkie skrzynie pełne świeżych ryb i dziesięć dużych bochnów pszennego chleba.

19. A kiedy Józef ujrzał powracających z takim ładunkiem, uradował się bardzo i dziękował Bogu, i chwalił Go za ten dar, a potem objął i ucałował Jonatana.

20. Chwilę potem kuchnia wypełniła się życiem.

21. Synowie rześko zabrali się do pracy; Maria i Eudokia także wyszły wkrótce z sypialni i poszły do obory, żeby wydoić krowy.

22. I w taki sposób za pół godziny było gotowe śniadanie dla z górą stu gości.

228

Współzawodnictwo w braterskiej miłości między Józefem a Cyreniuszem. Bezinteresowność Józefa. Prawdziwi i fałszywi słudzy Boży.

11 czerwiec 1844

1. Kiedy potrawy były już na stołach, a wszyscy goście na nogach, Józef udał się do Cyreniusza z zapytaniem, czy gotów jest, żeby zasiąść do śniadania.

2. A Cyreniusz odpowiedział Józefowi: „O, mój szanowny przyjacielu i bracie! Naturalnie, że jestem gotów, tak jak i wszyscy moi towarzysze,

3. ale przecież wiem także, że twoja spiżarnia nie posiada takich zapasów, żeby mogła przez kilka dni pod rząd wyżywić ponad stu ludzi.

4. I dlatego dziś wyślę do miasta moją służbę po zapasy żywności dla mnie i dla ciebie!"

5. A kiedy Józef to usłyszał, rzekł:

6. „O, mój przyjacielu i bracie, możesz to uczynić w celu zaopatrzenia swego statku,

7. ale twoja troska o mnie jest zupełnie zbyteczna.

8. Bo spójrz, po pierwsze: śniadanie jest już gotowe, a po drugie: moja spiżarnia jest zaopatrzona tak obficie, że nie będziemy w stanie zjeść wszystkiego nawet w osiem dni.

9. Dlatego nie kłopocz się o mnie, bo jestem dobrze zaopatrzony!"

10. A Cyreniusz powiedział: „Zaprawdę, zaprawdę, gdyby już nic innego nie mogło być świadectwem twojego przenajświętszego powołania, to byłaby nim – w pełnym tego słowa znaczeniu – całkowita i niepojęta bezinteresowność!

11. Tak, według tego człowiek będzie mógł zawsze i nieomylnie odróżniać prawdziwe sługi Boże od tych fałszywych;

12. prawdziwi będą zawsze bezinteresowni, a fałszywi będą stanowić ich całkowite przeciwieństwo,

13. gdyż ci prawdziwi służą Bogu w sercu i w sercu zawsze znajdują za to największe i wieczne wynagrodzenie,

14. a ci fałszywi służą temu bogu, którego w złej wierze sami stworzyli na tym świecie i ze względu na ten świat;

15. dlatego też tacy szukają zasług tego świata i chcą zapłaty za każdy swój krok i czyn.

16. Ja, urodzony jako poganin, wiem najlepiej, że kapłani Rzymu ściągają bez umiaru opłaty za wszystkie swoje posługi.

17. Doprawdy, ja sam nawet musiałem kiedyś zapłacić wyższemu kapłanowi sto funtów czystego złota za zwykłą poradę!

18. Pytanie: czy to był prawdziwy sługa jedynego i prawdziwego Boga?

19. Ty gościsz mnie już trzy dni – i jak wiele nauki odebrałem w twoim domu – a nie chcesz wziąć za to ani jednego funta!

20. I nie chcesz nawet przyjąć zapłaty za ośmioro dzieci, które wziąłeś ode mnie na wychowanie! – Oto jak wygląda prawdziwy sługa Boga!"

21. Józef mu odpowiedział: „Bracie, nie mów więcej o tym, gdyż twoja mowa zbytnio mi pochlebia,

22. tylko usiądź do stołu, a zaraz zacznie się śniadanie!" – Cyreniusz spełnił życzenie Józefa i zasiadł za stołem.

229

Śniadanie w radosnym nastroju. Józef mówi o dobroci Pana. Dzieciątko przy stole. Sceny serdeczności pomiędzy małym Jezusem a Cyreniuszem.

12 czerwiec 1844

1. A gdy wszyscy zasiedli już przy stole, podano bardzo smacznie przyrządzone ryby,

2. a Cyreniusz bardzo się zdziwił, skąd o tak wczesnej porze na stole Józefa tyle świeżych ryb!

3. Wtedy Józef wskazał na wielkiego Jonatana i zażartował:

4. „Wyobraź sobie: jeśli człowiek ma tak wielkiego mistrza-rybaka za przyjaciela, to nie musi nic robić – a ryby są na jego półmisku!"

5. Na to Cyreniusz roześmiał się i powiedział: „Tak, masz absolutną rację!

6. Rzeczywiście, w takich okolicznościach można mieć na stole ciągle świeże ryby, zwłaszcza kiedy gości się pod swoim dachem jeszcze Kogoś!"

7. A wtedy Józef uniósł w górę ręce i przemówił z wielkim wzruszeniem:

8. „Tak, bracie Cyreniuszu – i potrzeba jeszcze Kogoś, kogo my wszyscy nigdy nie będziemy warci!

9. I On także niechaj pobłogosławi ten poranny posiłek, aby prawdziwie wzmocnił nasze ciała i naszą miłość do Niego – Przenajświętszego!"

10. To głośne i serdeczne wyznanie Józefa sprawiło, że w oczach wszystkich stołowników pojawiły się łzy i wszyscy głosili chwałę wielkiego Boga w śpiącym jeszcze Dzieciątku.

11. A gdy goście zabrali się do smakowania ryb, Dzieciątko się zbudziło;

12. i doskonały zapach powiedział Mu od razu, co znajduje się na stole.

13. Wtedy w mig wyskoczyło z łóżeczka i przybiegło nagusieńkie do stołu, przy którym siedziała Maria i zaraz chciało się zabrać do jedzenia.

14. Ale Maria wzięła Je na kolana i powiedziała do Jakuba:

15. „Idź i przynieś mi szybko czystą koszulkę z sypialni!"

16. A Jakub spełnił od razu życzenie Marii i przyniósł czystą koszulkę.

17. Ale tym razem Dzieciątko nie chciało dać się ubrać.

18. Maria była z tego powodu niezadowolona i powiedziała: „Moje Dzieciątko, nie wypada nago siedzieć przy stole,

19. dlatego będę na Ciebie bardzo zła, jeśli nie dasz się ubrać!"

20. Ale Cyreniusz, wzruszony do łez widokiem niewinnego Chłopczyka, zwrócił się do Marii:

21. „Kochana i najmilsza Matko, daj mi Dzieciątko, ażebym jeszcze raz mógł Je, nagie i bezbronne, utulić i nacieszyć się Nim!

22. Kto wie, czy jeszcze kiedykolwiek na tym świecie spotka mnie tak bezgraniczne szczęście?!"

23. A Dzieciątko uśmiechnęło się do Cyreniusza i od razu chciało pójść do niego.

24. I Maria dała Je Cyreniuszowi, który płakał z radości i szczęścia, kiedy rześko i wesoło podskakiwało na jego kolanach.

25. Cyreniusz zapytał Je najpierw, jaki kawałek ryby chciałoby zjeść najchętniej.

26. A Ono odpowiedziało: „Daj Mi ten biały kawałek bez ości!"

27. Cyreniusz włożył najlepszy i najczystszy kawałek w rączki Dzieciątku, które z radością i wielkim apetytem go zjadło.

28. A gdy się już nasyciło, powiedziało: „To było bardzo smaczne! – Ale teraz ubierz Mnie!

29. Bo kiedy jestem głodny, to najpierw muszę coś zjeść, a potem chcę się ubrać!" – Tu Dzieciątko zamilkło i w spokoju pozwoliło Cyreniuszowi włożyć na Siebie koszulkę.

230

Ciąg dalszy sceny z Dzieciątkiem przy stole. „Maria jest dla Mnie niedobra z powodu wielkiej miłości do Mnie!"

13 czerwiec 1844

1. A gdy Dzieciątko było już ubrane, Cyreniusz zapytał Je, czy nie ma ochoty na jeszcze jeden kawałek świetnej ryby.

2. Dzieciątko szczerze wyznało: „Bardzo chętnie wziąłbym jeszcze maleńki kawałeczek,

3. lecz nie śmiem tego zrobić, bo wtedy Mama Mnie skarci!"

4. Cyreniusz odrzekł: „O, Ty mój nieskończenie i ponad wszystko ukochany Chłopczyku! Jeśli ja Ci go osobiście podam, to z pewnością Mama nic złego Ci nie powie!"

5. Ale Dzieciątko zawołało: „Pewnie, jak długo tu jesteś, nic nie powie!

6. Ale kiedy ciebie już tu nie będzie, to dostanie Mi się podwójnie!

7. O, nie uwierzyłbyś, jaka okropna może być Moja Matka, jeśli zrobię coś, czego ona sobie nie życzy!"

8. Cyreniusza bardzo to rozbawiło i powiedział do Dzieciątka: „A co powiesz na to, gdybym Twojej surowej Matce zwrócił uwagę, że powinna być bardziej pobłażliwą w stosunku do Ciebie?"

9. A Dzieciątko na to odpowiedziało: „Proszę cię, tylko nie czyń tego, bo wtedy dostanę taką burę, jakiej jeszcze nie było, kiedy ciebie już tu nie będzie!"

10. A Cyreniusz zapytał:

11. „O Ty, Życie moje, Ty moje niebiańskie Dzieciątko! – Jeśli Twoja Matka jest taka surowa, to jak ją możesz ponad wszystko kochać?"

12. A Dzieciątko odpowiedziało: „Bo ona jest tak surowa z wielkiej miłości do Mnie, a także z troski i ze strachu, że mogłoby Mi się stać coś złego.

13. Więc zrozum, dlatego muszę ją kochać tak mocno! Jeśli nawet jest czasem surowa bez powodu, to zawsze kierują nią dobre myśli i dlatego zasługuje na Moją miłość!

14. I właśnie dlatego byłaby zła, gdybym teraz zjadł jeszcze jeden kawałek ryby, bo myślałaby, że to Mi zaszkodzi.

15.Wiem, że to by Mi nie zaszkodziło; ale nie chcę popełniać grzechu przeciw troskliwości Mojej Matki.

16. Och – i Ja także mogę się powstrzymać i zastosować do nakazu Mojej Matki, jeśli tak być powinno,

17. ale jeśli akurat tak być nie musi, to wtedy mogę czynić, co chcę.

18. A wtedy nic Sobie z tego nie robię, że Moja Matka trochę się złości.

19. Ale teraz nie muszę koniecznie zjeść jeszcze jednego kawałka ryby, dlatego powstrzymam się, aby Matka

nie miała do Mnie pretensji, kiedy ciebie już tu nie będzie".

20. Wtedy Cyreniusz zadał nowe pytanie:

21. „Rozumiem, moje Życie! – Ale jeśli masz taki respekt dla Twojej ziemskiej Matki, to dlaczego wcześniej nie pozwoliłeś, by Cię ubrała?

22. Czy z tego powodu nie będzie zła na Ciebie, kiedy już stąd pójdę?"

23. A Dzieciątko odpowiedziało: „Na pewno będzie, jednak się tym nie przejmuję!

24. Bo czasami po prostu robię, co chcę i nie pytam, czy to się podoba Mojej Matce, czy nie.

25. A więc potem może Mnie skarci, gdyż ma szlachetne zamiary i jest dobrej woli".

26. Na to uśmiechnęła się Maria i powiedziała żartobliwie: „Poczekaj no tylko, kiedy będziemy sami,

27. dostanie Ci się wtedy za to, że tak na mnie naskarżyłeś Cyreniuszowi!"

28. A Dzieciątko rozbawione powiedziało: „Och – teraz sobie ze Mnie żartujesz! Potrafię odróżnić, kiedy jesteś prawdziwie rozgniewana i twoja twarz czerwienieje z gniewu, a kiedy na pewno nie ma w tobie złości i twoja twarz jaśnieje od dobrych uczuć".

29. Na to roześmiali się wszyscy i Dzieciątko śmiało się razem z nimi. A Maria wzięła Je na ręce, przytuliła do serca i pieściła z wielką miłością.

231

Wdzięczność Cyreniusza, jego podarunek i mowa na pożegnanie. Cyreniusz decyduje się pozostać jeszcze jeden dzień.

14 czerwiec 1844

1. Po tych dziecięcych figlach i przekornych rozmówkach śniadanie zakończyło się.

2. Józef zmówił dziękczynną modlitwę, a Cyreniusz podszedł do niego i powiedział:

3. „Mój najukochańszy przyjacielu! Okazałeś tyle dobroci mnie, a także mojemu bratu, Juliuszowi Augustusowi Kwiryniuszowi, cesarzowi Rzymu! Nigdy nie zdołam ci się za to odwdzięczyć.

4. Ale niczym cię nie wynagrodzić – wybacz, ale to jest dla mnie nie do pomyślenia!

5. Wiem, że nie zgodzisz się przyjąć ode mnie cesarskiej zapłaty,

6. dlatego pomyślałem o czymś innym. Widać, że w tym roku nie możesz się spodziewać obfitego zbioru z twojego pola;

7. a przecież dom twój liczy wielu mieszkańców.

8. Dziewięć osób przynależy do mnie, a was także jest ośmioro, a więc wszystkich razem jest siedemnaście osób.

9. I mój duch podpowiada mi, że twoje skrzynie na mąkę są puste tak samo jak twoje spiżarnie,

10. a z karmą dla bydła także u ciebie nie lepiej.

11. Wszystko to jest mi dokładnie wiadome, jak też i to, że niedługo wszyscy nie będziecie mieli co na siebie włożyć.

12. Dlatego, mój najukochańszy bracie, przyjmij ode mnie przynajmniej tyle, ile jest ci teraz potrzebne.

13. Wiem dobrze, jakie to śmieszne, że ja, prosty śmiertelnik, chcę pomóc

Panu Nieskończoności i wesprzeć materialnie Tego, który jednym Swoim słowem tworzy miriady światów.

14. Ale wiem także, że Pan Wieczności nie może nieustannie czynić cudów, albowiem byłoby to sprzeczne z ustanowionym przez Niego wiecznym porządkiem i pociągałoby za sobą konieczność Jego sądu nad całym stworzeniem.

15. Z tego powodu powinieneś więc przyjąć ode mnie tyle, ile jest ci teraz potrzebne.

16. I mam nadzieję, że tym razem nie odrzucisz mojej pomocy, tak jak to wcześniej robiłeś!"

17. A Józef rzekł: „Tak, mój bracie! – Tym razem muszę ci przyznać rację!

18. Ale zanim cokolwiek od ciebie wezmę, muszę zapytać o to Pana".

19. A wtedy Dzieciątko zbliżyło się do Józefa i powiedziało:

20. „Józefie, przyjmij to, co chce ci dać Cyreniusz, abyś zaopatrzył dom we wszystko, co będzie potrzebne do naszego wyżywienia!"

21. A wtedy Józef zgodził się przyjąć pomoc od Cyreniusza.

22. A ten przekazał mu sakwę z tysiącem funtów srebra i siedemdziesięcioma funtami złota.

23. Józef podziękował Cyreniuszowi i przyjął to wsparcie o dużej wartości.

24. Cyreniusz zaś poczuł się z tego powodu niezwykle uradowany i rzekł: „Bracie! – Teraz moje serce jest o tysiąc cetnarów lżejsze! Lecz dziś was jeszcze nie opuszczę, gdyż nie pozwala mi na to moja wielka miłość!" – A Józefa bardzo ta wieść ucieszyła.

232

Józefa kufer z pieniędzmi i jego obawa przed złodziejami. Dobra rada Dzieciątka.

15 czerwiec 1844

1. Ale Józef nie miał żadnej skrzyni, gdzie mógłby schować tyle pieniędzy.

2. Cyreniusz polecił więc od razu swoim sługom, aby udali się do miasta i nabyli skrzynię, obojętnie za jaką cenę!

3. Słudzy postąpili od razu według jego rozkazu i w ciągu dwóch godzin przynieśli do domu Józefa naprawdę ładną skrzynię z drzewa cedrowego, która kosztowała dziesięć funtów srebra.

4. Skrzynię tę rychło postawiono w sypialni Józefa i jego synowie włożyli do niej wielką ilość ciężkich monet.

5. Kiedy pieniądze zostały schowane, Józef powiedział:

6. „Teraz w oczach tego świata jestem bogaty jak jeszcze nigdy w całym swoim życiu;

7. gdyż nigdy nie widziałem tylu złotych i srebrnych monet, a tym bardziej ich nie posiadałem!

8. Ale też mój dom nie znał do tej pory złodziei ani rozbójników.

9. A teraz nie wystarczy nam oczu ani czasu do pilnowania tego majątku!"

10. Ale Jonatan na to odpowiedział: „Bracie mój, bądź o to spokojny!

11. Ja dobrze wiem, na kogo napadają złodzieje i rozbójnicy.

12. Oni polują jedynie na chciwców i na ludzi skąpych!

13. Ale ty przecież taki nie jesteś

– dlatego możesz być spokojny, bo od ciebie i tak każdy dostanie trzy razy więcej od tego, o co cię poprosi!
14. Sądzę więc, że prędzej będziesz miał do czynienia z ubogimi oraz żebrakami niż ze złodziejami i rozbójnikami!"
15 Na to podeszła do Józefa Maria i powiedziała:
16. „Posłuchaj, kochany ojcze Józefie! Pamiętasz, jak w mieście naszego ojca Dawida zostaliśmy obdarowani przez trzech królów z Persji? Jak wiele złota nam wtedy przekazali?
17. I spójrz, nie posiadamy już z tego ani ziarenka, choć nie zostaliśmy przez nikogo obrabowani!
18. Myślę więc, że podobnie będzie i tym razem: nie upłynie nawet rok, a my bez pomocy złodziei pozbędziemy się tego bogactwa.
19. Dlatego bądź spokojny! – Bo w domu, w którym mieszka Pan, złoto się długo nie utrzyma, a rozbójnicy i złodzieje też nie będą tu mieć wiele do czynienia!
20. Oni wiedzą dokładnie, tak jak ja i ty, że jest nieczystym i niebezpiecznym wyciagać rękę po skarby, które tak jakby w skrzyni Bożej leżały".
21. Po tych słowach Marii podeszło do Józefa także Dzieciątko i powiedziało:
22. „Wierny Józefie! Nie powinieneś z lękiem spoglądać na skrzynię, do której Moi bracia włożyli pieniądze!
23. Bo gdy widzę na twej twarzy frasunek, to myślę, że jesteś chory.
24. A nie chciałbym, żebyś chorował!
25. Te pieniądze nie będą ci długo ciążyły. Kup dużo żywności, trochę ubrań i rozdziel to, co pozostanie,
26. a skrzynia wkrótce będzie pusta!" – Te słowa Dzieciątka całkiem uspokoiły Józefa i znowu poczuł się swobodny i radosny.

233

Józef i jego najbliżsi. Domowe troski i prace. Wielka pomoc Jonatana, kierowana ufnością do Boga.

17 czerwiec 1844

1. Po tym wszystkim zawołał Józef swoich czterech synów i powiedział do nich:
2. „Weźcie funt srebra i idźcie do miasta, kupcie tam mąkę i wszystko inne, co jest potrzebne do kuchni,
3. przynieście to i przygotujcie wspaniały obiad na cześć Cyreniusza, który pozostał jeszcze moim gościem!"
4. Synowie udali się do miasta, aby wypełnić polecenie ojca.
5. A Maria podeszła do Józefa i oznajmiła mu dyskretnie, że drzewa na opał jest tak mało, iż nie wystarczy go na przygotowanie obiadu.
6. Wtedy zawołał Józef Jonatana i podzielił się z nim tym zmartwieniem.
7. Na to Jonatan rzekł mu: „Bracie, daj mi twoją największą i najostrzejszą siekierę, a ja pójdę do lasu, który rośnie obok pobliskiej góry;
8. bądź spokojny, w ciągu trzech godzin zobaczysz wysoką stertę drewna na twoim podwórzu!"
9. Józef dał Jonatanowi ostrą siekierę, a ten poszedł do lasu pod górą, która również należała do gospodarstwa Józefa; i wyrąbał szybko okazałe

drzewo cedrowe, obwiązał potężny pień mocnym sznurem i przywlókł do domu Józefa.

10. A kiedy dotarł do domu ze ściętym drzewem, wszyscy zadziwili się jego niezwykłą siłą.

11. Niektórzy ze służby Cyreniusza próbowali przeciągnąć pień dalej, ale wszystkie ich wysiłki spełzły na niczym,

12. bo nawet trzydziestu nie mogło ani o jeden centymetr przesunąć drzewa, które ważyło około stu cetnarów.

13. Wówczas Jonatan powiedział do sług Cyreniusza:

14. „Zamiast tego weźcie do rąk wszystkie, jakie są, siekiery i pomóżcie mi porąbać to drzewo!

15. Taki trud bardziej spodoba się gospodarzowi tego domu niż wasze próżne wysiłki, żeby sprostać mojej sile!"

16. Wówczas słudzy Cyreniusza, nie oglądając się, przystąpili do pracy i dzięki przemyślności Jonatana całe drzewo zostało rozrąbane i ułożone na stosie w przeciągu pół godziny.

17. Józef bardzo się tym uradował i zawołał z podziwem: „Ach, to jest doskonały wyczyn!

18. Doprawdy, trzy dni pracy potrzebowałbym, żeby porąbać takie drzewo,

19. a ty na wszystko nie zużyłeś nawet trzech godzin!"

20. A Jonatan odrzekł: „O, bracie! Wielka moc ciała jest także czymś przydatnym,

21. ale czymże jest ona w porównaniu do siły Tego, który u ciebie mieszka, przed którego tchnieniem drży cała nieskończoność?!"

22. A wtedy podeszło Dzieciątko do Jonatana i powiedziało do niego: „Zamilcz Jonatanie i nie zdradzaj niczego, co wiesz o Mnie, albowiem tylko Ja wiem, kiedy przyjdzie czas, abym się objawił!

23. Ale pamiętaj! Gdyby Moja siła nie była z tobą, to nie stałbyś się mocarzem dla tego drzewa. – Lecz milcz i nie mów o tym!" – Jonatan nie odezwał się już więcej i dopiero teraz pojął, dlaczego udało mu się tak łatwo uporać z tak wielkim ciężarem.

234

Kłopotliwa sytuacja namiestnika po przybyciu z miasta delegacji najdostojniejszych obywateli. Cyreniusz zaprasza wysłanników do wspólnego posiłku. O przekleństwie bogactwa.

18 czerwiec 1844

1. Kiedy takim sposobem dom Józefa został zaopatrzony także w drzewo, a synowie Józefa zabrali się żwawo do przygotowania obiadu,

2. wtedy z miasta przybyła bardzo dostojna delegacja, by przywitać najwyższego namiestnika Cesarstwa Rzymu.

3. Nikt z miasta nie wiedział o przybyciu Cyreniusza, gdyż jego życzeniem było przebywać tu tym razem zupełnie incognito.

4. Ale kiedy tego poranka na miejskim targu pojawiła się w poszukiwaniu skrzyni na pieniądze straż Cyreniusza, a w ślad za nią i synowie Józefa, mieszkańcy miasta domyślili się, że Cyreniusz przebywa w gospodarstwie Józefa.

5. Wówczas mieszkańcy Ostracyny zebrali się i postanowili wysłać swoich przedstawicieli, ażeby z pełnym dostojeństwem powitali Cyreniusza, co wcale go nie ucieszyło.
6. Na czele licznej delegacji stanęli naczelnik garnizonu oraz znany już nam setnik.
7. Naczelnik prosił Cyreniusza o wybaczenie, że zjawia się tak późno, by mu się zameldować, ale dopiero teraz, dzięki zupełnemu przypadkowi, dowiedział się, że jego Wysokość Konsul Cesarski zaszczycił swą obecnością ich miasto.
8. Cyreniusz o mało co nie odwrócił się od przybyłych, ponieważ bardzo go zirytowali i z trudem ukrywał gniew, którego przyczyną były niezapowiedziane odwiedziny.
9. Ale teraz, czy tego chciał czy nie, z powodów dyplomatycznych musiał zrobić dobrą minę i przywitał ich taką samą jak zwykle mową.
10. Na końcu zwrócił się do naczelnika: „Drogi przyjacielu, nam, możnym tego świata, nie zawsze jest lekko!
11. Zwykły człowiek może robić, co mu się tylko podoba i pójść, dokąd tylko zechce i zawsze pozostanie incognito!
12. Ale nam wystarczy przekroczyć próg, a nasze incognito przepada!
13. W imieniu mego brata przyjmuję wasze powitanie z wdzięcznością,
14. ale pozostanę przy tym, że jestem tu tym razem zdecydowanie nieoficjalnie!
15. Innymi słowy, moje przybycie nie ma urzędowego charakteru i wiadomość o nim nie może w żadnym przypadku zostać przekazana do Rzymu!
16. A jeśli się dowiem, że ktoś ośmielił się zrelacjonować w listach do Rzymu moje przybycie do Ostracyny, będę dla takiego bezlitośnie surowy! – Dobrze sobie to zapamiętajcie: przebywam tu pod rygorem całkowitej tajności!
17. Dlaczego? – To wiem ja i niech nikt nie śmie mnie o to pytać!
18. A teraz idźcie się przebrać i powróćcie tu, bowiem zapraszam was wszystkich na obiad, który będzie podany za trzy godziny i potrwa do zachodu słońca!"
19. Delegacja pożegnała się i odeszła z powrotem do Ostracyny.
20. Wówczas Józef podszedł do Cyreniusza i powiedział:
21. „Popatrz, oto jest już pierwszy wpływ pieniędzy, któreś mi w tak wielkiej ilości przekazał!
22. Twoi słudzy musieli z tego powodu kupić dla mnie skrzynię i zostali rozpoznani, a przez to także twoje przybycie stało się publicznie wiadome.
23. Jak zawsze, tak i teraz mówię: na złocie i srebrze ciąży dawne przekleństwo Boga!"
24. Ale Dzieciątko, które znajdowało się blisko Józefa, powiedziało do niego, uśmiechając się:
25. „Oto dlaczego dla pysznego złota i zarozumiałego srebra nie ma większej zniewagi i obrazy, niż być rozdzielonym przez człowieka sprawiedliwą miarą pomiędzy żebraków.
26. A ty, Mój kochany Józefie, czynisz tak zawsze, dlatego stare przekleństwo Boga nie będzie ci mogło zaszkodzić, tak jak i Cyreniuszowi.
27. Nawet Ja nie lękam się w ogóle tego złota, gdyż znajduje się już na właściwym miejscu!"
28. Te słowa uspokoiły Józefa i Cyreniusza, którzy, będąc już dobrej myśli, w pogodnym nastroju oczekiwali przybycia zaproszonych gości.

235

Obiad z udziałem zaproszonych dostojników. Ostrożność w sprawie porządku przy stole. Dąsanie Dzieciątka z powodu gorszych potraw przy dodatkowym stole. Prorocze słowa o przyszłości.

19 czerwiec 1844

1. W wyznaczonym czasie przybyli z miasta wszyscy zaproszeni i po powitaniach skierowali się do jadalni.

2. Ale że gości przybyło więcej niż się spodziewano, przygotowany przez synów Józefa stół okazał się za mały.

3. Dzieciątko zwróciło się dyskretnie do Józefa: „Ojcze Józefie, poleć przygotować i nakryć w pokoju obok jadalni mniejszy stół dla nas!

4. A Cyreniuszowi powiedz, aby z tego powodu się nie trapił i nie obrażał,

5. i powiedz mu też, że po obiedzie znowu do niego przyjdę!"

6. Józef wykonał wszystko zgodnie ze słowami Dzieciątka.

7. Lecz Cyreniusz sprzeciwił się: „Nie, tak nie można! Jeśli między nami znajduje się Pan całej Wieczności, to przecież nie możemy Go ukryć w jakiejś komórce!

8. To byłby dopiero najdziwaczniejszy porządek na tym świecie!

9. Mówię ci, że właśnie On i ty przede wszystkim powinniście siedzieć na najważniejszym miejscu przy stole!"

10. Lecz Józef mu odpowiedział: „Najukochańszy bracie, tak dziś nie może się stać,

11. gdyż spójrz, z miasta przybyło wielu pogan i mogłaby im zaszkodzić zbyt bliska obecność Pana, dlatego pragnę spełnić wolę Dzieciątka".

12. A wtedy Ono podeszło do nich i powiedziało: „Cyreniuszu! Józef ma doprawdy rację, uczyń według jego słów!"

13. I Cyreniusz bez słowa sprzeciwu podporządkował się temu, co powiedział Józef i skierował się do stołu ze swoimi bliskimi i delegatami z miasta.

14. A Józef polecił postawić w pomieszczeniu obok całkiem spory stół, przy którym zajęli miejsca: Maria, Dzieciątko ze Swoim Jakubem,

15. Jonatan, Eudokia i ośmioro dzieci od Cyreniusza.

16. Rzecz jasna, na stole gości postawiono więcej jadła i znalazły się tam smakowitsze potrawy niż na małym stole.

17. A zobaczywszy to, Dzieciątko powiedziało: „O ty, miejsce zhańbienia Ziemi! – Czy twojemu jedynemu Panu musisz podawać to, co najgorsze?!

18. O ty, urodzajna kraino pomiędzy Azją i Afryką, po wszystkie czasy powinnaś stać się jałową!

19. Doprawdy! – Gdyby na naszym stole nie było tych kilku ryb, to nie byłoby na nim niczego dla Mnie!

20. Tu stoi potrawa z mleka i miodu, której nie lubię, a tam upieczona cebula morska, tam jeszcze mały melon, a jeszcze gdzie indziej stary chleb i obok trochę masła i miodu.

21. I to ma być nasz cały obiad?! Same potrawy, których nie lubię, za wyjątkiem tych kilku marnych ryb!

22. Nie chcę, aby nasi goście jedli gorzej niż my,

23. ale nie jest także w porządku, że to my mamy jeść o wiele gorzej od naszych gości!"

24. A Józef powiedział: „Mój kochany Jezusie, nie dąsaj się już tak, bo spójrz, przed nami wszystkimi są podobne potrawy!"

25. Dzieciątko odpowiedziało: „Dobrze, daj Mi kawałek ryby i na teraz Mi to wystarczy. Ale innym razem nie zadowolę się codzienną strawą, bo Mojemu podniebieniu coś więcej też się należy!" – Józef to sobie zapamiętał i dał Dzieciątku do jedzenia rybę.

236

Domowa scena w kuchni i jej poważne następstwa. Ewangelia na temat, dlaczego Bóg stał się człowiekiem.

20 czerwiec 1844

1. Podczas jedzenia Dzieciątko zapytało Jonatana: „Czy ta ryba zalicza się do najlepszych gatunków?
2. Gdyż prawdę mówiąc, w ogóle Mi nie smakuje!
3. Po pierwsze jest twarda, a po drugie jest sucha jak słoma.
4. Doprawdy, to musi być gorszy gatunek ryby, a można to poznać także po tym, że jest w niej tyle ości!"
5. Jonatan odpowiedział: „Tak, mój Panie i mój Boże! To nie jest najlepsza ryba!
6. Och, gdyby mi tylko Józef wcześniej powiedział, to przyniósłbym dla Ciebie najlepszą rybę!"
7. Na te słowa także Józef poczuł się rozgniewany na swoich synów, że niezbyt zatroszczyli się o jego stół.
8. A Dzieciątko powiedziało: „Z tego powodu nie powinniśmy się tutaj gniewać ani denerwować,
9. ale to jednak trochę dziwne, że Moi bracia zostawiają zawsze w kuchni to, co najlepsze, dla siebie, a nam serwują wszystko to, co najgorsze.
10. Niech im to wszystko będzie błogosławione, ale to nie jest dobre ani miłe z ich strony!
11. Pomyśl, ty dałeś Mi najlepszy kawałek ryby, a mimo to nie potrafię go zjeść, chociaż jestem jeszcze bardzo głodny,
12. a to jest znak, że ta ryba jest zła!
13. Spróbuj sam zjeść jej kąsek, a przekonasz się, że mam rację!"
14. Józef spróbował i poczuł sam, że ryba jest nie do zjedzenia.
15. Wstał i natychmiast udał się do kuchni, i zobaczył, że jego czterech synów zajada się tam wspaniałą rybą – tuńczykiem.
16. To oburzyło go tak bardzo, że zaczął im wymyślać.
17. Jednak oni bronili się: „Ojcze! Zrozum, cała praca w domu spoczywa na nas; dlaczego nie mielibyśmy od czasu do czasu zjeść lepszego kąska od tych, którzy nie pracują ?
18. A poza tym ryba, którą wam podaliśmy, też nie jest zła.
19. Tylko Dzieciątko jest przez was rozpieszczone i pełne kaprysów, dlatego nic Mu nie wystarcza ani Go nie zadowala!"
20. To jeszcze bardziej rozgniewało Józefa i powiedział: „Dobrze, jeśli tylko tyle macie mi do powiedzenia, nie będziecie już więcej gotowali na mój stół.
21. Maria będzie gotować dla mnie, a wy – możecie sobie robić, co chcecie! I odtąd nikt z was nie ma prawa do mojego stołu podchodzić!"
22. Józef wzburzony wyszedł z kuchni i powrócił do stołu, wchodząc

do pokoju przez boczne drzwi.

23. Ale Dzieciątko stało się smutne i zaczęło płakać, a po chwili gwałtownie szlochać.

24. Maria, Józef i Jakub dotknięci strachem zaczęli wypytywać, co Mu się stało i czy odczuwa jakiś ból

25. albo jest jeszcze jakiś inny powód, że stało się nagle smutne i tak pełne żalu?

26. Dzieciątko głęboko westchnęło i powiedziało do Józefa głosem wypełnionym żalem:

27. „Józefie! – Czy uważasz, że to rozkosz – okazywać własną wspaniałość biednym i słabym, a potem z powodu drobnego występku od razu poddawać ich surowemu osądowi?!

28. Spójrz teraz na Mnie: ilu jest na tym świecie złych kucharzy, którzy już dawno zagłodziliby na śmierć Mnie, Ojca wszystkich ojców, gdyby tylko mogli to ze Mną uczynić!

29. Tymi kucharzami są ci, którzy o Mnie nic nie wiedzą i nic wiedzieć ani słyszeć nie chcą!

30. I pomyśl, pomimo to nie przychodzę do nich, aby ich sądzić w Moim sprawiedliwym gniewie!

31. Czy to rozkosz być Panem? – Spójrz, jestem jedynym Panem całej Nieskończoności i poza Mną nie ma w wieczności żadnego więcej!

32. I posłuchaj: Ja – Stwórca i Ojciec was wszystkich – zapragnąłem stać się tylko słabym, człowieczym Dzieckiem i powstrzymuję w Sobie boską, wieczną i nieskończoną wspaniałość,

33. abyście przez ten Mój pokorny przykład odrzucili żądzę władzy i panowania!

34. Ale nic z tego! Właśnie w tym Czasie wszystkich Czasów, w którym Pan całej Wspaniałości zszedł między ludzi, żeby ich wszystkich Swoją pokorą i skromnością za Sobą pociągnąć, ludzie najbardziej chcą być panami i chcą rządzić innymi!

35. Dobrze wiem, że tych czterech kucharzy osądziłeś ze względu na Mnie,

36. ale jeśli we Mnie rozpoznałeś Pana, to dlaczego Mnie wyprzedziłeś w swoim sądzie?

37. Pomyśl, my nie jesteśmy nieszczęśliwi z tego powodu, że otrzymaliśmy do zjedzenia mniej smaczne ryby, bo przecież możemy sobie przyrządzić lepsze!

38. Ale ci czterej bracia są teraz najbardziej nieszczęśliwymi stworzeniami na świecie, dlatego że ty, ich ojciec, tak surowo ich osądziłeś;

39. zastanów się, czy to sprawiedliwa kara za tak małe przewinienie!

40. Czym bylibyście wy, ludzie, gdybym z wami tak postępował, jak wy sami ze sobą, i gdybym był tak niecierpliwym, jak wy jesteście?!

41. Józefie, ty nie wiesz, dlaczego tym razem zostaliśmy obsłużeni tak skąpo, ale Ja to wiem.

42. Dlatego idź i odwołaj swój sąd, a Jakub ci powie, z jakiego powodu nasz obiad był dzisiaj taki marny!"

43. Wówczas Józef wyszedł i przywołał swoich czterech synów, żeby przed nim uznali swój błąd i aby mógł im wybaczyć.

237

Pełne pokory i serdeczności słowa czterech braci do Dzieciątka. Boska odpowiedź Dzieciątka.

21 czerwiec 1844

1. I przyszli niedługo czterej synowie do jadalni Józefa, upadli przed nim na kolana, uznali swą winę i prosili starego Józefa o wybaczenie.

2. Józef im przebaczył i wycofał swoje postanowienie.

3. Potem powiedział do nich: „Ja wam przebaczyłem,

4. ale nie ja zostałem przez was najbardziej obrażony.

5. Tu jest Dzieciątko, o którym źle mówiliście, wzbudzając mój gniew.

6. Powiedzieliście, że jest rozpieszczone, pełne kaprysów i że nic Mu nie wystarcza ani Go nie zadowala.

7. Tymi słowami bardzo Je oczerniliście!

8. Teraz podejdźcie i proście Je gorliwie o przebaczenie, bo inaczej może być źle z wami!"

9. Wówczas czterej bracia podeszli do Dzieciątka i powiedzieli:

10. „O Ty, nasz kochany Braciszku! Posłuchaj, niesłusznie oczernialiśmy Cię przed naszym ojcem

11. i w ten sposób bardzo go rozgniewaliśmy, że aż musiał nas przekląć.

12. Ciężko zgrzeszyliśmy przed Tobą i ojcem Józefem.

13. Och, nasz kochany Braciszku, czy będziesz mógł nam wybaczyć ten ciężki grzech? – I nazwiesz nas znowu Swoimi braćmi?"

14. Na to uśmiechnęło się Dzieciątko do nich, żarliwie proszących, wyciągnęło Swoje delikatne rączki i powiedziało ze łzami w Swych boskich oczach:

15. „O, podnieście się z kolan, Moi kochani bracia i podejdźcie do Mnie, abym mógł was ucałować i pobłogosławić!

16. Bowiem zaprawdę powiadam wam: kto tak jak wy przyjdzie do Mnie, temu zostanie przebaczone, nawet jeśli miałby grzechów więcej niż jest piasku w morzu i trawy na Ziemi!

17. Zaprawdę, zaprawdę mówię wam! – Jeszcze zanim Ziemia została stworzona, znałem już ten wasz grzech i przebaczyłem go wam, nim otworzyliście oczy na świat!

18. O wy, Moi kochani bracia! Nie miejcie żadnego lęku przede Mną, gdyż kocham was tak bardzo, że kiedyś umrę w Moim ciele z miłości do was!

19. Dlatego nie lękajcie się Mnie, bo doprawdy, nawet gdybyście Mnie przeklęli, to i tak bym was nie osądził, tylko płakałbym nad twardością waszych serc!

20. Podejdźcie tutaj, Moi kochani bracia, abym mógł was pobłogosławić!"

21. Ta niezmierzona dobroć Dzieciątka tak rozczuliła serca braci, że rozpłakali się jak małe dzieci.

22. Także reszta domowników była tym tak wzruszona, że nie mogła powstrzymać się od łez.

23. A Dzieciątko Samo podeszło do czwórki młodzieńców, pobłogosławiło ich oraz ucałowało, a potem powiedziało do nich:

24. „Teraz, kochani bracia, możecie być pewni, że wszystko wam wybaczyłem!

25. Ale proszę was, udajcie się do

kuchni i przynieście dla nas wszystkich lepsze ryby!
26. Bo chociaż wciąż jestem bardzo głodny, jednak nie przełknę tej ryby, którą dla nas przygotowaliście!"
27. Na te słowa podnieśli się od razu wszyscy czterej, ucałowali Dzieciątko i wzruszeni pospieszyli do kuchni, by szybko przygotować potrawę z najlepszych ryb na stół Józefa.

238

Znaczenie potraw. Duchowe fazy rozwoju na Ziemi: l. Stan ogólny 2. Judaizm 3. Kościół grecki 4. Kościół rzymski 5. Różne sekty i odłamy chrześcijaństwa.

22 czerwiec 1844

1. I wkrótce owa dobrze przyrządzona ryba znalazła się już na stole Józefa i wszyscy się nią delektowali,
2. a gdy obiad już się zakończył, Józef zwrócił się do Jakuba, czy mógłby objaśnić prorocze znaczenie obiadu, który najpierw był ubogi i marny, a na koniec stał się obfity i smaczny.
3. Jakub z wielką pokorą i skromnością odpowiedział:
4. „O, kochany ojcze Józefie, na ile Pan mi pozwoli, na tyle postaram się przekazać, co oznacza każdy z posiłków!
5. Proszę cię zatem, abyś zechciał mnie dobrze i w skupieniu wysłuchać".
6. Wszyscy umilkli i skierowali swą uwagę na Jakuba, który zaczął mówić:
7. „Ten ubogi i marny posiłek oznacza czas przyszły, w którym Słowo Pana będzie znieprawione.
8. Jego słudzy będą dla siebie zachowywać to, co najlepsze, a wiernych karmić plewami, tak samo jak poganie karmią swoje świnie.
9. Żydzi będą podobni do cebuli morskiej,
10. która, choć jest korzeniem i bujnie rozrasta i rozplenia się w morzu Bożej łaski, to jednak całkowicie spiecze się w ogniu boskiej miłości
11. i będzie jałową i marną potrawą na stole Pana, a nikt nie będzie chciał po nią sięgać!
12. Potrawę mleczną uosabiać będą Grecy, choć oni najlepiej ze wszystkich przechowują Słowo Pana!
13. Ale że będą według niego żyć tylko na pokaz, a nie w swoich sercach, staną się słabi i głupi, chłodni i pozbawieni jakiegokolwiek smaku, jak ta potrawa mleczna, która choć zawiera w sobie najlepsze soki życia, to jest jednak zimna i niewłaściwie przyrządzona i jest daniem bez treści na stole Pana!
14. Gdyż jako zupełnie surowa nie ma ani przyjemnego zapachu, ani dobrego smaku dla podniebienia Pana.
15. A melon to Rzym. Ten owoc rośnie na jednej płożącej się i na wszystkie strony gnącej się łodydze,
16. z której wyrasta wiele kwiatów pustych i niepłodnych, a tylko kilka takich, które wydają owoce.
17. A kiedy już owoc się rozwinie i roztacza wokół przyjemny i silny zapach,
18. to kiedy się go rozkroi i zakosztuje jego smaku, okazuje się, że jest on o wiele gorszy od zapachu.
19. I jeśli nie doda się do niego miodu, to jego spożycie może wywołać wymioty.

20. Takim owocem można się najeść i na śmierć!
21. Tak będzie i z Rzymem, wielu przez nasycenie się nim skaże się na śmierć! – I ten owoc będzie także znajdował się na stole Pana jako zła potrawa, i Pan go nie tknie!
22. Pozostały tutaj jeszcze masło, chleb, garść miodu, a także kilka mizernych ryb.
23. Te potrawy są nieco lepsze i różnią się od innych, bo mają dobry i naturalny smak,
24. ale nie ma w nich ciepła i ogień głównej przyprawy jeszcze ich nie dotknął, dlatego stoją na stole Pana i nie są chwalone.
25. Ryby zaś były na ogniu, ale mają za mało tłuszczu, dlatego są suche jak słoma i Pan nie może się nimi rozkoszować.
26. Pod postacią tych potraw kryją się różne sekty i odłamy, które od tych innych, wcześniej opisanych, oddzielą się i będą miały wiarę,
27. ale miłości nie będzie w nich w ogóle albo bardzo mało i dlatego Pan nie znajdzie w nich upodobania!
28. Oto w skrócie znaczenie tych podawanych na stół Pański potraw. Ja jestem tylko narzędziem w ręku Pana i mówiłem to, co Pan włożył w usta moje; więcej od Niego nie otrzymałem, dlatego już zamilknę". Wykład na temat znaczenia potraw zrobił na wszystkich ogromne wrażenie – ale jego właściwego sensu nikt nie zrozumiał.

239

Dobra ryba podana na końcu oznacza miłość Pana i Jego wielką łaskę w czasie, który nadejdzie. Mieszkańcy słońca są także przeznaczeni, by stać się dziećmi Bożymi. Będzie jedno stado pod jednym dobrym Pasterzem.

25 czerwiec 1844

1. Ale Józef powiedział do Jakuba: „Choć w imieniu Pana – w pełni ducha i we wzniosłych słowach do nas przemawiałeś, to jednak ani ja, ani my wszyscy nie jesteśmy zdolni zrozumieć i pojąć wszystkich twoich słów;
2. ale pomimo to rozpoznałem w tobie mądrość Bożą;
3. ale na koniec przyniesiono i na nasz stół wspaniałą i dobrze przyrządzoną rybę.
4. Bardzo bym chciał zrozumieć to także – co oznacza ta dobra i szlachetna ryba?
5. Pan odkryje przed tobą na pewno i to, co jest dobre.
6. On przecież ukazał tobie zło w naszym świecie i zło, które jeszcze na cały świat w przyszłości przyjdzie!"
7. Jakub na to odpowiedział: „Kochany ojcze Józefie, to nie zależy ode mnie, ale od Samego Pana!
8. Ja jestem tylko skromnym narzędziem Pana i mogę tylko wtedy mówić, kiedy Pan rozwiąże mi język.
9. Dlatego nie żądaj ode mnie tego, czego nie mam i czego dać ci nie mogę,
10. lecz zwróć się o to do Pana, a jeśli On mi to da, to zaraz ci to przekażę w jasnym, zrozumiałym dla ciebie brzmieniu!"
11. Józef zwrócił się dyskretnie do Dzieciątka i powiedział:
12. „Mój Jezusie, objaśnij mi także znaczenie dobrej ryby!"

13. A Dzieciątko powiedziało: „Józefie, przecież widzisz, że jeszcze nie skończyłem posiłku, a więc poczekaj chwilkę!

14. Cyreniusz także nie skończył obiadu, a więc mamy jeszcze przed sobą trochę czasu

15. i zdążymy to omówić i przedyskutować".

16. Potem zwróciło się Dzieciątko do Jakuba i rzekło:

17. „Jakubie, kiedy Ja będę jeść jeszcze rybę, ty możesz już mówić to, co zostanie ci włożone w usta".

18. Po czym Dzieciątko jadło dalej rybę, a Jakub zaczął mówić:

19. „Ta podana na koniec dobra ryba przedstawia miłość Pana i Jego wielką łaskę, którą On okaże w czasie, kiedy ludzkość znajdzie się nad przepaścią wiecznej śmierci.

20. Ale zanim to nastąpi, «kucharze» będą musieli poddać się surowemu osądowi!

21. Dopiero po tym sądzie nadejdzie czas, o którym prorokował Izajasz.[22]

22. I ten czas pozostanie na Ziemi, i już nigdy w przyszłości nie zostanie odebrany; a wtedy Ziemia i Słońce staną się jednym,

23. a jej mieszkańcy znajdą swój dom na wielkich świetlistych obszarach Słońca i będą jaśnieć jak ono.

24. I Pan będzie jedynym Panem, i Sam będzie jedynym Pasterzem, a wszyscy ci promieniejący jasnością mieszkańcy będą jedną gromadą!

25. A więc Ziemia będzie istniała i trwała wiecznie, i jej mieszkańcy wiecznie, i Pan będzie wiecznie pomiędzy nimi – Ojciec Swoich dzieci od wieczności!

26. Tam nie będzie więcej śmierci; kto będzie tam żył, ten będzie żył wiecznie i nigdy nie będzie widział śmierci. Amen!"

27. Po tych słowach Jakub znów zamilkł. A wszyscy całkiem oniemieli z zachwytu, zadziwieni wielką mądrością Jakuba; a na sam koniec Dzieciątko powiedziało: „I Ja też uporałem się już z Moją rybą; dlatego mówię: amen".

240

Goście zwracają uwagę na Dzieciątko. Wiadomość od Cyreniusza. Opinia sąsiadów o Józefie i jego rodzinie.

26 czerwiec 1844

1. Niedługo potem wszyscy wstali od stołu i dziękując Panu za duchowy i cielesny posiłek, wyszli na powietrze.

2. Tylko Józef, Maria i Dzieciątko z Jakubem udali się do izby jadalnej, w której Cyreniusz siedział jeszcze ze swoimi gośćmi.

3. Cyreniusz serdecznie powitał swoich najukochańszych przyjaciół i chciał zaraz wstać, aby ustąpić im swoje miejsce.

4. Ale Dzieciątko sprzeciwiło się: „Och, pozostań, pozostań, gdzie jesteś, Mój kochany Cyreniuszu!

5. Ja jestem zadowolony, jeśli tylko w twoim sercu właściwe miejsce zajmuję!

6. A jeśli chodzi o to miejsce przy stole, to na nim Mi nie zależy!

7. Teraz idę na powietrze ze Swoimi bliskimi; a kiedy uporasz się już z obiadem, to przyjdź do Mnie!"

8. Po czym Dzieciątko wybiegło ochoczo ze Swoim Jakubem na dwór

i tam bawiło się z nim i z innymi dziećmi.

9. Niektórym z przybyłych z miasta gości wpadła w uszy bardzo rozumna i poufna wymiana zdań pomiędzy Dzieciątkiem a Cyreniuszem

10. i zaczęli wypytywać, ileż to lat może mieć to Dziecko,

11. kiedy mówi już jak dorosły człowiek i wygląda na blisko zaprzyjaźnione z namiestnikiem.

12. A Cyreniusz odparł: „Budzi to wasze zainteresowanie, że jestem wielkim przyjacielem dzieci?

13. Wszyscy zauważyliście, że to Dzieciątko jest nadzwyczajnie bogatego ducha!

14. W jaki sposób osiągnęło taką mądrość, mając dopiero dwa i pół roku?

15. Tego możecie się dowiedzieć od Jego rodziców, którzy udzielą wam najlepszych wyjaśnień!

16. Ale mnie dziwi bardzo to, że jako najbliższi sąsiedzi tego domu nie znacie jego mieszkańców!"

17. Na to odezwali się niektórzy: „Tak, ale jak możemy bliżej poznać tę rodzinę?

18. Po pierwsze: nigdzie nie wychodzi, a po drugie: sami mamy za mało czasu, aby zajmować się taką dziwną, żydowską rodziną, w której trudno się rozeznać,

19. gdyż sprawia tak osobliwe i tajemnicze wrażenie, że doprawdy nie wiadomo, co o niej myśleć i jak z nią postępować.

20. Słyszeliśmy od wielu zwykłych ludzi, że ta rodzina jest przyjaźnie usposobiona i czyni wiele dobrego dla biednych,

21. ale są też i tacy, którzy mówią, że często widzieli ten dom jakby w aureoli ognia, który nagle znikał, i jeszcze wiele innych podobnie dziwnych rzeczy.

22. Dlatego nie mieliśmy odwagi, żeby odwiedzić to domostwo,

23. gdyż ten starzec jest pewnie żydowskim czarownikiem.

24. A z takim nie jest dobrze wchodzić w jakikolwiek kontakt!"

25. Na to roześmiał się Cyreniusz i powiedział: „Jeśli tak myślicie, to dobrze, gdyż przynajmniej z waszej strony ten dom pozostanie bezpieczny!" Usłyszawszy to, goście spojrzeli na Cyreniusza i zrobili wielkie oczy ze zdziwienia, gdyż nie wiedzieli, co mają teraz o tym myśleć.

241

Grożąca nieszczęściem zazdrość gości. Wielki pożar w Ostracynie.

27 czerwiec 1844

1. Jeden z gości, ważny obywatel Ostracyny, zapytał, jak należy rozumieć słowa namiestnika;

2. „Dlaczego dopiero teraz ten dom ma być bezpiecznym? Czy błędem jest uważać tego starego Żyda za wielkiego czarownika?"

3. A Cyreniusz odrzekł: „Człowiek jest bezsilny wobec odwiecznej Siły Boskości.

4. A ten dom, jak żaden inny na tej Ziemi, znajduje się pod ochroną tej Siły – dlatego nikt ani nic nie jest mu w stanie zagrozić!

5. Spróbujcie tylko w złym zamiarze podnieść swą rękę na ten dom! A wtedy doświadczycie potęgi owej siły Boskości!"

6. Te słowa zrobiły wielkie wrażenie

na wszystkich gościach z miasta i zaczęli mówić jeden do drugiego:
7. „Namiestnik chce nas tylko postraszyć, gdyż nie ma ze sobą swojej straży.
8. Gdybyśmy naprawdę podnieśli rękę na ten dom i na niego samego, to wtedy na pewno rozmawiałby z nami inaczej!
9. Dlatego wstańmy wszyscy od stołu i udajmy się do miasta, a pod wieczór wrócimy tu ze wzmocnioną siłą,
10. a wtedy przekonamy się, czy namiestnik powtórzy swoje groźby!"
11. Po tym wstali od stołu i wyszli z domu.
12. Tam pożegnali się z Cyreniuszem i zamierzali wyruszyć w drogę do miasta.
13. Ale Józef podszedł do żegnających się gości i powiedział:
14. „Ależ dlaczego chcecie już powracać, kiedy słońce będzie świeciło jeszcze przez godzinę?
15. Zostańcie tu aż do wieczora, a wtedy razem odprowadzimy Cyreniusza na statek,
16. gdyż jeszcze dzisiejszej nocy wypływa on do Tyru, dlatego wieczorem musi przygotować statek do rejsu i wejść na jego pokład".
17. Goście jednak przeprosili, mówiąc: „Mamy jeszcze dzisiaj ważne sprawy w mieście, dlatego przeproś od nas swego zaufanego przyjaciela!"
18. Tu podbiegło Dzieciątko do Józefa i szepnęło do niego:
19. „Pozwól im, niech idą do miasta, gdyż ich sprawa będzie służyć uświetnieniu Mojej chwały!"
20. A wtedy Józef już ich nie zatrzymywał, tylko udał się z Dzieciątkiem do Cyreniusza i opowiedział mu, w jaki sposób goście usprawiedliwili swoje nagłe odejście i co o tym sądzi Dzieciątko.
21. A Cyreniusz rzekł: „O, mój szlachetny bracie, dobrze znam ten rodzaj ludzi!
22. Oni są pełni zazdrości i nie bardzo wiedzą, co mają czynić, gdyż ja odwiedziłem ciebie, ich zaś zostawiłem samych sobie!
23. Lecz jestem spokojny o twoje bezpieczeństwo, bo wiem, pod czyją ochroną się znajdujesz!"
24. Dzieciątko zaś odezwało się: „Och, ta wyschnięta droga powinna stać się dla nich paląca!
25. Albowiem oni chcą nasz dom jeszcze dziś zniszczyć ogniem!
26. Ale nie będą mieli na to czasu, gdyż we własnych domach znajdą wystarczająco wiele zajęcia!"
27. Dzieciątko jeszcze nie zdążyło wypowiedzieć do końca wszystkich słów, kiedy połowa miasta stanęła już w płomieniach – i nikt już nie miał głowy do tego, żeby myśleć o zniszczeniu domu Józefa.

242

Troska Cyreniusza o poszkodowanych. „Kto pod kim dołki kopie, ten sam w nie wpada". Bóg jest zawsze najsprawiedliwszym Sędzią.

28 czerwiec 1844

1. Wszyscy byli przerażeni, widząc wznoszące się ogromne słupy dymu i płomienie nad miastem.
2. A wtedy Cyreniusz zapytał Józefa: „Czyż nie wypada pójść nam wszystkim z pomocą poszkodowanym?"
3. A Józef odrzekł: „Myślę, że najlepiej będzie, jeśli to zostawimy!

4. Nie damy rady ugasić ognia własnymi siłami,
5. a jeśli chodzi o poszkodowanych, spotkamy się z nimi wkrótce, o właściwym czasie.
6. Dlatego pozostańmy spokojnie tutaj, a kto będzie miał potrzebę, ten sam do nas przyjdzie!"
7. A Dzieciątko dodało: „Kochany Józefie! Z tego powodu zmniejszy się w twojej skrzyni zapas złota i srebra!
8. Również i ty, Cyreniuszu, zabierzesz na swój pokład mniejszy ładunek złota i srebra,
9. gdyż owi goście, którzy w ukryciu grozili zniszczeniem naszego domu, niedługo tu powrócą jako bardzo pokorni przyjaciele i będą cię prosić o pomoc i wsparcie.
10. Dlatego bądź na to przygotowany! Ale nie myśl, że to Ja użyłem Swej mocy, żeby podłożyć ogień pod ich domy,
11. gdyż tak nie czynię i jestem daleki od jakiejkolwiek zemsty!
12. Ale powiadam ci, że to uczyniła ich własna służba,
13. bo już od dawna odczuwa urazę i nienawiść do swoich panów, którzy zawsze byli dla niej zbyt twardzi i skąpi.
14. Dziś przyszedł jej czas zemsty
15. i podpaliła wszystkie ich pałace.
16. I tak oto bez Mojego udziału panowie świata wpadli w dół, który w swych zamysłach nam planowali wykopać!"
17. A kiedy Cyreniusz to usłyszał, zapytał od razu, czy nie powinien mścicieli złapać i ukarać.
18. Ale Dzieciątko powiedziało: „Nie czyń tego! Po pierwsze: ludzie ci wyświadczyli dobrą przysługę swoim panom o twardych sercach,
19. po drugie: są już z zagrabionym skarbem za górami i dolinami,
20. a po trzecie: i tak nie unikną zasłużonej kary, gdyż ich czyn był samowolny i powodowany zemstą!
21. Dlatego naszą troską powinniśmy objąć tych, którzy zwrócą się do nas o pomoc!
22. Gdy zaś idzie o podpalaczy, już o nich pomyślano.
23. Albowiem Bóg widzi ich wszędzie i zna dokładnie ich drogi!
24. Dlatego może ich ukarać wszędzie, niezależnie od tego, gdzie się znajdują.
25. Bóg jest najsprawiedliwszym Sędzią, jednakowym dla wszystkich, dlatego będzie wiedział, jakiej zapłaty zarządać za ich czyn!"
26. Wtedy podeszła do nich przerażona Maria i pokazała Józefowi liczną grupę uzbrojonych wojowników, którzy w pośpiechu zmierzali w stronę ich domostwa.
27. Ale Dzieciątko powiedziało: „Nie lękajcie się, to straż ochraniająca Cyreniusza, którą naczelnik przysyła z miasta dla waszego bezpieczeństwa!
28. Wkrótce nadejdzie za nimi także wielu mieszkańców miasta.
29. Zatroszczcie się więc o nocleg dla nich, zaś wszystko inne się ułoży!"
30. I stało się tak, jak powiedziało Dzieciątko: Do Cyreniusza przybyła straż, a za nią wielu pogorzelców.

243

Pycha poprzedza upadek. Troska Józefa o pogorzelców. Wielkoduszność Cyreniusza dla nieszczęśliwych ofiar. Cyreniusz u Jonatana.

1 lipiec 1844

1. Gdy pogorzelcy byli już nieopodal domu Józefa, ten natychmiast rozpoznał w nich gości, którzy przedtem spożywali u niego obiad. Józef zwrócił się do nich:

2. „Moi szanowni panowie, co z waszą ważną sprawą, dla której tak szybko stąd odeszliście?

3. Czy to może wy podpaliliście swoje miasto?

4. A może jest jakaś inna przyczyna, która powinna pozostać dla mnie tajemnicą?"

5. Ale pogorzelcy odpowiedzieli: „Wielki przyjacielu ludzi! – Nie wystawiaj nas, nędznych, na próbę, gdyż widzisz, że staliśmy się żebrakami!

6. Jeśli możesz nam jakoś pomóc, to uczyń to, a my zostaniemy twoimi poddanymi do końca naszego życia!"

7. A Józef im odpowiedział: „Tylko potężni patrycjusze Rzymu mają niewolników i poddanych,

8. a ja znam tylko braci, którzy zawsze są moimi braćmi – czy są to panowie, czy żebracy!

9. Dlatego też będę was w miarę swoich sił wspomagał.

10. Ale kiedy znowu będzie wam szło lepiej i znajdziecie twardy grunt pod nogami, to nie dopuszczajcie już nigdy więcej do siebie takich myśli, które dzisiaj zrodziły w was zawiść i pragnienie zemsty!

11. Gdyż tak jak wy cierpicie teraz przez swoich poddanych, którzy was okradli i podpalili wasze domy,

12. tak samo albo jeszcze bardziej cierpiałbym ja, gdybyście spełnili swoje skryte plany!"

13. Potem udał się Józef do Cyreniusza i zapytał go, jak najlepiej pomóc tym nieszczęśnikom.

14. A Cyreniusz rzekł: „Poczekaj trochę! Wkrótce powrócą moi ludzie, których wysłałem na statek po złoto i srebro!

15. Dopiero kiedy będę miał tutaj to wszystko, policzę, ile może przypaść na każdego z tych, którzy już tu są i którzy jeszcze przyjdą".

16. Po godzinie posłańcy przynieśli tysiąc sakiewek ze złotem i srebrem.

17. Każda ważyła dziesięć funtów i znajdowało się w niej osiem funtów srebra i dwa funty złota.

18. Wtedy Cyreniusz powiedział do Józefa: „Te sakwy rozdaj osobiście pomiędzy przybyłych tu pogorzelców; niechaj każdy z nich otrzyma jedną sakwę.

19. Pozostałe przechowaj dla innych, którzy jeszcze nadejdą!

20. Ja nie chcę w tym uczestniczyć, bym nie został rozpoznany przez lud, który tu przybędzie!

21. Dlatego udam się teraz z Jonatanem do jego domu i mam nadzieję, że wieczorem cię zobaczę".

22. Józef zgodził się na to i od razu zajął się ze swoimi synami rozdzielaniem pomocy, a Cyreniusz potajemnie oddalił się ze swoją świtą do Jonatana.

Józefa miłość do bliźniego. Właściwa pociecha w nieszczęściu. Wieczorne odwiedziny i posiłek u Jonatana.

2 lipiec 1844

1. Jeszcze dwie godziny po zachodzie słońca Józef rozdzielał pomoc

2. i wskazywał miejsca na nocleg, zarówno na poddaszu jak i poza domostwem,

3. gdyż w mieście tylko niewielu śmiało przenocować, po części z powodu intensywnego swądu spalenizny,

4. a poza tym ze względu na niepewność, gdyż ciągle jeszcze obawiano się pożarów w domach, które nie zostały dotknięte ogniem.

5. A gdy Józef ukończył swą pracę, zapytał na stronie Dzieciątko, czy nie będzie niewłaściwe, jeśli opuszczą teraz dom i udadzą się do Jonatana.

6. Dzieciątko odrzekło: „Po cóż martwisz się o dom i dobytek?

7. Nie należy on do nas, tylko do tego, który go kupił; także i to, co się w nim znajduje, należy do kupca.

8. Dlatego udajmy się do Jonatana, który na pewno przygotował dla nas wieczerzę z dobrych ryb!"

9. I Józef powiedział: „Podzielam Twoje zdanie,

10. ale weź pod uwagę także to, że mamy tu skrzynię pełną złota i srebra, a także krowy, kozy i osły!

11. Czyż to nie może stać się powodem do grabieży?"

12. Dzieciątko odparło: „Józefie, to jest za trudne dla Mnie!

13. Porozmawiaj o tym z Jakubem, on rozumie teraz takie sprawy lepiej niż Ja!"

14. I Józef zapytał Jakuba.

15. A Jakub odpowiedział: „Ojcze! Gdybyśmy to wszystko stracili, ale Pan pozostałby z nami, to co byśmy wtedy stracili?

16. Pan idzie z nami do Jonatana; co więc moglibyśmy stracić tu, w domu namiestnika?

17. Pozwól, aby cię pozbawiono całej Ziemi, ale zachowaj Pana, a będziesz posiadał więcej, niż gdybyś miał wszystkie Nieba i Ziemie na własność!

18. O, Józefie! Rzetelny i najuczciwszy z ludzi! Bez bojaźni wyruszaj z Panem do Jonatana, a przekonasz się, że niczego nie utracisz!"

19. Te słowa Pana z ust Jakuba uspokoiły Józefa i opuścił dom z całą swoją rodziną, i udał się do Jonatana.

20. Tam już ich oczekiwano z wielkim utęsknieniem.

21. A kiedy tylko zauważono zbliżających się, wszyscy wybiegli im naprzeciw, tak jakby witali swego ojca, a wśród nich znajdował się także Cyreniusz.

22. I kiedy potem wszyscy weszli do domu Jonatana, od razu podano świetnie przyrządzone ryby i wszyscy usiedli za stołem.

Cyreniusz przygotowuje swój statek do drogi. Jakub przypomina mu o globusie. Józefa rada dla Cyreniusza: działaj według woli Pana. Cyreniusz zabiera ze sobą z powrotem trzech chłopców.

3 lipiec 1844

1. Po wieczerzy polecił Cyreniusz swoim marynarzom przygotować statek do podróży.

2. I poszli oni, i w krótkim czasie uporządkowali wszystko na statku, przygotowując go do wypłynięcia w morze.

3. A Jakub przystąpił do Cyreniusza i zapytał go, czy w pośpiechu nie zapomniał, żeby wziąć ze sobą globus, który podarowało mu przed kilkoma dniami Dzieciątko.

4. Na to Cyreniusz złapał się za głowę i chciał biec po zostawiony podarunek.

5. Jednak Jakub powstrzymał go: „O, Cyreniuszu, nie musisz się już o to troszczyć,

6. bo o czym ty zapomniałeś, o tym już ja pomyślałem!

7. Spójrz, w tym kącie leży zawinięty w chustę, zapomniany przez ciebie globus!"

8. Cyreniusz bardzo się uradował, podniósł swój skarb i osobiście zaniósł go na statek, gdzie wręczył go swojemu kapitanowi, aby ten go jak najlepiej przechował.

9. A potem podszedł do Józefa i powiedział:

10. „Posłuchaj mnie uważnie, mój zacny przyjacielu i bracie! Wpadła mi do głowy dobra myśl, którą chcę zamienić w czyn!

11. Pomyśl, masz teraz w swoim domu wielu ludzi i niektórzy z nich pozostaną u ciebie na stałe!

12. A tymczasem moi wychowankowie sprawiają ci nieraz dużo kłopotu, a wśród nich szczególnie, co sam zauważyłem, trzej niesforni chłopcy.

13. Dlatego postanowiłem przynajmniej tych trzech chłopców, sprawiających ci najwięcej kłopotu, zabrać ze sobą, a pozostawić tylko pięć dziewcząt".

14. Józef odrzekł: „Kochany bracie, rób, jak chcesz, a ja się z tym zgodzę!

15. Ale czyń wszystko według rady Pana, wtedy będzie najlepiej!

16. Dlatego zapytaj Go, a co ci odpowie, to zrób!"

17. Tu zwrócił się Cyreniusz z miłością oraz głębokim szacunkiem do Dzieciątka i zapytał Je, jak poradził mu Józef.

18. A Dzieciątko pochwaliło jego zamiar: „Tak, tak, weź tych trzech dość niesfornych chłopców ze sobą, nie mam nic przeciw temu!

19. Sykstus byłby jeszcze do zniesienia, ale także ma złe nastroje i nie chce Mnie uznać.

20. Dlatego jego też zabierz ze sobą i bądź dla nich wszystkich dość surowy, w przeciwnym razie wyrosną na ludzi tylko tego świata!

21. Ale dziewczynki pozostaw, bo lubię je o wiele bardziej i one też kochają Mnie bardziej niż ci chłopcy!

22. Ale nie dlatego są Mi miłe, że są dziewczynkami, tylko dlatego, że mają więcej miłości dla Mnie".

23. Po tym wyznaniu Dzieciątka Cyreniusz zabrał trzech chłopców i podziękował Dzieciątku za mądrą radę, i polecił, żeby także ich zaprowadzono już na statek.

246

Prośba Cyreniusza o błogosławieństwo i boska odpowiedź Dzieciątka. Pożegnalna modlitwa Cyreniusza. Dzieciątko błogosławi wyruszających i pokrzepia ich słowami: „Pamiętajcie: gdzie jest wasze serce, tam jest i wasz Skarb".

4 lipiec 1844

1. Kiedy statek był już gotowy do odpłynięcia, Cyreniusz uklęknął przed Dzieciątkiem i poprosił Je o błogosławieństwo, mówiąc:

2. „O Panie, mój wielki Boże, mój Stworzycielu, mój Ojcze w wieczności,

3. Który według Swojej woli na tym piachu i w tym kurzu, który my Ziemią i światem nazywamy, jako człowiecze Dziecko odbywasz Swoją wędrówkę,

4. o mój najwszechmocniejszy Panie, przed Którego najcichszym skinieniem drżą wszystkie moce nieskończoności,

5. spójrz miłościwie na mnie, nędznego robaka w pyle mojej nicości

6. i uznaj mnie godnym – o Święty wszystkich Świętych – Twojego świętego błogosławieństwa!

7. Pozwól, moje Życie, aby Twoje przenajświętsze imię stało się całą moją siłą i mocą!

8. O, ponad wszystko ukochany Jezu, Królu mojego serca, spójrz łaskawie i miłosiernie na mnie, biednego i słabego grzesznika i zezwól, bym mógł w miłości do Ciebie rosnąć dalej i dalej!

9. Przyjmij, o Ty mój wieczny, najukochańszy Jezu, moją miłość jako skromne podziękowanie za nieskończone łaski, których w każdej chwili życia mi udzielasz!"

10. Tu załamał się w przypływie wzruszenia głos Cyreniuszowi i nie mógł nic więcej powiedzieć przez łzy miłości.

11. A Dzieciątko rześko podbiegło do Cyreniusza, objęło go i ucałowało wiele razy, a potem powiedziało:

12. „O, nie płacz, Mój ukochany Cyreniuszu, bo przecież widzisz, że też cię kocham!

13. I w Moich uczuciach do ciebie mieści się Moje najserdeczniejsze błogosławieństwo!

14. Powiadam ci: jeśli pozostaniesz taki, jakim jesteś, to będziesz wiecznie Mój i twoja dusza nigdy nie poczuje ani nie posmakuje śmierci!

15. Ale tak samo jak ty Mnie o błogosławieństwo, Ja proszę ciebie, żebyś Mnie przed nikim nie zdradził!

16. Robię to nie przez wzgląd na Mnie, tylko w trosce o świat,

17. doznałby on bowiem zagłady, gdybym mu się objawił, nim nadejdzie czas!"

18. Po tych słowach Dzieciątko jeszcze raz objęło Cyreniusza i ucałowało go.

19. A on rozpostarł szeroko swoje ramiona i przemówił wzruszonym głosem:

20. „O Boże, o mój Boże, mój największy Boże! – Czymże ja jestem, że mnie całujesz ustami, w których cała mądrość wszechświata znajduje najdoskonalszy wyraz?!

21. O ty, Ziemio i wy, moce Niebios! – Spójrzcie, spójrzcie w tę stronę!

22. Ten, który stworzył was i mnie, stoi przede mną i błogosławi mnie teraz Swoją wszechmocną ręką!

23. Kiedy, kiedy to pojmiesz, o Ziemio, wielką łaskę tego czasu, kiedy stopy twojego Stworzyciela i Pana po twoim gruncie stąpają?!

24. O ty, święta glebo, która Pana nosisz, czy będziesz umiała kiedykolwiek wyrazić wdzięczność za tę wielką łaskę, czy ją rozpoznasz w skrusze i pokorze?

25. O ty, święte miejsce, jak ciężko cię opuszczać!"

26. Po tych słowach Dzieciątko podniosło Cyreniusza z kolan.

27. Wtedy podeszli też Tulia, Maroniusz Pilla i inni, a Dzieciątko wszystkich błogosławiło i wszyscy płakali, że znowu muszą się rozstawać.

28. Ale Dzieciątko powiedziało: „Och, ależ my się nie rozstajemy! – Albowiem gdzie jest wasze serce, tam będzie też i jego Skarb!"

29. Po tych słowach oblicza wszystkich rozjaśniły się.

247

Józef błogosławi Cyreniusza. Pożegnalne słowa Józefa do Cyreniusza: „My, którzy w miłości staliśmy się jednym, będziemy w duchu wiecznie razem". Cyreniusz odpływa. Józef u Jonatana.

5 lipiec 1844

1. Po tym podszedł Józef do Cyreniusza i błogosławił go wraz z wszystkimi domownikami.

2. Tak samo Maria podeszła do Tulii i jej towarzyszek i pobłogosławiła je.

3. I Józef powiedział do Cyreniusza: „Bracie, tym oto moim błogosławieństwem wyrażam także życzenie mojego serca:

4. Pozostaw mi tych pięć dziewczynek na zawsze, aby miały we mnie prawdziwego ojca!

5. Bowiem ty doczekasz się jeszcze swoich własnych dzieci, którym może być trudno pogodzić się z tymi.

6. U mnie zaś nigdy nie zdarzy się taka dysharmonia, a przyczynę tego znasz tak dobrze jak ja".

7. Cyreniusz chętnie spełnił życzenie Józefa i przekazał mu te pięć dziewczynek pod stałą opiekę, co bardzo go uradowało,

8. gdyż cieszyła go ich obecność i kochał je za to, że są pojętne i zdolne, a także posłuszne, i może radować oczy ich miłą powierzchownością.

9. Kiedy to ustalili, Cyreniusz objął Józefa i powiedział:

10. „Bracie, jeśli będzie to wolą Pana, to mam nadzieję cię wkrótce zobaczyć".

11. Dzieciątko dodało: „Ja powiem: Amen! – Jeżeli nie tu, to na pewno w Moim Królestwie!

12. Bo muszę ci powiedzieć, że nie zatrzymamy się dłużej w tym kraju, ponieważ jest tu o nas zbyt głośno.

13. Kiedy zaś wyprowadzimy się stąd, znajdziemy ukryte miejsce, żeby żaden człowiek nie został przedwcześnie osądzony.

14. Jednak my, którzy w miłości staliśmy się jednym, będziemy w każdym czasie i miejscu nierozłączni w duchu!

15. Tam bowiem, gdzie będzie twój Skarb, będziesz także i ty ze swym sercem, w którym Skarb mieszka!

16. Stałem się Skarbem twego serca – doprawdy, już nigdy nie powinieneś Mnie utracić,

17. gdyż tam, gdzie Ja w miłości mieszkam, jest Mój dom, a z niego nie wyprowadzam się nigdy!
18. Dlatego pozwól Mi mieszkać w twoim sercu, a wtedy nigdy przed tobą się nie ukryję!
19. Gdyż tylko miłość potrafi znieść Moją obecność, tak jak ogień nie boi się innego ognia!
20. Wszystko zaś, co ogniem nie jest, zostanie przez ogień spalone i zniszczone.
21. Dlatego teraz ukryję się przed światem, aby Mój ogień go nie dosięgnął i nie zniszczył!
22. I nie pytaj nigdy: «Panie! Gdzie Ty jesteś?» – bo wtedy Ja ci nie odpowiem: «Jestem tutaj!»,
23. tylko pytaj nieustannie swoje serce, czy Mnie kocha, a wtedy Ja będę wołał do ciebie w twoim sercu, które Mnie kocha:
24. «Ja jestem tutaj w domu Mojej miłości, łaski i miłosierdzia w całej Swojej pełni!»
25. A teraz idź na swój statek i dobry wiatr powinien cię ponieść aż do Tyru – Amen".
26. Tu po raz ostatni pokłonił się w Egipcie namiestnik Cyreniusz Józefowi i wszedł na statek.
27. Po chwili zaczął wiać pomyślny wiatr, który szybko pognał statek w głąb morza.
28. Józef zaś udał się ze swoją rodziną do domu Jonatana i tej nocy pozostał u niego.

248

Józef i Jonatan dostrzegają podczas porannego połowu zagrożony statek i ratują go.

8 lipiec 1844

1. Następnego dnia rankiem Józef jak zawsze zerwał się pierwszy na nogi i poszedł obudzić swoją rodzinę.
2. W tym czasie Jonatan także wyszedł ze swojej izby, żeby się przekonać, czy pogoda będzie sprzyjać jego rzemiosłu i zobaczywszy Józefa, zawołał:
3. „Kochany przyjacielu i bracie! Dlaczego tak wcześnie chcesz budzić swoich, żeby wstali?
4. Czy nie powinieneś raczej zaczekać na Pana, aż Sam obudzi się ze snu?
5. I czyż to nie byłaby dopiero najlepsza pora do wstawania każdego poranka?!
6. Proszę cię, pozwól jeszcze odpocząć swojej rodzinie!
7. A ty w tym czasie chodź ze mną i moimi ludźmi na stateczek i wypłyniemy na połów!"
8. Ta propozycja spodobała się staremu Józefowi; swoją rodzinę pozostawił w spoczynku i udał się z Jonatanem do większej łodzi.
9. Rybacy Jonatana przygotowali sieci i chwycili ostro za wiosła;
10. i już po godzinie znaleźli się w miejscu, gdzie zawsze było najwięcej ryb.
11. A kiedy dopłynęli do tego miejsca i słońce zaczęło powoli wschodzić,
12. Jonatan zauważył w odległości mniej więcej jednej godziny od nich rzymski statek i doprawdy nie wiedział, co ma o tym myśleć!
13. Dlatego powiedział do Józefa: „Znam morze w tamtym miejscu,

14. jest ono płytkie i pełne ławic piaskowych i nie trudno o to, żeby statek mógł tam osiąść na mieliźnie.
15. Dlatego powinniśmy pospieszyć mu z pomocą!"
16. Józef zgodził się na to; uchwycili znowu wiosła i w pół godziny zbliżyli się do owego statku.
17. I wyobraźcie sobie, to rzeczywiście był wielki rzymski statek, na którym płynął do Cyreniusza wysłaniec z Rzymu.
18. Po przywitaniu od razu poprosił Jonatana, aby wytężył wszystkie swoje siły i pomógł ściągnąć jego statek z mielizny.
19. Jonatan uchwycił linę holowniczą okrętu, a załodze na swojej wielkiej łodzi nakazał silnie wiosłować.
20. I nie minęło nawet pół godziny, jak okręt został wyprowadzony na głęboką wodę.
21. W podzięce rzymski wysłannik obdarował obficie Jonatana i wyznaczył kurs w kierunku wschodnim.
22. Jonatan zaś zawrócił do przystani, a zamiast ryb miał w łodzi złoto i srebro i tego poranka ryby pozostawił już ryby w spokoju.

249

Dzieciątko pyta o poranny połów. Dzieciątko łaknie ryb i odpowiada na pretensję Józefa: „Mój dom jest wszędzie tam, gdzie Mnie kochają". Obfity połów na rozkaz Dzieciątka.

9 lipiec 1844
1. Kiedy po trzech godzinach Jonatan i Józef powrócili z otrzymanym złotem i srebrem, wszyscy domownicy byli już na nogach i spoglądali w stronę miasta, które było jeszcze spowite dymem.
2. Tylko Dzieciątko z Jakubem pobiegli nad morze i tam oczekiwali na zbliżających się do brzegu Jonatana i Józefa.
3. A kiedy ci wyszli już na brzeg, Dzieciątko przywitało i ucałowało ich obu, i spytało Jonatana, czy udało mu się złowić dużo ryb.
4. Jonatan, obejmując z wielką czułością Dzieciątko, powiedział:
5. „O Ty, moje Życie, moja Miłości! – Z połowu ryb nic dzisiaj nie wyszło!
6. Za to, na pewno z Twoją wszechmocną pomocą, udało mi się uratować rzymski statek, który wiózł posłańca do Cyreniusza i osiadł na mieliźnie;
7. dzięki temu wpadły mi w sieć same złote i srebrne ryby, a prawdziwe postanowiłem dziś zostawić w spokoju".
8. Dzieciątko powiedziało: „Postąpiłeś w sposób właściwy i mądry,
9. ale Ja już od rana cieszyłem się na myśl o świeżej rybie i byłoby dla Mnie o wiele milsze, gdybyś zamiast złotych i srebrnych ryb wyniósł na brzeg te prawdziwe!"
10. Jonatan powiedział: „O Ty, moje Życie, spójrz – tam wzdłuż brzegu ustawione są skrzynki pełne najlepszych ryb i z nich wybierzemy jeszcze całkiem świeże!"
11. Na to Dzieciątko uśmiechnęło się i powiedziało: „Jeśli tak, to możesz także i twoje dzisiaj złowione srebro i złoto zatrzymać!
12. Ale Ja jestem już bardzo głodny i pytam, jak długo potrwa, zanim zostaną przyrządzone ryby na nasz

poranny posiłek?"
13. A Jonatan odpowiedział: „Krótko, moje Życie, już za pół godziny będziemy wszyscy siedzieli za stołem!"
14. Józef zaś zwrócił się do Dzieciątka: „Ależ Ty jesteś prawdziwym żebrakiem!
15. Pamiętaj, że nie jesteśmy u siebie w domu, więc nie powinniśmy się zachowywać jak u siebie!
16. Miej tylko trochę cierpliwości, a wszystko będzie w swoim czasie, ale w taki sposób prosić i błagać nie wypada w obcym domu!"
17. Dzieciątko jednak nie zgodziło się z tym i powiedziało: „Ach – co tam! – Mój dom jest wszędzie tam, gdzie Mnie kochają.
18. A gdy jestem u Siebie w domu, to przecież mogę mówić, co zechcę!
19. Aby jednak Jonatan nie opróżniał swoich skrzynek bez uzupełnienia zapasu nowym towarem,
20. niech zarzuci jedną sieć w morze, a od razu wyciągnie wystarczającą porcję dla nas wszystkich! – Jonatanie, uczyń to!"
21. Jonatan bez zwłoki zarzucił dużą sieć i znalazł w niej niesłychaną ilość najszlachetniejszych ryb.
22. A potem Dzieciątko powiedziało do Józefa: „Spójrz, jeżeli to jest w Mojej mocy, to chyba jednak mogę prosić Jonatana o jedną smaczną rybę?" – Na to Józef zamilkł, a Jonatan, pełen szczerej wdzięczności, wprost promieniał ze szczęścia.

250

Jonatan wraca z Józefem do jego domu. Opustoszałe i splądrowane domostwo. Zmartwienie i złość Józefa. Godne zastanowienia uwagi Dzieciątka.

10 lipiec 1844

1. Jonatan wybrał od razu dziesięć najlepszych ryb i przekazał swojemu kucharzowi, ażeby ten natychmiast je przyrządził.
2. Również on sam poszedł pomagać swoim ludziom przełożyć część złowionych ryb do skrzyń nad brzegiem, a część do wędzarni.
3. W piętnaście minut ryby były upieczone i wszyscy z rodziny Józefa udali się na śniadanie.
4. Było już prawie południe, kiedy powstali od stołu. Wtedy Józef powiedział:
5. „Już najwyższy czas, żebyśmy udali się do domu!
6. A ty, bracie Jonatanie, towarzysz mi i spędź u mnie jeszcze dzisiejszy dzień!"
7. A Jonatan odpowiedział pełen radości w swoim sercu:
8. „O, bracie! – Uczynię to z wielką chęcią, bo przecież wiesz, jak bezgranicznie ciebie miłuję!"
9. Potem wziął Jonatan trzy duże skrzynie, pełne najszlachetniejszych ryb i wyruszył z radością w sercu w towarzystwie Józefa i jego rodziny do ich domu.
10. A kiedy tam przybyli, ku swojemu zdziwieniu nie napotkali nikogo z pogorzelców,
11. a dom stał zupełnie pusty i wszystkie pomieszczenia były na oścież pootwierane.
12. Na ten widok Józef powiedział: „To nie jest dobry znak,
13. gdyż wygląda na to, że przebywali tu złodzieje! – Bo tylko tacy

uciekają, gdy jakiś dom okradli; uczciwy człowiek pozostaje!

14. Wejdźcie do środka moi synowie i sprawdźcie, czy w domu coś jeszcze zostało, a potem przyjdźcie tu i zdajcie mi sprawę!"

15. I synowie poszli, i obejrzeli dom, i poza zwierzyną w oborze nie znaleźli niczego.

16. Spiżarnia była pusta, a w skrzyni na pieniądze nie było ani grosza.

17. Kiedy czterej synowie to zobaczyli, poczuli żal i smutek i przyszli, żeby opowiedzieć o tym Józefowi.

18. A Józef poczuł gniew na tych złych ludzi, którzy tak oto odpłacili się swoim dobroczyńcom za dobry uczynek!

19. I mówił bardzo rozsierdzony: „Doprawdy, gdyby było w mojej mocy ukarać tę zdradliwą hołotę, spuściłbym z nieba ogień na ich głowy!"

20. Na to podeszło Dzieciątko do Józefa i skarciło go: „Oj, oj – ojcze Józefie, jesteś dziś bardzo niedobry!

21. Owi złodzieje pozostawili tobie przecież Mnie, jak możesz więc na nich tak bardzo się gniewać?

22. Pomyśl, oni zrobili coś dobrego dla twojego domu, że go tak dokładnie z wszystkiego oczyścili!

23. Albowiem tam, gdzie w przyszłości dom (serce człowieka) nie zostanie oczyszczony, tam Ja się nie wprowadzę!

24. Ale ten dom jest już teraz oczyszczony z wszystkich pozostałości świata i bardzo Mi się podoba!

25. Gdyż po pierwsze: ma otwarte wszystkie pomieszczenia i uprzątnięte wszystkie półki,

26. zaś po drugie: jest całkowicie oczyszczony i dlatego nadaje się teraz na Moje zamieszkanie! – Więc nie złość się na złodziei, aby ich grzech nie stał się większy!"

27. Józef oraz wszyscy domownicy wzięli sobie te słowa do serca, a Dzieciątko dodało na koniec:

28. „Spójrzcie, wszyscy ludzie postępują ze Mną tak, jak pogorzelcy z tym domem, a pomimo to nie pozwalam, żeby ogień spadał na nich z nieba!

29. Nie przeklinajcie więc i tych, którzy wam złem za dobro odpłacają, a będziecie prawdziwymi dziećmi jedynego Ojca w Niebie!" Te słowa całkiem uspokoiły Józefa i udał się pogodny do swojego domu.

251

Maria płacze z powodu skradzionej odzieży i bielizny. Pociecha Jonatana i jego szlachetny czyn: „O Matko, przyjmij to z mojego serca i z mojej ręki". Dzieciątko błogosławi Jonatana.

11 lipiec 1844

1. A gdy wszyscy znaleźli się w domu, Maria przekonała się, że jej szafa, a także szafa Eudokii zostały do cna splądrowane;

2. i jej, i Eudokii spłynęły do oczu łzy, i powiedziała do Józefa:

3. „Spójrz tutaj, nawet suknia, którą miałam w Świątyni, stała się łupem tych złych ludzi!

4. Doprawdy, jest mi przykro i ciężko na sercu!

5. Byliśmy zaopatrzeni w odzienie tak skromnie, jak tylko to można sobie wyobrazić, a pomimo to musieliśmy wszystko, co niezbędne, utracić!

6. To wszystko poświęcam Panu, ale jednak mnie to boli!

7. Teraz mam już tylko tę jedyną, zużytą suknię na co dzień i ani jednego grosza, żeby inną na zmianę kupić!

8. Naprawdę, bardzo mnie to boli! Ale jeszcze bardziej martwi mnie to, że ci złodzieje zabrali także bieliznę Dzieciątka!

9. Została Mu tylko jedyna koszulka, którą ma na Sobie; gdzie teraz znajdę drugą dla Niego!

10. O Ty, moje biedne Dzieciątko! Teraz już nie będę mogła ubrać Ci świeżej koszulki każdego dnia, tak jak lubiłeś!"

11. Usłyszawszy ten lament, podszedł do Marii głęboko wzruszony Jonatan i powiedział: „O ty, najdostojniejsza i najświętsza Matko mojego Pana! – Nie smuć się, gdyż teraz i ja mam złoto i srebro!

12. Z największą radością dam ci wszystko do ostatniego grosza i możesz z tym postąpić według twoich potrzeb!

13. Dobrze jednak wiem, że Pan wszelkiej wspaniałości nie potrzebuje mojego złota i srebra, gdyż On, który wszystkie zwierzęta i wszystkie drzewa i zioła, i cały świat tak wspaniale przyodziewa, nie pozostawi bez odzienia także ciała Swojej Matki!

14. A jednak bardzo pragnę teraz, z mej własnej woli i ku memu wielkiemu szczęściu, wszystkie me skarby tobie na ofiarę przynieść!

15. O Matko, przyjmij je z mojego serca i z mojej ręki!"

16. Wtedy spojrzała Maria serdecznie na Jonatana i powiedziała:

17. „O, Jonatanie, jakże wielkim i szlachetnym jesteś! – Twoja wola i chęci już są dla mnie czynem!

18. Jeśli będzie to dla Pana przyjemne, to będę cię prosić o pomoc dla Dzieciątka.

19. Ale jeśli Pan nie będzie pragnął tego, to ja i tak przyjęłam już to wszystko jako dar twego serca i nigdy nie przestanę być ci wdzięczna!"

20. Wtedy podeszło do nich Dzieciątko i powiedziało do Jonatana: „Kochany Jonatanie, uczyń to, o co cię prosi Moja Matka, a kiedyś otrzymasz za to wielką nagrodę!

21. Albowiem musisz to zrozumieć, my teraz jesteśmy naprawdę biedni, ponieważ Ja ze względu na troskę o zbawienie ludzi nie mogę czynić żadnych cudów!"

22. Na te słowa Jonatan pobiegł pełen radości do domu i szybko przyniósł całe złoto i srebro, i złożył je u stóp Marii.

23. A kiedy Maria i Józef to zobaczyli, zapłakali oboje ze szczerej radości.

24. Jonatan płakał razem z nimi i nie mógł się nadziękować Bogu, że zezwolił mu na łaskę przyniesienia pomocy Marii.

25. A Dzieciątko błogosławiło Jonatana i rzekło do Marii: „Spójrz, teraz możemy mieć świeże koszulki, bądź więc znowu wesoła!" – I wszyscy stali się na powrót pogodni i radośni.

252

Błogosławieństwo Pana w domu Józefa. Rodzina dziwi się i dziękuje. Jakub mówi o cudzie ziarna pszenicy.

12 lipiec 1844

1. A kiedy się to działo, czterej synowie Józefa zaopatrzyli zwierzęta, wydoili krowy i kozy, gromadząc nadzwyczaj dużo najtłustszego mleka.

2. A gdy ukończyli tę pracę, dwóch z nich udało się na pole, tam ścięli dojrzałą już pszenicę, związali kilka snopków i niedługo po tym wypełnili duży kosz dojrzałym ziarnem pszenicy.

3. A dwóch innych braci od razu wzięło ten kosz z ziarnem i zmielili go dwoma ręcznymi młynkami, które Józef sam wykonał.

4. Dzięki błogosławieństwu Pana otrzymali dwa razy więcej mąki, niż było ziarna w koszu.

5. Całą tę pracę wykonali w ciągu trzech godzin. I kiedy mąka stała już w dwóch koszach na słońcu,

6. przyszedł Józef i zapytał synów, skąd ją wzięli.

7. A kiedy synowie opowiedzieli mu, w jaki sposób ją otrzymali, wtedy obejrzał Józef poprzecierane snopki i powiedział:

8. „Jak to możliwe? – Widzę tu tylko dziesięć snopków! To z nich właśnie otrzymaliście te dwa duże kosze pełne mąki?"

9. A synowie odpowiedzieli: „Tak, ojcze, właśnie tak się stało! Dzięki łasce Bożej udało nam się zmielić w takim krótkim czasie aż tyle mąki z tychże dziesięciu snopków

10. i błogosławieństwo Boga musiało spłynąć na te snopki i na naszą pracę; dlatego tak obfity plon otrzymaliśmy!"

11. Józef, bardzo poruszony w sercu, podziękował Bogu i powrócił do domu, gdzie opowiedział wszystkim o tym, co się wydarzyło.

12. A wtedy wszyscy wyszli na zewnątrz i oglądali mąkę, i każdy z nich mówił:

13. „To nie mogło się stać w naturalny sposób, to czysta niemożliwość!"

14. Wtedy, tknięty wewnętrznym impulsem, podniósł Jakub z ziemi jedno ziarenko pszenicy i rzekł:

15. „Zadziwia was wszystkich to, że z dziesięciu snopków wyszło tak dużo mąki!

16. A czy ktoś z was kiedykolwiek dziwił się temu, że po zasianiu w ziemi takiego małego ziarenka znajduje w tym miejscu kłos o stu ziarnach, który z niego wyrósł?

17. A przecież ten zwyczajny kłos jest większym cudem aniżeli ta podwójna ilość mąki, gdyż ilość ziaren wzrasta w nim stukrotnie!

18. Gdyby przyniesiono tylko jeden kosz pełen mąki z tych dziesięciu snopków, wtedy nikogo by to nie zdziwiło, a przecież ten jeden kosz byłby takim samym cudem Boga jak i dwa kosze.

19. Nie dziwi się więc nikt na widok kłosa, który wydał plon stokrotny, gdyż człowiek już przywykł do takiego cudu.

20. Ale ja pytam: Czy to właściwe, że Boga podziwia się wtedy, kiedy czyni On coś nadzwyczajnego, podczas gdy to zwyczajne daleko wyżej stoi, bowiem o każdym czasie tak samo świadczy o nieskończonej dobroci,

wszechmocy, miłości i mądrości Boga?!

21. Ta przemowa Jakuba wywołała wielkie poruszenie. Wszyscy chwalili Pana, że dał człowiekowi taką mądrość. Synowie zaś wzięli mąkę i zabrali się do szykowania dobrego obiadu.

253

Obiad z ryby i ciasta miodowego. Bezwstydna kradzież sztućców, podręcznych przyrządów kuchennych i miseczki Dzieciątka. Dzieciątko nieustępliwe i bezlitosne wobec bezwstydnych złoczyńców.

13 lipiec 1844

1. W ciągu godziny przygotowano obiad, który składał się z pięciu doskonale przyrządzonych ryb i czternastu ciastek miodowych,

2. gdyż miód był jedyną rzeczą w spiżarni, która została oszczędzona przez grabieżców.

3. Zatroszczono się także o dobry napój, który Józef z Marią przygotowali z wody, soku z cytryny oraz niewielkiej ilości pszczelego złota.

4. A kiedy potrawy były już gotowe i zostały wniesione na stół, wtedy dopiero synowie pomyśleli o łyżkach, widelcach i nożach, które w domu cieśli Józefa wykonane były rzecz jasna z drewna.

5. Ale nawet ten mało wartościowy sprzęt do nakrycia stołu nie został oszczędzony przez złodziei!

6. I tym sposobem jedzenie znajdowało się na stole, ale nie było koniecznej zastawy, żeby można było jeść.

7. Widząc to, Józef poszedł do kuchni i zapytał synów, co z zastawieniem stołu

8. i jak w ogóle można postawić na stole jedzenie, a nie przynieść sztućców!

9. Ale synowie odpowiedzieli: „Ojcze, spójrz tylko tutaj: jeden ruszt, dwa garnki, jedna jedyna najgorsza łyżka do gotowania, jeden nóż i jeden widelec – tylko tyle nam pozostawili,

10. a wszystko inne zabrali; nawet mleko musieliśmy teraz pozostawić w wiadrze, gdyż wszystkie garnki na mleko także przepadły!"

11. A gdy Józef przekonał się o tym wszystkim, udał się do jadalni z jedną jedyną łyżką do gotowania, jedynym nożem i jedynym widelcem i powiedział do Jonatana:

12. „No i spójrz, bracie! – To jest teraz cały nasz sprzęt domowy! – Doprawdy, to jest bezwstydne i powinno zostać ukarane!

13. Mogę zrozumieć kradzież drogocennych rzeczy czy kradzież z konieczności!

14. Ale to złodziejstwo nie jest ani z jednej, ani z drugiej przyczyny

15. i dowodzi wielkiej bezwstydności, której nawet Pan nie powinien pozostawić bez kary!"

16. Po tych słowach wszyscy zasiedli za stołem, a Józef jedynym nożem podzielił rybę, z pomocą jedynego widelca położył przed każdym jej kawałek i podzielił ciasto.

17. A kiedy Dzieciątko nie zobaczyło przed Sobą Swojej miseczki, zapytało Józefa, czy także ona została skradziona.

18. Maria odpowiedziała: „Z całą pewnością, najbliższy mojemu sercu i najukochańszy Boży Syneczku, bo inaczej stałaby przed Tobą!"

19. Wtedy Dzieciątko powiedziało: „Doprawdy, Józef ma rację, to była bezwstydna grabież, która powinna być ukarana zawsze i o każdym czasie!
20. Tego, który czyni zło i nie wie o tym, należy pouczyć, tak samo jak tego, który robi to z konieczności!
21. Ale ten, kto zna dobro, a mimo to czyni zło z szatańskim bezwstydem, jest diabłem z czeluści piekła i musi zostać ukarany ogniem!"
22. Po czym każdy spożył swoją część ryby, pomagając sobie gołymi rękami.
23. I jeszcze wszyscy nie zdążyli dokończyć swojego obiadu, kiedy z zewnątrz dobiegło okropne wycie.
24. A co to było? – To byli ci złodzieje, ci bezwstydni, którzy ukradli niezbędny sprzęt domowy, żeby go zniszczyć.
25. Każdy z nich był opleciony gorejącym wężem i krzyczał o pomoc; Dzieciątko było głuche na te krzyki rozpaczy i pędziło ich wszystkich, w liczbie niemal stu, Swoją wszechmocną siłą do morza, gdzie wszyscy potonęli. – To był jedyny raz, kiedy mały Jezus okazał się bezlitosny.

254

Złodzieje odzieży pod drzwiami Józefa. Słowa Dzieciątka do złodziei. Odzież oddana.

15 lipiec 1844

1. Po krótkim czasie znowu dobiegły z daleka , jakby ze strony miasta, krzyki potępieńców i dała się zauważyć liczna grupa ludzi zmierzających pośpiesznie ku domostwu starego cieśli.
2. „Cóż to znowu?" – zapytał Józef zdziwionego Jonatana.
3. A ten na to powiedział: „Bracie! To już na pewno Pan będzie wiedział lepiej niż my obaj!"
4. A Jakub zwrócił się do nich: „Nie róbcie sobie nic z tego, gdyż to są tylko złodzieje odzieży!
5. Moc Pana ich dopadła i teraz płacą za swój występek,
6. albowiem tego, kto ją ubierze albo tylko jej dotknie, od razu pali wewnątrz ogień i zostaje z niego tylko popiół.
7. Dlatego teraz pędzą do nas, krzycząc i lamentując, i będą nas prosić, abyśmy sami poszli do miasta i odebrali tę odzież z ich na pół spalonych domów,
8. co my też będziemy chcieli uczynić; jednak Pan ukarze zuchwalców według Swojej woli!"
9. Jakub nawet nie zdążył wypowiedzieć tych słów do końca, a wyjący z rozpaczy złodzieje odzieży stali już przed drzwiami Józefa
10. i w strasznym przerażeniu błagali o pomoc i ratunek. A wtedy Józef wyszedł na zewnątrz razem z Jonatanem.
11. A kiedy byli na podwórzu, trzydziestu zrozpaczonych mężczyzn wzniosło do nich okrzyki:
12. „O ty, najwszechmocniejszy Jupiterze, pomóż nam i uratuj nas, gdyż wobec ciebie przewiniliśmy, bo cię nie rozpoznaliśmy!
13. Ale teraz cię poznajemy i błagamy cię: zabij nas albo odbierz od nas odzież pochodzącą z twego domu!"
14. Na te okrzyki rozpaczy Dzieciątko wyszło przed dom i powiedziało: „Posłuchajcie, niedobrzy ludzie!

15. Jakim sposobem wynieśliście te ubrania, takim przynieście je z powrotem!
16. Jeśli tego nie uczynicie, śmierć stanie się waszym losem!"
17. A kiedy to usłyszeli, zawołali:
18. „To jest ten młody Bóg, musimy go słuchać, inaczej jesteśmy zgubieni!"
19. I wszyscy runęli nagle z powrotem do miasta i na żelaznym drągu przynieśli wszystkie ukradzione ubrania do domu Józefa.
20. Gdyż gołą ręką nikt tych ubrań nie mógł dotknąć.
21. A kiedy odzież została przyniesiona, Dzieciątko uwolniło złodziei i już więcej ich nie karało. Józef zaś z radością zaniósł ubrania z powrotem do domu.

255

Szlachetność i wewnętrzne piękno Marii. Jej litość nad złodziejami. Czynienie dobra wrogom jest miłe Bogu. „Właśnie dlatego, że uczyniłaś tak, jak Bóg czyni, jesteś teraz tak piękną. Albowiem Bóg jest największą pięknością, dlatego że jest największą miłością!"

16 lipiec 1844
1. A kiedy Maria zobaczyła znów swoje ubrania, poczuła zadowolenie i ogarnęła ją litość dla tych, którzy jej ubrania z powrotem przynieśli.
2. Gdyż rozważyła w swoich myślach: „Ci z pewnością nie otrzymali pieniędzy i dlatego z konieczności chwycili się za te nieszczęsne ubrania.
3. Teraz są na pewno w wielkiej biedzie.
4. O, gdyby byli jeszcze tutaj, to oddałabym im chętnie te ubrania albo podzieliła się pieniędzmi, żeby mogli sobie coś kupić".
5. Wtedy Dzieciątko powiedziało do Matki:
6. „Matko – ależ dzisiaj jesteś piękna! Gdybyś wiedziała, jak jesteś piękna, to mogłabyś się teraz nawet stać zarozumiałą!"
7. Maria uśmiechnęła się do głaszczącego ją Dzieciątka i powiedziała:
8. „O, mój ukochany Jezu! – Czy nie jestem każdego dnia tak samo piękna?"
9. A Dzieciątko odpowiedziało jej: „O tak, jesteś zawsze bardzo piękna, ale czasami jeszcze piękniejsza.
10. Dzisiaj jednak jesteś piękna wyjątkowo! – Doprawdy, otacza cię tysiąc Archaniołów i każdy z nich chce być jak najbliżej ciebie!"
11. Ale Maria nie zrozumiała słów Dzieciątka i rozglądała się wokół siebie, szukając wzrokiem skrzydlatych wysłanników Niebios.
12. Nie zobaczyła jednak niczego ponad to, co znajdowało się w jej izbie i dlatego zapytała:
13. „Jeśli jest tak, jak mówisz, to gdzie są w takim razie te Archanioły, z których tysiąca ani jednego nie mogę dostrzec?"
14. Na to Dzieciątko odrzekło: „Nie możesz żadnego z nich zobaczyć, gdyż mogłabyś wpaść w pychę!
15. A ty jesteś teraz dlatego piękniejsza od wszystkich Aniołów Niebios, że w twoim sercu wzrosło miłosierdzie, które prawie że Mojemu jest równe!
16. Bo rozważ sobie: poddać ludzkiej oraz sprawiedliwej karze swoich wrogów jest słusznym i podoba się

Bogu, i tak zawsze za Ziemi być powinno;
17. ale z całego serca przebaczyć swoim wrogom ich winę i do tego jeszcze czynić im dobro i błogosławić ich – pomyśl: to jest boskie!
18. Tak uczynić potrafi tylko nieskończona siła boskiej miłości,
19. gdyż ludzka miłość jest na to za słaba!
20. I właśnie dlatego, że uczyniłaś tak, jak Bóg czyni, jesteś teraz tak piękną! – Albowiem Bóg jest największą pięknością, gdyż jest największą miłością!
21. I teraz także czyń to, czego pragnie twoje serce, a wtedy Moje Królestwo miłości przypadnie ci jako godność królewska, a ty będziesz w nim wiecznie Królową!"
22. Wtedy Maria wysłała za złodziejami Jonatana, który przyprowadził ich z powrotem, a ona obdarowała ich obficie tymi pieniędzmi, które Jonatan przekazał jej i Józefowi.

256

Moc miłości. Dom Józefa nabiera rozgłosu. Mądrość Józefa zawstydza wielkich i bogatych z miasta. Dobry skutek.

17 lipiec 1844

1. Obdarowani złodzieje padli na twarz i krzyczeli:
2. „Tak wielka dobroć, taka wielkoduszność i pobłażliwość to przymioty bogów nieśmiertelnych, którzy wynagradzają nawet swych wrogów!
3. My zasłużyliśmy tylko na karę za nasz występek przeciwko wam, wielkim bogom!
4. A wy, zamiast nas ukarać, dajecie zapłatę i błogosławieństwo za szkody, które wam uczyniliśmy?!
5. Mówicie, że nie jesteście bogami? – Ależ to nieprawda! Jesteście bez wątpienia najwyższymi panami niebios, gdyż świadczą o tym wasze czyny, jakich my ludzie jeszcze nigdy nie oglądaliśmy!
6. Dlatego cześć, chwała i uwielbienie niechaj będą wam oddane przez wszystkich ludzi na Ziemi!
7. I trony książęce, i wszystkie ich korony powinny chylić się przed waszą wielką wspaniałością!"
8. I tu powstali złodzieje, i odeszli wypełnieni wdzięcznością i głębokim szacunkiem,
9. i rozgłosili o tym później w całym mieście; i wszyscy jego mieszkańcy drżeli na myśl o takiej bliskości bogów; poruszali się ukradkiem i nie mieli odwagi do jakiejkolwiek pracy.
10. Ale niedługo po tym przyszli do Józefa poważani ludzie z Ostracyny i zapytali go, czy rzeczywiście jest tak, jak trąbi hołota w wypalonym mieście.
11. Józef zaś odpowiedział: „Jeśli chodzi o dobry czyn względem nich, to głoszą prawdę,
12. gdyż moja żona w taki właśnie sposób z nimi postąpiła!
13. Ale że nas uważają za bogów – to oznacza, że dają o was, wielkich i bogatych, złe świadectwo,
14. gdyż ten biedny motłoch zdradza w ten sposób wielką twardość waszych serc i nie widzi w was nic podobnego bogom!
15. Czyńcie tak, jak uczyniła moja żona i jak czyni mój dom, a wtedy ta biedota przestanie mieszkańców mojego domu uważać za bogów!"

16. A kiedy owi poważani obywatele Ostracyny usłyszeli tę mowę Józefa, bardzo się zawstydzili i odeszli stamtąd.
17. I przekonali się, że Józef jest tylko bardzo mądrym i dobrym człowiekiem, ale nie jest bogiem.
18. Od tego momentu w domu Józefa panował spokój.
19. Jego rodzina mieszkała jeszcze przez pół roku w tej okolicy, w której wszystkim sprzyjały już wtedy zgoda i harmonia. Jonatan zaś częściej przemieszkiwał u Józefa niż w swojej chacie, gdyż znajdował u niego przyjemną błogość życia.

257

Śmierć Heroda; rządy przejmuje jego syn Archelaos. Anioł Pana ukazuje się Józefowi we śnie i nakazuje mu, by udał się w drogę powrotną do Izraela. Cudowne przygotowania do podróży. Józef przekazuje wszystko Jonatanowi i prosi, aby przybył za nimi. Pożegnanie.

18 lipiec 1844

1. Właśnie w tym czasie zmarł Herod, morderca dzieci, a rządy po nim przejął jego syn Archelaos.
2. Jakub powiedział o tym Józefowi i Marii.
3. Ale Józef powiedział do Jakuba: „Chciałbym w to wierzyć, ale cóż to zmieni w moim życiu?"
4. A Jakub rzekł: „Ojcze! – Ja nie mam dla ciebie odpowiedzi, bo Pan mi jej nie przekazał!
5. Ale jak przedtem Pan przez usta Anioła do ciebie przemawiał i mówił ci, co powinieneś czynić, tak stanie się i teraz.
6. Gdyż nie mieściłoby się to w bożym porządku, gdyby syn swojemu ojcu nakazywał, co powinien robić!"
7. Na to powiedział Józef: „Myślisz, że Pan tak uczyni?"
8. A Jakub mu odpowiedział: „Ojcze! Usłyszałem teraz we mnie to:
9. «Jeszcze dzisiejszej nocy w jasnowidzącym śnie wyślę do ciebie Mojego Anioła, który ci objawi Moją wolę!
10. I kiedy ci ją objawi, powinieneś uczynić według jego słów!»"
11. Na te słowa Józef wyszedł z domu i modlił się do Boga, dziękując Mu za nowinę z ust jego syna, Jakuba.
12. Józef na długo zagłębił się w modlitwie i dopiero po trzech godzinach powrócił do domu na spoczynek.
13. A kiedy już spał na swoim posłaniu, dając odpoczynek swojemu zmęczonemu pracą ciału, ukazał mu się we śnie Anioł Pana i przemówił do niego:
14. „Wstań, weź Dzieciątko i Jego Matkę i udaj się do kraju Izrael, gdyż pomarli ci, którzy chcieli zamordować Dzieciątko!"
15. A kiedy Józef to usłyszał, wstał i wkrótce opowiedział o tym Marii,
16. która powiedziała: „Niech się stanie wola Pana na wieki wieków!
17. Ale mówisz tylko o nas trojgu? Czy twoje dzieci powinny pozostać tutaj?"
18. Józef odpowiedział: „Ależ nie, skądże! To, co Anioł mi przekazał, dotyczy całego mojego domu!
19. Albowiem zawsze przemawiał Pan do Swych proroków, jakby tylko z nimi samymi miał do czynienia;

20. a mimo to mowa Pana zawsze dotyczyła całego domu Jakuba".
21. To wyjaśnienie Józefa wszyscy zrozumieli, a jego synowie wyszli na podwórze, żeby przygotować wszystko do odjazdu.
22. Wrócili jednak zaraz pełni zadziwienia, bo wszystko było już przygotowane do podróży; każdy z domowników mógł wsiąść na osła, który, wyposażony we wszystko co najważniejsze, stał już gotowy do drogi.
23. Józef przekazał wszystko Jonatanowi, który również tę noc spędził u nich w gościnie; pobłogosławił go i zaprosił za rok do Nazaretu.
24. Dzieciątko także pożegnało go serdecznym pocałunkiem. Jonatan płakał z powodu ich nagłego i niespodziewanego wyjazdu.
25. Józef dosiadł swoje juczne zwierzę i wyruszyli w drogę jeszcze na długo przed wschodem słońca.

258

Święta Rodzina przybywa po uciążliwej podróży do ojczyzny. Józefa strach i pociecha Marii. Pan wskazuje Nazaret. Przybycie do Nazaretu.

19 lipiec 1844

1. Po dziesięciu dniach uciążliwej podróży Józef i jego najbliżsi dotarli do kraju Izrael i zrobili przerwę na odpoczynek u ludzi, którzy byli tam zadomowieni i żyli z hodowli zwierząt.
2. Józef wypytał dokładnie o stosunki, jakie panują w jego ojczyźnie.
3. A gdy dowiedział się, że Archelaos, jeden z synów Heroda, przejął rządy po ojcu,
4. i że jest jeszcze okrutniejszy od niego, wtedy jego i rodzinę jego ogarnął wielki strach.
5. Józef pomyślał, żeby zawrócić do Egiptu, choć nie do Tyru.
6. Bo chociaż jeszcze w Egipcie dowiedział się od Jakuba, że w Jerozolimie panuje teraz Archelaos,
7. to nie wiedział o tym, że nowy król przewyższa swego ojca w okrucieństwie.
8. Wieść o tym wzbudziła teraz jego przestrach, tak że chciał zawrócić.
9. Ale Maria zwróciła się do niego:
10. „Józefie, przecież Pan nakazał nam wybrać się w tę drogę, dlaczego więc bardziej mielibyśmy bać się tego człowieczego króla, Archelaosa, aniżeli Pana?"
11. Józef jej odpowiedział: „O, Mario, moja ukochana żono, zadajesz mi słuszne pytanie,
12. ale pamiętaj, że drogi Pana są często niepojęte, i że Pan Swoich wybranych prowadzi często przez śmierć – już od czasów Abla.
13. Dlatego boję się, czy także mnie Pan nie chce przez śmierć poprowadzić!
14. I moje przypuszczenie staje się tym bardziej prawdopodobne, im dłużej myślę o okrucieństwie nowego króla w Jerozolimie.
15. Dlatego postanowiłem wczesnym rankiem zawrócić do Egiptu.
16. Doprawdy, jeśli Pan chce naszej śmierci, to niech raczej ześle na nas lwy, tygrysy i hieny aniżeli Archelaosa!"
17. Tak więc Józef stanowczo postanowił, aby zawrócić.

18. Ale tej nocy w jasnowidzącym śnie Józefa ukazał się Sam Duch Pana.

19. I od Boga Samego otrzymał Józef rozkaz, aby podążył do Nazaretu.

20. Podniósł się zatem z posłania i bez wahania wyruszył o brzasku w dalszą drogę.

21. Jeszcze tego samego dnia dotarł do Galilei.

22. A nocą przybył do miasta Nazaret i zajął pozostawiony tam dom, aby się mogły spełnić słowa proroka: „On powinien nazywać się Nazarejczykiem!"

259

Czuła wieczorna rozmowa na tarasie u Salomei. Korneliusz odkrywa w oddali małą karawanę.

20 lipiec 1844

1. Ale jaki dom zasiedlił Józef w Nazarecie? – Gdzie osiadł, gdzie się udał i do kogo?

2. W pierwszych rozdziałach, zanim jeszcze Józef wyruszył do Egiptu, była mowa o tym, jak Józef rozmawiał z Salomeą, że może ona zaopiekować się dzierżawionymi przez niego włościami.

3. Czy Salomea to uczyniła? – Tak, uczyniła nie tylko to, o co ją Józef prosił, ale też kupiła to gospodarstwo na własność, i to z dwóch powodów:

4. Gdyby wrócił Józef albo któreś z jego dzieci – wtedy oddałaby im ten dom;

5. w przeciwnym razie chciałaby zachować go na pamiątkę po tej zacnej rodzinie.

6. Traktowała domostwo Józefa jako wielką świętość i sama nie miała odwagi w nim zamieszkać; a tym bardziej nie myślała o tym, żeby je komukolwiek wynająć.

7. Ale ze względu na to, żeby mogła mieszkać w pobliżu, dokupiła sąsiadującą ziemię i postawiła tam ładny domek, w którym mieszkała ze swoją służbą i gdzie odwiedzał ją też często Korneliusz.

8. I tak się złożyło, iż Korneliusz po wypełnieniu różnych służbowych obowiązków wstąpił po drodze do Salomei akurat w tym czasie, kiedy Józef powrócił do Nazaretu.

9. Wieczór tego dnia był wspaniały, księżyc świecił w pełni i żadna chmurka nie mąciła światła gwiazd na niebie.

10. Ten piękny wieczór wyciągnął Salomeę i Korneliusza na taras owego miłego domku, który znajdował się niedaleko głównej drogi; gospodarstwo Józefa znajdowało się od niego w odległości około siedemdziesięciu klaftrów.

11. Oboje spoglądali często na domostwo zacnej rodziny, a Korneliusz zawsze wspominał i mówił do Salomei:

12. „Wciąż jeszcze widzę przed sobą jak żywe owo wydarzenie w Betlejem, jakby to był jakiś wzniosły i najpiękniejszy sen; to domostwo każdego razu przypomina mi o nim.

13. Ale zdarzenie w Betlejem było tak niezwykłym i wzniosłym zjawiskiem, że wydaje mi się ono tym bardziej nieodgadnione, im więcej o nim myślę!"

14. A Salomea dodała: „Tak, Korneliuszu! – Również i ja nie potrafię

tego pojąć ani też nie mogę zapomnieć, że coś takiego przeżyłam!

15. Ale między nami jest różnica. Wiesz o tym, że ja nie mogę tego wyrzucić ze swojego serca i muszę nieustannie to Dzieciątko ubóstwiać i modlić się do Niego,

16. podczas gdy ty całą sprawę traktujesz bardziej jako piękną i niezwykłą historię.

17. Dlatego też często wyobrażałam sobie, że gdyby ta rodzina kiedykolwiek tu powróciła, to wtedy nie przeżyłabym wprost tego szczęścia i błogości!

18. Gdyby mieszkali tu w pobliżu – o Boże! – jakie uczucie wypełniałoby moją duszę i serce!

19. Doprawdy, na tym tarasie spotkałyby się wszystkie niebiosa!"

20. Korneliusz rzekł: „Tak, masz rację, to byłoby i dla mnie najwznioślejszym przeżyciem!

21. A co zrobilibyśmy, gdyby ta Boża Rodzina przybyła w te strony akurat teraz, a my rozpoznalibyśmy ją już z daleka?!"

22. Salomea zaś odpowiedziała: „Och, przyjacielu! – Nawet o tym nie mów – umarłabym ze szczęścia!"

23. I kiedy tak rozmawiali ze sobą na tarasie w ten przyjemny dla Boga sposób, zrobiło się już późno,

24. Korneliusz zauważył w oddali, w odległości mniej więcej dwustu klaftrów, sznur wędrowców, jakby małą karawanę, i rzekł do Salomei:

25. „Spójrz w tym kierunku, jacyś wędrowcy o tak późnej porze! – Czy są to Grecy albo Żydzi?

26. Salomeo, cóż zrobiłabyś teraz, gdyby to była właśnie Święta Rodzina?!"

27. A Salomeą wstrząsnął dreszcz i powiedziała: „Ależ proszę cię, nie mów ciągle o tym i nie wzbudzaj we mnie nadziei, które się nigdy nie spełnią!

28. Odpowiedz, co ty sam uczyniłbyś w chwili takiego największego szczęścia i błogości?"

29. Korneliusz odrzekł: „Doprawdy, ja także nie wiedziałbym, co ze sobą począć! – Ale spójrz, ta karawana zatrzymała się i widzę człowieka, który zmierza w naszym kierunku! – Chodź, zobaczmy, kto to jest!"

30. I wyszli naprzeciw zbliżającemu się. Ów człowiek był synem Józefa, który niósł dzban, aby napełnić go wodą w tym domu.

31. Ale oni oboje nie rozpoznali go, gdyż taka była wola Pana ze względu na ich dobro i zdrowie.

260

Joel jako zwiadowca przeczuwa bliskość rodzinnego domu. Józef postanawia przenocować na wolnym powietrzu. Synowie Józefa przychodzą w poszukiwaniu drewna i ognia do Salomei.

22 lipiec 1844

1. A kiedy Joel nabrał wody, zapytał oboje, jak daleko może być jeszcze do Nazaretu.

2. Korneliusz mu odpowiedział: „Mój przyjacielu, spójrz w tamtym kierunku, a z łatwością rozpoznasz już mury miasta!

3. Dziecko osiągnie je z łatwością w ciągu piętnastu minut, a zatem jesteś już jakby w samym Nazarecie".

4. Joel podziękował za tę wiadomość i zaniósł wodę swoim towarzyszom wędrówki.

5. A kiedy znalazł się wśród swoich, Józef zapytał go, czego się dowiedział od mieszkańców tamtego domku.
6. Joel powiedział: „Kobieta i mężczyzna wyszli mi naprzeciw, dali mi wody i powiedzieli, że już tu zaczyna się miasto Nazaret!
7. A wtedy pomyślałem, że jeśli tak jest, to na pewno niedaleko do naszego domostwa".
8. Józef rzekł na to: „Mój kochany synu, na pewno masz rację,
9. ale któż może wiedzieć, do kogo ono teraz należy, gdy minęły już trzy lata od naszego wyjazdu?
10. Czy będziemy się mogli jeszcze wprowadzić do naszego byłego domu?
11. Z tego powodu postanowiłem, że przenocujemy tu pod gołym niebem i dopiero rano rozejrzymy się za wolnym miejscem do zamieszkania!
12. A teraz idź ze swoimi braćmi i rozglądnij się, skąd moglibyście przynieść trochę drewna na ogień!
13. Gdyż tutaj, na wysokim wzgórzu, jest chłodno i dlatego będziemy musieli rozpalić małe ognisko, aby się przy nim ogrzać!"
14. Po tym udało się czterech synów do tego samego domku i znaleźli tam znów tych dwoje, którzy jeszcze nie spali.
15. Wyjaśnili Salomei swoje położenie i poprosili o trochę drewna oraz ogień.
16. Wtedy Salomea i Korneliusz zapytali, w jakim są towarzystwie i czy można im zaufać.
17. A synowie odrzekli: „Przybywamy z Egiptu i jesteśmy najbardziej szczerymi wśród ludzi tego świata!
18. Naszym przeznaczeniem jest znalezienie domu w Nazarecie,
19. bo w gruncie rzeczy jesteśmy Nazarejczykami, tylko pewna konieczność zmusiła nas przed trzema laty do ucieczki stąd.
20. A że ta konieczność już ustąpiła, przybywamy więc tu z powrotem, żeby poszukać sobie mieszkania".
21. A kiedy Salomea i Korneliusz usłyszeli od młodzieńców to wyjaśnienie, dali im od razu drewna i ognia w wystarczającej ilości, a ci powrócili z tym do Józefa.
22. Józef zaś polecił od razu rozpalić ogień i wszyscy ogrzali się w jego cieple.

261

Przeczucia Salomei i Korneliusza. Salomea i Korneliusz rozpoznają Świętą Rodzinę.

23 lipiec 1844

1. Salomea i Korneliusz zastanawiali się, kim są ci podróżnicy z Egiptu.
2. A Korneliusz powiedział: „Ci czterej młodzi mężczyźni, którzy nas odwiedzili, przypominają mi synów tego wspaniałego człowieka, którego kiedyś spotkaliśmy oboje w Betlejem.
3. W brzmieniu ich mowy usłyszałem nieomylnie nazarejski akcent.
4. Moja szanowna przyjaciółko! – Ten cudowny człowiek, który ma na imię Józef, zawędrował ze swoimi bliskimi do Egiptu. Pisał mi o tym z Tyru mój brat.
5. Byłby to więc ten sam Józef?
6. Czy nie powinniśmy się udać do tych ludzi i przyjrzeć się im lepiej? A może byłoby właściwe,

7. gdybyśmy od razu zaprosili ich do siebie i ugościli ich jak najwspanialej?"

8. A gdy Salomea to usłyszała, omal nie zemdlała z wrażenia, a kiedy pozbierała myśli, zwróciła się do Korneliusza pełna entuzjazmu:

9. „Ach, przyjacielu! – Z pewnością masz rację, to na pewno jest ta Święta Rodzina!

10. Dlatego pozwól mi obudzić moją służbę, abyśmy razem udali się tam, gdzie ta rodzina odpoczywa!"

11. Po czym poszła Salomea i obudziła całą swoją służbę.

12. I w ciągu pół godziny wszyscy byli na nogach w domu Salomei.

13. A kiedy wszyscy byli gotowi, Korneliusz powiedział do Salomei:

14. „A teraz pozwól, byśmy udali się i zobaczyli, kim są naprawdę ci ludzie!"

15. Na to Salomea dała znak i całe towarzystwo udało się tam, gdzie Józef odpoczywał w otoczeniu najbliższych przy skromnym ognisku.

16. A kiedy tam przybyli, Korneliusz powiedział do Salomei:

17. „Popatrz tylko tam! Czyż ta kobieta przy ognisku nie jest tą młodą Marią, żoną Józefa, ze swoim Dzieckiem?

18. A ten stary człowiek – powiedz – czyż to nie jest Józef, ów wspaniały mężczyzna, którego poznaliśmy w Betlejem?"

19. Oczy Salomei powiększyły się z wielkiego wrażenia i z osłupieniem wpatrywała się, i poznawała po kolei tych, których pokazywał jej Korneliusz.

20. Ale nadmiar wzruszenia sprawił, że Salomea utraciła siły, osunęła się na ziemię i straciła przytomność, a Korneliusz musiał swoją towarzyszkę ocucić i postawić na nogi.

262

Korneliusz i Salomea witają Świętą Rodzinę. Zmęczeni podróżnicy powracają do swojego pozostawionego domu.

24 lipiec 1844

1. A kiedy Salomea ocknęła się już z omdlenia wywołanego zachwytem, zwróciła się do Korneliusza: „Przyjacielu, to za dużo naraz dla słabego człowieka!

2. Pozwól mi przez krótką chwilę odetchnąć i wziąć się w garść, a zaraz po tym podejdę tam i oznajmię tej Świętej Rodzinie, że utrzymałam jej domostwo!"

3. A Korneliusz odrzekł: „Jeśli czujesz się słaba, to pozwól, abym ja się do nich udał i w twoim imieniu oznajmił im, co dla nich uczyniłaś!

4. Zrozum, nie możemy tracić czasu! Ci zacni podróżnicy są bez wątpienia bardzo zmęczeni i potrzebują możliwie jak najszybciej schronienia, dlatego chcę się tam udać zamiast ciebie".

5. A Salomea odpowiedziała:

6. „O, przyjacielu! Masz rację, ale ja już pozbierałam się i chcę od razu pójść tam z tobą".

7. Po tym postanowieniu udali się oboje do odpoczywających przy ognisku podróżników.

8. A kiedy znaleźli się wśród nich, Korneliusz przemówił: „Niechaj Bóg i Pan Izraela będzie z wami, a także ze mną i moją towarzyszką, Salomeą!

9. Udało mi się was rozpoznać i nie mam żadnej wątpliwości, że ty, stary

i zacny człowieku, jesteś tym samym Józefem, a ta młoda kobieta – tą samą Marią i to wy przed trzema laty wyruszyliście do Egiptu, ażeby ujść przed Herodem i jego prześladowaniami.

10. Przybyłem tutaj, jak mogłem najprędzej, aby cię przyjąć i poprowadzić do twojego gospodarstwa".

11. A kiedy Józef to usłyszał, powstał i zapytał:

12. „Dobry człowieku, kim jesteś, że przynosisz mi takie nowiny?

13. Wyjaw mi swoje imię, a wtedy od razu pójdę za tobą!"

14. Korneliusz odpowiedział: „Dostojny starcze! Posłuchaj, jestem namiestnikiem Jerozolimy

15. i nazywam się Korneliusz; jestem tym samym człowiekiem, który kiedyś w Betlejem oddał ci małą przysługę!

16. Dlatego odrzuć od siebie niepokój i troskę, gdyż ta oto moja przyjaciółka, Salomea z Betlejem, dokładnie wypełniła twoją wolę!"

17. Na te słowa Salomea upadła do stóp Józefa i powiedziała ze wzruszeniem:

18. „Radość to dla mnie, biednej grzesznicy, że moje niegodne oczy mogą cię znów oglądać!

19. O, chodź! Chodź do swojego domu! Gdyż mój dom nie jest godzien takiej łaski!"

20. Józef wzruszony do łez odpowiedział:

21. „O, wielki Boże, mój Ojcze! – Jakże dobrym jesteś! Ty prowadzisz zmęczonego wędrowca o każdym czasie do upragnionego celu!"

22. Potem objął Korneliusza i Salomeę i udał się z nimi do swojej dawnej zagrody.

263

Salomea przekazuje Józefowi dom i zagrodę w najlepszym stanie. Pokora i miłość Salomei. Jej wspaniałe świadectwo o Panu. Słowo Pana o miłości.

25 lipiec 1844

1. Służba Salomei oraz świta Korneliusza, a także Salomea i Korneliusz osobiście zadbali o cały bagaż przybyszów z Egiptu.

2. Salomea poprowadziła karawanę do posiadłości Józefa i pokazała mu schludnie urządzone pomieszczenia jego domu.

3. Józef zachwycił się, widząc, z jaką troską Salomea zadbała o jego domostwo.

4. Pościel i łóżka pachniały świeżością; we wszystkich izbach panował ład i porządek, nawet obora była wzorowo zaopatrzona.

5. Józef przekonał się o tym, jak wierną strażniczką jego domu była Salomea.

6. I zwrócił się do niej: „Kochana przyjaciółko! Widzisz, że jestem biedny i nie posiadam żadnego majątku! – Jakże więc będę mógł się odwdzięczyć za to wszystko?"

7. A Salomea odpowiedziała wzruszonym głosem:

8. „O, mój dostojny przyjacielu! Czyż posiadam na tym świecie coś, czego nie otrzymałabym od Tego, który teraz w czułych objęciach Matki spoczywa?!

9. Czyż nie otrzymałam od Niego tego, co jest wieczną prawdą?!

10. O! Pan Wieczności nie przyszedł

do nas, biednych grzeszników, w obce dla Niego miejsca,

11. ale wrócił do Swojej odwiecznej własności; dlatego nie możemy Mu dać nic, cokolwiek byśmy mieli;

12. przynosimy Mu tylko to, co należy do Niego – z siłą, którą On nam dał.

13. Nie masz u mnie żadnego długu, gdyż to ja zostałam obdarowana łaską troski o ciebie i twoją Świętą Rodzinę,

14. choć w głębi duszy czuję, że nie jestem godną tego świętego powołania!"

15. Tu Salomei głos ze wzruszenia uwiązł w gardle, dlatego zamilkła i płakała z miłości i rozkoszy.

16. A wtedy Dzieciątko zbudziło się i otworzyło oczy.

17. Gdy usiadło na kolanach Marii, to spojrzało z miłością na Salomeę i Korneliusza i powiedziało:

18. „O, Salomeo, i ty, Mój Korneliuszu! – Spójrzcie: spałem, ale zbudziła Mnie wasza wielka miłość!

19. Doprawdy, to słodkie i przyjemne – zbudzić się z takim uczuciem; a więc powinno tak pozostać na wieki!

20. Od teraz chcę, żeby Moja Wiekuista Istota była uśpiona w każdym. Ale tylko ten, kto przyjdzie do Mnie z taką miłością jak wasza, zbudzi Mnie też dla siebie na wieczność!

21. Salomeo, teraz udaj się na spoczynek, a rano przynieś Mi smaczne śniadanie!"

22. Salomea zachwyciła się, bo po raz pierwszy usłyszała Pana, który mówił. Wszyscy wielbili i wychwalali Boga i po tym udali się na spoczynek.

264

Salomea zaprasza Rodzinę Józefa na śniadanie. Ulubiona potrawa Dzieciątka Jezus. Radość miłości Dzieciątka i Salomei. „O, Panie! – Kto może na Ciebie spoglądać bez łez w oczach?"

26 lipiec 1844

1. Rano w obu domach już bardzo wcześnie wszyscy byli na nogach; Salomea zajęła się przygotowywaniem w swojej kuchni dobrego śniadania, które składało się z ciasta miodowego, smakowitego rybiego rosołu i dużej ilości szlachetnych ryb,

2. a wśród nich pstrągów, które były największym smakołykiem, a łowiło się je najczęściej w górskich potokach.

3. A gdy śniadanie zostało już przygotowane, Salomea żwawo pobiegła do domu Józefa i zaprosiła go wraz z wszystkimi na poranny posiłek.

4. A Józef powiedział: „Ależ moja kochana przyjaciółko, dlaczego z mojego powodu narażasz się na takie duże wydatki?

5. Spójrz, moi synowie także są już zajęci w kuchni i przygotowują poranną strawę,

6. więc nie powinnaś być aż tak gościnna i zbytnio troszczyć się o nas!"

7. Ale Salomea na to odrzekła: „Och, mój dostojny przyjacielu! Nie pogardzaj pracą twojej oddanej służebnicy i przyjdź do mojego domu!"

8. Józef nie mógł odmówić tak gorącej prośbie, zwołał więc wszystkich w swoim domu i z radością w sercu poprowadził swoich bliskich na śniadanie do domu Salomei.

9. Na progu domu oczekiwał ich Korneliusz i przywitał wszystkich jak najserdeczniej.
10. Józef bardzo się ucieszył, gdyż ponownie, tym razem w świetle dnia, ujrzał swego przyjaciela, Korneliusza.
11. Po czym wszyscy udali się do pięknej jadalni, w której czekało już na gości śniadanie.
12. A gdy Dzieciątko ujrzało na stole ryby, rozpromienione podbiegło do Salomei i powiedziało:
13. „Kto powiedział ci o tym, że Ja tak chętnie jadam ryby?
14. Sprawiasz Mi prawdziwą radość, bo trzeba ci wiedzieć, że jest to Moja najbardziej ulubiona potrawa spośród wszystkich!
15. Z dużą chęcią zjem ciasto miodowe i na pewno spróbuję rybiego rosołu z pszennym chlebem,
16. jednak ryby są dla Mnie ponad wszystkimi innymi potrawami.
17. Dlatego już teraz zdobyłaś Moje serce, dostarczając tyle rozkoszy Mojemu podniebieniu!"
18. Ta dziecięca wypowiedź zachwytu trafiła wprost do serca Salomei i była ona tak wzruszona, że znów zaczęła płakać z radości.
19. A Dzieciątko zawołało: „Salomeo, zastanów się, zawsze płaczesz, kiedy odczuwasz wielką radość!
20. Lecz posłuchaj, Ja nie jestem zwolennikiem płaczu, więc wcale nie musisz płakać, kiedy cię coś cieszy, a wtedy będę cię jeszcze mocniej kochał!
21. Widzisz, chętnie zjadłbym tę rybę na twoich kolanach,
22. ale nie mam odwagi, bo znów zaczęłabyś płakać z wielkiej radości!"
23. Na to odpowiedziała Salomea najłagodniej jak tylko można:
24. „O, Panie! – Któż może na Ciebie spoglądać bez łez w oczach?"
25. Ale Dzieciątko nie zmieniło żartobliwego tonu: „Kto? Spójrz tylko na Moich braci – widzą Mnie oni codziennie, a mimo to nie płaczą, kiedy Mnie oglądają!"
26. Po tych słowach Salomea uspokoiła się i wszyscy zasiedli do stołu, a Dzieciątko zajęło miejsce na kolanach Salomei.

265

Korneliusz uspokaja Józefa, który lęka się okrucieństwa króla Archelaosa.

27 lipiec 1844

1. A kiedy zjedzono śniadanie, Józef zapytał Korneliusza o króla Archelaosa: co to za człowiek i jakie są jego rządy.
2. Korneliusz odpowiedział: „Dostojny przyjacielu! Gdybyśmy ja i mój brat Cyreniusz nie powstrzymywali jego zapędów, byłby dziesięciokrotnie bardziej okrutny od swego ojca.
3. Ale został przez nas ograniczony we właściwy sposób i nie może już sam podnosić podatków, tylko musi mieć na to naszą zgodę!
4. Jeśli podatnicy wzbraniają się przed zapłatą, wtedy jest on zobowiązany zwrócić się z tym do nas,
5. w przeciwnym razie może otrzymać dokument pozbawiający go władzy, który mam zawsze przy sobie, a wtedy przed całym narodem zostanie ogłoszony niewolnikiem Rzymu.
6. I zgodnie z powyższym nie istnieje nic, czego mógłbyś się obawiać ze

strony tego króla;

7. został on ostrzeżony, że w żadnym przypadku nie może działać sprzecznie z ustalonymi przepisami,

8. bo gdyby tak uczynił, z dnia na dzień utraci tytuł, godność i przywileje władcy!

9. Przyjacielu! Sądzę, że wobec tego niczego nie musisz się już obawiać.

10. Jestem teraz namiestnikiem Jerozolimy, zaś mój brat Cyreniusz w imieniu cesarza włada Azją oraz Afryką, a obaj jesteśmy twoimi przyjaciółmi!

11. Myślę, że trudno o lepszą gwarancję bezpieczeństwa.

12. Ale najwyższa gwarancja twojego spokoju mieszka w twoim domu!

13. Dlatego bądź spokojny i powróć do swojego rzemiosła bez lęku i bojaźni!

14. Ja zaś znajdę sposób, żeby nie nałożyć na ciebie zbyt ciężkich podatków!

15. A kiedy Józef wysłuchał Korneliusza, odzyskał spokój i pogodę ducha.

16. Korneliusz zaś zauważył wśród najbliższych Józefa owych pięć dziewczynek Cyreniusza oraz Eudokię, która wprawdzie wydała mu się znajoma, ale jednak jej nie rozpoznał.

17. Dlatego poprosił Józefa o wyjaśnienie, kim są te osoby.

18. A Józef wyjawił mu wszystko zgodnie z prawdą i bez żadnych tajemnic.

19. A kiedy Korneliusz przekonał się, jak wielkim przyjacielem ludzi jest Józef, o nic już nie pytał.

20. Jego radość była ogromna; uściskał Józefa i przywołał do siebie dzieci swego brata, i cieszył się ich widokiem, i nie żałował im swojej czułości i pieszczot.

21. Do Józefa zaś powiedział: „Ponieważ jesteś z moim bratem w tak dobrych stosunkach, to należy ci się uwolnienie od podatków na równi z obywatelami Rzymu; a dzisiaj osobiście przybiję na twój dom pismo z pieczęcią cesarza!" – Słowa Korneliusza przepełniły Józefa serdecznym wzruszeniem i wszyscy płakali razem z nim z radości.

266

Korneliusz pyta Józefa o wiedzę Cyreniusza na temat powrotu jego rodziny do Nazaretu. Odpowiedź Józefa. Korneliusz objaśnia Józefowi tajemnicę rzymskiego tajnego pisma.

29 lipiec 1844

1. A potem Korneliusz zapytał, czy Cyreniusz wie o tym, że rodzina Józefa opuściła już Egipt.

2. A jeśli jeszcze nie wie, to czy ze względów ważnych dla jego władzy nie powinien się o tym jak najszybciej dowiedzieć.

3. A Józef odpowiedział: „Przyjacielu, jeśli chodzi o twojego brata, to uczyń według swojej woli,

4. ale bardzo cię proszę, żebyś mu przekazał, że nie powinien od razu do mnie przybywać!

5. A gdyby już chciał to zrobić, to niech to uczyni w nocy i pod osłoną mgły, by nikt nie zauważył jego przybycia,

6. bo gdyby tak się stało, na mój dom zwróciłyby się nieprzychylne spojrzenia, a to byłoby dla mnie i dla Dziecka niepożądane i zakłóciłoby boski spokój mojego domu!"

7. Korneliusz odrzekł na to:

8. „O, mój szacowny przyjacielu, o to możesz być zupełnie spokojny! – Bo my, Rzymianie, jesteśmy mistrzami dyskrecji!

9. I jeśli jutro wyruszę do Jerozolimy, to najpierw napiszę od razu dyskretny list, w którym zawiadomię mojego brata o tym, że tu jesteś.

10. Z tym pismem mógłbym wysłać nawet samego Archelaosa, gdyby zaszła taka potrzeba, a jego treść pozostałaby tajemnicą nawet wtedy, gdybym nie opatrzył listu zalakowaną pieczęcią!"

11. Józef zapytał Korneliusza, jak mogłoby to być możliwe.

12. Korneliusz zaś odpowiedział: „O, zacny przyjacielu! Nie ma nic łatwiejszego!

13. Spójrz, wystarczy wziąć dłuższy oraz szeroki na grubość palca pasek pergaminu.

14. Tę taśmę nakręca się, wzorem wijącego się ślimaka, na okrągły pręt w ten sposób, że brzegi taśmy dokładnie stykają się ze sobą.

15. A kiedy taśma zostanie już nawinięta na ów pręt, można wzdłuż niego zapisać swoją tajemnicę – poprzez wszystkie zwoje pergaminu.

16. Tu dodam, że Cyreniusz posiada pręt o tej samej grubości co mój.

17. A kiedy skończę pisać swój list, odwijam taśmę pergaminu z mojego pręta i mogę przesłać tę wiadomość mojemu bratu przez kogokolwiek,

18. bowiem nikt nie będzie mógł odczytać treści listu bez pomocy identycznego pręta,

19. a gdyby starał się to uczynić, to odkryje na taśmie tylko pojedyncze litery lub co najwyżej sylaby, z których nigdy nie domyśli się, co zostało zapisane! – Józefie, czy to zrozumiałeś?"

20. Józef odrzekł: „Doskonale cię zrozumiałem, najukochańszy bracie!

21. Możesz więc pisać do swojego brata, kiedy chcesz, i przesyłać mu wszystko, jak chcesz, a twoja tajemnica nigdy nie zostanie odszyfrowana!"

22. Potem Korneliusz zwrócił się do Eudokii i rozmawiał z nią na różne tematy.

267

Korneliusz pyta o nadzwyczajne cechy Dzieciątka. Józef wskazuje na mądrość Jego słów. Wielkie słowa Dzieciątka do Korneliusza.

30 lipiec 1844

1. A kiedy Korneliusz wyczerpująco porozmawiał sobie z Eudokią o wszystkim, co uznał za konieczne dla swojej znajomości rzeczy

2. i przekonał się, że treść jej słów dokładnie odpowiada temu, co napisał w liście do niego jego brat,

3. zwrócił się ponownie do Józefa:

4. „Czcigodny mężu! Teraz wszystko jest dla mnie zupełnie jasne.

5. Nie chcę cię już pytać, dlaczego opuściłeś Egipt, skoro byłeś tam we wszystko obficie zaopatrzony,

6. gdyż wiem, że nie czynisz niczego, czego by ci nie nakazał twój Bóg

7. i postępujesz zawsze według Jego woli, a zatem i twoje uczynki są

właściwe i sprawiedliwe przed Bogiem i całym światem; więc także dla mnie są legalne i uczciwe w myśli, woli i postępowaniu.

8. Ale pragnę cię zapytać o jedno, nim odjadę do Jerozolimy,

9. a muszę cię zapytać o to dlatego, że cały czas żyją we mnie owe cudowne zdarzenia, których byłem świadkiem podczas narodzin twojego Dziecka; przeżywam je wciąż na nowo!

10. A teraz widzę przed sobą to cudowne Dziecko i wydaje mi się, iż wszystko, co cudowne, zagubiło się w Nim! – Powiedz, jak mam to rozumieć?"

11. Józef odrzekł: „O, przyjacielu, jakże osobliwe jest twoje wyznanie!

12. Czy słyszałeś, w jaki sposób to Dziecko rozmawiało z Salomeą?

13. Czyż wszystkie dzieci w Jego wieku wyrażają się z tak głęboką mądrością?

14. Czy nie sądzisz, że takie słowa w ustach trzyletniego Dziecka są równie nadzwyczajne jak owe zjawiska podczas Jego narodzin w Betlejem?"

15. Korneliusz odpowiedział: „Jego słowa są niezwykle mądre, ale to nie wydaje mi się cudem,

16. bowiem w Rzymie widziałem nawet młodsze dzieci, które mówiły zadziwiająco rozważnie, ale ich narodziny nie miały w sobie żadnej cudowności!

17. Dlatego i teraz twoje Dziecko nie wydaje mi się nadzwyczajne".

18. Na to Dzieciątko podeszło do Korneliusza i przemówiło do niego:

19. „Korneliuszu! Bądź zadowolony z brzemienia, które włożyłem na twoje barki,

20. albowiem pomyśl – musiałbyś się stać górą z granitu, żeby wziąć na swoje ramiona większy ciężar Mojej woli!

21. Dlatego nie pragnij i nie żądaj ode Mnie więcej, zanim nie przyjdzie czas!

22. Albowiem dopiero wtedy uczynię wszystko, co trzeba, dla ciebie i dla wszystkich tego świata!"

23. A kiedy Korneliusz usłyszał te słowa, nie drążył już więcej i nakazał przygotować swój bagaż do drogi.

268

Korneliusz oznacza dom Józefa jako zwolniony od podatków. Rzymskie prawo podatkowe. Dzieciątko zwiastuje nowinę Korneliuszowi.

31 lipiec 1844

1. Po kilku godzinach Korneliusz był przygotowany do odjazdu, lecz wcześniej udał się do domu Józefa, gdzie na drzwiach umocował obiecaną tabliczkę, która przedstawiała wizerunek cesarza z jego podpisem.

2. Owa tabliczka była znakiem, iż dom Józefa jest wolny i nie podlega prawom króla, który sprawuje w imieniu cesarza Rzymu władzę nad tym krajem.

3. A kiedy Korneliusz zakończył tę czynność, wziął pióro i umieścił pod tabliczką napis w rzymskim języku:

4. „Ten rzymski znak wolności z woli cesarza Augusta i na podstawie jego orzeczenia przymocował Korneliusz – Namiestnik Jerozolimy – na mocy pełnomocnictwa miasta i państwa Rzym".

5. A kiedy Korneliusz także i z tym

sobie poradził, zwrócił się do Józefa:
6. „Teraz, zacny przyjacielu, ten dom i twoje rzemiosło są wolne od wszystkich podatków, które mógłby na ciebie nałożyć Archelaos.
7. Musisz jedynie dokonać na rzecz Rzymu opłaty skarbowej, na którą, mam nadzieję, łatwo i szybko zapracujesz!
8. Możesz to zrobić sam w Jerozolimie albo tu w Nazarecie, w urzędzie cesarskim, w zamian za poświadczenie twoich praw.
9. I w ten sposób będziesz zabezpieczony przed wszystkimi żądaniami ze strony króla-dzierżawcy; przykryj tę tabliczkę kratą, aby nikt jej nie ukradł i nie usunął mego podpisu!"
10. Józef podziękował w sercu Panu Bogu za tak wielką łaskę i wielokroć pobłogosławił Korneliusza.
11. Także Dzieciątko podeszło do Korneliusza i powiedziało:
12. „Posłuchaj Mnie teraz przez chwilę! Chcę ci w nagrodę o czymś powiedzieć!
13. Wyświadczyłeś domowi Józefa wielkie dobrodziejstwo;
14. to samo kiedyś i Ja uczynię wobec twojego domu!
15. Ten dom nie jest własnością Mojego ojca-żywiciela, tylko własnością Salomei, gdyż to ona go kupiła,
16. ale mimo to chcę w przyszłości po wielokroć odpłacić się twojemu prawdziwemu domowi za to, co ty uczyniłeś dla domu Salomei!
17. Własną ręką przypiąłeś cesarski symbol wolności na drzwiach tego domu i złożyłeś tu swój podpis.
18. Ja także kiedyś ogarnę cały twój dom mocą Swojego Ducha, przez Którego ty otrzymasz wieczną wolność w niebiosach i życie wieczne w Moim królestwie!"
19. Na te słowa Korneliusz podniósł Dzieciątko i ucałował Je, i uśmiechnął się, słysząc niezwykłą obietnicę,
20. jakże bowiem mógł zrozumieć, co Dzieciątko w Swej boskiej głębi mądrości chciało mu powiedzieć?!
21. A Dzieciątko dodało jeszcze: „To wszystko zrozumiesz dopiero wtedy, kiedy Mój Duch przyjdzie i rozleje się nad tobą!" – Po tym Dzieciątko pobiegło znowu do Swojego Jakuba. Korneliusz przygotowywał się do odjazdu, a Józef porządkował dom według swoich potrzeb.

269

Józef porządkuje dom od podstaw i omawia z Marią odwiedziny u krewnych i znajomych. Osobliwe zachowanie Dzieciątka i Jego dziwne słowa.

1 sierpień 1844

1. A kiedy Józef z pomocą Salomei doprowadził tego dnia wszystko w swoim domu do właściwego porządku, podziękował za to Bogu i radował się, że został tak dobrze przyjęty w krainie swoich ojców.
2. Następnego dnia, kiedy przekazał opiekę nad domem swoim czterem synom, rzekł do Marii:
3. „Mario, moja wierna towarzyszko! – Posłuchaj, mamy tu w okolicy wielu krewnych, przyjaciół i znajomych;
4. idź i weź Dzieciątko, Jakuba i jeśli chcesz, to także Eudokię z pięcioma dziewczynkami;
5. chcę dziś odwiedzić w Nazarecie

wszystkich mieszkających w pobliżu krewnych, przyjaciół oraz znajomych,
6. aby także i oni, którzy za mną się stęsknili, mogli znów cieszyć się moją obecnością!
7. Przy tej okazji może znajdę jakąś pracę, która pozwoli mi zarobić na codzienny chleb dla nas wszystkich".
8. Maria z zadowoleniem przyjęła plan Józefa i przygotowywała wszystko, co potrzeba.
9. Tylko Dzieciątko nie chciało zrazu wyruszyć razem z nimi. Ale że Matka Je poprosiła, dało się ubrać i pozwoliło się przekonać do wspólnego wyjścia.
10. Zażądało jednak: „Pójdę z wami, ale niech nikt Mnie nie niesie!
11. I chcę iść pomiędzy wami wszędzie tam, gdzie wy zechcecie pójść!
12. Lecz nie pytajcie Mnie, dlaczego tego chcę, bo nie wyjawię wam otwarcie i prosto, dlaczego czynię tak albo inaczej!"
13. Maria zwróciła się do Dzieciątka: „Och, jeszcze się chętnie dasz ponosić, kiedy tylko poczujesz solidne zmęczenie!"
14. A Dzieciątko odpowiedziało: „Och, niepotrzebnie się o to troszczysz! Ja nigdy nie będę zmęczony, jeśli nie będę tego chciał,
15. ale kiedy tego zechcę, to poczuję zmęczenie i wtedy Moje zmęczenie stanie się sądem nad ludźmi!
16. Albowiem tylko ludzki grzech może Mnie doprowadzić do tego, że poczuję się zmęczonym!
17. Ale Ja zwrócę się do was przede wszystkim o to, żeby nikt z was nigdzie Mnie nie zdradził!
18. Wystarczy już bowiem to, że wy wiecie o tym, że Ja jestem Panem!
19. Wy poznaliście to bez sądu, bo wasze serca są z nieba.
20. Gdyby zaś ludzie z tej Ziemi dowiedzieli się o tym przed czasem, wtedy ściągnęliby na siebie sąd i musieli umrzeć!
21. Dlatego nie chciałem wyruszyć do ludzi razem z wami.
22. Najpierw musiałem to wszystko wam oznajmić, a kiedy już o tym wiecie, to chcę iść tam, gdzie i wy się udacie.
23. Ale pamiętajcie – chcę iść, a nie być niesionym, aby pod Moimi krokami Ziemia dowiedziała się, kto wkroczył na jej powierzchnię!"
24. Wszyscy dobrze zapamiętali te słowa, a potem bez ociągania wybrali się w drogę do krewnych, przyjaciół i znajomych.

270

Drżenie ziemi pod stopami Jezusa trwoży Marię i Józefa. Uchodźcy z miasta ostrzegają Józefa przed dalszą drogą. Józef, uspokojony przez Jakuba, bez obaw udaje się do miasta.

2 sierpień 1844

1. A kiedy Józef ze swoimi bliskimi wyruszył w drogę, a Dzieciątko szło między Józefem i Marią, przy każdym kroku Dzieciątka wszyscy odczuwali wyraźne poruszenie ziemi.
2. Również Józef odczuwał ten fenomen chwilami bardzo wyraźnie i powiedział do Marii:
3. „Kobieto! Czy czujesz, jak ziemia pod nami kołysze się i trzęsie?"
4. A Maria odpowiedziała: „O tak, odczuwam to bardzo mocno;
5. żeby tylko nie zaskoczyła nas tu

albo w mieście jakaś potężna zawierucha, albo burza, do której często dochodzi po takich wstrząsach!

6. Spójrz, wstrząsy ziemi nie ustają; czegoś takiego jeszcze nigdy nie przeżyłam!

7. Och – za nimi z pewnością przyjdzie straszna burza!"

8. A Józef powiedział: „Nie widzę żadnej chmurki na niebie,

9. ale pomimo to możesz mieć rację!

10. Jeśli te wstrząsy nie ustaną, będzie nierozsądne, żebyśmy szli dalej do miasta!"

11. A kiedy rodzina zbliżyła się do miasta, wybiegło im naprzeciw wielu uciekających stamtąd, którzy ostrzegali ich przed pójściem dalej.

12. Wołali w trwodze: „Przyjaciele, obojętnie skąd przybywacie, nie idźcie do miasta!

13. Dopiero co nawiedziło je trzęsienie ziemi i nie można być pewnym, czy nie zawalą się domy!"

14. Józef zaczął się więc zastanawiać nad ucieczką, nie wiedział bowiem, co ma czynić – pójść dalej, czy też zawrócić.

15. Ale wtedy Jakub podszedł do Józefa i powiedział dyskretnie:

16. „Ojcze! – Nie powinieneś się obawiać; to trzęsienie ziemi nie wyrządzi nikomu najmniejszej szkody ani w mieście, ani w okolicy!"

17. Józef od razu pojął, jaka jest przyczyna tych wstrząsów.

18. Dlatego dodał wszystkim otuchy i nakazał, aby w spokoju szli dalej do miasta.

19. A kiedy uciekinierzy z miasta ujrzeli, że sędziwy starzec pomimo wszystko idzie dalej w kierunku miasta,

20. zaczęli mówić do siebie: „Kim jest ten człowiek, który nie odczuwa żadnego strachu przed trzęsieniem ziemi?!"

21. I próbowali zgadywać, ale nikt go nie rozpoznał.

22. Sami także chcieli zawrócić,

23. ale kiedy ziemia znowu zaczęła się trząść przy każdym kroku Dzieciątka, uciekli w popłochu. – Józef zaś bez strachu udał się ze swoimi bliskimi do miasta.

271

Gotowi do pokuty ludzie nieświadomie dają świadectwo prawdzie. Józef mówi do nich: „Pan nie zwraca uwagi na podartą suknię, tylko na serce, jakie ono jest!" Serdeczne przyjęcie Józefa przez jego przyjaciela.

3 sierpień 1844

1. A kiedy Józef przybył do miasta, napotkał tam przerażonych ludzi, którzy biegając tam i z powrotem, wprowadzali ogromne zamieszanie

2. i krzyczeli w trwodze: „Bóg, Pan Abrahama, Izaaka i Jakuba ciężko nas doświadczył!

3. Podrzyjcie suknie, posypcie wasze głowy popiołem i czyńcie pokutę, aby Pan znów ulitował się nad nami!"

4. Niektórzy z nich pytali Józefa, czy również on nie zechce podrzeć swojej sukni.

5. Ale Józef odpowiedział: „O, bracia! Jeśli już chcecie czynić pokutę, to czyńcie ją w waszych sercach, a nie z waszymi szatami!

6. Albowiem Pan nie patrzy ani na

kolor waszej sukni, ani na to, czy jest cała, czy podarta;
7. Pan spogląda jedynie w serce, jakie ono jest!
8. Bo w sercu może znajdować się wiele zła: złe myśli, pożądanie, zła wola,
9. rozpusta, nierząd, prostytucja, cudzołóstwo i jeszcze inne podobne im zło.
10. Usuńcie to zło z waszych serc, jeśli w nich jest, a będzie to lepsze niż rozdzieranie waszych sukni i sypanie popiołu na głowy!"
11. Kiedy zatrwożeni Nazarejczycy usłyszeli jego mowę, cofnęli się, a wielu z nich szeptało między sobą:
12. „Spójrzcie tam! – Kim jest ten człowiek, że wygłasza taką mowę, jakby był wielkim prorokiem?!"
13. A Dzieciątko pociągnęło Józefa za rękaw i zwróciło się do niego z uśmiechem:
14. „Powiedziałeś mądrze, to było tym ślepcom potrzebne!
15. Ale teraz ziemia powinna się uspokoić, abyśmy mogli bez przeszkód podążyć dalej!"
16. Po czym rodzina udała się do przyjaciela Józefa, który był lekarzem w Nazarecie.
17. A kiedy ten zobaczył starego Józefa, pospieszył mu naprzeciw i rzuciwszy mu się na szyję, zawołał:
18. „O, Józefie, Józefie, mój najukochańszy przyjacielu i bracie! Jak to się stało – skąd przychodzisz akurat teraz, w tak trudnej godzinie?!
19. Gdzie byłeś przez trzy długie lata?
20. Skąd przybywasz? Jaki Anioł cię tutaj przyprowadził?!"
21. A Józef odrzekł: „Bracie, poprowadź nas najpierw do domu i podaj nam wodę do obmycia stóp,
22. a potem się dowiesz, gdzie byłem i skąd przybywam!" – I lekarz spełnił od razu życzenie Józefa.

272

Józef opowiada przyjacielowi o swoich przeżyciach. Serdeczne współczucie lekarza i jego opowieść o własnych przejściach. Józefa gniew na Archelaosa. Dzieciątko łagodzi gniew Józefa.

5 sierpień 1844

1. A gdy Józef i jego rodzina obmyli stopy i przeszli do gościnnej izby, gdzie znajdowało się wielu chorych, którzy znajdowali się pod opieką gospodarza domu, Józef usiadł wraz ze swoimi bliskimi w jego towarzystwie i w krótkich słowach przedstawił historię swojej ucieczki oraz jej przyczyny.
2. A kiedy medyk tego wysłuchał, zagotowała się w nim krew na wspomnienie Heroda, ale dał się w nim poznać jeszcze większy gniew do jego żyjącego syna i następcy, Archelaosa.
3. Przedstawił go jako tyrana jeszcze gorszego od swojego ojca.
4. Wtedy Józef powiedział: „Przyjacielu! To, co mi teraz mówisz o Archelaosie, usłyszałem już podczas wędrówki tutaj.
5. Ale bądź spokojny – Pan już zatroszczył się o mnie!
6. Gdyż wiedz, że mieszkam teraz w domu, który jest przez namiestnika oznaczony jako wolny i jestem równy obywatelom Rzymu; dlatego też nie muszę obawiać się tego tyrana!

7. Ale medyk powiedział: „O, przyjacielu, mój dom także posiadał cesarski znak wolności,
8. ale niedawno przyszli tu nocą poborcy trybutu na rzecz Archelaosa i zerwali z drzwi tabliczkę, a następnego dnia obrzucili mnie haniebnymi oszczerstwami.
9. Podobnie może być także z tobą, dlatego bądź czujny!
10. Bo mówię ci: dla tego królewskiego diabła nic nie jest święte; czego on nie zdoła wydrzeć, to zagarną jego poborcy i chciwi celnicy na drodze!"
11. A kiedy Józef to usłyszał, sam zapałał gniewem na Archelaosa i powiedział ze złością:
12. „Niech tylko ten okrutnik spróbuje mnie tknąć, a mówię ci, że wtedy jemu samemu przytrafi się coś złego!
13. Mam bowiem słowo namiestnika, że jeśli tylko Archelaos nie będzie respektował przywilejów Rzymu, zostanie potraktowany jak zdrajca państwa!"
14. Medyk odrzekł jednak: „O, Bracie! Możesz być pewien wszystkiego innego, ale nie wierz w takie zapewnienia,
15. bo żaden z lisów nie jest przebieglejszy w wyzwalaniu się od sideł od tej greckiej bestii!
16. Posłuchaj, co zrobił ze mną, kiedy poskarżyłem się na niego u rzymskich urzędników.
17. Oto oskarżył mojego adwokata o samowolę i kazał wtrącić go do więzienia.
18. A kiedy udałem się do urzędu po odszkodowanie, zostałem odesłany z następującą decyzją:
19. «Ponieważ dowiedziono, że król nie miał żadnego udziału w tym występku, nie jest zatem zobowiązany do uiszczania odszkodowania, a może to uczynić osobiście tylko sam sprawca.
20. Ale że u niego nic nie znaleziono, szkodę ponosi, jak każe zwyczaj w przypadku takiej grabieży, sam właściciel!» – I w ten sposób zostałem odprawiony!
21. Wprawdzie tabliczkę przymocowano na drzwi mego domu ponownie, ale na jak długo, to wie tylko sam Archelaos!"
22. Kiedy Józef usłyszał tę historię, wzburzył się i nie wiedział, co ma na to odpowiedzieć. Ale Dzieciątko uspokoiło go:
23. „O, nie złość się z powodu tego bezsilnego, bo pamiętaj: jest jeszcze Pan, którego władza jest większa od potęgi Rzymu!" – Te słowa uspokoiły Józefa. Medyka zaś bardzo zadziwiły, gdyż nie znał jeszcze Dziecka.

273

Zadziwienie i przepowiednia medyka o mądrym Dzieciątku. Dzieciątko odpowiada Józefowi. Nadzieja medyka na przyjście Mesjasza i wyjaśnienie Dzieciątka.

6 sierpień 1844

1. Dopiero po chwili medyk zwrócił się do Józefa:
2. „Ależ przyjacielu i bracie! W imię Pana, kim jest twoje dziecko, które wyraża się tak mądrze jak najwyższy kapłan w Świątyni Pana, gdy podda się mocy Urima i Thumima w pobliżu Przenajświętszego?
3. Zaprawdę, wypowiedziało tylko

kilka słów, ale ich siła przeniknęła mnie do szpiku kości!
4. Opowiedziałeś mi, że to dziecko było przyczyną twojej ucieczki do Egiptu i sprawcą nadzwyczajnych zdarzeń w nocy jego narodzin,
5. więc przypuszczam, że gdy ukończy szkołę Esseńczyków, stanie się wielkim prorokiem.
6. Ale gdy teraz usłyszałem, co mówi, sądzę, że nie potrzebuje tej szkoły,
7. gdyż już jest wielkim prorokiem – na równi z Samuelem, Eliaszem i Izajaszem!"
8. Usłyszawszy te słowa, Józef poczuł się zakłopotany i nie wiedział, co ma na nie swojemu przyjacielowi odpowiedzieć.
9. A wtedy Dzieciątko podeszło do Józefa i powiedziało:
10. „Pozostaw tego medyka przy jego wierze; albowiem także i on jest powołany do Królestwa Bożego, ale nie może jeszcze wszystkiego poznać!"
11. A kiedy medyk usłyszał także i te słowa, rzekł bardzo zdziwiony:
12. „Ależ tak! Tak, bracie Józefie, miałem rację, że to powiedziałem!
13. To jest już prorok, on oznajmi nam nadejście Mesjasza, który został nam obiecany;
14. bo przecież powiedział o Królestwie Bożym, do którego i ja jestem powołany!
15. Teraz rozumiem, dlaczego kiedyś mały Samuel cieszył się myślą o nadejściu Pana, który będzie potężniejszy od Rzymu!
16. Tak, kiedy przyjdzie Mesjasz, to z Rzymem stanie się to, co z miastem Jerycho za czasów Jozue!"
17. Ale Dzieciątko odrzekło na to: „Ależ przyjacielu! – Co ty mówisz? Czy nie wiesz o tym, że jest napisane: «Z Galilei nie nadejdzie żaden prorok!»?
18. Jeśli więc tak jest, to kim może być Ten, który pochodzi z rodu Dawida?!
19. Ale powiadam ci: jeśli przyjdzie Mesjasz, to nie wyciągnie miecza na Rzym,
20. ale będzie zwiastował Swoje duchowe Królestwo przez Swoich posłańców na Ziemi!"
21. Te słowa zdumiały medyka i po chwili zastanowienia powiedział: „Doprawdy! W Tobie nawiedził Bóg Swój naród!"
22. A Józef przyznał medykowi rację, ale niczego mu już nie wyjaśniał.

274

Dzieciątko wystawia na próbę zaufanie chorych i uzdrawia ufającą Mu dziewczynkę z artretyzmu.

7 sierpień 1844
1. Po zakończeniu rozmowy Dzieciątko zaczęło żwawo biegać po izbie i pytało przebywających tam ludzi, którzy byli dotknięci różnymi schorzeniami, czego im brakuje i w jaki sposób dopadły ich choroby.
2. Oni zaś odpowiadali mu: „Słuchaj, mały i wesoły chłopczyku! To wyjawiliśmy już lekarzowi, który nas będzie leczyć.
3. Nie wypada, abyśmy przed gośćmi wyjawiali nasze słabości, które są przyczyną tych chorób;
4. dlatego idź do lekarza, a on odpowie ci na twoje pytania, jeśli uzna

to za stosowne!"
5. Dzieciątko uśmiechnęło się na to i zapytało:
6. „Czy nie wyznacie Mi przyczyn waszych schorzeń nawet wtedy, gdybym właśnie Ja mógł wam pomóc?"
7. A chorzy odpowiedzieli: „O, tak! Wtedy tak,
8. ale w tym celu musisz się bardzo wiele nauczyć! Bo upłynie jeszcze dużo czasu, zanim staniesz się medykiem".
9. Ale Dzieciątko odparło: „O nie, skądże! Ja już jestem dobrze wyuczonym medykiem i doszedłem już do takiej zdolności, że mogę was wyleczyć w jednej chwili.
10. I powiem wam: kto z was pierwszy Mi zaufa, ten pierwszy zostanie uzdrowiony!"
11. A była tam dwunastoletnia dziewczynka cierpiąca na artretyzm, której Dziecko bardzo się spodobało i powiedziała do Niego:
12. „Jeżeli tak, to przyjdź do mnie, mały lekarzu, ja chcę dać się tobie uzdrowić!"
13. Wtedy Dzieciątko podbiegło do dziewczynki i powiedziało:
14. „Ponieważ pierwsza Mnie przywołałaś – pierwsza zostaniesz uzdrowiona!
15. Posłuchaj: znam powód twojej choroby, który leży w tych, którzy cię spłodzili;
16. ale ty jesteś bez grzechu, dlatego powiadam ci:
17. powstań i idź wolna, i pamiętaj o Mnie!
18. Tylko nie mów nikomu, że to Ja cię uzdrowiłem!"
19. I wyobraźcie sobie, owa dziewczynka w jednej chwili wyzdrowiała, wstała i poruszała się swobodnie.
20. Kiedy zobaczyli to inni chorzy, także zaczęli prosić o uzdrowienie.
21. Ale Dzieciątko nie podeszło do ich łóżek, gdyż nie zwrócili się do Niego wcześniej.

275

Zadziwienie i pokora medyka. Dzieciątko wyjawia medykowi Swoją metodę uzdrawiania. Lekarz zawierza Dzieciątku i czeka go za to nagroda w postaci sławy. Józef zabiera uzdrowioną dziewczynkę do swojego domu.

8 sierpień 1844
1. A kiedy lekarz ujrzał cud uzdrowienia nieuleczalnie chorej, zaniemógł.
2. Nie mógł oddychać przez chwilę, a potem poruszony zwrócił się do Józefa:
3. „O, bracie! Proszę cię, najlepiej odejdź stąd,
4. gdyż poczułem w sercu ogromny lęk!
5. Oto spójrz: jestem grzesznym człowiekiem, a z twojego Dziecka wieje oczywisty Duch Pana!
6. Jak może marny grzesznik stanąć przed Tym wszystko widzącym i wszechmocnym Duchem Najwyższego?!"
7. A wtedy do medyka podbiegło Dzieciątko i powiedziało:
8. „Człowieku! – Dlaczego jesteś tak nierozsądny i lękasz się Mnie?
9. Co złego ci uczyniłem, że tak się Mnie boisz?
10. Czy myślisz może, że uzdrowienie tej dziewczynki było cudem?

11. O, powiadam ci: nie! Jeśli teraz i ty spróbujesz leczyć swoich chorych tym sposobem, także i z nimi będzie lepiej!
12. Podejdź do nich, wzbudź w nich wiarę, potem połóż na nich swoje ręce, a w jednej chwili zostaną uzdrowieni!
13. Ale najpierw ty sam musisz mocno wierzyć w to, że możesz im pomóc, a wtedy niezawodnie im pomożesz!"
14. A gdy medyk usłyszał od Dzieciątka te słowa, zebrał w sobie całą swą wiarę, poszedł do chorych i uczynił według Jego rady.
15. I wyobraźcie to sobie – wszyscy chorzy za chwilę stali się zdrowi i zapłacili medykowi, wielbiąc i wychwalając Boga, że dał człowiekowi taką moc!
16. I dzięki temu cudowne Dziecko nie zostało odkryte przed światem.
17. A medyk zdobył za Jego sprawą niezwykłą popularność
18. i wielu chorych z daleka przybywało, żeby znaleźć u niego uzdrowienie.
19. A gdy owa dwunastoletnia dziewczynka zobaczyła, że medyk ma tak wielką zdolność uzdrawiania, pomyślała, że ją Dzieciątko także uleczyło przy jego pomocy i tak jak inni wychwalała mądrość medyka.
20. A Dzieciątko nie uskarżało się na to, gdyż uczyniło to wszystko specjalnie, żeby nie obudzić zainteresowania Swoją mocą.
21. Tylko Józef rzekł do dziewczynki: „Dziewczynko, zapamiętaj, że cała siła przychodzi z góry!
22. A że teraz nie masz żadnego zajęcia, możesz udać się do mojego domu, a tam zatroszczą się o ciebie!" – I tak też się stało – dziewczynka udała się razem z nimi.

276

Święta Rodzina u nauczyciela Dumasa. Józef opowiada swoją historię. Dzieciątko z uczniami.

9 sierpień 1844

1. A kiedy Józef, po przyjęciu od medyka zamówienia na prace stolarskie, wybrał się w dalszą drogę, medyk odprowadził go aż pod próg innego starego przyjaciela, który był nauczycielem w Nazarecie i nazywał się Dumas.
2. Tam medyk zawrócił do domu, a Józef wstąpił do Dumasa.
3. Ale ten nie rozpoznał od razu Józefa, gdyż już całkiem odwykł od jego widoku.
4. Józef zapytał więc, czy go naprawdę już nie pamięta.
5. A Dumas potarł swoje czoło i odpowiedział:
6. „Jesteś bardzo podobny do niejakiego Józefa, który przed trzema laty miał nieprzyjemności w sprawie pewnej dziewczyny ze Świątyni;
7. po tym ten dobroduszny człowiek wraz z całym dobytkiem musiał się udać na spis ludności w Betlejem.
8. Co się z nim dalej stało, tego nie wiem.
9. Jesteś bardzo podobny do tego bardzo mi drogiego człowieka, ale ty nim zapewne nie jesteś?"
10. A Józef odrzekł: „A jeśli jednak byłbym nim, czy zechciałbyś mi zlecić jakąś robotę stolarską?
11. Albowiem wyobraź sobie, ja teraz znowu zamieszkuję moje stare

gospodarstwo!"
12. A kiedy Dumas to usłyszał, wykrzyknął:
13. „Tak! Teraz widzę, że to naprawdę jesteś ty – mój stary przyjaciel i brat Józef!
14. Ale na wolę Pana, skąd przybywasz teraz do mnie?"
15. A Józef odpowiedział: „Bracie, podaj mi najpierw mokrą ścierkę, żebym oczyścił moje nogi z kurzu, a potem dowiesz się wszystkiego, co trzeba!"
16. Dumas od razu polecił przynieść dzban wody i ręcznik i całe towarzystwo Józefa oczyściło sobie stopy, i udało się do szkoły Dumasa.
17. Tam Józef opowiedział w zwięzły sposób historię ostatnich trzech lat swojej rodziny.
18. W tym czasie Dzieciątko zajmowało się kilkorgiem dzieci w wieku szkolnym, które przyszły do szkoły, aby pouczyć się trochę czytania i pisania.
19. Jeden z uczniów czytał coś Dzieciątku, ale robił przy tym błędy.
20. Dzieciątko przy każdym błędzie uśmiechało się i skrupulatnie korygowało omyłki.
21. Wkrótce zauważyli to wszyscy uczniowie i zaczęli wypytywać Dzieciątko, gdzie i kiedy nauczyło się tak dobrze czytać.
22. A Dzieciątko odpowiedziało: „O, to jest u Mnie wrodzone!"
23. Na te słowa wszystkie dzieci roześmiały się i pobiegły do Dumasa, żeby mu o wszystkim opowiedzieć, a wtedy Dumas skierował swoją uwagę na Dziecko i zaczął wypytywać Józefa o Jego zdolności.

277

Dumas zadziwiony Dzieckiem.
Sokratejska odpowiedź Józefa. Dumas chwali filozofów.
Dzieciątko mówi Dumasowi o prorokach i filozofach.

10 sierpień 1844

1. Widząc, jak bardzo Dumas stara się dowiedzieć, skąd Dzieciątko posiada takie zdolności, Józef zwrócił się do niego:
2. „Bracie! Pamiętam jeszcze dobrze, jak studiowałeś filozofię Greków i przypominam sobie mądre słowa Sokratesa, którymi dość często do mnie przemawiałeś.
3. A w nich zawierała się też i taka myśl, że człowiek nie potrzebuje się uczyć niczego nowego, jeśli tylko jego Duch zostanie ożywiony na drodze przypomnienia.
4. A wtedy posiądzie wszystko, czego mu będzie potrzeba na całą wieczność.
5. Przypomnij sobie: właśnie to przekazywałeś mi za młodych lat jako mądry nauczyciel!
6. Teraz pomyśl: jeśli ta podstawowa reguła jest prawdziwą, czyż potrzeba ci czegoś więcej?!
7. Przecież nie ma tu nic innego jak tylko żywe potwierdzenie mądrości twojego Sokratesa.
8. Oto w naturze tego oto mojego Dziecka dokonał się bardzo wcześnie proces obudzenia Jego Ducha i to Dziecko-człowiek już teraz posiada Ducha pod dostatkiem na wieczność.
9. Dlatego my nie musimy już nic więcej dodawać do tego, co On już posiada Sam w Sobie!
10. Czy nie uważasz więc tego za

oczywiste, tak jak jest oczywiste, że jeden plus jeden daje dwa?"

11. Na to złapał się Dumas za głowę i zawołał patetycznie:

12. „Tak! A więc jednak jest tak! – I to ja byłem tym, który tym żydowskim głupcom tę oto mądrość dał do powąchania!

13. Ale o tobie nie myślę, że się do nich zaliczasz, gdyż byłeś jedynym, z którym mogłem rozmawiać o boskim Sokratesie, Arystotelesie, Platonie i wielu innych.

14. I my mamy także wielkich mężów, którymi są prorocy oraz pierwsi wielcy królowie naszego narodu,

15. ale jednak od nich nie da się tak dobrze uczyć, jak od tych dawnych mędrców greckich.

16. Gdyż nasi prorocy mówili zawsze językiem, który sami chyba tak samo mało rozumieli jak my teraz.

17. Ale zupełnie kimś innym są dawni filozofowie z Grecji;

18. oni jasno i wyraźnie mówią to, co chcą przekazać; dlatego dla ludzi praktycznych są wielkim pożytkiem.

19. To na pewno wynika stąd, że tak jak ja byli nauczycielami narodu".

20. Józef uśmiechnął się, gdyż przypomniał sobie i ujrzał znów tego samego wielbiciela Greków, a do tego także wiecznego samochwałę.

21. Przyznał mu jednak rację, gdyż nie chciał zaszkodzić Dziecku.

22. Ale Ono przybiegło do Dumasa i zwróciło mu uwagę:

23. „Ależ przyjacielu! – Jesteś jeszcze nieoświecony i nierozumny, jeśli żydowskich mędrców stawiasz niżej od greckich filozofów,

24. bowiem przez tych pierwszych przemawiał Bóg, zaś ci drudzy głosili mądrość tego świata!

25. A że ty jesteś jeszcze pełen mądrości tego świata, a bez Bożego Ducha, więc to, co światowe, lepiej rozumiesz niż to, co boskie!"

26. Te słowa były dla Dumasa jak gwałtowne uderzenie pod żebra. Jednak, jak przystało na wielce uczonego człowieka, ziewnął z udawaną obojętnością i nie powiedział już nic do Józefa, tylko rzucił na odchodne po łacinie: „Ten chłopiec wypowiedział się. – Muszę przyznać, że jego drwiny są ostre! Ja się już wcześniej wypowiedziałem!" Po czym oddalił się, zostawiając Józefa siedzącego; Józef zaś udał się w dalszą drogę.

278

Józef myśli, żeby zawrócić do domu. Szlachetne i ciepłe słowa Marii. Rada Dzieciątka i powrót Józefa do domu. Kłótnie ze sługami Archelaosa.

12 sierpień 1844

1. A kiedy Józef oddalił się od Dumasa, zwrócił do swoich bliskich:

2. „Wiecie, co myślę? Przewiduję, że wszędzie zostaniemy przywitani tak samo,

3. dlatego nie chcę już więcej odwiedzać naszych starych przyjaciół, znajomych i krewnych,

4. bowiem przekonałem się u Dumasa, jak ci ludzie potrafią się zachować, jeśli się tylko będzie wobec nich zbyt szczerym!

5. Dlatego mój plan jest taki, abyśmy powrócili do domu. – Co powiesz na to, moja wierna towarzyszko?

6. Maria odpowiedziała: „Józefie, mój ukochany mężu! Wiesz, że twoja

wola o każdym czasie i w każdym miejscu jest także moją wolą i tak być powinno według świętego porządku Pana;

7. ale myślę także, że jeśli Pan Sam znajduje się pośród nas jako człowiek, możemy Jego zapytać o radę!"

8. Józef odrzekł: „Mario, moja wierna żono, masz rację;

9. uczynię według twojej rady i zaraz dowiemy się, co jest dla nas najlepsze!"

10. Zaś Dzieciątko odezwało się od razu: „Jeśli nawet wszędzie byłoby dobrze, to jednak najlepiej jest być we własnym domu.

11. Wiecie, że to jeszcze nie jest Mój czas, ale kiedy już gdzieś z wami wyruszam, to nie potrafię ukryć Mojej boskiej pełni w taki sposób, żeby nikt jej nie odczuwał.

12. Dlatego teraz byłoby dla Mnie najlepiej, gdybym był w domu, bo tam nie będzie dostępne dla obcych oczu to, co jest we Mnie!

13. Jeśli więc ty, Józefie, będziesz miał jakieś sprawy do omówienia albo prace do wykonania, to zabieraj ze sobą tylko twoje pozostałe dzieci,

14. Mnie zaś pozostaw spokojnie w domu, a nie narazisz się już wtedy przeze Mnie na żadne kłopotliwe sytuacje!"

15. Józef udał się więc do domu. A kiedy tam przybył, zdziwił się niemało, ponieważ ujrzał tam swoich czterech synów, którzy gwałtownie kłócili się z dozorcami Archelaosa.

16. Te pijawki szybko wywąchały, że ktoś się wprowadził do opustoszałego przez lata domostwa

17. i od razu przypełzły, aby wymusić nałożony trybut.

18. A że synowie Józefa pokazali im przybitą do drzwi tabliczkę z dokumentem uwalniającym od podatku, wpadli w dziki gniew i chcieli ją zerwać.

19. I właśnie wtedy przybył Józef, i zapytał, jakim prawem chcą to uczynić.

20. Oni zaś łgali w żywe oczy: „Jesteśmy sługami króla i czynimy wszystko według królewskiego prawa!"

21. A Józef im wtedy odpowiedział: „A ja jestem sługą Boga Wszechmogącego i przepędzę was stąd według Jego Prawa!" – Na te słowa ogarnął ich wielki strach i zaczęli stamtąd uciekać, ile mieli sił w nogach. A dom Józefa od tego czasu uwolniony był od podobnych napaści.

279

Dwuletnia przerwa Dzieciątka w czynieniu cudów. Przybycie Jonatana z Egiptu. Wielka radość w domu Józefa i rada Dzieciątka dla Jonatana. Jonatan jako rybak nad Morzem Galilejskim.

13 sierpień 1844

1. Upłynęły dwa lata i nie wydarzyło się nic wyjątkowego w domu Józefa.

2. Cyreniusz otrzymał wprawdzie wiadomość o przeprowadzce Józefa, ale nie mógł go odwiedzić, bowiem akurat w tym czasie był zajęty wieloma sprawami wagi państwowej.

3. Nie inaczej działo się też z Korneliuszem,

4. bo i on otrzymywał do wykonania ważne zadania właśnie wtedy, kiedy już miał wybierać się w odwiedziny do swoich przyjaciół – Salomei i Józefa.

5. Pan to wszystko przewidział i w ten sposób troszczył się o to, ażeby Dzieciątko mogło dorastać w Nazarecie, nie budząc niczyjego zainteresowania.

6. Tak więc nikomu nie było tam wiadomo o Boskiej Istocie tego Dziecka.

7. Tylko przedstawiony wcześniej medyk zwracał na siebie uwagę wielu za sprawą swoich nadzwyczajnych kuracji

8. i nawet ukuto dzięki niemu porzekadło, z którym zwracano się powszechnie do chorych:

9. „Jeśli cię Nazarejczyk nie uleczy, to nie uleczy cię już cały świat – i Siloha też nie!"

10. Ale Salomea pomimo to była ciągle bardzo zatroskana i jak tylko mogła, to służyła domowi Józefa, a Dzieciątko często przebywało w jej domu.

11. Po dwóch latach przybył nareszcie z Egiptu za Józefem Jonatan i odwiedził go.

12. Józef ogromnie uradował się, widząc swojego przyjaciela; także Dzieciątko skakało z radości wokół wielkiego rybaka.

13. A gdy Jonatan spędził trzy tygodnie w domu Józefa całkiem sam, bo wszyscy jego bliscy wymarli w Egipcie podczas epidemii żółtej febry, która tam wybuchła,

14. zapytał Józefa, czy nie pomógłby mu w znalezieniu zajęcia w rzemiośle rybackim w pobliżu Nazaretu

15. Na to Dzieciątko zwróciło się do Jonatana i powiedziało:

16. „Wiesz co, kochany Jonatanie? Tutejsi ludzie są najczęściej źli i bardzo chciwi,

17. dlatego w Nazarecie nie uda się dla ciebie nic znaleźć! Ale wybierz się nad Morze Galilejskie, które leży niedaleko stąd; tam w rzemiośle rybackim można się jeszcze zatrudnić!

18. Wkrótce znajdziesz tam dobre miejsce i z łatwością będziesz łowił najlepsze ryby.

19. A z tymi rybami przychodź jak najczęściej na targ do Nazaretu, a będziesz miał na nie dobry zbyt!"

20. Jonatan postąpił według tej rady i wyobraźcie sobie, od razu spotkał wdowę, która miała domek nad Morzem Galilejskim.

21. Jonatan bardzo się jej spodobał, przyjęła go do siebie, a wkrótce oddała mu też swoją rękę.

22. I w ten sposób Jonatan stał się doskonałym rybakiem nad Morzem Galilejskim, a dzięki niskim cenom swoich ryb robił świetne interesy,

23. zawsze jednak najbardziej troszczył się o to, żeby każdego tygodnia wyciągnąć dla Józefa i Salomei sieć pełną najszlachetniejszych ryb i obdarować ich po królewsku.

24. W ciągu tych dwóch lat przybycie Jonatana było najbardziej godne zapamiętania; poza tym nie wydarzyło się nic, co byłoby warte spisania.

Pięcioletnie już Dziecko bawi się nad strumykiem. Dwanaście dołeczków i dwanaście glinianych wróbli. Objaśnienie tego obrazu. Zgorszenie ortodoksyjnego Żyda i cudowny czyn Dzieciątka.

14 sierpień 1844

1. A kiedy Dziecko ukończyło pięć lat i do tego kilka tygodni, wybrało się pewnego razu w dzień szabatu nad strumyk, który płynął niedaleko posiadłości Józefa.

2. To był bardzo pogodny dzień i żywemu Jezusowi towarzyszyło w wycieczce więcej dzieci;

3. bo wszystkie dzieci z sąsiedztwa bardzo lubiły Jezusa, który zawsze był wesoły i rześki i znał wiele dziecięcych zabaw; i wiedział, jak je poprowadzić.

4. Z tego też powodu w ślad za Nim wybrały się i tym razem z wielką radością dzieci z sąsiedztwa.

5. A gdy grupa maluchów dotarła do strumyka, Dzieciątko zapytało Swoich kolegów, czy w szabat wolno się bawić.

6. A dzieci odpowiedziały: „Dzieci do sześciu lat znajdują się poza Prawem, a żadne z nas nie osiągnęło jeszcze pełnych sześciu lat,

7. dlatego możemy bawić się w szabat; nasi rodzice nigdy nam tego jeszcze nie zabronili!"

8. A Dziecko-Jezus rzekło na to: „Dobrze powiedziane! A więc urządzamy zabawę!

9. Żebyśmy jednak nikogo nie zgorszyli, Ja Sam pokażę wam coś bardzo dziwnego,

10. a wy musicie się zachowywać podczas zabawy bardzo spokojnie!"

11. Po tych słowach wszystkie dzieci usiadły na ziemi pokrytej trawą i zachowywały się spokojnie i cicho jak myszki.

12. Dziecko natomiast wzięło scyzoryk i wyryło w gładko wydeptanej przy strumyku ścieżce dwanaście małych, okrągłych dołeczków i wypełniło je wodą ze strumyka.

13. Potem wzięło miękką glinę, która tam się znajdowała i ulepiło w mig dwanaście glinianych wróbli, a przy każdym dołku postawiło jednego ptaszka.

14. A kiedy to uczyniło, zapytało dzieci, czy wiedzą, co to oznacza.

15. A one odpowiedziały: „A cóżby innego, jak nie dwanaście dołeczków pełnych wody i obok dwanaście glinianych wróbli!"

16. Ale Dzieciątko odrzekło: „To z pewnością, ale ten obraz przedstawia jeszcze całkiem coś innego!

17. Posłuchajcie, chcę wam go objaśnić! Dwanaście dołków przedstawia dwanaście rodów izraelskich.

18. Czysta woda w nich to Słowo Boże, które wszędzie jest jednakowe.

19. Nieżywe wróble z gliny przedstawiają ludzi takimi, jakimi teraz są.

20. Oni stoją przy żywej wodzie Słowa Bożego, ale są zbyt blisko ziemi, tak jak te wróble; ludzie stoją jak te wróble tutaj, bez życia przy zbiornikach, które są pełne życia;

21. lecz oni nie chcą i nie mogą z nich zaczerpnąć, albowiem są nieżywi z powodu swoich grzechów.

22. Dlatego przybędzie Pan Bóg Zastępów i będzie w wielkiej opresji, trudzie i bólu owych nieżywych na nowo ożywiać, aby mogli znowu unieść się w Niebiosa!"

23. Zabawę dzieci zauważył przechodzący obok Żyd o surowych zasadach, który znał Józefa. Pospiesznie udał się do jego domu i wszczął awanturę o to, że Józef pozwala na bezczeszczenie szabatu, godząc się na zabawę swoich dzieci.
24. Józef udał się z nim do dzieci i zgromił je głośnymi słowy, ale w sposób udawany, przez wzgląd na tego obcego.
25. A Dzieciątko zawołało: „Znaleźliśmy się w zbyt wielkiej opresji, dlatego daję wam życie, gliniane wróbelki! – A teraz fruńcie i uciekajcie stąd!"
26. I po tych słowach Jezusa gliniane wróble nagle uniosły się i odfrunęły. Wszyscy stanęli jak zaczarowani i nawet ortodoksyjny Żyd zamilkł jak grób. – I był to pierwszy cud Dzieciątka, od kiedy ukończyło Ono pięć lat.

281

Przybycie gapiów. Jezus wymierza karę rozpieszczonemu i kłótliwemu chłopcu. Wyższy sędzia chce wydać karę na Józefa, ale po usłyszeniu groźby Dzieciątka odstępuje od tego.

16 sierpień 1844

1. W takich okolicznościach na ścieżce, gdzie wydarzył się cud, zebrało się wielu Żydów
2. i z wypiekami ciekawości wypytywali, co się tutaj wydarzyło.
3. Do owej grupy dołączyli także rodzice mieszkającego w pobliżu chłopca, który był bardzo kłótliwy i jako jedynak bardzo rozpieszczony przez swoich rodziców.
4. Chłopczyk Jezus już wiele razy upominał tego siedmiolatka z powodu jego kłótliwości,
5. ale niewiele to pomagało, bo gdy tylko nadarzała się nowa okazja, to wszczynał kłótnię i niszczył zabawki.
6. Ów chłopiec, który i teraz znajdował się wśród dzieci, aż poczerwieniał z emocji na widok nadzwyczajnego zdarzenia, wziął do ręki gałązkę wierzby i powiedział:
7. „Trzeba zapłacić za to, że te gliniane wróble odfrunęły;
8. a ja przy pomocy gałązki pomogę także wodzie stąd odfrunąć!"
9. Po tych słowach chłopiec, który miał na imię Annas, zaczął wodę w dołeczkach chłostać i ją rozlewać.
10. Ale to już wyczerpało cierpliwość Boskiego Dziecka, które poważnym głosem zwróciło się do Annasa:
11. „O ty, swawolny, nierozumny i zły człowieku! Ty dopiero co wcielony diable! Chcesz zniszczyć to, co Ja zbudowałem?!
12. O, ty nędzny, którego Ja najdelikatniejszym podmuchem mogę zniszczyć! Czy zawsze musisz Mnie denerwować i sprzeciwiać Mi się?!
13. Posłuchaj: żeby twoja głupota i złośliwość stały się dla ciebie jasne – uschnij na trzy lata za to, że chciałeś przepędzić Moją wodę!"
14. Na te słowa Bożego Dziecka zły chłopiec w jednej chwili skurczył się i tak bardzo „usechł", że nie pozostało na nim nic prócz skóry i kości
15. i był tak słaby, że już nie mógł stać, a co dopiero chodzić.
16. A rodzice ze złamanym sercem zabrali swoje „uschnięte" dziecko

i zanieśli je z płaczem do domu.
17. Wkrótce po tym przyszli oni do Józefa, oskarżyli go o odpowiedzialność za czyn jego Dziecka i zapowiedzieli, że zawiadomią o tym sędziego,
18. zwłaszcza dlatego, że Józef nie pozwolił im wymierzyć kary za ten czyn jego Boskiemu Dziecku.
19. A gdy ów sędzia przybył, Dzieciątko wybiegło mu naprzeciw i zapytało go:
20. „Dlaczego tutaj przyszedłeś? Chcesz Mnie osądzić?!"
21. A sędzia odpowiedział: „Ciebie nie, tylko twojego ojca!"
22. Dzieciątko zwróciło się do niego: „Zawróć szybko, bo inaczej twój sąd spadnie na ciebie!"
23. Sędzia bardzo wystraszył się tej groźby, szybko zawrócił i już więcej nie chciał słyszeć o tej sprawie.
24. I to był drugi cud, który Dzieciątko uczyniło w owym czasie.

282

Józef zabiera Dzieciątko ze sobą do sąsiedniej miejscowości. Mały Jezus złośliwie potrącony. Kara dla chłopca-pasterza.

17 sierpień 1844

1. A kiedy tym sposobem w domu Józefa znów zapanował spokój, gdyż sędzia nie przyjął już więcej żadnej skargi,
2. to po ośmiu dniach Józef musiał pójść do pobliskiej wsi, aby przyjąć tam kolejną pracę.
3. Dzieciątko chciało pójść razem z nim i Józef z wielką chęcią zabrał Je ze sobą.
4. Ale rodzice ukaranego chłopca czuli wielką złość i nienawiść do Józefa i jego Dziecka.
5. A Józef, aby dotrzeć do owej wioski, musiał przejść obok ich domu.
6. I kiedy stary cieśla z Dzieckiem przechodzili tamtędy, zostali zauważeni,
7. a wtedy ów rozgniewany sąsiad zwrócił się do swawolnego parobka, który na co dzień pasł jego owce:
8. „Popatrz, właśnie idzie naszą drogą ten stolarz ze swą wylęgłą zarazą!
9. Idź i zbiegnij tą ścieżką na dół tak szybko, jak możesz!
10. A kiedy dobiegniesz do chłopca, to przewróć go z całą siłą tak, że upadnie zabity!
11. A potem może już sobie ten stary łotr mnie oskarżać! Ja pokażę mu wtedy prawo, według którego dzieci do dwunastego roku życia w sprawach świata nie są odpowiedzialne!"
12. A kiedy pastuch usłyszał jeszcze od swojego pana obietnicę, że w przypadku uśmiercenia Dziecka zostanie sowicie wynagrodzony,
13. wybiegł z pokoju z wielkim pośpiechem naprzeciw Józefowi.
14. W tym momencie odezwał się ze swego łóżka Annas w stronę ojca:
15. „O, patrz! Jak szybko ten pastuch pędzi naprzeciw swojej śmierci! – I jaki żal ona sprawi jego rodzicom!
16. Och, ojcze! – Nie powinieneś był tego uczynić! Powiem ci, co ja o tym myślę: Józef jest sprawiedliwy i jego święte Dziecko też!"
17. Potem chory chłopiec zamilkł, a jego ojciec rozważał te słowa.
18. I właśnie w tej chwili pastuch dobiegł z wielkim pędem do Jezusa i uderzył Go z całej siły w ramię.
19. Ale Dziecko nie upadło, tylko

z wewnętrznym ogniem zwróciło się do pastuszka:

20. „Uczyniłeś to dla zapłaty! Każda praca jest warta swojej zapłaty, więc – jaka praca, taka zapłata!

21. Twoją pracą było – zabić Mnie! Teraz – niech także śmierć będzie twą zapłatą!"

22. Wtedy nagle pastuch padł na ziemię nieżywy.

23. Józef bardzo się tym przeraził, ale Dzieciątko przemówiło do niego: „Józefie, nie lękaj się z Mojego powodu, albowiem to, co stało się z tym chłopcem, stanie się także z całym światem, jeżeli zechce nas śmiertelnie odtrącić!" – Po czym udał się Józef w dalszą drogę i pozostawił nieżywego chłopca według woli Jezusa.

283

Trudności Józefa. Mściwy sąsiad oniemiały. Prośba ojca pastuszka i odpowiedź Dzieciątka.

19 sierpień 1844

1. A gdy Józef dotarł do wsi i przyjrzał się zleconej pracy,

2. usłyszał dobiegający do wsi głośny hałas, który docierał od strony domu, w którym mieszkali mściwy ojciec i jego ukarany „uschnięciem" syn.

3. Ten pierwszy odnalazł we wsi rodziców zabitego chłopca i podjudzał ich przeciwko Józefowi,

4. a ci przybiegli szybko do Józefa i zrozpaczeni zaczęli krzyczeć:

5. „Opuść te strony ze swym strasznym dzieckiem, którego każde słowo od razu zmienia się w czyn!

6. Dzieci powinny być zawsze błogosławieństwem dla ludzi,

7. a twoje dziecko jest dla nas tylko przekleństwem!

8. Dlatego oddalcie się stąd, wy, którzy przynosicie nieszczęścia!"

9. Na to Dziecko rzekło: „Jeśli tak jest, to czym wy jesteście dla Mnie?

10. Czy nie powiedziałeś, ojcze Annasa, do tego pastuszka, żeby Mnie zabił?!

11. Czy nie obiecałeś mu sowitej zapłaty, jeśli tylko pozbawi Mnie życia i czy nie zapewniłeś go, że jeśli to uczyni, to uniknie odpowiedzialności przed prawem ze względu na wiek?

12. A teraz słuchaj: więc Ja także pomyślałem tak jak ty w Moim wcześnie wzbudzonym Duchu.

13. Ja także, i to nawet jeszcze dłużej, jestem nieobjęty prawem, dlatego mogę temu chłopcu od razu zapłacić pięknym za nadobne!

14. A jeśli będziesz chciał Mnie lub ojca Józefa z Mojej przyczyny przed sądem postawić, wtedy my także będziemy wiedzieli, jakie ci przedstawić prawo!

15. Zauważ: Ja myślałem tak jak ty – i tak też zdecydowałem! Czy możesz więc teraz twoją decyzję wobec nas uznać za niesłuszną?"

16. Po tej przemowie Jezusa ojciec dotkniętego karą „uschnięcia" chłopca przeraził się bardzo,

17, gdyż zrozumiał, że Dziecko zna także ukryte myśli i tajemne postanowienia ludzi,

18. i dlatego każdy człowiek musi się przed Nim mieć na baczności.

19. Potem wszyscy oddalili się od Józefa i jego Dziecka.

20. Tylko ojciec zabitego chłopca

pozostał przy nich, opłakiwał swojego chłopca i powtarzał z bólem w głosie: „Nie jest żadną sztuką zabijać, tylko ożywiać!

21. Dlatego nie powinien zabijać ten, kto nie potrafi do życia przywrócić!"

22. A Dziecko mu odpowiedziało: „Mógłbym to uczynić, gdybym zechciał, ale twój chłopiec był zły, dlatego Ja tego nie chcę!" – Ale i po tych słowach ojciec chłopca nie przestawał Go błagać. A wtedy Dziecko odrzekło: „Jutro, ale dzisiaj nie!"

284

Rada Józefa dla ojca zabitego pastuszka. Powrót Józefa i Dzieciątka do domu. Wielka obietnica Dzieciątka: „Ci, którzy Mnie tak samo jak ty, Salomeo, do swoich serc przyjmą, będą równi Mojej Matce, Moim braciom i Moim siostrom!"

20 sierpień 1844

1. Ale ojciec zabitego chłopca nie chciał odejść od Dziecka, kiedy usłyszał, że może Ono jego syna z powrotem ożywić.

2. Wtedy Józef powiedział do niego: „Przyjacielu! Radzę ci, nie nalegaj, bowiem to Dziecko decyduje według Swojego porządku

3. i niczego na Nim nie wymusisz, choćbyś nie wiem jak głośno krzyczał!

4. Idź teraz po swojego chłopca, zanieś go do domu i połóż jak chorego do łóżka, a rano powinno z nim być lepiej!"

5. Po tych słowach ojciec pastuszka opuścił Józefa i uczynił według jego rady.

6. Dopiero potem Józef znalazł spokój i czas, żeby omówić z gospodarzami swoją pracę.

7. Po czym udał się z powrotem do domu i opowiedział Marii, Eudokii i Salomei, które wyszły mu naprzeciw, o wszystkim, co im się przydarzyło.

8. A one zdumiały się na wieść o tak wielkiej złości i nienawiści ludzi.

9. Ale Dziecko powiedziało: „O, nie dziwcie się temu złu ludzi; bo gdybyście chciały to robić, to nie wystarczyłoby wam życia na dziwienie się temu światu!"

10. Wtedy Salomea powiedziała do Marii: „Moja szacowna siostro! To jest doprawdy nie do pojęcia!

11. Wystarczy, że to Boże Dziecko tylko otworzy Swoje święte usta, a od razu wypływa z nich głęboka mądrość!

12. Jak niezwykle dalekosiężne były znowu te słowa!

13. O ty! Najszczęśliwsza Matko tego Dziecka!"

14. A Dzieciątko odpowiedziało jej: „Ale także – o ty! Jakże szczęśliwa Salomeo, któraś dla twojego Pana kupiła dom,

15. a teraz jesteś świadkiem, że On w nim w ludzkiej postaci mieszka!

16. Jakaż bowiem jest różnica pomiędzy tą, która Mnie przez krótki czas ukrywała w swoim ciele,

17. a Moją prawdziwą gospodynią, która Mnie zawsze ukryje w swoim domu?!

18. A jeśli matka nosi w ciele dziecko, co ona sama może uczynić, żeby było żywe, rosło i potem przyszło na świat?

19. Czyż nie jest to wszystko dziełem Boga, bez którego wola człowieka nic nie potrafi zdziałać?

20. A jeśli ktoś przygarnie dziecko do swojego domu i da mu mieszkanie, opiekę i wyżywienie na zawsze – powiedz, czyż nie jest to czymś więcej?!

21. Doprawdy, powiadam wam! Ci, którzy Mnie na równi z tobą, Salomeo, przyjmą w swoich sercach, będą także równi Mojej Matce, Moim braciom i Moim siostrom!"

22. Te słowa zapisały się głęboko w ich sercach, a potem cicho i w zamyśleniu udali się wszyscy do domu.

285

Wskrzeszenie pastuszka i jego lęk przed świętym Dzieciątkiem. Ojciec poucza chłopca o dobrym postępowaniu i daje prawdziwe świadectwo o Józefie i Dzieciątku. Miłość Dzieciątka: „Moja miłość jest twoim życiem na wieczność!"

21 sierpień 1844

1. Następnego dnia o tej samej porze, o której pastuszek uderzył Dzieciątko, powrócił on w swoim łóżku do życia, wstał i pytał jak zbudzony z głębokiego snu, co się z nim stało i jak się znalazł w tym łóżku.

2. A kiedy ojciec opowiedział mu wszystko, co się wydarzyło,

3. chłopiec poczuł wielki lęk i powiedział: „Och, ojcze! To jest straszne dziecko,

4. powinien je omijać każdy, komu jest miłe życie!

5. Błagam cię, poślij mnie na służbę daleko stąd, żebym już nigdy się z nim nie zetknął,

6. gdyż wtedy mogłoby mnie znowu uśmiercić!

7. Ale do mojego gospodarza już więcej nie pójdę na służbę, gdyż to on mnie do złego namówił!"

8. Wtedy ojciec powiedział: „Mój synu, dziękuję Bogu, że odzyskałem ciebie z powrotem!

9. Dlatego nie powinieneś już nigdy iść na żadną służbę.

10. Zatrzymam cię u siebie tak długo, jak tylko będę żył!

11. Ale Dziecka Józefa nie musimy się tak bać, jak o tym mówisz,

12. gdyż posłuchaj: to właśnie ono przywróciło cię do życia w przepowiedzianym czasie!

13. A skoro tak uczyniło, jak mogłoby być tak okrutne, jak je przedstawiasz?

14. Pomyśl, mój synu: ten, kto zabija i nie potrafi z powrotem ożywić, ten jest okrutny,

15. ale kto potrafi odebrać życie bez przelewu krwi, a potem umie je przywrócić – ten nie jest okrutnym, tak jak ty myślisz!

16. Chcę teraz zrobić coś dobrego! Chodźmy i podziękujmy temu stolarzowi za cud twojego wskrzeszenia!

17. Gdyż wiem już od bardzo dawna, że ten cieśla jest najbardziej prawym i bogobojnym człowiekiem".

18. Na te słowa ojca chłopca opuściła bojaźń i udał się z nim do Józefa.

19. Ale natrafili na niego już we wsi, a przy nim byli jego czterej synowie i Dzieciątko.

20. A kiedy chłopiec spostrzegł Jezusa, to całkiem opadł z sił,

21. bo pomyślał, że będzie musiał teraz jeszcze raz umrzeć.

22. Ale Dziecko podeszło od razu do niego i powiedziało:
23. „Joras! – Nie miej strachu przede Mną, gdyż kocham cię bardziej niż cały ten świat!
24. Bo gdybym nie kochał cię tak bardzo, to nie otrzymałbyś z powrotem życia;
25. gdyż pamiętaj: Moja miłość jest twoim życiem na wieki!"
26. A kiedy chłopiec usłyszał słowa, którymi przywitało go Dzieciątko, od razu poczuł się lepiej i pozostał przez cały dzień u Józefa, i bawił się z Dzieckiem.
27. A Ono nauczyło go bardzo wielu ciekawych i mądrych gier, co sprawiło chłopcu wielką radość

286

Szydzący z prawdy wyrok na Jezusa. Józef odpowiada bez strachu. Fałszywi świadkowie. Józef karci Jezusa przez wzgląd na opinię ludzi. „Józefie! Słowa, które wypowiedziałeś, nie pochodzą ode Mnie, lecz od ciebie!" Przekupny sędzia ukarany ślepotą. Dziecko do zdenerwowanego Józefa: „Dlaczego chcesz Mnie zasmucać, skoro Ja jestem twój?"

22 sierpień 1844

1. A kiedy Józef następnego dnia znów przyszedł do wsi ze swoimi czterema synami i Dzieciątkiem,
2. podszedł do niego wiejski sędzia i powiedział:
3. „Posłuchaj, stolarzu! – Nie jest to godnym pochwały, że przyprowadzasz ze sobą zawsze tego chłopca,
4. gdyż po pierwsze: wyziewa on truciznę, a po drugie: dzieci, które dotknie, zapadają na choroby,
5. stają się ślepe albo głuche, albo nagle umierają!"
6. Kiedy Józef usłyszał to oszczerstwo, odłożył na bok siekierę i powiedział do sędziego:
7. „Przyprowadź tu świadków, którzy rzekomo tak ucierpieli przez mego wysoce niewinnego Chłopca Jezusa,
8. a ja pójdę z nimi do Świątyni, by przedłożyć tę sprawę najwyższemu z kapłanów Boga!"
9. Ale ten sędzia został przekupiony przez ojca chłopca ukaranego przez Jezusa
10. i dlatego szukał pretekstu, aby postawić Jezusowi możliwie najwięcej zarzutów.
11. Po tych słowach Józefa sędzia odszedł i po krótkim czasie przyprowadził dużą grupę ułomnych dzieci ze wsi, które udało mu się zgromadzić.
12. A kiedy wrócił, powiedział do Józefa: „No i spójrz tylko tutaj – to wszystko zawdzięczamy twojemu jadowitemu dziecku!
13. Te oto dzieci odwiedzały często twojego chłopca i bawiły się z nim;
14. i popatrz, jakie „wspaniałe" są tego owoce! – Dlatego uchroń naszą wieś i zatrzymaj tę «plagę» w swoim domu!"
15. A kiedy Józef to usłyszał i zobaczył, zawrzał w nim gniew na sędziego, jednak wziął na bok Chłopca i udał, że przemawia do Jego sumienia, mówiąc:
16. „Po co czynisz takie rzeczy? – Popatrz, oni cierpią i dlatego nas prześladują i nienawidzą!"
17. Ale Chłopiec sprzeciwił się, mówiąc do Józefa: „Słowa, które teraz

wypowiedziałeś, nie pochodzą ode Mnie, lecz od ciebie,

18. albowiem powtórzyłeś słowa sędziego, który jest kłamcą, a nie Moje słowa, w których jest wieczna prawda!

19. Lecz wolę to przemilczeć i nie upomnę cię z powodu użycia cudzych słów,

20. jednakże ten przekupny sędzia za swoje fałszywe oskarżenie wobec Mnie otrzyma sprawiedliwą karę, którą będzie musiał przyjąć!"

21. I w jednej chwili ów sędzia utracił wzrok, a wszyscy, którzy mu towarzyszyli, przerazili się na ten widok.

22. Wpadli w panikę i krzyczeli:

23. „Uciekajmy stąd! Każde słowo z ust tego dziecka od razu zmienia się w czyn!"

24. A kiedy Józef zobaczył, że sędzia utracił wzrok i czeka go teraz dopiero udręka i kłopoty,

25. sam rozgniewał się już naprawdę na Chłopca, złapał Go za ucho i lekko pociągnął, aby choćby w ten sposób ukarać Go w obecności ludzi.

26. Ale Chłopca to zdenerwowało i odezwał się całkiem poważnie do Józefa:

27. „Niechaj ci wystarczy, że oni szukają, a jednak nie mogą znaleźć tego, czego szukają!

28. Jednak nie postąpiłeś teraz mądrze! – Czyż nie wiesz o tym, że Ja należę do ciebie?!

29. Dlaczego więc pragniesz Mnie zasmucać, skoro Ja twoim jestem?! – Och, nie zasmucaj Mnie już więcej na przyszłość, bo Ja twój jestem!"

30. A wtedy Józef spostrzegł swój błąd, wziął Chłopca i przytulił Go do siebie. A wszyscy zgromadzeni rozbiegli się w panicznym strachu przed Dzieckiem.

287

Pożądający sławy nauczyciel, Piras Zachaus, pragnie obecności niezwykłego Dziecka w swojej szkole. Rada Józefa, aby zrobił próbę. Jezus ośmiesza obłudnego nauczyciela.

23 sierpień 1844

1. Po trzech miesiącach, kiedy Józef zakończył pracę na wsi, przybył do jego domu z odwiedzinami niejaki Piras Zachaus, ażeby osobiście poznać Chłopca, o którym już wiele usłyszał.

2. Złożył wizytę, gdyż miał pewne zamiary względem Dziecka.

3. Piras Zachaus był w mieście nauczycielem i miał wysokie mniemanie o swojej mądrości.

4. Dlaczego zaś odwiedził Józefa ze względu na Dziecko?

5. Otóż pomyślał sobie: „To musi być bardzo utalentowany chłopiec;

6. dobrze byłoby przyjąć go do mojej szkoły, aby przez jego nadzwyczaj szybkie postępy w nauce zdobyć sławę i znakomitą opinię, lepszą od moich konkurentów!"

7. Dlatego też po przybyciu do domu Józefa zajął się przede wszystkim Chłopcem Jezusem, wypytywał Go o różne sprawy, za każdym razem otrzymując najtrafniejszą odpowiedź, co budziło jego zdumienie i podziw.

8. A gdy zbadał w ten sposób chłopczyka, zwrócił się do Józefa:

9. „Bracie! Ten mały, jak na swój wiek, ma nadzwyczajny rozum!

10. Szkoda jedynie, że nie potrafi

jeszcze czytać i pisać!
11. Czy nie chciałbyś go oddać do mojej szkoły, żeby nauczył się czytania i pisania liter?
12. Potem mógłbym mu przekazać także inną wiedzę; postarałbym się, żeby poznał najstarszych mędrców i czcił ich jako swoich ojców i praojców!
13. A także, by nauczył się kochać swoich towarzyszy zabaw, z którymi podobno bardzo często postępował niemiłosiernie!
14. Wreszcie, aby nauczył się Prawa Mojżesza, poznał historię narodu wybranego i mądrość Boga w Jego prorokach!"
15. A Józef rzekł do nauczyciela: „Dobrze, mój przyjacielu i bracie! – Nim jednak zabierzesz mego Chłopca do swej szkoły, przeprowadź tutaj, w obecności większej liczby osób, które są dziś u mnie, małą próbę!
16. Przedstaw Mu wszystkie litery i opisz je dokładnie, a potem przepytaj Go,
17. a wtedy najlepiej rozpoznasz, co zapamiętał i jaki jest Jego talent!"
18. I nauczyciel od razu tak uczynił. Przedstawił Chłopcu litery od alfy do omegi i opisał mu budowę oraz znaczenie wszystkich znaków tak dokładnie, jak tylko to było możliwe.
19. A wtedy Jezus spojrzał na nauczyciela z wielkim zdziwieniemi i przerwał mu, kiedy ten zaczął Go wypytywać:
20. „Och, ty obłudniku! – Jak chcesz przekazać uczniom wiedzę o literze beta, kiedy jeszcze litery alfa nie rozpoznałeś według jej znaczenia?!
21. Wyjaśnij Mi mądrość, która zawiera się w alfie, a dopiero wtedy będę ci mógł uwierzyć w to, co powiesz o becie!
22. A po to, ażebyś przekonał się, że Ja nie muszę się od ciebie uczyć liter, pragnę ci teraz przedstawić ich prawdziwe znaczenie!"
23. I mały Jezus zaczął wykładać osłupiałemu nauczycielowi wiedzę o całym alfabecie, a potem skrupulatnie badał, czy tamten to pojął.
24. Ale każda odpowiedź nauczyciela okazała się tak niepełna i głupia, że wszystkich obecnych ogarnął pusty śmiech.
25. A kiedy nauczyciel uświadomił sobie zadziwiającą mądrość Dziecka i poczuł się przez Nie zupełnie skompromitowany, powstał i powiedział do obecnych:
26. „O, biada mi! Jestem zupełnie zmieszany! – Sam sobie przyniosłem wstyd i hańbę swoim zamiarem.
27. O, bracie Józefie! Pozwól mi oddalić się od tego Chłopca, bowiem nie mogę już znieść jego cierpkiego wyrazu twarzy i jego przenikliwych słów!
28. Doprawdy! Ten Chłopczyk nie jest z tego świata! – Z taką mądrością na pewno potrafi poskramiać wodę i ogień!
29. Niech zostanę na zawsze błaznem, jeśli on nie istniał już na długo przed stworzeniem świata! Tylko Jahwe wie, jakiej matki ciało go nosiło!
30. Ja jestem doprawdy głupcem! Przyszedłem, żeby zabiegać o ucznia, a znalazłem nauczyciela, którego Ducha nie będę w stanie nigdy pojąć! – O, zrozumcie moją hańbę, przyjaciele! – Chłopczyk uczynił starca błaznem – to moja śmierć!
31. Uwolnij mnie od tego Chłopca, Józefie! On jest Bogiem albo Aniołem!"
32. A wtedy wszyscy obecni zaczęli pocieszać nauczyciela, gdyż poczuli żal, widząc jego upokorzenie.

Jezus oświeca Pirasa Cachausa na temat Swojej Misji. Nauczyciel poddany uzdrawiającemu działaniu. Jezus jako „profesor historii naturalnej": „Gdzie jest góra, a gdzie dół?" „Spójrz: gdzie jest Światło, tam jest góra; a gdzie jest noc, tam jest dół!"

24 sierpień 1844

1. A kiedy Jezus usłyszał lament i zawodzenie Pirasa Zachausa, uśmiechnął się i powiedział:

2. „Teraz wreszcie twoja głupota zrodzi dobry owoc i przejrzy na oczy to, co było ślepym sercem!

3. Posłuchaj, głupcze! Ty, który nosisz Dumasa w oku jak cierń!

4. Przyszedłem na Ziemię po to, ażeby w ludziach przekląć to, co jest w nich z tego świata,

5. i żeby po tym objawić to, co jest w Niebiosach, według woli Tego, który jest we Mnie, nade Mną i wami,

6. który Mnie wysłał po to, abyście zostali zbawieni!"

7. A kiedy Dziecko Jezus wypowiedziało te słowa, to wszyscy ułomni i chorzy, którzy zamieszkiwali całą okolicę, zostali uzdrowieni.

8. Wśród nich także ci wszyscy, na których kiedyś trafiło przekleństwo małego Jezusa, z wyjątkiem chłopca, którego spotkała kara „uschnięcia".

9. Ten bowiem z powodu swojego ojca musiał jeszcze przez trzy lata znosić słabość, którą sprowadziło na niego przekleństwo Chłopca.

10. Piras Cachaus podniósł się, wyszedł z Józefem na zewnątrz i tam powiedział do niego:

11. „Bracie, teraz jesteśmy sami i nikt nie może nas podsłuchać!

12. Proszę cię, najukochańszy bracie! Wyjaśnij mi, jak ma się rzecz z tym Chłopcem.

13. Widzę bowiem, że nie jest to zwykłe dziecko!"

14. A Józef rzekł: „Przyjacielu, gdybym chciał ci opowiedzieć o naturze mojego Chłopczyka, zabrakłoby mi na to dni.

15. A poza tym On nie godzi się na to, żebym plotkował na Jego temat, kiedy mi się spodoba.

16. Spójrz, akurat do nas idzie!

17. Znajdź odwagę i miłość do Niego, a wtedy przekaże ci, co dla ciebie zbawienne!"

18. I nauczyciel porzucił lęk i poszukał w sercu ciepłych uczuć do niezwykłego Dziecka. A kiedy Ono podeszło do nich, zapytał:

19. „Najukochańszy i najwspanialszy Chłopczyku! Czy mógłbyś mi wytłumaczyć, skąd bierze się twoja mądrość i moc, dzięki którym dokonujesz rzeczy tak niezwykłych?"

20. Chłopczyk uśmiechnął się i powiedział: „Czy wiesz, uczony człowieku, gdzie jest góra, a gdzie dół?

21. Pomyśl, Ziemia jest okrągła jak kula i mieszkają na niej ludzie oraz stworzenia!

22. Jedni mieszkają na dole, a inni u góry? Ziemia obraca się codziennie wokół swojej osi, a ty każdego dnia zostajesz przeniesiony o cztery tysiące mil. – Odpowiedz: kiedy jesteś u góry, a kiedy u dołu?"

23. Nauczyciel, usłyszawszy rzeczy dla niego niesłychane, zrobił zdumioną minę i nie wiedział, co ma odpowiedzieć.

24. A Chłopczyk roześmiał się, widząc głupią minę Pirasa Zachausa

i powiedział:

25. „O, uczony człowieku! Czego chcesz nauczać, jeśli nie wiesz, że tylko Światło daje nam odpowiedź na to pytanie?!

26. Tam, gdzie jest Światło – tam jest góra, a gdzie jest noc – tam jest dół!

27. W tobie jest jeszcze noc, dlatego jesteś jeszcze na dole. A Ja o każdym czasie znajduję się w najwyższym Świetle. Dlatego nie możesz pojąć Mojej świetlnej natury w mroku swojej nocy. Podobnie jest z istotami, które znajdują się po drugiej stronie kuli ziemskiej, gdzie panuje teraz noc. One nas także zobaczyć nie mogą!" – Po tych słowach Dziecko odbiegło.

28. Piras Zachaus zwrócił się wtedy do Józefa: „No i masz babo placek! Teraz wiem tak samo dużo, jak przedtem. Zagadkowa jest mowa tego Chłopca! Pozostaw mnie samego, chcę nad tym porozmyślać!" – I Józef pozostawił nauczyciela samego w ogrodzie.

289

Myśli nauczyciela o Chłopcu. Jezus ostrzega nauczyciela. Jezus Światłem dla pogan i Sędzią dla Żydów! Ucieczka nauczyciela.

26 sierpień 1844

1. Całą godzinę rozmyślał Piras Zachaus nad słowami Dziecka i nie mógł nic z nich odczytać.

2. „Co kryje się w tym Chłopcu, kim on jest? – Pytał siebie wiele razy.

3. Czy jest Eliaszem, który jeszcze raz miał przyjść?!

4. A może jest Samuelem albo innym, nowym i wielkim prorokiem?

5. Urodził się w Betlejem, a stamtąd przecież nie miał przyjść żaden prorok!

6. Ale jednak stamtąd powinien przyjść Mesjasz!

7. Czyżby ten chłopiec był Mesjaszem?!

8. Z rodu Dawida powinien przyjść! – a Józef jest właściwie potomkiem Dawida,

9. oczywiście bez żadnego ścisłego dowodu.

10. W tej sprawie coś jest,

11. ale któż mógłby bez historycznych dowodów przyjąć to za ugruntowaną prawdę i w nią uwierzyć?!

12. A jednak człowiek z powodu tego Chłopca jest wręcz zmuszony, by w ten sposób to przyjąć.

13. Ale z kolei rzymski dokument uwalniający dom Józefa od podatków temu zaprzecza,

14. gdyż ten Mesjasz musiałby być przecież najbardziej srogim i zawziętym wrogiem Rzymu!

15. Jakże zatem mógłby to pogodzić z przyjaźnią do Rzymian, którzy go uczynili swoim obywatelem?!

16. W ten sposób może on z czasem stać się raczej naczelnym wodzem Rzymu, Mesjaszem pogan,

17. ale dla nas mieczem obosiecznym, który może nas osądzić i doprowadzić do upadku!

18. Jeśli ujawniłbym to wszystko przed najwyższym kapłanem, doprawdy, mogłoby mi to przynieść wielkie korzyści!?"

19. W tej chwili powrócił do ogrodu w towarzystwie Jakuba Chłopiec, podszedł do nauczyciela i powiedział:

20. „Pirasie Zachausie! – Radzę ci,

porzuć swoją chęć, aby Mnie ujawnić przed najwyższym kapłanem, zanim nadejdzie czas,
21. bo jeślibyś chciał to uczynić, śmierć dopadnie cię już przy trzecim kroku!
22. Wypróbowałeś już Moją moc, przyjmij to zatem jako życzliwe ostrzeżenie!
23. Ale to, co mówiłeś sam do siebie o Mesjaszu pogan, powinno mieć swoją podstawę!
24. Albowiem tak powinno się stać: Światło dla pogan i Sąd dla Żydów oraz wszystkich dzieci Izraela!"
25. Po usłyszeniu tych słów nauczyciel wpadł w złość i wykrzyknął: „Jeśli tak, to odejdź stąd i wynoś się do pogan!"
26. Chłopiec odrzekł : „To Ja jestem Panem i uczynię, co zechcę! A ty nie jesteś kimś, kto mógłby wydawać Mi rozkazy!
27. Dlatego zamilcz i odejdź stąd, inaczej zmusisz Mnie do tego, abym cię poskromił!"
28. A kiedy Piras Zachaus usłyszał to, szybko się podniósł i uciekł stamtąd do miasta.
29. Józef pozbył się w ten sposób uciążliwego gościa i wrócił do swoich zajęć.

290

Przytulny i ciepły dla sąsiadów dom Józefa. Dzieci na tarasie. Mały Zenon skręca kark. Gniew jego rodziców. Wskrzeszenie chłopca. Świadectwo Zenona o Jezusie. Jezus napomina Zenona: „Powstrzymaj się w przyszłości od zabaw, które niosą w sobie śmierć!" Prorocza wskazówka dla późniejszego Judasza z Kariotu.

27 sierpień 1844

1. Po pewnym czasie przyszli do domu Józefa sąsiedzi ze swoimi dziećmi, a uczynili to nie po raz pierwszy, bo lubili ten dom i żywili serdeczne uczucia do Józefa i jego rodziny.
2. A tym razem zdarzyło się to wyjątkowo w piątek, w przeddzień szabatu, w którym to dniu po południu zazwyczaj się nie pracowało.
3. Dlatego w to popołudnie przed szabatem zgromadzili się licznie u Józefa jego sąsiedzi ze swymi dziećmi.
4. Dziewczynki znalazły najlepszą zabawę w towarzystwie pięciu dziewczynek Cyreniusza, które były miłe i sympatyczne, a także pracowite i dobrze obeznane we wszystkich zajęciach domowych.
5. Natomiast dla chłopców najmilszy ze wszystkich był wesoły Jezus,
6. gdyż po pierwsze: pokazywał chłopcom różne nadzwyczaj przemyślne i mądre zabawy,
7. a po drugie: często opowiadał wzruszające historie i przypowieści, których dzieci słuchały jak zaczarowane.
8. Tym razem jednak, z powodu burzy oraz deszczu, które dopiero co zamieniły okolice domu w miękkie grzęzawisko, dzieci wybrały do zabawy otoczony balustradą taras.
9. Przez dłuższy czas było tam całkiem spokojnie, gdyż mały Jezus opowiadał bardzo ciekawe i skupiające uwagę dzieci historie.
10. Ale pod wieczór na tarasie zapanował gwar, bo Jezus wymyślił grę, w której trzeba było dużo skakać.

11. Pośród dwunastu chłopców znajdował się niejaki Zenon, który bardzo lubił się zakładać o zaoszczędzone przez dzieci grosze i chciał je wygrywać przez trudne pokazy, które sam wymyślał, powiązane nawet z ryzykiem skręcenia karku.
12. Takie przedstawienie i tutaj chciał zademonstrować, zakładając się o jedenaście groszy przeciwko woli Jezusa, Pana,
13. że wbrew Jego ostrzeżeniom może przejść trzy razy po balustradzie tarasu bez utraty równowagi.
14. Jeśli udałoby mu się trzy razy szczęśliwie tego dokonać, jedenastu świadków tego wyczynu wyłoży po jednym groszu na jego nagrodę,
15. a jeśli straci równowagę i spadnie, wtedy przegra i wówczas straci swoje jedenaście groszy.
16. Inni chłopcy zgodzili się na te warunki i Zenon bez zawahania wskoczył na balustradę, ale zaraz stracił równowagę z powodu zawrotu głowy, spadł na ziemię, skręcił sobie kark i wyzionął ducha.
17. A wtedy jego rodzice przybiegli na taras, pełni rozpaczy i gniewu złapali Jezusa i chcieli Go skrzywdzić,
18. lecz Jezus wyrwał się im, podbiegł do leżącego, martwego chłopca i krzyknął głośno:
19. „Zenonie! Wstań i odpowiedz swoim zaślepionym rodzicom – czy to Ja ciebie zrzuciłem z balustrady i przyprawiłem o śmierć?!"
20. Na to od razu podniósł się z ziemi martwy jeszcze przed chwilą chłopiec i odpowiedział:
21. „O, Panie! Ty mnie nie strąciłeś i nie zabiłeś!? Przenigdy!
22. Wszystkiemu była winna moja żądza zysku i haniebny pośpiech!
23. Uśmiercił mnie mój grzech, ale Ty, o Panie, przyszedłeś do mnie i dałeś mi znowu życie!"
24. A kiedy rodzice Zenona usłyszeli takie świadectwo z ust swojego syna, upadli przed Jezusem i modlili się do Niego, wielbiąc w Dziecku Jezusie siłę Bożą.
25. A Jezus powiedział do Zenona: „Przyjmij to teraz za dobrą nauczkę i na przyszłość powstrzymuj się od takich gier, które niosą śmierć ze sobą, i zapamiętaj, jak Ja cię napominałem!"
26. Rodzice i Zenon płakali z wielkiego uczucia wdzięczności i udali się do domu.
27. (Ale poza tym było to prorocze wskazanie na przyszłego Judasza z Kariotu, co łatwo rozpoznać.)

291

Sąsiedzi szukają porady u Józefa jako przyjaciela Korneliusza. Jezus ostrzega Józefa przed nieostrożnością. Wgląd w Boskie rządy nad światem: jaki naród – taki jego rząd! „Ja jestem Panem także nad Rzymem!"

28 sierpień 1844

1. Innym razem, także w dzień przed szabatem, przyszło kilku sąsiadów do Józefa ze swoimi dziećmi, żeby porozmawiać z nim o nękających ich sprawach,
2. gdyż sąsiedzi wiedzieli, że Józef ma dobre stosunki z zarządcą kraju.
3. W tym czasie otrzymał Józef list z Tyru, i to od samego Cyreniusza,

który, jak tylko przybył znowu z Rzymu do Tyru, pragnął się dowiedzieć o Józefa, ale przede wszystkim o małego Jezusa.

4. Ale nikt z sąsiadów nie wiedział o tym piśmie,

5. jak również i o tym, że Józef jest tak wielkim przyjacielem namiestnika Cyreniusza.

6. I tu Józef chciał pokazać list, dodać otuchy sąsiadom i pocieszyć ich,

7. że sam wstawi się u namiestnika przeciwko dzierżawiącemu królowi, i to z najlepszym skutkiem,

8. a tym bardziej z jeszcze lepszym skutkiem, gdyż Eudokia oraz tych pięć dziewczynek całkowicie należą do Cyreniusza.

9. Ale na to skoczyło Dzieciątko szybko do Józefa i powiedziało bardzo porywczo:

10. „Józefie, Józefie! Nie czyń tego, gdyż Ja jestem Panem!

11. Jeśli chcesz ten list pokazać, to Ja Ziemię pobiję, gdyż to Ja jestem Panem także nad Rzymem, a nie Cyreniusz! I nie August Cezar!

12. Ja ci powiem, że gdyby ten naród był lepszy niż ten król dzierżawca, to Ja wiedziałbym, jak Archelaosa znaleźć!

13. Ale że naród ten absolutnie nie jest lepszy od niego, powinien więc znosić swój ciężar w tym królu dzierżawcy, który jest takim samym dusigroszem, jak cały naród!

14. Czy nie mówiło się: oko za oko, ząb za ząb i tak dalej? – A więc mówi się też: skąpstwo za skąpstwo, zazdrość za zazdrość!

15. Dlatego Archelaos jest tylko prawdziwym lekarzem tego narodu o twardym sercu, i on powinien pozostać, jakim jest, aż do swojego końca!"

16. Ta mowa zwarzyła humor sąsiadom, a oni powiedzieli:

17. „To byłby dla nas czysty patron z takiego Mesjasza!

18. Nas gani, a chwali za to tego poganina Archelaosa!"

19. Lecz Dzieciątko tupnęło piętą w podłogę i mówiło:

20. „Ziemio! Zadrżyj, aby twoje ślepe dzieci doświadczyły przez to, że to Ja twoim Panem jestem!"

21. I nagle ukazał się ogień w miejscu tupnięcia, a podłoże Ziemi gwałtownie się zatrzęsło.

22. Tu wszyscy obecni przerazili się i mówili: „Kim jest to Dziecko?! Bo także i Ziemia trzęsie się przed Nim!

23. Chodźcie, idźmy stąd, gdyż nie jest dobrze być obok tego Dziecka!" – I wszyscy wkrótce opuścili w pośpiechu Józefa. I w ten sposób Józef znowu został od wielkich niebezpieczeństw uwolniony.

292

Sześcioletni Jezus wskrzesza parobka Salomei. Jezus poucza go. Jezus ucieka przed pochwałą ludzi.

29 sierpień 1844

1. A kiedy Jezus miał już nieco ponad sześć lat, to pewnego razu Salomea zleciła swoim parobkom ściąć stare i niepotrzebne już drzewo i porąbać je na części, aby otrzymać drewno na opał.

2. Przy tej okazji jeden młody parobek, który uważał się za bardzo silnego, powiedział do innych pomagających parobków:

3. „Pozostawcie dla mnie samego

to rąbanie drzewa, ja chcę się z nim uporać prędzej niż wy trzej razem!"
4. I pozostali parobkowie pozostawili mu ten zaszczyt.
5. On zaś wziął swoją siekierę i zabrał się solidnie do pracy.
6. Ale w takiej gorliwości chybił uderzenie i zamiast w drzewo, trafił w swoją prawą stopę, rozcinając ją od palców do pięty.
7. I upadł na ziemię, krzycząc o pomoc, i wszyscy przepychali się do niego, ale nikt nie miał niczego, aby mu obwiązać tę nogę.
8. I w ten sposób ten młody człowiek wykrwawił się, a potem zmarł.
9. Także cały dom Józefa zwrócił uwagę na ten krzyk i narzekanie, gdyż dom Salomei był blisko.
10. I Jezus pobiegł tam szybko, przecisnął się przez stojącą wokół ciżbę ludzi do nieżywego już parobka.
11. A gdy dotarł do zmarłego, złapał go szybko za rozciętą nogę, ścisnął mocno i w jednym momencie go uzdrowił.
12. Kiedy stopa została w ten sposób uzdrowiona, Jezus chwycił go za rękę i powiedział:
13. „Posłuchaj, młody, zarozumiały człowieku! – Ja mówię ci, powstań i zabierz się znowu za rąbanie drzewa!
14. Ale na przyszłość pozostaw swą zarozumiałość i nie chciej już nigdy robić więcej niż tyle, na ile posiadasz sił,
15. a uchronisz się przed podobnymi przypadkami!
16. Gdyż i pozostali parobkowie mają siłę do pracy od Boga, i nie powinieneś jej niweczyć gdziekolwiek i kiedykolwiek!
17. Jeśli zaś któryś z pracujących z tobą parobków jest wyjątkowo leniwy i ociężały, to Pan już go znajdzie,
18. ale ty nie powinieneś już nigdy przez nadmierną, przesadną pracowitość być mu sędzią!"
19. Tu podniósł się młody parobek znowu pełen sił i rąbał dalej drzewo.
20. A wszyscy obecni upadli na kolana przed Chłopcem Jezusem i mówili:
21. „Chwała i cześć tej sile Boga w Tobie, gdyż Pan już wcześniej wypełnił Ciebie wszelką siłą Boga!"
22. Ale Jezus pobiegł szybko z powrotem do domu, gdyż nie chciał pochwały ludzi.

293

Święty dzban Marii rozbity przez Jezusa. Troska dziewczynki wywołana tym zdarzeniem. Jezus przynosi wodę Matce w Swoim czerwonym płaszczu. Relikwia Marii była Jezusowi cierniem w oku.

31 sierpień 1844

1. Maria miała jeszcze dzban, w którym nosiła wodę, kiedy Anioł oznajmił jej świętą Nowinę.
2. Dla Marii dzban ten wiele znaczył – był dla niej wręcz świętością.
3. Dlatego też niechętnie widziała, jeśli ktoś pił z niego wodę.
4. Ale pewnego razu, mniej więcej osiem dni po cudzie u Salomei, Maria była w domu sama z Jezusem.
5. Była zajęta praniem odzieży i potrzebowała do tego świeżej wody.
6. Dlatego poszła do Jezusa i powiedziała do Niego: „Ty mógłbyś mi z łatwością przynieść dzban świeżej

wody;
7. weź Sobie do tego nawet ten uświęcony przez Ciebie dzban!"
8. Jezus wziął ten dzban i pobiegł z nim do studni, gdzie akurat Józef z innymi dziećmi coś robił.
9. Ale przy studni Jezus uderzył trochę za mocno dzbanem o kamień i leżał on na ziemi, rozbity na wiele kawałków.
10. Spostrzegła to jedna z dziewczynek i powiedziała: „Ojej, aj, aj! Co teraz będzie; święty dzban naszej pani domu jest rozbity! – Ale Ty, kochany Jezu, dlaczego nie uważałeś bardziej?
11. Ależ Matka będzie płakać i narzekać, no, no, możesz się już na to szykować!"
12. To trochę zmieniło humor Jezusowi i powiedział do dziewczynki:
13. „Czemu cię interesuje, co Ja robię?! – Patrz, abyś sama uporała się ze swoją przędzą!
14. Pomimo to, że dzban jest rozbity, to Ja i tak zaniosę Marii wystarczającą ilość świeżej wody!"
15. A dziewczynka mówiła: „Chcę to widzieć, jak można bez dzbana zanieść do domu świeżą wodę!"
16. Tu wziął od razu Jezus Swój mały czerwony płaszczyk, złapał go za końce i nabrał do niego wody, i niósł go dla Marii, aż do domu, nie rozlewając przy tym ani kropli!
17. Z powodu tego cudu wszyscy udali się za Jezusem do domu.
18. A gdy Maria to zobaczyła, przeraziła się i powiedziała: „Ale Dziecko, co się stało z dzbanem?"
19. A Jezus odpowiedział: „Widzisz, on był dla Mnie już długo cierniem w oku! Dlatego wypróbowałem jego moc na jednym kamieniu
20. i widzisz, nie miał on w sobie żadnej mocy, dlatego rozbił się od razu na małe kawałki!
21. Ja zaś jestem zdania, że tam, gdzie Ja jestem, powinienem jednak więcej znaczyć niż taki jeden głupi dzban, który w niczym nie jest lepszy od każdego innego!"
22. Na te słowa Maria nie powiedziała już nic więcej, lecz zapisała je sobie głęboko w sercu.
23. Dziewczynka też już nic więcej nie powiedziała, gdyż miłowała Jezusa.
24. I Jezus powiedział do niej: „Widzisz, taka podobasz Mi się bardziej niż wtedy, kiedy poruszasz swoim językiem bez potrzeby!" – I dziewczynka była zadowolona z tej małej nagany, i przędła dalej pracowicie swoją nić.

294

Dwuletnia przerwa w czynieniu cudów. Drożyzna w Palestynie. Józef sieje jeszcze w siódmym miesiącu. Ośmioletni Jezus Sam kładzie nasienie do ziemi. Cudowne błogosławieństwo. Podziękowanie Józefa. Miłość jest lepsza niż pochwała! Uzdrowienie „uschniętego" chłopca.

31 sierpień 1844

1. Po tej cudownej działalności Jezus przez około dwa lata zachowywał się spokojnie i we wszystkim posłuszny był Józefowi i Marii.
2. W ósmym roku Jego życia, zebrano bardzo zły plon, gdyż nastąpiła wielka susza i cały zasiew usechł.
3. Był to już siódmy miesiąc, a nigdzie nie było widać czegokolwiek

zielonego; często musiano ubijać zwierzęta albo za ciężkie pieniądze sprowadzać siano i zboże z Egiptu i z Azji Mniejszej.

4. Sam Józef żył na ogół z ryb, które dowoził mu każdego tygodnia Jonatan, a zwierzęta karmił trzciną, którą również przysyłał mu Jonatan.

5. Dopiero w siódmym miesiącu ukazały się chmury i zaczęło czasami oszczędnie padać.

6. Józef powiedział więc do swoich czterech najstarszych synów: „Zaprzęgnijcie do pługa woły i zasiejmy w imię Pana trochę pszenicy.

7. Kto wie, może jednak pobłogosławi nam Pan, na Którego możemy liczyć jak na swojego Syna i Brata, Którego On posłał tu na ten świat!

8. Pomimo to, że On przez Niego już dwa lata żadnego znaku więcej nie uczynił, a my dlatego o Jego Wysokości już wręcz zapomnieliśmy!

9. Ale kto wie, czy właśnie ten zły rok nie jest następstwem naszego zapomnienia o Tym, Który tak święty z góry do nas przyszedł?"

10. Na to podszedł ośmioletni Jezus do Józefa i powiedział: „Dobrze, ojcze Józefie! – Wy o Mnie jeszcze nigdy nie zapomnieliście, dlatego chcę z tobą pójść, aby tę pszenicę do bruzd w ziemi włożyć!"

11. To ucieszyło niezmiernie Józefa, a Maria i wszyscy w domu mówili:

12. „Tak, tak, gdzie kochany Jezus posieje, tam będzie z pewnością obfity plon!"

13. A Jezus mówił, uśmiechając się: „Ja też jestem tego zdania – doprawdy, żadne z ziaren ode Mnie nie powinno na darmo paść na ziemię!"

14. Potem poszedł w pole, by orać i siać. Józef siał za pługiem po lewej, a Jezus po prawej stronie.

15. I w ten sposób w ciągu połowy dnia pole zostało starannie obsiane.

16. A po tym spadł obfity deszcz, pszenica dobrze zakiełkowała i zaowocowała tak jak w lecie, osiągając pożądaną dojrzałość po trzech miesiącach.

17. Okazało się także, że kłosy, które zostały posiane po prawej stronie przez Jezusa, miały aż po pięćset ziaren, natomiast te Józefa miały ziaren tylko od trzydziestu do czterdziestu.

18. Wszyscy byli tym bardzo zadziwieni, a kiedy zboże zostało wymłócone, wtedy w całej pełni objawiło się błogosławieństwo Boga,

19. gdyż z jednego zasianego małdra (70 miar) pszenicy otrzymali tysiąc małdrów plonu – takiego zbioru jeszcze nigdy nikt nie widział!

20. A że Józef wszedł w posiadanie takiego nadmiaru zboża, przeto zatrzymał dla siebie siedemdziesiąt małdrów, a dziewięćset trzydzieści rozdzielił pomiędzy sąsiadów.

21. I w ten sposób pomoc w postaci tego cudownego plonu otrzymała cała okolica.

22. I przyszło wielu sąsiadów, chwaląc i czcząc siłę Boga w Dziecku Jezusie.

23. Ale Dziecko przypominało im o miłości do Boga i swoich bliźnich i mówiło do każdego z nich: „Miłość jest lepsza od chwały, a właściwa bogobojność jest więcej warta niż palenie ofiar!" – W tym czasie powrócił też do zdrowia ów dotknięty karą „uschnięcia" chłopiec.

295

Józef i Maria pragną oddać dziesięcioletniego Jezusa pewnemu nauczycielowi. Jego kłopoty z nauczaniem. Nauczyciel bije Chłopca i płaci za to utratą mowy i pomieszaniem zmysłów. Chłopiec Jezus powraca do domu.

2 wrzesień 1844

1. Od tej chwili Chłopczyk Jezus nie czynił już więcej żadnych cudownych znaków, lecz zachowywał się podobnie jak wszystkie inne dzieci!

2. Przebywał chętnie tylko u boku Józefa, kiedy ten wykonywał ciężkie roboty – budował pługi, jarzma, krzesła, stoły, łóżka i tym podobne; i nie zdarzyło się nigdy, aby Józefowi coś się nie udało.

3. A że Chłopczyk zbliżał się właśnie do dziesiątego roku życia i niczym nie wyróżniał się wśród innych dzieci,

4. Józef powiedział kiedyś do Marii: „Popatrz, ludzie wokół wygadują, że pozwalamy Jezusowi dorastać zupełnie bez nauki, a On przecież i tak wspaniałe talenty i zdolności posiada!

5. Wiem dobrze, że Jezus nie potrzebuje szkoły i jej nauki,

6. ale żeby zamknąć usta sąsiadom, chcę Go jednak oddać pod opiekę pewnemu nauczycielowi.

7. A że teraz w mieście powstały dwie nowe szkoły i ci dwaj nauczyciele są ponoć całkiem zdolni, więc chciałbym się umówić z jednym albo z drugim!"

8. Maria wyraziła na to zgodę, bowiem także i ona widziała taką potrzebę.

9. Józef wziął Jezusa ze sobą i poprowadził Go do pierwszego nauczyciela.

10. Ten od razu przyjął Chłopca i powiedział do Józefa: „Na początek powinien, ze względu na wielu Greków pomiędzy nami, nauczyć się greckiego i hebrajskiego!

11. Słyszałem o tym dziecku i trochę się go boję,

12. ale pomimo to chcę uczynić to, co będzie właściwe; tylko musisz mi go oddać pod całkowitą opiekę!"

13. Józef zgodził się na to i pozostawił Jezusa w domu nauczyciela.

14. Jezus przebywał tam przez trzy dni, zażywając swobody; dopiero czwartego dnia nauczyciel wziął Go ze sobą do szkoły.

15. Tam poprowadził Go przed tablicę, wypisał cały alfabet i zaczął go objaśniać.

16. Po kilkukrotnym powtórzeniu objaśnień zapytał Jezusa, co z nich zapamiętał.

17. Ale Jezus zachowywał się tak, jakby nic nie zrozumiał i nie udzielił żadnej odpowiedzi nauczycielowi.

18. I w taki sam sposób nauczyciel męczył Chłopca i siebie przez trzy dni, i nie otrzymał żadnej odpowiedzi.

19. Czwartego dnia poczuł oburzenie i zażądał od Chłopca Jezusa, pod groźbą kary, żeby mu zaczął odpowiadać.

20. A na to Chłopiec rzekł do niego: „Jeśli doprawdy jesteś nauczycielem i naprawdę znasz wszystkie litery, to objaśnij Mi podstawowe znaczenie litery alfa, a Ja opowiem ci wtedy o literze beta!"

21. To żądanie wyprowadziło nauczyciela z równowagi i zaczął okładać

Jezusa po głowie kijem do wskazywania.

22. To zabolało Chłopca i zwrócił się do nauczyciela: „Czy to aby jest właściwy sposób, żeby pozbywać się własnej głupoty?

23. Doprawdy, nie jestem u ciebie po to, żebyś Mnie bił i na pewno nie jest to właściwy sposób, żeby ludzi nauczać i kształcić!

24. I właśnie za to, że zamiast Mi przedstawić mądrą odpowiedź, biłeś Mnie, teraz staniesz się niemym i niedorzecznym!"

25. I w jednej chwili nauczyciel osunął się na ziemię, i zaczął przewracać oczami, i bełkotać jak oszalały; a wtedy został związany i wyniesiony ze szkolnej izby.

26. A Jezus powrócił od razu do domu Józefa i powiedział:

27. „Następnym razem życzę Sobie nauczyciela, który przychodzi do szkoły bez kija; ten zaś pokutuje teraz za swój występek przeciw Mnie!"

28. Józef domyślił się, co zaszło, i powiedział do Marii: „A więc nie możemy już Jezusa spuszczać z oczu, gdyż On karze każdego, kto nie postępuje według Jego myśli!"

29. Maria przyznała rację Józefowi i nikt już nie ważył się robić Mu jakiejkolwiek wymówki.

296

Kolejny nauczyciel u Józefa. Łagodne podejście nauczyciela. Jezus wystawia nauczyciela na próbę i Sam czyta i objaśnia proroka Daniela. Dobre świadectwo nauczyciela o Jezusie. W podzięce za szczerość drugiego nauczyciela Jezus uzdrawia pierwszego.

1. Po upływie kilku tygodni przyszedł do Józefa ów drugi nauczyciel z kurtuazyjną wizytą,

2. gdyż wcześniej Józef wykonał dla niego większą ilość ławek, krzeseł oraz jeden stół do sali wykładowej i przy tej okazji zyskał w nim prawdziwie poczciwego przyjaciela.

3. Ten nauczyciel poznał teraz także Chłopca Jezusa i sprawiło mu to wiele radości, gdyż docenił Jego poważną, a przy tym jednak skromną i żywą naturę.

4. Dlatego zapytał Józefa, czy jego Chłopiec nauczył się już w jakiejś szkole czytania.

5. A Józef odpowiedział: „Bracie! Próbowałem oddać Go pod opiekę już dwóch nauczycieli, ale żaden nie potrafił z Nim nic osiągnąć,

6. gdyż w tym Chłopcu spoczywa osobliwa siła!

7. Kiedy tylko nauczyciel podejdzie do Niego szorstko i bez zrozumienia, to jest już stracony,

8. wystarczy bowiem, że z ust Chłopca padnie tylko jedno słowo, a nauczyciela natychmiast dosięga straszna kara!

9. Jego niedawny nauczyciel do dziś jest szalonym błaznem".

10. Gość Józefa odrzekł na to: „Tak, dobrze wiem o tym; ale wiem także, że był tyranem dla wszystkich swoich uczniów!

11. Gdybym to ja miał uczyć tego Chłopca, doprawdy, nie bałbym się, że mogę zostać przez niego ukaranym!"

12. Na to odezwał się obecny podczas ich rozmowy Chłopiec Jezus: „A czego chciałbyś Mnie uczyć?"

13. A wtedy nauczyciel przygarnął Chłopca czule do siebie, pogłaskał Go po głowie i powiedział:
14. „Chciałbym cię w sympatyczny sposób nauczyć czytania i pisania, a potem rozumienia Pisma!"
15. Chłopiec odpowiedział: „Dobrze, jeśli masz przy sobie Pismo, to daj Mi je, a Ja pokażę ci coś na próbę!"
16. Na to nauczyciel wyjął zwoje – była to Księga Daniela – i podał je Chłopcu.
17. Chłopiec zaś od razu zaczął czytać, a także wyjaśniać proroctwa tego mędrca, a wszyscy zgromadzeni wokół wpadli w ogromne zdziwienie.
18. A kiedy nauczyciel usłyszał, co wygłasza Chłopiec, powiedział:
19. „O, Panie! Bądź dla mnie, biednego grzesznika, łaskawy i miłosierny, gdyż ten Chłopiec nie jest zwykłym człowiekiem!
20. O, bracie Józefie! Teraz pojmuję, dlaczego żaden z nauczycieli nie potrafił sprostać temu chłopcu!
21. On rozumie więcej niż wszyscy nauczyciele na całej Ziemi! – Och, dlatego zatrzymaj go w domu!"
22. To świadectwo spodobało się Chłopcu i odrzekł na nie: „Dlatego, że jesteś szczery i pokornego serca, to dzięki tobie również tamten nauczyciel będzie mógł wrócić do zdrowia – niechaj tak się stanie!
23. A ty pozostań szczery w swoim sercu, tak jak jesteś teraz, a zawsze będziesz dobrym nauczycielem. Amen".
24. Po tym oddalił się Chłopiec Jezus; nauczyciel polecił się także na przyszłość Józefowi i wyruszył bardzo zamyślony do domu. A ów pierwszy nauczyciel jeszcze w tej samej godzinie poczuł się lepiej.

297

Jedenastoletni Jezus i Jakub idą zbierać drewno. Jakub zostaje ukąszony przez żmiję i zdradza oznaki śmierci. Jakub ożywiony przez Jezusa. Ewangelia pracy. Bądźcie gorliwi w gromadzeniu majątku ducha! Wskrzeszenie chłopca Kephasa i czeladnika Mallasa. Nauka: „W zazdrości zawsze kryje się śmierć!"

4 wrzesień 1844

1. Od tego czasu Dziecko Jezus pozostawało w domu, zachowywało się spokojnie i posłusznie wykonywało małe prace.
2. Nie czyniło niezwykłych znaków przez cały rok – a więc aż do chwili osiągnięcia jedenastego roku życia.
3. Ale kiedy Dziecko osiągnęło jedenasty rok życia, dokonało trzech znaczących cudów i te powinny tu zostać pokrótce opisane.
4. Wiosną skończył się zapas drewna na opał w domu Józefa.
5. Dlatego też wysłał on Jakuba i Jezusa, gdyż oni zazwyczaj mieli czas, do pobliskiego lasu, aby tam nazbierali chrustu.
6. Obaj poszli i pilnie uczynili, co im nakazał Józef.
7. Jakub uwijał się, i to bardzo, więc dla Jezusa niewiele zostało do pozbierania.
8. Ale w tym jego zapale stało się, że złapał za krzaczastą i wyschłą gałąź, pod którą znajdowała się żmija.
9. Żmija ta ukąsiła Jakuba w rękę i upadł on z bólu i przerażenia. Ręka

nagle mocno mu opuchła, Jakub wygiął się do tyłu i zdradzał oznaki nadchodzącej śmierci.

10. Wtedy Jezus skoczył mu na ratunek, dmuchał na ranę i w jednej chwili Jakub odzyskał siły.

11. A żmija strasznie nabrzmiała i pękła na tysiąc kawałków!

12. Po tym powiedział Jezus do Jakuba: „Spiesz się powoli! – W każdej pracy świata, jeśli jest zbyt gorliwie wykonywana, drzemie śmierć!

13. Dlatego lepiej być leniwym dla świata, ale bardziej gorliwym dla ducha, kiedy tylko zdarzy się ku temu okazja!

14. Albowiem ci najbardziej pracowici dla świata, w zapalczywości zabiegania o sprawy ziemskie, doznają śmierci w swoich duszach!

15. Ja zaś wyszukam tych próżniaków świata i wezmę ich na Moją służbę na wieki; i tym, którzy tylko jedną godzinę w ciągu dnia przepracowali, dam taką samą zapłatę, jak tym, którzy cały dzień pracowali uczciwie!

16. Uczynię dobro każdemu opieszałemu w sprawach ziemskich; ale boleść wszystkim gorliwym w sprawach interesów tego świata! Ci pierwsi będą Moimi przyjaciółmi, a drudzy – Moimi wrogami!”

17. Jakub dobrze zapamiętał sobie te słowa i żył według nich; i nic sobie nie robił z tego, że coraz częściej nazywano go leniem i próżniakiem;

18. ale od tego czasu o wiele bardziej zajęty był w swoim sercu Jezusem i dzięki temu zdobył nieskończenie wiele.

19. Krótko po tym wypadku – po dwóch dniach – jednej z sąsiadek, która była wdową, zmarł jedyny syneczek i dlatego bardzo płakała po nim.

20. Jezus udał się do niej ze Swoim Jakubem, by zobaczyć tego zmarłego chłopca.

21. A gdy zobaczył zapłakaną wdowę, zrobiło Mu się jej żal, wziął więc zmarłego chłopca za rękę i powiedział: „Kephasie! Ja mówię ci: wstań i nie zasmucaj już nigdy serca twojej matki!”

22. Na to chłopiec podniósł się nagle i przywitał wszystkich tam obecnych, uśmiechając się.

23. W przeogromnej radości wdowa padła na kolana i zawołała: „Och! kim jest ten syn Józefa, który jednym słowem potrafi wskrzesić umarłych?! Czy jest on Bogiem albo Aniołem?!”

24. A Jezus jej odpowiedział: „Nie pytaj o to już więcej, tylko daj mleka Kephasowi, aby zupełnie doszedł do siebie!”

25. A wtedy wdowa od razu wstała i poszła, i przyniosła podgrzane mleko swojemu chłopcu, który po chwili poczuł się zupełnie zdrów.

26. Wszyscy obstąpili Jezusa, aby Go wielbić i modlić się do Niego, ale On pospiesznie się oddalił, spotkał inne dzieci i bawił się z nimi w mądry i ciekawy sposób.

27. A kiedy się tak bawił, to z dachu pobliskiego domu, który naprawiany był przez cieśli z miasta, spadł człowiek, skręcił sobie kark i padł nieżywy.

28. Zaraz zebrało się wielu ludzi, którzy głośno żałowali tego nieszczęśnika, przez co powstał wielki gwar i hałas.

29. Kiedy Jezus to usłyszał, poszedł tam z Jakubem, przecisnął się przez tłum do nieżywego i rzekł do niego:

30. „Mallasie! – Mówię do ciebie: wstań i wracaj do pracy! – Przybijaj swoje listwy, tylko ostrożnie i starannie, inaczej spadniesz jeszcze raz!

31. Albowiem nie chodzi tu o to, ile

pracowałeś, ale o to, jak pracowałeś! – A w zazdrości zawsze spoczywa śmierć!”

32. Po tym Jezus znów szybko się oddalił, a ten ożywiony powstał całkiem zdrowy i pracował dalej z zapałem, tak jakby mu się nigdy nic nie stało. Ale słowa Jezusa zatrzymał w swoim sercu.

33. Te trzy cuda wydarzyły się jeden za drugim, w krótkim i ściśle oznaczonym czasie, dlatego wszyscy sąsiedzi pragnęli uwielbiać i ubóstwiać Jezusa.

34. Ale Jezus zabronił im tego i nie pokazywał się we wsi przez kilka dni.

35. W domu Józefa także zauważono owe trzy czyny i wiele o nich mówiono.

298

Krótkie przedstawienie sceny dwunastoletniego Jezusa w Świątyni przez Jego brata Jakuba. Jezus wycofuje się teraz zupełnie, aż do wesela w Kanie.

1. Od tej chwili Jezus wycofał się zupełnie z oczu świata i nie był widomym sprawcą żadnych cudownych czynów, aż do czasu wesela w Kanie Galilejskiej.

2. Tylko jeden jedyny raz, w dwunastym roku życia, uczynił Chłopiec Jezus cud podczas uroczystości w Jerozolimie, kiedy to po raz pierwszy przybył do Świątyni, jak to jest podane w ewangelii, i ukazał uczonym Swoją mądrość,

3. którego to cudu ja, Jakub, nie byłem naocznym świadkiem, ale później dowiedziałem się od Samego Pana jak to się wydarzyło, co pozwoliłem sobie pokrótce opowiedzieć:

4. W wielkim tłoku i ścisku zgubili Maria i Józef Jezusa w Świątyni i myśleli, że jeśli nie jest z nimi, to na pewno udał się już do domu razem z Salomeą lub jeszcze innymi krewnymi albo znajomymi.

5. Dlatego ci oboje poszli za karawaną do Nazaretu i zatrzymali się dopiero pod wieczór w schronisku między Jerozolimą a Nazaretem.

6. Ale że nigdzie nie znaleźli tam Jezusa, więc byli bardzo zasmuceni i zmartwieni, wzięli kilku pomocników i w nocy udali się z powrotem do Jerozolimy.

7. Dotarłszy tam, Józef udał się najpierw do naczelnika Korneliusza, który wtedy zarządzał jeszcze Jerozolimą.

8. Józef od razu wyjaśnił Korneliuszowi, który przyjaźnie wyszedł mu naprzeciw, co mu się przytrafiło.

9. A ten bez zwłoki dał mu rzymską straż, z którą mógł przeszukać wszystkie domy.

10. Przetrząsnął więc Józef prawie całą Jerozolimę, ale po długim, trzydniowym poszukiwaniu nigdzie nie znalazł Jezusa.

11. Oboje, Józef i Maria, byli tym bardzo zaniepokojeni, a nawet zatrwożeni; oddali z powrotem straż Korneliuszowi i nie pozwolili, by ich pocieszał.

12. A że był już późny wieczór, zatem Korneliusz chciał ich zatrzymać u siebie.

13. Ale Józef powiedział: „O, szlachetny przyjacielu! Z wielką chęcią pozostanę u ciebie tej nocy, ale przedtem muszę udać się do Świątyni i zło-

żyć ofiarę Panu Bogu moim sercem i z całego mojego smutnego serca oddać Mu to, co utraciliśmy!"

14. Korneliusz pozostawił więc Józefa i Marię, by udali się do Świątyni.

15. I czy możecie to sobie wyobrazić?! Tam znaleźli oni Jezusa, który siedział pomiędzy uczonymi i wypytywał ich, pouczał, a także dawał im takie odpowiedzi na zadawane przez nich pytania, że wszyscy oni byli Nim bardzo zadziwieni,

16. gdyż On wyjaśniał im najbardziej tajemnicze słowa proroków, pouczał ich o gwiazdach, o ich torach, o źródle ich światła, o drugim, trzecim, czwartym, piątym, szóstym oraz siódmym stopniu ich światłości.

17. Opisał im również istotę Ziemi[23] oraz pokazał im fizyczne, psychiczne i duchowe powiązanie wszystkich ciał, stworzeń i rzeczy,

18. i udowodnił też wszystkim nieśmiertelność duszy w tak niesłychanie klarowny sposób, że wszyscy zaczęli mówić:

19. „Doprawdy, czegoś takiego jeszcze nigdy nikt nie słyszał! Dwunastoletni chłopiec posiada w jednym palcu taką mądrość, jakiej my wszyscy razem nie mamy w naszych głowach!"

20. Wtedy podeszli Józef i Maria do Jezusa i powiedzieli do Niego:

21. „Dlaczego nam to uczyniłeś?! – Spójrz, szukaliśmy Ciebie w wielkim bólu przez trzy dni i nie mogliśmy Cię odnaleźć!"

22. Ale Jezus odpowiedział: „Dlaczego to uczyniliście? (Chodzi tu o pomoc strażników)

23. Czyż nie wiedzieliście wcześniej o Domu Mojego Ojca i o tym, że Ja muszę w nim czynić to, co jest wolą Mojego Ojca?!"

24. Lecz ci oboje nie zrozumieli tych słów, a Jezus wrócił i przenocował z nimi u Korneliusza, a potem udał się z nimi ochoczo w powrotną drogę do domu.

25. Uczeni zaś wychwalali Matkę jako najszczęśliwszą, albowiem takie Dziecko posiada.

26. Od tego czasu Jezus nie uczynił przed ludźmi żadnego cudu aż do trzydziestego roku życia; i żył, i pracował jak każdy inny człowiek.

299

Bóg-Człowiek Jezus.
Stosunek Jego człowieczeństwa do Jego Boskości w Nim Samym.

9 wrzesień 1844

1. A potem w Piśmie jest napisane: „I przybierał On w łasce i mądrości przed Bogiem i ludźmi, i stał się poddany i posłuszny Swoim Rodzicom do czasu, aż nie zaczął nauczać."

2. Pytanie: Jak jednak mógł Jezus jako jedyna i wieczna Istota Boska w mądrości i łasce przed Bogiem oraz przed ludźmi wzrastać, skoro był Bogiem od wieczności?

3. A zwłaszcza, jak mógł wzrastać przed ludźmi, jeśli był przez wieczność Tą nieskończenie najdoskonalszą Istotą?

4. Aby to właściwie pojąć, trzeba na Jezusa spojrzeć nie tylko jak na Boga,

5. lecz trzeba Go sobie przedstawić jako człowieka, w którym ta jedyna i wieczna Boskość – wyglądając na nieczynną – uwięziła się, tak

jak w każdej istocie ludzkiej uwięziony jest duch.

6. Co zaś każdy człowiek według boskiego porządku musi uczynić, aby swojego ducha uwolnić w sobie,

7. to samo musiał również uczynić Człowiek-Jezus, z całkowitą powagą, ażeby tę boską Istotę w Sobie uwolnić – po to, aby On stał się jednością z Nią.

8. Każdy człowiek musi w sobie nosić pewne słabości, które są kajdanami dla jego ducha i przez które ów duch jest zamknięty, niczym w mocnej łupinie.

9. Te kajdany rozpadną się dopiero wtedy, kiedy zmieszana z ciałem dusza przez odpowiednie samozaparcie wzmocni się tak, że stanie się wystarczająco silna, aby tego wolnego ducha pojąć i utrzymać.

10. Z tego więc powodu, tylko przez różne pokusy i swoje słabości, może człowiek rozpoznać oraz doświadczyć w sobie, jak i gdzie jego duch jest skrępowany.

11. I jeśli wtedy właśnie w tych punktach w swojej duszy się zaprze, to w ten sposób rozetnie duchowi owe kajdany i zwiąże z nim swoją duszę.

12. I jeśli później, we właściwym czasie, jego dusza zostanie wzmocniona we wszystkich wcześniejszych miejscach skrępowania Ducha, to jego uwolniony Duch przejdzie naturalnie do jego wypełnionej mocą duszy

13. i ta osiągnie dzięki temu całą niebiańską moc doskonałości Ducha, i stanie się z Nim przez to na wieczność jednością.

14. Przez odejmowanie jednych kajdan za drugimi wzrasta dusza w duchowej sile, która jest ową mądrością i łaską.

15. Mądrość jest owym jasnym widzeniem wiecznego porządku Boga w sobie, a łaska jest tym wiecznym Światłem Miłości, przez które wszystkie nieskończone i liczne rzeczy oraz ich stosunki i drogi oświeconymi się staną!

16. Tak samo więc jak u każdego człowieka musi się to wydarzyć, tak musiało się stać także u Boga-Człowieka Jezusa.

17. Jego dusza była równą duszy każdego człowieka i była o wiele bardziej słabościami obarczona, gdyż ten wszechmogący boski Duch musiał Sam Siebie w najsilniejsze więzy włożyć, ażeby w Swojej duszy mógł być utrzymany.

18. Dusza Jezusa musiała więc także, broniąc się przed największymi pokusami, przed Samym Sobą, egzystować po to, aby boskiemu Duchowi więzy odebrać i przez to wzmocnić się dla nieskończonej wolności Ducha wszystkich Duchów, a więc stać się z Nim całkowitą jednością.

19. I właśnie na tym polegało owo wzrastanie w mądrości i łasce duszy Jezusa przed Bogiem i ludźmi, i to w miarę, jak ten boski Duch powoli i nieustannie, wciąż bardziej i bardziej jednoczył się ze Swoją naturalnie boską duszą, która była tym prawdziwym, istotnym Synem.

Życie i walka duszy Jezusa od Jego dwunastego do trzydziestego roku życia. Wskazania i przykłady do osiągnięcia odrodzenia jako warunku wiecznego i szczęśliwego życia. Końcowa uwaga i błogosławieństwo Pana.

9 wrzesień 1844

1. Jak jednak żył teraz Jezus, Pan, od Swojego dwunastego do trzydziestego roku życia?

2. On czuł w Sobie nieustannie i jak najżywiej wszechmocną Boskość; On wiedział w Swej duszy, że wszystko, co obejmuje nieskończoność, Jego najmniejszemu skinieniu musi być posłuszne teraz i wiecznie.

3. Dlatego miał największe pragnienie Swojej duszy, aby nad wszystkim panować.

4. Duma, chęć panowania, pragnienie pełnej wolności, zmysł rozkoszy życia i dobrobytu, pożądanie kobiety i więcej podobnych uczuć, a więc także i gniew – były największymi słabościami Jego duszy.

5. Ale walczył z całej woli duszy z tymi potężnymi i uśmiercającymi pragnieniami Swojej duszy.

6. Dumę zmuszał do uległości przez ubóstwo – jakże twardy był to środek dla Tego, do którego wszystko należało, ale On niczego nie mógł nazywać „Moje"!

7. Chęć panowania poskramiał oddaniem, uniżeniem i pokornym posłuszeństwem wobec tych, którzy – jak wszyscy ludzie wobec Niego – byli zupełnie niczym!

8. Swoją wieczną przenajwyższą wolność poskramiał tym, że nawet wtedy, gdy było to potwornie trudne, oddawał się ludziom jako niewolniczy parobek do najniższych prac, przez co więził Sam Siebie.

9. Skłonność do dobrobytu zwalczał przez wielokrotne poszczenie – z konieczności, a także z wolnej woli Swojej duszy.

10. Pożądanie kobiety pokonywał ciężką pracą, mizernym posiłkiem, modlitwą i obcowaniem z mądrymi mężczyznami.

11. Tak – pod tym względem miał nadzwyczaj wiele do przecierpienia, gdyż Jego wygląd oraz ton Jego głosu były nadzwyczaj pociągające,

12. i z tego właśnie powodu owych pięć niezwykle urodziwych dziewcząt Cyreniusza było w Nim zakochanych, i czyniły pomiędzy sobą żarliwe zakłady, która z nich podoba Mu się najbardziej.

13. Jemu taka miłość także podobała się; ale zawsze do każdej powiedzieć musiał: „Noli me tangere!"[24]

14. A że Jezus z daleka złośliwość i chytrość ludzi mógł przejrzeć i widział ich podstępność, udawanie, obłudę, przebiegłość i samolubstwo,

15. jest więc zrozumiałe, że był On bardzo pobudliwy i z łatwością można go było obrazić i rozgniewać;

16. ale wtedy powściągał Swoje boskie usposobienie przez Swoją miłość i idące za nią ulitowanie.

17. I tak ćwiczył się Jezus przez całe Swoje życie i nie ustawał w ciągłym i niezłomnym samozaparciu, aby ów nadwyrężony, skołatany – a nawet rozbity – wieczny porządek na nowo przywrócić!

18. Nietrudno więc domyślić się, jak wobec tych nieustannych, najtrudniejszych pokus – w ciągłej walce oraz

zmaganiu się ze Sobą Samym – Jezus jako człowiek spędził osiemnaście lat życia.

19. A teraz, kiedy przedstawione już zostało to wszystko, co każdemu może przynieść pożytek, to nie pozostało już nic więcej do powiedzenia, z wyjątkiem owych trzech dni w Świątyni, które Jezus poświęcił dyskusjom i wyjaśnieniom spraw w towarzystwie uczonych. Ale o tym i o niektórych innych rzeczach będzie powiedziane później, gdyż teraz nie może to nastąpić.

20. Dlatego zadowólcie się na początek tym, a to inne nastąpi, kiedy do sługi powiecie:

21. «Przyjdź bracie do nas w imieniu Pana, pozostań i mieszkaj z nami!»

22. I tym niechaj będzie to dzieło zamknięte, a Moje błogosławieństwo i Moja łaska niech będzie z wami na zawsze! Amen, Amen, Amen.

Przypisy

[1] Zebaoth – oznacza: Pan Zastępów.

[2] Odnosi się do owych czasów, tj. do około 1800 roku.

[3] W imieniu Cezara.

[4] Scylla – wir morski koło Messyny; Charybda – skały, również przy Messynie. Okręty, które chciały uniknąć Scylli, wpadały zwykle na Charybdę albo na odwrót.

[5] Pontifex Maximus – początkowo tytuł najwyższego rzymskiego kapłana; dosłownie oznacza: Największy Budowniczy Mostów. Od czasów Augusta tytuł przejęty przez rzymskich cesarzy. Od czasu papieża Leona I jest to honorowy tytuł papieski.

[6] Fiat! – Niech tak się stanie!

[7] Ceres – bogini roślin, (flory), żyzności, urodzaju.

[8] Klafter – długość obu wyciągniętych rąk, 1,7-2,5 m.

[9] Stater – srebrna moneta o niewielkiej wartości.

[10] Później zachodzi zmiana: przybywają: 5 dziewczynek i 3 chłopców.

[11] W oryginale: Cyrenius Quirinus. Zgodnie z obowiazującymi zasadami polskiej pisowni nazwisk łacińskich przyjęto w polskim przekładzie formę: Cyreniusz Kwirynus. Istotny w tym przypadku jest fakt, że w ówczesnej epoce obywateli Rzymu nazywano nie tylko Rzymianami, lecz również Kwirytami. Stąd określenie Quirinus oznacza to samo co Rzymianin. Wynikało to z pierwotnego dualizmu Rzymu, który powstał wskutek połączenia dwóch społeczności. Jedna zamieszkiwała Palatyn, a druga Kwirynał.

[12] Zob. przyp. nr.10.

[13] Hygieja – [gr. *hygieja* 'zdrowie'] *mit.gr.* personifikacja zdrowia; Hygieja uchodziła za córkę Asklepiosa, z którym łączono ją w kulcie; w greckiej sztuce wyobrażano ją w postaci młodej dziewczyny w wieńcu na głowie, z czarką w dłoni, czasem z wężem oplecionym wokół ramienia.

[14] Powiedzenie określajace ciemnotę. Iliria – rzymska prowincja na wschodnim wybrzeżu Adriatyku.

[15] Mowa tutaj o św. Pawle (uwaga Lorbera).

[16] Mowa jest tutaj o Janie Chrzcicielu.

[17] Izajasz 51, 15.16.

[18] Izajasz 63.

[19] Tu zaszły jakieś zmiany, gdyż wcześniej była mowa o trzech dziewczynkach i pięciu chłopcach, np. w rozdziale 122 (20), ale później jest odwrotnie, np. w rozdz. 245 (13). Zob. przyp. 10 i 11.

[20] Zob. przyp. nr 1.

[21] igły ucho = Ucho Igielne – w ten sposób nazywana była jedna, bardzo ciasna, brama wjazdowa do Jerozolimy.

[22] w wersie 19 i 66 Księgi Izajasza opisany jest sąd i Nowe Jeruzalem.

[23] Mowa jest tutaj o wielu Ziemiach.

[24] Noli me tangere – „Nie dotykaj mnie", dosłownie: „Nie chciej mnie dotknąć".

Jakub Lorber – życie i praca posłańca Boga

W pobliżu rzeki Drawy, w granicach dzisiejszej Słowenii, w miejscowości Kanisza i parafii Jahring, w dolnym Steiermarku – gdzie jego ojciec, Michael Lorber, uprawiał winnice na pobliskich wzgórzach – urodził się 22 lipca 1800 r. Jakub Lorber. I chyba nie bez przyczyny przyszedł na świat w krainie sielankowej, w rodzinie biednej, ale otwartej na sztukę i religię.

Po ojcu odziedziczył talent muzyczny. Otrzymał lekcje gry na skrzypcach, fortepianie i organach. Uczęszczał do gimnazjum w Marburgu, gdzie jednocześnie był organistą w miejscowym kościele. Dyplom nauczyciela zdobył w 1829 r. w Grazu, a ponieważ nie otrzymał stałej posady, dalej studiował muzykę, komponował, udzielał lekcji śpiewu oraz gry na skrzypcach, a gdy nadarzyła się okazja, grał na koncertach.

W tym czasie skierował też swoje zainteresowania w stronę duchową. Wyruszył w „drogę do wewnątrz" i czytał między innymi: Justynusa Kernera, Jung-Stillinga, Emanuela Swedenborga, Jakuba Boehme, a także Johanna Tennhardta. I nigdy nie rozstawał się z Biblią, która była źródłem jego inspiracji do końca życia.

I właśnie wtedy, gdy otrzymał wreszcie propozycję stałej pracy w charakterze kapelmistrza orkiestry operowej w Trieście, spadło na niego powołanie służenia Bogu w roli Jego „pisarza".

Wczesnym rankiem 15 marca 1840 r. – po zakończeniu porannej modlitwy – głos rozbrzmiewający wprost z serca nakazał mu: „Wstań, weź pióro i pisz!" I wtedy siadł nad białą kartą papieru i posłusznie zapisał to, co ów tajemniczy głos mu dyktował. A było to wprowadzenie do jego pierwszego dzieła: *Księgi gospodarstwa Bożego*, które brzmiało: „Tak mówi Pan do każdego i jest to prawdą wierną i niezawodną: Kto chce mówić ze Mną, niech przyjdzie do Mnie, a Ja włożę mu odpowiedź w jego serce. Ale uczynię to tylko wobec tych, których serca są czyste i pełne skromności, i oni Mój głos usłyszą. I z tym, który da Mi pierwszeństwo przed światem i pokocha Mnie jak oblubienica swego oblubieńca, będę wędrował ręka w rękę. On będzie Mnie oglądał nieustannie, jak brat ogląda brata i jak Ja go oglądałem już przed wiecznością, nim jeszcze powstał".

Tak oto Pan dokonał nieprawdopodobnego i nieoczekiwanego zwrotu w życiu Jakuba Lorbera. Przez następne 24 lata rzadko przerywał ową czynność, która była niepojęta dla niego samego. Pisał niemal codziennie, po kilka godzin bez przerwy – bez zaglądania do książek, bez zdobywania wiedzy, a jedynie za sprawą wewnętrznego głosu, który kierował piórem w jego ręce. Swoje całe życie oddał i zawierzył wewnętrznemu głosowi, którym przemawiał do niego Bóg.

Potrzeba wielu superlatyw, by wyrazić podziw dla dzieła Jakuba Lorbera. Gdzież indziej bowiem kryje się tak głęboka inspiracja duchowa i tak rozległa wiedza naukowa, jeśli nie w jego dziełach, które obejmują 25 grubych tomów, nie licząc mniejszych pism. Jako genialne medium przewyższa wszystkich znanych wtajemniczonych. Trudno o słowa, które wyraziłyby wielkość jego misji, a przydomek „pisarz Boga" jest tylko jego skromnym samookreśleniem.

Jakub Lorber zmarł 24 sierpnia 1864 r. Wypełnił swoje zadanie i przewidział swoją śmierć. Na jego nagrobku figurują słowa Pawła: „W życiu i w śmierci – zawsze należymy do Pana". Dla chrześcijan, tak jak dla całej ludzkości, nie może być większego wydarzenia niż spełnienie tej obietnicy Pana: „Jeszcze wiele mam wam do powiedzenia, ale teraz jeszcze znieść tego nie możecie. Gdy zaś przyjdzie On, Duch Prawdy, doprowadzi was do całej prawdy. Bo nie będzie mówił od Siebie, ale powie wszystko, cokolwiek usłyszy, i oznajmi wam rzeczy przyszłe. On Mnie otoczy chwałą, ponieważ z Mojego weźmie i wam objawi". (Jan.16,12-14)

Zakonnik Joachim von Fiorii (zm. ok. 1205 r.), także wielki prorok, zwrócił uwagę na *Objawienie św. Jana*, które głosi, że tuż przed sądem ostatecznym ludzkości głoszona będzie „Wieczna Ewangelia". Ten proroczy tekst Jana brzmi: „Potem ujrzałem innego anioła lecącego przez środek nieba, mającego odwieczną Dobrą Nowinę do obwieszczenia wśród mieszkańców Ziemi, wśród każdego narodu, szczepu, języka i ludu." (Jan. Objaw. 14, 6)

Tu nasuwa się pytanie: czy objawienia zostały już nam dane, czy też musimy jeszcze na nie czekać? Wielkie znaczenie mają w tej mierze pisma Jakuba Boehme i Emanuela Swedenborga. Jednak dopiero Jakub Lorber (1800-1864) objawia nam pełnię Ducha Świętego.

Wyjątkowa jest jego dziesięciotomowa *Wielka Ewangelia Jana*, która opisuje trzyletnią wędrówkę i nauczanie Jezusa. W niej spełnia się ta oto obietnica Jezusa: „A Pocieszyciel, Duch Święty, którego Ojciec pośle w Moim imieniu, On was wszystkiego nauczy i przypomni wam wszystko, co Ja wam powiedziałem". (Jan. 14, 26)

Również inne dzieła Lorbera są źródłem poznania w świecie Ducha. Określane jako Nowe Objawienia w żadnym miejscu nie stoją w sprzeczności ze starymi objawieniami, tzn. z czterema ewangeliami, które zawiera Pismo Święte. Objawienia Lorbera uzupełniają i rozwijają ich zawartość w ten sposób, że żadne pytanie nie zostaje bez odpowiedzi. Nawet niezgodność pomiędzy nauką a wiarą – obecna w starych objawieniach – zostaje przez nie zniesiona. Zawierają one wiedzę o powstaniu światów, o przebiegu historii zbawienia, o istocie Boga oraz aniołów, jednak przede wszystkim o człowieku i jego przeznaczeniu. W ich centrum stoi zawsze Chrystus jako objawiony Ojciec i Zbawiciel.

Jakub Lorber, „pisarz Boga", przed stu sześćdziesięciu laty położył fundament pod nową erę w historii człowieka. Ten cud historii przyjścia Chrystusa w słowie, dokonuje się w zupełnej ciszy i utajeniu. Dziś nawet naukowcy potwierdzają obraz świata przedstawiony w Nowych Objawieniach.

Dzieła Jakuba Lorbera zostały przetłumaczone i wydane w nakładzie już ponad miliona egzemplarzy w wielu krajach: Stanach Zjednoczonych, Holandii, Francji, Włoszech, Hiszpanii, Austrii, Brazylii, Rosji, Czechach, Słowacji, Węgrzech, Słowenii i innych.

Ich egzegezą zajmują się dziś także duchowni, np. ewangelicki teolog Kurt Hutten, który pisze: „Ten obraz świata posiada głębię i siłę, obejmuje wszystkie poziomy człowieczego bytu, przywraca Ziemi jej godność, nadaje wierze kosmiczną wielkość, łączy tamten świat z tym światem i mikrokosmos z makrokosmosem. Głosi wszechobecną miłość Boga i wskazuje człowiekowi drogę do zbawienia".

Katolicki teolog Robert Ernst: „Jakub Lorber napisał 25 ksiąg. Monumentalne dzieło, łączące geniusz filozofa, teologa i pisarza."

Ewangelicki teolog Hellmut von Schweinitz: „Fenomenu Lorbera nie da się zinterpretować tylko w kategoriach głębokiej psychologii. Jego rozpoznanie nie pochodzi ze sfery ograniczonej, ludzkiej wiedzy. Dzieła Lorbera nie da się zamknąć w rozważaniach filozoficznych czy teologicznych. Zawsze bowiem pozostaje, tak samo jak u innych proroków, ta nie dająca się wyjaśnić reszta...."

Ewangelicki ksiądz Hermann Luger na temat związków między objawieniami Lorbera i Starym oraz Nowym Testamentem pisze: „Oba dzieła osadzone są na tym samym gruncie. Pisma Lorbera oddychają na wskroś biblijnym duchem. Nie tylko zawartość jego dwóch głównych dzieł (*Wielka Ewangelia Jana* oraz *Księgi gospodarstwa Bożego)* jest w istocie biblijna, ale także jego inne księgi są wierne Biblii. A że u Lorbera spotykamy także to, czego w Biblii nie ma, nie powinno nas dziwić. Jest zrozumiałe, że Jezus w ciągu trzech lat Swojej publicznej działalności musiał więcej mówić i czynić, niż zostało zapisane w Piśmie. Biblia oraz Nowe Objawienia są dla nas dwoma równoprawnymi źródłami, które czerpią wodę życia z tej samej głębi i przenikają się nawzajem, a tym bardziej zyskują na wartości i znaczeniu".

Z życia Lorbera

Biografię Jakuba Lorbera spisał jeden z jego najbliższych przyjaciół, w owych czasach dobrze znany w Grazu poeta, Karl Gottfried Ritter von Leitner (1800-1890), który pisał: „Niemal codziennie rano, jeszcze przed śniadaniem, które w swoim zapale nietkniętym pozostawiał, zasiadał do pisania, które było głównym zajęciem jego życia. Siedząc przy małym stoliku, w zimie blisko pieca, prowadził pióro z umiarkowaną szybkością, ale bez przerwy na namysł lub korektę, skupiony w sobie – tak jakby pisał pod dyktando. Wielokrotnie wyjaśniał, że obok głosu, który do niego docierał, dostrzega też obrazy tego, o czym usłyszał. A to, co usłyszał, mógł z łatwością podyktować innym, co też i czynił z niektórymi przyjaciółmi. I to nie tylko pojedyncze zdania, ale i całe dzieła o objętości kilkuset arkuszy! Przy czym siedział zawsze obok piszącego, spokojnie patrząc przed siebie, a podczas dyktowania nigdy nie przerywał, nie wtrącał ani nie zamieniał słów. A kiedy praca została odłożona, czy to na krótko, czy na kilka dni lub nawet tygodni – potrafił z miejsca powrócić do dzieła tam, gdzie zostało przerwane.

W roku 1858 tak pisał do przyjaciela o źródle swoich objawień, którym był docierający do niego głos Jezusa Chrystusa – żywe Słowo Boże: „Słyszę najświętsze Słowo Pana zawsze w okolicy serca jako wyraz Jego myśli, przejrzystej i czystej. Ktokolwiek i jakkolwiek blisko stałby obok mnie, nie może usłyszeć tego głosu. Ale dla mnie brzmi on wyraźniej niż najgłośniejszy dźwięk z natury. I to wszystko, co mogę powiedzieć o moim doświadczeniu".

Karl Gottfried Ritter von Leitner opisuje następujące zdarzenie z życia Jakuba Lorbera: „Pewnego razu przyszedł do Lorbera dostojny człowiek i zrobił mu wymówkę, że urąga prawdzie, uznając się za osobę mającą kontakt z Panem. Ów człowiek spoliczkował Lorbera, po czym opuścił jego dom i udał się do młyna, gdzie w wypadku stracił rękę. Innego razu przyszedł do Lorbera inny mężczyzna i zwrócił się do niego w szyderczym tonie: „Jakim prawem głosi pan, że jest prorokiem?! Udam się zaraz na policję i podam, że jest pan oszustem!" Człowiek ten udał się w stronę siedziby policji, ale w drodze, na ulicy prowadzącej do celu, dopadł go śmiertelny atak serca i padł nieżywy".

Któregoś dnia także i Lorber posprzeczał się z Panem, a to było tak: Zima pukała do drzwi, zaczynały się chłody, a Lorber jak zwykle nie miał pieniędzy, by kupić drzewo. W końcu ręce zaczęły mu sztywnieć podczas pisania i rzekł: „Panie, jeśli chcesz, bym pisał, to musisz mnie zaopatrzyć w drewno, bo w takim zimnie nie mogę pracować". Po czym odłożył pióro. Po jakimś czasie ktoś zapukał do drzwi. Lorber poszedł otworzyć i ujrzał woźnicę, który spytał: „Czy to pan nazywa się Lorber?" – „Tak, to ja!" – „Tu jest drewno!" –„Jakie drewno?" – „To, które miałem do pana przywieźć. Gdzie mam je rozładować?" – „Ja nie zamawiałem żadnego drzewa!" – „Nic o tym nie wiem! Ale jeśli pan nazywa się Lorber, tak jak widnieje na tym papierze, to drewno należy się panu. A jak pan go nie chce, to zawiozę je z powrotem". Lorber spojrzał na dokument i stwierdził, że adres jest właściwy, więc rzekł:

„No, w takim razie, w imię Boże, niech pan to rozładuje!" I wskazał chłopu miejsce. Tym sposobem miał drewno na zimę i mógł znowu pisać. Dopiero później „pisarz Boga" dowiedział się, że to drewno przesłał mu jego przyjaciel i dobrodziej, Ritter von Leitner, autor jego biografii.

W latach 1855-1876 Johannes Busch z Drezna – wielki entuzjasta Nowych Objawień – dzięki wielkiej ofierze czasu oraz pieniędzy wydał drukiem najbardziej znaczące pisma Lorbera. Pomógł mu w tym Gottfried Mayerhofer z Triestu.

Pewnego dnia 1855 roku Pan napisał ręką Jakuba Lorbera list do Johanna Buscha: „Mój ukochany przyjacielu! Poszukujesz drogi do Mnie, dlatego że Mnie kochasz; łatwo ci więc przestrzegać Mojego przykazania Miłości. Spójrz, ludzie wynajdują przeróżne rzeczy i wyznają różne wiary. Ale ci, którzy wiele wynaleźli, w końcu nie wierzą już w nic poza tym, co udało im się odkryć i co przynosi im dochód! To są dzieci tego świata, które w niektórych sprawach są mądrzejsze od dzieci światła! Ale Moim prawdziwym dzieciom – dzieciom serca – podaruję to, o czym mądre dzieci tego świata nigdy nie mogły nawet zamarzyć w popsutym zmyśle swoim! Pomyśl! Mój sługa Lorber jest naprawdę biedny. A mógłby być bardzo bogaty, posiadając taką zręczność w słowie i myśli i będąc, dzięki Mojej łasce, wyposażonym w najlepsze zdolności. Ale on odrzucił wszystkie zaszczyty i wyrzekł się wszelkich dóbr tego świata z miłości do Mnie. W kieszeni ma dwa guldeny, zadowala się 40 krojcami, a pozostały gulden i 60 krojców rozdziela jeszcze pomiędzy biednymi. Dlatego otworzyłem przed nim wszystkie skarby Nieba. I wszystkie gwiazdy, obojętnie jak bardzo odległe, są mu tak bliskie jak Ziemia. Może je oglądać oczami swego ducha i podziwiać według serca życzeń. Ale i to nie interesuje go zbyt wiele, albowiem Ja jestem dla niego wszystkim we wszystkim! I spójrz: oto jest właściwa droga do Mojego serca! Ów bogaty młodzieniec, o którym mowa jest w Ewangelii, od dziecka przestrzegał gorliwie przykazań i przez to niby zasłużył na życie wieczne. Ale sądził, że jeszcze go nie posiada. Dlatego przyszedł do Mnie i zapytał, co powinien czynić, by wieczne życie otrzymać. A Ja mu odpowiedziałem:

„Przestrzegaj przykazań!" Wtedy on zapewnił, że czyni to już od dziecka! Na to odrzekłem: „Chcesz uczynić więcej, to sprzedaj swój majątek, rozdziel pieniądze pomiędzy biednych, a potem przyjdź i podążaj za Mną, a wtedy skarby Nieba będziesz miał do dyspozycji!" – Posłuchaj! To powiem teraz każdemu z ludzi: „Kto ode Mnie chce wiele, ten wiele musi Mi ofiarować. A kto chce mieć wszystko, a więc Mnie Samego, ten musi Mi także wszystko poświęcić, abyśmy stali się Jednym. Ale ty już dużo Mi ofiarowałeś, więc i dużo powinieneś otrzymać! Czysta, bezinteresowna miłość jest dla Mnie największą ofiarą! Tyle, przyjacielu, dla pocieszenia twojego ducha. Amen."

Lorber dołączył do tego post scriptum: „O, przyjacielu! Te Słowa odebrały mi mowę! Jakub Lorber."

Dzieła Jakuba Lorbera, w podanych wcześniej przekładach, można zamawiać w wydawnictwie Lorber-Verlag,

Friedrich Zluhan
Lorber-Verlag, Hindenburgstrasse 5.
D-74321 Bietigheim-Bissingen.
Tel. nr. 0049-(0)7142-940843
Fax nr. 0049-(0)7142-940844

Bibliografia głównych dzieł Jakuba Lorbera:

1. *Die Haushaltung Gottes [Księgi gospodarstwa Bożego]* (3 księgi)
2. *Die grosse Zeit der Zeiten [Wielki Czas-Czasów]*
3. *Erde und Mond [Ziemia i Księżyc]*
4. *Der Saturn [Saturn]*
5. *Die Fliege [Mucha]*
6. *Der Grossglockner [Wielki Dzwonnik]*
7. *Die natürliche Sonne [Naturalne Słońce]*
8. *Die geistige Sonne [Duchowe Słońce]* (2 księgi)
9. *Schrifttexterklärungen [Teksty wyjaśniające]*
10. *Die Jugend Jesu [Młodość Jezusa]* (przekł. na j. polski)
11. *Der Laodicenbrief des Apostels Paulus [List Apostoła Pawła]*
12. *Der Briefwechsel Jesu mit König Abgarus [Korespondencja Jezusa z królem Abgarusem]*
13. *Jenseits der Schwelle [Po tamtej stronie progu świata]*
14. *Bischof Martin [Biskup Marcin]*
15. *Von der Hölle bis zum Himmel [Z piekła aż do Nieba]* (2 księgi)
16. *Die drei Tage im Tempel [Trzy dni w Świątyni]* (przekł. na j. polski)
17. *Das Grosse Ewangelium Johannes [Wielka Ewangelia Jana]* (10 ksiąg)

DO NABYCIA W WYDAWNICTWIE

1. R. Steiner: Antropozoficzny kalendarz duszy
2. R. Steiner: Duchowe podstawy sztuki wychowania
3. R. Steiner: Egipskie mity i misteria
4. R. Steiner: Jak osiągnąć poznanie wyższych światów
5. R. Steiner: Kronika Akaszy
6. R. Steiner: Misteria Wschodu i chrześcijaństwa
7. R. Steiner: Myśleć sercem
8. R. Steiner: Od fizyczności człowieka do duchowości świata
9. R. Steiner: Posłannictwo Archanioła Michała
10. R. Steiner: Poznanie człowieka, ukształtowanie lekcji
11. R. Steiner: Przemiany życia duszy
12. R. Steiner: Stosunek świata gwiazd do człowieka
13. R. Steiner: Sztuka wychowania, metodyka i dydaktyka
14. R. Steiner: Świat zmysłów i świat ducha
15. R. Steiner: Tajemnice Ewangelii św. Marka
16. R. Steiner: Teozofia różokrzyżowców
17. R. Steiner: U bram teozofii
18. R. Steiner: Wpływ rozwoju ezoterycznego na człowieka
19. R. Steiner: Wiedza dawnych misteriów
20. R. Steiner: Wiedza tajemna w zarysie
21. R. Steiner: Zagadnienie wychowania jako zagadnienie społeczne
22. J. Lorber: Młodość Jezusa - Ewangelia Jakuba
23. M. Sidorska-Ryczkowska: Stacyjka na wschodzie i zachodzie
24. S. Francke, T. Cawthorne: Drzewo Życia i Święty Graal
25. M. Glöckler, W. Goebel: W trosce o dziecko
26. G. Burkhard: Ujmij życie w swoje ręce
27. H. Salman: Uzdrowienie Europy
28. H. Plomp: W Indiach
29. F. Jaffke: Święta przez cały rok - cz. I
30. F. Jaffke: Święta przez cały rok - cz. II
31. F. Jaffke: Zabawki z naturalnych materiałów
32. T. Berger: Boże Narodzenie, ozdoby na adwent i święta
33. Gdańskie Zeszyty Pedagogiki Waldorfskiej - Nr 2

Realizujemy sprzedaż wysyłkową
za zaliczeniem pocztowym.

Uwaga!

W przypadku wysłania jednej lub dwóch książek doliczamy 9,00 zł na koszt przesyłki, przy wysyłce trzech lub więcej książek przesyłka realizowana jest na koszt wydawnictwa.

Sposób zamówienia:

Zamówienia prosimy kierować na adres:

Wydawnictwo GENESIS
Ul. Wzgórze Bernadowo 300/1
81-531 Gdynia
tel/fax: (058) 620 16 50;
tel: (058) 620 27 75
e-mail: genesis@oknet.com.pl

Naszą aktualną ofertę można obejrzeć
w internecie na stronie:

http://genesis.apivision.com